2024-25年合格目標
大卒程度 公務員試験

本気で合格! 過去問解きまくり!

④ 社会科学

はしがき

1 「最新の過去問」を掲載

2023年に実施された公務員の本試験問題をいち早く掲載しています。公務員試験は年々変化しています。今年の過去問で最新の試験傾向を把握しましょう。

2 段階的な学習ができる

公務員試験を攻略するには，さまざまな科目を勉強することが必要です。したがって，勉強の効率性は非常に重要です。『公務員試験 本気で合格！過去問解きまくり！』では，それぞれの科目で勉強すべき項目をセクションとして示し，必ずマスターすべき必修問題を掲載しています。このため，何を勉強するのかをしっかり意識し，必修問題から実践問題（基本レベル→応用レベル）とステップアップすることができます。問題ごとに試験種ごとの頻出度がついているので，自分にあった効率的な勉強が可能です。

3 満足のボリューム（充実の問題数）

本試験問題が解けるようになるには良質の過去問を繰り返し解くことが必要です。『公務員試験 本気で合格！過去問解きまくり！』は，なかなか入手できない地方上級の再現問題を収録しています。類似の過去問を繰り返し解くことで知識の定着と解法パターンの習得を図れます。

4 メリハリをつけた効果的な学習

公務員試験の攻略は過去問に始まり過去問に終わるといわれていますが，実際に過去問の学習を進めてみると戸惑うことも多いはずです。『公務員試験 本気で合格！過去問解きまくり！』では，最重要の知識を絞り込んで学習ができるインプット（講義ページ），効率的な学習の指針となる出題傾向分析，受験のツボをマスターする10の秘訣など，メリハリをつけて必要事項をマスターするための工夫が満載です。

※本書は，2023年9月時点の情報に基づいて作成しています。

みなさんが本書を徹底的に活用し，合格を勝ち取っていただけたら，わたくしたちにとってもそれに勝る喜びはありません。

2023年9月吉日

株式会社　東京リーガルマインド
LEC総合研究所　公務員試験部

国家公務員（人事院・裁判所）の基礎能力試験が変わります！

　人事院や裁判所をはじめ，国家公務員試験で課される基礎能力試験が2024（令和6）年度から大きく変更されます。変更内容は出題数・試験時間・出題内容と多岐にわたっています。2024（令和6）年度受験生は要注意です！

1. 基礎能力試験の問題数・時間・出題内容の変更

2023（令和5）年度以前		2024（令和6）年度以降
〈総合職・院卒者試験〉		
30題／2時間20分 ［知能分野24題］ 　文章理解⑧ 　判断・数的推理（資料解釈を含む）⑯ ［知識分野6題］ 　自然・人文・社会（時事を含む）⑥	⇒	30題／2時間20分 ［知能分野24題］ 　文章理解⑩ 　判断・数的推理（資料解釈を含む）⑭ ［知識分野6題］ 　自然・人文・社会に関する時事，情報⑥
〈総合職・大卒程度試験〉		
40題／3時間 ［知能分野27題］ 　文章理解⑪ 　判断・数的推理（資料解釈を含む）⑯ ［知識分野13題］ 　自然・人文・社会（時事を含む）⑬	⇒	30題／2時間20分 ［知能分野24題］ 　文章理解⑩ 　判断・数的推理（資料解釈を含む）⑭ ［知識分野6題］ 　自然・人文・社会に関する時事，情報⑥
〈一般職/専門職・大卒程度試験〉		
40題／2時間20分 ［知能分野27題］ 　文章理解⑪ 　判断推理⑧ 　数的推理⑤ 　資料解釈③ ［知識分野13題］ 　自然・人文・社会（時事を含む）⑬	⇒	30題／1時間50分 ［知能分野24題］ 　文章理解⑩ 　判断推理⑦ 　数的推理④ 　資料解釈③ ［知識分野6題］ 　自然・人文・社会に関する時事，情報⑥
〈裁判所職員総合職（院卒）〉		
30題／2時間25分 ［知能分野27題］ ［知識分野3題］	⇒	30題／2時間20分 ［知能分野24題］ ［知識分野6題］
〈裁判所職員総合職（大卒）・一般職（大卒）〉		
40題／3時間 ［知能分野27題］ ［知識分野13題］	⇒	30題／2時間20分 ［知能分野24題］ ［知識分野6題］

2023年8月28日現在の情報です。

<変更点>

・[共通化]：原則として大卒と院卒で出題の差異がなくなります。
・[問題数削減・時間短縮]：基本的に出題数が30問となります（総合職教養区分除く）。それに伴い，試験時間が短縮されます。
・[比率の変更]：出題数が削減された職種では，知能分野より知識分野での削減数が多いことから，知能分野の比率が大きくなります（知能分野の出題比率は67.5％→80％へ）
・[出題内容の変更①]：単に知識を問うような出題を避けて時事問題を中心とする出題となります。従来，時事問題は，それのみを問う問題が独立して出題されていましたが，今後は，知識分野と時事問題が融合した出題になると考えられます。
・[出題内容の変更②]：人事院の場合，「情報」分野の問題が出題されます。

2. 時事問題を中心とした知識

「単に知識を問うような出題を避けて時事問題を中心とする出題」とはどんな問題なのでしょうか。

人事院は，例題を公表して出題イメージを示しています。

人事院公表例題

【No. 】世界の動向に関する記述として最も妥当なのはどれか。

1．英国では，2019年にEUからの離脱の是非を問う国民投票と総選挙が同時に行われ，それらの結果，EU離脱に慎重であった労働党の首相が辞任することとなった。EUは1990年代前半に発効したリスボン条約により，名称がそれまでのECから変更され，その後，トルコやウクライナなど一部の中東諸国や東欧諸国も2015年までの間に加盟した。

> 社会科学の知識で解ける部分

2．中国は，同国の人権問題を厳しく批判した西側諸国に対し，2018年に追加関税措置を始めただけでなく，レアアースの輸出を禁止した。中国のレアアース生産量は世界で最も多く，例えば，レアアースの一つであるリチウムは自然界では単体で存在し，リチウムイオン電池は，充電できない一次電池として腕時計やリモコン用電池に用いられている。

> 自然科学（化学）の知識で解ける部分

3．ブラジルは，自国開催のオリンピック直後に国債が債務不履行に陥り，2019年に年率10万％以上のインフレ率を記録するハイパーインフレに見舞われた。また，同年には，アマゾンの熱帯雨林で大規模な森林火災が発生した。アマゾンの熱帯雨林は，パンパと呼ばれ，多種多様な動植物が生息している。

> 人文科学（地理）の知識で解ける部分

4．イランの大統領選で保守穏健派のハメネイ師が2021年に当選すると，米国のバイデン大統領は，同年末にイランを訪問し，対イラン経済制裁の解除を約束した。イランや隣国のイラクなどを流れる，ティグリス・ユーフラテス両川流域の沖積平野は，メソポタミア文明発祥の地とされ，そこでは，太陽暦が発達し，象形文字が発明された。

> 人文科学（世界史）の知識で解ける部分

5．（略）

この例題では，マーカーを塗った部分は，従来の社会科学・自然科学・人文科学からの出題と完全にリンクします。そして，このマーカーの部分にはそれぞれ誤りが含まれています。

この人事院の試験制度変更発表後に行われた，2023（令和5）年度本試験でも，翌年以降の変更を見越したような出題がなされています。

2023（令和5）年度国家総合職試験問題

【№. 30】自然災害や防災などに関する記述として最も妥当なのはどれか。

1. 日本列島は，プレートの沈み込み帯に位置し，この沈み込み帯はホットスポットと呼ばれ，活火山が多く分布している。太平洋プレートとフィリピン海プレートの境界に位置する南海トラフには奄美群島の火山があり，その一つの西之島の火山では，2021年に軽石の噴出を伴う大噴火が起こり，太平洋沿岸に大量の軽石が漂着して漁船の運航などに悪影響を及ぼした。

2. 太平洋で発生する熱帯低気圧のうち，気圧が990 hPa未満になったものを台風という。台風の接近に伴い，気象庁が大雨警報を出すことがあり，この場合，災害対策基本法に基づき，都道府県知事は鉄道会社に対して，計画運休の実施を指示することとなっている。2022年に台風は日本に5回上陸し，その度に計画運休などで鉄道の運行が一時休止した。

3. 線状降水帯は，次々と発生する高積雲（羊雲）が連なって集中豪雨が同じ場所でみられる現象で，梅雨前線の停滞に伴って発生する梅雨末期特有の気象現象である。2021年7月，静岡県に線状降水帯が形成されて発生した「熱海土石流」では，避難所に指定された建物が大規模な崖崩れにより崩壊するなどして，避難所の指定の在り方が問題となった。

4. 巨大地震は，海洋プレート内で起こる場合が多い。地震波のエネルギーはマグニチュード（M）で示され，マグニチュードが1大きくなるとそのエネルギーは4倍大きくなる。2022年にM8.0を超える地震は我が国周辺では発生しなかったものの，同年1月に南太平洋のトンガで発生したM8.0を超える地震により，太平洋沿岸などに10 m以上の津波が押し寄せた。

5. （略）

自然科学（地学）の知識で解ける部分

この出題でも，マーカーを塗った部分には，それぞれ誤りが含まれています。そのうえ，すべて自然科学（地学）の知識で判別することができます。

マーカーを塗っていない箇所は，時事的な話題の部分ですが，この部分にも誤りが含まれています。

これらから言えることは，まず，時事の部分の判断で正答を導けるということ。そして，時事の部分について正誤の判断がつかなくても，さらに社会・人文・自然科学の知識でも正解肢を判断できるということです。つまり，2つのアプローチで対応できるわけです。

3. 知識問題の効果的な学習方法

① 社会科学

社会科学は多くの専門科目（法律学・経済学・政治学・行政学・国際関係・社会学等）の基礎の位置づけとなる守備範囲の広い科目です。もともと「社会事情」として社会科学の知識と最新トピックが融合した出題はよく見られました。そのため、基本的に勉強の方法や範囲に変更はなく、今回の試験内容の見直しの影響はあまりないといえるでしょう。時事の学習の際は、前提となる社会科学の知識にいったん戻ることで深い理解が得られるでしょう。

② 人文科学

ある出来事について出題される場合、出来事が起こった場所や歴史的な経緯について、地理や日本史、世界史の知識が問われることが考えられます。時事を人文科学の面から学習するにあたっては、その国・地域の理解の肝となる箇所を押さえることが重要です。ニュースに触れた際に、その出来事が起こった国や地域の地理的条件、その国を代表する歴史的なトピック、周辺地域との関係や摩擦、出来事に至るまでの経緯といった要素を意識することが大事です。

③ 自然科学

自然科学は、身の回りの科学的なニュースと融合しやすいため、出題分野が偏りやすくなります。たとえば、近年の頻出テーマである環境問題、自然災害、DXや、宇宙開発、産業上の新技術、新素材といった題材では、主に化学や生物、地学と親和性があります。自然科学の知識が身の回りや生活とどう関わりあっているのか、また、科学的なニュースに触れたときには、自分の持つ自然科学の知識を使って説明できるかを意識しながら学習することを心がけていきましょう。

2024年，国家公務員試験が変わります！！
～変更のポイントと対策法をすっきり解説！～

2024年から変わる「国家公務員採用試験」。どこがどう変わるのか、どんな対策をすればよいのか、LEC講師がわかりやすく解説します。

岡田 淳一郎　LEC専任講師

動画はこちらからアクセス！

二次元コードを読み込めない方はこちら↓
lec.jp/koumuin/kakomon24_25/

※動画の視聴開始日・終了日は、専用サイトにてご案内します。
※ご視聴の際の通信料は、お客様負担となります。

本書の効果的活用法

STEP1 出題傾向をみてみよう

各章の冒頭には，取り扱うセクションテーマについて，過去9年間の出題傾向を示す一覧表と，各採用試験でどのように出題されたかを分析したコメントを掲載しました。志望先ではどのテーマを優先して勉強すべきかがわかります。

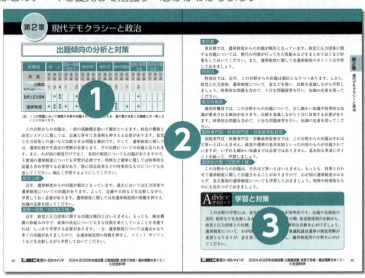

❶出題傾向一覧

章で取り扱うセクションテーマについて，過去9年間の出題実績を数字や★で一覧表にしています。出題実績も9年間を3年ごとに区切り，出題頻度の流れが見えるようにしています。志望先に★が多い場合は重点的に学習しましょう。

❷各採用試験での出題傾向分析

出題傾向一覧表をもとにした各採用試験での出題傾向分析と，分析に応じた学習方法をアドバイスします。

❸学習と対策

セクションテーマの出題傾向などから，どのような対策をする必要があるのかを紹介しています。

● 公務員試験の名称表記について
本書では公務員試験の職種について，下記のとおり表記しています。

地上	地方公務員上級（※1）
東京都	東京都職員
特別区	東京都特別区職員
国税	国税専門官
財務	財務専門官
労基	労働基準監督官
裁判所職員	裁判所職員（事務官）／家庭裁判所調査官補（※2）
裁事	裁判所事務官（※2）
家裁	家庭裁判所調査官補（※2）
国家総合職	国家公務員総合職
国Ⅰ	国家公務員Ⅰ種（※3）
国家一般職	国家公務員一般職
国Ⅱ	国家公務員Ⅱ種（※3）
国立大学法人	国立大学法人等職員

（※1）道府県，政令指定都市，政令指定都市以外の市役所などの職員
（※2）2012年度以降，裁判所事務官（2012～2015年度は裁判所職員），家庭裁判所調査官補は，教養科目に共通の問題を使用
（※3）2011年度まで実施されていた試験区分

STEP2 「必修」問題に挑戦してみよう

「必修」問題はセクションテーマを代表する問題です。まずはこの問題に取り組み、そのセクションで学ぶ内容のイメージをつかみましょう。問題文の周辺には、そのテーマで学ぶべき内容や覚えるべき要点を簡潔にまとめていますので参考にしてください。

本書の問題文と解答・解説は見開きになっています。効率よく学習できます。

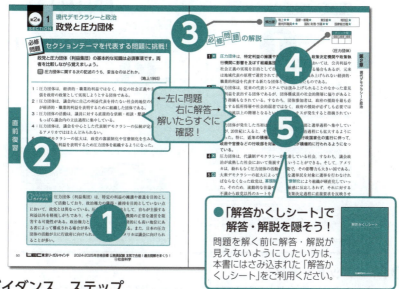

❶ ガイダンス，ステップ

「ガイダンス」は必修問題を解くヒント，ひいてはテーマ全体のヒントです。
「ステップ」は必修問題において，そのテーマを理解するために必要な知識を整理したものです。

❷ 直前復習

必修問題と，後述の実践問題のうち，LEC専任講師が特に重要な問題を厳選しました。試験の直前に改めて復習しておきたい問題を表しています。

❸ 頻出度

各採用試験において，この問題がどのくらい出題頻度が高いか＝重要度が高いかを★の数で表しています。志望先に応じて学習の優先度を付ける目安となります。

❹ チェック欄

繰り返し学習するのに役立つ，書き込み式のチェックボックスです。学習日時を書き込んで復習の期間を計る，正解したかを○×で書き込んで自身の弱点分野をわかりやすくするなどの使い方ができます。

❺ 解答・解説

問題の解答と解説が掲載されています。選択肢を判断する問題では，肢1つずつに正誤と詳しく丁寧な解説を載せてあります。また，重要な語句や記述は太字や色文字などで強調していますので注目してください。

STEP3 テーマの知識を整理しよう

必修問題の直後に，セクションテーマの重要な知識や要点をまとめた「インプット」を設けています。この「インプット」で，自身の知識を確認し，解法のテクニックを習得してください。

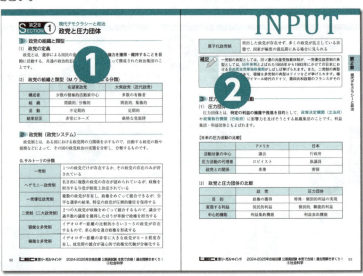

❶「インプット」本文

セクションテーマの重要な知識や要点を，文章や図解などで整理しています。重要な語句や記述は太字や色文字などで強調していますので，逃さず押さえておきましょう。

❷サポートアイコン

「インプット」本文の内容を補強し，要点を学習しやすくする手助けになります。以下のようなアイコンがありますので学習に役立ててください。

●サポートアイコンの種類

補足	「インプット」に登場した用語を理解するための追加説明です。	○○○	「インプット」に出てくる専門用語など，語句の意味の紹介です。
ポイント	「インプット」の内容を理解するうえでの考え方などを示しています。	注目	実際に出題された試験種以外の受験生にも注目してほしい問題です。
具体例	「インプット」に出てくることがらの具体例を示しています。	判例チェック	「インプット」の記載の根拠となる判例と，その内容を示しています。
ミニ知識	「インプット」を学習するうえで，付随的な知識を盛り込んでいます。	判例	「インプット」に出てくる重要な判例を紹介しています。
注意！	受験生たちが間違えやすい部分について，注意を促しています。		科目によって，サポートアイコンが一部使われていない場合もあります。

STEP4 「実践」問題を解いて実力アップ!

「インプット」で知識の整理を済ませたら,本格的に過去問に取り組みましょう。「実践」問題ではセクションで過去に出題されたさまざまな問題を,基本レベルから応用レベルまで収録しています。

❶難易度

収録された問題について,その難易度を「基本レベル」「応用レベル」で表しています。
1周目は「基本レベル」を中心に取り組んでください。2周目からは,志望先の採用試験について頻出度が高い「応用レベル」の問題にもチャレンジしてみましょう。

❷直前復習, ❸頻出度, ❹チェック欄, ❺解答・解説
※各項目の内容は,STEP 2をご参照ください。

STEP5 「章末CHECK」で確認しよう

章末には,この章で学んだ内容を一問一答形式の問題で用意しました。
知識を一気に確認・復習しましょう。

LEC専任講師が,『過去問解きまくり!』を使った
「オススメ学習法」をアドバイス!⇒

講師のオススメ学習法

❓ どこから手をつければいいのか？

　まず本書の流れを確認してください。各セクションは，①最初に必修問題に挑戦し，そのセクションで学ぶ内容のイメージをつけてください。②続いて必修問題の次ページから始まる知識確認をしてください。社会科学の場合は①と②の順序を逆にして，②の知識確認を先にしてから①の必修問題を解いてもかまいません。①と②が終わったら，③実践問題を解いてみましょう。

　次に，各章の最初にある「出題傾向の分析と対策」を見て，その章の中で出題数が多いセクションを確認してください。出題数の多いセクションは得点源ですから必ず取り組むようにしてください。逆に出題数の少ないセクションは，出題数の多いセクションの勉強の妨げにならないように気をつけてください。

🕐 演習のすすめかた

　本試験で社会科学の解答に割くことができる時間は，他科目も考慮すると1問あたり2～3分程度が目標となります。同じ問題を最低3回は解いて目標に達することを目指してください。

❶1周目（数分～20分程度：まず，時間を気にせずに解いてみる）

　社会科学の場合は必要な知識を定着させることが重要です。まず，基本レベルの問題から解いてみましょう。この段階では単に問題の正解肢を見つけるだけでなく，不正解肢のどこが誤りなのかを，解説で1つずつチェックしてください。なお，1周目は多少時間がかかってもかまいません。

❷2周目（3分～10分程度：知識が定着しているかを確認する）

　問題集をひととおり終えて2周目に入ったときは，知識が定着しているかどうかを確認しながら解いてください。この段階では1周目で学習したことが理解できているかをチェックすることが大切です。正誤の判別がつかなかった選択肢については，必ず解説を読み直して再チェックをしてください。

❸3周目以降や直前期（2～3分程度：時間内に解くことを意識する）

　3周目以降や直前期は，2周目までとは逆に時間を意識して解くようにしてください。このときの目標は，1問あたり3分以内が目安です。本試験を意識して，たとえば3問まとめて9分以内，6問まとめて18分以内で解くような演習をしてください。複数の問題をまとめて解くことで，時間配分や時間がかかる問題を取捨選別する力を養ってください。

一般的な学習のすすめかた（目標正答率60〜80%）

　社会科学の全分野（政治・法学・経済・社会）の各セクションを順にひととおり学習する場合です。全体的に学習することで，さまざまな職種や問題に対応することができることから，確実に合格に必要な得点をとることを目指してください。

　もし，試験まで日数や時間はあっても，他科目の勉強時間などで，どうしても社会科学の学習にあまり時間をかけられない方の場合は，頻出分野に絞って演習をすることにより，効率よく合格に必要な得点をとることを目指してください。

　具体的な学習のすすめかたとしては，最初に確認した各章の「出題傾向の分析と対策」の中で出題数が多い分野を優先的に学習します。目指す職種が決まっている方はその職種の出題数の多いセクションを優先して学習してください。

　たとえば第2編の法学ならば，「第4章 日本国憲法の基本的人権」や「第5章 日本国憲法の統治機構」を優先して学習します。特別区，地方上級，国家一般職を目指す方は，第4章の中でも「基本的人権各論」を優先して学習してください。

短期間で学習する場合のすすめかた（目標正答率50〜60%）

　試験までの日数が少なく，短期間で最低限必要な学習をする場合の取り組み方です。学習効果が特に高い問題に絞って演習をすることにより，最短で合格に必要な得点をとることを目指してください。具体的な学習のすすめかたとしては，必修問題と下表の「講師が選ぶ『直前復習』50問」に掲載されている問題を解いてください。これらの問題には問題ページの左側に「直前復習」のマークがつけられています。

直前復習

講師が選ぶ「直前復習」50問

必修問題35問 +

実践3	実践49	実践109	実践140	実践183
実践7	実践50	実践110	実践141	実践189
実践16	実践68	実践114	実践143	実践197
実践19	実践75	実践119	実践144	実践200
実践22	実践81	実践120	実践150	実践206
実践23	実践85	実践121	実践155	実践216
実践26	実践88	実践125	実践163	実践223
実践35	実践92	実践126	実践165	実践228
実践36	実践96	実践132	実践176	実践237
実践44	実践105	実践135	実践179	実践239

目次 CONTENTS

- はしがき
- 本書の効果的活用法
- 講師のオススメ学習法
- 社会科学をマスターする10の秘訣

第1編 政治

第1章 政治原理と政治制度 ······ 3
SECTION① 政治原理・政治思想 問題1〜6 ······ 6
SECTION② 政治制度 問題7〜15 ······ 22

第2章 現代デモクラシーと政治 ······ 47
SECTION① 政党と圧力団体 問題16〜20 ······ 50
SECTION② 選挙制度 問題21〜31 ······ 64

第3章 行政と地方自治 ······ 93
SECTION① 行政と地方自治 問題32〜42 ······ 96

第4章 国際関係 ······ 125
SECTION① 国際連合 問題43〜47 ······ 128
SECTION② 国際社会 問題48〜63 ······ 142

第2編 法学

第1章 法学概論 ······ 183
SECTION① 法学概論 問題64〜72 ······ 186

第2章 基本的人権の歴史 ······ 211
SECTION① 基本的人権の歴史 問題73〜75 ······ 214

| 第3章 | 日本国憲法総論 | 227 |

SECTION① 日本国憲法総論 問題76 〜 81 230

| 第4章 | 日本国憲法の基本的人権 | 249 |

SECTION① 基本的人権総論 問題82 〜 89 252

SECTION② 基本的人権各論 問題90 〜 104 272

| 第5章 | 日本国憲法の統治機構 | 309 |

SECTION① 国会 問題105 〜 118 312

SECTION② 内閣 問題119 〜 123 346

SECTION③ 裁判所 問題124 〜 129 360

| 第6章 | その他の法律など | 379 |

SECTION① 民法の基礎 問題130 〜 133 382

SECTION② 刑法の基礎 問題134 〜 138 394

SECTION③ その他 問題139 〜 148 408

| 第3編 | 経済 |

| 第1章 | 消費者行動と生産者行動 | 437 |

SECTION① 需要と供給 問題149 〜 151 440

SECTION② 消費者と生産者の理論 問題152 〜 154 450

| 第2章 | 国民所得・景気 | 465 |

SECTION① 国民所得理論 問題155 〜 158 468

SECTION② 景気・その他 問題159 〜 163 480

| 第3章 | 財政と金融 | 497 |

SECTION① 財政 問題164 〜 172 500

SECTION② 金融 問題173 〜 182 522

第4章	国際経済	549
SECTION①	貿易に関する基礎理論 問題183～188	552
SECTION②	国際経済機構と地域経済連携 問題189～196	568

第5章	経済史	591
SECTION①	戦後世界経済史 問題197～199	594
SECTION②	戦後日本経済史 問題200～203	604
SECTION③	経済理論の変遷 問題204～205	616

第6章	経済指標・その他	627
SECTION①	経済指標・その他 問題206～211	630

第4編 社会

第1章	社会学の基礎	651
SECTION①	社会学 問題212～213	654
SECTION②	心理学・その他 問題214～215	662

第2章	社会事情	673
SECTION①	社会保障 問題216～227	676
SECTION②	科学・文化 問題228～235	704
SECTION③	環境・その他 問題236～242	724

■INDEX 744

社会科学をマスターする10の秘訣

① 必修問題と直前復習の問題は最低3回は繰り返す！

② 苦手分野をそのままにしない！

③ 誤りの肢にも目を向ける！

④ 解く速さもまた力である！

⑤ 正解肢の9割は基本事項！

⑥ 手を広げすぎない！

⑦ 社会科学を得点源にすれば勢いが違う！

⑧ 復習は日を空けすぎない！

⑨ まずはキーワードを覚える！

⑩ 最後まで粘った者が勝つ！

社会科学

第1編
政治

第1章

政治原理と政治制度

SECTION

① 政治原理・政治思想
② 政治制度

第1章 政治原理と政治制度

出題傾向の分析と対策

試験名	地 上			国家一般職 (旧国Ⅱ)			東京都			特別区			裁判所職員			国税・財務・労基			国家総合職 (旧国Ⅰ)		
年　度	15-17	18-20	21-23	15-17	18-20	21-23	15-17	18-20	21-23	15-17	18-20	21-23	15-17	18-20	21-23	15-17	18-20	21-23	15-17	18-20	21-23
出題数 セクション	4	3	3					2	2	1	1	3	2	2	1					1	2
政治原理・政治思想	★										★										★★
政治制度	★	★★	★★★					★★	★★	★			★★★	★★	★						★

(注) 1つの問題において複数の分野が出題されることがあるため，星の数の合計と出題数とが一致しないことがあります。

「政治原理と政治制度」においては，基本的かつ重要な政治思想とともに，選挙や主要国の政治制度などが出題の中心となっています。具体的にみると，主要な政治思想家と国家観の変遷とその理論の概要，制度からは，議院内閣制と大統領制の比較などがよく出題されています。また，この分野では，時事的な事項も含めて出題がありますので，幅広い知識が問われるといえるでしょう。時事的な事項としては，各国の政権交代に関するものや，各国の大統領や首相について出題されています。なお，国家間の変遷に関して，夜警国家から行政国家への移り変わりなどの大きな流れをつかむことは，社会科学を深く理解するための土台となるため，しっかり学習しましょう。

地方上級
過去には政治原理・政治思想の分野から，行政国家化の問題点や権力論などの出題が見られました。そのため政治と政治権力に関する代表的な思想家とその理論については学習しておくことが必要でしょう。また，近年においては，政治制度に関する出題がなされており，しっかりと学習しておくことは大切です。

国家一般職（旧国家Ⅱ種）
国家一般職においては，この分野からの出題は頻出とはいえませんが，主要国の大統領制度などの政治機構についての出題に注意が必要です。また，アメリカやイギリスだけでなく，ロシア，フランス，ドイツ，中国などの政治制度についても学習しておきましょう。

東京都
過去には政治制度の分野から，各国の大統領または首相に関する問題が出題されています。アメリカ，イギリスだけでなく，他の主要国についても基本的事項

については，学習しておく必要があります。また，近年，政治原理・政治思想からの出題はありません。

特別区

　特別区においては，この分野からの出題が頻出しており，試験対策としての重要度は高いといえます。よって，政治原理，政治制度に関する学習は必須となります。具体的には，社会契約説における，代表的論者やキーワード，著書などを正確に覚えていないと正解にたどりつけないものなどが出題されています。主要各国の政治体制も比較しながら学習しましょう。

裁判所職員

　裁判所職員においては，政治制度の分野からの出題が多いといえますが，政治原理・政治思想をテーマにした問題もまれに見られます。政治原理・政治思想，政治制度ともに力を入れて学習する必要があるといえます。また，時事的な問題にも対応できるよう対策しておいてください。

国税専門官・財務専門官・労働基準監督官

　国税専門官・財務専門官・労働基準監督官においては，この分野の出題は頻出とはいえませんが，社会契約説の代表的論者とその内容についてはしっかりと答えられるようにしておいてください。学者やキーワード，著書など基本的事項については，正確に覚えてしまいましょう。また，各国の政治制度は，主要国についてしっかり学習しておきましょう。

国家総合職（旧国家Ⅰ種）

　国家総合職においては，この分野からの出題は頻出とはいえませんが，過去には各国の統治機構について少し細かい知識を要する問題が出題されています。アメリカ，イギリスのほか，ロシア，フランス，ドイツ，中国などの主要国の政治制度に関しては，十分に学習し，対応できるようにしておきましょう。

Advice　学習と対策
アドバイス

　政治思想について，代表的論者とその理論，代表作品，キーワードなど，表などを使って視覚的にも比較できるようにして覚えるようにしましょう。同様に，主要国の政治機構についても表や図を多用して覚えるようにしてください。さらに，大統領選挙や首相が代わったときなど，時事的な出来事が起こったときには，特に注意が必要となります。日ごろからニュースや新聞には関心をもって注視しておきましょう。

第1章　政治原理と政治制度

政治原理・政治思想

政治原理と政治制度

必修問題 セクションテーマを代表する問題に挑戦！

ホッブズは社会契約説の代表的論者の1人です。ロック，ルソーとともに理解しましょう。

問 ホッブズ又はルソーの思想に関する記述として，妥当なのはどれか。　　　　　　　　　　　　　　　　　　（特別区2012）

1：ホッブズは，国家の権力を立法・行政・司法の三つに分け，それぞれを異なる機関で運用させ，相互の抑制と均衡を図るべきだとする三権分立論を唱えた。
2：ホッブズは，人間は自然状態では「万人の万人に対する闘争」となるので，各人は，契約により議会に自然権を委譲して秩序を維持する必要があるとし，国王の絶対主義を否定した。
3：ホッブズは，「法の精神」を著し，「国王は何人の下にも立つことはないが，神と法の下には立たなければならない」という言葉を引用し，法の支配を主張した。
4：ルソーは，人民主権を論じ，議会を通した間接民主制を否定して，全人民が直接政治に参加する直接民主制を理想の政治体制とした。
5：ルソーは，「市民政府二論」を著し，人々は自然権を守るために，契約により国家をつくったのであり，政府が自然権を侵害するようなことがあれば，人々はこれに抵抗し，政府を変更することができる権利を持つとした。

直前復習

Guidance ガイダンス　社会契約説は，代表的論者であるホッブズ，ロック，ルソーそれぞれの理論を区別して理解しておくことが大切となる。その際，3者それぞれのキーワードを覚えておくと解答しやすい。
ホッブズは「万人の万人に対する闘争状態」，ロックは「抵抗権」，ルソーは「一般意思」が，それぞれのキーワードとなる。

頻出度　地上★★★　国家一般職★　東京都★　特別区★★★
　　　　裁判所職員★★★　国税・財務・労基★★　国家総合職★★

必修問題の解説

〈ホッブズとルソーの思想〉

1 × 国家の権力を立法・行政・司法の3つに分けた三権分立を主張したのは，C.モンテスキューである。モンテスキューは著書『法の精神』の中で，国家権力を立法権，行政権（執行権），司法権（裁判権）の三権に分割し，それぞれ独立した機関に帰属させ，相互に抑制と均衡を保つことにより市民の自由や権利が保障されると主張した。

2 × T.ホッブズは，自然状態を「万人の万人に対する闘争」状態だと定義した。そして，人民は自己の自然権である自己保存権を唯一の人間または唯一の合議体に移譲する契約を人民相互に結び，主権を持った国家が設立されるべきことを説いた。そして，国家が再び自然状態へと転落する危険性を回避するために，国家は絶対・不可分・不可侵の主権を持ち，これに対する抵抗・反逆は許されないと主張した。この考え方は，絶対主義を擁護する根拠となった。

3 × E.コークは，「国王はいかなる人の下にも立たないが，神と法の下にある」という13世紀においてイギリスの裁判官であったH.ブラクトンの言葉を引いて，王権神授説を信奉する国王をいさめた。これが「法の支配」の確立につながった。

4 ○ J.J.ルソーは自著『社会契約論』において，一般意思は，常に公共の利益を目指し，決して誤りを犯すことがないものとされており，それゆえに人民は一般意思に服従することを義務付けられると説いた。また，一般意思は，他者に譲渡することも分割することもできないため，間接民主制を否定し，全人民が直接政治に参加する直接民主制を理想の政治体制と捉えた。そして，人民は一般意思の表現形態である法に違うことによって完全な自由を獲得すると考えた。

5 × 人民は契約によって国家を形成し，統治機関が設立目的に反する活動をした場合には，人民には一方的に信託を取り消し，政府を交代させる権利が留保されていると説いたのは，J.ロックである。また，J.ロックは著書『統治二論（市民政府二論）』において，権力の集中による政府の暴政を防ぐため，統治機関を立法機関と執行機関に分割することを主張した。

正答 4

SECTION 1 政治原理と政治制度
政治原理・政治思想

1 絶対主義時代の政治思想

(1) N.マキャヴェリ　主著『君主論』

マキャヴェリは，支配者には，ヴィルトゥ＝「ライオンの力とキツネの狡さ」が必要と説くなど，徹底したリアリズムと目的合理主義の立場に立ち，政治を神学や倫理学から解放しました。

絶対主義時代	中世と近代の狭間にあり，ルネサンスと宗教改革を経て，ローマ・カトリック教会と封建貴族の勢力が衰退していき，国王に権力が集中して中央集権国家が形成されていく時代のことを指します。

(2) J.ボーダン　主著『国家論』

ボーダンは，絶対的かつ恒久的なものとして主権概念を提示し，絶対王政の確立に寄与した人物です。彼のいう主権の絶対性は，国内的最高性と対外的自立を，主権の恒久性は，主権が直接国家に帰属することをそれぞれ含意しています。

2 社会契約説

社会契約説	17～18世紀の市民革命期の代表的な思想です。代表的な思想家として，ホッブズ，ロック，ルソーが挙げられます。自然状態を想定し，そこから個人がその自然権を確保するために相互に社会契約を結び，その結果として国家が設立されるという理論構成によって，国家の成り立ちを説明するものです。

(1) T.ホッブズ　主著『リヴァイアサン』

ホッブズは，自然状態において，人間は，万人の万人に対する闘争状態にあると主張しました。そこで，自己の生命身体を保全するために必要な一切のことをなす権利としての自然権を持つ各人民は，自然状態を終わらせ，平和を実現するために，自己の自然権を唯一の人間または唯一の合議体に委譲する契約を相互に結び，これによって主権を持った国家が設立されると述べました。

(2) J.ロック　主著『統治二論』（『市民政府二論』）

ロックによれば，自然状態は平和な状態ですが，潜在的には常に闘争状態へと転落する不安定な状態とされます。この不安定な状態を脱却して生命・自由・財産に対する権利である自然権の享受を確実なものとするため，人民は，契約によって共同社会を形成し，そこに統治機関を設立してその権力を信託すると考えました。また，統治機関が設立目的に反する活動をした場合，人民には一方的に信託を取り消して政府を交代させる権利が留保されているとしました（抵抗権・革命権）。

INPUT

(3) J.J.ルソー 主著『社会契約論』

ルソーによれば，現実の文明社会は，自然状態で人間が有していた善性や自由，平等が失われ，私有財産制に基づく**不平等と支配と悪徳のはびこる社会**とされます。このような社会を改めて**人間性を回復するため，各人は自身の持つすべての権利とともに自分自身をも共同体に完全に委譲**します（ここで成立する共同体の意思が**一般意思**です）。そこで人民は，一般意思の表現形態である法に従うことによって**完全な自由を獲得**することができるとルソーは主張しました。

	ホッブズ	ロック	ルソー
主　著	『リヴァイアサン』	『統治二論』	『社会契約論』
自然状態	万人の万人に対する闘争 →無秩序状態	自然法に基づく平和 →不安定	他者のいない平和 →現実は堕落
契約目的	自己保存の全う	財産権の確保	人間性の回復
国家主権	絶対・不可分・不可侵 抵抗権(革命権)を認めない	権力分立 （立法と執行） 抵抗権・革命権を容認	人民主権・直接民主制

3 国家観の変遷

近代国家は，その役割が対外的防衛や国内の秩序維持といった消極的役割に限定されるべきものと考えられていました（「消極国家」，「**夜警国家**」）。しかし，資本主義経済の発展により貧困や失業が社会問題となる中で，国家は，社会・経済政策の実施を求められるようになり，「積極国家」（**福祉国家**）へと変貌しました。そして，国家の積極国家化は，政治的問題の量的増大と質的高度化をもたらし，その結果，政治の中心を立法府から行政府へと移行させました。このように，行政府が政治において決定的に重要な機能を果たす国家を，近代の立法国家に対して，「行政国家」とよびます。

近代国家	→夜警国家，消極国家，立法国家

現代国家	→福祉国家，積極国家，行政国家

SECTION 1 政治原理と政治制度
政治原理・政治思想

実践 問題 1　基本レベル

頻出度　地上★★★　国家一般職★　東京都★　特別区★★★
　　　　裁判所職員★★★　国税・財務・労基★★　国家総合職★★

問 国家に関する次のA～Dの記述の正誤の組合せとして最も適当なのはどれか。
（裁事・家裁2009）

A：夜警国家とは，「個人の財産と人格的自由」の保護だけを任務とした近代自由主義国家を批判した表現であり，ドイツの社会主義者ラッサールによって初めて用いられた。現在では，一般的に「安価な政府」，「消極国家」などとともに，近代自由主義国家を特徴づける言葉として用いられる。

B：福祉国家とは，政府が積極的な社会政策や経済政策を実施することによって国民生活の安定と福利の増進を図る国家を指し，20世紀前半から徐々に形成され，1930年代の大恐慌を経て，西欧先進諸国で定着した。特にイギリスでは，経済学者ケインズが示した政府の財政政策と社会保障に関する総合計画に基づいて，体系的な社会保障制度が形成された。

C：権力国家とは，支配と被支配の権力関係または権力機構を中心に考えられた理念的な国家概念である。例えば，反抗的な有力者や人民を服従させ，彼らから積極的な支持を獲得する「支配の技術」を教えているという点で，マキアヴェッリの『君主論』は権力国家論の系譜に属している。

D：破綻国家は，1980年代のラテンアメリカ諸国の経済危機に際してIMFが経済破綻をした国につけた名称である。インフレ率，経常収支赤字比率，貿易収支赤字比率，対外債務残高などの指標が一定の基準を超えると，破綻国家と呼ばれ，IMFや世界銀行が救済策を発動することになっている。

	A	B	C	D
1	正	正	正	誤
2	正	誤	正	誤
3	正	誤	誤	正
4	誤	正	正	正
5	誤	誤	誤	正

OUTPUT

実践 問題 **1** の解説

チェック欄		
1回目	2回目	3回目

〈国家観〉

第1章 政治原理と政治制度

A○ **夜警国家**とは,「安価な政府」や消極国家などとともに,国家機能を国防や治安維持など最低限にとどめた自由放任の国家観として今日では用いられる。もともとは,本記述にあるように,ドイツの政治学者**F.ラッサール**が主著『労働者綱領』において,当時の資本主義国家を夜警国家と非難したことに由来する。なお,ラッサールはK.マルクスとも親交があった社会主義者である。

B× **福祉国家**とは,狭義には政府が積極的な社会保障制度を整えて国民生活の安定と福利の増進を図る国家である。イギリスにおいて今日的な社会保障制度が成立し,福祉国家の体制の整備が進められたのは,1942年の**ベヴァリッジ報告**（社会保険および関連サービスに関する報告）後のことであり,ケインズ経済学と福祉国家を直接結び付けるのは妥当であるとはいいがたく,広義の福祉国家概念では財政政策や雇用政策をも含めた意味で用いることもあるが,一般的ではない。

C○ ルネサンス期のイタリアの政治学者である**N.マキャヴェリ**（マキアヴェッリ）は,主著『**君主論**』の中で政治を宗教から切り離し,徹底したリアリズムと目的合理主義を主張した。マキャヴェリは,被支配者の服従を獲得するために,常備軍を編制して君主の権力を強固にすることを重視した。このような国家のあり方は,支配と被支配の権力関係または権力機構を中心に考えられた権力国家の系譜に位置づけられる。

D× **破綻国家**とは,一般的に国家機能を喪失して,境界内における武装衝突や内戦,政治の腐敗などにより国民に適切な行政サービスを提供できない国家をいうので,特に財政的に破綻した国家のみが対象となるわけではない。失敗国家,崩壊国家ともいわれることがあり,主に開発途上国で発生しやすく,犯罪者やテロリストなどの温床となりやすい。

以上より,記述Aが正,Bが誤,Cが正,Dが誤であり,正解は肢2となる。

正答 2

LEC東京リーガルマインド 2024-2025年合格目標 公務員試験 本気で合格！過去問解きまくり！ ④社会科学 11

第1章 政治原理と政治制度
SECTION 1 政治原理・政治思想

実践　問題 2　基本レベル

頻出度　地上★★★　国家一般職★　東京都★　特別区★★★
　　　　裁判所職員★★★　国税・財務・労基★★　国家総合職★★

問　権力分立の具体的態様について，次の記述1～5があるが，そのうち**妥当でないもの**はどれか。　　　　　　　　　　　　　　　　　　　　（地上2014）

1：権力分立の原理は，権力集中による権力濫用から国民の自由を守ることを究極の目的とし，そうしたことからすぐれて自由主義的な原理と言われる。

2：権力分立の原理は，「自由な政府は，信頼だけでなく，猜疑に基づいて建設せられる」という悲観的人間観を前提としている。

3：権力分立の原理は，権力相互の摩擦によって専制政治を防止することにより，権力行使の効率性が高いとされている。

4：権力分立の原理は，政治的中立性を有し，君主主義・民主主義と矛盾せずに結びつく。

5：権力分立の原理の政治的意義は，法の下において，恣意的な権力を防止し，立憲主義を保つことにある。

OUTPUT

実践 問題 2 の解説

〈権力分立〉

1 **妥当である** 権力分立の原理は，個人の自由を国家権力の濫用から守るという自由主義的な原理である。この原理は，政治権力が単一の個人や組織に独占されないように，これを分割して複数の機関に分散し，権力相互間での抑制・均衡を実現させることによって，権力の濫用を防止することに意義があるとする考え方である。

2 **妥当である** 本肢記述は，アメリカ独立宣言を起草し，後に第3代アメリカ合衆国大統領となったトマス・ジェファーソンが1798年のケンタッキー州議会決議で示した言葉である。権力分立は，国家権力およびそれを行使する者に対する信頼ではなく，猜疑に由来するとされる。

3 **妥当でない** 権力分立の原理は，権力行使の効率性については触れていない。アメリカ合衆国連邦最高裁判所判事を歴任したルイス・ブランダイスによると，権力分立は不可避的な権力間の摩擦によって国民の自由を確保し，専制政治から守る政治原理であるとされる。

4 **妥当である** 権力分立の原理は，政治的に中立性を有し，君主主義でも，民主主義的でもないとされる。ちなみに，C.モンテスキューは，君主主義を前提に立法・行政・司法の三権分立を提唱したが，民主主義にも矛盾なく当てはまる。

5 **妥当である** 恣意的な権力行使を防止する立憲主義を現実として保つために，権力分立の原理には，国家権力を分立して，権力行使をする機関の権限を分立する政治的意義があるとされる。

以上より，妥当でないものは肢3であり，正解は肢3となる。

正答 3

政治原理・政治思想

実践 問題 3 基本レベル

頻出度 地上★★★ 国家一般職★ 東京都★ 特別区★★★
　　　 裁判所職員★★★ 国税・財務・労基★★ 国家総合職★★

問 政治思想に関する記述として最も妥当なのはどれか。　（国税・労基2007）

1：アダム＝スミスは，神の「見えざる手」によって統治権が国王に委任されているとする，王権神授説を唱えた。この理論に目をとめたヘンリ8世によって英国に招かれると，英国の経済制度をモデルとして『国富論（諸国民の富）』を著した。

2：ホッブズは『リヴァイアサン』の中で，自然状態では「万人の，万人に対する闘争」が生じるので，生存のために人は自然権を国家に委譲しているとする，社会契約説を唱えた。この理論は社会契約説の先駆となったが，結果的に君主による絶対的な支配を容認した。

3：ロックは『市民政府二論（統治二論）』の中で，国家権力による権利の侵害を防止するために，国家権力のうち立法権，行政権及び司法権の三権は分離されるべきとする，三権分立論を唱えた。この三権分立論は，英国の名誉革命に多大な影響を与えた。

4：ベヴァリッジは『ベヴァリッジ報告』の中で，国家は国民に対し「ゆりかごから墓場まで」最低限度の生活を保障するべきとする，福祉国家論を唱えた。この報告の影響を受けて英国ではチャーティスト運動が盛り上がり，ドイツではワイマール憲法が制定された。

5：マルクスは『共産党宣言』の中で，私有財産を否定する空想的社会主義を唱えた。この理論を『資本論』で科学的社会主義に発展させると，エンゲルスとともにロシア革命を指導し，ソビエト連邦を成立させた。

実践 問題 3 の解説

〈政治思想〉

1 ✗ アダム・スミスは，著書『国富論（諸国民の富）』の中で，**市場原理に基づく自由競争によって社会全体の厚生が最大化される**と唱えた。スミスは，経済においても政府の干渉を排除することを主張し，近代経済学の父とよばれている。

2 ◯ T.ホッブズは，著書『リヴァイアサン』の中で**王権神授説を否定し社会契約説を唱えた**。ホッブズの社会契約説によれば，市民は自然状態から脱して自己保存を図るために，自然権を唯一の人間または唯一の合議体に委譲することにより国家が設立される。ただし，この自然権は絶対・不可分・不可侵であり，抵抗や反逆を認めないため，結果的に，絶対王政を擁護することになった。

3 ✗ J.ロックは，その著書『市民政府二論（統治二論）』の中で，政府が権力を行使するのは国民の信託によるものであるとし，議会優位の権力分立を唱えた。そして，政府が国民の意向に反して生命や自由，財産を侵害することがあれば，抵抗権・革命権を行使して政府を変更することができるとしている。なお，三権分立論を唱えたのは，『法の精神』を著したC.モンテスキューである。

4 ✗ イギリスの第2次世界大戦後における社会保障制度の確立に寄与した『ベヴァリッジ報告』とは，経済学者であるW.H.ベヴァリッジが，1942年に発表した**社会保障制度に関する報告書**であり，「ゆりかごから墓場まで」とは，戦後，イギリスの労働党が掲げた社会福祉政策のスローガンである。一方，ワイマール憲法は1919年のワイマール・ドイツで誕生し，**世界で初めて社会権を保障した憲法**である。

5 ✗ K.マルクスとF.エンゲルスは，その共著『共産党宣言』の中で，労働者階級による政治権力の奪取と私有財産の廃止を呼びかけ，「科学的に構築される社会主義（科学的社会主義）」を唱えた。空想的社会主義という語句は，科学的社会主義との対比として非科学的で観念的な社会主義を指して使用されている。なお，ロシア革命を指導し，ソビエト連邦を成立させたのは，V.レーニンである。

正答 **2**

第1章 政治原理と政治制度

SECTION 1 政治原理・政治制度
政治原理・政治思想

実践 問題 4 基本レベル

頻出度　地上★★★　国家一般職★　東京都★★　特別区★★
　　　　裁判所職員★★　国税・財務・労基★　国家総合職★★

問　近代民主政治と基本的人権の保障に関する記述として最も妥当なものはどれか。 （裁判所職員2022）

1：イギリスではマグナ＝カルタのような慣習法が早くから作られていたこともあり、ホッブズは、「国王といえども神と法のもとにあるべきだ」と主張した。
2：ロックは、政府とは国民が自然権を守るために代表者に政治権力を信託したものであるから、政府が自然権を侵害した場合、国民には抵抗権（革命権）が生じるとした。
3：ルソーは、ロックの唱えた権力分立制を修正して、国家権力を立法権・行政権・司法権の三権に分離し、相互の抑制と均衡を図ろうと考えた。
4：アメリカのヴァージニア権利章典・独立宣言は、どちらもフランス人権宣言の影響を受けて採択されたものであり、いずれも人が平等であることを宣言している。
5：イギリスの裁判官クック（コーク）は、国家の任務を国防や治安維持など必要最小限のものに限る自由放任主義の国家を、夜警国家と呼んで批判した。

OUTPUT

実践 問題 4 の解説

〈近代民主政治と基本的人権の保障〉

1 × 「国王といえども神と法のもとにあるべきだ」と主張したのは，E.コークなので，本肢記述は誤りである。コークは，13世紀のイギリスの裁判官であったH.ブラクトンの言葉を引用して，王権神授説を信奉する国王をいさめた。

2 ○ 本肢記述のとおりである。J.ロックは，政府とは国民が自然権を守るために代表者に政治権力を信託したものであるから，政府が自然権を侵害した場合，国民には一方的に信託を取り消して政府を交代させる抵抗権（革命権）が留保されているとした。

3 × J.ロックの唱えた権力分立制を修正して，国家権力を立法権・行政権・司法権の三権に分離し，相互の抑制と均衡を図ろうと考えたのはC.モンテスキューである。よって，本肢記述は誤りである。

4 × アメリカのヴァージニア権利章典・独立宣言が，フランス人権宣言に影響を与えたので，本肢記述は誤りである。

5 × 国家の任務を国防や治安維持など必要最小限のものに限る自由放任主義の国家を，夜警国家とよんで批判したのは，ドイツの社会主義者であるF.ラッサールなので，本肢記述は誤りである。

正答 2

第1章 SECTION 1 政治原理と政治制度
政治原理・政治思想

実践 問題 5 基本レベル

頻出度	地上★★★	国家一般職★	東京都★	特別区★★★
	裁判所職員★★★	国税・財務・労基★★		国家総合職★★

問 政府の役割に関する次のA～Dの記述の正誤の組合せとして最も適当なのはどれか。 （裁事・家裁2011）

A：18世紀，イギリスの経済学者アダム・スミスは，個人の経済的自由の範囲を広くし，政府の干渉をできる限り小さくすることが，諸個人が生まれ持つ「自然権」を守る上で重要であると説いた。スミスが理想とする国家は，最小国家，ないし夜警国家と呼ばれ，この国家観は，古典的自由主義の基礎を成すものであった。

B：20世紀に入ると，失業や貧困等の様々な社会的問題を解決する「大きな政府」への期待が高まり，多くの先進国では，公共事業により雇用を創出し，国内需要を喚起するケインズ型の経済政策が採り入れられるようになった。所得の再分配を目的とした逆進課税制度も，「大きな政府」に特徴的な税制である。

C：福祉国家の肥大化に伴い，「政府の失敗」が指摘されるようになると，多くの先進国において市場志向型の改革が行われるようになった。日本でも，1990年代に，日本国有鉄道，日本電信電話公社，日本専売公社等の国有企業が民営化されたのは，このような新自由主義的な改革の流れを受けたものである。

D：1970年代に『正義論』を著したアメリカの政治哲学者ジョン・ロールズは，正義の原理をもとに所得の再分配等の福祉政策を理論的に擁護した。ロールズは，「無知のヴェール」に覆われているとする仮想的条件を提言し，そのような「原初状態」において，市民は社会的・経済的不平等を是正する福祉政策の充実を合理的に選択するはずであると論じた。

	A	B	C	D
1 :	正	正	誤	正
2 :	正	誤	正	正
3 :	誤	正	誤	誤
4 :	正	誤	誤	正
5 :	誤	正	正	誤

OUTPUT

チェック欄		
1回目	2回目	3回目

実践 問題 **5** の解説

〈政府の役割〉

A ○ アダム・スミスは，イギリスの経済学者・思想家で，古典派経済学の大家として知られる。『国富論』（『諸国民の富』），『道徳感情論』などの著作で知られる。彼は，個人の利己的な利益追求が，市場においては「見えざる手」に導かれて，自然に予定調和状態が実現するとした。それゆえ個人の自由な経済活動や市場の自律的な動きを重んじ，国家は市場に介入すべきではないとする概念（自由放任経済）を主張した。このような国家観は，「夜警国家」，「最小国家」に類するとされるが，これらは「国家からの自由」をモチーフとする古典的自由主義の基礎をなすものといえる。

B × 「所得の再配分を目的とした逆進課税制度も，「大きな政府」に特徴的な税制である」としている点が誤りである。**逆進課税制度とは，累進課税制度と異なり，所得の少ない者ほど負担が重くなるような税制をいう**。J.M.ケインズは所得の再分配のために累進課税制度の必要性を主張した。ケインズは，完全雇用を実現するためには有効需要を創出する必要があり，公共投資や減税などの国家による政策によってそれを実現すべきであると説いた。

C × 福祉国家の肥大化により「政府の失敗」が指摘され，市場志向型の改革が展開された点は正しい。例として，イギリスのサッチャー政権やアメリカ合衆国のレーガン政権による政策展開が挙げられる。しかし，日本国有鉄道，日本電信電話公社，日本専売公社などの国有企業が民営化されたのは，1990年代ではなく1980年代で，いずれも中曽根康弘内閣により行われた。

D ○ J.ロールズは『正義論』において，人々が「原初状態」においてどのような正義の原理を採用するかに関して，人々が他人の能力や資産などについての情報をまったく持っていない（「無知のヴェール」）ならば，社会状態に入ったとき，自分が社会的に最も弱者であったとしてもその状態が受け入れがたくないように社会の正義を全員一致で決定するだろうとした。そして彼はここから第一原理「平等な自由の原理」と第二原理「格差原理」「公正な機会均等原理」を導いた。とりわけ第二原理の「格差原理」は社会的・経済的不平等を是正するものであり，ロールズの学説は長くアメリカにおけるリベラルの理論的支柱とされた。

　以上より，記述Aが正，Bが誤，Cが誤，Dが正であり，正解は肢4となる。

正答 4

第1章 政治原理と政治制度

2024-2025年合格目標 公務員試験 本気で合格！過去問解きまくり！④社会科学

政治原理・政治思想

実践 問題 6 応用レベル

頻出度	地上★★★	国家一般職★	東京都★	特別区★★
	裁判所職員★★★	国税・財務・労基★★		国家総合職★★

問 政治思想に関する記述として最も妥当なものはどれか。　（裁判所職員2019）

1：モンテスキューは，政治的自由を実現するためには権力の制限が必要であると考え，いわゆる権力分立論を展開した。その主張は，イギリスにみられるような立法（議会）と執行（国王）の間における権力分立，すなわち二権分立の確立に集約される。

2：グロティウス（グロチウス）は，「国際法の父」とも呼ばれている。自然法を正しい理性の命令ととらえ，国際社会にも自然法が存在するとし，法によらず戦争に訴える国家を批判した。また，海洋はいずれの国も占有できない自由な場所であると主張した。

3：ホッブズは，「万人の万人に対する戦争」において勝利した者が，社会契約に基づいて人民から自然権を譲渡され，絶対的な権力者になると考えた。そして，たとえ人民の権利が侵害されたとしても，人民が抵抗権を行使することは認められないと主張した。

4：ロックは，社会契約に基づいて人民から自然権を信託された政府が人民を統治することになると考えた。そして，政府による統治が不当なものであったとしても，人民が抵抗権や革命権を行使することはできないと主張した。

5：ルソーは，人民がみずからの手で選出した代表者を共同体の統治機関と位置づけて自然権を全面譲渡し，その支配に服すべきだと主張した。なぜならば，ここにおいて人民は主権者であると同時に臣民となり，自己統治が完成することになるためである。

OUTPUT

実践 問題 6 の解説

〈政治思想〉

1 × 本肢記述はJ.ロックに関する説明なので誤りである。ロックは，政治的自由を実現するためには権力の集中による政府の暴政を防ぐ必要があると考え，いわゆる権力分立論を展開した。その主張は，イギリスに見られるような統治機関を立法（議会）と執行（国王）の間における権力分立，すなわち二権分立の確立に集約された。

2 ○ 本肢記述のとおりである。近代国際法の成立にあたっては，H.グロティウス（グロチウス）が寄与するところが大きいことから，「国際法の父」ともよばれている。なお，「海洋はいずれの国も占有できない自由な場所である」との主張は「公海自由の原則」とよばれている。

3 × T.ホッブズは，自然状態である「万人の万人に対する戦争」状態において，人民は自己の自然権である自己保存権を唯一の人間または唯一の合議体に委譲する契約を人民相互に結び，主権を持った国家が設立されると考えた。したがって，「万人の万人に対する戦争」において勝利したものが，絶対的な権力者になるわけではないので，本肢記述は誤りである。

4 × J.ロックは，統治機関が設立目的に反する活動をした場合，人民は一方的に信託を取り消し，政府（統治機関）を交代させる権利が留保されている（**抵抗権・革命権**）と主張したので，本肢記述は誤りである。

5 × J.J.ルソーは，各人の自身の持つすべての権利とともに自分自身をも共同体に完全に委譲することによって成立する共同体の意思である「一般意思」が，他者に譲渡することも分割することもできないものであるとして，代議者による代議政治を否定していたので，本肢記述は誤りである。

正答 2

政治原理と政治制度
政治制度

セクションテーマを代表する問題に挑戦！

大統領制の典型的な国として，アメリカが挙げられます。頻出項目ですので確実にマスターしましょう。

問 アメリカ合衆国の政治制度に関する記述として最も妥当なのはどれか。　　　　　　　　　　　　　　　　　　　　　　（国Ⅱ2007）

1：憲法上，大統領の任期は1期4年と定められているが，再選に関する規定は設けられていない。しかし，初代大統領のG.ワシントンが2期8年で退任したため，再選は1度限りとする不文律が成立しており，これまでに3選を果たした大統領は存在しない。

2：大統領の下には，国務長官や国防長官をはじめとする各省の長官で構成される内閣が置かれている。内閣は憲法上，大統領に対して連帯責任を負うと定められているため，各長官には通常，大統領の政治的な支持者などが任命される。

3：大統領は，自らの政策決定を補佐させるために大統領補佐官を任命する。彼らは平時には各省に属し次官や次官補として活動するが，非常時においては大統領府において大統領を直接に補佐する。キューバ危機への対応で大きな役割を果たしたH.A.キッシンジャーは，その代表例である。

4：大統領は，上下両院を通過した法案に署名せず，異議を付して議会に法案を送り返すことができる，これが拒否権と呼ばれるものであるが，大統領は拒否権を発動しても，両院のそれぞれ3分の2以上が法案の再可決に同意すれば，法案は成立する。

5：大統領は，両院の議員が推薦し，国民投票で選ばれた大統領選挙人団による間接選挙で選ばれることから，国民に対して責任を負うとともに議会に対しても責任を負う。このため，慣例として，上院議長には副大統領が，下院議長には国務長官がそれぞれ就任することになっている。

Guidance ガイダンス　アメリカ合衆国の政治制度の特徴として，大統領が間接選挙で選出され，任期は4年，3選禁止という規定がある。その他，大統領は，法律案や予算案を議会に提出することができないことなども挙げられる。

必修問題の解説

〈アメリカ合衆国の政治制度〉

1 ✗ アメリカ合衆国大統領は，合衆国憲法2条1節の規定により，任期は1期4年と定められている。しかし，修正第22条の規定により，2度を超えて選出されることは認められていない（三選の禁止）。この規定は，第32代大統領のF.ローズベルトが4期目の在職中に死去したことを受けて修正されたものである。

2 ✗ アメリカ合衆国大統領のもとには，国務長官や国防長官をはじめとする各省の長官で構成される内閣は置かれていない。アメリカの政治制度には内閣が存在しないため，当然，大統領に対して内閣が連帯責任を負うこともない。なお，大統領によって指名された各長官は，罷免権を有する大統領に対して個別的に責任を負う。

3 ✗ アメリカ合衆国大統領は，自らの政策決定を補佐させるために大統領補佐官を任命する。大統領補佐官は各省には属しておらず，大統領府において大統領を直接に補佐している。また，キューバ危機（1962年）への対応で大きな役割を果たした大統領補佐官はK.オドネルであり，H.A.キッシンジャーではない。キッシンジャーは，ニクソン政権期（1969-74年）の国家安全保障担当大統領補佐官であり，その後フォード政権期（1974-77年）には国務長官を務めた。

4 ○ アメリカ合衆国大統領は，上下両院で可決された法案に対し，法案を受け取ってから10日以内であれば，署名せずに異議を付して法案を議会に送り返すことができる（拒否権）。ただし，上下両院がそれぞれ3分の2以上の特別多数で同一の法案を再可決した場合には，当該法案は大統領の署名なしで法律として成立する（オーバーライド）。

5 ✗ アメリカ合衆国大統領は，国民投票で選ばれた大統領選挙人団による間接選挙で選ばれる。上下両院の議員の推薦は必要ない。そのため，国民に対しては責任を負うが，議会に対しては責任を負わない。また，合衆国副大統領は上院議長を兼務し，賛成反対同数の場合にのみ一票を投じる権限（議長決裁権）を持つが，国務長官が下院議長に就任することはない。下院議長は議会の中の多数党から選出される。

正答 4

第1章 SECTION ② 政治原理と政治制度
政治制度

1 統治形態の分類

(1) 議院内閣制
- 行政府（内閣）が立法府（議会）の信任の上に成立している。
- 通常，議会の第一院の多数党から首相が選出される。
- 内閣は議会に対して連帯して責任を負う。
- 内閣の議会解散権，議会の内閣不信任決議権がある場合が多い。

(2) 大統領制
- 行政府の長である大統領に強い権限が与えられている。
- 大統領は議会と無関係に選出されることが多い。
- 立法府と行政府の役割が厳格に分離されている。

2 主要国の政治制度

(1) イギリス

　立憲君主制国家で，成文の憲法典を持たない（憲法習律に依拠）国で，議院内閣制を採る国の典型です。内閣は議会（下院）に対して連帯して責任を負い，（実質的な）下院解散権を持っています。議会は二院制で，上院（貴族院）は実質的権限をほとんど持たず，選挙に基づき構成される下院（庶民院）が上院に優越します。また，下院は内閣不信任決議権を持っています。

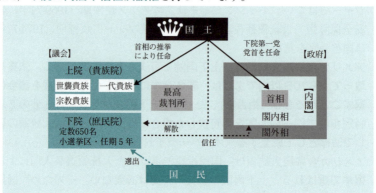

イギリスの議院内閣制は，下院総選挙の直後に，下院第一党の党首が国王から首相に任命される（首相の指名選挙は行わない）という点や，大臣は全員議員でなければならないという点で日本とは異なります。

(2) アメリカ

　アメリカは，連邦共和制の国で，きわめて厳格な権力分立制を採っています。合

衆国大統領は**国家元首であり，行政権の長**として行政各部の長官（閣僚）を任命し，統率します。大統領は，**大統領選挙人団による間接選挙**によって**任期4年**で選出され，**3選は禁止**されています。また，**議会は大統領（や閣僚）を不信任することができず，大統領も議会を解散することができません**。一方，連邦議会は**州を基礎とする上院（元老院）**と**人口を基礎とする下院（代議院）**からなる二院制です。

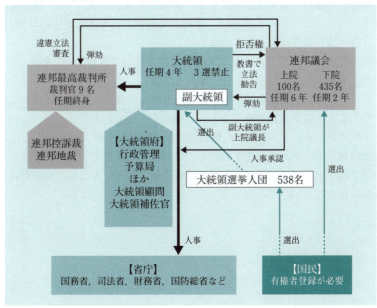

(3) フランス・ドイツ・中国

① フランス

フランスでは，国家元首である大統領（任期5年，直接公選，3選禁止）が，首相の任免権や下院の解散権など，**国政に関する実質的権能**を有しています。

② ドイツ

ドイツでは，大統領と首相が併存するが，大統領（任期5年，再任は1回のみ可能）は国家元首ですが，国政上名目的・形式的存在で，**連邦宰相（首相）が行政権を行使**しています。

③ 中国

中国では，全国人民代表大会（全人代）が，すべての国家行政機関を組織し，それを監督し，責任を負う最高の国家権力機関です。また，国家主席は国家元首的存在です。

第1章 SECTION 2 政治原理と政治制度
政治制度

実践 問題 7 基本レベル

頻出度 地上★★　国家一般職★　東京都★★★　特別区★★
　　　　裁判所職員★★★　国税・財務・労基★　国家総合職★★

問 世界の政治体制に関する記述として，妥当なのはどれか。　　（東京都2020）

1：フランス及びロシアの大統領は，議院内閣制のもとで議会を中心に選出され，名目的・儀礼的な権限しかもたない。
2：議院内閣制を採用するイギリスでは，政権を担当できなかった野党は，「影の内閣」を組織し，次期政権を担う準備をする。
3：イタリアでは大統領制を採用しており，大統領は議会や裁判所に対して強い独立性をもち，違憲立法審査権など強い権限をもっている。
4：フィリピンやインドネシアは，権力集中制と呼ばれる軍人や官僚中心の政権が国民の政治的・市民的自由を制限し，経済開発を最優先する体制である。
5：中国では，全国民の意思は中国共産党に集約されているため，立法府に当たるものは存在しない。

直前復習

実践 問題 7 の解説

〈世界の政治体制〉

1 ✕ フランスおよびロシアは，議院内閣制と大統領制を折衷した「半大統領制」となっている。よって，両国の大統領は，国家元首として非常大権など国政に関する強大な実質的権能を有しているので，本肢記述は誤りである。

2 ◯ 本肢記述のとおりである。議院内閣制を採用するイギリスでは，政権を担当できなかった野党は，「影の内閣（シャドウ・キャビネット）」を組織し，次期政権を担う準備をする。影の内閣のメンバーには，特別報酬や特別調査費が支給されている。

3 ✕ イタリアでは大統領制を採用しているが，大統領は国政上において名目的・形式的存在であり，首相が行政権を行使しているので，本肢記述は誤りである。

4 ✕ かつてのフィリピンやインドネシアでは，軍人や官僚中心の政権が国民の政治的・市民的自由を制限し，経済開発を最優先する体制がとられてきたが，それは権力集中制ではなく開発独裁とよばれていた。権力（民主）集中制とは，中国や旧ソ連といった社会主義国のように，一カ所に国家権力が集中し，強力な政治を行うことができる体制である。

5 ✕ 中国では，全国人民代表大会（全人代）が最高の国家権力機関とされ，常設機関である全国人民代表大会常務委員会とともに国家の立法権を行使しているので，本肢記述は誤りである。

正答 2

第1章 SECTION 2 政治原理と政治制度
政治制度

実践 問題 8 基本レベル

頻出度　地上★★　国家一般職★★★　東京都★★★　特別区★★★
　　　　裁判所職員★★★　国税・財務・労基★★　国家総合職★★

問 世界の主な政治体制に関する記述として，妥当なのはどれか。（特別区2009）

1：イギリスの議会は，上院と下院からなり，下院優越の原則が確立しているが上院は違憲立法審査権をもっている。
2：イギリスの内閣は，議会の多数を占める政党の党首が首相になって組織し，連帯して議会に責任を負い，議会が内閣を信任しない場合，内閣は総辞職するか，上院と下院を解散して選挙で国民の信を問わなければならない。
3：アメリカの大統領は，議会に議席が無く，議会の解散権はもたないが，議会への法案提出権をもち，議会が可決した法案に拒否権を発動することができる。
4：アメリカの議会は，各州2名の代表からなる上院と各州から人口に比例して選出される下院からなり，いずれも大統領が拒否した法案の再可決権をもつほか，上院は行政府の主要人事への同意権をもつ。
5：中国では，最高行政機関である国務院は，国家の最高権力機関である全国人民代表大会の下におかれ，司法機関である最高人民法院は，国務院の下におかれている。

OUTPUT

実践 問題 8 の解説

〈世界の政治体制〉

1 × イギリスの議会は，任期が終身の上院（貴族院）と，任期5年の下院（庶民院）からなり，下院が上院に優越している。また，イギリスは成文の憲法典を持たず，議会主権の原理の論理的帰結として，裁判所には違憲立法審査権がない。さらにイギリスでは，**従来，貴族院の上訴委員会が最高裁判所の役割を果たしていたが，2009年には最高裁判所が設置され，貴族院から最高裁判所としての機能が分離された**。

2 × 議院内閣制を採用するイギリスでは，内閣は議会（下院）に対して連帯して責任を負い，その存立も議会（下院）の信任に基づく。内閣には実質的な下院の解散権，下院には内閣に対する不信任決議権がそれぞれ付与されているが，上院の解散制度はない。

3 × 大統領制を採用するアメリカでは，大統領は議会に議席を有していない。大統領は議会を解散することができず，議会も大統領に対して不信任決議をすることができない。また，大統領は議会に対して一般法案や予算法案を提出することも認められていないが，大統領は**教書**という形式で，議会に対して自己の意見や希望を述べる権限を持つ。さらに大統領は，議会で可決された法案に対し，**拒否権**を行使することができる。なお，大統領により拒否権が発動されたとしても，上下両院が3分の2以上の特別多数で同一の法案を再可決した場合には，当該法案は成立する（**オーバーライド**）。

4 ○ アメリカの議会は，各州から2名ずつ選出する定数100名の上院と，人口を基礎とする定数435名の下院からなる。上下両院は原則として対等であるが，弾劾裁判権，条約の批准承認権，大統領指名人事の承認権は上院のみが行使する。一方，下院には歳入法案や関連法案の先議権が認められている。

5 × 中国では，すべての権力が人民にあるという**民主集中制**が採られており，人民によって選挙され，人民に対して責任を負う**全国人民代表大会（全人代）が最高の国家権力機関**とされている。最高国家権力の執行機関である国務院や，司法権を行使する最高裁判所にあたる最高人民法院は全国人民代表大会の下に置かれている。

正答 4

第1章 SECTION ② 政治原理と政治制度
政治制度

実践 問題 9 基本レベル

問 A～Dは各国の政治制度に関する記述であるが，妥当なもののみをすべて挙げているのはどれか。 (国Ⅱ2004)

A：英国は議会は上院と下院からなり，下院優越の原則が確立されている。下院の多数党の党首が首相に選出されるのが慣例であり，首相は原則として上下両院の議員の中から閣僚を選任する。内閣は連帯して下院に責任を負い，下院が内閣の不信任決議をした場合には，総辞職するか下院を解散しなければならない。

B：アメリカ合衆国の議会は上院と下院からなっており，両院とも大統領が締結した条約や高級官吏任命に対する同意権を持つ。大統領は，法案の提出権，議会の解散権，陸海空軍の最高指揮権などを持ち，任期中は議会から不信任されることもない。連邦最高裁判所は，違憲立法審査権のほか大統領に非行があった場合解任できる権限を持っている。

C：ドイツの議会は二院制で，国民の直接選挙で選出された議員で構成される下院（国民議会）と各州政府任命の議員で構成される上院（連邦参議院）がある。大統領は国民の直接選挙により選出され，国家元首・行政府の長・軍の最高司令官であり，閣僚の任免，閣議の主宰，国民議会の解散などの権限をもち，重要事項について直接国民投票に付すことができる。

D：韓国の議会は二院制で上院と下院からなっている。大統領は国家元首であるが，その権限は法令の公布や外交使節の接受などの形式的なものに限定されている。内閣は国務総理（首相）と国務委員（閣僚）からなり，国務総理は議会の同意を得て大統領が任命する。議会が内閣の不信任決議をした場合，内閣は総辞職するか議会を解散しなければならない。

1：A
2：A, C
3：B, C
4：B, D
5：D

OUTPUT

実践 問題 9 の解説

〈各国の政治制度〉

A○ イギリスの議会は上院（貴族院）と下院（庶民院）から構成されている。首相には，通常，下院における第1党党首が任命され，**下院優越の原則**が確立している。また，議院内閣制を採用するイギリスでは，内閣は議会に対して連帯責任を負っている。よって，下院が内閣不信任案を決議した場合には，首相は内閣総辞職を決定するか，国王に下院の解散を要請しなければならない。

B× アメリカの議会は**各州から２名ずつ議員が選出される上院と，州の一定人口ごとに議員が選出される下院から構成される**。両院とも原則として対等であるが，上院には，下院にはない条約批准権や人事承認権が与えられている。また，大統領には，法案の提出権や議会の解散権は認められておらず，代わりに法案に対する**拒否権や教書送付の権限**が認められている。なお，**大統領は不信任決議によって免職されることはないが**，重大な犯罪を犯した場合には，連邦議会における弾劾裁判によって解任されることがある。連邦最高裁判所には，解任する権限は与えられていない。

C× ドイツの議会は，各州政府から任命された連邦参議院（上院）と，直接公選により選出される国民議会（連邦議会，下院）の二院制となっている。しかし，**国家元首である大統領は国民の直接選挙ではなく大統領選出のためだけに開催される連邦会議で選出され**，儀礼的な行為のみを行う。行政府の長は**連邦宰相（首相）**であり，政治方針決定権が与えられるなど，強い権限を有している。

D× 韓国の議会は一院制を採用している。また，**大統領は国家元首である**ため，法令の公布や外交使節の接受などの形式的な行為も行うが，国政上の重要案件を国民投票に付託する権限や外交・宣戦・講和の権限，国軍統帥権，緊急処分・命令権など，**広範かつ強大な政治的権能も有している**。内閣は，国会の同意を得て大統領が任命する国務総理（首相）と，国務総理の提案によって大統領が任命する国務委員（閣僚）によって構成される。**内閣は大統領の補佐機関にすぎず**，国会が内閣の解任を求める場合は，大統領に対して行う。

以上より，妥当なものはAのみであり，正解は肢１となる。

正答 1

SECTION 2 政治制度

政治原理と政治制度

実践 問題 10 基本レベル

問 世界の政治体制に関するA～Dの記述のうち、妥当なものを選んだ組合せはどれか。 （特別区2022）

A：アメリカの連邦議会は，各州から2名ずつ選出される上院と，各州から人口比例で選出される下院から成り，上院は，大統領が締結した条約に対する同意権を持つ。

B：アメリカの大統領は，国民が各州で選んだ大統領選挙人による間接選挙によって選ばれ，軍の最高司令官であり，条約の締結権や議会への法案提出権などを持つが，連邦議会を解散する権限はない。

C：フランスは，国民の直接選挙で選出される大統領が議会の解散権などの強大な権限を有する大統領制と，内閣が議会に対して責任を負う議院内閣制を併用していることから，半大統領制といわれる。

D：中国では，立法機関としての全国人民代表大会，行政機関としての国務院，司法機関としての最高人民法院が設けられており，厳格な権力分立制が保たれている。

1：A B
2：A C
3：A D
4：B C
5：B D

実践 問題 10 の解説

〈世界の政治体制〉

A ○ 本記述のとおりである。アメリカの連邦議会は，各州から２名ずつ選出される上院と，各州から人口比例で選出される下院から構成される。上院には，独自権限として，大統領が締結した条約締結同意権が与えられている。

B × アメリカの大統領は，議会への法案や予算案を提出する権限はないので，本記述は誤りである。ただし，大統領は議会に対して教書を送ることによって勧告することはできる。

C ○ 本記述のとおりである。フランスの内閣は，大統領が任命する首相と，首相の提案により任命する閣僚で構成され，閣僚は議員との兼職が禁止されているなどの大統領制的要素が備わっている。その一方で，大統領に代わって内閣が議会に対して責任を負うなどの議院内閣制的要素も備えていることから，半大統領制といわれる。

D × 中国では，立法機関としての全国人民代表大会（全人代）にあらゆる権力が集中している民主集中制が施されているので，本記述は誤りである。行政機関としての国務院，司法機関としての最高人民法院が設けられているが，これらの主要ポストの任命権を全人代が持つなど優越している。

以上より，妥当なものはA，Cであり，正解は肢２となる。

正答 **2**

問 各国の大統領又は首相に関する記述として，妥当なのはどれか。

（東京都2008）

1：イギリスでは，首相には，議会の上院において多数の議席を占める政党の党首が選出され，首相は上院の解散権を有している。
2：アメリカでは，大統領は，国民が大統領選挙人を選ぶ間接選挙で選出され，議会に対する法案の提出権を有している。
3：ドイツでは，大統領制が採用され，大統領は，国民による直接選挙で選出され，連邦議会の解散権を有している。
4：フランスでは，大統領は，国民による直接選挙で選出され，首相の任免権や議会の解散権を有している。
5：中国では，民主集中制が採用され，首相は，全国人民代表大会で選出され，国家主席を指名する。

OUTPUT

実践 問題 11 の解説

〈各国の大統領または首相〉

1 × イギリスでは，首相には，議会の上院（貴族院）ではなく，**下院（庶民院）において多数の議席を占める政党の党首が選出**され，首相は下院の解散権を有している。イギリスの議会は二院制であるが，上院は，実質的な権限の多くが奪われており，選挙に基づき構成される下院が上院に優越する立場（＝**下院の優越**）にある。

2 × アメリカでは，国家元首である大統領は，国民が大統領選挙人を選ぶ**間接選挙**で選出される点は正しいが，大統領は連邦議会に対する**法案の提出権を有していない**。大統領は，連邦議会に対しては一般法案ばかりでなく予算法案も提出できないが，「**教書**」という形式で，議会に対して自己の意見や希望を述べる権限を有している。

3 × 連邦国家であるドイツでは，「共和制国家」として国家元首である連邦大統領を置くが，連邦大統領の権限は形式的なものにとどまり，議院内閣制による連邦政府が実際の政治運営に当たっている。**連邦大統領**は，大統領を選出することのみを目的として招集される連邦会議によって選出されるのであって，**国民による直接選挙で選出されるのではない**。また，大統領は連邦議会の解散権を有しておらず，連邦議会の解散権を有しているのは連邦宰相（首相）である。

4 ○ フランスでは，大統領は，国民による直接選挙で選出され，首相の任免権や下院の解散権，国家の独立や安全が脅かされた際に緊急措置を行使する非常大権など，国政に関する**強大な実質的権能**を有している。なお，任期は5年で，再選は1回まで認められている。

5 × 中国の国家機構では，**民主集中制**が採用され，中国の国家主席は，「最高の国家権力機関」である**全国人民代表大会（全人代）**で選挙によって選出されるが，首相は，国家主席の指名に基づいて全国人民代表大会（全人代）が選定するのであって，首相が国家主席を指名するのではない。

正答 4

SECTION ② 政治制度

第1章 政治原理と政治制度

実践 問題 12 基本レベル

問 大統領が存在する国に関する次のA～Dの記述のうち，妥当なもののみを全て挙げているものはどれか。 (裁判所職員2021)

A：フランスの大統領は任期5年で国民の直接選挙で選出され，首相を任免するなどの強大な権限があるが，一部議院内閣制を取り入れていることから，フランスは半大統領制の国といえる。

B：アメリカは厳格な三権分立の国であるため，任期4年で国民の間接選挙で選出される大統領は，議会を解散することができず，議会から不信任決議を受けることもない。

C：ドイツでは連邦議会から任期5年の大統領と首相が選出されるが，首相は象徴的な存在とされ政治的な実権を有さないことから，ドイツの政治体制は大統領制とされる。

D：ロシアは大統領と首相が共に存在し，大統領は任期6年で三選が禁止され，首相は連邦議会から選出されるため，内閣は議会を解散し議会は内閣に不信任決議をすることができる。

1：A，B
2：A，C
3：B，C
4：B，D
5：C，D

実践 問題 12 の解説

〈大統領が存在する国〉

A ○ 本記述のとおりである。フランスは，大統領制と議院内閣制を折衷した半大統領制が確立している。そのため，大統領と首相の政治的党派が異なる保革共存政権（コアビタシオン）となることもある。

B ○ アメリカの大統領は任期4年で，国民が選出した大統領選挙人団による間接選挙によって選出される。アメリカは厳格な三権分立の国であるため，大統領は，反逆罪で弾劾裁判を受ける場合を除き，議会から責任を追及されることがないので，議会は大統領を不信任することができない。その一方で，大統領も議会を解散することができない。

C × ドイツでは大統領を選出することを目的として招集される連邦会議によって任期5年の大統領が選出されるが，大統領は象徴的な存在とされ政治的な実権を有さないので，議院内閣制に分類されることもある。よって，本記述は誤りである。また，首相は任期4年で，大統領が候補者を提議し，連邦議会（下院）の過半数がこれを支持することによって選出されるので，これも誤りである。

D × ロシアの首相は国家会議（下院）の同意のもとに大統領が任命するので，本記述は誤りである。また，議会は内閣に不信任決議をすることができるが，議会を解散できるのは大統領であるので，これも誤りである。

以上より，妥当なものはA，Bであり，正解は肢1となる。

正答 **1**

問 次のA〜Eのうち，アメリカの大統領制に関する記述の組合せとして，妥当なのはどれか。　　　　　　　　　　　　　　　　（東京都2015）

A：大統領は，議会が大統領を選ぶ間接選挙によって選出される。
B：大統領は，議会の不信任決議に対し，議会を解散する権限をもつ。
C：大統領は，議会が可決した法案への署名を拒否する拒否権をもつ。
D：大統領は，議会に対し，教書を送付する権限をもつ。
E：大統領は，憲法の最終解釈権をもち，違憲立法審査権を行使する。

1：A，B
2：A，E
3：B，C
4：C，D
5：D，E

OUTPUT

チェック欄		
1回目	2回目	3回目

実践 問題 **13** の解説 ————

第1章 政治原理と政治制度

〈アメリカの大統領制〉

A × 議会が誤り。アメリカの大統領は，大統領選挙人団による間接選挙によって選出される。

B × **アメリカの大統領は議会の解散権がなく，議会にも大統領の不信任決議権がないので，本記述は誤りである。** 大統領制の国家では立法府と行政府の役割が厳格に分離されることによって両者の権能が明確化されているため，議会による大統領の不信任決議権や大統領による議会の解散権などは存在しないことが多い。

C ○ 正しい。アメリカの大統領は，議会で可決された法案に対し，法案を受け取ってから10日以内であれば法案への署名を拒否する拒否権を行使できる。

D ○ 正しい。アメリカの大統領は，議会に対して一般法案や予算法案を提出することができないが，教書を送付するという形式で自己の意見や要望を述べる権限を有している。

E × **アメリカの大統領は，憲法の最終解釈権も，違憲立法審査権も有していない。** アメリカの場合は違憲立法審査権については憲法に明示規定がなく，憲法慣習として確立されている。

　以上より，妥当なのはC，Dであり，正解は肢4となる。

正答 4

第1章 SECTION 2 政治原理と政治制度
政治制度

実践 問題 14 応用レベル

問 各国の政治制度に関する次の記述のうち、妥当なのはどれか。　（地上2020）

1：アメリカでは、大統領が議会に議席を置くことはできず、大統領の支持政党が議会の多数派となるとは限らない。また、大統領は自らの政策を実現すべく立法を要求するときは教書を議会に送ったり、議会が議決した法案に対して拒否権を発動させることができる。

2：イギリスでは、議会による内閣への信任を失うと、内閣が総辞職するか、議会の下院を解散する。また、議会の信任が失われてなくとも、首相は下院の解散を自由に決定し、総選挙を行うことができる。

3：フランスは議院内閣制がとられており、内閣が行政権を担い、内閣は議会に対して責任を負う。大統領は国民による選挙で選ばれるが、その権能は、議会が選出した首相の任命など、儀礼的なものにとどまる。

4：ドイツでは、国民が選出した大統領と、大統領が任命した首相が共同して行政権を担う。首相は、大臣を任命して内閣を組織するが、内閣は大統領にのみ責任を負っており、議院内閣制における内閣とは性質が異なっている。

5：中国は、立法を全国人民代表大会、行政権を国務院、司法権を最高人民法院が担い、対等な三権による抑制と均衡がとられている。国家元首である国家主席は、共産党の最高指導者である総書記との兼任が禁止されている。

OUTPUT

チェック欄		
1回目	2回目	3回目

実践 ▶ 問題 **14** ▶ の解説 ─────────────

第1章 政治原理と政治制度

〈各国の政治制度〉

1〇 本肢記述のとおりである。アメリカでは，大統領が議会に議席を置くことはできず，大統領の支持政党が議会の多数派となるとは限らない。そのため，大統領は自らの政策を実現すべく立法を要求するときは**教書**を議会に送ったり，議会が議決した法案に対して拒否権を発動させることができる。ただし，大統領の法案拒否権に対抗して，上下両院が出席議員の3分の2以上の特別多数で同一法案を再可決した場合，法案は大統領の署名なしで成立する（**オーバーライド**）。

2✕ イギリスでは，2011年に成立した**議会任期固定法**によって，**議会の下院の解散は，内閣不信任決議に対する解散権の行使，または，下院の3分の2以上の賛成による自主解散権によってのみと限定**され，首相が自由に下院の解散を決定し，総選挙を行うことができるわけではない。よって，本肢記述は誤りである。

3✕ フランスは，大統領制と議院内閣制の混合形態で，**半大統領制**とよばれている。大統領は任期5年で直接公選されるが，その権能は首相の任免権や下院の解散権，非常大権など，国政に関する強大な実質的権能を有している。よって，本肢記述は誤りである。

4✕ ドイツでは，**大統領は連邦会議（下院議員と州議会で選挙されるこれと同数の議員で構成）によって選出され，その権能は儀礼的なものとなっている。また，連邦宰相（首相）は，大統領が候補者を提議し，連邦議会（下院）の過半数がこれを支持することによって選出**され，行政府の長として非常に大きな権限を有している。よって，本肢記述は誤りである。

5✕ 中国は，**民主集中制**の原則を実行するものとされ，**全国人民代表大会（全人代）**が，すべての国家行政機関を組織し，それを監督し責任を負っている。また，国家元首である国家主席は，共産党の最高指導者である総書記，中央軍事委員会主席を兼任することが多い。よって，本肢記述は誤りである。

正答 **1**

LEC東京リーガルマインド 2024-2025年合格目標 公務員試験 本気で合格！過去問解きまくり！ ④社会科学

問 現代における各国の政治制度に関する記述として最も妥当なのはどれか。

(国家総合職2020)

1：英国では，君主制が存続しているが，国王は君臨するのみで統治権を持たない。また，議会は，非民選の上院（貴族院）と民選の下院（庶民院）から成り，首相には，下院で多数を占める政党の党首が選出されることが慣例である。下院では，二大政党が政権獲得を目指しているが，野党となった政党は，影の内閣（シャドー・キャビネット）を組織して政権交代に備えている。

2：フランスでは，国家元首である大統領が国民の直接選挙で選ばれるが，同時に，直接選挙で選ばれた首相が内閣を形成し，内閣は議会に対して責任を負うという半大統領制が採用されている。ただし，国家元首である大統領は大きな権限を有しておらず，専ら儀礼的・形式的な権限のみを有している。

3：米国では，連邦議会によって定められた法律に対する国民の信頼が強く，また，権力分立を徹底するため，連邦裁判所に違憲審査権は認められていない。一方，憲法に違反する法令が執行されることを防ぐため，大統領には，連邦議会が可決した法案に対する拒否権が認められている。

4：我が国では，議院内閣制が採用されており，内閣は，衆議院又は参議院で不信任の決議案が可決されるか，信任の決議案が否決されたときは，10日以内に衆議院が解散されない限り，総辞職をしなければならない。また，内閣総理大臣は，国務大臣を任命することができるが，その過半数は衆議院議員でなければならない。

5：中国では，国家の最高機関である一院制の全国人民代表大会（全人代）が年2回開催され，全人代の議員の任期は3年である。また，権力集中制（民主集中制）が採用されており，権力分立が否定されていることから，全人代で選出される国家主席が，司法機関である最高人民法院の院長を兼務することとされている。

OUTPUT

実践 問題 **15** の解説

〈各国の政治制度〉

1 ○ 本肢記述のとおりである。英国では，君主制が存続しているが，国王は君臨するのみで統治権を持たない。また，議会は，非民選の上院（貴族院）と民選の下院（庶民院）からなり，首相には，下院で第一党の党首が選出されることが慣例である。下院では，主として保守党と労働党の二大政党が政権獲得を目指しているが，野党となった政党は，影の内閣（シャドー・キャビネット）を組織して政権交代に備えている。

2 × フランスでは，国家元首である大統領が任命した首相が内閣を形成し，内閣は国民議会（下院）に対して責任を負うという半大統領制が採用されているので，本肢記述は誤りである。また，国家元首である大統領は非常大権などの大きな権限を有しているので，これも誤りである。

3 × 米国では，連邦裁判所に違憲審査権が認められているので，本肢記述は誤りである。また，大統領には，連邦議会が可決した法案に対する拒否権が受取後10日以内ならば認められているが，その目的は連邦議会の立法権の濫用を防ぐためなので，これも誤りである。

4 × 日本国憲法69条は「内閣は，衆議院で不信任の決議案を可決し，又は信任の決議案を否決されたときは，10日以内に衆議院が解散されない限り，総辞職をしなければならない」とあるが，参議院については規定していないので，本肢記述は誤りである。また，内閣総理大臣は，国務大臣を任命することができるが，その過半数は国会議員でなければならないので，これも誤りである。

5 × 中国では，国家の最高機関である一院制の全国人民代表大会（全人代）が年1回，10日間ほど開催され，全人代の議員の任期は5年なので，本肢記述は誤りである。また，国家主席が司法機関である最高人民法院の院長を兼務することはないので，これも誤りである。

正答 1

第1章 政治原理と政治制度

章末 CHECK ❓ Question

Q1 N.マキャヴェリは，国家と主権という概念を用いて，絶対主義国家を正当化した。

Q2 T.ホッブズは，契約によって統治機関（政府）が設立され，契約目的が果たされない場合は人民が政府に抵抗することも許されるとした。

Q3 J.ロックは『リヴァイアサン』において契約に基づいて絶対的な主権を持った国家の設立を説いた。

Q4 J.ロックは立法権と行政権と裁判権の三権の分立を主張した。

Q5 J.J.ルソーによれば，文明化によって失われた人間性を回復するために社会契約が必要とされる。

Q6 A.トクヴィルはアメリカ社会を分析し，民主主義社会でも自由が維持されうるとした。また，民主主義と自由主義との矛盾にも注目し，少数派の自由が多数派によって侵害される可能性を指摘した。

Q7 近代国家は，その役割が対外的防衛や国内の秩序維持といった消極的役割に限定されるべきものと考えられた。

Q8 近代国家は行政国家という性質を持つ。

Q9 議院内閣制とは行政府（内閣）が立法府（議会）の信任の上に成立する政治制度である。

Q10 ドイツの政治制度は議院内閣制に分類される。

Q11 イギリスでは大臣は全員議員でなければならない。

Q12 イギリスの議会は二院制で，内閣不信任決議権を持つ上院（貴族院）が下院（庶民院）に優越する。

Q13 イギリスは連邦共和制国家で，成文の憲法典を持たない。

Q14 アメリカの大統領は任期が4年で再選は一度だけ認められている。

Q15 アメリカの連邦議会は大統領を不信任することができず，大統領も議会を解散することができない。

Q16 アメリカの大統領は議会に対して法案を提出することができる。

Q17 権力の実体概念とは，権力者の保有する資源に注目して権力を捉える考え方である。

Q18 権力の実体概念を唱える代表的論者として，R.ダールが挙げられる。

Q19 暴力の集中が権力の資源であると捉えたのはK.マルクスである。

Q20 権力の関係概念とは，「AがBに普通ならBがやらないことをやらせた場合，AはBに対し権力を持つ」と表現することができる。

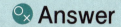

A1 ×	国家と主権という概念を用いて，絶対主義国家を正当化したのはJ.ボーダンである。
A2 ×	契約によって統治機関（政府）が設立され，契約目的が果たされない場合は人民が政府に抵抗することも許されるとしたのはロックである。
A3 ×	『リヴァイアサン』において契約に基づいて絶対的な主権を持った国家の設立を説いたのはホッブズである。
A4 ×	立法権と行政権と裁判権の三権の分立を主張したのはモンテスキューである。ロックは立法機関と執行機関の二権の分立を主張した。
A5 ○	ルソーは社会契約によって，文明化によって失われた人間性を回復することができると考えた。
A6 ○	少数派の自由が多数派によって侵害されることをトクヴィルは「多数者の専制」とよび，危険視した。
A7 ○	それゆえ近代国家は「消極国家」とよばれることがある。
A8 ×	近代国家は立法府が政治の中心であったため「立法国家」という性質を持つ。行政国家という性質を持つのは現代国家である。
A9 ○	行政府が立法府の信任の上に成立する政治制度を議院内閣制とよぶ。
A10 ○	ドイツは大統領が存在するが，大統領は強力な権限を持っておらず議院内閣制に分類される。
A11 ○	イギリスの議院内閣制では大臣は全員が議員でなければならない。
A12 ×	内閣不信任決議権を持つのは下院（庶民院）であり，上院（貴族院）に対して下院が優越する。
A13 ×	イギリスは確かに成文の憲法典を持たないが，連邦共和制国家ではない。立憲君主制国家である。
A14 ○	アメリカの大統領は三選が禁止されている（すなわち再選は一度だけ認められている）。
A15 ○	連邦議会と大統領は厳格に分立している。
A16 ×	アメリカの大統領は議会に対して法案を提出することができない。
A17 ○	権力者の保有する資源に注目するのが権力の実体概念である。
A18 ×	R.ダールは権力の関係概念の主唱者である。
A19 ×	暴力の集中が権力の資源であると捉えたのはマキャヴェリである。
A20 ○	R.ダールによる関係概念的な権力の定義である。

memo

第2章

現代デモクラシーと政治

SECTION

① 政党と圧力団体
② 選挙制度

第2章 現代デモクラシーと政治

出題傾向の分析と対策

試験名	地 上			国家一般職 (旧国Ⅱ)			東京都			特別区			裁判所職員			国税・財務・労基			国家総合職 (旧国Ⅰ)		
年　度	15-17	18-20	21-23	15-17	18-20	21-23	15-17	18-20	21-23	15-17	18-20	21-23	15-17	18-20	21-23	15-17	18-20	21-23	15-17	18-20	21-23
出題数 セクション	1	3	4	1		2	1	1	1	2	1	1	3		1	2					
政党と圧力団体		★	★★		★											★					
選挙制度	★	★★	★★	★		★	★	★	★	★★	★	★	★★★		★	★					

（注）　1つの問題において複数の分野が出題されることがあるため，星の数の合計と出題数とが一致しないことがあります。

　この分野からの出題は，一部の試験種を除いて頻出といえます。政党の機能と政党システムに関しては，定義と併せて具体例も押さえる必要があります。政党と圧力団体との違いなど比較させる問題も頻出です。そして，選挙制度に関しては，選挙区制や代表法の理解が必要となり，その比較についての出題も見られます。また，わが国の制度だけでなく，各国の制度についても出題がありますので，主要国の選挙制度についても学習が必要です。判例など選挙に関しては時事的な話題も含め学習する必要があり，特に国会改革などの時事的なものについても注意してください。幅広く学習するようにしてください。

地方上級

　近年，選挙制度からの出題が頻出となっています。過去においては圧力団体や選挙制度についての出題があります。よって，定義や目的などを比較しながら，学習しておく必要があります。選挙制度に関しては各選挙制度間の特徴を押さえ，知識の定着を図ってください。

国家一般職（旧国家Ⅱ種）

　近年，政党と圧力団体に関する出題は頻出とはいえません。もっとも，統治機構の枠組みの中で，政策の決定について大きな役割を果たしていることを考慮すれば，しっかり学習する必要があります。一方，選挙制度については過去かなり多くの出題がありましたので，各選挙制度間の特徴を押さえ，メリット・デメリットなどを比較しながら学習しておいてください。

東京都

東京都では，選挙制度からの出題が頻出となっています。政党と圧力団体に関する出題については，歴代の内閣が行ってきた取組みなどをまとめておくなど対策をしておいてください。また，選挙制度に関して各選挙制度のポイントは学習しておきましょう。

特別区

特別区では，近年，この分野からの出題は頻出となりつつあります。特に選挙制度について，表などを使い，比較を意識しながら学習しましょう。最近，実施された選挙などの時事的な問題も含めて，十分な問題演習を行い，知識の定着を図ってください。

裁判所職員

裁判所職員では，この分野からの出題について，少し細かい知識や時事的な知識が要求される傾向があります。比較を意識しながら十分に対策する必要があります。時事的な問題も含めて，十分な問題演習を行い，知識の定着を図ってください。

国税専門官・財務専門官・労働基準監督官

国税専門官・財務専門官・労働基準監督官では，この分野からの出題はそれほど多いとはいえません。政党や選挙の基本原則といった内容のものが出題されていますが，いずれも細かい知識までは必要ではありません。基本的な事項にポイントを絞って，学習しましょう。

国家総合職（旧国家Ⅰ種）

この分野からの出題は，それほど多いとはいえません。もっとも，時事と合わせて選挙制度に関して出題されることがありますので，わが国の選挙制度のみならず，各主要国の選挙制度についても学習しておきましょう。判例や時事的なものにも気をつけておきましょう。

Advice アドバイス 学習と対策

この分野の学習には，表を使って覚えるのが効率的です。定義や各制度の長所，短所などを比較しながら覚えましょう。その際，政党制度間の比較から，政党と圧力団体との比較，日米の比較など，横断的な比較を心がけましょう。選挙制度について，わが国の衆議院議員選挙と参議院議員選挙の制度理解が重要となりますが，表を使って覚えるようにし，選挙制度間の比較を心がけてください。

第2章　現代デモクラシーと政治

現代デモクラシーと政治
政党と圧力団体

セクションテーマを代表する問題に挑戦！

政党と圧力団体（利益集団）の基本的な知識は必須事項です。両者を比較しながら覚えましょう。

問 圧力団体に関する次の記述のうち，妥当なのはどれか。

（地上1993）

1：圧力団体は，経済的・職業的利益ではなく，特定の社会正義や主義・主張を政府の政策として実現しようとする団体である。
2：圧力団体は，議会内に自己の利益代表を持たない社会的地位の低い階層が経済的・職業的利益を表明するために組織した団体である。
3：圧力団体の活動は，議員に対する直接的な依頼・相談・懇請などにより，もっぱら議会内の立法過程に集中している。
4：圧力団体は，議会を中心とした代表制デモクラシーの伝統が定着しているアメリカではほとんどみられない。
5：大衆デモクラシーの拡大は，政党の寡頭制化や官僚制化を生み出し，国民は自己の利益を表明するため圧力団体を組織するようになった。

ガイダンス 圧力団体（利益集団）は，特定の利益の擁護や推進を目的として活動しており，政治権力の獲得・維持を目的としていない点において，政党とは異なっている。圧力団体の問題点として，自らが主張する利益以外を軽視しがちであり，その活動が議会や行政機関の正常な運営を阻害する可能性がある。政治権力との癒着，社会的・経済的にも高い地位にある者によって構成される場合が多いことなどが挙げられる。また，日本の圧力団体の活動が主に行政府に向けられるのに対して，アメリカは議会に向けられることが多い。

頻出度	地上 ★★	国家一般職 ★	東京都 ★	特別区 ★
	裁判所職員 ★★	国税・財務・労基 ★★	国家総合職 ★	

チェック欄

1回目	2回目	3回目

必修問題の解説

〈圧力団体〉

1 ✕ 圧力団体は，特定利益の擁護や推進を目的として，政策決定機関や政策執行機関に影響を及ぼす組織集団である。現代社会においては，公共利益や社会正義の実現を目的として市民運動などを展開する場合もあるが，元来は地域代表の原理で運営されてきた政党や議会に汲み上げられない経済的・職業的利益を代表する新たな団体として発生したものである。

2 ✕ 圧力団体は，従来の代表システムでは汲み上げられることのなかった意見や利益を表出する団体であるが，団体構成員の社会的階層に偏りがあるという指摘もなされている。すなわち，団体参加者は，政府の援助を最も必要とする低所得層や社会的弱者ではなく，政府の援助が必ずしも必要ではない中流以上の階層となるというパラドックスが発生すると指摘されている。

3 ✕ 圧力団体が発生した当初は，その活動は，立法部と選挙過程へ集中していたが，20世紀に入ると，その活動領域は他の政治過程にも拡大するようになった。特に，近年の積極政治の展開による行政国家化の進行に伴って，政府や官僚などの行政部を対象とした活動が積極的に行われるようになっている。

4 ✕ 圧力団体は，代議制デモクラシーが定着している社会，すなわち，議会政治が成熟した社会において発展するということができる。そして，アメリカは，紛れもなく圧力団体の活動が活発で，その影響力も大きい国である。

5 ○ 大衆デモクラシーの拡大によって膨大な選挙民を対象に選挙を行わなければならなくなった政党は，寡頭制化と官僚制化により組織が硬直化していった。そのため，流動的な世論や要求に敏感に反応しきれず，それに対する不満から政党以外のルートをたどって政策決定過程に直接要求を反映させようとする圧力団体が発生した。

正答 5

Step ステップ 政治学系の問題は，2つの内容（たとえば，政党と圧力団体，大統領制と議院内閣制，小選挙区制と大選挙区制など）の比較対照表を自分で作成して論点を整理していくと，重要な論点を漏らさず確認することができる。

第2章 現代デモクラシーと政治

第2章 現代デモクラシーと政治
SECTION 1 政党と圧力団体

1 政党の組織と類型

(1) 政党の定義

政党とは、選挙による国民の意思に基づいて**政治権力を獲得・維持することを目的**に活動する、共通の政治的志向を持つメンバーによって構成された政治集団のことです。

(2) 政党の組織と類型（M.ウェーバーによる分類）

	名望家政党	大衆政党（近代政党）
構成者	少数の積極的活動家中心	多数の有権者
組　織	閉鎖的, 分権的	開放的, 集権的
活　動	不定期的	定期的
結束状況	非常にルーズ	厳格な党規律

2 政党制（政党システム）

政党制とは、ある国における政党間の力関係を示すもので、活動する政党の数や規模などによって、その国の政党政治の実態を分析し、分類するものです。

G.サルトーリの分類

一党制	1つの政党だけが存在するか、その政党の存在のみが許されている
ヘゲモニー政党制	名目的に複数の政党の存在が認められているが、政権を担当する与党が制度上決定されている
一党優位政党制	複数の政党が存在し、政権をめぐって競合できるが、公平な選挙の結果、特定の政党が圧倒的優位を保持する
二党制（二大政党制）	2つの大政党が政権をめぐって競合するもので、議会で過半数の議席を獲得したほうが単独で政権を担当する
穏健な多党制	イデオロギー距離の比較的小さい3〜5の政党が存在するもので、求心的な連合政権を形成する
極端な多党制	イデオロギー距離の非常に大きな政党が6〜8程度存在し、政党間の競合が遠心的で政権交代軸が分極化する

INPUT

原子化政党制	突出した政党が存在せず，多くの政党が乱立している状態で，国家が極度の混乱期にある場合に見られる

補足

一党制の典型としては，旧ソ連の共産党独裁体制が，一党優位政党制の典型としては，55年体制とよばれた1955年から1993年にかけての日本における自由民主党単独政権期がしばしば挙げられます。また，二党制の典型はアメリカであり，穏健な多党制の典型はドイツなどが挙げられます。極端な多党制は，ワイマール時代のドイツ，第四共和政期のフランスがその例です。

3 圧力団体の意義と活動

(1) 圧力団体の定義

圧力団体とは，特定の利益の擁護や推進を目的として，政策決定機関（立法府）や政策執行機関（行政府）に影響力を及ぼそうとする組織集団のことです。利益集団・利益団体ともよばれます。

【日米の圧力活動の比較】

	アメリカ	日本
活動対象の中心	議会	行政府
圧力活動の代理者	ロビイスト	族議員
政党との関係	希薄	密接

(2) 政党と圧力団体の比較

	政党	圧力団体
目的	政権の獲得	特殊・個別的利益の実現
実現する利益	国民的利益	個別的，職能的利益
中心的機能	利益集約機能	利益表出機能

SECTION 1 現代デモクラシーと政治 政党と圧力団体

実践 問題 16 基本レベル

頻出度	地上★★	国家一般職★	東京都★	特別区★
	裁判所職員★★	国税・財務・労基★★★		国家総合職★

問 政党に関する記述として最も妥当なのはどれか。　　（国税・労基2008）

1：我が国が採用している議院内閣制では，議会の多数党が政権担当政党となり，与党と呼ばれる。アメリカ合衆国の大統領制でも，大統領の出身政党ではなく，議会の多数党を与党という。1955年以降の我が国では，細川内閣を除き，与党は自由民主党を中心に占められてきた。

2：二大政党制とは，二つの大政党が互いに政権の獲得・担当を争う政党政治の形態である。議院内閣制の下では，政策の違いを出しやすく，国民の選択の幅が広がるなどの長所がある一方，政権交代が容易となるために政局が安定せず，政治責任の所在が曖昧になるなどの短所がある。

3：名望家政党とは，財産や教養をもつ地域の有力者等によって構成され，社会的勢力や威信を背景に，人的結合によって成り立つ政党である。それに対し，大衆政党とは，一般大衆による支持基盤をもつ政党であり，組織拡大に伴って党機構が官僚化することが多い。

4：派閥とは，主に大政党の内部において，特定の政策の実現を目的として一時的に結合する小集団をいう。我が国の政党の派閥をみると，一部は事務所を保有するなど恒常的な組織として活動するものもあるが，多くは選挙のたびに解散・再結集が繰り返されてきた。

5：我が国の政党の政治資金については，従来，党員が負担する党費を主な収入源としていたが，1994年の政治資金規正法の改正により，政党助成制度が導入されるとともに，企業・団体からの政治家個人への寄付が解禁されたため，収入源が多様化した。

OUTPUT

実践 ▶ 問題 **16** ▶ の解説 ─────────────

チェック欄
1回目	2回目	3回目

〈政党〉

1 ✕ 与党とは政権担当政党，すなわち行政権を担う政党のことであり，必ずし
も議会（立法府）で多数を占める政党を意味するものではない。わが国の
ような議院内閣制を採用する国では，議会と内閣が協力関係にあるため，
一般に議会の多数派が与党となるが，大統領制のもとでは，大統領の出身
政党が与党となり，議会の多数派が与党になるとは限らない。また，1955年
以降のわが国では細川内閣や羽田内閣のほか，鳩山由紀夫内閣，菅内閣，
野田内閣の民主党が中心となった自由民主党ではない与党の時代がある。

2 ✕ 二大政党制とは，本肢にあるとおり，2つの大政党が政権の獲得・担当を
争う政党政治の形態である。しかし，議会が内閣を選出・信任する議院内
閣制の二大政党が，国民が直接行政府の長および政権担当政党を選ぶ大統
領制の二大政党よりも政策の違いを出しやすくなるとは，必ずしもいえな
い。また，二大政党制のもとでは，政権交代が容易になるといわれているが，
必ずしも政局が安定しないわけではなく，さらに二大政党のどちらか一方
が政権を獲得するので，政治責任の所在が明らかになる。

3 ◯ 名望家政党とは，教養と財産を有するブルジョワ階級によって組織される
政党であり，主に19世紀頃まで隆盛した初期の政党の形態である。一方，
大衆政党とは，普通選挙制度の確立に伴う大衆の政治参加の拡大を背景に
成立した，大衆の支持を基盤とする20世紀以降の政党である。一般に，大
衆政党は党規律が強いため，政党組織の拡大に伴って政党組織が官僚化す
る傾向が強いといわれている。

4 ✕ 政党における派閥とは，政党の内部において政策や主張，利害を共通する
者が集まって結成する集団であり，本肢の記述のように「一時的に結合する」
とは限らない。また，わが国の政党，とりわけ与党時代の自民党の派閥は，
政治資金や政治ポストの配分機能などにより強い影響力と結束力を有して
きたため，必ずしも選挙のたびに解散・再結集が繰り返されてきたわけで
はなく，名称の変遷はあるものの，長期間継続して存在してきたものが多い。

5 ✕ わが国の政党の政治資金については，党費のほか寄附（政治献金）などが
従来から主な収入源であった。しかし，リクルート事件や佐川急便事件など，
政治資金をめぐる相次ぐ汚職事件を受けて，1994年に政治資金規正法が改
正され，企業・団体からの寄付の対象が，政党（政党支部を含む）や政治
資金団体，資金管理団体（1999年に企業・団体からの寄付が禁止）に限定
され，政治家個人への寄付が禁止される一方，同年に政党助成法が成立し，
政党交付金制度が設けられた。

正答 **3**

第2章 現代デモクラシーと政治

LEC東京リーガルマインド　2024-2025年合格目標 公務員試験 本気で合格！過去問解きまくり！
④社会科学
55

第2章 SECTION 1 現代デモクラシーと政治
政党と圧力団体

実践 問題 17 基本レベル

頻出度 地上★★　国家一般職★　東京都★　特別区★
　　　　裁判所職員★★　国税・財務・労基★★　国家総合職★

問 政治や行政に関する記述として最も妥当なのはどれか。　（国家一般職2013）

1：現代の国家は，国の政策分野の拡大などを背景に，議会中心の「立法国家」から「行政国家」へと変化している。行政国家の下では，議会の制定する法律は行政の大綱を定めるにとどめ，具体的な事柄は委任立法として行政府に任される傾向が強まっている。

2：行政委員会の制度は，行政府から独立した機関を立法府の下に設置することによって，行政府の活動の適正さを確保しようとするものである。我が国では，決算行政監視委員会や公正取引委員会がそれに当たる。

3：圧力団体は，政府や行政官庁などに圧力をかけ，集団の固有の利益を追求・実現しようとする団体であり，政党や労働団体がその例である。そして，圧力団体の利益のために政策決定過程で影響力を行使する議員がロビイストであり，我が国ではロビイストは族議員とも呼ばれる。

4：比例代表制は，各政党の得票数に応じて議席数を配分する選挙方法である。この方法は，小選挙区制と比べ，大政党に有利で，死票が多くなる欠点をもつが，二大政党制をもたらすことによって，有権者に政権を担当する政党を選択する機会を与える。

5：我が国の政治資金規正法は，企業から政党への献金を禁止する一方，企業から政治家個人への寄付を促すことで，政治資金の調達の透明性を高めている。また，同法では，政党に対する国庫補助制度を導入し，政治資金に関する民主的統制の強化を図っている。

OUTPUT

チェック欄		
1回目	2回目	3回目

実践 問題 **17** の解説

〈政治や行政〉

1 ○ 立法国家から行政国家への変遷を経て，**国家には政策立案の専門性，政策遂行の迅速性**が求められるようになった。そこから，立法府に対する行政府の優位が顕著となり，議会の制定する**法律は行政の大綱を定める**にとどめ，**具体的な事柄は委任立法として行政府に任される**傾向が強まっている。

2 × **行政委員会**は，国や地方公共団体の一般行政部門に属する**行政庁**であって，立法府のもとに設置される機関ではないので誤り。また，決算行政監視委員会は，衆議院に設置されている**常任委員会**であって，行政委員会ではない（参議院では決算委員会と行政監視委員会に分かれている）。

3 × **圧力団体（利益集団）**とは，特定の集団の利益を図るべく政策決定機関や政策執行機関に影響を及ぼそうとする団体であり，労働組合はその例として妥当であるが，政党とは厳密に区別される。また，圧力団体がその影響力を行使する活動を一般に**ロビイング**といい，ロビイングを行う人物を**ロビイスト**というが，日本には諸外国に見られるようなロビイング活動が行われておらず，ロビイストの存在も明確ではなかった。そのため，いわゆる**族議員がロビイスト的な活動をしていた。

4 × 本肢の記述は比例代表制の特徴ではなく，**小選挙区制**の特徴である。**比例代表制**は，原則として各政党の得票数に応じて議席数を配分する選挙方法であり，死票が少なくなり，少数政党にも議席獲得の可能性が出ることから，**多党制化しやすくなる**。

5 × **政治資金規正法**は1948年に制定され，改正が重ねられているが，1994年に選挙制度改革・政党助成制度導入と併せて大幅な改正がなされ，**企業・団体からの寄附の対象を政党（政党支部を含む），政治資金団体**，新設された**資金管理団体（1999年に禁止）に限定する**こととなった。つまり，政治家個人への寄付は認められていない。

第2章 現代デモクラシーと政治

正答 1

LEC東京リーガルマインド 2024-2025年合格目標 公務員試験 本気で合格！過去問解きまくり！ ④社会科学

57

第2章 SECTION 1 現代デモクラシーと政治
政党と圧力団体

実践 問題 18 基本レベル

問 政党について，次のア〜オの記述のうち正しい記述2つを挙げたものはどれか。
(地上2018)

ア：政党の機能には，複雑で多様な政治的争点に関する情報を有権者に提供する機能，有権者が表出した利害を調整して政策にまとめ上げる機能，政治を担う人材を選び抜き育成する機能などがある。

イ：政党の制度には，二大政党制や多党制などがある。このうち，二大政党制は二つの主要な政党が互いに政権を担うシステムであり，現在のドイツや55年体制期の日本が挙げられる。

ウ：選挙制度は政党制に影響を及ぼす。例えば，小選挙区制の下では，第1党の議席占有率が実際の得票率よりも高くなりやすく，有権者は自らの票が死票になるのを避けようとする結果，小党分立が起きやすくなる。

エ：多くの政党は党員からの党費だけでは政党の運営を行いにくい現状にある。企業や団体から政党への政治献金は，上限が設けられるなど規制されている代わりに，政党に対しては政党助成法に基づき国庫から政党交付金が交付されている。

オ：法律案の議決などにおいて，政党が所属する議員に党の賛否に従うよう命じることを党議拘束という。欧米の政党では所属議員に党議拘束がかけられるが，日本の政党では党議拘束をかけないのが原則である。

1：ア　ウ
2：ア　エ
3：イ　エ
4：イ　オ
5：ウ　オ

実践 問題 18 の解説

〈政党〉

ア ○ 本記述のとおりである。政党の機能には、複雑で多様な政治的争点に関する情報を有権者に提供する「国民の政治教育（政治的社会化）」の機能、有権者が表出した利害を調整して政策にまとめ上げる「利益集約機能」、政治を担う人材を選び抜き育成する「政治的リクルートメント（補充）機能」などがある。

イ × 現在のドイツは多党制であり、55年体制の日本は一党優位政党制なので、本記述は妥当ではない。現在のドイツは、政党間の競合が求心的で連合政権を形成して比較的安定的な政治運営が可能となる限定的多党制が該当する。55年体制の日本は政権をめぐっての競合（選挙）の結果、自由民主党が圧倒的優位を保持して政権を担う一党優位政党制である。

ウ × 小選挙区制の下では、第１党の議席占有率が実際の得票率よりも高くなりやすく、絶対多数党の形成が容易であるが、その一方で、死票が増大され、少数党の議会進出が難しいため小党分立は起きにくい。

エ ○ 本記述のとおりである。1995年に施行された政党助成法に基づき、多くの政党は国庫から支出される政党交付金の交付を受けている。毎年の政党交付金の総額は直近の国勢調査の人口に250円を乗じて得た額を基準として予算で定めることとされており、令和２年国勢調査の人口では約315億円となる。総務大臣は各政党の所属国会議員数、衆議院議員総選挙および参議院議員通常選挙の得票数に応じて算出した額を各政党に交付する。

オ × 日本では多くの政党が原則として党議拘束をかけている。その一方で、米国議会では原則として党議拘束をかけないので、本記述は誤りである。

以上より、正しい記述はアとエであり、正解は肢２となる。

正答 2

第2章 SECTION 1 現代デモクラシーと政治
政党と圧力団体

実践 問題 19 基本レベル

頻出度	地上★★★	国家一般職★★★	東京都★	特別区★★
	裁判所職員★	国税・財務・労基★★	国家総合職★	

問 我が国の戦後政治史に関する記述として最も妥当なのはどれか。

（国家一般職2021）

1：第二次世界大戦後，日本自由党に加え，日本社会党や日本共産党が誕生・再生するなど，政党政治が復活した。その後，一旦分裂していた日本社会党が統一され，日本自由党と民主党が合同して自由民主党（自民党）が結成されたことで，本格的な二大政党制の時代を迎えた。これが55年間続いたことから，55年体制と呼ばれる。

2：1970年代前半に就任した田中角栄首相は，消費税の導入や日中国交正常化など，国内外において大きな改革を実現させた。その一方で，金権政治に伴う構造汚職事件が発覚し，政治家への未公開株の譲渡が問題となったリクルート事件で逮捕され，国民の政治不信が強まった。

3：1980年代前半，公共事業の拡大や福祉制度の拡充等により，財政支出が拡大した。中曽根康弘首相は，財政の赤字国債依存から脱却することを主張して行財政改革を進め，電電公社・専売公社の民営化や国鉄の分割民営化を実施し，民間経営による効率の向上を目指した。

4：21世紀に入り，選挙制度に関する様々な改正が行われた。例えば，在外選挙制度では，衆議院議員選挙に限って投票が認められるようになり，また，東日本大震災が発生した年には，選挙権年齢が18歳に引き下げられるなど，幅広い層の民意が反映されるようになった。

5：2010年代前半，民主党政権後に政権交代が起こり，安倍晋三自民党総裁が首相に就任した。安倍首相は，補助金の削減，地方分権，成長戦略の三本の矢から成る経済政策「アベノミクス」に力を注ぐとともに，外交を重視して安定した長期政権を築き，桂太郎に次ぐ連続在任日数を記録した。

実践 問題 19 の解説

〈わが国の戦後政治史〉

1 × いったん分裂していた日本社会党が1955年に統一されたが，同年，日本民主党と自由党も合同して自由民主党（自民党）が結成されたことで，自由民主党の長期単独政権となる一党優位政党制の時代を迎えたので本肢記述は誤りである。この体制が1955年から始まったことから，55年体制とよばれているので，これも誤りである。

2 × 1972年，日中国交正常化をした当時は田中角栄首相が在任中のことなので正しいが，リクルート事件と消費税が導入されたのは，いずれも1988年の竹下登首相が在任中のことなので，本肢記述は誤りである。

3 ○ 本肢記述のとおりである。中曽根康弘首相が在任中の1985年に電電公社（現在のNTTグループ）と専売公社（現在のJT）が民営化し，1987年には国鉄（現在のJRグループ）の分割民営化を実施した。

4 × 在外選挙制度では，衆議院議員選挙だけではなく，参議院議員選挙についても投票が認められているので，本肢記述は誤りである。また，選挙権年齢が18歳に引き下げられたのは，2015年に成立した改正公職選挙法によるものなので，2011年の東日本大震災よりも後のことである。よって，これも誤りである。

5 × 2012年12月，安倍晋三自民党総裁が首相に就任した。安倍首相は，外交を重視して安定した長期政権を築き，佐藤栄作氏の連続2,798日を抜いて連続在任日数でわが国の憲政史上最長の2,822日を記録したので，本肢記述は誤りである。

正答 3

SECTION 1 現代デモクラシーと政治　政党と圧力団体

実践　問題 20　応用レベル

問 政党に関する次のA～Dの記述の正誤の組合せとして最も適当なものはどれか。
(裁判所職員2014)

A：政党システムの類型化を試みたG.サルトーリは，3～5党くらいの主要政党で構成される穏健な多党制について，政党間の政策的・イデオロギー的距離が小さいがゆえに対立が深刻化し，連立政権が組みにくく不安定であると主張した。

B：政党システムを決める要因として選挙制度の重要性が考えられるが，なかでも，M.デュヴェルジェは，小選挙区制の場合は二大政党制になり，比例代表制の場合は多党制になるという仮説を立てた。

C：現代の民主政治における政策形成の機能に関して，政党は，国民の利益や意見を政治過程に反映させる利益表出機能のみを担い，その利益を調整したり集約したりする利益集約機能は政党以外が担っている。

D：わが国のいわゆる55年体制下における自由民主党は，インフォーマルな組織である派閥が役職の配分や政治資金の調達と配分において重要な役割を持つとともに，総裁の選出や政策形成の局面でも広く影響力を発揮してきた。

	A	B	C	D
1	正	正	誤	誤
2	正	誤	誤	正
3	正	誤	正	誤
4	誤	誤	正	正
5	誤	正	誤	正

実践 問題 20 の解説

〈政党〉

A × 連立政権が組みにくいという部分が誤り。G.サルトーリが提唱した穏健な多党制は，主に以下の条件を満たしている状態であるとされる。①政党の数は3～5（または，それ以上の政党数の場合もある），②政党間に体制論争はない，③政党間の政策距離が小さいため，連立が組みやすい，④常に政権から離れている野党がイデオロギー的に中道政党である。

B ○ 本記述のとおりである。M.デュヴェルジェは，各選挙区ごとの候補者数は，定数より1人多い人数に収束していくという法則（**デュヴェルジェの法則**）を唱えた。この法則によれば，小選挙区は定数1人であるから，候補者は2人で**二大政党制**になる。また，**比例代表制は多党制を生む**と提唱した。

C × 利益集約機能は政党以外が担っているという点が誤り。政党には主に4つの機能があるとされている。①**利益集約機能**，②**利益表出機能**，③**政治的リクルートメント機能**，④**政治的コミュニケーション機能**である。

D ○ 本記述のとおりである。本来，**自由民主党は1955年に当時の自由党と日本民主党が保守合同で誕生した政党**である。そのため，党全体の政策方針などは一致していないことから，政策方針などが近い議員が集まったことに由来するインフォーマルな組織として派閥が形成された。派閥は，役職の配分や政治資金の調達・配分において，重要な役割を持つとともに，総裁の選出や政策形成の局面でも広く影響力を発揮してきた。

以上より，記述Aが誤，Bが正，Cが誤，Dが正であり，正解は肢5となる。

正答 5

現代デモクラシーと政治
選挙制度

第2章 SECTION 2

必修問題 セクションテーマを代表する問題に挑戦！

選挙に関する問題は，基本原則や制度などのほか，時事的なものもあります。

問 選挙に関する記述として，妥当なのはどれか。 （地上2010改題）

1：選挙の原則のうち平等選挙の原則とは，一定の年齢に達した国民すべてに選挙権及び被選挙権を認めることをいう。

2：小選挙区制は，少数派の意見も反映した議会構成になるという長所があるが，小党分立を招きやすい傾向があるとされる。

3：わが国では，現在，衆議院議員選挙は小選挙区比例代表並立制となっており，参議院議員選挙は全国を単位とする比例代表選出と1ないし2の都道府県を単位とする選挙区選出とを併用した制度となっている。

4：わが国では，選挙区の人口が増減することによって一票の価値の不平等が生じることのないよう，2018年7月に議員定数配分が見直された結果，翌年実施の参議院通常選挙においては，一票の価値の格差は全選挙区を通じて1.5倍未満になった。

5：わが国では，公職選挙法により，国民の被選挙権の年齢は，衆議院議員が満25歳以上，参議院議員が満30歳以上，都道府県知事及び市町村長が満30歳以上と定められている。

直前復習

Guidance ガイダンス 選挙に関する問題を解く際には，選挙の基本原則を理解しておくほか，小選挙区制，大選挙区制，比例代表制などの制度の違いを覚えておくとよい。また，**日本の選挙制度では，衆議院議員選挙が「小選挙区比例代表並立制」，参議院議員選挙が「選挙区比例代表並立制」を採用**している。両制度の違いを問う問題も多く，比例代表選挙における，衆議院議員選挙の絶対拘束名簿式と参議院議員選挙の非拘束名簿式の違いなどは頻出である。

頻出度	地上 ★★★	国家一般職 ★	東京都 ★	特別区 ★★
	裁判所職員 ★★	国税・財務・労基 ★★★		国家総合職 ★★★

の解説

〈選挙制度〉

1 ✕ 選挙の基本原則のうち，**平等選挙の原則**とは，選挙権の価値は皆に平等，すなわち1人1票とその価値的平等（1票の価値）を原則とすることをいう。なお，本肢にあるような，財力，信仰，人種，性別などを選挙権の要件とはせず，一定の年齢に達したすべての者に選挙権を認めるものは，**普通選挙の原則**である。

2 ✕ **小選挙区制**とは，1選挙区から1人の代表者を選出する選挙区制のことをいう。小選挙区制では，多数派の比率を拡大して議席に反映するため，少数派の意見が議会に反映されにくくなることや，死票が増大すること，絶対多数党の形成が比較的容易であるなどの特徴が挙げられる。

3 ○ 本肢の記述のとおりである。日本の衆議院議員選挙は，**小選挙区比例代表並立制**が採用されており，参議院議員選挙は，**選挙区比例代表並立制**が採用されている。なお，比例代表選挙については，衆議院が**絶対拘束名簿式**，参議院が原則として**非拘束名簿式**を採用している。

4 ✕ 民主主義的な選挙において，選挙人の一票の価値の平等が要請されている（**平等選挙の原則**）。しかし，実際の一票の価値の較差をみると，2018年10月施行の改正公職選挙法における参議院議員選挙の選挙区における最大較差は2.998倍となっている（2019年7月総務省公表）。ゆえに，本肢にあるように全選挙区を通じて1.5倍未満となったわけではない。

5 ✕ 日本の選挙権および被選挙権については，**公職選挙法**において規定されている。**日本国民で年齢満18年以上の者は，衆議院議員および参議院議員の選挙権を有し**（公職選挙法9条1項），**被選挙権については，衆議院議員については年齢満25年以上の者，参議院議員については年齢満30年以上の者**とされている（同法10条1項1号，2号）。また，**日本国民たる年齢満18年以上の者で引き続き3箇月以上市町村の区域内に住所を有する者は，地方公共団体の議会の議員および長の選挙権を有する**と規定され（同法9条2項），**被選挙権**についてみると，**都道府県知事については年齢満30年以上の者，市町村長については年齢満25年以上の者**と規定されている（同法10条1項4号，6号）。

※2018年に公職選挙法が改正され，2019年の参議院議員通常選挙から比例代表制では非拘束名簿式の例外として「特定枠」を設けることができるようになった。

正答 3

第2章 現代デモクラシーと政治

現代デモクラシーと政治
選挙制度

1 選挙の基本原則

普通選挙	財力・信仰・性別などを選挙権の要件とはしないもの
平等選挙	選挙権の価値を平等とする選挙
直接選挙	有権者が直接候補者に投票する選挙
秘密選挙	有権者が誰に投票したのかを秘密にするように工夫された選挙
自由選挙	有権者が選挙を棄権しても制裁を受けず,選挙権の行使が強制されない制度

2 選挙制度

(1) 選挙区制による選挙制度の分類

1つの選挙区に定数をどのように割り振るかによる分類です。

小選挙区制	1選挙区から1人の代表者を選出する制度(衆議院議員選挙で採用)
大選挙区制	1選挙区から2人以上の代表者を選出する制度(参議院議員選挙に一部導入)

※選挙区とは,「代表者選出の資格を有する投票者の集団」と定義され,通常は地理的な区分によって設定されます。

(2) 代表法による選挙制度の分類

民意と議席数の間にどのような関係を設定するかという観点から選挙制度を分類するものです。

少数代表法	少数派の支持を受けた候補者や政党にもある程度当選の可能性を残す選挙方法
多数代表法	民意における多数派の比率を拡大して議席率に反映させるもの。場合によっては選挙区において多数の票を獲得した政党が議席を独占する制度
比例代表法	民意における多数派・少数派のそれぞれに対して,支持率に見合った議席数を保障する制度で,通常は政党の得票数に応じて議席を配分する

INPUT

(3) 日本の選挙制度
① 衆議院議員選挙（定数465，任期4年）
　　＝小選挙区比例代表並立制

　小選挙区から289議席を選出する一方で，全国を11ブロックに分けた比例代表区から176議席を選出します。小選挙区の候補者が比例代表選挙の名簿に名を連ねる重複立候補が可能です（復活当選）。

② 参議院議員選挙（定数248，任期6年）
　　＝選挙区比例代表並立制

　3年ごとに半数改選します。選挙区から148（74）議席を選出する一方で，全国一区とする比例代表区からは100（50）議席を選出します。比例代表制では，原則として政党が当選順位を記載しない非拘束名簿式を採用しています。選挙区の候補者が比例代表選挙の名簿に名を連ねる重複立候補は許されません。

【日本の選挙制度】（2023年9月時点）

	衆議院	参議院
選挙方法	小選挙区比例代表並立制	選挙区比例代表並立制
定数（注）	465 （小選挙区289，比例区176）	248 （選挙区148，比例区100）
任期	4年（解散あり）	6年（3年ごとに半数改選）
比例代表の選挙区	全国を11の選挙区に分割	全国を1つの選挙区とする
比例代表の名簿（注）	絶対拘束名簿式	非拘束名簿式

補足：衆議院議員選挙の比例代表区は，各政党が事前に候補者の順位を付した名簿に従う絶対拘束名簿式を採用しており，参議院議員選挙の比例代表区は，有権者が政党名か各候補者名を記入する非拘束名簿式が採用されています。計算方法はどちらもドント式が用いられています。

重複立候補：同一の候補者が小選挙区と比例区に重複して立候補することができる制度で，衆議院議員選挙でのみ認められており，参議院議員選挙では認められていません。これにより，小選挙区で落選しても，比例区で復活当選することが可能となります。ただし，小選挙区での得票数が有効投票総数の10分の1未満（供託金没収ライン）であれば，比例区で復活当選することはできません。

注意！：2018年に公職選挙法が改正され，参議院は，2019年の通常選挙から比例代表制では非拘束名簿式の例外として，各政党の候補者名簿に特定の候補者が優先的に当選する「特定枠」を設けることができるようになりました。

SECTION 2 選挙制度

現代デモクラシーと政治

実践 問題 21 基本レベル

問 近代選挙の基本原則に関する次の記述のうち，妥当なのはどれか。

(国税・労基1994)

1：直接選挙とは，有権者が直接候補者に投票する制度をいうが，わが国ではこの直接選挙制のほかに，有権者が投票により中間選挙人を選出する間接選挙制も一部導入されている。
2：普通選挙とは，財産，身分，教育，性別などを選挙権の要件としない選挙をいうが，反対にこういった個人の属性を要件とする選挙を特別選挙という。
3：秘密選挙とは，有権者が誰に投票したかを秘密にする選挙をいうが，わが国においては有権者が自発的に投票用紙に署名をして，誰に投票したかを明らかにすることは認められている。
4：自由選挙とは，選挙権の行使が強制によらないことをいうが，これには投票を強制によって妨げられないことのほかに，投票を強制されないことも含まれる。
5：平等選挙とは，有権者の投票権に差別を設けず，1人1票制を原則とする選挙をいうが，1票の価値の平等までは要請されていないとするのが今日の通説的見解である。

実践 問題 21 の解説

〈選挙の基本原則〉

1 ✗ 日本の選挙制度においては，中間選挙人を介する形式での選挙，すなわち，**間接選挙**は導入されていない。

2 ✗ 旧来の選挙権は，財産，身分，教育，性別などを基準に制限が加えられていた。このような選挙制度は，特別選挙ではなく**制限選挙**とよばれる。

3 ✗ 憲法は，「すべて選挙における投票の秘密は，これを侵してはならない。選挙人は，その選択に関し公的にも私的にも責任を問はれない」（憲法15条4項）と規定して，選挙における**秘密投票**を保障している。また，実際に投票用紙に署名した場合は，無効票とされる。

4 ○ 国民は主権者として国の政治に参加する権利を有しており，選挙において自由な投票を行うことは，近代立憲主義国家が国民に対してあまねく保障している権利である。そして，**自由選挙**とは，投票を強制によって妨げられないだけでなく，棄権しても罰金，公民権の停止，氏名の公表といった制裁を受けず，投票を強制されないこともその内容として含んでいる。

5 ✗ **平等選挙**とは，代表者選出のための1票の価値が差別されない制度のことである。これは，**1人1票制（数的平等）**を原則として，**有権者の1票の価値の平等をも要請している（価値的平等）**とするのが今日の通説的見解である。

正答 4

第2章 SECTION 2 現代デモクラシーと政治
選挙制度

実践 問題 22 基本レベル

[問] 我が国とアメリカ合衆国の選挙制度の比較に関する次の記述A～Dのうち、妥当なもののみを挙げているのはどれか。　　　　　　　　　（国Ⅰ2010改題）

A：我が国においては、衆議院・参議院議員選挙の選挙権は18歳以上の者に与えられ、被選挙権は衆議院議員選挙では25歳以上、参議院議員選挙では30歳以上の者に与えられる。一方、アメリカ合衆国においては、大統領選挙及び上院・下院議員選挙の選挙権は20歳以上の者に与えられ、被選挙権は30歳以上の者に与えられる。

B：我が国においては内閣総理大臣は国会の議決によって指名される。一方、アメリカ合衆国大統領は4年に1度の選挙によって決定されるが、各州で有権者が大統領選挙人を選出し、選挙人が大統領候補に投票する間接選挙方式が採られている。

C：我が国の参議院議員の任期は6年であり、3年ごとに半数ずつが改選されるが、アメリカ合衆国の上院議員の任期は8年であり、各州ごとに最も得票数の多かった政党が各州の人口に応じて配分される議席数をすべて獲得する方式で4年ごとに半数ずつ選出される。

D：我が国の衆議院議員の任期は4年で、小選挙区比例代表並立制により選挙が行われ、任期満了前に衆議院が解散される場合があるのに対し、アメリカ合衆国の下院議員の任期は2年で、小選挙区制により選挙が行われ、下院が解散されることはない。

1：A、B
2：A、C
3：B、C
4：B、D
5：C、D

実践 問題 22 の解説

〈わが国とアメリカの選挙制度〉

A ✗ 日本においては，2023年現在，衆参両議院議員の選挙権は，18歳以上の日本国民に与えられ，**被選挙権**については，**衆議院議員選挙は25歳以上，参議院議員選挙では30歳以上で選挙権を有する者に与えられている**。しかし，アメリカ合衆国においては，選挙権は大統領選挙と上・下院議員選挙の場合，**18歳以上の者で有権者登録を行った者**に与えられているが被選挙権はそれぞれ異なっている。大統領選挙の場合，出生により合衆国の市民であり，35歳以上で，14年以上合衆国内に居住したことのある者，上院議員の場合，9年以上合衆国市民であり，30歳以上，選挙時に選出州の住民である者，下院議員の場合，7年以上合衆国市民であり，25歳以上，選挙時に選出州の住民であることが求められる。

B ○ 日本の内閣総理大臣は，国会議員の中から国会の議決によって指名される（憲法67条1項）。一方，**アメリカ合衆国の大統領は，4年に1度実施される大統領選挙によって選出される**。この大統領選挙では，各州ごとに有権者が選出した大統領選挙人による投票で大統領が選出される**間接選挙**によって実施されている。なお，大統領は2期8年を超えて選出されることはできない。

C ✗ 日本の参議院議員の任期は6年であり3年ごとに半数が改選となっている。この点では正しいが，**アメリカ合衆国の上院議員は，定数100名で，人口比例ではなく，いずれの州からも2名ずつ選ばれており，任期6年で2年ごとに約3分の1ずつ改選**となっている。

D ○ 日本の衆議院議員は，小選挙区選挙と全国11ブロックで実施される比例代表選挙を組み合わせた小選挙区比例代表並立制によって選出されている。衆議院議員の任期は4年であるが，解散があるため，任期途中で選挙となることがある。一方，**アメリカ合衆国の下院議員は，定数435名で，各州の人口に比例して選出され，任期は2年である**。なお，日本の衆議院と異なり，アメリカ合衆国の下院には解散はない。

以上より，妥当なものはB，Dであり，正解は肢4となる。

正答 4

SECTION 2 選挙制度

現代デモクラシーと政治

実践 問題 23 基本レベル

問 選挙制度に関する記述として、妥当なのはどれか。 (東京都2012改題)

1：小選挙区制は、一選挙区から一人の議員を選出する制度であり、有権者の意思が反映されやすいが、少数派の政党に有利で死票が少なく、多党制になりやすいため、政権が不安定になるおそれがあるとされている。

2：比例代表制は、大選挙区制の一つであり、有権者の多様な選択を議会に反映させることが容易にできる反面、多数派の政党に有利で死票が多く、二大政党制になりやすいとされている。

3：わが国の衆議院の比例代表選挙では、政党があらかじめ提示している候補者名簿の順位により、政党別の獲得票をドント方式で配分し当選者が決定する拘束名簿式比例代表制を採用している。

4：わが国の参議院議員選挙では、比例代表制は採用しておらず、各都道府県をそれぞれ一選挙区とし、一選挙区の定数が3名から5名程度からなる大選挙区制の一つである中選挙区制を採用している。

5：わが国の衆議院議員総選挙では、選挙区ごとの議員一人当たりの有権者数に格差が生じているが、最高裁判所は一票の格差について一貫して合憲と判断している。

OUTPUT

実践 問題 23 の解説

〈選挙制度〉

1 × 小選挙区制では，一選挙区から1人の議員を選出するため，多数派の候補者が当選しやすい。そのため，議席は大政党で占められやすくなり議会は安定しやすいが，一方で少数派の政党は議会進出が困難になり，死票が発生しやすい。

2 × 大選挙区制は，一選挙区から2人以上の議員を選出する方法である。一方，比例代表制とは，有権者が政党に票を投じて，政党には獲得した票数に応じて議席が配分され，当選者が確定される方法である。

3 ○ 日本の衆議院議員選挙の比例代表選挙では，**絶対拘束名簿式比例代表制**が採用されている。これは，各政党が事前に候補者の当選順位を付した名簿に従い当選者が確定していく方法である。なお，比例代表選挙における各政党に対する議席の配分は，各政党の得票数を1，2，3…の整数で割り，1人あたりの得票数が多い順に各政党の議席が割り当てられる**ドント式**が採用されている。

4 × 日本の参議院議員選挙では，**選挙区比例代表並立制が採用**されている。これは，1ないし2の都道府県を選挙区とし，全国を一区とする比例代表区の組み合わせである。なお，参議院の一選挙区の定数は2名から12名（改選は1名から6名）であり，中選挙区制を採用していない（2023年9月現在）。

5 × これまでの最高裁判所の判例をみると，衆議院の場合で約2倍以上，参議院の場合では約4倍以上の差が生じた場合には，違憲ないしは違憲状態との判決が出されることがある。2014年の衆議院議員総選挙では一票の格差が最大で2.13倍となり，2015年11月には最高裁は違憲状態にあるとの判断を下している（最大判平27.11.25）。

正答 **3**

SECTION ② 現代デモクラシーと政治
選挙制度

実践 問題 **24** 基本レベル

頻出度		
地上★★★	国家一般職★	東京都★ 特別区★★
裁判所職員★★	国税·財務·労基★★	国家総合職★★★

問 わが国の選挙制度に関する記述として，妥当なのはどれか。

(特別区2011改題)

1：選挙制度は，小選挙区制，大選挙区制，比例代表制に大別でき，大選挙区制では，多数党が有利で政治が安定しやすいが，死票が多くなり少数意見が反映されにくいという欠点がある。

2：比例代表制における議席配分は，各党の得票数を整数で割り，商の大きい方から議席を与えるドント式が衆議院議員選挙にのみ採用されている。

3：参議院議員選挙では，全国を単位とした選挙区制と都道府県を単位とした比例代表制が並立されている。

4：衆議院議員選挙では，1994年，公職選挙法の改正により小選挙区比例代表並立制が導入され，2023年9月時点，小選挙区から289議席，ブロック単位の比例代表から176議席が選出されている。

5：衆議院議員選挙では，小選挙区と比例代表の両方に立候補する重複立候補制は認められていない。

OUTPUT

実践 問題 24 の解説

〈わが国の選挙制度〉

1 ✕ **小選挙区制**では多数党が有利になり政治が安定しやすい。しかし，死票が多くなりやすく，少数意見が反映されにくいといわれる。一方，**大選挙区**では当選者が複数出ることから候補者選択の幅が広がり，死票は縮減されることになる。

2 ✕ 衆議院議員選挙の比例区および参議院議員選挙の比例区では，いずれも**ドント式**による議席配分を行っている。ドント式では，各政党の得票数を1，2，3…の整数で割っていき，1人あたりの得票数が多い順から，各政党の議席を配分していくものである。

3 ✕ 参議院議員選挙では，1ないし2の都道府県を単位とした選挙区から148議席，全国を単位とした比例区から100議席が選出される。なお，比例区では，「特定枠」を除いて政党があらかじめ当選順位を記載しない**非拘束名簿式**が採用されている。

4 ◯ 衆議院議員選挙では**小選挙区比例代表並立制**が採用されている。これにより，小選挙区から289議席，そして全国を11のブロックに分けた比例区からは176議席が選出されている（2023年9月時点）。

5 ✕ 衆議院議員選挙では，小選挙区の立候補者が比例代表選挙の候補者名簿に名を連ねる**重複立候補**が認められている。そして，小選挙区で落選した場合に比例区で当選する**復活当選**が可能である。しかし，このような**重複立候補は参議院議員選挙では認められていない**。

正答 4

第2章 SECTION 2 現代デモクラシーと政治
選挙制度

実践 問題 25 基本レベル

問 我が国の選挙制度に関する記述として最も妥当なのはどれか。

（国税・財務・労基2014改題）

1：国会開設と大日本帝国憲法の発布に先立って明治政府が公布した衆議院議員選挙法は，我が国の選挙に関する初めての法律である。有権者は一定額以上の国税を納める満25歳以上の男子とされたため，公布当初の有権者数は全人口の約2割であった。

2：大正デモクラシーを背景として，いわゆる普通選挙法が成立した。この法律によって，貴族院と衆議院の両院において，選挙権及び被選挙権共に納税額による制限が撤廃された。また，女子にも初めて選挙権が与えられた。

3：第二次世界大戦後初めての衆議院議員総選挙は，満20歳以上の男女に選挙権及び被選挙権が与えられて，実施されることとなった。また，昭和25年には公職選挙法が制定され，文書や図画の配布，戸別訪問や事前運動が認められるようになった。

4：衆議院では，平成6年の公職選挙法の改正により，小選挙区制と比例代表制を合わせた小選挙区比例代表並立制が導入されたが，議員定数の不均衡の是正を考慮し，小選挙区制の定数よりも比例代表制の定数を多くし，また，比例代表は都道府県ごとに選挙区が定められた。

5：参議院では令和5年9月現在，全国を一つの選挙区として選出する比例代表選挙と，都道府県ごとに決められた定数の議員を選出する選挙区選挙とに分けて議員を選出している。平成12年の公職選挙法の改正により，比例代表選挙には非拘束名簿式比例代表制が導入された。

OUTPUT

実践 問題 25 の解説

〈わが国の選挙制度〉

1 × 約2割が誤り。衆議院議員選挙法公布後初の選挙となる第1回衆議院議員総選挙は1890（明治23）年に実施されたが、有権者は15円以上の国税を納める満25歳以上の男子とされたため、公布当初の有権者数は全人口の約1％であった。

2 × 貴族院において選挙権および被選挙権ともに納税額による制限が撤廃されたという部分、および、女子にも初めて選挙権が与えられたという部分が誤り。1925（大正14）年に制定された「**普通選挙法**」では、満25歳以上のすべての男子に選挙権が与えられたが、女子には選挙権は与えられなかった。また、普通選挙法は衆議院のみに適用し、貴族院には適用されなかった。

3 × 1950（昭和25）年に制定された公職選挙法では、**戸別訪問の禁止（138条）**、**事前運動および選挙当日の選挙運動の禁止（129条）**、そして**文書や図画の配布の制限（142条）**が規定された。なお、戦後初めての衆議院議員選挙は、1945（昭和20）年の衆議院議員選挙法改正後に実施され、同法では、選挙権は20歳以上、被選挙権は25歳以上の男女に与えられるとされた。

4 × 後半が誤り。衆議院の議員定数は465人（2023（令和5）年9月時点）で、そのうち289人が小選挙区選出議員で、比例代表選出議員の176人より多い。また、比例代表制は、都道府県ではなく、全国を11のブロックに分けた選挙区が定められている。

5 ○ 本肢の記述のとおりである。参議院の議員定数は、248人で、そのうち100人が比例代表選出議員で、選挙区選出議員は148人である（2023（令和5）年9月時点）。比例代表制は全国を1つの選挙区として選出している。2000（平成12）年の公職選挙法改正により比例代表選挙には**非拘束名簿式比例代表制**が導入され、有権者は政党名または候補者名のどちらかを記述する方式となった。

正答 5

第2章 SECTION 2 現代デモクラシーと政治
選挙制度

実践 問題 26 基本レベル

問 我が国の選挙制度に関する記述として最も妥当なのはどれか。

(国家一般職2014改題)

1: 従前選挙期間中にインターネットを利用した選挙運動を行うことは禁じられていたが、候補者及び政党等によるウェブサイトの更新やＳＮＳでの投稿による選挙運動については、投票日当日も含めて認められるようになった。ただし、一般有権者については引き続き禁じられている。

2: 仕事や留学などで海外に居住している者は、在外選挙制度により在外選挙人名簿に登録をすることで日本の国政選挙に投票ができる。従前投票が可能なのは選挙区選挙のみであったが、平成19年6月以降に公示される選挙から、比例代表選挙についても投票をすることができることとなった。

3: 平成29年、「一票の格差」を是正するために衆議院議員小選挙区の区割りに関し、5都県で定数が1増加、5県で定数が1減少する、いわゆる5増5減の改定が行われた。これにより衆議院の定数は小選挙区が176議席、比例区が289議席を維持した。

4: 従前の不在者投票制度は、仕事や旅行、入院等によって投票日当日に投票することが難しい者に限って認められてきたが、投票率の向上のため、特段の理由がなくとも事前に投票することが可能となる期日前投票制度に変更され、郵便等による投票も認められるようになった。

5: 従前公職選挙法では、成年被後見人は選挙権及び被選挙権を有しないこととされていたが、平成25年7月以降に公示又は告示される選挙から、成年被後見人も選挙権及び被選挙権を有することとなった。

OUTPUT

実践 問題 **26** の解説

〈わが国の選挙制度〉

1 × インターネットを利用した選挙運動は，**公示・告示日から投票日の前日まで**しか認められていない。一般有権者は，ウェブサイトの更新やSNSでの投稿による選挙運動は認められるようになったが，**電子メールを利用した選挙運動は引き続き禁じられている**。

2 × 在外選挙制度は，**在外選挙人名簿に登録をすることで海外に居住している者も日本の国政選挙に投票ができる制度**である。従来は比例代表選挙しか投票できなかったが，公職選挙法の改正により平成19年6月以降に実施する選挙区選挙から選挙区選挙にも投票できるようなった。

3 × 平成29年，公職選挙法の改正で「**一票の格差**」を是正するために衆議院議員小選挙区の区割りに関し，6県で定数が1人ずつ減少し，定数増加はない「0増6減」の改定をした。これにより，衆議院の定数は，小選挙区が289議席，比例区が176議席となった。

4 × 公職選挙法で不在者投票制度の一部が**期日前投票制度**に変更されたのは，平成15年である。郵便等による投票は期日前投票ではなく，従来から不在者投票制度で認められている。**郵便等による不在者投票**は，平成16年3月から認められる対象者が拡大したほか，**代理記載制度が認められたが**，制度そのものは存在していた。

5 ○ 従前の成年被後見人は選挙権および被選挙権を有しないこととされていたが，平成25年に公職選挙法が改正されたことにより平成25年7月以降に公示または告示される選挙から，**成年被後見人も選挙権および被選挙権を有する**こととなった。

第2章 現代デモクラシーと政治

正答 5

SECTION ② 現代デモクラシーと政治
選挙制度

実践 問題 **27** 〈基本レベル〉

頻出度	地上★★★	国家一般職★★	東京都★	特別区★
	裁判所職員★★★	国税・財務・労基★★	国家総合職★	

問 我が国の選挙制度に関する記述として最も妥当なのはどれか。

(国家一般職2016改題)

1：衆議院議員総選挙は，4年ごとに実施され，小選挙区選挙と拘束名簿式比例代表制による。選挙区間の議員一人当たり有権者数に格差があると一票の価値が不平等になるという問題があり，近年の選挙においては，参議院よりも衆議院で一票の最大格差が大きくなっている。

2：参議院議員通常選挙は，3年ごとに実施され，議員の半数が改選される。参議院の選挙制度は，選挙区選挙と比例代表制となっており，選挙区選出議員の定数の方が比例代表選出議員の定数よりも多い。

3：期日前投票制度とは，選挙期間中に名簿登録地以外の市区町村に滞在していて投票できない人が，定められた投票所以外の場所や郵便などで，選挙期日前に投票することができる制度である。選挙期日に仕事や旅行などの用務がある場合や，仕事や留学などで海外に住んでいる場合などに利用することができる。

4：従来，国政選挙の選挙権を有する者を衆・参両議院議員選挙は20歳以上，被選挙権を有する者を衆議院議員選挙は30歳以上，参議院議員選挙は25歳以上としていた。平成27年の公職選挙法の改正により，衆・参両議院議員選挙において，選挙権を有する者を18歳以上，被選挙権を有する者を25歳以上とすることが定められた。

5：公職選挙法では，選挙運動期間以前の事前運動や戸別訪問を禁止するなど，選挙運動の制限が規定されている。平成25年の同法の改正により，電子メールによる選挙運動用文書図画の送信については，候補者や政党に加えて，一般有権者にも認められるようになった。

OUTPUT

実践 問題 27 の解説

〈わが国の選挙制度〉

1 × 衆議院議員総選挙は、4年の任期満了によるものと、衆議院の解散によって行われるものの2つに分けられるため、本肢記述は妥当ではない。また、近年の衆・参両議院の一票の最大格差は、衆議院議員総選挙で平成26年12月が約2.13倍、平成29年10月が約1.98倍、令和3年10月が約2.08倍、参議院通常選挙で平成28年7月が約3.08倍、令和元年7月が約3.00倍、令和4年7月が約3.03倍であり、一般に参議院のほうが一票の最大格差が大きく、衆議院のほうが最大格差は小さくなる傾向にあるので、これも妥当ではない。

2 ○ 本肢記述のとおりである。参議院議員通常選挙は、3年ごとに参議院議員の半数が改選される。また、参議院の選挙制度は選挙区選挙と比例代表制となっており、定数248人のうち、148人が選挙区選出議員、100人が比例代表選出議員となっている（2023年9月時点）。

3 × 本肢記述は不在者投票制度の説明であるため、誤りである。**期日前投票制度**とは、選挙期日に仕事や旅行、レジャー、冠婚葬祭等の用務があるなど一定の事由に該当すると見込まれる者が、期日前投票所において選挙期日と同じ方法で投票できる（投票用紙を直接投票箱に入れることができる）仕組みである（公職選挙法48条の2第1項）。

4 × 平成27年の公職選挙法の改正により、衆・参両議院議員選挙において選挙権を有する者を満20歳以上から満18歳以上に引き下げられたが、**被選挙権年齢は変更がなく、衆議院議員が満25歳以上、参議院議員が満30歳以上**のままであるので、本肢記述は誤りである。

5 × 平成25年の公職選挙法の改正によって、**電子メールを利用する方法による選挙運動用文書図画について、候補者・政党等が頒布することができる**ようになったが（公職選挙法142条の4第1項）、それ以外の一般有権者については認められていないため、本肢記述は誤りである。

正答 **2**

第2章 SECTION 2 現代デモクラシーと政治
選挙制度

実践　問題 28　基本レベル

問 選挙制度に関する記述として最も妥当なものはどれか。

(裁判所職員2022改題)

1：小選挙区制と大選挙区制を比較すると，小選挙区制のほうが死票が少なく，少数意見を反映しやすいという長所がある。
2：大選挙区制は，一般に，二大政党制を生みやすく，強い与党が生まれ政局が安定するという長所がある。
3：比例代表制は，死票が少なく多様な民意を反映できるが，小党分立や政治の停滞を生み出す傾向がある。
4：2023年9月現在，日本の国政選挙では，衆議院議員総選挙でも参議院議員通常選挙でも，選挙区制の当選者より比例代表制の当選者のほうが多い。
5：日本の国政選挙では，仕事や旅行を理由とした不在者投票が認められており，有権者は事前に申請すれば選挙当日にどの投票所でも投票できる。

OUTPUT

実践 問題 **28** の解説 ―――――――――

チェック欄
1回目	2回目	3回目

〈選挙制度〉

1 ✕ 小選挙区制と大選挙区制を比較すると，**小選挙区制のほうが死票が多くなり，少数意見を反映しにくいという短所がある**ので，本肢記述は誤りである。

2 ✕ 一般に，二大政党制を生みやすく，強い与党が生まれ政局が安定するという長所があるのは，小選挙区制なので，本肢記述は誤りである。

3 ◯ 本肢記述のとおりである。**比例代表制は，死票が少なく多様な民意を反映できるが，小党分立や政治の停滞を生み出す傾向がある。**

4 ✕ 2023年9月現在，衆議院議員総選挙は選挙区制が289人で，比例代表制が176人である。また，参議院議員通常選挙は3年ごとに半数ずつ改選されるので，選挙区制が74人，比例代表制が50人となっている。いずれも，選挙区制の当選者のほうが比例代表制の当選者より多いので，本肢記述は誤りである。

5 ✕ **不在者投票**は，仕事や旅行などの理由で選挙区外に滞在しているときに認められており，有権者は事前に申請すれば，滞在先の選挙管理委員会が指定する日時や投票所で投票できるが，投票日当日の投票はできないので，本肢記述は誤りである。

第2章 現代デモクラシーと政治

正答 3

LEC東京リーガルマインド　2024-2025年合格目標 公務員試験 本気で合格！過去問解きまくり！　83
④社会科学

S ECTION ② 現代デモクラシーと政治
第2章

選挙制度

実践 問題 **29** 応用レベル

頻出度	地上★★	国家一般職★★	東京都★★★	特別区★★
	裁判所職員★★★	国税·財務·労基★★	国家総合職★★	

問 政治参加に関する次のA〜Dの記述の正誤の組合せとして最も適当なものはどれか。 (裁判所職員2015)

A：比例代表制における代表的な議席配分方式のうち，現在わが国で用いられているドント式は，サン・ラゲ式（サン・ラグ式）と比べて大政党に有利に働く特質を持つと言われている。

B：投票行動研究において提唱されたミシガン・モデルでは，有権者の合理性を判断する基準として「業績投票」であるかどうかが重要とされた。

C：1993年まで衆議院議員総選挙において採用されていた中選挙区制での投票方式を，投票用紙に書く候補者数等の取扱いに着目して「単記移譲式」と呼ぶ。

D：アメリカと比べたとき日本における政党支持の特徴として，脱政党層の増加に伴って無党派層が増加した点を挙げることができる。

	A	B	C	D
1：	正	正	正	誤
2：	正	誤	正	誤
3：	正	誤	誤	正
4：	誤	正	正	正
5：	誤	誤	誤	正

OUTPUT

実践 問題 29 の解説

〈政治参加〉

A ○ 本記述のとおりである。日本の比例代表制における代表的な議席配分方式であるドント式は、サン・ラゲ式と比べて大政党に有利に働く特質を持つといわれている。

B × 「業績投票」が誤りである。投票行動研究におけるミシガン・モデルは、「心理学（政党支持態度）」を重視していたといえる。「業績投票」とは、有権者の投票は政権党のそれまでの業績に対する評価によって左右されるというもので、M.フィオリーナによる「業績評価投票モデル」が示している。彼によると、有権者の投票とは「政党帰属意識＋業績評価＋未来への期待」であるとされている。

C × 1993年まで衆議院議員選挙区において採用されていた中選挙区制での投票方式を、投票用紙に書く候補者数等の取扱いに着目して「単記非移譲式」とよぶ。「単記式」とは、1名の候補者名を投票用紙に記入する方式のことをいう。また単記式の中でも、「単記移譲式」とは、有権者があらかじめ候補者名が印刷された投票用紙に、支持する順に番号を振って投票するものであり、そうでないものを「単記非移譲式」という。

D ○ 本記述のとおりである。無党派層はアメリカでは1970年代、日本では1990年代に増加した。元々、日本人の政党支持はアメリカと比べて流動的であったが、1990年代以降、政党の離合集散・流動化により、脱政党層の増加に伴って無党派層が増加したといえる。

以上より、記述Aが正、Bが誤、Cが誤、Dが正であり、正解は肢3となる。

正答 3

SECTION 2 現代デモクラシーと政治
選挙制度

実践 問題30 応用レベル

[問] 各国の選挙制度に関する次の記述として妥当なのはどれか。　（国Ⅰ2000）

1：国政レベルで小選挙区制を採用している国のうちイギリスは二回投票制をとっており，第一回目の投票で有効投票数の過半数を獲得した候補者がいない場合，上位二名による決選投票が行われる。これは，二大政党に加えて第三党が継続的に進出できる可能性を確保するためである。

2：比例代表制は，小選挙区制の下における各地域の個別的利益が優先される状況を打破し，州ごとに有権者の意見が反映されることを目的として1800年代に初めてアメリカ合衆国の連邦下院議員選挙で採用され，第一次世界大戦後にヨーロッパに普及した。現在，北欧諸国やベネルクス三国，それにフランスなども，国政選挙にこの制度を採用している。

3：ドイツでは，ワイマール体制の下で国政レベルで比例代表制を採用し，これが多数党の乱立と不安定な連立政権をもたらしたので，第二次世界大戦後は，議員定数の半数が小選挙区で選出され，残りは各政党間の得票率に応じた議席配分の調整がなされる小選挙区比例代表併用制が採用されている。

4：我が国では，衆議院議員選挙に小選挙区比例代表並立制が導入されたことに伴い，地方議会議員の選挙に関しても小選挙区制が導入され，選挙区の区割り変更が大規模に行われた。比例代表選出部分の議席配分方式は，衆議院・参議院ともに少数政党に有利に働くように北欧諸国と同様サン・ラグ式が採用されている。

5：小選挙区制では，選挙区を設定する場合に多数党に有利になるよう区画する「ゲリマンダー」が形成されにくく，また，死票も少ないことから，選挙民の意向と議席の配分が一致し，主権者の意思が公平かつ合理的に反映できる。

OUTPUT

実践 問題 30 の解説

〈各国の選挙制度〉

1 × イギリスの下院選挙は**小選挙区制による1回投票制**である。この制度は二大政党制を導きやすいといわれている。イギリスは労働党と保守党の二大政党制の国といわれてきたが，2010年の総選挙の結果では，保守党と自由民主党の連立政権となった。

2 × 比例代表制による選挙は，1900年にベルギーで初めて実施された。その後，北欧諸国や他のベネルクス3国などでも採用されるようになった。一方，**アメリカでは小選挙区制が採用されており，比例代表制が導入されたことはない**。具体的には，上院においては，州ごとに2名を選出するが，同一の州から選出される2名は別個に改選されるため，実際の選挙では各州から1名が選出されることとなる。下院においては，人口に応じて区割りされた各選挙区から1名ずつを選出している。

3 ○ ドイツでは**小選挙区比例代表併用制**が採用されている。わが国のように小選挙区選挙と比例代表選挙を別個に行う「並立制」とは異なり，ドイツで用いられている小選挙区比例代表「併用制」では，有権者は2票を持ち，小選挙区と比例区に投票し，比例区に投じられた票は全国一括で集計され，各党の得票数に応じて総議席が配分される。各党はまず小選挙区で勝利した自党候補に議席を与え，余剰の分を比例区の候補者から補充する。そのとき自党に配分された議席数より小選挙区の当選者が多かった場合には，議会の定数自体が増加する（**超過議席**）。

4 × わが国の地方議会議員の選挙は，1選挙区から複数（2名以上）の代表者を選出する大選挙区制がほとんどである。また，衆参両院の比例代表選挙において採用されているのは，サン・ラゲ（サン・ラグ）式ではなく**ドント式**である。ドント式は，各政党の獲得票を1，2，3という整数で割って，その商が大きい順に当選を決定する仕組みで，サン・ラゲ式は，各政党の得票数を1，3，5という奇数で割って，その商が大きい順に当選を決定する仕組みである。

5 × 小選挙区制を採用すると，1選挙区からは最も多くの票を集めた1名しか選出されないため**死票**が増大し，社会の多様な利益・意見を反映することは困難である。また，不公正な選挙区割り，すなわち**ゲリマンダー**が発生しやすいといわれている。

正答 3

〔第2章 現代デモクラシーと政治〕

SECTION 2 現代デモクラシーと政治
選挙制度

実践 問題 31 応用レベル

問　わが国の選挙制度に関する記述として最も適当なものはどれか。

（裁判所職員2017改題）

1：衆議院議員選挙では小選挙区比例代表並立制が採用されている。小選挙区選挙と比例代表選挙の重複立候補者は，小選挙区選挙で落選しても比例代表選挙で復活当選することが可能であるが，惜敗率が50％を下回った場合には，復活当選は認められない。
2：2022年の参議院議員通常選挙の選挙区選挙では，鳥取県・島根県，徳島県・高知県，香川県・愛媛県がそれぞれ合区とされている。同年の通常選挙は，合区が設けられてから初めての選挙となった。
3：1選挙区につき3人から5人の当選者を選出する仕組みである中選挙区制は，かつて衆議院議員選挙で行われていたが，少数党の候補者に不利な選挙制であるため，定数の少ない参議院議員選挙や地方議会議員の選挙で実施されたことはない。
4：投票率を向上させるため，仕事や旅行等を理由とした期日前投票や不在者投票を行うことを認めるなどの措置が講じられている。また，2016年には初めて共通投票所の設置が認められ，一部の自治体でこれが実現した。
5：2016年から選挙権年齢が満18歳以上に引き下げられた。しかし，特定の候補者への投票の勧誘などの選挙運動を行うことは被選挙権の年齢に達するまで認められていない。

OUTPUT

実践 問題 31 の解説

〈わが国の選挙制度〉

1 × 小選挙区選挙と比例代表選挙の重複立候補者は，小選挙区選挙で落選しても比例代表選挙で復活当選することが可能であるが，得票数が有効投票総数の10分の1未満であった場合には復活当選は認められないので，本肢記述は誤りである。なお，「衆議院議員選挙では小選挙区比例代表並立制が採用されている」という記述部分については正しい。

2 × 2022年の参議院議員通常選挙の選挙区選挙では，鳥取県・島根県と徳島県・高知県がそれぞれ合区とされているが，香川県と愛媛県は，合区ではない。また，合区は2016年の通常選挙から設けられているので，本肢記述は誤りである。

3 × 中選挙区制は，正式名称を大選挙区（非移譲式）単記制といい，かつて1993年までの衆議院議員総選挙で行われていた1選挙区につき3人から5人の当選者を選出する仕組みである。中選挙区制は，少数党の候補者に有利な選挙制であるため，定数の少ない参議院議員選挙や地方議会議員の選挙の一部に導入されているので，本肢記述は誤りである。

4 ○ 本肢記述のとおりである。1997年の公職選挙法改正により，不在者投票制度は，投票率を向上させるため，仕事や旅行等の私用であっても投票を行うことが認められるようになった。さらに，2003年の改正では期日前投票制度が導入され，従来の不在者投票制度よりも手続が簡略化された。また，2016年6月には投票日に駅や商業施設など利便性の高い場所で投票できる共通投票所の設置が初めて認められ，2016年の参議院議員通常選挙では4市町村が設置し，2022年の参議院議員通常選挙では全国28市町村143カ所に設置された。

5 × 満18歳以上の者であれば，特定の候補者への投票の勧誘などの選挙運動を行うことは認められているので，本肢記述は誤りである。なお，2016年6月から選挙権年齢が満18歳以上に引き下げられたという前半記述部分については正しい。

正答 4

現代デモクラシーと政治

第2章

章末 CHECK

? Question

Q1 政党とは，政権獲得を目的とした集団である。

Q2 M.ウェーバーによると名望家政党とは教養と財産を有する人々（名望家）による政党のことである。

Q3 名望家政党と近代政党のうち，厳格な党規律を持つのは名望家政党である。

Q4 一党優位政党制とは，名目的に複数の政党の存在が認められているが政権政党が定められており政権交代が起こりえない政党制を指す。

Q5 ヘゲモニー政党制の典型として，55年体制とよばれた1955年から1993年にかけての日本における自由民主党単独政権期がしばしば挙げられる。

Q6 穏健な多党制は，政党間の競合が遠心的で政権交代軸が分極化している政党制である。

Q7 二大政党制の代表国としてはアメリカが挙げられる。

Q8 圧力団体が中心的に果たす機能は利益集約機能である。

Q9 議員や官僚に直接働きかけて影響力を及ぼし，自らの利益を実現しようとする活動を草の根ロビイングという。

Q10 日本ではアメリカと異なり，圧力活動の対象が主として行政機構へ向けられている。

Q11 圧力団体は社会的・経済的に低い地位にある者によって構成される場合が多い。

Q12 圧力団体が議会や行政機関の正常な運営を阻む可能性はない。

Q13 小選挙区制は1選挙区から1人の代表者を選出する選挙区制である。

Q14 小選挙区制は，少数代表法の典型である。

Q15 少数代表法の典型としては，大選挙区単記制が挙げられる。

Q16 衆議院議員選挙においては，小選挙区の候補者が比例代表選挙の名簿に名を連ねる重複立候補はできない。

Q17 衆議院議員選挙の比例代表区は，非拘束名簿式を採用している。

Q18 非拘束名簿式では有権者は政党名か各候補者名を記入する。

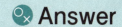

A1 ○ 政党は政権獲得を目的としている。

A2 ○ 名望家政党とは教養と財産を有する人々（名望家）による政党のことである。

A3 × 厳格な党規律を持つのは近代政党である。

A4 × 名目的に複数の政党の存在が認められているが政権政党が定められており政権交代が起こりえない政党制はヘゲモニー政党制である。

A5 × 55年体制とよばれた1955年から1993年にかけての日本における自由民主党単独政権期が典型とされるのは一党優位政党制である。

A6 × 政党間の競合が遠心的で政権交代軸が分極化している政党制は極端な多党制である。

A7 ○ アメリカは二大政党制の代表国で，共和党と民主党が政権を争っている。

A8 × 利益集約機能を中心的に果たすのは政党である。圧力団体は利益表出機能を中心的に果たす。

A9 × 議員や官僚に直接働きかけて影響力を及ぼし，自らの利益を実現しようとする活動はロビイングである。草の根ロビイングは世論に訴えるものである。

A10 ○ アメリカでは，圧力活動の対象は主として立法府（議員）である。

A11 × 圧力団体は社会的・経済的に高い地位にある者によって構成される場合が多い。それゆえ社会的・経済的弱者の利益が表出されないと批判されることがある。

A12 × 圧力団体は議会や行政機関に圧力をかけて影響力を及ぼそうとするため，議会や行政機関の正常な運営を阻む可能性がある。

A13 ○ 1選挙区から1人の代表者を選出する選挙区制が小選挙区制であり2人以上を選出するのが大選挙区制である。

A14 × 小選挙区制は，多数代表法の典型である。

A15 ○ 大選挙区単記制が少数代表法の典型である。

A16 ○ 重複立候補ができないのは参議院議員選挙である。

A17 × 衆議院議員選挙の比例代表区は，絶対拘束名簿式を採用している。

A18 ○ 非拘束名簿式では有権者は政党名か各候補者名を記入する。

memo

第3章

行政と地方自治

SECTION

① 行政と地方自治

第3章 行政と地方自治

出題傾向の分析と対策

試験名	地 上		国家一般職 (旧国Ⅱ)			東京都			特別区			裁判所職員			国税・財務・労基			国家総合職 (旧国Ⅰ)		
年　度	15 ↓ 17	18 ↓ 20	21 ↓ 23	15 ↓ 17	18 ↓ 20	21 ↓ 23	15 ↓ 17	18 ↓ 20	21 ↓ 23	15 ↓ 17	18 ↓ 20	21 ↓ 23	15 ↓ 17	18 ↓ 20	21 ↓ 23	15 ↓ 17	18 ↓ 20	21 ↓ 23
出題数　セクション	2	1	3	1	1	1	1						1			1	1	
行政と地方自治	★★	★	★★★	★	★	★	★						★			★★	★	

(注) 1つの問題において複数の分野が出題されることがあるため，星の数の合計と出題数とが一致しないことがあります。

　この分野からの出題は，従来は一部の試験種を除いてそれほど頻出な分野とはいえませんでしたが，近年出題が増えていることから，十分な対策が必要といえます。中でも地方自治に関する出題が多いです。地方自治体の基本理念に基づいて，どのような地方公共団体の組織と権能が存在するのか，しっかり身につけておく必要があるでしょう。行政委員会についての出題もありますので，問題演習を通じて知識の定着に努めてください。

地方上級

　この分野からの出題は頻出しています。地方自治に関する問題が出題されており，住民の直接請求権や議会や長の関係などは，表などを使って，整理しながら知識を整理しましょう。また，定足数や議決数などにも注意しておいてください。

国家一般職（旧国家Ⅱ種）

　この分野からの出題は頻出とまではいえませんが，地方自治に関する問題が出題されています。具体的には，住民の直接請求権や地方公共団体の事務に関する問題ですが，基本的な知識で解答できるので，問題演習を通じてしっかり学習してください。

東京都

　この分野からの出題は頻出とまではいえませんが，今後出題が増える可能性があります。住民の直接請求権や議会や長の関係などは，表などを使って，整理しながら知識を整理しましょう。定足数や議決数などにも注意しておいてください。

特別区

　この分野からの出題は頻出とまではいえませんが，今後出題が増える可能性があります。住民の直接請求権や議会や長の関係などは，表などを使って，整理しながら知識を整理しましょう。細かい知識を覚えるよりは，基本的事項を中心に学習しておいてください。

裁判所職員

　この分野からの出題は頻出しています。定足数や議決数などは正確に覚える必要があります。また，住民の直接請求権や議会や長の関係などは，表などを使って，整理しながら知識を整理しましょう。

国税専門官・財務専門官・労働基準監督官

　近年，国税専門官・財務専門官・労働基準監督官からの出題は，ほとんどありませんが，試験対策として十分に学習する必要があります。特に地方自治については，繰り返し出題されていますので，問題演習を通じて，出題のポイントを把握できるようにしっかりと学習しましょう。

国家総合職（旧国家Ⅰ種）

　近年，国家総合職からの出題はあまりありませんが，地方自治や行政委員会など少し細かい知識を要する出題も見られます。もっとも，他の試験種同様，表などを使い知識を整理し，演習問題を繰返すことで，新たな知識を得ることができ，定着を図ることができるので，しっかり学習しましょう。

Advice アドバイス　学習と対策

　理論や制度などの知識を問う問題に対しては，表などを用いて自分なりにまとめるのが知識の整理には有効です。頻出論点としては，それほど広いものではないので，演習問題を通じて知識を定着させてください。また，行政や地方自治に関しては，その時々の政策などに関する時事的な問題が出題されることがあります。典型論点と併せて十分学習しておきましょう。

行政と地方自治

SECTION 1 行政と地方自治

必修問題　セクションテーマを代表する問題に挑戦！

地方自治体に関する問題は，基礎知識を身につけることが大切です。地方自治の本旨や機関について押さえよう。

問　日本の地方自治に関する次の記述のうち妥当なのはどれか。

(地上2016)

1：地方公共団体には，教育委員会，選挙管理委員会などの委員会が設けられている。これらの委員会は，首長の指揮監督の下にあり，専門性の高い政策分野について首長に助言を行うことを主要な目的とする機関である。
2：直接民主制的制度が導入されており，例えば，住民が有権者の一定数以上の署名を集めて首長に条例の制定を請求した場合には，首長はその条例案の可否について住民投票を行い，その結果有権者の過半数が賛成すれば，その案が条例となる。
3：地方税として，地方税法には住民税や固定資産税など様々な税目が定められているが，地方税法に定められていない新しい税目を，地方公共団体が独自に作ることはできない。
4：地方公共団体間の財政格差を是正する制度に地方交付税制度がある。これは，税収の多い地方公共団体が，徴収した地方税の一部を，税収の少ない地方公共団体に配分する制度である。
5：人口の特に多い市は，行政需要や行財政能力が他の市と異なるため，政令指定都市という特例が設けられている。政令指定都市には，都道府県の権限の多くが移管される。

Guidance ガイダンス

地方自治の問題は，基本事項を身につけると解答を見つけやすい。特に「地方自治の本旨」が住民自治と団体自治の両者を不可分の要素と考えることや，近年の地方分権の推進によって，「**機関委任事務**」が廃止されて「**法定受託事務**」と「**自治事務**」に再編成されたことなどは押さえておきたい。また，住民の直接請求権などはしっかり覚えておこう。

〈日本の地方自治〉

1 × 教育委員会や選挙管理委員会などの<u>行政委員会</u>は、政治的中立性を確保するために、首長から独立した地位・権限を有している地方公共団体の執行機関であるので、本肢記述は誤りである。

2 × 住民が有権者の50分の1以上の者の署名を集めて首長に条例の制定を請求した場合には、首長はその請求を受理した日から20日以内に議会を招集し、その条例案の可否について議会に議決を請求するにとどまるので、本肢記述は誤りである。その結果、議会が可決すれば、その案が条例となる。

3 × 地方公共団体は、地方税法に定める税目（法定税）以外に、条例により税目を新設することができるので、本肢記述は誤りである。これを「<u>法定外税</u>」という。法定外税には、法定外普通税と法定外目的税がある。

4 × <u>地方交付税制度</u>は、すべての地方公共団体が一定水準を維持しうるよう財源を保障する見地から、国税の一部として国が代わって徴収し、一定の合理的な基準によって再配分するので、本肢記述は誤りである。

5 ○ 本肢記述のとおりである。<u>政令指定都市</u>は人口50万人以上の市のうちから政令で指定する。政令指定都市には、都道府県の権限の多くが移管されることにより、都道府県知事の承認、認可、許可等の関与を要している事務について、その関与の必要をなくすことや、財政や行政組織上の特例がある。

正答 5

第3章 SECTION 1 行政と地方自治

1 官僚制論

M.ウェーバーは，近代官僚制に求められる構成要素として以下の5つを指摘しました。

権限の原則	職務の執行は客観的に定められた法律や規則に基づいて実施され，権限の範囲も明確に規定する
専門分化の原則	官僚になるには専門的な訓練と資格が必要であり，世襲や情実などは廃止される
公私分離の原則	職務活動と私生活は明確に区別され，私的利益は排除される
階統制の原則	上下の指揮命令系統が一元的に明確化されている
文書主義の原則	官僚制に基づく活動は，すべて客観的に記録され，保存された文書に基づいて行われる

2 地方自治の基本理念

住民自治	地方の公共事務を，当該地域の住民が直接にまたは代表者を通じて処理することをいい，**自治権が住民自身にあることを強調したもの**
団体自治	地方的な行政は，地方自治体が一応は国家から独立したものとして，国の行政機関の指揮・監督や干渉を受けることなく，**自治体自らの機関で自主的に処理すること**

3 地方自治体の組織と機能

(1) 地方自治体の住民
① 間接民主制を原則とします（憲法93条2項）。
② 住民の直接請求権
・**条例の制定・改廃請求**（有権者の50分の1以上の署名，長に対し請求）
・**事務監査請求**（有権者の50分の1以上の署名，監査委員に請求）
・**議会解散請求**（有権者の3分の1以上の署名，選挙管理委員会に請求，住民投票を行い，過半数の同意で解散）
・**解職請求**（有権者の3分の1以上の署名，議員・長は選挙管理委員会に請求，住民投票を行い過半数の同意で失職）

INPUT

(2) 議会
　議会は住民の直接選挙により選出される議員で構成されます。また，住民を代表して自治体の重要な政策や行政について審議し，基本方針を決定する議事機関となります。**一院制で，議員の任期は原則的に4年**で解散があります。

(3) 長（知事，市町村長）
　地方自治体の長は**住民の直接選挙によって選出**され，任期は**4年**です。

(4) 議会と長の関係
　日本の地方自治体の議会と長の関係は，大統領制的な制度を採用しながらも，その中に議院内閣制的な制度を導入しています（**不完全な大統領制，大統領制と議院内閣制の折衷型**）。

4 地方自治体の財政

- **一般財源** 当該自治体が自治活動のために自由に使用できる財政収入です。
- **特定財源** 使用目的があらかじめ特定されている財政収入です。
- **自主財源** 歳入のうち地方自治体が自主的に徴収できる財源です。
- **依存財源** 上級レベルの機関における意思決定による財源です。

補足　【オンブズマン制度】
　オンブズマンとは，市民の苦情に基づいて行政を監察し，行政の非違の改善や合理化を勧告する**行政監察官**のことをいいます。オンブズマン制度は1809年にスウェーデンで初めて導入されました。
　日本でのオンブズマン制度は，地方自治体では，1990年に**神奈川県川崎市**で導入されましたが，国政レベルでは現在のところ実施されるに至っていません。

第3章 行政と地方自治
SECTION 1 行政と地方自治

実践 問題 32 基本レベル

[問] 官僚制に関する次のA～Dの記述の正誤の組合せとして最も適当なのはどれか。
(裁判所職員2013)

A：近代的官僚制に特徴的な機能様式として，M.ウェーバーは，明確な権限の原則，階層性の原則，文書の原則と公私の分離，政治的自律の原則，非兼職の原則，規則の原則を挙げた。

B：M.ウェーバーは，官僚制を形式的・技術的に最も合理的であるとしたが，規律・規則の重要性が重視されるあまり規則遵守の自己目的化が生じ，繁文縟礼，セクショナリズム，管理化などの逆機能をもたらすことが指摘されている。

C：近代官僚制が有する問題に対し，1970年代末から強制競争入札やエージェンシーの設置，政策評価など，ニュー・パブリック・マネジメント（NPM）と総称される改革が提案，実施されている。

D：政策や施策の立案には予備知識が必要であり，一般の国民がこれを監視し，評価することは難しい。このため，国民は政策や施策の立案を官僚に委任し，官僚は政治家との間でのエージェンシー・スラックが小さくなるように努める。

	A	B	C	D
1	正	正	正	誤
2	正	誤	正	誤
3	正	誤	誤	正
4	誤	正	正	誤
5	誤	誤	誤	正

OUTPUT

実践 問題 32 の解説

〈官僚制〉

A × M.ウェーバーは，制定された法規範の秩序の合理性に正当性の根拠を置く**合法的支配**の典型例として，近代官僚制を挙げ，その特徴を①権限（明確化）の原則，②専門分化の原則，③公私分離の原則，④階統制の原則，⑤文書主義の原則として提示した。本記述のうち，階層性の原則，政治的自律の原則，非兼職の原則，規則の原則はウェーバーにはない。また，「文書の原則と公私の分離」については，ウェーバーは公私分離の原則と文書主義の原則に分けて提示している。

B ○ M.ウェーバーは，官僚制の合理的な側面を強調したが，第2次世界大戦後，官僚制の合理的機能を認めつつも，官僚制には機能障害も存在し，かえって問題を引き起こす可能性があるという主張が高まった。アメリカの社会学者**R.K.マートン**は，これを「訓練された無能力」と指摘し，**官僚制の逆機能**として提示した。

C ○ 本記述のとおりである。イギリスにおいて，1970年代末より，国家が企業経営の考え方を取り入れ，競争入札やエージェンシーの設置，政策評価などといったいわゆる**NPM（ニュー・パブリック・マネジメント）**とよばれる諸改革が進み，1990年代半ば以降，諸外国で一般化していった。

D × エージェンシー・スラックとは，エージェント（代理人）がプリンシパル（依頼人）の利益のために委任されているにもかかわらず，プリンシパルの利益に反してエージェント自身の利益を優先した行動をとってしまうことを指す。現代政治では，エージェント＝プリンシパル関係は官僚と国民ではなく，官僚と政治家の間で問題になることが多い。つまり，立法権は議会が掌握しているが，法案作成は官僚に委ねられることが多く，その際，エージェントである官僚は，プリンシパルである政治家選好から逸脱した法案を作成し政策を実施してしまう。つまり，エージェンシー・スラックはむしろ大きくなりがちである。

以上より，記述Aが誤，Bが正，Cが正，Dが誤であり，正解は肢4となる。

正答 4

SECTION 1 行政と地方自治

行政と地方自治

実践　問題 33　基本レベル

頻出度　地上★★★　国家一般職★★　東京都★★　特別区★★★
　　　　裁判所職員★★　国税・財務・労基★★★　国家総合職★★

問　我が国における行政の民主化に関する記述として、妥当なのはどれか。

（特別区2004）

1：行政委員会は、明治憲法下において行政権から独立した機関として設置され、日本国憲法下では、行政機関の政策立案に際して、関係者や有識者の意見を聞くために必ず開かれなくてはならないとされている。
2：国政調査権は、国会の両議院に認められた国政全般について調査する権限であり、両議院はそれぞれ証人の出頭及び証言並びに記録の提出を求めることができる。
3：行政手続法は、官僚制の肥大化をシビリアン・コントロールにより統制するために制定されたものであり、行政庁が行政指導によって企業や民間団体の活動を規制することを禁じている。
4：情報公開法は、国民の知る権利を実現するために、その請求に応じて行政機関に政策立案や実施に関する情報について、個人情報を除き一切の制約無く開示することを義務づけている。
5：オンブズマン制度とは、行政監察官が国民の要求に基づいて行政活動に関する調査及び改善勧告を行うもので、アメリカで創設され、我が国でも国と一部の自治体に導入されている。

OUTPUT

実践 問題 33 の解説

〈行政の民主化〉

1 × **行政委員会**とは，内閣から独立した地位において職権を行使することが認められている合議体の行政機関のことをいう。具体的には，公正取引委員会や人事院などが挙げられる。行政委員会の制度は，第2次世界大戦後の民主化過程において，中立的な立場を維持するためにアメリカの制度を例に導入されたものである。また，明治憲法における行政権は，国務大臣の輔弼によって天皇が自ら行使するものであるから，行政委員会制度そのものが存在しなかった。

2 ○ 本肢記述のとおりである。憲法62条では，「両議院は，各々国政に関する調査を行ひ，これに関して，証人の出頭及び証言並びに記録の提出を要求することができる」と定めている。

3 × **行政手続法**は，許認可の申請に対する処分の手続や，行政指導の手続など，行政機関と国民・事業者との関係を明確にする法律であり，1994年から施行された。なお，**行政手続法によって行政指導に法律上の強制力のないことが明示されたが**，行政指導そのものは禁止されていない。

4 × **情報公開法**は，行政機関が保有する行政情報を原則的に公開し，情報開示を求めるすべての人に情報開示のための請求権を与える法律で，2001年から施行された。ただし，同法が対象外として公開が制限される情報としては，本肢にある個人情報のほか，法人情報，外交情報，治安情報，審議情報，意思形成過程情報などがある。

5 × **オンブズマン**とは，市民の苦情に基づいて行政を監察し，行政の非違の改善や合理化を勧告する行政監察官のことである。このオンブズマンを制度化して初めて導入した国は，アメリカではなく**スウェーデン**である。また，わが国では，神奈川県川崎市が国内で初めてオンブズマン条例を制定し，現在ではいくつかの自治体でも採用されている。しかし，国政レベルでは，報告書や提言はあるものの，2023年9月時点において実施されていない。

正答 2

Section 1 第3章 行政と地方自治

行政と地方自治

実践　問題 34　基本レベル

問　我が国における近年の行政改革に関する記述として最も妥当なのはどれか。

（国税・財務・労基2013）

1：行政運営における公正の確保と透明性の向上を図るため，平成5年に行政手続法が制定された。行政手続法では許認可等の処分において違法又は不当な手続があった場合の不服申立ての手続を規定している一方，行政指導については弾力的で機動的な対応を可能にするため，その定義や方式に関する規定は設けられていない。

2：情報公開制度は米国で生まれ，我が国においては平成11年に情報公開法が成立することによって法制化された。情報公開法の制定以降，各地方公共団体で積極的に情報公開制度を規定した条例や要綱が制定されるようになったが，平成24年においても情報公開制度が導入されていない都道府県もある。

3：オンブズマンとは行政の誤った施策や見落としている社会問題に対して，国民からの苦情を受けて，非司法的な手段で監査を行う役職のことをいう。諸外国で採用されているオンブズマンは全て行政機関に設置されており，我が国では，国政レベルにおいて総務省にオンブズマン委員会が設置されているほか，川崎市など各地方公共団体においても，導入が進んでいる。

4：特別の法律によって設立される特殊法人は，戦後一貫して増加を続けてきたが，平成13年以降の小泉内閣の下で全ての特殊法人が見直しの対象となったことから，その数は減少を続けている。例えば，平成13年の見直しの際には日本道路公団，国立大学法人の民営化や，住宅金融公庫，都市基盤整備公団の廃止が決定された。

5：政策企画部門の硬直性や各省庁の縦割りの弊害などの問題点を指摘した平成9年の行政改革会議の最終報告を受けて，中央省庁等改革基本法の制定や国家行政組織法の改正などが行われ，中央省庁の組織が平成13年にそれまでの1府22省庁から1府12省庁に再編され，政府全体の見地からの関係行政機関の連携の確保を図ることを任務とする内閣府が設置された。

OUTPUT

実践 問題 **34** の解説

〈近年の行政改革〉

1 × 1993年，行政運営における公正の確保と透明性の向上を図ることを目的として**行政手続法**が成立した。**行政指導**に関しては，行政手続法2条6号において，「行政機関がその任務又は所掌事務の範囲内において一定の行政目的を実現するため特定の者に一定の作為又は不作為を求める指導，勧告，助言その他の行為であって処分に該当しないもの」と定義し，同32条から36条にかけて，行政指導の一般原則（32条），申請に関連する行政指導（33条），許認可等の権限に関連する行政指導（34条），行政指導の方式（35条），複数の者を対象とする行政指導（36条）を規定している。

2 × **情報公開制度**は，**スウェーデンで最初に導入**され（1766年制定，一度廃止され1809年に復活），アメリカの「情報自由法」（1966年）以降，世界各国に普及していった。情報公開制度については，**国よりも地方公共団体が先んじていた経緯**があり，1983年にはすでに神奈川県と埼玉県が情報公開手続に関する条例を定めていた。なお，現在では，**すべての都道府県が情報公開条例を定めている**ほか，ほぼすべての市町村でも情報公開条例を定めている。

3 × **オンブズマン**の設置は，行政府のみではなく，立法府の議会もあり，制度の発祥地である**スウェーデンやイギリスは議会に設置**されている。また，日本では**国レベルではオンブズマン制度は導入されておらず**，国政への苦情処理を簡易・迅速に行う仕組みとして「行政相談制度」で全国に行政相談委員（総務大臣が民間人に委嘱）を約5,000人配置しているのみである。

4 × **特殊法人**が21世紀以降減少を続けていることは正しいが，住宅金融公庫は住宅金融支援機構に改組，独立行政法人化され，都市基盤整備公団も都市再生機構に改組，独立行政法人化された。なお，国立大学は，旧来は文部科学省に置かれる施設等機関で国立学校設置法に基づいて国が設置していたものである。

5 ○ 2001年1月に，中央省庁が再編成され，それまでの**1府22省庁から1府12省庁に再編**された。また，旧総理府本府，経済企画庁，沖縄開発庁が統合してこれらの事務を引き継ぐ**内閣府**が設置された。

正答 5

第3章 SECTION 1 行政と地方自治

行政と地方自治

実践 問題 35 基本レベル

頻出度　地上★★★　国家一般職★★　東京都★★　特別区★★★
　　　　裁判所職員★★　国税・財務・労基★★★　国家総合職★★

問 地方自治に関する記述として最も妥当なのはどれか。　　(国Ⅱ2009)

1：地方公共団体の長は、その地方公共団体の住民の直接選挙によって選出することとされているが、条例に特別の定めがあれば、その地方公共団体の議員による選挙によって選出することができる。
2：地方公共団体は、地域における事務に関し条例を制定することができるが、刑罰は必ず法律で定めなければならないことが憲法で定められているため、罰則を条例で定めることはできない。
3：特定の地方公共団体のみに適用される特別法は、その地方公共団体の議会において過半数の同意を得なければ、国会はこれを制定することができないとされている。
4：都道府県及び市町村の事務は、地方自治法上、公共事務、機関委任事務及び行政事務から成る自治事務と、法律によって地方公共団体が受託している法定受託事務に分けられる。
5：都道府県及び市町村の事務の処理に関して国が関与を及ぼす場合には、法律又はこれに基づく政令の根拠が必要である。

直前復習

OUTPUT

実践 問題35 の解説

〈地方自治〉

1 × 憲法93条2項は,「地方公共団体の長,その議会の議員及び法律の定めるその他の吏員は,その地方公共団体の住民が,直接これを選挙する」と規定しており,**地方公共団体の長および地方議会の議員は住民の直接選挙によって選出されるものとしている**。したがって,条例によって,地方公共団体の長をその議会の議員による選挙によって選出すると定めることは憲法に違反するものであり,許されない。

2 × **地方公共団体は,法律の範囲内において条例を定めることができる**(条例制定権,憲法94条)。では,条例で罰則を制定することは許されるであろうか。この点につき最高裁判所は,条例は民主的自主立法である点で法律に類するものといえることから,個別具体的な委任までは不要であり,法律による授権の内容が相当程度に具体的であり限定されていれば足りるとして,条例で罰則を制定することは許されるとしている(最大判昭37.5.30)。

3 × 憲法95条は,「一の地方公共団体のみに適用される特別法は,法律の定めるところにより,その地方公共団体の住民の投票においてその過半数の同意を得なければ,国会は,これを制定することができない」として,本肢のような地方自治特別法の制定について,住民投票における過半数の同意を要件としている。

4 × **機関委任事務は,1999年の地方自治法改正により廃止されている**。機関委任事務については,地方公共団体の議会の権限が大幅に制限され,国の包括的な指揮監督を受けるものとされていたため,地方分権・地方自治の観点から問題視されていたことから,上記の改正により廃止されている。現行の地方自治法は,地方公共団体の事務を,法律によって地方公共団体が受託している**法定受託事務**(地方自治法2条9項1号・2号)と**自治事務**(法定受託事務以外のもの,2条8項)とに分類している。

5 ○ 地方自治法245条の2は,「普通地方公共団体は,その事務の処理に関し,法律又はこれに基づく政令によらなければ,普通地方公共団体に対する国又は都道府県の関与を受け,又は要することとされることはない」として,普通地方公共団体(都道府県と市町村)に対する国の関与に関して,法定主義を採用している。したがって,本肢は妥当である。

正答 5

第3章 SECTION 1 行政と地方自治
行政と地方自治

実践 問題 36 基本レベル

頻出度 地上★★★ 国家一般職★★★ 東京都★★ 特別区★★★
　　　裁判所職員★★ 国税・財務・労基★★ 国家総合職★

問 我が国の地方自治に関する記述として、妥当なのはどれか。 （特別区2023）

1：地方自治法は、都道府県を普通地方公共団体と定め、特別区及び市町村を特別地方公共団体と定めている。
2：地方公共団体の事務には、自治事務と法定受託事務があり、旅券の交付や戸籍事務、病院・薬局の開設許可などが法定受託事務に該当する。
3：地方交付税交付金とは、地方公共団体間の財政格差を是正するために、国が使途を指定して交付する補助金である。
4：地方公共団体の議会は首長の不信任決議権を持ち、首長は議会の解散権を持つが、首長は議会の議決に対して拒否権を行使することはできない。
5：行政機関を監視し、住民からの苦情申立てを処理するためのオンブズパーソン制度が一部の地方公共団体で導入されている。

直前復習

実践 問題36 の解説

〈わが国の地方自治〉

1 × 地方自治法は，都道府県および市町村を**普通地方公共団体**と定め，特別区，地方公共団体の組合，財産区を**特別地方公共団体**と定めているので，本肢記述は誤りである。

2 × 地方公共団体の事務には，**自治事務**と**法定受託事務**があり，病院・薬局の開設許可などが自治事務，旅券の交付や戸籍事務などが法定受託事務に該当する。よって，本肢記述は誤りである。

3 × **地方交付税交付金**とは，地方公共団体間の財政格差を是正するために，国が地方公共団体独自の判断で使える一般財源として交付する補助金なので，本肢記述は誤りである。

4 × 地方公共団体の議会は首長の不信任決議権を持ち，首長は議会の解散権を持つが，**首長は議会の議決に対して拒否権を行使することはできる**ので，本肢記述は誤りである。

5 ○ 本肢記述のとおりである。行政機関を監視し，住民からの苦情申立てを処理するための**オンブズパーソン（オンブズマン）**制度は，神奈川県川崎市で平成2（1990）年に導入されるなど，一部の地方公共団体で導入されている。

第3章 行政と地方自治

正答 5

問 我が国の地方自治に関する記述として最も妥当なのはどれか。

(国家総合職2017改題)

1：民主主義は地方自治の伝統の上に築かれるとの考えから，大日本帝国憲法が規定していた地方自治の保障を日本国憲法も受け継いだ。日本国憲法は，地方公共団体の組織や運営に関する事項は地方自治の本旨に基づいて法律で定めるとしているが，この地方自治の本旨は，住民の意思に基づいて地方の政治や行政を行うという住民自治と，住民が地方公共団体の活動に参加するという団体自治から成る。

2：地方公共団体は，行政を執行し，法律の範囲内で条例を制定する権能を有する。これに対し，住民の意思を地方の政治や行政に反映させる観点から，地方公共団体の住民には，その総数の50分の1以上の者の連署をもって，地方公共団体の長に対し，その地方公共団体の事務の執行に関する監査を請求すること，また，地方公共団体の議会の議長に対し，条例の改正・廃止を請求することが認められているが，条例の制定を請求することはできない。

3：地方公共団体の長及び議会の議員は，その地方公共団体の住民の直接選挙によって選ばれる。また，地方公共団体の住民は，その総数の10分の1以上の者の連署をもって，選挙管理委員会に対し，その地方公共団体の長又は議会の議員の解職を請求することができる。他方，地方公共団体の副知事又は副市町村長は，その地方公共団体の長が議会の同意を得て選任する公務員であることから，地方公共団体の住民がその解職を請求できる仕組みとはなっていない。

4：一の地方公共団体のみに適用される特別法については，その地方公共団体の住民の投票において3分の2以上の同意を得られなければ，国会で可決されたとしても法律として成立しない。ただし，地方自治と民主主義の調和を図る観点から，住民投票において必要な同意を得られなかった後，再度，国会において出席議員の3分の2以上の多数で可決された場合には，当該特別法は成立するものとされている。

5：地方公共団体が処理する事務には，法定受託事務と自治事務がある。法定受託事務とは，都道府県や市町村，特別区が処理することとされる事務のうち，国が本来果たすべき役割に係るものであって，国においてその適正な処理を特に確保する必要があるもの等をいい，戸籍事務，国政選挙，旅券の交付などがある。一方，自治事務は，法定受託事務以外のものをいい，都市計画の決定，病院や薬局の開設許可などがある。

OUTPUT

実践 問題 37 の解説

〈わが国の地方自治〉

1 ✕ 大日本帝国憲法には，地方自治に関する規定は存在していないので，誤りである。また，「**地方自治の本旨**」（地方自治の原則）とは，住民の意思と参加に基づいて地方の政治や行政を行うという住民自治と，地方公共団体が法に反しない範囲で中央政府から独立して地方行政の運営を自主的に行う団体自治なので，これも妥当ではない。

2 ✕ 地方公共団体は，行政を執行し，法令の範囲内で条例を制定する権能を有する。また，住民の直接請求制度として，**有権者の50分の1の署名をもって，地方公共団体の長に対して条例の制定・改廃請求が，監査委員に対して事務監査請求ができる**ので，本肢記述は誤りである。また，原則として有権者の3分の1以上の署名をもって，選挙管理委員会に対して議会の解散請求が，議員・長の解職請求が，長に対して役員の解職請求ができる。

3 ✕ **地方公共団体の長，議会の議員の解職請求については，原則として有権者の3分の1以上の署名をもって，選挙管理委員会に対して行うことになっている**ので，誤りである。また，副知事と副市町村長のような**主要公務員は，原則として有権者の3分の1以上の署名をもって，地方公共団体の長に対して解職請求を行うができる**。地方公共団体の長は解職請求に関して議会にかけ，3分の2以上の議員が出席し，その4分の3以上の同意があれば，その役員は失職するので，これも誤りである。

4 ✕ 一の地方公共団体のみに適用される特別法については，その地方公共団体の住民の投票において過半数の同意を得られなければ，国会で可決されたとしても法律として成立しないので，本肢記述は誤りである。また，国が特定の地方公共団体に対し，不利益を課すような法律を安易に制定することを防止するための規定であり，国会における再議決の制度は用意されていない。

5 ◯ 正しい記述である。2000年の改正地方自治法により**機関委任事務**が廃止され，**地方公共団体の事務は法定受託事務と自治事務に再編**された。

正答 5

第3章 SECTION 1 行政と地方自治

行政と地方自治

実践 問題 38 基本レベル

問 地方自治に関する次のア〜オの記述には妥当なものが二つある。それらはどれか。
(地上2019)

ア：地方自治の本旨には住民自治と団体自治の二つの要素がある。住民自治は各地方の運営をそこに住む住民の意思に基づいて行うことであり，団体自治は地方公共団体が国から独立して地方公共団体の事務を当該地方公共団体の意思と責任の下で処理することである。

イ：住民は，地方公共団体の長と議会の議員を直接選挙するが，解職は，地方公共団体の長についてのみ請求できる。

ウ：憲法上の住民とは，地方公共団体の区域に住所を有する日本国民であるから，永住者等地方公共団体の区域に住所を有する外国人定住者であっても，法律によって選挙権を付与することは憲法違反となる。

エ：租税を課すには国会の制定する法律によることが必要であるが，民主的な手続によって制定される条例は法律に準ずるものと解されるから，地方公共団体の条例によって租税を課すことができる。

オ：国会は法律を制定する権能を有するので，一つの地方公共団体にのみ適用される地方自治特別法であっても，当該地方公共団体の住民投票を行うことなく制定することができる。

1：ア　エ
2：ア　オ
3：イ　ウ
4：イ　エ
5：ウ　オ

実践 問題 38 の解説

〈地方自治〉

ア○ 本記述のとおりである。日本国憲法93条2項には，「地方公共団体の長，その議会の議員及び法律の定めるその他の吏員は，その地方公共団体の住民が，直接これを選挙する」とあり，住民自治について規定されている。その一方で，同法94条には，「地方公共団体は，その財産を管理し，事務を処理し，及び行政を執行する権能を有し，法律の範囲内で条例を制定することができる」とあり，団体自治について規定されている。

イ× 住民は，有権者の3分の1以上の署名があれば，地方公共団体の長と議会の議員のいずれも選挙管理委員会に対して解職請求ができるので，本記述は誤りである。選挙管理委員会は，住民投票に付し，過半数の同意があれば解職請求が出された長・議員は失職する。

ウ× 判例では，外国人に対しては，国民主権の原理から，国政レベルでも地方選挙レベルでも参政権は憲法上保障されていないが，**地方選挙において永住外国人に法律で選挙権を付与することは，憲法上禁止されていないと判断されている**（最判平7.2.28）。よって，本記述は誤りである。

エ○ 本記述のとおりである。地方団体は地方税法に定める税目（法定税）以外に，条例により税目を新設することができる。これを「法定外税」という。平成12年4月の地方分権一括法による地方税法の改正により，法定外普通税の許可制が同意を要する協議制に改められるとともに，新たに法定外目的税が創設された。

オ× 日本国憲法95条には，「一の地方公共団体にのみ適用される特別法は，法律の定めるところにより，その地方公共団体の住民の投票においてその過半数の同意を得なければ，国会は，これを制定することができない」とあり，地方自治特別法の制定には当該地方公共団体の住民投票を行わなければならない。

以上より，妥当なものはアとエであり，正解は肢1となる。

正答 **1**

問 わが国の地方自治に関する記述として最も妥当なものはどれか。

(裁判所職員2018)

1：地方自治法では，各市区町村が条例を制定し，議会に代えて選挙権を有する者の総会を設けることができると規定されているが，これまでに住民の総会が実現した例はない。
2：2000年に地方分権一括法が施行され，国と地方の関係は上下・主従の関係から対等・協力の関係に改められた。これを受けて，機関委任事務制度は廃止され，国から地方公共団体への職員の出向は原則として禁止された。
3：地方自治法では，有権者は，地方公共団体の議会の議員の解職を求める直接請求を行うことが認められている。地方公共団体の議会の議員に対し，解職を求める住民投票が行われ，その結果過半数の同意があったときは，当該議員はその職を失う。
4：地方交付税交付金は，地方公共団体間の財政格差を是正するために，国税として国が徴収した税金を一定の基準に従って再分配するものであるが，国庫支出金とは異なり，その使途が国により指定されている。
5：地方自治法では，法人を設立せずに地方公共団体間で事務を共同処理するための方法として，協議会，機関等の共同設置，事務の委託などの制度が規定されている。このうち事務の委託については，個人情報保護等の問題から，実際にはまったく行われていない。

実践 問題 39 の解説

〈わが国の地方自治〉

1 × 地方自治法94条および95条では，各町村が条例を制定し，議会に代えて選挙権を有する者の総会を設けることができると規定されているので，本肢記述は誤りである。また，同法に基づいて町村総会が実現した例については，八丈小島にあった東京都宇津木村（現在の八丈町の一部）が1951年から1955年にかけて総会を設けていたことがあるので，これも誤りである。

2 × 2000年に**地方分権一括法が施行されて，機関委任事務制度は廃止された**が，国から地方公共団体への職員の出向は原則として禁止されていないので，本肢記述は誤りである。ちなみに，2022年10月1日現在，国から地方公共団体への出向者は1,766人（都道府県1,179人，市町村587人）である。

3 ○ 本肢記述のとおりである。地方自治法80条1項では，有権者は，**選挙権のある市民（選挙人名簿に登録されている人）の原則として3分の1以上の連署**をもって，その代表者から選挙管理委員会に対し，地方公共団体の議会の議員の解職を求める直接請求を行うことが認められている。選挙管理委員会はこれを有権者の投票に付し，地方公共団体の議会の議員に対し，解職を求める住民投票が行われ，選挙人の有効投票中，過半数の同意があったときは，当該議員はその職を失う。

4 × **国庫支出金**は，その使途が国により指定されているが，**地方交付税交付金**は，地方公共団体間の財政格差を是正するために，国税として国が徴収した税金を一定の基準に従って再分配するものであり，その使途は指定されていないので，本肢記述は誤りである。

5 × 2021年7月1日現在，**事務の委託**の実施件数は6,752件となっているので，本肢記述は誤りである。地方自治法252条の14から252条の16に基づいて，法人を設立せずに地方公共団体間で事務を共同処理するための方法として，普通地方公共団体の事務の一部の管理執行を，他の普通地方公共団体に委ねる制度（事務の委託）が規定されている。事務の委託の内訳は，住民票の写し等の交付（1,368件），公平委員会（1,166件），競艇（861件）などとなっている。

正答 **3**

第3章 SECTION 1 行政と地方自治

行政と地方自治

実践 問題 40 基本レベル

問 我が国の地方自治制度に関する記述として，妥当なのはどれか。

(東京都2015)

1：明治憲法下では，地方自治制度は，憲法に規定されず，知事は中央政府の任命によるなど，中央集権的な性格の強いものであった。
2：地方自治の本旨のうち，住民自治とは，地方公共団体が国の指揮・監督を受けることなく，独立して政治・行政を行うことをいう。
3：地方公共団体の長及び議員は，住民の直接選挙により選出されるが，その長については，条例で定めれば，議員による間接選挙で選出することができる。
4：財産権の内容は法律で定めなければならず，地方公共団体が，条例で財産権を制限することは一切認められていないとされている。
5：地方公共団体は，住民の投票において，その過半数の同意を得れば，法令に違反する条例を制定することができる。

OUTPUT

実践 問題 40 の解説

〈わが国の地方自治制度〉

1 ○ 本肢記述のとおりである。1889年に発布された明治憲法（大日本帝国憲法）には，地方自治制度に関する規定はなかった。また，知事は中央政府の任命によるなど，現在の日本国憲法に比べて中央集権的な性格の強いものであった。

2 × 地方公共団体が国の指揮・監督を受けることなく，独立して政治・行政を行うことという記述部分が誤りである。住民自治とは，地方の公共事務を，当該地域の住民が直接にまたは代表者を通じて処理することをいい，自治権が住民自身にあることをいう。

3 × 地方公共団体の長は議員などによる間接選挙制や国などによる任命制は禁止されているので，誤りである。憲法93条2項には，「地方公共団体の長，その議会の議員及び法律の定めるその他の吏員は，その地方公共団体の住民が，直接これを選挙する」とある。

4 × 憲法29条2項は「財産権の内容は，公共の福祉に適合するやうに，法律でこれを定める」とあるが，条例は地方議会という民主的基盤に立って制定されるため，実質的に法律と差異がなく，**条例によって財産権を制限することは許される**（通説）。

5 × 地方自治法14条には，「普通地方公共団体が法令に違反しない限りにおいて，（中略），条例を制定することができる」とあり，**法令に反する条例を制定することはできない**ので誤りである。

正答 **1**

第3章 SECTION 1 行政と地方自治

行政と地方自治

実践 問題 41 応用レベル

問 地方自治に関する記述として最も妥当なのはどれか。　　（国Ⅰ2011）

1：日本国憲法には地方公共団体の長の直接選挙制が明文で規定されている。一方，明治憲法下では，憲法に明文の規定はなかったものの，地方公共団体の長について直接選挙制がとられており，限定的ではあったが地方自治が認められていた。

2：地方公共団体は法令に違反しない限りにおいて条例を制定することができるとされており，2年以下の懲役や罰金などの罰則を定めることもできる。また，有権者の50分の1以上の署名があれば，条例の制定又は改廃の請求を首長に対して行うことができる。

3：地方分権改革推進委員会の答申を受けて地方分権推進法が成立し，大幅な地方自治法の改正が実現したことにより，国政選挙の管理など一部の事務を除き，これまで国から地方公共団体に実施が義務づけられていた法定受託事務が廃止され，地方公共団体の独自性が高められた。

4：直接民主制の一つとして首長の解職請求や議会の解散請求があり，有権者の50分の1以上の署名があれば選挙管理委員会に対して請求を行うことができるが，首長の解職や議会の解散を実際に行うには，その後，有権者の投票によって3分の2以上の同意が必要となっている。

5：基礎自治体の行財政基盤の確立を目的として，平成11年以来，全国的に市町村合併が積極的に推進されたが，市町村数は平成21年度末時点で目標としていた約2,000を下回らなかったことから，合併特例債などの財政支援措置が新たに創設されるなど，国による合併への関与が強化された。

OUTPUT

チェック欄		
1回目	2回目	3回目

実践 問題 **41** の解説

〈地方自治〉

1✕ 憲法93条2項は地方公共団体の長と議会議員はその地方公共団体の住民が**直接選挙すると明文で規定している**ので，前半の記述は妥当である。他方，明治憲法下でも地方公共団体の議会議員を住民が直接選挙することが認められていたが，地方公共団体の長の直接選挙は認められていなかったので，後半の記述は妥当でない。

2◯ 憲法94条は，**地方公共団体は法律の範囲内で条例を制定することができる**とし，地方自治法14条3項で，条例で2年以下の懲役や罰金などの罰則を規定することができると定める。この点判例は，条例が公選の議員をもって組織する地方公共団体議会の議決を経て制定される自治立法であり，実質的に法律に類するものであるから，法律の授権が相当な程度に具体的であり限定されればよいとし本規定を合憲とした。よって，前半の記述は正しい。また，条例の制定又は改廃の請求については後半の記述のとおりである（地方自治法74条1項）。

3✕ 地方分権推進法は，地方分権を総合的かつ計画的に推進することを目的としている。その後，1999（平成11）年成立の地方分権一括法によって，**機関委任事務制度が廃止**され，代わって地方公共団体の事務は**法定受託事務**と**自治事務**に再編成された。なお，地方分権改革推進委員会とは，2007（平成19）年に地方分権改革の推進に関する基本的事項について調査・審議するため内閣府に設置された委員会である。よって，本肢は妥当でない。

4✕ 地方議会議員・長の選挙権を有する者は，**首長の解職請求**（地方自治法81条1項）や**議会の解散請求**（同法76条1項）をすることができるが，原則として**有権者総数の3分の1以上の連署をもって選挙管理委員会に対して請求しなければならない**。そして，有権者による解職・解散の投票で**過半数の同意があれば，首長は失職し**（同法83条），**議会は解散する**（同法78条）。よって，本肢は妥当でない。

5✕ 1999（平成11）年に当時の与党3党によって，「基礎的自治体の強化の視点で，市町村合併後の自治体数1,000を目標とする」との方針が示され，その後，市町村合併が推進された。1999年末の市町村の数は3,232であったが，2006（平成18）年には1,817まで減少した。2010（平成22）年の合併新法の改正により，国・都道府県による合併の推進に関する規定は削除され，市制施行の条件緩和等の特例も廃止された。よって，本肢は妥当でない。

第3章 行政と地方自治

正答 **2**

SECTION 1 行政と地方自治

行政と地方自治

実践　問題 42　応用レベル

問 地方分権に関する次のA～Dの記述のうち，適当なもののみをすべて挙げているのはどれか。　　　　　　　　　　　　　（裁事・家裁2011）

A：1999年に成立した地方分権推進一括法により，それまで国の事務が地方公共団体の執行機関に委任されていた機関委任事務は廃止され，大多数が自治事務と法定受託事務に分類された。自治事務は，地方公共団体の裁量により執行できる事務であり，法定受託事務は，原則的に地方議会が条例を制定できる点が機関委任事務と異なる点である。

B：地方公共団体に特定の施設や特別の資格を持った職員を置くことを義務付けていた必置規制は，1999年に成立した地方分権推進一括法により廃止・緩和された。必置規制の廃止・緩和は，「地方公共団体の組織及び運営に関する事項は，地方自治の本旨に基づいて，法律でこれを定める」とする日本国憲法92条を尊重したものである。

C：地方公共団体が国の関与に不服があるとき，法務省に新設された第三者機関である国地方係争処理委員会に申し立てることが，地方自治法において認められている。委員会は地方公共団体によって申し立てられた不服事項を審査し，国の関与が違法であると認めた場合は，国に必要な措置を講じるよう勧告を出すことができる。

D：小泉政権により進められたいわゆる三位一体の改革では，国と地方公共団体の行財政システムの改革が進められ，国から地方公共団体へ税源を移譲する代わりに，国庫支出金の補助金の削減や地方における基幹道路の建設費用として使われてきた自動車重量税などの暫定税率の廃止が図られた。

1：A，B
2：A，C
3：B，D
4：C
5：D

OUTPUT

実践 問題 42 の解説

〈地方分権〉

A ○ 1999年に成立した地方分権一括法により，**機関委任事務が廃止**され，大部分は自治事務または法定受託事務に分類された。これらのうち，自治事務は，地方公共団体が処理する事務のうち，法定受託事務を除いたものであり，自治事務に対する国の関与は原則として是正の要求までである。一方，法定受託事務とは，国（都道府県）が本来行う事務であって，国（都道府県）においてその適正な処理を特に確保する必要があるものである。従来の機関委任事務と異なり，地方公共団体は，**自治事務と法定受託事務とを問わず，法令に違反しない限り地方公共団体の事務であれば，条例を制定することができる**（地方自治法14条1項）。ただし，**法定受託事務については必ず法律や政令により事務処理が義務付けられるとともに，代執行や是正の指示など国の強い関与が認められている。**

B ○ 本記述で示されたとおり，地方分権推進一括法などの成立により，必置規制は廃止・緩和された。必置規制とは，法令や法令に基づかない補助要綱などにより，国が地方公共団体に対して特定の資格または職名がある職員や，審議会などの附属機関，特定の施設などを必ず置かなければならないと義務付ける規制のことである。必置規制を廃止・緩和することにより，地域の住民のニーズに適合した職員の配置や施設の統廃合や，簡素で効率的な行政の自主的な展開が可能になることが期待される。

C × 国地方係争処理委員会は法務省ではなく，総務省に設置されている。地方公共団体が国の関与に対して不服がある場合，地方公共団体は同委員会に申し立てることができる。地方公共団体からの申し立てに基づき同委員会が審査を行い，その結果として国の関与が違法または不当であると認められる場合，同委員会は国の行政庁に対して必要な措置をとることの勧告などを行うこととされている。

D × 小泉政権時に進められた三位一体の改革とは，「地方にできることは地方に」という理念のもと，国の関与を縮小し，地方の権限・責任を拡大して，地方分権を一層推進することを目指した取組みである。具体的には，国庫補助負担金改革，国から地方への税源移譲，地方交付税の見直しの3つを一体として行う改革であった。また，自動車重量税の暫定税率廃止は，2010年4月に行われたもので，三位一体の改革とは関係がない。

以上より，適当なものはA，Bであり，正解は肢1となる。　**正答 1**

第3章 行政と地方自治

章末 CHECK 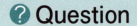 Question

Q1	M.ウェーバーは近代官僚制に求められる構成要素として権限（明確化）の原則，専門分化の原則，公私分離の原則，階統制の原則，文書主義の原則の5つを指摘した。
Q2	H.ラスウェルは，官僚制はかえって問題を引き起こす可能性があるという主張した。
Q3	レッド・テープ（繁文縟礼）とは，保身主義・事なかれ主義的傾向のことである。
Q4	団体自治とは自治権が住民自身にあることを強調した理念である。
Q5	住民自治は自由主義的要素に基づき，団体自治は民主主義的要素に基づく。
Q6	レファレンダムとは国民や住民が立法についての提案を行うことである。
Q7	住民の直接請求権に基づく条例の制定・改廃請求においては，有権者の3分の1以上の署名が必要である。
Q8	地方議会は自治体の最高機関という性格を持つ。
Q9	地方自治体の長に対する不信任決議は，総議員の3分の2以上の出席で4分の3以上の賛成で成立する。
Q10	地方自治体の長は議会を解散することができない。
Q11	地方自治体の長は議長から出席を求められたとき以外は議会に出席する義務を負わない。
Q12	一般財源とは使用目的があらかじめ特定されている財政収入である。
Q13	地方交付税，地方譲与税は自主財源にあたる。
Q14	1999年の地方分権改革により，自治体の課税自主権が拡大された。
Q15	1999年の地方分権改革により法定受託事務は全廃され，自治体の事務は自治事務と機関委任事務とされた。
Q16	飲食店営業の許可や都市計画の決定は機関委任事務にあたる。
Q17	政令指定都市とは，政令で指定する人口20万人以上の市のことである。
Q18	構造改革特区とは，各地域の実情にあわせて規制を緩和し，地方の特性を引き出していこうとする特区地域のことである。
Q19	オンブズマン制度は1809年にデンマークにおいて初めて導入された。

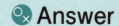

A1 ○ 記述のとおりである。

A2 × 官僚制はかえって問題を引き起こす可能性があると主張したのはR.K.マートンである（官僚制の逆機能）。

A3 × レッド・テープ（繁文縟礼）とは，形式を重んじすぎて手続などが面倒なものになってしまっていることを指す。

A4 × 自治権が住民自身にあることを強調したのは住民自治の理念である。

A5 × 住民自治は民主主義的要素に基づいており，団体自治は自由主義的要素に基づいているといえる。

A6 × 国民や住民が立法についての提案を行うのはイニシアティブである。

A7 × 住民の直接請求権に基づく条例の制定・改廃請求においては，原則として，有権者の50分の1以上の署名が必要である。

A8 × 地方議会は自治体の最高機関という性格を持たない。

A9 ○ 地方自治体の長に対する不信任決議は，総議員の3分の2以上の出席で4分の3以上の賛成で成立する。それに対して長は議会の不信任決議を受けてから10日以内に議会を解散することもできる。

A10 × 地方自治体の長は議会を解散することができる。

A11 ○ 地方自治体の長は議長から出席を求められたとき以外は議会に出席する義務を負わない。

A12 × 使用目的があらかじめ特定されている財政収入は特定財源である。

A13 × 地方交付税，地方譲与税などは依存財源にあたる。

A14 ○ 1999年の地方分権改革により，自治体の課税自主権が拡大されている。

A15 × 1999年の地方分権改革によって全廃されたのは機関委任事務であり，それによって自治体の事務は自治事務と法定受託事務になった。

A16 × 飲食店営業の許可や都市計画の決定は自治事務にあたる。

A17 × 政令で指定する人口20万人以上の市は中核市である。政令指定都市は政令で指定する人口50万人以上の市のことである。

A18 ○ 各地域の実情にあわせて規制を緩和し，地方の特性を引き出していこうとするのが構造改革特区の趣旨である。

A19 × オンブズマン制度は1809年にスウェーデンで初めて導入された。

memo

第4章

国際関係

SECTION

① 国際連合
② 国際社会

第4章 国際関係

出題傾向の分析と対策

試験名	地 上			国家一般職 (旧国Ⅱ)			東京都			特別区			裁判所職員			国税・財務 ・労基			国家総合職 (旧国Ⅰ)		
年　度	15 l 17	18 l 20	21 l 23	15 l 17	18 l 20	21 l 23	15 l 17	18 l 20	21 l 23	15 l 17	18 l 20	21 l 23	15 l 17	18 l 20	21 l 23	15 l 17	18 l 20	21 l 23	15 l 17	18 l 20	21 l 23
出題数 セクション	5	5	4	3	2	1	4	4	3	5	4	3	2		3	2	2	3	3	3	2
国際連合		★		★				★	★	★	★	★	★	★	★	★		★	★		
国際社会	★×5	★×4	★×4	★	★	★	★	★×4	★×4	★	★×4	★	★	★	★	★	★	★	★	★	★

(注) 1つの問題において複数の分野が出題されることがあるため，星の数の合計と出題数とが一致しないことがあります。

　国際関係の分野では，国際連合や国際社会ともに，国際情勢が頻出の分野といえます。試験対策としても重要度は高く，時事的な国際社会の動向にも注視しておく必要があります。もっとも，国際連合に関しては，繰り返し同様の問題が出題されていることから，問題演習を通じて知識の定着を図ることができます。国際社会に関しては，時事的な問題が出題されやすいため，日ごろからニュースや新聞の記事に触れ，幅広く最新の国際社会の動きに注意しておいてください。

地方上級

　地方上級では，この分野からの出題が頻出といえます。外国の外交政策について問われていることから，国際社会の動向には注意が必要です。国際社会の動向は時事的な問題となりやすく，日ごろから新聞などに目を通すことがその対策となります。

国家一般職（旧国家Ⅱ種）

　国家一般職では，国際社会からの出題が増えていますので，試験対策を十分にしておく必要があります。世界の民族紛争に関するものなどが出題されていることからも，国際社会の動向には注視する必要があります。分野やテーマごとにまとめておくとよいでしょう。

東京都

　東京都では，この分野からの出題が頻出といえます。特に国際社会に関する問題が多くあり，時事的な問題を含め対策が必要といえます。国際社会の動向は時事的な問題となりやすく，日ごろから新聞などに目を通すことがその対策となります。

特別区

特別区では，この分野からの出題が頻出といえます。国際連合と国際社会の分野からバランスよく出題されていることからも，満遍なく学習する必要があります。また，国際会議や国際条約に関する出題なども見られますので，時事的な動きとともに，主要な会議や条約については，まとめておきましょう。

裁判所職員

裁判所職員では，この分野からの出題が頻出といえます。近年は国際政治の基礎概念などが問われる出題が増えていますので，国際社会の動向とともに，基礎概念についてもまとめておきましょう。

国税専門官・財務専門官・労働基準監督官

国税専門官・財務専門官・労働基準監督官では，国際社会の出題が頻出といえます。特に国家領域と海洋など少し細かい知識も問われていますので，対策は十分に行う必要があります。問題演習を通じて幅広く知識の獲得に努めましょう。

国家総合職（旧国家Ⅰ種）

国家総合職では，この分野からの出題が頻出といえます。特に国際社会に関する問題は，時事的な問題となりやすく，日ごろから新聞などに目を通すことがその対策となります。また，国際連合などに関する基礎的事項もしっかり学習しましょう。

Advice アドバイス　学習と対策

国際連合で出題される分野は限られており，一度覚えてしまえば得点源とすることができます。特に国際連合の組織に関しては，主要機関からその他の国連機関についてまで，活動内容とともに覚えておく必要があります。また，重要な条約については，その内容とともに発効されているか否かについても確認が必要です。そして，国際社会に関しては，日ごろからアンテナを張って，知識の獲得に努力しましょう。

第4章 1 国際関係

SECTION

国際連合

必修問題 セクションテーマを代表する問題に挑戦！

国際連合の問題は，教養試験において頻出です。組織の基本事項を中心に押さえましょう。

問 国際連合（国連）に関する記述として最も妥当なのはどれか。

（国Ⅱ2009改題）

1：国連は，1945年に，我が国をはじめアメリカ合衆国，英国，中華人民共和国，ソビエト連邦など51か国を原加盟国として成立した。その後，加盟国の数は増え続け，2022年末現在では，世界の独立国の約半数が加盟している。

2：国連では総会における表決方法として多数決制を採用している。総会では，加盟国の地理的・歴史的事情に配慮する観点から，各国に面積や人口に比例して投票権を割り当て，安全保障理事会の常任理事国には，特に拒否権を認めている。

3：国連は，第二次世界大戦の惨禍を繰り返さないため，国連憲章において，自衛の場合を含め，加盟国による武力行使を全面的に禁止しており，これに違反した国に対する制裁も外交的・経済的制裁のような非軍事的行動に限定している。

4：国連は，数多くの紛争地域において，平和維持活動（PKO）を行って成果を挙げてきた。平和維持活動には，停戦が守られているかどうかを監視する停戦監視団の活動などがあるが，その実施に当たっては，原則として紛争当事国の同意が必要とされている。

5：国連を取り巻く政治的環境の変化に対応して，近年，国連の改革が進められている。2008年には，第二次世界大戦中に連合国の敵であった国々に関する条項が廃止されたほか，安全保障理事会の常任理事国が5か国から10か国に拡大された。

Guidance ガイダンス 国際連合に関する問題では，その組織の基本事項に関する記述を確認するとよい。本問では，設立の沿革，総会と安全保障理事会の決議，軍事的制裁措置の有無などから各肢を判断していくとよい。

頻出度	地上 ★★	国家一般職 ★★	東京都 ★★	特別区 ★★★
	裁判所職員 ★	国税・財務・労基 ★★		国家総合職 ★★

〈国際連合〉

1 × 国際連合（国連）の発足は1945年10月であり、原加盟国は51カ国、その後加盟国が増加して2022年末現在の加盟国数は193カ国となっている。**日本の国連への加盟は、日ソ共同宣言調印から2カ月後の1956年12月なので、国連の原加盟国ではない。**

2 × 総会は国連の全加盟国によって**構成される国連の最高機関**である。総会における表決方法は、加盟国の地理的・歴史的事情にかかわらず**1国1票制**による多数決制が採用されている。また、総会は安全保障理事会と異なり、総会が採択した決議は、**加盟国に対する勧告にとどまり拘束力を持たない。**

3 × 国際連合では、安全保障理事会による軍事行動や加盟国の自衛権行使以外の武力行使を禁止し、これに違反した国に対する制裁措置については、経済制裁のような非軍事的行動のほかに、**安全保障理事会は軍事的制裁行動を採ることが可能となっている。**

4 ○ 平和維持活動（PKO）は、国際社会の平和と安全を維持するための手段の1つであり、紛争地域の平和維持、回復のために国際連合が組織する活動であり、軍人要員のほか、文民警察官、選挙監視団、人権監視団、その他の民間人などが参加している。その業務は、人道的支援の保護および提供、敵対勢力が和平合意を実行するうえでの支援まで、多岐にわたっている。なお、**平和維持活動の実施には、配置される国の同意が必要とされている。**

5 × 世界の政治的環境の変化に対応して、国際連合の改革を進めようとする動きが見られる。1995年には、総会において、日本、ドイツ、イタリアなど第2次世界大戦の敗戦国への武力行使などを容認した国連憲章の旧敵国条項の削除について、憲章改正手続を開始することを定めた決議が国連総会において採択され、2005年にも、国連創設60周年の特別首脳会合において、旧敵国条項を国連憲章から削除する決意を盛り込んだ成果文書が採択されている。しかし、国連憲章の改正は行われておらず、旧敵国条項の廃止には至っていない。さらに、安全保障理事会の常任理事国が拡大されたという事実もない。

正答 4

国際関係
国際連合

1 国際連合の成立経緯

1944年、国際連盟の弱点を踏まえ、**ダンバートン・オークス会議**で国際連合憲章の原案が完成し、1945年の**サンフランシスコ会議**において全会一致で国際連合憲章を採択し発効しました。

	国際連盟	国際連合
本部	スイスのジュネーブ	アメリカのニューヨーク
加盟国	原加盟国42カ国。アメリカは不参加。1933年に日本とドイツ、1937年にイタリアが脱退。	原加盟国51カ国。アメリカ・イギリス・フランス、ソ連(現・ロシア)、中国の**5大国**が参加。2023年9月現在、193カ国が加盟。
主要機関	総会、理事会、事務局、常設国際司法裁判所	総会、安全保障理事会、経済社会理事会、信託統治理事会、国際司法裁判所、事務局
表決手段	全加盟国による**全会一致制**	**多数決制**(総会の重要事項→2／3以上、安保理→原則、拒否権を有する5大国のすべてを含む9カ国以上の多数決)
戦争禁止	国際司法裁判所か連盟理事会の審査に付し、その判決・報告後3カ月間は戦争を禁止	安保理による軍事行動あるいは加盟国の自衛権の行使以外は武力行使を禁止
制裁措置	一切の通商上、金融上、交通上の関係を断絶(**経済封鎖**)	経済封鎖のほか、安保理は**軍事的制裁措置**を採ることも可能

2 国連の主要機関

(1) 総会

全加盟国(2023年9月現在で193カ国)で構成される**国連の最高機関**です。

定期総会	通常、毎年9月の第3火曜日に開催され12月半ば頃まで続く
特別総会	安全保障理事会または加盟国の過半数の要請で開催される
緊急特別総会	安全保障理事会が拒否権発動などにより機能不全に陥った場合に、総会が代わって審議・勧告を行うために招集される

総会は1国1票制のもとでの多数決制です。手続事項は出席し投票する国の過半数の同意が必要で、実質事項は出席し投票する国の3分の2以上の同意が必要です。原則として総会決議は**加盟国を拘束しません**。

(2) 安全保障理事会

国際の平和と安全の維持を目的とする機関です。**アメリカ・イギリス・ロシア・フランス・中国の5カ国の常任理事国と10カ国の非常任理事国**（任期2年で毎年半数改選）の**計15カ国で構成**されます。

常任理事国は**拒否権**を持ちます（常任理事国の欠席、棄権、投票への不参加は、反対とはみなされません）。議事手続事項は9カ国以上の賛成が必要です。その他すべての事項は全常任理事国を含む9カ国以上の賛成が必要です。安全保障理事会の決定は**加盟国に対して拘束力**を持ちます。

(3) 経済社会理事会

経済的および社会的国際協力に関して国連の任務を遂行する機関です。国連総会で選出された54カ国（理事国）で構成され、任期は3年で、毎年その3分の1が改選されます。

(4) 国際司法裁判所（ICJ）

国際司法裁判所は、**国際紛争を平和的（司法的）に解決することを目的**とする機関であり、**オランダのハーグ**に置かれています。国際司法裁判所規定は国連憲章と一体となっており、国連加盟国間で紛争が生じた場合、加盟国は裁判所に事態を付託し、その判決に従う義務があります。

(5) 事務局

国連の各機関の運営に関する事務を担当する機関です。事務局の長たる**事務総長**は**任期5年で安全保障理事会の勧告により総会が任命する**ことによって決定され、国連総会の招集、各機関の運営その他の政治的機能を有しています。

信託統治理事会は、国連の信託統治制度のもとにある地域の施政に関して、監督的権限を有する機関です。最後の信託統治地域であったパラオ共和国が1994年に独立したため、現在その活動を停止しています。

第4章 SECTION 1 国際関係 国際連合

実践 問題 43 〈基本レベル〉

頻出度 地上★★ 国家一般職★★ 東京都★ 特別区★★
　　　　裁判所職員★★★ 国税・財務・労基★★★ 国家総合職★★

問 国際連合（国連）に関する記述として最も妥当なのはどれか。

（国税・財務・労基2021）

1：総会は，全ての加盟国によって構成され，国連憲章に掲げる事項について討議し，加盟国や安全保障理事会に勧告をすることができる。総会で全加盟国は一国一票の投票権を持ち，勧告に関する表決は全会一致で，それ以外の事項の表決は出席国の三分の二の多数によって行われる。

2：安全保障理事会は，米国，英国，フランス，ロシア，中国から成る常任理事国と，総会における選挙で選出された15か国から成る非常任理事国とで構成される。非常任理事国の任期は4年で再任も可能である。常任理事国は拒否権を有しており，同理事会の表決は全会一致で行われる。

3：国連が国連憲章の規定に基づいて行っている平和維持活動には，兵力引き離しや非武装地帯の確保に当たる平和維持軍，選挙の適正さを監視する選挙監視団などの活動がある。これまで我が国は，国連平和維持活動協力法に基づき，選挙監視団のみに自衛隊を派遣している。

4：国際司法裁判所は，国連の主要な司法機関である。同裁判所の裁判官は，総会及び安全保障理事会における選挙で選出される。同裁判所は，紛争当事国双方の合意を得て裁判を行うほか，総会や安全保障理事会の要請に応じて，勧告的意見を出すこともできる。

5：国連の事務総長は，安全保障理事会の勧告に基づいて総会が任命し，その任期は国連憲章で10年と定められている。事務総長は加盟国の多いアジア，アフリカ，中南米の三つの地域から順番に選出されるのが慣例となっており，欧州や北米出身の者が事務総長となった例はない。

OUTPUT

チェック欄		
1回目	2回目	3回目

実践 問題 **43** の解説

〈国際連合〉

1 ✕ 総会で全加盟国は一国一票の投票権を持ち，表決は国際の平和と安全の維持に関する勧告，新加盟国の承認，予算問題など重要問題には出席し，かつ，投票する構成国の３分の２の票が必要となるが，それ以外の事項の表決は出席し，かつ，投票する構成国の単純多数決により採択される。よって，本肢記述は誤りである。

2 ✕ **安全保障理事会は，米国，英国，フランス，ロシア，中国からなる常任理事国と，総会における選挙で選出された10カ国からなる非常任理事国とで構成される。**非常任理事国の任期は２年で連続の再任はできないので，これも誤りである。同理事会の表決のうち，手続事項については，全理事国15カ国のうち９カ国以上の理事国の賛成，非手続事項（実質事項）については常任理事国が拒否権を有しており，全理事国15カ国のうち全常任理事国を含む９カ国以上の理事国の賛成が必要となるので，これも誤りである。

3 ✕ わが国は，1996年から2013年にかけてゴラン高原に，兵力引き離し監視隊（UNDOF）の司令部要員や輸送部隊として自衛隊を派遣するなど，これまで，国連平和維持活動協力法に基づき，選挙監視団以外にも自衛隊を派遣しているので，本肢記述は誤りである。

4 ◯ 本肢記述のとおりである。**国際司法裁判所（ICJ）**の裁判官は，総会および安全保障理事会が個別に投票する選挙で，３年ごとに５人の裁判官が選出される。同裁判所は，紛争当事国双方の合意を得て裁判を行うほか，総会や安全保障理事会の要請に応じて，勧告的意見を出すこともできる。

5 ✕ **国連の事務総長は，安全保障理事会の勧告に基づいて総会が任命し，その任期は国連憲章で定められていないが，**安保理の決議時に任期を５年と明示することが慣行となっているので，本肢記述は誤りである。確かに近年の事務総長はアジア，アフリカ，中南米の３つの地域から選出されことが多いが，2017年から事務総長となったグテーレス氏はポルトガル出身であり，かつてはオーストリア出身のワルトハイム氏，スウェーデン出身のハマーショルド氏，ノルウェー出身のリー氏など，欧州出身者が事務総長となった例もあるので，これも誤りである。

正答 4

LEC東京リーガルマインド　2024-2025年合格目標 公務員試験 本気で合格！過去問解きまくり！ 133
④社会科学

第4章 SECTION 1 国際関係
国際連合

実践 問題 44 基本レベル

頻出度 地上★★ 国家一般職★★ 東京都★★ 特別区★★★
　　　 裁判所職員★★ 国税・財務・労基★★★ 国家総合職★★

問 国際連合に関する記述として，妥当なのはどれか。 （東京都2022）

1：総会は全加盟国により構成され，一国一票の投票権を持つが，総会での決議に基づいて行う勧告には，法的拘束力はない。
2：国際連合には現在190か国以上の国々が加盟しており，日本は，国際連合が設立された当初から加盟している。
3：安全保障理事会は，常任理事国6か国と非常任理事国10か国によって構成されており，安全保障理事会における手続き事項の決定は，常任理事国だけの賛成で行うことができる。
4：国際司法裁判所は，国際的紛争を平和的に解決することを目的として設立され，現在では，国際人道法に反する個人の重大な犯罪も裁いている。
5：平和維持活動（PKO：Peacekeeping Operations）について，日本は，紛争当事者のいずれかが平和維持隊への参加国に日本を指名していることなど，全部で6つの原則を参加の条件としている。

実践 問題 44 の解説

〈国際連合〉

1 ○ 本肢記述のとおりである。国際連合の総会は，全加盟国により構成され，一国一票の投票権を持つが，**総会での決議は原則として勧告であり，加盟国に対して法的拘束力はない**とされている。

2 × 日本は，1945年10月に国際連合が設立された当時は加盟していなかったので，本肢記述は誤りである。日本が国際連合に加盟したのは1956年12月のことで，80番目の加盟国となっている。

3 × **安全保障理事会**は，常任理事国5カ国と非常任理事国10カ国によって構成されており，**安全保障理事会における手続事項の決定は9カ国以上の賛成，実質事項に関する決定は常任理事国5カ国を含む9カ国以上の賛成で行う**ことができる。よって，本肢記述は誤りである。

4 × 国際人道法に反する個人の重大な犯罪も裁いているのは，**国際刑事裁判所（ICC）**なので，本肢記述は誤りである。

5 × **平和維持活動（PKO）**について，日本は国際平和協力法に基づき，参加する際の基本方針として，以下の5つの原則を参加の条件としているので，本肢記述は誤りである。ちなみに，参加5原則とは，①紛争当事者の間で停戦合意が成立していること，②国連平和維持隊が活動する地域の属する国および紛争当事者が当該国連平和維持隊の活動および当該平和維持隊へのわが国の参加に同意していること，③当該国連平和維持隊が特定の紛争当事者に偏ることなく，中立的立場を厳守すること，④上記の原則のいずれかが満たされない状況が生じた場合には，わが国から参加した部隊は撤収することができること，⑤武器の使用は，要員の生命等の防護のための必要最小限のものを基本とし，受入れ同意が安定的に維持されていることが確認されている場合，いわゆる安全確保業務およびいわゆる駆け付け警護の実施にあたり，自己保存型および武器等防護を超える武器使用が可能であること，の5つを指し，それぞれ国際平和協力法の中に反映されている。

正答 **1**

頻出度	地上 ★★	国家一般職 ★★	東京都 ★★	特別区 ★★★
	裁判所職員 ★★	国税・財務・労基 ★★		国家総合職 ★★

問 国際機関に関する記述として最も妥当なのはどれか。（国家一般職2014改題）

1：世界保健機関（WHO）は，世界の全ての人が最高の健康水準を維持できるよう，各国の感染症の撲滅のほか，近年では健康に害を及ぼす化学兵器の廃棄を目指し，その生産施設や毒性化学物質を扱う産業施設等に対して査察等を行っており，その活動によりノーベル平和賞を受賞した。

2：国連教育科学文化機関（UNESCO）は，教育・科学・文化を通じて国際協力を促進することを目的とした機関であり，活動の一つに世界遺産の登録・保護がある。近年，選定の基準に，文化遺産，自然遺産に続き「負の世界遺産」が新たに設けられ，チェルノブイリ原子力発電所が登録された。

3：国際原子力機関（IAEA）は，原子力の平和的利用を促進するとともに，軍事的利用に転用されることの防止を目的とした機関である。事務局長は日本人が務めていたことがある。また，我が国の東京電力福島第一原子力発電所事故においては，調査団の派遣を行った。

4：国連児童基金（UNICEF）は，子どもの権利条約によって設立された国連の専門機関の一つであり，開発途上国の児童に限定した援助活動を行い，食料の生産，分配の改善などを通じて，児童の飢餓の根絶に重点を置いて活動をしている。

5：国連貿易開発会議（UNCTAD）は，世界貿易の秩序形成を目的とした機関であり，モノの貿易だけでなく，サービス貿易や知的財産権問題などを扱うほか，開発途上国のための長期資金の供与を業務として行っている。

実践 問題 45 の解説

〈国際機関〉

1 × 世界保健機関（WHO）は，すべての人々が可能な最高の健康水準に達することを目的とし，感染症やその他の疾病の撲滅事業を促進している。また，化学兵器の廃棄を目指し，その生産施設や毒性化学物質を扱う産業施設等に対して査察などを行っている国際機関は，**化学兵器禁止機関（OPCW）**であり，2013年にノーベル平和賞を受賞している。なお，2022年現在**世界保健機関（WHO）はノーベル平和賞を受賞したことはない**。

2 × **世界遺産**の種類は，**国連教育科学文化機関（UNESCO）の公式の分類では，文化遺産，自然遺産，複合遺産の3種類**である。負の遺産は，世界遺産の中で人類が犯した悲惨な出来事を後世に伝え，そのような悲劇を二度と起こさないための戒めとなる物件を俗に言っているが，公式の分類には認められていない。なお，2023年現在，チェルノブイリ原子力発電所は，世界遺産に登録されていない。

3 ○ 本肢記述のとおりである。**国際原子力機関（IAEA）**は，原子力の平和利用を促進するとともに，軍事利用に転用されることの防止を目的とした機関で，2005年にはノーベル平和賞を受賞した。2009年から2019年まで日本人の天野之弥氏が事務局長を務めていた。また，日本の東京電力福島第一原子力発電所事故では，調査団の派遣を行った。

4 × 全体的に誤り。**国連児童基金（UNICEF）**が設立されたのは1946年で当時は国際連合国際児童緊急基金といい，第2次世界大戦後の緊急援助のうち子どもを対象とした活動から始まった。**子どもの権利条約（正式名：児童の権利に関する条約）**は，1989年に国連総会で採択された国際条約である。また，食料の生産，分配の改善などを通じての飢餓の撲滅を目指している国際機関は，**国連食糧農業機関（FAO）**である。

5 × 全体的に誤り。前半の記述は，**国連貿易開発会議（UNCTAD）**ではなく**世界貿易機関（WTO）**に関する記述である。また，開発途上国のための長期資金の供与を業務としているのは，**世界銀行（WB）グループ**である。

正答 3

SECTION 1 国際関係 国際連合

実践 問題 46 基本レベル

問 次は，国際連盟に関する記述であるが，A～Dに当てはまるものの組合せとして最も妥当なのはどれか。　　　　　　　　　　　　（国家一般職2015）

　国際社会の諸問題に取り組むために組織を作る構想は，既に18世紀には生まれていた。哲学者のカントは，　A　の中で，国際平和機構の構想を示している。

　第一次世界大戦中には，米国大統領ウィルソンが，　B　の中で，集団安全保障の仕組みの設立を提唱した。これを受けて，1920年に42か国の参加で発足したのが国際連盟で，本部はジュネーヴに置かれた。国際連盟は，第一次世界大戦後の国際協調の中心となったが，　C　の不参加や，総会や理事会の議決方式として　D　の原則を採っていたこと等もあり，十分に機能せず，第二次世界大戦の勃発を未然に防止できなかった。

　その後，第二次世界大戦中に，連合国を中心として戦後の新たな平和維持機構の設立が話し合われ，1945年に国際連合が成立した。

	A	B	C	D
1	『永久平和のために』	「平和原則14か条」	米国	全会一致
2	『永久平和のために』	「大西洋憲章」	米国	全会一致
3	『永久平和のために』	「大西洋憲章」	ロシア	五大国一致
4	『戦争と平和の法』	「大西洋憲章」	米国	五大国一致
5	『戦争と平和の法』	「平和原則14か条」	ロシア	全会一致

OUTPUT

実践　問題 46 の解説

〈国際連盟〉

A 『**永久平和のために**』　I.カントの著書『永久平和のために』は，国際社会の諸問題に取り組むために国際平和機構の構想を示し，後の国際連盟設立に影響を与えている。なお，『**戦争と平和の法**』はH.グロティウスが1625年に発表した著書である。

B 「**平和原則14か条**」　第1次世界大戦末期の1918年に米国大統領ウィルソンが集団安全保障に基づいた国際平和機構の設立，条約などによる武力行使の禁止などによる国際平和を維持する方法について唱えたもので，国際連盟設立のきっかけとなった。なお，「**大西洋憲章**」とは，1941年に米国大統領ローズベルトと英国首相チャーチルによって調印された第2次世界大戦後の処理や国際協調などについて唱えた憲章である。

C **米国**　米国は第一次世界大戦後の講和会議で**ベルサイユ条約**に調印した時点では原加盟国となる予定だったが，米国議会の上院の否決により国際連盟への加盟はできず，不参加となった。なお，ロシアは，1917年にロシア革命により**V.レーニン**を中心とするボリシェヴィキが「ロシア社会主義連邦共和国」を興し，1934年に「ソビエト社会主義共和国連邦」（ソ連）として国際連盟に加盟した。

D **全会一致**　国際連盟の表決手続は加盟国全部の同一が必要としたため，十分に機能しなかった。なお，五大国一致とは，国際連合の安全保障理事会による表決手続で，米国，英国，ロシア，中国，フランスの常任理事国のうち1カ国でも拒否権を行使すると議決できないという制度を指している。

　以上より，空欄Aに『永久平和のために』，空欄Bに「平和原則14か条」，空欄Cに米国，空欄Dに全会一致が入り，正解は肢1となる。

正答　1

第4章 SECTION 1 国際関係
国際連合

実践 問題 47 応用レベル

問 国際連合に関する記述として最も妥当なのはどれか。 （国家総合職2012）

1：第二次世界大戦中の1941年，ウィルソン米大統領とチャーチル英首相の太平洋憲章をもとに，パリ講和会議で国際連合憲章が作成され，1945年に国際連合は発足した。第二次世界大戦を防げなかった国際連盟の反省を踏まえ，国際連合では，重大な違法行為を行う国に対して軍事行動をとることができ，また，発展途上国の意思を尊重して意思決定を原則，全会一致制とした。

2：米・英・露・仏・中の5大国は，国際連合の中心機関である総会において，決議の成立を拒否しうる権利を有しており，これまで拒否権は米，英，中が行使してきたが，露，仏は行使したことがない。また，経済社会理事会は，社会・経済・文化・教育等の国際問題の重大な違反国に対して勧告することができ，従わない場合，違反国は国連総会での投票権を失うこととされている。

3：国際連合の事務総長は，国際紛争の発生や拡大を防ぐために，安全保障理事会からの委託を受けた場合に調停を行うことを重要な職務の一つとしており，加盟国は事務総長が示す調停案に従わなければならないことが国連憲章に定められている。事務総長はその職務の公平性等を確保する観点から安全保障理事会の非常任理事国から選出され，再選は禁止されている。

4：国際連合の専門機関として，各国民の栄養と生活水準の向上，農林水産物の増産と分配の改善を図るWIPO，世界の難民に国際的保護と援助活動を行うFAO，知的所有権（特許・商標などの工業所有権，文学・芸術などの著作権）を守るUNDP，発展途上国に対する技術協力とその条件整備のための援助を行うUNHCRなどがある。

5：国際連合では，財政の逼迫や機構の簡素化といった課題のほか，安全保障理事会の理事国の構成についての問題を抱えている。また，国際連合の地域・民族紛争への関わり方も問題となっており，第2次ソマリア活動では，当事国の同意なくPKOの部隊を派遣したが，紛争の鎮静化に失敗した。

実践 問題 47 の解説

〈国際連合〉

1 × 国際連合設立に関連したアメリカ大統領はウィルソンではなくF.ローズヴェルトである。また，国連憲章には非軍事的制裁のみならず軍事的制裁をとることが可能であることが盛り込まれているが，意思決定について，たとえば，国連の最高意思決定機関である国連総会では，国連加盟各国に1票が付与されたうえで，重要事項については，出席しかつ投票する構成国の3分の2の賛成により決議されるとしており，**多数決制**を採用している。

2 × 5大国が拒否権を有しているのは安全保障理事会である。また，安全保障理事会において**拒否権を行使していない5大国（常任理事国）はない**。ロシア（含旧ソ連）152回，アメリカ87回，イギリス32回，フランス18回，そして，中国（含中華民国）19回の拒否権が行使されている（2022年10月現在）。さらに，加盟国が国連経済社会理事会の勧告に従わなかった場合，その国の総会での投票権が失われるわけでもない。

3 × **国連事務総長**が安全保障理事会の非常任理事国から選出されるという規定，事務総長が示す調停案に国連加盟国が従わなければならないとする規定は国連憲章にはない。**事務総長は慣習により世界各地域の出身者が交代で務めることとなっている。事務総長の任期は5年で再選は禁止されていない**が，歴代の事務総長は2期までで退任している。

4 × 国際連合の**専門機関**は，特別な協定を締結して国連と協力関係を有している機関である。本肢で示された機関のうち専門機関は，知的財産権の保護を国際的に推進するWIPO（世界知的所有権機関）や，世界各国の栄養水準や生活水準の向上のための取組みを行っているFAO（国連食糧農業機関）であるが，開発途上国に対する援助を実施するUNDP（国連開発計画）や難民保護のための活動を展開するUNHCR（国連難民高等弁務官事務所）は，いずれも国連の専門機関ではなく，**常設的補助機関**である。

5 ○ 国際連合の直面する課題として，一部の国連加盟国からの分担金の滞納を背景とする厳しい財政事情をはじめ，国連安全保障理事会の常任理事国の拡大をはじめとする機構改革のあり方，世界各地で発生した紛争に対する介入のあり方などが挙げられる。紛争への介入については，ソマリアの内戦を収拾するために組織された第2次国連ソマリア活動（UNOSOMⅡ：1993年3月～1995年3月）は，ソマリア国内での反発が高まったため，同国の内戦の収拾に失敗した。

正答 5

第4章 2 国際関係
SECTION
国際社会

必修問題
セクションテーマを代表する問題に挑戦！

国際法には，過去の慣習によって成立している国際慣習法と明文化された条約があります。

問 国際法に関する記述として最も妥当なのはどれか。なお，条約名は略称とする。 　　　　　　　　　　　　　　　　　　（国家一般職2014）

1：国際法を最初に体系的に論じたのは国際法の父といわれるカントである。彼は，『戦争と平和の法』において，平時には自然法の立場から国際社会にも諸国家が従うべき法があるが，戦時には国際法の適用が停止されざるを得なくなるとして，法によらず戦争に訴える国家を厳しく批判した。

2：領土・領海に限られていた国家の主権は，航空機の発達によって領空にまで及んだが，人類の活動領域が宇宙空間にも及ぶに至り，1966年に採択された宇宙条約では，月その他の天体を含む宇宙空間は，全ての国が国際法に従って自由に探査・利用できるとされた。

3：海洋については，1982年に採択された国連海洋法条約により，公海，排他的経済水域，領海の三つに分けられることになった。このうち，領海とは，基線から3海里以内で沿岸国が設定し得る水域であり，領海内では沿岸国の同意を得ない外国船舶の航行は禁止される。

4：大陸棚については，1958年に採択された大陸棚条約において，大陸棚の資源は人類の共同の財産であり，そのいかなる部分についても主権を主張したり，主権的権利を行使したりしてはならないとされ，国際機関が大陸棚の資源開発を管理することとなった。

5：国際紛争を裁判で解決するための機関として18世紀に創設された仲裁裁判所では，当事国が合意した場合に限り裁判が行われるとされ，紛争解決事例は少なかったが，国際連合に設置された国際司法裁判所は，強制的管轄権を付与され，当事国の合意がなくとも裁判を行うことが可能になった。

Guidance ガイダンス　国際社会のルールが国際法である。諸国家が国際的に遵守すべき法として国際法が誕生したのは，近代に入ってからである。条約は，原加盟国のみで新たな加盟国を認めない閉鎖条約（たとえば日米安全保障条約）と新たな加盟国を認める開放条約（たとえば国連憲章）とがある。

142　LEC東京リーガルマインド　2024-2025年合格目標 公務員試験 本気で合格！過去問解きまくり！④社会科学

頻出度　地上★★　国家一般職★★★　東京都★★　特別区★★★
　　　　裁判所職員★★　国税・財務・労基★★　国家総合職★★

必修問題の解説

〈国際法〉

1 × Ⅰ.カントが誤り。国際法を最初に体系的に論じたのは<u>国際法の父とよばれるH.グロティウス</u>である。その他のグロティウスに関する記述は正しい。

2 ○ 本肢の記述のとおりである。正式名称は「月その他の天体を含む宇宙空間の探査および利用における国家活動を律する原則に関する条約」である。1966年に国連第21回総会で決議され、日本も調印した。本条約は翌年発効し、宇宙空間と天体に関する基本法的な条約と位置づけられている。

3 × <u>領海は基線から12海里以内</u>とされているので本肢記述は誤りである。ちなみに、<u>接続水域が基線から24海里以内</u>、<u>排他的経済水域が200海里以内</u>、それ以降は大陸棚、さらに公海となっている。

4 × 全体的に誤り。1958年に採択された「<u>大陸棚条約</u>」は、大陸棚を水深200mまたは天然資源の開発可能な水深までと定義し、沿岸国は大陸棚の海底とその地下の天然資源の探査・開発について主権的権利を持つとされた。

5 × <u>国際司法裁判所（ＩＣＪ）</u>は、事前に管轄権の受諾宣言がされた国同士のみ強制的管轄権を付与される。紛争当事国の合意がなければ国際司法裁判所に付託されないので、管轄権を設定することができないとされている。なお、1899年に採択された国際紛争平和的処理条約によって、1901年に設立された国際裁判所に<u>常設仲裁裁判所（ＰＣＡ）</u>がある。同裁判所は、2以上の当事者間の紛争を、当事者が選任する裁判官による仲裁裁判で解決する。

正答 2

第4章 SECTION② 国際関係 国際社会

1 核不拡散に関する重要な条約

(1) 核兵器不拡散条約（NPT）（1968年調印, 1970年3月発効）

アメリカ, ロシア, イギリス, フランス, 中国以外の国が核兵器を開発し, 保有するのを防ぐことを主要な目的とする条約です。核兵器保有国には核兵器の拡散防止義務を課し, 非核保有国への核兵器および核兵器生産技術の移転を禁止しています。**IAEA（国際原子力機関）** の全面的保障措置の適用を受けることを義務付けています。

 2023年現在, インド, パキスタン, イスラエルなどは, NPTに参加していません。

(2) 部分的核実験禁止条約（PTBT）（1963年調印, 1963年発効）

大気圏内, 宇宙空間, 水中の核実験を禁止した条約ですが, 地下核実験は禁止していません。1963年にアメリカ, ソ連, イギリスの3カ国で調印され発効しました。

(3) 包括的核実験禁止条約（CTBT）（1996年採択, 未発効）

核保有国, 非核保有国の区別なく, **核爆発を伴う一切の核実験の禁止を基本的義務**とする条約です。条約が発効するためにはジュネーブ軍縮会議参加国で研究用・発電用の原子炉を保有する特定の44カ国の批准を必要としています。

2 人権擁護に関する重要な条約など

(1) 世界人権宣言（1948年12月採択）

第2次世界大戦後, 人権の国際的な普及および拡大を促すことを目的に, **人権を総体的に扱いカタログ化して作成された人権保障の国際的標準**です。国際条約ではないため, **法的拘束力はありません**。

(2) ジェノサイド条約（1948年12月採択, 1951年1月発効）

集団殺害が国際法上の犯罪であることを宣言したものです。**日本は批准していません**。

(3) 難民の地位に関する条約（1951年7月採択, 1954年4月発効）

難民を迫害の予想される場所へ追放したり送還したりしてはならないとする**ノン・ルフールマンの原則**を規定します。日本では1981年に同条約が批准され, 1982年より発効しました。

INPUT

(4) **人種差別撤廃条約（1965年12月採択，1969年1月発効）**

1963年に国連が出した人種差別撤廃宣言を受けて採択され，発効した条約で，今日では女性差別と宗教差別以外のあらゆる差別を扱う条約として機能しています。日本は，1996年1月に同条約を批准しました。

(5) **国際人権規約（1966年12月採択，1976年1月発効）**

世界人権宣言の内容に法的拘束力を持たせることを目的とした国際法規です。社会権的な経済的，社会的および文化的権利に関する国際規約（A規約）と自由権的な市民的および政治的権利に関する国際規約（B規約），さらにA規約に関する選択議定書，B規約に関する選択議定書，同第2選択議定書（死刑廃止条約）で構成されます。

 国際人権規約のA規約については日本は一部未批准（B規約は批准）です。選択議定書はいずれも加入していません。

(6) **女子差別撤廃条約（1979年12月採択，1981年9月発効）**

女子差別を「性に基づく区別，排除又は制限であって，政治的，経済的，社会的，文化的，市民的その他のいかなる分野においても，女子が男女の平等を基礎として人権及び基本的自由を認識し，享有し又は行使することを害し又は無効にする効果又は目的を有するもの」だと規定しています。日本は，男女雇用機会均等法などの国内法整備を経て1985年6月に批准しました。

(7) **児童の権利条約（1989年11月採択，1990年9月発効）**

18歳未満の児童に適用され，児童を，放置，搾取，虐待から守るための世界基準を設定しています。日本は，1994年4月に批准しました。

(8) **障害者権利条約（2006年11月採択，2008年5月発効）**

障害者権利条約は，障害者に対する差別を撤廃し，社会参加を実現することを目的にしています。日本は，2014年1月に批准しました。

 採択＝条約が合意に達した段階です。条約はまだ成立していません。
署名（調印）＝条約は成立したが，まだ効力はない状態です。
批准＝国内の条約締結権を持つ機関が，この条約に拘束されることを最終的に意思表示することです。

第4章 SECTION 2 国際関係 国際社会

実践 問題 48 基本レベル

問 イギリスの欧州連合（EU）離脱に向けた動きに関するA～Dの記述のうち，妥当なものを選んだ組合せはどれか。　　　　　　（特別区2017改題）

A：EUからの離脱の是非を問うイギリスの国民投票は，2016年6月に行われ，イングランドとウェールズでは残留票が上回ったが，スコットランドでは離脱票が多くを占めたことにより，離脱票が残留票を上回った。

B：EUからの離脱を決めたイギリスでは，残留を訴えてきたキャメロン首相が辞任し，後任には，マーガレット・サッチャー氏以来の女性首相となる保守党のテリーザ・メイ氏が就任した。

C：テリーザ・メイ首相は，新設したEU離脱担当相には，国民投票で残留派を率いた前ロンドン市長のボリス・ジョンソン氏を起用した。イギリスがEUを離脱すると，メイ首相は辞任し，ジョンソン氏が首相に就任した。

D：イギリスは，欧州連合条約及び欧州連合の運営に関する条約（リスボン条約）に従い，離脱の手続きを踏むことになり，欧州理事会に離脱の意思を通知した後，欧州理事会で離脱交渉の方針を決定し，交渉を開始した。

1：A　B
2：A　C
3：A　D
4：B　C
5：B　D

OUTPUT

実践 問題 **48** の解説

〈イギリスの欧州連合離脱に向けた動き〉

A × 離脱票と残留票の記述が逆であるので、本記述は誤りである。2016年6月に行われたEUからの離脱の是非を問うイギリスの国民投票は、離脱票がイングランドで53.4%、ウェールズで52.5%と残留票を上回ったが、スコットランドでは離脱票が38.0%と残留票を下回った。

B ○ 本記述のとおりである。EUからの離脱を決めたイギリスでは、残留を訴えてきたキャメロン首相（当時）が辞任し、後任には、**マーガレット・サッチャー氏以来の女性首相となる保守党のテリーザ・メイ氏が就任した。**

C × テリーザ・メイ首相（当時）が外相に起用した前ロンドン市長（当時）のボリス・ジョンソン氏は、離脱派の中心人物であるので、本記述は誤りである。2019年7月、メイ首相の辞任を受けて、後任の保守党党首選で選出されたジョンソン氏が首相に就任し、2020年1月にイギリスはEUを離脱した。よって、これも誤りある。

D ○ 本記述のとおりである。**イギリスは、欧州連合条約及び欧州連合の運営に関する条約（リスボン条約）第50条に従い、離脱の手続を踏むことになり、**脱退を決定した加盟国は欧州理事会（首脳レベル）に離脱の意思を通知した後、欧州理事会は脱退に関する取決めを定める協定（脱退協定）の交渉方針を定め、欧州委員会は欧州理事会（閣僚レベル）に脱退協定の交渉開始の勧告を提出する流れとなっている。

以上より、妥当なものはB、Dであり、正解は肢5となる。

第4章 国際関係

正答 5

第4章 SECTION ② 国際関係 国際社会

実践 問題 49 基本レベル

問 欧州連合（ＥＵ）に関する記述Ａ〜Ｄのうち妥当なもののみを挙げているのはどれか。
(国家総合職2015改題)

Ａ：ＥＵは、マーストリヒト条約により、欧州共同体（ＥＣ）と欧州自由貿易連合（ＥＦＴＡ）とが合併し、経済統合だけではなく、政治統合をも目指して発足したものである。なお、前者は、フランス、ドイツ、スペインが、後者は、英国、オランダ、アイスランドが中心となって設立されたものである。

Ｂ：ＥＵは、1999年に共通通貨ユーロを導入し、単一通貨市場を出現させた。また、金融政策についても欧州中央銀行（ＥＣＢ）で一元的に決定されることとなった。2002年からは、実際にユーロ紙幣や硬貨が流通し、フランスのフランなどは流通を停止したが、2023年9月現在も、デンマークではユーロは導入されていない。

Ｃ：ＥＵは、2004年に大統領制の導入などを盛り込んだＥＵ憲法を採択した。同憲法は、フランスやオランダなどの国民投票で可決され発効し、国境を越えた人的・物的交流を大きく進めながら、共通の外交、安全保障、経済及び社会政策を採ることによって軍事的措置によらずに互いの安全保障を確立することなど、主権国家の姿を変える国際政治の新しい在り方を示した。

Ｄ：ＥＵは、2004年にはポーランドなど中東欧等10か国が同時に加盟し、また、2013年にはクロアチアが加盟するなど発足以来、その加盟国の数を増やしてきたが、2020年1月にイギリスが脱退し、2023年9月現在、加盟国は全27か国となっている。ＥＵ未加盟国として、スイス、ノルウェー、トルコなどがある。

1：Ａ，Ｃ
2：Ａ，Ｄ
3：Ｂ，Ｃ
4：Ｂ，Ｄ
5：Ｃ，Ｄ

OUTPUT

実践　問題49 の解説

〈欧州連合〉

A × 欧州連合（EU）は，1993年のマーストリヒト条約発効により，欧州共同体（EC）から名称変更されたものであり，欧州自由貿易連合（EFTA）とは別の国際機関であるので，誤りである。また，ECはEUの原加盟国であるフランス，西ドイツ（当時），イタリア，オランダ，ベルギー，ルクセンブルクの6カ国，欧州自由貿易連合（EFTA）はその原加盟国である英国，オーストリア，デンマーク，ノルウェー，ポルトガル，スウェーデン，スイスの7カ国が中心となって設立されたものである。

B ○ 本記述のとおりである。EUは，1999年に共通通貨ユーロを導入し，単一通貨市場を出現させ，2002年からは，実際にユーロ紙幣や硬貨が流通し，フランスのフランなどは流通を停止したが，デンマークはEC条約の適用除外規定（オプト・アウト）により，ユーロ導入の適用除外が認められている。

C × EUは，2004年にEU憲法を採択したが，翌年にはフランスとオランダが国民投票で否決したので，本記述は誤りである。EU憲法には欧州理事会が全会一致で議決した場合には，EUレベルでの共通軍事力の設置を認める条文が明記されているので，軍事的措置によらずに互いの安全保障を確立するという記述部分についても誤りである。

D ○ 本記述のとおりである。本記述にあるEU未加盟国のうち，ノルウェーは1994年に，スイスは2001年にEU加盟を国民投票で否決した。また，トルコは1999年に加盟候補国となり，2005年からEU加盟交渉を開始している。

以上より，妥当なものはB，Dであり，正解は肢4となる。

正答 4

第4章 SECTION ② 国際関係
国際社会

実践 問題 50 基本レベル

[問] 条約に関する記述として最も妥当なのはどれか。なお、文中の条約名及び法律名は、略称のものもある。
(国税・労基2009改題)

1：「バーゼル条約」は、有害廃棄物の国境を越える移動等の規制について、国際的な枠組みを定めた条約である。我が国は本条約の国内実施法として「バーゼル法」を制定した。同法に基づき、金属回収など再生利用を目的とするものについて特定有害廃棄物等の輸出入の承認が行われている。

2：「生物多様性条約」は、絶滅のおそれのある野生動植物の国際取引を規制し、種の保護を図ることを目的とする条約である。我が国は、本条約に基づき「生物多様性国家戦略」を策定、「種の保存法」を制定した。国内希少野生動物として、アホウドリ、エゾシカ、ツキノワグマ等を定め、個体の繁殖や生息地の整備等の事業を行っている。

3：「対人地雷禁止条約（オタワ条約）」は、対人地雷の使用、貯蔵、生産等を全面的に禁止し、その廃棄を義務付ける条約である。アメリカ合衆国とロシアの主導により成立した。2022年12月現在、カンボジア、ミャンマーを除くすべての国連加盟国が締結しており、我が国も、各国の地雷除去等の支援に取り組んでいる。

4：「包括的核実験禁止条約（CTBT）」は、核兵器を保有できる国を制限し、それ以外の国による核兵器の製造や核実験を禁止する条約である。2023年9月現在、発効要件国であるフランス、パキスタン、インドが批准しておらず、未発効となっている。

5：「難民の地位に関する条約（難民条約）」は、人種、宗教、国籍、政治的信条による迫害や、経済的貧困などの理由で他国に逃れた人々を難民と認定し、保護する条約である。我が国は、国内法の整備が完了しておらず、2023年9月現在、この条約を未批准である。

OUTPUT

チェック欄		
1回目	2回目	3回目

実践 問題 **50** の解説

〈条約〉

1 ○ 本肢記述のとおりである。

2 × 絶滅のおそれのある野生動植物の国際取引を規制し，種の保護を図る条約は**ワシントン条約**である。**生物多様性条約**は，生物の多様性を包括的に保全し，生物資源の持続可能な利用を行うための国際的な枠組みを設けることを目的とする条約である。本肢の記述のうち，生物多様性条約に基づき，生物多様性国家戦略が策定されるとする点は正しいが，種の保存法は，生物多様性条約ではなく，ワシントン条約が規制する野生動植物の取引を規制する法律である。

3 × **対人地雷禁止条約（オタワ条約）**とは，対人地雷の使用，開発，生産，貯蔵，保有，移譲などを禁止したもので，この条約は，1991年にアメリカとドイツのＮＧＯが対人地雷全面禁止に向けてキャンペーンを立ち上げることで合意したことが端緒となって成立に向かっていったものであるので，本肢記述は誤りである。なお，同条約の締結国は2022年12月現在，164カ国でアメリカやロシアなども未締結となっているので，これも誤りである。

4 × 核兵器を保有できる国を米，露，英，仏，中に制限し，この５カ国以外への核兵器の拡散防止を義務付けたのは，**核兵器不拡散条約（ＮＰＴ）**である。ＮＰＴの締約国は2023年９月現在で191カ国にのぼり，非締約国はインド，パキスタン，イスラエル，南スーダンである。**ＣＴＢＴ（包括的核実験禁止条約）**は，あらゆる空間における核兵器の実験的爆発および他の核爆発を禁止した条約であり，フランスは批准しているが，パキスタン，インドなど８カ国が未批准となっていることから2023年９月現在未発効となっている。

5 × **難民の地位に関する条約**では，難民の定義として，①人種，宗教，国籍もしくは特定の社会的集団の構成員であることまたは政治的意見を理由に，迫害を受けるおそれがあるという十分に理由のある恐怖を有すること，②国籍国の外にいる者であること，③その国籍国の保護を受けることができない，またはそのような恐怖を有するためにその国籍国の保護を受けることを望まない者であること，としている。日本においては，1975年代前半のインドシナ難民の大量流出を機に，難民問題に関する議論が急速に高まり，1981年の通常国会において批准され，1982年から発効された。

正答 1

第4章 国際関係

SECTION ② 国際関係 国際社会

実践 問題 51 基本レベル

問 第二次世界大戦後の我が国の対外関係に関するA～Dの記述のうち，妥当なもののみをすべて挙げているのはどれか。　　　　　　　　（国Ⅰ2009）

A：1951年のサンフランシスコ平和条約によって我が国は国際舞台に復帰することが認められ，翌年国際連合に加盟した。また，国民総生産が西ドイツを抜いて世界第2位の経済大国となった1960年代に国際通貨基金，国際復興開発銀行（世界銀行）への加盟が認められた。

B：1956年の日ソ共同宣言によって，我が国とソビエト連邦との国交は正常化し平和条約が締結されたものの，北方領土の帰属問題についての結論は先送りとなった。1993年の東京宣言において国後島・択捉島の帰属問題についてのみ，交渉することが合意された。

C：1950年代前半から韓国との間で，植民地時代の事後処理・漁業問題で会談が重ねられてきたものの交渉は難航した。朴正煕政権の成立後，韓国側の姿勢が変化したこともあり1965年に日韓基本条約が締結され，国交が正常化した。

D：我が国が独立を回復した後も沖縄はアメリカ合衆国の施政権下に置かれていたが，非核三原則を掲げた佐藤栄作内閣によって，1971年に沖縄返還協定が調印された。

1：A，C
2：A，D
3：B，C
4：B，D
5：C，D

OUTPUT

実践 問題 **51** の解説 ─────────────

チェック欄		
1回目	2回目	3回目

〈第2次世界大戦後のわが国の対外関係〉

A ✕ 1951年の**サンフランシスコ講和（平和）条約**は，日本と西側諸国との講和であって，ソ連との関係は確定していなかったため，**日本の国連加盟は1956年の日ソ共同宣言後まで待たなければならなかった**。また，日本が**国際通貨基金（ＩＭＦ），国際復興開発銀行（ＩＢＲＤ）**に加盟したのはサンフランシスコ講和条約が発効した1952年である。

B ✕ **日本とソ連との間には平和条約は締結されていない**。**日ソ共同宣言**では，北方領土のうち歯舞群島および色丹島を除いては，領土問題につき日ソ間で意見が一致する見通しが立たず，平和条約締結交渉の継続に同意，歯舞群島および色丹島については，平和条約の締結後，日本に引き渡すことについて同意するにとどまった。ソ連崩壊後のロシアについては，1993年の東京宣言において，「領土問題を北方四島の帰属に関する問題であると位置付け」「四島の帰属の問題を解決して平和条約を締結し，両国関係を完全に正常化するとの手順を明確化し」「領土問題を，歴史的・法的事実に立脚し，両国の間で合意の上作成された諸文書，及び，法と正義の原則を基礎として解決する」との明確な交渉指針が示されたものの，その後の進展はない。

C ◯ **日韓基本条約は1965年に成立**した。主な内容は，①外交領事関係の開設，②1910年8月22日の日韓併合条約以前に締結された旧条約の無効の確認，③韓国政府が朝鮮における唯一の合法政府であることの確認，④国連憲章原則の尊重とそれに基づく協力，⑤通商関係協定および航空協定交渉のすみやかな開始，などである。この条約により，**日韓の国交が正常化**した。

D ◯ 沖縄返還問題は佐藤栄作内閣において**最重要課題**とされており，1969年1月に共和党ニクソン政権が成立すると，同年11月の佐藤・ニクソン会談で，沖縄の「核抜き本土並み，1972年返還」が合意され，**1971年には沖縄返還協定が調印**された。

以上より，妥当なものはC，Dであり，正解は肢5となる。

正答 **5**

第4章 SECTION 2 国際関係 国際社会

実践 問題 52 基本レベル

[問] 人権の国際的保障に関する記述として最も妥当なのはどれか。

(国家総合職2019)

1：世界人権宣言は，第二次世界大戦後，ファシズムによる人権抑圧や戦争の惨禍を教訓に，人権保障に関する共通の基準を示したものであり，国連総会で採択された。同宣言は，個人の具体的な権利を規定した法的拘束力を有する国際文書であり，戦後独立した多くの国の憲法や法律における人権規定の基準となった。

2：国際人権規約は，社会権的人権を保障する「経済的，社会的及び文化的権利に関する国際規約」（A規約）と自由権的人権を保障する「市民的及び政治的権利に関する国際規約」（B規約）の二つから成っている。我が国は，死刑制度を存置しているため，A規約については批准しているものの，B規約については批准していない。

3：人種差別撤廃条約は，第二次世界大戦後に，人種間，民族間の対立が深刻化した地域でジェノサイド（集団殺害）が多発したため，ジェノサイドの禁止を主な目的として国連総会で採択された。憲法で拷問や残虐な刑罰を絶対的に禁止している我が国は，同条約が採択された当初から条約を批准している。

4：女子差別撤廃条約は，男女の経済的な平等の達成に貢献することを目的として，募集，採用，配置，昇進，解雇など，雇用の分野におけるあらゆる差別を撤廃することを基本理念としている。我が国は，この条約を批准した後，男女雇用機会均等法や育児・介護休業法を制定して，条件整備を更に進めた。

5：児童の権利条約は，18歳未満の全ての人の保護と基本的人権の尊重を促進することを目的として，国連総会で採択された。同条約では，児童に対する全ての措置に児童の最善の利益を考慮するよう求め，児童の意見表明の権利や表現の自由を保障する規定も置かれている。我が国は，この条約を批准した後，児童虐待防止法を制定した。

OUTPUT

チェック欄		
1回目	2回目	3回目

実践 問題 **52** の解説

〈人権の国際的保障〉

1 × 1948年の国連総会で採択された**世界人権宣言**は，自由権に関する規定，参政権，社会権に関する規定を含んでいるが，国際条約ではないので，法的拘束力がない。よって，本肢記述は誤りである。なお，世界人権宣言の内容に法的拘束力を持たせることを目的に1966年の国連総会で**国際人権規約**が採択され，1976年に発効した。

2 × **国際人権規約について，わが国は1979年にＡ規約，Ｂ規約のいずれも批准している**ので，本肢記述は誤りである。ただし，Ａ規約のうち，公休日の報酬の支払い，官公労働者のスト権の２つについては留保しているほか，選択議定書はいずれにも加入していない。

3 × 本肢記述はジェノサイド条約（集団殺害罪の防止および処罰に関する条約）に関する説明である。同条約を批准することは，**ジェノサイド（集団殺害）**を防止するために，処罰する義務を負うことを意味し，それには武力の行使を伴う可能性がある。わが国は憲法９条で武力行使を禁じられているため，同条約を批准していない。

4 × **女子差別撤廃条約**は，政治的，経済的，社会的，文化的，市民的その他のいかなる分野においても，男女の完全な平等の達成に貢献することを目的として，雇用の分野に限らず，女子に対するあらゆる差別を撤廃することを基本理念としているので，本肢記述は誤りである。わが国は，同条約の履行を確保するために，**男女雇用機会均等法**が1985年５月に制定されて条件整備が整ったことを受けて，同年６月に同条約に批准したので，これも誤りである。

5 ○ 本肢記述のとおりである。**児童の権利条約**は，18歳未満のすべての人（ただし，当該児童で，その者に適用される法律によりより早く成年に達したものを除く）の保護と基本的人権の尊重を促進することを目的として，1989年の国連総会で採択された。同条約では，児童に対するすべての措置に児童の最善の利益を考慮するよう求め，児童の意見表明の権利や表現の自由を保障する規定も置かれている。わが国は，1994年にこの条約を批准した後，2000年に**児童虐待防止法**を制定した。

第4章 国際関係

正答 **5**

LEC東京リーガルマインド　2024-2025年合格目標 公務員試験 本気で合格！過去問解きまくり！　155
④社会科学

問 我が国の安全保障に関する記述として，妥当なのはどれか。

（東京都2014改題）

1：国連憲章は，国連加盟国は固有の権利として個別的自衛権を有するが集団的自衛権は有しない，と定めており，我が国の自衛権の解釈もそれに従っている。
2：保安隊は，警察予備隊へと改組され，その後，自衛隊法の成立により，陸上，海上及び航空の3つの自衛隊として編成・強化された。
3：防衛費増大に歯止めをかけるため，三木内閣は，防衛関係費をGNPの1％以内とすると閣議決定し，歴代内閣は，2023年度現在まで当初予算の段階ではこの1％枠を堅持している。
4：国連平和維持活動（PKO）協力法に基づき，湾岸戦争後，海上自衛隊の掃海艇が，ペルシア湾に派遣された。
5：イラク戦争を受けて成立したイラク復興支援特別措置法に基づき，陸上自衛隊が，イラクに派遣されて民間復興支援活動等にあたった。

OUTPUT

チェック欄		
1回目	2回目	3回目

実践 問題 **53** の解説 ——————————————

〈わが国の安全保障〉

1× 国連憲章51条において国連加盟国は個別的自衛権および集団的自衛権を有することが明記されている。従来，日本の自衛権は，個別的自衛権を有するが，集団的自衛権は憲法9条で認められる自衛権の範囲を超えているので有していないと解釈されていた。しかし，2014年7月に集団的自衛権の行使を容認する閣議決定があり，議論されている。

2× 保安隊と警察予備隊の発足時期の順序が誤り。警察予備隊は1950年に警察予備隊令により設置された武装組織であるが，1952年に**警察予備隊から保安隊に改組**された。その後，1954年に**保安隊から自衛隊に移行**した。

3× 日本の歴代内閣が防衛関係費についてGNPの1％枠を堅持しているとする記述が誤り。1976年，三木武夫内閣は防衛費増大の歯止めをかけるために，防衛関係費をGNP（国民総生産）の1％以内とする方針（防衛費1％枠）を閣議決定した点は正しい。三木内閣以降の歴代内閣のうち中曽根康弘内閣が1987年度にGNP比1.004％と1％を上回り，防衛関係費1％枠を撤廃した。なお，1987年度以降2022年度までに防衛関係費が当初予算の段階でGNP比で1％を上回ったのは，1987年度の1.004％，1988年度の1.013％，1989年度の1.006％の3年度のみであり，GDP（国内総生産）に指標が変更された後も当初予算の段階でGDP比で1％を上回ったのは，2010年度の鳩山由紀夫内閣の1.008％のみだったが，2023年度以降は，当初予算の段階で1％を超える見通しである。

4× 湾岸戦争後における海上自衛隊の掃海艇派遣の根拠法に関する記述が誤り。湾岸戦争後の1991年6月，海上自衛隊の掃海艇がペルシア湾に派遣されたが，根拠となった法律は自衛隊法である。なお，**国際平和維持活動（PKO）法**が成立したのは，1992年6月のことで，同年9月に当時のアンゴラ人民共和国へ民間人や公務員からなる選挙監視要員の派遣したことがPKO法に基づく日本にとっての初めての国際平和協力業務である。

5○ 本肢の記述のとおりである。2004年1月，**イラク復興支援特別措置法**に基づき，陸上自衛隊がイラクのサマーワで，給水，医療，学校・道路の補修の民間復興支援活動等にあたった。

正答 5

第4章 SECTION② 国際関係 国際社会

実践 問題 54 基本レベル

頻出度 地上★ 国家一般職★★ 東京都★ 特別区★★
　　　 裁判所職員★★ 国税・財務・労基★★★ 国家総合職★★

問 国際法等に関する記述として最も妥当なのはどれか。

（国税・財務・労基2018改題）

1：『戦争と平和の法』を著したオランダのグロティウスは、自然法の立場から、国際社会において諸国家が従うべき国際法の必要性を訴えた。国際法には、国際慣習法と国家が相互に結んだ条約などがある。

2：難民の地位に関する条約において、難民とは、人種、宗教、政治的意見などを理由に迫害を受けたために、他国に逃れた人々とされる。また、自国内で避難を余儀なくされている国内避難民は、通常、経済難民と呼ばれ、その数は2013年以降減少傾向にある。

3：非政府組織（NGO）は、平和・人権・環境問題などについて、国際的に活動している民間の組織・団体を指す。戦争の犠牲者の保護などを行うアムネスティ・インターナショナルや、自然災害や戦争などの被災者へ医療活動を行うため、ドイツで結成された国境なき医師団などがある。

4：領海とは、海洋法に関する国際連合条約（国連海洋法条約）において、低潮時の海岸線などの基線から12海里であり、国によらず一定とされる。また、領空とは、領土及び領海の上空であり、大気の存在しない宇宙空間も含むものとされる。

5：国連海洋法条約は、我が国や米国などG7を含む190以上の国等により批准されている。この条約において、排他的経済水域（EEZ）とは、領海の外側の100海里以内とされ、沿岸国はこの水域の資源を優先的に利用でき、他国の船舶は自由に航行できないものとされる。

実践 問題 54 の解説

〈国際法等〉

1 ◯ 本肢記述のとおりである。『戦争と平和の法』を著したオランダのグロティウスは「国際法の父」とよばれ、自然法の立場から国際社会において諸国家が従うべき国際法の必要性を訴えた。国際法には、過去の習慣によって成立している国際慣習法と国家が相互に結ぶ明文化された条約などがある。

2 × 自国内で避難を余儀なくされている国内避難民の数は2014年以降も増加傾向にあるので、本肢記述は誤りである。また、経済難民とは、経済的な困窮のために住んでいた土地を離れ、先進国などに脱出する人々をいい、国内避難民とは異なるので、これも誤りである。

3 × 非政府組織（NGO）は国際的な活動ばかりでなく、国内的な活動をする民間組織・団体を指すので妥当ではない。また、国境なき医師団は1971年にドイツではなくフランスの医師とジャーナリストで結成されたので、これも誤りである。また、アムネスティ・インターナショナルに関する説明は妥当である。同団体は、1961年に発足した世界最大の国際人権NGOで、市民の自発的な行動による人権状況の改善へのさまざまな取り組みが認められ、1977年にはノーベル平和賞を受賞した。

4 × 領空とは、領土及び領海の上空であり、上限は未確定であるが、大気の存在しない宇宙空間は領空に含まないとされているので、本肢記述は誤りである。

5 × 国連海洋法条約は、2023年5月現在、日本を含む168カ国およびEUにより批准されている。この条約において、排他的経済水域（EEZ）とは、領海の外側に、領海の基線から200海里を超えない範囲内で設定が認められるが、他国の船舶は自由に航行できるので、本肢記述は誤りである。

正答 1

第4章 SECTION ② 国際関係 国際社会

実践 問題 55 基本レベル

問 国際条約に関する記述として最も妥当なのはどれか。なお、文中の条約名は、通称名としている。 (国税・労基2011改題)

1：「公海自由の原則」は、長い間の慣行の積み重ねによって成立した国際慣習法として各国に受け入れられていたが、現在では、成文国際法として国連海洋法条約の中で規定されている。この条約では、領海は沿岸から12海里以内、排他的経済水域（ＥＥＺ）は200海里以内としている。

2：多国間で結ばれる条約の発効には、署名国の過半数の批准が必要である。各国においては、その批准に当たって関連する国内法の調整・整備などが必要な場合もあり、我が国は、既に発効している児童の権利条約を、児童福祉法との関係から、批准していない。

3：マーストリヒト条約は、リスボン条約によって発足したＥＵを見直す条約で、直接選挙による欧州議会や政策執行機関の欧州委員会などを設置し、共通の経済・外交・安全保障政策などに取り組むことを内容としている。アイスランドの金融危機への対応や中東のゴラン高原への派兵は、この条約を受けて行われている。

4：ラムサール条約は、希少な野生動植物の国際的な取引を規制する条約であり、リストに生物種を登録して種の管理を行うものである。2010年に議題に挙がったクロマグロと一部のサメ類のうち、クロマグロについては採択に必要な過半数の賛成票が得られず否決されたが、サメ類はリストへの登録が決定し、漁獲量が大幅に制限された。

5：著作権については、文学と美術を対象として19世紀に万国著作権条約がまとめられた。現代に入り、コンピュータソフトなど新たな領域で知的所有権が生じる一方、従来の長い権利保護期間が文化の発展を妨げるとされ、2001年、同条約は、権利保護の対象の拡大、50年から30年への保護期間の短縮などを内容とするベルヌ条約に改訂された。

OUTPUT

実践 問題 **55** の解説

チェック欄

1回目	2回目	3回目

〈国際条約〉

1 ○ 「国連海洋法条約（海洋法に関する国際連合条約）」は海洋に関する慣習法を成文国際法化したもので，1982年に国連総会で採択された。同条約では「公海自由の原則」，12海里の領海，国際海峡，200海里の排他的経済水域，公海，内陸国の権利，深海底，海洋環境の保護および保全などを定めている。日本は1983年に同条約に署名し，1996年に批准，同年７月に発効した。

2 × 多国間条約の発効は必ずしも署名国の過半数とは限らず，条約発効の要件は各条約の中で規定されている場合が多い。また，日本は「児童の権利条約（児童の権利に関する条約）」を1994年に批准している。児童の権利条約は1989年に採択され，翌年９月に発効した条約で，18歳未満の児童に対して，放置，搾取，虐待から守るための世界基準を設定している。

3 × マーストリヒト条約とリスボン条約の順番が逆になっている。マーストリヒト条約（欧州連合条約）は1992年にEC（欧州共同体）加盟国間で調印された条約で，これにより，加盟各国の批准を経てEU（欧州連合）が誕生した。リスボン条約は欧州憲法条約の失敗を受けて，EUの新たな条約として2007年に採択されたもので，2009年12月に発効した。

4 × ラムサール条約は，正式には「特に水鳥の生息地として国際的に重要な湿地に関する条約」という。本肢記述はワシントン条約（「絶滅のおそれのある野生動植物の種の国際取引に関する条約」）についてのものである。なお，本肢にある2010年の条約締約国会議では，クロマグロの規制は否決され，またサメ類についてもニシネズミザメに関する提案のみが可決された。

5 × ベルヌ条約（「文学的及び美術的著作物の保護に関するベルヌ条約」）は1886年にスイスのベルンで，作家V.ユゴーの発案によって作成された。この条約では著作物はそれが作られると同時に著作権保護の対象となり，その保護期間は著作者の死後50年までとなっている。一方，万国著作権条約は，1952年にスイスのジュネーヴでベルヌ条約不参加国と加盟国との調整を図る目的で締結され，コピーライトマークの表示，著作権者名および最初の発行年の３つがあれば，すべての著作権を保護するという条約で，その保護期間は著作者の死後25年までとなっている。なお，日本は1899年にベルヌ条約に，1956年に万国著作権条約に加盟している。

第４章 国際関係

正答 **1**

SECTION 2 国際社会

第4章 国際関係

実践 問題 56 基本レベル

問 国際機構に関する記述として最も妥当なのはどれか。 （国Ⅰ2008改題）

1：EUは，1952年に英国，フランス，西ドイツ，イタリア，トルコの5か国によって設立されたECSCを前身としている。冷戦期は，安全保障協力には踏み込んでいなかったが，現在ではEUも安全保障分野での協力を進めており，バルト3国やチェコ，ルーマニアなどの旧共産圏の国々も含めた，27か国が参加するまでに拡大している（2023年9月現在）。

2：ASEANは，1967年に通称「バンコク宣言」によりタイ，インドネシア，マレーシア，フィリピン，シンガポールの5か国を原加盟国として設立された。首脳会議のほかに外相会議や経済閣僚会議を開催して域内での経済発展や政治・経済の安定などに取り組んでおり，2023年9月現在ではミャンマーなども含めた10か国が参加するまでに拡大している。

3：米州機構は，アメリカ合衆国，カナダ，メキシコの3か国によって自由貿易の推進を目的として，1994年に設立されたNAFTAを前身としている。2005年にNAFTAから中南米の国々を含めた35か国が参加する米州機構に改組され，経済協力のほかに各国での選挙監視活動を行うなど，域内での民主化の確立，維持にも取り組んでいる。

4：CISは，1955年にソ連を中心として結成された集団安全保障機構である。冷戦終結後は，経済協力にも対象を広げて機構の維持を図ったものの，1998年のロシア通貨危機によって域内の経済が混乱したため求心力が低下した。そのためルーマニアなどの東欧諸国やバルト3国といった国々の脱退が相次ぎ，規模としては縮小傾向にある。

5：バグダッド条約機構は，国際石油資本による石油価格の一方的引下げに反発したイラク，サウジアラビアなどの産油国によって，1960年に結成された国際的な生産・価格カルテルである。1970年代には，二度の石油危機を通じて石油価格の引上げに成功し，2023年9月現在，ナイジェリアなども含めた13か国が参加している。

実践 問題 56 の解説

〈国際機構〉

1 × EUは，1952年にフランス，西ドイツ（当時），イタリア，オランダ，ベルギー，ルクセンブルグの6カ国によって設立された**欧州石炭鉄鋼共同体（ECSC）**を前身としている。現在ではEUも安全保障分野での協力（共通外交・安全保障政策）を進めており，バルト3国（2004年加盟）やチェコ（2004年加盟），ルーマニア（2007年加盟），クロアチア（2013年加盟）などの旧共産圏の国々も参加する一方，2020年にイギリスが脱退するなど，2023年9月現在，27カ国となっている。

2 ○ **ASEAN（東南アジア諸国連合）**は，1967年に通称「バンコク宣言」によりタイ，インドネシア，マレーシア，フィリピン，シンガポールの5カ国を原加盟国として，タイのバンコクで設立された。首脳会議のほかに外相会議や経済閣僚会議を開催して域内での経済発展や政治・経済の安定などに取り組んでおり，2023年9月現在，10カ国が参加するまでに拡大している。

3 × 1948年にボゴダで採択された米州機構憲章に基づき1951年に発足した米州機構（OAS）は，1994年に設立された**北米自由貿易協定（NAFTA）**を前身とはしていない。米州機構の加盟国は南北アメリカとカリブ海の全独立国で35カ国に及び，南北アメリカの国々の平和と安全保障・紛争の平和的解決や，文化・社会経済面での協力を目的としている。近年では，米州各国での選挙監視活動等に重要な役割を果たすなど，特に域内の民主化の確立・維持に取り組んでいる。

4 × **CIS（独立国家共同体）**は，旧ソビエト連邦解体時に連邦を構成していた15カ国のうちバルト3国（エストニア，ラトビア，リトアニア）を除く12カ国で形成された緩やかな国家連合体であり，集団安全保障機構ではない。2023年現在の加盟国は9カ国（準加盟国を除く）である。本肢の記述にある1955年にソ連を中心として結成された集団安全保障機構としては，ワルシャワ条約機構（WTO）が挙げられるが，ワルシャワ条約機構は1991年に解体されている。

5 × 本肢の記述は，バグダッド条約機構ではなく**石油輸出国機構（OPEC）**の説明である。バグダッド条約機構とは，1955年に，イラク，トルコ，パキスタン，イラン，イギリスがバグダッド条約を調印して発足した反共産主義的な地域的集団安全保障機構のことで1959年に中央条約機構（CENTO）に改称し，1979年に消滅した。

正答 2

第4章 SECTION ② 国際関係 国際社会

実践　問題 57　基本レベル

問 核軍縮等に関する記述として，妥当なのはどれか。　　（東京都2021改題）

1：核兵器不拡散条約は原子力の平和的利用の軍事技術への転用を制限しており，非核兵器国は国際原子力機関の保障措置を受諾するよう努めなければならない。
2：化学兵器禁止条約は，化学兵器の開発，生産，保有などを包括的に禁止する法的枠組みであるが，条約遵守の検証制度に関する規定はない。
3：核兵器の開発，保有，使用等を禁止する核兵器禁止条約は，2020年，条約を批准した国と地域が条約の発効要件である50に達したことから，2021年1月に発効した。
4：包括的核実験禁止条約は，宇宙空間，大気圏内，水中，地下を含むあらゆる空間における，核兵器の実験的爆発以外の核爆発を禁止している。
5：国連軍縮会議は，毎年ニューヨークで開催され，部分的核実験禁止条約や生物兵器禁止条約など，重要な軍縮関連条約等を決議している。

実践 問題 57 の解説

〈核軍縮等〉

1 × 前半の記述部分は妥当である。しかしながら，核兵器不拡散条約（NPT）は，非核兵器保有国が国際原子力機関（IAEA）の全面的保障措置の適用を受諾することを義務付けている。よって，努力義務ではないので，本肢記述は誤りである。

2 × 化学兵器禁止条約（CWC）は，条約遵守の検証制度に関する規定が存在するので，本肢記述は誤りである。ちなみに同規定に基づいて設立されたのが化学兵器禁止機関（OPCW）であるが，同機関は2013年にノーベル平和賞を受賞している。

3 ○ 本肢記述のとおりである。核兵器の開発，保有，使用等をいかなる場合も禁止する核兵器禁止条約は，2020年10月に，条約を批准した国と地域が条約の発効要件である50に達したことから，2021年1月に発効した。なお，日本は同条約に不参加である（2023年9月現在）。

4 × 包括的核実験禁止条約（CTBT）は，宇宙空間，大気圏内，水中，地下を含むあらゆる空間における，核爆発を伴う一切の核実験の禁止を基本的義務としているので，本肢記述は誤りである。

5 × 国連軍縮会議は，1989年に京都で第1回の会議が開催されて以降，すべて日本で開催されているので，本肢記述は誤りである。同会議は，条約交渉や決議採択を行うものではなく，各国政府代表や有識者などがテーマにそった討議を行う場としているので，これも誤りである。

正答 3

第4章 SECTION ② 国際関係 国際社会

実践 問題 58 基本レベル

問 軍縮に関する記述として最も妥当なのはどれか。　　（国家総合職2016改題）

1：1960年代に，キューバでソ連の支援によるミサイル基地の建設が発覚すると，米国のケネディ大統領はその撤去を求めて，キューバを海上封鎖した。これにより，米ソ間の緊張が高まったが，最終的にソ連がミサイルを撤去して収まった。これ以降米ソ両国は緊張緩和の方向に転じ，米・英・ソの3国間で部分的核実験禁止条約が結ばれた。

2：1970年代に入ると国連総会において核拡散防止条約が結ばれ，核兵器の保有は国連の安全保障理事会の常任理事国のみに限られることとなった。これにより，核保有国であったイランが核兵器の廃棄に合意した一方で，インドとパキスタンが同条約から脱退して核兵器の開発を行い，核保有国となった。

3：冷戦末期のデタント（緊張緩和）期にパグウォッシュ会議が開かれ，世界的な軍縮の動きが東西両陣営から起きた。国連で行われた戦略兵器削減交渉の結果，戦略兵器の削減について徐々に合意され，第二次戦略兵器削減条約では，各国が保有する大陸間弾道ミサイルを全廃することが決定された。

4：2009年には米国のオバマ大統領の「核なき世界」演説を受けて，地下核実験を除く全ての核実験を禁止する包括的核実験禁止条約が国連総会で採択され，発効した。さらに，米国とロシアとの間で中距離核戦力全廃条約が発効したことから，同大統領はノーベル平和賞を受賞することとなった。

5：軍縮は，核兵器のほかに，通常兵器についても進められ，米国が主導した対人地雷全面禁止条約やクラスター爆弾禁止条約が発効した。その後，非人道的兵器といわれる化学兵器についても，新たな製造を禁じる化学兵器禁止条約が発効したが，保有する化学兵器の廃棄を義務付けるものではないため，化学兵器の拡散が危惧されている。

OUTPUT

チェック欄		
1回目	2回目	3回目

実践 問題 **58** の解説

〈軍縮〉

1○ 本肢記述のとおりである。1962年，ソ連（当時）がキューバにミサイル基地を建設していることに対し，米国のケネディ政権は海上封鎖をしてミサイル搬入を阻止し，米ソ間の核戦争の緊張が高まった（**キューバ危機**）。最終的にソ連は国連監視のもとでミサイル撤去を行い，米国はキューバ不侵攻を約束して核戦争の危機は回避された。その後は米ソの平和共存が進み，1963年に米・英・ソの間で**部分的核実験禁止条約（ＰＴＢＴ）**が締結された。

2× イランは**核拡散防止条約（ＮＰＴ）**に加盟しているが，イランが核兵器を保有していた事実は確認されていないので，本肢記述は妥当ではない。また，インド，パキスタンはＮＰＴに加盟したことがないので，誤りである。

3× **パグウォッシュ会議**はデタント期（1960年代後半から1970年代前半）以前の1957年に初めて開かれ，1964年に開かれた第12回会議では核抑止の考え方を認めるに至ったので，本肢記述は妥当でない。また，**戦略兵器削減交渉（ＳＡＬＴⅠ）**は1969年から1972年に米ソ間のみで行われ，**第2次戦略兵器削減交渉（ＳＡＬＴⅡ）**では，米ソ間において核兵器の運搬手段の数量制限と，ＭＩＲＶ化（複数核弾頭の搭載）の制限が新たに盛り込まれたので，これも誤りである。

4× 米国のオバマ大統領が2009年にプラハで「核なき世界」演説をしたことを受けて，米国とロシアは翌年に**新戦略兵器削減条約（新ＳＴＡＲＴ）**に調印し，2011年5月に発効されたので，本肢記述は誤りである。なお，**包括的核実験禁止条約（ＣＴＢＴ）**は2023年9月現在も，米国，インド，パキスタン等の一部の発効要件国が批准していないことから未発効なので，これも誤りである。また，米ソ間で締結された中距離核戦力（ＩＮＦ）全廃条約は1987年に発効したので，米国のオバマ大統領がノーベル平和賞を受賞した要因ではない。よって，これも誤りである。

5× **対人地雷全面禁止条約**は，1997年に「地雷禁止国際キャンペーン」をはじめとするＮＧＯと，対人地雷全面禁止に賛同する諸国の協力により，カナダ政府がオタワで開催した国際会議で採択されたが，米国は締約国ではないので，本肢記述は誤りである。また，2010年に発効された**クラスター爆弾禁止条約**についても，米国は締約国となっていない。さらに，**化学兵器禁止条約（ＣＷＣ）**については1997年に発効しており，締約国に対し，保有する化学兵器を原則として条約発効後10年以内に廃棄することを義務付けているので，これも誤りである。

第4章 国際関係

正答 1

LEC東京リーガルマインド 2024-2025年合格目標 公務員試験 本気で合格！過去問解きまくり！ 167
④社会科学

第4章 SECTION 2 国際関係 国際社会

実践　問題 59　基本レベル

問 核軍縮への動きに関する記述として，妥当なのはどれか。（特別区2017改題）

1：部分的核実験禁止条約（PTBT）は，1963年にアメリカ，イギリス，ソ連が調印した，大気圏内外と地下での核実験を禁止する条約である。
2：核拡散防止条約（NPT）は，1968年に締結された，国際原子力機関による査察受入れを条件に，非核保有国に新たな核兵器の保有を認める条約である。
3：中距離核戦力（INF）全廃条約は，1987年にアメリカとソ連の間で結ばれた史上初の核軍縮条約であるが，2019年に失効した。
4：包括的核実験禁止条約（CTBT）は，1996年に国連総会で採択され，翌年発効した爆発を伴う核実験を全面的に禁止する条約である。
5：新戦略兵器削減条約（新START）は，2010年にアメリカと中国の間で結ばれた戦略核弾頭数の削減に合意する条約である。

OUTPUT

チェック欄		
1回目	2回目	3回目

実践 問題 **59** の解説

〈核軍縮への動き〉

1 ✕ 地下が誤りである。部分的核実験禁止条約（PTBT）は，1963年にアメリカ，イギリス，ソ連が調印した，大気圏内外，宇宙空間，水中の核実験を禁止した条約であるが，地下核実験を禁止していなかった。

2 ✕ 核拡散防止条約（NPT）は，1968年に締結され，アメリカ，ロシア，イギリス，フランス，中国以外の国が核兵器を開発し，その保有を防ぐことを目的とした条約である。加盟国には国際原子力機関（IAEA）の査察受入れ等の全面的保障措置の適用を受けることを義務付けている条約である。NPTは当初，25年の期限付きの条約として作成されたが，1995年のNPT延長会議で無期限延長が決定された。

3 ○ 本肢記述のとおりである。中距離核戦力（INF）全廃条約は，1987年にアメリカのレーガン大統領とソ連（当時）のゴルバチョフ書記長の間で署名した史上初の核軍縮条約である。同条約は，以前の戦略核兵器制限条約（SALT）のように上限を設定したり，現状維持を定めたりするものではなく，ある種類の核戦略を全廃するものであり，米ソ間の軍縮史でも画期的なものである。2019年2月，アメリカが本条約の破棄をロシアに通告したことを受けて，ロシアも条約義務履行の停止を宣言した。本条約は同年8月に失効した。

4 ✕ 翌年発効したという記述部分が誤りである。包括的核実験禁止条約（CTBT）は，爆発を伴う核実験を全面的に禁止する条約で，1996年に国連総会で採択されたが，未発効である（2023年9月時点）。同条約は，ジュネーブ軍縮会議参加国で研究用・発電用の原子炉を保有する特定の44カ国（発効要件国）の批准を必要としているが，批准国が36カ国にとどまっている（2023年9月時点）。

5 ✕ 中国が誤りである。新戦略兵器削減条約（新START）は，2010年にチェコのプラハにおいてアメリカとロシアの間で結ばれた戦略核弾頭数をそれぞれ1,550発に削減することに合意した条約である。

第4章 国際関係

正答 **3**

問 国際法に関する記述として，妥当なのはどれか。 （東京都2017）

1：オランダのグロティウスは，「国際法の父」と呼ばれており，「海洋自由の原則」を説いた。
2：国際法とは，国家間の合意が文書により明示された法規範のことをいうが，条約は国家間の契約の一種であり，国際法としての性質は有しない。
3：国際司法裁判所は，当事国から合意を得た上で裁判を始めることができるが，その判決は，当事国に対する法的拘束力を持たない。
4：国際刑事裁判所は，オランダのハーグに常設の機関として設置されており，アメリカ，ロシア及び中国は加盟しているが，日本は加盟していない。
5：地域的な国際裁判所として，欧州連合に欧州人権裁判所が設置されているほか，欧州評議会では欧州司法裁判所の設置が検討されている。

実践 問題 60 の解説

〈国際法〉

1 ○ 本肢記述のとおりである。オランダのH.グロティウスは,「海は万人のもの」とし,例外として,湾・海峡について慣習に基づき領有を認めるとともに,陸地から見渡せる沿岸部については沿岸国に一定の管轄権を認める「海洋自由の原則」を説いた。また,『戦争と平和の法』を著し,国家間の関係に自然法を適用して,国家が従わなければならない国際規範があると主張し,「国際法の父」とよばれた。

2 × 国際法の種類には,過去の慣習によって成立している国際慣習法と明文化された条約があるので,本肢記述は誤りである。

3 × 国際司法裁判所（ICJ）は,紛争両当事国が同裁判所において解決を求めるという同意を得たうえで裁判を始めることができるが,紛争両当事国はその判決に従う義務があり,法的拘束力を伴うので,本肢記述は誤りである。

4 × 国際刑事裁判所（ICC）には,アメリカ,ロシア,中国は加盟していない一方,日本は2007年に加盟したので,本肢記述は誤りである（2023年4月現在）。なお,ICCがオランダのハーグに設置された常設裁判所であるという記述部分については正しい。

5 × 欧州人権裁判所は,欧州評議会の人権救済機関であるので,本肢記述は誤りである。また,欧州司法裁判所は欧州連合諸条約の解釈・適用について一切の司法問題を取り扱う最高司法機関であり,すでに設置されている機関なので,これも誤りである。

正答 **1**

第4章 SECTION ② 国際関係
国際社会

実践 問題 61 基本レベル

問 国家間協力のための組織や枠組みに関する記述として最も妥当なのはどれか。

(国家総合職2017改題)

1：東南アジア諸国連合（ASEAN）は，域内における経済成長，社会・文化的発展の促進などを目指して設立され，2023年時点では10か国で構成されている。また，我が国や米国なども参加するASEAN地域フォーラム（ARF）は，政治・安全保障問題に関する対話と協力を通じ，アジア太平洋地域の安全保障環境を向上させることを目的としている。

2：アジア欧州会合（ASEM）は，植民地諸国の独立をきっかけに，アジア・欧州の協力関係を築くため，1950年代中頃に初めて開かれ，領土と主権の尊重，内政不干渉などをうたった平和十原則を採択した。相互尊重と平等の精神に基づき，政治，経済，社会・文化などの三つの柱を中心に活動を行っている。

3：アジア太平洋経済協力（APEC）は，アジア通貨危機を受けて，オーストラリアの提唱で始まったもので，アジア太平洋地域の経済協力の枠組みである。その活動は，協調的自主的な行動と開かれた地域協力を特色としており，APEC首脳会議におけるプラザ合意に基づいて，APECのメンバーが外国為替市場に協調介入を行ったこともある。

4：石油輸出国機構（OPEC）は，産油国によって構成される資源カルテル組織であり，サウジアラビア，イラン，イラク，ロシア，カナダなどが加盟している。OPECは，資源ナショナリズムの高まりから，アラブ石油輸出国機構（OAPEC）を改組して結成され，第4次中東戦争に際し，米国に対して石油の禁輸を実施した。

5：経済協力開発機構（OECD）は，欧州経済協力機構（OEEC）を前身とし，経済成長，開発，貿易の三つを目的に，国連貿易開発会議（UNCTAD）の勧告に基づいて発足し，政府開発援助（ODA）が満たすべき要件を定めるなどしている。我が国はOECDの発足時からの加盟国であり，また，我が国のODAは独立行政法人国際協力機構（JICA）が行っている。

実践 問題 61 の解説

〈国家間協力のための組織や枠組み〉

1 ○ 本肢記述のとおりである。東南アジア諸国連合（ASEAN）は，1967年の「バンコク宣言」によって域内における経済成長，社会・文化的発展の促進などを目指して設立され，2023年時点では10カ国で構成されている。また，日本や米国なども参加するASEAN地域フォーラム（ARF）は，政治・安全保障問題に関する対話と協力を通じ，アジア太平洋地域の安全保障環境を向上させることを目的とし，1994年から開催している。

2 × アジア欧州会合（ASEM）は，1996年に初めて開かれたので本肢記述は誤りである。植民地諸国の独立をきっかけに，領土と主権の尊重，内政不干渉などをうたった平和十原則を採択したのは，1955年のアジア＝アフリカ会議（バンドン会議）であるので，これも誤りである。なお，後半記述部分については正しい。

3 × アジア太平洋経済協力（APEC）は，1980年代後半に外貨導入政策等によるアジア域内の経済成長，欧州・北米における市場統合が進む中，アジア太平洋地域に，経済の相互関係を基礎とする新たな連携・協力の必要性が高まったことを受けて，オーストラリアのホーク首相（当時）の提唱で始まったもので，1997年のアジア通貨危機とは年代が異なる。また，プラザ合意は1985年に当時の先進5カ国（G5）蔵相・中央銀行総裁会議によって結ばれた為替レート安定化に関する合意である。

4 × 石油輸出国機構（OPEC）は，サウジアラビア，イラン，イラクが加盟しているが，ロシア，カナダは加盟していないので本肢記述は誤りである。OPECは，資源ナショナリズムの高まりから，1960年に設立され，第4次中東戦争に際し，イスラエルを支持するアメリカなどの西側諸国に対して石油の禁輸を実施した（オイルショック）。これに対してアラブ石油輸出国機構（OAPEC）は1968年にアラブ産油国が石油事業促進を目的として結成したOPECとは別の組織であるので，これも誤りである。

5 × 経済協力開発機構（OECD）は，マーシャル・プランを契機として発足した欧州経済協力機構（OEEC）を前身とし，経済成長，貿易自由化，途上国支援の3つを目的に，アメリカとカナダが加わって発足したので，本肢記述は誤りである。政府開発援助（ODA）が充たすべき要件を定めるなどしている機関は，OECDの下部組織である開発援助委員会（DAC）であり，日本はDACの発足時からの加盟国である。また，日本のODAは二国間援助については独立行政法人国際協力機構（JICA）が行っているが，多国間援助については国際機関へ拠出しているので，これも誤りである。

正答 **1**

問 国際的協力関係等に関する記述として最も妥当なのはどれか。

（国税・財務・労基2017）

1：国連では，世界の人道危機に関し，2012年から毎年5月に世界人道サミットが開催されているが，2016年9月には，特に難民問題について話し合うため，米国のオバマ大統領とドイツのメルケル首相の呼び掛けにより初めて難民サミットが開催された。同サミットでは，各国の難民の受入れ分担の割合について取り決めたニューヨーク宣言が採択された。

2：2015年の国連サミットにおいて，開発協力の質を維持しつつ，各国で増加する政府開発援助（ODA）を抑制するため，開発分野における国際社会共通の目標である，持続可能な開発のための2030アジェンダが採択された。これは，1990年代以降に開催された主要な国際会議での開発目標をまとめたものである。

3：各国の沿岸で津波被害が多発していることに伴い，国連加盟国に対し津波に関する意識向上を促すため，2015年の国連総会において，初めて防災に関する世界会議が開催され，11月5日を「世界津波の日」とする決議が採択された。その決議を契機として，我が国も同日を「津波防災の日」と定める法を整備した。

4：我が国は，「核兵器のない世界」の実現に向け，世界各国と共同して核軍縮・不拡散の議論を行っている。2015年には，包括的核実験禁止条約（CTBT）が発効要件国44か国の批准を経て発効した。翌年，同条約に違反して核実験を行った朝鮮民主主義人民共和国に対し，国連総会において制裁措置の強化が決定された。

5：2015年の国連気候変動枠組条約第21回締約国会議（COP21）において採択されたパリ協定は，京都議定書に代わる温室効果ガス排出削減等のための新たな国際的な枠組みである。2016年，同協定については，世界の温室効果ガス排出量の一定規模を占めていた米国と中国が批准したほか，インドや欧州連合（EU）なども批准し，同年11月に発効した。

OUTPUT

チェック欄		
1回目	2回目	3回目

実践 問題 **62** の解説

〈国際的協力関係等〉

1 ✕ 世界人道サミットは2016年5月にトルコのイスタンブールで初めて開催された
ので，本肢記述は誤りである。難民サミットはニューヨークの国連本部で
同年9月に米国のオバマ大統領（当時）の呼びかけによって開かれたが，
ドイツのメルケル首相（当時）は参加していない。また，各国の難民受入れ
分担の割合についての取り決めは採択されていないので，これも誤りである。

2 ✕ 2015年9月の国連持続可能な開発サミットにおいて「持続可能な開発のた
めの2030アジェンダ」が採択された。そこには2016年から2030年までの国
際目標として持続可能な世界を実現するための17のゴール・169のターゲッ
トから構成された「持続可能な開発目標（ＳＤＧs)」が記載されており，「目
標10 各国内及び各国間の不平等を是正する」において，各国の国家計画
やプログラムに従って，後発開発途上国などをはじめとする，ニーズが最
も大きい国々への，政府開発援助（ＯＤＡ）および海外直接投資を含む資
金の流入を促進するとあり，ＯＤＡの抑制とは述べていない。

3 ✕ 2015年12月，第70回国連総会本会議において11月5日を「世界津波の日」を
定める決議が採択された。日本では，東日本大震災における甚大な津波被
害を踏まえ，2011年6月に「津波対策の推進に関する法律」が制定されてお
り，同法に基づいてすでに毎年11月5日を「津波防災の日」と定めていたの
で，本肢記述は誤りである。さらに，防災に関する世界会議はこれが初めて
ではなく，国連防災世界会議については第1回が1994年に神奈川県横浜市
で行われて以降，ほぼ10年ごとに開催しているので，これも誤りである。

4 ✕ 包括的核実験禁止条約（ＣＴＢＴ）が発効するためには，特定の44カ国（発
効要件国）すべての批准が必要とされているが，2023年9月現在，アメリカ，
インド等，一部の発効要件国の批准の見通しが立っておらず，条約は未発
効であるので，本肢記述は誤りである。また，核実験を行った朝鮮民主主
義人民共和国（北朝鮮）に対し，2016年3月および11月に国連安全保障理
事会において制裁措置の強化が決定されたのであって，その理由は当該条
約違反ではなく，また，国連総会において制裁措置の強化が決定されたの
ではない。

5 ○ 2015年の国連気候変動枠組条約第21回締約国会議（ＣＯＰ21）において採
択されたパリ協定は，温室効果ガス排出削減等のための新たな国際的な枠
組みである。アメリカと中国などが批准したことから条件を満たし，2016年
11月に発効した。日本は同月に遅れて批准した。

正答 5

第4章 国際関係

第4章 SECTION 2 国際関係 国際社会

実践 問題 63 応用レベル

問 世界の軍縮等に関する記述として最も妥当なのはどれか。（国家一般職2019）

1：第二次世界大戦後，冷戦により安全保障理事会があまり機能せず軍縮が進まなかったため，国際連合は，国際司法裁判所の下にロンドンに本部を置く国連軍縮委員会を設置した。同委員会での交渉を経て，ロンドン海軍軍縮条約が発効して，欧州での軍縮につながった。

2：1980年代，米ソ間の緊張緩和が進む中，両国間で戦略兵器削減交渉（START）が行われ，包括的核実験禁止条約（CTBT）が発効した。2010年代には，米ロに経済成長が著しい中国を加えた3か国で戦略兵器制限交渉（SALT）が行われ，中距離核戦力（INF）全廃条約が発効した。

3：21世紀に入り，国際テロ組織が核兵器を入手する可能性が高まったことを受けて，核拡散防止条約（NPT）が発効した。核兵器非保有国での核兵器の開発も指摘されたことから，国際原子力機関（IAEA）が安全保障理事会の下に設置され，国連軍の指揮下でIAEAが核査察を実施している。

4：核兵器の根絶を目指す動きの一つに域内国での核兵器の生産・取得・保有を禁止する非核兵器地帯条約の締結・発効があり，中南米，南アジア，東南アジアで条約が発効している。現在，イランやカザフスタンを含む中央アジア地域でも条約の締結に向けた交渉が進められている。

5：特定の兵器がもたらす人道上の懸念に対処するために，それらの使用等を禁止する対人地雷禁止条約，クラスター弾に関する条約が発効し，我が国も批准している。対人地雷禁止条約の採択には，NGOが全世界に地雷の非人道性を訴える活動が大きな役割を果たしたとされている。

OUTPUT

チェック欄		
1回目	2回目	3回目

実践 問題 **63** の解説 ─────────────

〈世界の軍縮等〉

1 ✕ 第2次世界大戦後，冷戦により安全保障理事会があまり機能せず軍縮が進まなかったため，1978年に開催された第1回国連軍縮特別総会において，国際連合の枠外における軍縮交渉の場としてジュネーブ軍縮委員会をジュネーブに設置したので，本肢記述は誤りである。同委員会（会議）での交渉を経て，**核兵器不拡散条約（ＮＰＴ**, 1968年)，**生物兵器禁止条約（ＢＷＣ**, 1972年)，**化学兵器禁止条約（ＣＷＣ**, 1993年)，**包括的核実験禁止条約（ＣＴＢＴ**, 1996年) 等の重要な軍縮関連条約が作成されたので，これも誤りである。

2 ✕ 1980年代，米ソ間の緊張緩和が進む中，両国間で**戦略兵器削減条約（ＳＴＡＲＴⅠ）**の交渉が行われ，戦略核弾頭数を6,000発に削減することを規定し，1994年に発効した。なお，包括的核実験禁止条約（ＣＴＢＴ）は国連総会で採択されたが，**ジュネーブ軍縮会議**参加国で研究用・発電用の原子炉を保有する44カ国のすべての批准を必要としているため，まだ未発効である（2023年9月現在）。また，2010年代には，米ロ2カ国で新戦略兵器制限条約（新ＳＴＡＲＴ）が行われ，戦略核弾頭数をそれぞれ1,550発に制限する条約が2011年に発効した。なお，**中距離核戦力（ＩＮＦ）全廃条約**が米ソの間で締結したのは1987年のことである。よって，本肢記述は誤りである。

3 ✕ 核拡散防止条約（ＮＰＴ）が発効したのは，1970年のことである。同条約の締約国は，国連の保護下にある自治機関である**国際原子力機関（ＩＡＥＡ）**の全面的保障措置の適用を受けることが義務付けられている。よって，本肢記述は誤りである。

4 ✕ 非核兵器地帯条約には，トラテロルコ条約（中南米, 1968年発効)，バンコク条約（東南アジア, 1997年発効) が挙げられるが，南アジアの条約は存在しないので，本肢記述は誤りである。また，中央アジア非核兵器地帯条約はすでに2009年に発効しているが，カザフスタン，キルギス，タジキスタン，トルクメニスタン，ウズベキスタンの中央アジア5カ国で署名したものであり，イランは参加していないので，これも誤りである。

5 ◯ 本肢記述のとおりである。特定の兵器がもたらす人道上の懸念に対処するために，それらの使用等を禁止する対人地雷禁止条約が1999年，クラスター弾に関する条約が2010年にそれぞれ発効し，わが国も批准している。**対人地雷禁止条約の採択には，ＮＧＯ「地雷禁止国際キャンペーン（ＩＣＢＬ）」が全世界に地雷の非人道性を訴える活動が大きな役割を果たした**とされている。

正答 5

第4章 国際関係

第4章 国際関係

章末 CHECK

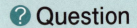 Question

- **Q1** 国際連合の本部はスイスのジュネーブにある。
- **Q2** 国連総会は全加盟国で構成される国連の最高機関である。
- **Q3** 国連総会の表決は全加盟国による全会一致制を採用している。
- **Q4** 国連特別総会は安全保障理事会または加盟国の過半数の要請で開催される。
- **Q5** 国連安全保障理事会はアメリカ・イギリス・ロシア・フランス・中国の5カ国の常任理事国だけで構成される。
- **Q6** 国連の常設的補助機関としては国際原子力機関（IAEA）や世界貿易機関（WTO）などがある。
- **Q7** IMF（国際通貨基金）やUNESCO（国連教育科学文化機関）は国連の専門機関にあたる。
- **Q8** 条約の採択とは条約が合意に達した段階であり、この時点で条約の効力が発生する。
- **Q9** 条約の批准とは国内の条約締結権を持つ機関が、この条約に拘束されることを最終的に意思表示することである。
- **Q10** 核兵器不拡散条約（NPT）は核保有国、非核保有国の区別なく、核爆発を伴う一切の核実験の禁止を基本的義務とする条約である。
- **Q11** 部分的核実験禁止条約（PTBT）においては、地下核実験は禁止されていない。
- **Q12** 世界人権宣言は条約ではないため、法的拘束力はない。
- **Q13** 人種差別撤廃条約は今日では女性差別と宗教差別以外のあらゆる差別を扱う条約として機能している。
- **Q14** 国際人権規約は世界人権宣言の内容に法的拘束力を持たせることを目的とした国際法規である。
- **Q15** 国際人権規約については、日本は全面的に批准している。
- **Q16** 児童の権利条約に日本は批准している。
- **Q17** 対人地雷禁止条約は対人地雷の使用、生産、保有、移転を全面的に禁止する条約であり、日本は未批准である。
- **Q18** 有事法制とは、日本の有事における国の意思決定のあり方、国と地方自治体との関係の明確化、首相への強い権限付与など、基本的な枠組みを整えたものである。

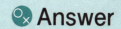

A1	×	国際連合の本部はアメリカのニューヨークにある。スイスのジュネーブに本部があったのは，国際連盟である。
A2	○	国連総会は全加盟国で構成される国連の最高機関である。
A3	×	国連総会の表決は1国1票制のもとでの多数決制である。
A4	○	国連特別総会は安全保障理事会または加盟国の過半数の要請で開催される。
A5	×	国連安全保障理事会はアメリカ・イギリス・ロシア・フランス・中国の5カ国の常任理事国と10カ国の非常任理事国（任期2年で毎年半数改選）の計15カ国で構成される。
A6	×	国際原子力機関（IAEA）や世界貿易機関（WTO）などは国連の常設的補助機関ではなく関連機関である。
A7	○	国連の専門機関には他にもIBRD（国際復興開発銀行）やILO（国際労働機関），WHO（世界保健機関）などがある。
A8	×	採択時点では，条約の効力は発生しない。
A9	○	条約の批准とは国内の条約締結権を持つ機関が，この条約に拘束されることを最終的に意思表示することである。
A10	×	核保有国，非核保有国の区別なく，核爆発を伴う一切の核実験の禁止を基本的義務とする条約は包括的核実験禁止条約（CTBT）である。
A11	○	PTBTにおいては，地下核実験は禁止されていない。
A12	○	世界人権宣言は条約ではないため，法的拘束力はない。
A13	○	人種差別撤廃条約は人種差別撤廃宣言を受けて採択され発効した。
A14	○	国際人権規約は世界人権宣言とは異なり法的拘束力を持つ。
A15	×	A規約については一部を留保。選択議定書はいずれも加入していない。
A16	○	児童の権利条約に日本は1994年4月に批准している。
A17	×	対人地雷禁止条約に日本は1998年に批准し，2003年2月には保有していた推定100万個以上の対人地雷の廃棄を完了している。
A18	○	2003年に有事関連主要3法成立，2004年に具体的な対処方法を規定した有事関連7法が成立している。

memo

社会科学

第2編
法学

第1章

法学概論

SECTION

① 法学概論

第1章 法学概論

出題傾向の分析と対策

試験名	地 上			国家一般職（旧国Ⅱ）			東京都			特別区			裁判所職員			国税・財務・労基			国家総合職（旧国Ⅰ）		
年 度	15〜17	18〜20	21〜23	15〜17	18〜20	21〜23	15〜17	18〜20	21〜23	15〜17	18〜20	21〜23	15〜17	18〜20	21〜23	15〜17	18〜20	21〜23	15〜17	18〜20	21〜23
出題数 セクション						1				2	2	1	2	3	2						1
法学概論						★				★★★	★★	★	★★★	★★★	★★						★

（注）　1 つの問題において複数の分野が出題されることがあるため，星の数の合計と出題数とが一致しないことがあります。

　法学概論の分野からの出題は，頻出とはいえないまでも，いずれかの試験種からは，出題される傾向にあります。試験対策についていえば，他の分野に比べれば，その重要度は相対的には低いといえます。もっとも，法学概論の分野は，範囲が限られており，一度覚えれば得点源にしやすいといえます。具体的に問われる点は，イギリスに起源がある「法の支配」とドイツを中心とする大陸ヨーロッパで発展した「法治主義」の比較，法源の種類とその意義，法の分類として形態別にその定義を理解することのほか，同等の法規間における優劣関係などがあります。出題されたら確実に得点できるように学習しておいてください。

地方上級

　近年，地方上級からの出題はほとんどありません。本試験対策としては，今後の出題傾向を考えても，法源の種類とその意義，法の分類などを押さえておけば十分といえます。表などを使い，それぞれ比較しながら覚えるようにすると，効率がよくなります。

国家一般職（旧国家Ⅱ種）

　近年，国家一般職からの出題はほとんどありません。試験対策については，その重要度は相対的には低いといえますが，法源の種類とその意義については，過去にも出題があるので確実に身につけておきましょう。細かい知識よりも，誰もが答えられるような項目については，しっかりと学習しておきましょう。

東京都

　近年，東京都からの出題はほとんどありませんが，裁判制度や法の分類，法の解釈方法など広く出題されています。本試験で万全を期すためにも，一通り学習した後，問題演習を数多くこなす必要があるといえます。出題範囲はかなり広いですが，繰り返し同じような出題が見られるので，しっかり学習しておきましょう。

特別区

　特別区では，この分野から数多く出題されており頻出分野といえます。ただし，出題内容は，法の分類や法の解釈といった基本的事項であり，類似の出題なので繰り返し問題演習することが，その対策といえます。この分野を得点源とできるよう学習しておきましょう。

裁判所職員

　この分野からの出題について，裁判所職員の試験では，数多く出題されており，頻出分野といえます。基本的事項についてしっかり学習しておきましょう。

国税専門官・財務専門官・労働基準監督官

　国税専門官・財務専門官・労働基準監督官では，近年，法学概論からの出題はほとんどありません。本試験対策としては，今後の出題傾向を考えても，法源の種類とその意義，法の分類などを押さえておけば十分といえます。

国家総合職（旧国家Ⅰ種）

　国家総合職からの出題としては，それほど多い分野とはいえません。試験対策については，その重要度は相対的には低いといえますが，法の分類については，過去にも出題があるので確実に身につけておきましょう。問題演習を通じて知識の定着を図ってください。

Advice アドバイス　学習と対策

　法学概論の分野における学習方法としては，法源や法の分類については定義が特に重要であり，それぞれについて比較できるように表などを活用して，暗記するようにしましょう。また，法の解釈については，定義を暗記するだけでなく，具体例と共に覚えるようにしましょう。出題される範囲はそれほど広くはないので，得点源にできるように学習をしておくことが大切です。

第1章 法学概論

第1章

1 SECTION

法学概論

法学概論

必修問題 セクションテーマを代表する問題に挑戦！

法源について理解するとともに成文法の体系についても理解しましょう。

問 我が国の法源に関する記述について，妥当なのはどれか。

（国Ⅰ1998）

直前復習

1：法源体系は，国内法では最高法規である憲法が最上位で，これに次ぐものが法律であり，政令，省令，地方公共団体が制定する条例等はその下位としている。一方，条約と憲法の関係については国際協調の基本原則を憲法が掲げているので，条約が憲法よりも優位に立つとするのが通説である。

2：制定法は，国の唯一の立法機関とされている国会が制定した法律及びその法律の範囲内か委任のある場合に行政機関が制定する政令や条例などに限定される。このため行政機関に対して独立の地位をもつ裁判所が制定するその内部規律や司法事務に関する規則は法源と認められない。

3：判例法は，すべての裁判官がその良心に従い独立してその職権を行い憲法及び法律にのみ拘束されることから，厳密な意味での法的拘束力を認められていないが，法的安定性や法の下における平等という法そのものの根本的要請から，実際には拘束力をある程度有している。

4：慣習法は，生活の中から自然に生成し社会を構成する人々の行動や考え方などを拘束してきたものである。歴史的には制定法に先立つ社会規範として重要な役割を果たしてきたといえるが，統一的な法制度が整備された今日では制定法に優先することはない。

5：条理は，裁判官が裁判するに当たって制定法や判例法や慣習法をよるべき基準とすることは当然であるものの，最終的にはこの解決が最も適当だと自分の判断により判決を下すしかないところから，客観的に認識しうる形で存在している法ではないものの最上位の重要な法源と認められている。

Guidance ガイダンス 法源の各々の定義を覚えておき，その特徴を比較しておくと，正答を判断しやすい。

頻出度	地上★	国家一般職★	東京都★★★	特別区★★★
	裁判所職員★★	国税·財務·労基★	国家総合職★★	

チェック欄		
1回目	2回目	3回目

必修問題の解説

〈わが国の法源〉

1 ✕ 国内の法規は上下に**段階的構造**をなして存在しており，上位法規は下位法規に優越し，上位法規に抵触する下位法規は原則として効力がない。国家法としての上下関係は，憲法－法律－政令－省令とされており，**各種規則や条例に対しては法律が優越**する。しかし，憲法と条約との関係については意見が分かれており，憲法の最高法規性から憲法優位とする説，憲法が国際協調主義を基本原則としていることから条約優位とする説が併存している。

2 ✕ 日本では，**制度上の法源**としては制定法と慣習法が挙げられ，**事実上の法源**としては，判例，学説，条理などが挙げられる。そして，**制定法には，国会の制定する法律，地方公共団体の制定する条例のほか，行政機関のうち内閣が定める政令，各省の定めた省令，および各種の国家機関が定める規則がある**。規則とは，議院規則や最高裁判所規則，委員会規則などであり，規則も法源である。

3 ○ **判例法主義**を採用する英米では，判例に一般的な拘束力が認められているが，**成文法主義**を採用するわが国では，判例は制度上の法源とはなっていない。しかし，法的安定性の見地から，判例は，統一性を保ちみだりに変更されないことが要請され，ある程度の拘束力を有している。厳密には，成文法は不文法である判例（法）に優先するが，確立した判例は，新たな立法によって変更されない限りは成文法に代わる効力を持つ。

4 ✕ **慣習法**は，法の適用に関する通則法3条（旧法例2条）で，「公の秩序又は善良の風俗に反しない慣習は，法令の規定により認められたもの又は法令に規定されていない事項に関するものに限り，法律と同一の効力を有する」とされているが，この中には特殊な効力を認められるものがある。商慣習がそれにあたり，商法1条2項には，「商事に関し，この法律に定めがない事項については商慣習に従い，商慣習がないときは，民法の定めるところによる」と定めて，商慣習が民法に優先することが明らかにされている。

5 ✕ **条理**とは，物事の道理や筋道のことで，裁判で適用すべき法がないときに裁判官が拠るべき基準とされる。つまり，条理は最上位の重要な法源ではなく，最後に拠るべきものである。なお，刑事事件は，罪刑法定主義の観点から，条理によって裁判されることはない。

正答 **3**

第1章 SECTION 1 法学概論

法学概論

1 裁判の基準

(1) 法源

　法源とは，裁判官が裁判をする際に拠るべき基準です。法源には，**制度上の法源**（成文法，慣習法）と**事実上の法源**（判例，条理）があります。

(2) 法源の種類

	法源の種類	意 義	備 考
制度上	成文法	公的機関によって制定され，文章の形に表現されたもの	成文法の効力は，憲法を最上位として，以下，法律，命令，条例の順となる
制度上	慣習法	特定の範囲の社会において歴史的伝統的に生成された法規範のこと	法の適用に関する通則法3条により，法律と同一の効力が認められる
事実上	判 例	広義には裁判例（判決例）のことであるが，狭義には判決の結論を導く法的理由付け（判決理由）のこと	事実上の法源として，現実には強い拘束力を有する
事実上	条 理	具体的な事件について，その事案に即した妥当な解決を考える際のルール	刑事事件では，**罪刑法定主義**の建前から，直接の法源とはならない

法源か否か問題となるものに学説がありますが，これは，間接的に裁判に影響を及ぼすことはあっても，法源としては扱われません。

2 法の解釈

(1) 拡張（拡大）解釈と縮小解釈

　拡張（拡大）解釈は，条文の文言に広義と狭義がある場合に**広義に解釈する技術**であり，**縮小解釈**は，条文の文言に広義と狭義がある場合に**狭義に解釈する技術**です。

公園の入口に「車馬通行止め」という文言が掲げてある場合，その禁止対象は自動車だけでなく，乳母車やリヤカーなども含まれると広げて解釈するのが拡張（拡大）解釈で，乳母車等の通行は可と解釈するのが縮小解釈です。

INPUT

(2) 類推解釈と反対解釈

類推解釈は条文の文言の意味に含まれないものに対し、**その類似性を理由**としてその規定を適用することで、**反対解釈は条文に規定されていない事項について条文の適用を排除すること**です。

> **補足**
> 「馬」が通行禁止とされている規定の意味を、「橋に負担をかける四足の大型哺乳動物の通行禁止」という意味に捉えて、同様にゾウ、牛なども通行禁止と解釈するのが類推解釈で、「馬の通行禁止であるから、馬ではないほかの動物は通行可能である」として牛や犬など馬以外の動物の通行は可能であると解釈するのが反対解釈です。

3 法の分類

(1) 公法・私法・社会法

法の分類	意　義	例
公　法	国および公共団体と私人の関係を規制する法	憲法、行政法、刑法、訴訟法など
私　法	私人間の関係を規制する法	民法、商法など
社会法	福祉国家思想に基づき、市民法を修正する法	労働法、独占禁止法など

(2) 一般法と特別法

	意　義	優劣関係
一般法	一般的な事項・関係を規制の対象とする法	①特別法は一般法に優先する ②後法は前法に優先する
特別法	特定の事項・関係を規制の対象とする法	＊特別法が前法で一般法が後法の場合、特別法が優先する

> **補足**
> **【一般法と特別法】**
> 民法は市民間の取引一般について定め、商法は商業取引という特定の事項・関係について定めているため、**民法が一般法**、**商法が特別法**という関係になります。しかし、商法は、手形取引という、商取引の中でもさらに限定された範囲の事項・関係について定める手形法に対しては一般法になり、手形法がその特別法になります。このように、一般法か特別法かは相対的に決められます。

SECTION 1 法学概論

実践 問題 64 基本レベル

頻出度	地上★★	国家一般職★	東京都★	特別区★★
	裁判所職員★★★	国税・財務・労基★★		国家総合職★

問 法の効力に関する次のA～Dの記述の正誤の組合せとして最も妥当なものはどれか。 (裁判所職員2018)

A：法の適用領域の限定された法を「一般法」といい, 限定されない法を「特別法」という。

B：人が本来所属する法域から離れて他国の領域にある場合にも, その人に追随して法の適用を認める主義を「属人(法)主義」という。

C：同一の法形式相互間では,「前法」が「後法」に優先して適用されるのが原則である。

D：法律の遡及効については, 法律不遡及の原則があり, 特に法律上の規定がある場合を除いて認められない。

	A	B	C	D
1：	正	正	誤	誤
2：	正	誤	正	誤
3：	正	誤	誤	正
4：	誤	正	誤	正
5：	誤	誤	正	正

OUTPUT

実践 問題 64 の解説

〈法の効力〉

A × 「一般法」とは，法の適用領域がより広い範囲・事項を規制の対象とする法をいい，「特別法」とは，法の適用領域が一般法に比べて特定の事項・関係を規制の対象とする限定された法をいうので，本記述は誤りである。

B ○ 本記述のとおりである。属人（法）主義とは，国際法上，法の適用関係を定めるにあたって，本来所属する法域から離れて他国の領域にある場合にも，その人に追随して法の適用を認める主義をいう。

C × 同一の法形式相互間では，「後法」が「前法」に優先して適用されるのが原則であるので，本記述は逆である。

D ○ 本記述のとおりである。法律の遡及効については，法律不遡及の原則が日本国憲法39条に「何人も，実行の時に適法であつた行為又は既に無罪とされた行為については，刑事上の責任を問はれない」と規定されているので，特に法律上の規定がある場合を除いて認められない。

以上より，記述Aが誤，Bが正，Cが誤，Dが正であり，正解は肢4となる。

正答 4

第1章 SECTION 1 法学概論

法学概論

実践 問題 65 基本レベル

頻出度 地上★ 国家一般職★ 東京都★★★ 特別区★★★
裁判所職員★★ 国税・財務・労基★ 国家総合職★★

問 慣習法又は判例法に関する記述として，妥当なのはどれか。 （東京都2007）

1：わが国では，公序良俗に反しない慣習は，法令の規定により認められたもの及び法令に規定がない事項に関するものに限り，法律と同一の効力を有する。
2：商法では，商取引に関して，商法に規定のないものについては，商慣習法を適用するとし，商慣習がない場合でも民法の適用を認めていない。
3：民法では，任意法規に関して，当事者に任意法規と異なる慣習による意思があると認められる場合でも，任意法規と異なる慣習に従うことを認めていない。
4：わが国では，判例法の効力は制定法の効力に優先するとされ，裁判においては，判例法に規定のない事項についてのみ制定法が補充的に適用される。
5：わが国では，裁判所の判例に先例拘束性を認めており，上級審の判例は当該事件に限らず下級審を拘束する。

OUTPUT

チェック欄		
1回目	2回目	3回目

実践 問題 **65** の解説

〈慣習法と判例法〉

1 ○ 法の適用に関する通則法3条にあるとおり，本肢は妥当である。

2 × 商法1条2項は，商取引に関しては，商法に規定のない場合，商慣習を適用するとし，商慣習がないときは，民法の適用を認めている。商取引では，日常取引の中で合理的な商慣習が形成されることがあるため，商法に規定がない場合に，商慣習が優先して適用される。しかし，商慣習すらなければ，民法が適用される。民法は私法の一般法だからである。

3 × 民法92条は，当事者が任意法規と異なる慣習による意思を有すると認められる場合，その慣習に従うと定めている。なお，このように解すると，**慣習は任意法規に優先して適用される**ことになるため，法の適用に関する通則法3条の規定と矛盾するようにも思われる。これらの両規定の不整合は，立法の過程で争いがあったために生じたものであるが，現在では，法の適用に関する通則法3条の「法令の規定により認められたもの」の1つが民法92条の場合であるとする見解なども有力である。

4 × 日本は成文法主義を採用しているため，判例は制度上の法源ではない。そのため，裁判においては，まず成文法（制定法）が適用され，補充的に慣習法などの不文法が適用されるのみである。**判例は事実上の拘束力を有するのみ**であり，成文法に優先する効力はない。

5 × **同一事件についての上級審の判断は，当該事件について下級審を拘束する**（裁判所法4条）が，当該事件を超えて下級審を拘束するものではなく，成文法主義を採用するわが国では，上級審の判例に，下級審に対する**一般的な先例拘束性は認められていない**。もっとも，軽率な判例変更を防止して法的安定性を図るための制度は設けられており，この限度で事実上の拘束力を有する。たとえば，刑事裁判における下級裁判所の判決が最高裁判所の判例に違反したときは上告理由になり（刑事訴訟法405条2号・3号），また，最高裁判所が判例を変更するときには大法廷（全員の裁判官の合議体）を開かなければならない（裁判所法10条3号）とされている。

正答 **1**

第1章 法学概論

LEC東京リーガルマインド 2024-2025年合格目標 公務員試験 本気で合格！過去問解きまくり！ 193
④社会科学

第1章 SECTION 1 法学概論

法学概論

実践 問題 66 基本レベル

頻出度 地上★ 国家一般職★ 東京都★ 特別区★★
裁判所職員★★★ 国税・財務・労基★★ 国家総合職★★

問 法の存在形式に関する次のA～Dの記述のうち，妥当なもののみを全て挙げているものはどれか。　　　　　　　　　　　　　　　　（裁判所職員2021）

A：命令とは，国の行政機関が定める規範のことをいい，内閣が定める政令，内閣府が定める内閣府令，各省大臣が定める省令などがある。

B：判例とは，先例となる判決や決定のことをいい，裁判官は，憲法や法律に拘束されるのと同じく過去の同様の事件における判例にも拘束される。

C：地方公共団体の議会によって制定される条例は，各地方公共団体の自治に関する事項を定めることができるが，国の法令に反する条例を定めることはできない。

D：条約は，外務大臣が締結し，国会が事前又は事後に承認することで国内法としての効力を有することになる。

1：A，B
2：A，C
3：B，C
4：B，D
5：C，D

実践 問題 66 の解説

〈法の存在形式〉

- **A ○** 本記述のとおりである。**命令とは，国の行政機関が定める規範のことをいい，内閣が定める政令，内閣府が定める内閣府令，各省大臣が定める省令など**がある。内容上，国民の権利義務に関する定めである法規命令と，国民の権利義務に影響がしない定めである行政規則に区別される。
- **B ×** **判例**とは，先例となる判決や決定のことをいう。判決や決定は，司法権の性質上，具体的事件を解決するために判断されたものであり，当該事件限りの判断なので，憲法や法律とは異なり，拘束されるものではない。しかし，同様な事件に対する解決の基準を示すものとして，価値を有することがあり，この裁判例のことを一般に判例という。
- **C ○** 本記述のとおりである。地方公共団体の議会によって制定される条例は，各地方公共団体の自治に関する事項を定めることができるが，**法律の範囲内で条例を制定することができるとしている**（憲法94条）。
- **D ×** **条約の締結は内閣の職権**であり，外務大臣とは限らないので，本記述は誤りである。なお，国会が事前又は事後に承認することで国内法としての効力を有することになるという記述部分は正しい。

以上より，正しいものはA，Cであり，正解は肢2となる。

正答 2

問 法の分類に関する記述として，妥当なのはどれか。 （特別区2022）

1：条約は，国家間で，合意された国際法であり，条約には国連憲章や日米安全保障条約などがある。
2：公法は，国家と私人の権力関係や，私人相互の関係を公的に規律する法であり，公法には刑法や民法などがある。
3：社会法は，国家や地方公共団体相互の関係を規律する法であり，社会法には地方自治法や国家公務員法などがある。
4：自然法は，長い期間繰り返され，定着された行動や振る舞いがルールとなったものであり，自然法には慣習法などがある。
5：成文法は，権限に基づく行為により定められ，文書の形をとった法であり，成文法には判例法などがある。

OUTPUT

実践 問題 67 の解説

〈法の分類〉

1 ◯ 本肢記述のとおりである。**条約は，文書による国際法上の明示の合意で，国際法上の法律関係，権利義務を形成するものをいう**。具体的には，国連憲章や日米安全保障条約などが挙げられる。

2 × **公法は，国家と国民の関係の規律および国家の規律を定めた法をいう**。私人の権力関係や，私人相互の関係を公的に規律する法は，私法なので本肢記述は誤りである。また，刑法は公法であるが，民法は私法なので，これも誤りである。

3 × 国家や地方公共団体相互の関係を規律する法は行政法であり，地方自治法や国家公務員法などがこれに該当するので，本肢記述は誤りである。

4 × **自然法は，自然または人間の本性・理性に基づいて成立する法である**。よって，長い期間繰り返され，定着された行動や振る舞いがルールとなったものを実定法というので，本肢記述は誤りである。なお，実定法は成文法と不文法に大別され，不文法には慣習法などが該当するので，これも誤りである。

5 × **判例法は不文法に分類されるので**，本肢記述は誤りである。

正答 **1**

第1章 SECTION 1 法学概論

実践 問題 68 基本レベル

問 法の体系，種類に関する次のA～Dの記述の正誤の組合せとして最も妥当なものはどれか。　　　　　　　　　　　　　　　　（裁判所職員2023）

A：法源には成文法と不文法がある。成文法とは憲法，条約，法律，規則，判例等の裁判の基準になる法をいい，不文法とは慣習法，条理，道徳等の日常生活における判断基準となる法をいう。

B：民法も商法も私人同士の権利義務関係を定めた法律であるが，民法が一般法であるのに対し，商法は対象が商取引に限定された特別法である。この場合，一般法である民法が特別法である商法に優先する。

C：法令は一般に，新法により改正・廃止される。また旧法と新法とが矛盾するに至った場合は，新法の施行により旧法が当然に効力を失う。

D：法の種類を公法，私法，社会法という分類で考えた場合，憲法のほか刑法，刑事訴訟法，民事訴訟法は公法に，民法，商法は私法に，労働基準法，労働組合法は社会法にそれぞれ分類される。

	A	B	C	D
1	正	正	誤	誤
2	正	誤	正	誤
3	誤	正	誤	正
4	誤	誤	正	正
5	誤	誤	正	誤

OUTPUT

実践 問題 68 の解説

〈法の体系，種類〉

A × 法源には成文法と不文法がある。成文法とは憲法，条約，法律，規則などの公的機関によって制定され，文章の形に表現された法をいい，不文法とは，**慣習法，判例，条理**等の日常生活における判断基準となる法をいう。よって，本記述は誤りである。また，**道徳は法ではない**ので，成文法と不文法のいずれにも該当しないので，これも誤りである。

B × 特別法である**商法**は，一般法である**民法に優先して適用される**ので，本記述は誤りである。

C ○ 本記述のとおりである。**法令は一般に，新法により改正・廃止される**。また，旧法と新法とが矛盾するに至った場合は，**新法の施行により旧法が当然に効力を失う**。

D ○ 本記述のとおりである。法の種類を**公法，私法，社会法**という分類で考えた場合，憲法のほか刑法，刑事訴訟法，民事訴訟法は公法に，民法，商法は私法に，労働基準法，労働組合法は社会法にそれぞれ分類される。

以上より，記述Aが誤，Bが誤，Cが正，Dが正であり，正解は肢4となる。

正答 4

SECTION 1 法学概論

実践 問題 69 基本レベル

頻出度 地上★　国家一般職★　東京都★★★　特別区★★★
　　　　裁判所職員★★　国税・財務・労基★　国家総合職★★

問 法の解釈に関する記述として、最も妥当なのはどれか。　　（特別区2012）

1：論理解釈とは、法令の規定を、その文字や文章の意味するところに従って忠実に解釈していこうとするもので、法の解釈を法規的解釈と学理的解釈に大別した場合には、前者に位置付けられる。

2：反対解釈とは、法の解釈に際し、ある法文につき、その規定の定める趣旨は法文の規定外の事柄には及ばないとし、その規定に挙げられていないものは、それとは反対の扱いを受ける、と解釈することをいう。

3：拡張解釈とは、類似の二つの事柄のうち、一方についてだけ規定があり、他方には明文の規定がない場合に、その規定と同じ趣旨の規定が他方にもあるものと考えて解釈することをいい、刑罰法規においては拡張解釈は許されない。

4：縮小解釈とは、法文の用語が明白に誤用されていて、その解釈の結果が、その法の趣旨に反する場合、その限度において法文の字句を変更して、法の趣旨に合うように解釈することをいう。

5：文理解釈とは、ある法の規定の趣旨、目的からみて、他の場合にもそれと同じ趣旨の規定があるものとすることが条理上当然だと考えられる場合に、その旨の規定を解釈によって読み取ることをいう。

OUTPUT

実践 問題 69 の解説

〈法の解釈〉

1 × **論理解釈**とは，一切の論理を用いてする解釈であり，2つ以上の法律や制度の間に表面上の矛盾があるときに，論理の操作によってそれを整合的に解釈することをいう。本肢記述は，文理解釈の説明である。

2 ○ **反対解釈**とは，法に規定されていない事項について，その法規の適用を排除することである。

3 × **拡張（拡大）解釈**とは，法の文言に広義と狭義がある場合に，広義の解釈を採る方法のことである。なお，類似する2つ以上の事柄について，一方の規定と同じ趣旨の規定が他方にもあると判断する解釈は，類推解釈である。なお，刑罰法規においては，類推に至らない程度の拡張解釈であれば許される。

4 × **縮小解釈**とは，法の文言に広義と狭義がある場合に，狭義の解釈を採る方法のことである。なお，法文の字句を変更して，法の趣旨に合うように解釈することは，変更解釈である。

5 × **文理解釈**とは，法の文言の持つ意味を明らかにする解釈のことであり，条文の文言以外の事情は考慮せず，条文の文言が曖昧な場合や文法的に複雑な場合に，その内容を明確にすることである。なお，本肢記述のように条理上当然だと考える場合に，その旨の規定を解釈によって読み取るのは，**勿論解釈**である。

正答 2

法学概論

実践 問題 70 応用レベル

頻出度　地上★　国家一般職★　東京都★★　特別区★★★
　　　　裁判所職員★★★　国税・財務・労基★　国家総合職★★★

問 成文法と不文法に関する次のA～Dの記述の正誤の組合せとして最も妥当なものはどれか。　　　　　　　　　　　　　　　　　　　　（裁判所職員2019）

A：文章でその内容が表現された法を成文法といい，判決は記録されて書面として残されるから，判例は成文法である。
B：衆議院規則，参議院規則，最高裁判所規則などは，手続や内部規律についてのルールを定めたものであるから，成文法には含まれない。
C：文章の形式をとらないが法源として認められるものを不文法といい，人々の生活の中で自然発生的にできたルールである慣習法は不文法の代表的な例である。
D：国際法の代表例である条約は，国家間の文書による合意であり，法源としては成文法に分類される。

	A	B	C	D
1	正	正	誤	誤
2	正	誤	正	誤
3	正	誤	誤	正
4	誤	正	誤	正
5	誤	誤	正	正

実践 問題 70 の解説

〈成文法と不文法〉

A × 慣習法や判例（判決）などは不文法に分類されているので，本記述は誤りである。成文法（制定法）は，議会の定める法律や内閣などの定める命令のように公的機関によって制定され，文章の形に表現されたものをいう。

B × 衆議院規則，参議院規則，最高裁判所規則などは，議会や裁判所などの公的機関によって制定され，文章の形になっているので，成文法に含まれる。よって，本記述は誤りである。

C ○ 本記述のとおりである。文章の形式をとらないが法源として認められるものを不文法といい，人々の生活の中で自然発生的にできたルールである慣習法は不文法の代表的な例である。ちなみに，成文法が法源の中心的なものになったため，慣習法は成文法に対する補助的な存在となる（成文法の優位）。

D ○ 本記述のとおりである。国際法の代表例である条約は，国家間の文書による合意であり，法源としては成文法に分類される。さらに，条約は，大多数の国を拘束する一般国際法と加盟国のみを拘束する特別国際法に分けられ，またさらに特別国際法には，原加盟国のみで新たな加盟国を認めない閉鎖条約（たとえば日米安全保障条約）と新たな加盟国を認める開放条約（たとえば国連憲章）とがある。

　以上より，記述Aが誤，Bが誤，Cが正，Dが正であり，正解は肢5となる。

正答 5

第1章 SECTION 1 法学概論

法学概論

実践 問題 71 応用レベル

頻出度 地上★ 国家一般職★ 東京都★★ 特別区★★★
裁判所職員★★★ 国税・財務・労基★★ 国家総合職★★

問 法令用語に関するA～Dの記述の正誤の組合せとして最も適当なものはどれか。
（裁判所職員2016）

A：「施行する」とは，制定，公布され未発動の状態にあった法令の規定を現実に発動させることをいう。

B：「みなす」とは，甲と元来性質の異なる乙を，法令上ある法律関係では甲と同一にみることで，「推定する」と異なり反証を許さない。

C：「適用」とは，丙という事項に関する法令の規定を，多少丙に類似するが本質上これとは異なる丁という事項に多少読替えを加えつつ当てはめることをいう。

D：「直ちに」や「速やかに」とする規定に反して遅れた場合は違法となるが，「遅滞なく」とする規定に反して遅れた場合には違法とまでは評価されない場合が多い。

	A	B	C	D
1	正	正	誤	誤
2	正	正	正	誤
3	誤	正	正	誤
4	誤	誤	正	正
5	誤	誤	誤	正

OUTPUT

実践 問題 **71** **の解説**

チェック欄		
1回目	2回目	3回目

第1章 法学概論

〈法律用語〉

A○ 本記述のとおりである。「**施行する**」とは，法令の規定の効力を一般的に発動させ，作用させることをいう。法令が制定されると，公布されたのち，施行される。

B○ 本記述のとおりである。「**みなす**」とは，本来異なるものを法令上一定の法律関係につき同一のものとして認定し，当事者間の取り決めや反証を許さないことをいう。一方，「**推定する**」は，当事者間に別段の取り決めがない場合また反証が挙がらない場合に，ある事柄について法令が一定の判断を下すことをいい，当事者の意思や反証が明らかになればそれに従って判断される。

C× 本記述は「**準用**」の説明であるので，誤りである。「**適用**」とは，法令の規定の効力が個別・具体的に特定の人，特定の地域，特定の事項について現実に発動されることをいう。

D× 「**速やかに**」と「**遅滞なく**」がそれぞれ異なるので，本記述は誤りである。「**直ちに**」は最も時間的即時性が強く，一切の遅滞が許されない。また，「**遅滞なく**」は「直ちに」や「速やかに」に比べ時間的即時性は弱い場合が多い。しかし，「直ちに」と「遅滞なく」は規定に反して遅れた場合は違法と評価される。一方，「速やかに」は，時間的即時性が強いものの，訓示的意味を持つにすぎない例が多い。

以上より，記述Aが正，Bが正，Cが誤，Dが誤であり，正解は肢1となる。

正答 **1**

LEC東京リーガルマインド　2024-2025年合格目標 公務員試験 本気で合格！過去問解きまくり！　205
④社会科学

第1章 SECTION 1 法学概論

法学概論

実践 問題 72 応用レベル

問 法の体系等に関する記述として最も妥当なのはどれか。　（国家総合職2016）

1：憲法，法律及び判例法などの文字で書き表された形式を持つ法を成文法といい，近代以降，立法の働きによって制定されている法のほとんどが成文法であることから制定法ともいわれる。一方，慣習法などの文字で書き表されていない法を不文法というが，不文法は，「法」といえども成文化されていないため，現代において法としての効力は持たない。

2：国又は公共団体と国民との間の法律関係を定めた公的生活関係を規律する法を公法といい，刑法，会社法及び手形・小切手法などが挙げられる。一方，国民相互の法律関係を定めた私的生活関係を規律する法を私法といい，民法，民事訴訟法及び労働基準法などが挙げられる。

3：権利義務の発生・変更・消滅の要件を定めた法を社会法といい，私法系として民法及び破産法などが，刑事系として刑法及び刑事補償法などが挙げられる。一方，権利義務の具体的な手続を定めた法を実体法といい，私法系として民事訴訟法及び商法などが，刑事系として刑事訴訟法及び軽犯罪法などが挙げられる。

4：社会慣習や立法作用によって人為的に成立する法を実定法という。実定法が時代や社会によって変化するのに対し，時代や社会を超えて通用する，自然又は人間の本性や理性に基づいて成立する法を自然法といい，オランダのグロティウスらによって近代的な自然法思想が説かれた。

5：権力者の恣意的な支配を排斥して，権力を法によって拘束することで，国民の権利を擁護しようとする原理を「法の支配」といい，「人の支配」に対立する概念である。この原理は，13世紀のドイツで発展し始め，その後，イギリスにおいても，国王といえども法の下にあることを定めたコモン・ローという成文法が制定された。

OUTPUT

チェック欄		
1回目	2回目	3回目

実践 問題 **72** の解説 ————————————————

〈法の体系等〉

1 ✕ 判例法は成文法ではないので誤りである。文字で書き表された形式を持つ法を成文法といい，近代以降，**立法の働きによって**制定されている法のほとんどが成文法であることから制定法ともいわれるが，**判例法は成文法に含まれていない**。また，慣習法などの文字で書き表されていない法を不文法という。日本では，成文法が第一次的な法源として採用されており，成文法に定めがない場合に不文法が補完的に法源として採用されていることから，法としての効力を持つので本肢記述は誤りである。

2 ✕ 会社法，手形・小切手法は私法に分類されるので，本肢記述は誤りである。また，民事訴訟法は民事訴訟等の手続法であり，国家機関である裁判所がかかわるものであるから公法に分類される。労働基準法は，社会法に分類されるので，この点についても誤りである。

3 ✕ 権利義務の発生・変更・消滅の要件を定めた法は実体法であるので，本肢記述は誤りである。また，民法および商法は私法系の実体法であるが，破産法および民事訴訟法は私法系の手続法であり，刑法および軽犯罪法は刑事系の実体法であるが，刑事補償法は刑事系の手続法である。よって本肢は誤りである。

4 ◯ 本肢記述のとおりである。社会慣習や立法作用によって人為的に成立する法を実定法という。実定法が時代や社会によって変化するのに対し，時代や社会を超えて通用する実定法の対立概念が自然法である。近代の自然法論は，オランダの**H.グロティウス**やイギリスの**J.ロック**などによって説かれた。

5 ✕ 法の支配は，13世紀のイギリスで発展し始め，裁判官のブラクトンは，国王といえども法のもとにあるという法諺を述べたのであって，本肢記述は誤りである。また，**コモン・ロー**とは伝統的な判例法であって，成文法として制定されたものではないため，本肢は誤りである。その他の記述部分については正しい。

正答 **4**

第1章 法学概論
章末 CHECK

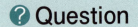 Question

- **Q1** 裁判の対審は一定の場合に非公開とされるが，判決は常に公開される。
- **Q2** 慣習法や学説などの不文法も，成文法と同じく法源として扱われている。
- **Q3** 条例は成文法に含まれ，法源となる。
- **Q4** 条約の効力は，憲法の効力に優越するというのが通説である。
- **Q5** 商慣習は，民法に優先して適用される。
- **Q6** 類推解釈とは，条文に規定されていない事項について，条文の適用を排除することである。
- **Q7** 拡張解釈とは，条文の文言に広義と狭義がある場合に，広義に解釈する技術である。
- **Q8** 文理解釈とは，法に含まれる文言の意味を明らかにすることである。
- **Q9** 私法の具体例として，民法，民事訴訟法，商法などがある。
- **Q10** 社会法とは，社会福祉国家思想に基づく規定を含む法であり，生存権を規定する憲法がその典型例とされている。
- **Q11** ある法律が一般法か特別法かは，他の法律との関係で相対的に決定される。
- **Q12** 特別法が前法で一般法が後法の場合，特別法が優先する。
- **Q13** 商法は民法の特別法である。
- **Q14** 強行法規とは，主に公の秩序に関する規定であり，当事者の意思にかかわらず適用される。
- **Q15** 任意法規は，主に公の秩序に関しない事項についての規定で，当事者が契約などで定めなかった事項を補充するものである。

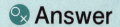

- **A1** ○ 対審は、裁判官の全員一致で公序良俗に反すると決定した場合に非公開とすることができるが、判決は常に公開が要求される（憲法82条）。
- **A2** × 学説は、不文法でも法源でもない。
- **A3** ○ 条例は、憲法94条に基づき、法律の範囲内で定めることが認められている地方公共団体の自主立法である。
- **A4** × 憲法の効力が条約に優越する説もある（憲法優位説）。
- **A5** ○ 商慣習は民法に優先して適用される（商法1条2項）。なお、商法は商慣習にも優先して適用される。
- **A6** × 類推解釈は、条文の文言の意味に含まれないものに対し、その類似性を理由としてその規定を適用することである。条文に規定されていない事項について条文の適用を排除するのは、反対解釈である。
- **A7** ○ 拡張解釈は、条文の文言を広義に解釈する技術であり、これとは反対に、狭義に解釈するのが縮小解釈である。
- **A8** ○ 条文の文言が曖昧な場合や文法的に複雑な場合に、その内容を明確にするのが文理解釈である。
- **A9** × 民事訴訟法は公法にあたる。
- **A10** × 社会法は、福祉国家思想に基づき、所有権絶対の原則や契約自由の原則といった市民法の基本原理を修正する法で、独占禁止法や労働法がその典型例である。憲法は公法に分類されるのが一般である。
- **A11** ○ 特別法は一般法よりも限定された範囲の事項・関係を規制の対象とするものであるから、何が一般法で何が特別法かは、相対的に決せられる。
- **A12** ○ 特別法が前法で一般法が後法の場合、「特別法は、常に一般法に優先する」ので、特別法が優先する。
- **A13** ○ 市民間の取引一般について定める民法に対して、商取引について定める商法は特別法の関係にある。
- **A14** ○ 強行法規は当事者の意思にかかわらず適用され、任意法規は当事者の合意で排除することができる。
- **A15** ○ 任意法規は、当事者がその意思によってその適用を排除することができ、当事者がこれと異なる内容を契約で定めていれば、任意法規の適用は排除される。

memo

第2章

基本的人権の歴史

SECTION

① 基本的人権の歴史

第2章 基本的人権の歴史

出題傾向の分析と対策

試験名	地上			国家一般職(旧国Ⅱ)			東京都			特別区			裁判所職員			国税・財務・労基			国家総合職(旧国Ⅰ)		
年度	15-17	18-20	21-23	15-17	18-20	21-23	15-17	18-20	21-23	15-17	18-20	21-23	15-17	18-20	21-23	15-17	18-20	21-23	15-17	18-20	21-23
出題数 セクション											1	1			2		1				
基本的人権の歴史											★	★			★★		★				

(注) 1つの問題において複数の分野が出題されることがあるため，星の数の合計と出題数とが一致しないことがあります。

　基本的人権の歴史としての出題は，頻出とはいえません。試験対策についていうと，他の分野に比べれば，その重要度は相対的には低いといえます。出題傾向としては，世界各国の人権宣言について，その成立年の前後や内容の比較などが問われます。また，基本的人権という言葉が意味するところについては，歴史的な背景を理解することも必要です。大きくは「国民権という地位に伴う権利」から「人間であることによる普遍的権利」へ，「自由権（国家からの自由）」から「社会権（国家による自由）」へ，「法律による保障」から「憲法による保障」へという大きな流れをつかみましょう。

地方上級

　近年，地方上級からの出題はありません。本試験対策としては，世界各国の人権宣言について，表などを利用しながら比較できるようにまとめておくとよいでしょう。一度覚えてしまえば得点源にできるので，問題演習を通じて知識の定着を図りましょう。

国家一般職（旧国家Ⅱ種）

　近年，国家一般職からの出題はありません。本試験対策としては，世界各国の人権宣言について，表などを利用しながら比較できるようにまとめておくとよいでしょう。細かい知識を追いかけず，過去問に出たものについては確実に正解できるようにしておきましょう。

東京都

　この分野からの出題はほとんどなく，重要度としては相対的に低いといえます。もっとも，他の試験種と同様，世界各国の人権宣言については，歴史的背景とと

もに，各国の人権宣言の成立の前後やキーワードについてしっかり覚え，比較できるようにしておきましょう。

特別区

特別区からの出題としては，それほど多い分野とはいえません。もっとも，他の試験種と同様，世界各国の人権宣言については，歴史的背景とともに，比較できるようにしておきましょう。過去問に出たものについては確実に正解できるようにしておきましょう。

裁判所職員

裁判所職員からの出題としては，それほど多い分野とはいえません。もっとも，他の試験種と同様，世界各国の人権宣言については，歴史的背景とともに，比較できるようにしておきましょう。一度覚えてしまえば得点源にできるので，問題演習を通じて知識の定着を図りましょう。

国税専門官・財務専門官・労働基準監督官

国税専門官・財務専門官・労働基準監督官からの出題としては，それほど多い分野とはいえません。本試験対策としては，世界各国の人権宣言について，表などを利用しながら比較できるようにまとめておくとよいでしょう。問題演習を通じて，基礎的な知識の定着を図りましょう。

国家総合職（旧国家Ⅰ種）

近年，国家総合職からの出題はありません。本試験対策としては，世界各国の人権宣言について，表などを利用しながら比較できるようにまとめておくとよいでしょう。一度覚えてしまえば得点源にできるので，問題演習を通じて知識の定着を図りましょう。

Advice アドバイス　学習と対策

基本的人権の歴史は，社会科学だけでなく，人文科学における世界史や思想といった分野においても，学習するところです。効率的な学習のためにも，科目ごとの学習に終始することなく，横断的に使える知識として身につけていくべきといえます。具体的には，表や図を利用して，各国の違いを視覚的にわかるようにし，歴史的背景とともに大まかな流れを意識しながら，学習を進めるようにしてください。

基本的人権の歴史

SECTION 1 基本的人権の歴史

必修問題 セクションテーマを代表する問題に挑戦！

この問題で，法の支配の定義をしっかり押さえましょう。

問 法の支配に関する記述について，妥当なのはどれか。

(特別区2010)

1：イギリスでは，市民革命期に国王と市民との裁判を担当した裁判官エドワード・クックがブラクトンの言葉を引用して，国王も中世以来の慣習法であるマグナ・カルタに従うべきであるという法の支配の考え方を主張した。
2：社会契約説を生み出したのは，中世以来積み重ねられてきた法の支配の伝統であり，フランスではコモン・ローのように，王が貴族や僧侶などと同意や契約を交わし，これに基づいて統治を行う成文法がつくられてきた。
3：法の支配とは，権力は権力者の勝手な意思によって用いられてはならず，法に基づいて行使されなければならないという考え方である。
4：法の支配とは，ドイツで発展した考え方であり，法の内容よりも，行政権の発動が法律に従ってなされなければならないとする，法の形式に関する原則である。
5：法の支配とは，絶対主義を正当化するために，国王が法を制定して国民を支配した絶対王政下の政治でもみられた。

Guidance ガイダンス

法の支配とは，イギリスに起源を持ち，支配権力は法の下に置かれ，その定めに従って行使されなければならないという原理である。一方，法治主義とは，行政権力や司法権力の源泉を議会の定める法律に求め，これらの権力行使は法律に基づかなければならないとする原理である。

頻出度	地上★	国家一般職★	東京都★	特別区★★
	裁判所職員★	国税・財務・労基★		国家総合職★

チェック欄

1回目	2回目	3回目

必修問題 の解説 ────────────

〈法の支配〉

1 ✕ イギリスでは，中世以来形成されてきた慣習法であるコモン・ローに国王も拘束されると考えられていたが，絶対王政の時代，王権神授説を主張するジェームス1世が，専断的で恣意的な暴政を行おうとしていた。これに対して，裁判官 E.クックは，H.ブラクトンの「**国王は何人の下にもあるべきではない。ただし神と法の下にあるべきである**」という言葉を引用して，**国王も法（コモン・ロー）に従うべきである**と主張した。マグナ・カルタは，1215年に貴族が結束して当時のジョン王に対して，貴族の特権を温存することを認めさせたもので，慣習法ではない。

2 ✕ 社会契約説は，自然法思想を基礎として発達した思想であり，社会も国家権力も人民が相互の諸権利を守ることを目的として契約を結ぶことによって形成されたと考えるものである。また，コモン・ローは，**中世以来のイギリスで，国王の裁判所が，伝統や慣習，先例に基づき裁判をしてきたなかで発達した不文の慣習法**であり，本肢のように王と貴族・僧侶との間の同意や契約によって培われたものではない。

3 ◯ 法の支配とは，**国家権力による専断的な支配（人の支配）を排除し，権力を法で拘束することによって，国民の権利および自由を擁護することを目的とする原理**である。したがって，本肢は正しい。

4 ✕ 法の支配は，**英米法の根幹として発展してきた**原理である。これに対して，第2次大戦前までのドイツにおいては，形式的法治主義という観念が支配的であった。両者は，法によって権力を制限しようとする点では一致する。しかし，形式的法治主義は，法によって行政権を制限することに重点を置くものであった点において，法によってすべての国家権力を制限しようとする法の支配とは異なり，「法」の内容の合理性を問わなかった点においても，「法」内容の合理性を要求する法の支配とは異なる。

5 ✕ 肢1の解説で述べたように，E.クックは，絶対的な権力を行使しようとする国王に対して，王も法の支配の原理に服するべきだと主張している。法の支配の原理は，国王を含むすべての国家権力を法によって拘束するものであり，絶対主義・絶対王政を正当化するものではなく，むしろ絶対主義・絶対王政と対立する原理である。

正答 **3**

第2章 基本的人権の歴史

LEC東京リーガルマインド 2024-2025年合格目標 公務員試験 本気で合格！過去問解きまくり！ ④社会科学 215

第2章 SECTION 1 基本的人権の歴史

1 人権保障の歴史的変遷

① 国民という地位に伴う権利から人間であることによって認められる普遍的権利へ。
② 自由権(国家からの自由)のみの保障から社会権(国家による自由)をも含んだ保障へ。
③ 法律による保障から憲法による保障へ。

2 世界各国の人権宣言

(1) イギリス
① マグナ・カルタ (1215年)

マグナ・カルタは，本質的には封建制度を温存するための文書で，近代的な意味での自由や基本的人権の保障を目的としたものではありません。しかし，国王の権力を制限したという意味で権力制限の発端とされています。

【マグナ・カルタ】
本来はジョン王の専制に反対する封建領主に対し，古来の封建法上の関係を維持することをジョン王が約束するものでした。

② 権利請願 (1628年)

権利請願では，権利・自由の保障が一般国民にまで及んでいます。ただし，ここに含まれていた諸権利は，イングランド国民という身分に伴う権利であり，天賦人権の思想を宣言するものではありませんでした。

③ 権利章典 (1689年)

名誉革命によって成立したイングランド国民の伝統的な権利を宣言し，国王の恣意的な権力行使を制限したのが権利章典です。これは，国民の請願権や言論の自由などを保障しており，後のアメリカ独立に大きな影響を与えたといわれています。

(2) アメリカ
① バージニア権利章典 (1776年)

バージニア権利章典は，イギリスの権利請願や権利章典を拠り所に，18世紀の自然法思想を成文化したものです。自然法思想に基づいた人民の天賦不可侵の権利宣言が含まれています。

② アメリカ独立宣言（1776年）

アメリカ独立宣言でも，国民に天賦不可侵の人権が認められており，政府の目的はこの人権を保障することにあるとされています。そして，その目的に反する政府に対し，国民の革命権を認めています。後に，合衆国憲法の修正条項によって個別的な人権規定が設けられました。

 合衆国憲法においては，本文ではなく修正条項において個別的な人権規定が設けられています。信教の自由や言論の自由をはじめとする人権規定を定めた第一修正から第十修正までを，権利章典（Bill of Rights）とよぶことが多いです。

③ アメリカ合衆国憲法（1788年）

アメリカ合衆国憲法は，統治組織に民主主義を貫き，また，ほぼ完全な三権分立主義を含んだものです。さらに，国家レベルでは世界で最古の成文憲法であるといわれています。

(3) フランス，ドイツ

① フランス人権宣言（1789年）

フランス人権宣言は，人権をカタログ化した点に特徴があります。この人権宣言は，アメリカ独立宣言やルソーに思想的影響を受け，抵抗権，所有権の不可侵などを宣言するほか，権力分立についても規定しています。

② ドイツ・ワイマール憲法（1919年）

ワイマール憲法は，世界で初めて社会権を規定した憲法です。さらに，所有権の限界と義務（財産権の絶対性の否定と公共の福祉，153条）も規定している点が特徴的です。

3 世界人権宣言と国際人権規約

(1) 世界人権宣言（1948年）

世界人権宣言は，人権をカタログ化した国際的標準だが，条約ではないため，法的拘束力はありません。

(2) 国際人権規約（1976年発効）

国際人権規約は，世界人権宣言の内容に法的拘束力を持たせることを目的とした国際法規で，批准国には条約内容の実施が義務付けられています。

第2章 SECTION 1 基本的人権の歴史

基本的人権の歴史

実践　問題73　基本レベル

問　次のA〜Eのうち、「人および市民の権利宣言」（フランス人権宣言）に規定されたものを選んだ組合せとして、妥当なのはどれか。　　（特別区2010）

A：権利の保障が確保されず、権力の分立が規定されないすべての社会は、憲法をもつものではない。

B：経済生活の秩序は、すべてのものに人間たるに値する生活を保障する目的をもつ正義の原則に適合しなければならない。各人の経済的自由は、この限界内においてこれを確保するものとする。

C：あらゆる政治的団結の目的は、人の消滅することのない自然権を保全することである。これらの権利は、自由・所有権・安全及び圧制への抵抗である。

D：労働条件及び経済条件を維持し、かつ、改善するための団結の自由は、何人にも、そしてすべての職業について保障される。

E：あらゆる主権の原理は、本質的に国民に存する。いずれの団体、いずれの個人も、国民から明示的に発するものでない権威を行い得ない。

1 ： A　B　D
2 ： A　C　D
3 ： A　C　E
4 ： B　C　E
5 ： B　D　E

OUTPUT

実践　問題 73 の解説

〈フランス人権宣言〉

　フランス人権宣言は正確には「人及び市民の権利宣言」とよばれる。憲法制定のために成立した「憲法制定国民会議」によってその前段階として1789年8月26日に制定された。**M.ラファイエット**によって起草され，前文と全17条からなり，**自然権（1条），国民主権（3条），表現の自由（11条），権力の分立（16条），財産権（17条）**などを規定している。当然のことながらフランス人権宣言は，その時代状況から，ブルジョワジーが求めた自由権を中心に構成されており，社会権への視座は見だせない。このことを意識しておけばフランス人権宣言の個々の条文になじみがなくても解ける問題である。

　Aはフランス人権宣言16条の条文で，権利の保障や権力の分立を謳っている。権力の分立は**C.モンテスキュー**が唱えたもので，1788年のアメリカ合衆国憲法やフランス人権宣言以降のフランス諸憲法にこの考えは反映されている。

　Bは**ワイマール憲法**151条1項の条文である。これは生存権の規定であり，生存権に関する世界最初の法的な規定として，日本国憲法25条など，多くの国の憲法に多大な影響を与えた。

　Cはフランス人権宣言2条の条文で，政治的結社の自由や抵抗権が規定されている。**抵抗権**は古くはカルヴァン派によって唱えられたが，**J.ロック**によって体系化され，アメリカ独立戦争やフランス革命の理論的な支柱となった。

　Dは**ワイマール憲法**159条の条文であり，労働運動に関する権利を謳っている。労働者の団結権やストライキの権利はワイマール憲法に先立って1917年にメキシコ憲法で制定されたのが最初であり，日本国憲法28条で同様の権利が保障されている。

　Eはフランス人権宣言3条で，この条文では**国民主権**を謳っている。国民主権は，J.ロックやJ.J.ルソーら社会契約説の思想の中で発展し，日本国憲法では前文や1条などに規定されている。

　以上より，フランス人権宣言に規定されたものはA，C，Eであり，正解は肢3となる。

正答 3

基本的人権の歴史

実践 問題 74 基本レベル

頻出度
地上★★　国家一般職★★　東京都★　特別区★★★
裁判所職員★★★　国税・財務・労基★★　国家総合職★★

問 法の支配に関するA〜Dの記述のうち，妥当なものを選んだ組合せはどれか。

（特別区2017）

A：法の支配とは，恣意的な支配を排除して権力を法によって拘束し，国民の権利を擁護しようとする原理であり，国王が全てを支配する人の支配に対立する考え方である。

B：コモン・ローは，ドイツにおいて，裁判所が判決を通じて作り上げてきた慣習法の体系であり，普通法・一般法ともよばれ，議会が制定した制定法と区別される。

C：エドワード・コークは，「国王は何人の下にもあるべきではない。しかし，国王といえども神と法の下にあるべきである」というブラクトンの言葉を引用して，王権に対するコモン・ローの優位を主張した。

D：法治主義とは，イギリスで発達した考え方で，法の形式よりも法の内容を重視した原則であり，法律によれば個人の自由も制限可能であるという意味を含んでいた。

1：A　B
2：A　C
3：A　D
4：B　C
5：B　D

OUTPUT

実践 問題 74 の解説

〈法の支配〉

- **A ○** 本記述のとおりである。**法の支配**とは，権力者を法の拘束のもとに置くことを主眼とし，しかもここでいう法が，権力者が恣意的に制定するものではなく，長い歴史の中で培われた伝統や慣習に合致した法ないし国民の意思に基づいて制定された法であることを要求するものである。
- **B ×** **コモン・ロー**は，イギリスにおいて，裁判所が判決を通じて作り上げてきた慣習法の体系であり，判例法・慣習法ともよばれ，議会が制定した制定法と区別されるので，本記述は誤りである。
- **C ○** 本記述のとおりである。法の支配は，歴史上，絶対的な権力を持つ国王に対してコモン・ローの遵守を求める原則として意義があったといえる。イギリスの裁判官**E.コーク**は，「国王は何人の下にもあるべきではない。しかし，国王といえども神と法の下にあるべきである」というブラクトンの言葉を引用して，王権に対するコモン・ローの優位を主張し，「法の支配」を確立した。
- **D ×** **法治主義**とは，フランスやドイツなどで発達した考え方で，法の内容よりも法の形式を重視した原則であるので，本記述は誤りである。法治主義は，もっぱら議会制定法に基づく行政権の行使を要求するにすぎず，立法権自体による人権侵害を防ぐために議会制定法の内容そのものを制限するという視点を欠いている。その結果，悪法でも法律に従わなければならないという極端な形式主義・法律万能主義と解されるようになった。

以上より，妥当なものはAとCであり，正解は肢2となる。

正答 2

第2章 SECTION 1 基本的人権の歴史

基本的人権の歴史

実践 問題 75 応用レベル

頻出度 地上★ 国家一般職★ 東京都★ 特別区★★
　　　　裁判所職員★ 国税・財務・労基★★ 国家総合職★

問 各国の憲法に関する記述として最も妥当なのはどれか。

(国税・財務・労基2013)

1：米国において合衆国憲法が採択されたのは18世紀後半である。この憲法は、独立宣言に示された人民主権、各州に広範な自治権を認めながら連邦政府の権力を強化する連邦主義、立法・行政・司法の三権分立を特色としている。

2：英国では、従来、歴史的に形成された法律、判例、慣習法（コモン・ロー）が憲法としての役割を果たし、これらの改正は一般法と同様の手続により行われる軟性憲法であったが、欧州連合（EU）の発足に当たり、同国においても新たに「英国憲法」という一つの成文憲法典が制定された。

3：ドイツでは、その前身であるプロイセンにおいて19世紀半ばにプロイセン憲法が制定された。この憲法は、国民主権や男女平等の普通選挙制度などに関する規定が置かれ、また世界で初めて社会権が規定された民主的な憲法であることが特徴である。

4：フランスにおいて1950年代に成立した第五共和制憲法と呼ばれる憲法は、1789年のフランス人権宣言及び判例法から成るもので、成文憲法ではないと解されている。違憲立法の審査は、世界で初めて判例により確立したものであるが、我が国と同様、通常の裁判所において行われる。

5：中国では、中華人民共和国憲法の規定により、行政権、立法権、司法権はそれぞれ国務院、全国人民代表大会、人民法院に属するとされている。また、中国共産党は、国家の諸機関の指導を受けて活動を行うこととされている。

OUTPUT

実践 問題 75 の解説

〈各国の憲法〉

1 ○ アメリカ合衆国憲法は，連邦政府樹立の必要から，初代大統領となるG.ワシントンを議長とする憲法制定会議で制定された憲法で，**ほぼ完全な三権分立主義**を採用している。なお，人権に関する規定は当初は各州の憲法に委ねていたが，後に修正条項によって合衆国憲法にも設けられることとなった。

2 × イギリスでは，各時代の議会の決議や慣行，裁判所の判例，国際条約などの中で国家の性格を規定するものを憲法として扱っている。成文憲法制定の動きもあったが，現在においても**イギリスは成文憲法を持ってはいない**。

3 × プロイセン憲法は，プロイセン国王をドイツ皇帝とする統一ドイツの基本法であり，日本の大日本帝国憲法にも影響を与えたことからもわかるとおり，本肢の記述のような性格を持ったものではなかった。本肢の記述は，1919年のドイツ革命後に新たに制定された**ワイマール憲法**の特徴である。

4 × フランスの**第五共和制憲法**は，1958年に制定されたフランスの**成文憲法**である。詳細な人権規定は，多くが省略されているが，前文において，フランス人権宣言と先行する第四共和国憲法ですでに規定されており，それらがなお有効であると宣言しているためである。また，憲法判断は通常の裁判所ではなく，独自の憲法院で行われ，**国民が直接憲法訴訟を起こすことはできない**。なお，違憲審査が判例により確立したのは**フランスではなくアメリカ**である。

5 × 中華人民共和国憲法は，通常の三権分立体制ではなく，**民主集中制**に基づくものであり，**全国人民代表大会**を国権の最高機関であると定め，そこに，中華人民共和国国務院が中央政府として行政の最高機関と位置づけられている。また，憲法序章において，中華人民共和国は中国共産党に指導を仰ぐとされており，**中国共産党が憲法より上位に来る構成**となっている。

正答 **1**

第2章 基本的人権の歴史

章末 CHECK

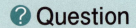 Question

- **Q1** 人権は、人間であることによって認められる普遍的権利と考えられていたが、現代国家においては、国民という地位に伴う権利と考えられている。
- **Q2** マグナ・カルタは、一般市民の基本的人権を保障したものではない。
- **Q3** 権利請願は、天賦人権思想に基づく文書である。
- **Q4** 清教徒革命によって成立したイングランド国民の伝統的な権利を宣言したのが、権利章典である。
- **Q5** バージニア権利章典は、アメリカ国民という身分に伴う権利として人権を宣言している。
- **Q6** アメリカ独立宣言は、国民の革命権を規定している。
- **Q7** アメリカ合衆国憲法は、フランス人権宣言を模範として起草された。
- **Q8** アメリカ合衆国憲法においては、本文ではなく、修正条項において個別的な人権が定められている。
- **Q9** フランス人権宣言は、J.J.ルソーの思想的影響を受け、フランス革命を背景に出されたものである。
- **Q10** フランス人権宣言は、抵抗権や所有権の不可侵などを宣言している。
- **Q11** 社会権は第2次世界大戦後に登場した人権であり、これを世界で初めて規定したのが、ボン基本法である。
- **Q12** 明治憲法では、表現の自由や財産権などの人権が保障されていなかった。
- **Q13** 明治憲法では、国民に主権はなく、天皇が立法・行政・司法の三権を掌握していた。
- **Q14** 明治憲法では、内閣制度は憲法上の制度ではなかった。

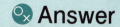

A1	×	人権は，国民という地位に伴う権利と考えられていたが，現代では，人間であることによって認められる普遍的権利と考えられている。
A2	○	マグナ・カルタは，王権を制限する一方，封建貴族の既得権を保障する性質を有する文書であった。
A3	×	権利請願は，権利・自由の保障を一般国民にまで及ぼしているが，その諸権利は，イングランド国民という身分に伴う権利であった。
A4	×	清教徒革命ではなく，名誉革命によって成立したイングランド国民の伝統的な権利を宣言したのが権利章典である。
A5	×	バージニア権利章典は，国民権としての人権ではなく，自然法思想に基づく天賦不可侵の権利を宣言している。
A6	○	アメリカ独立宣言は，政府の目的は人権を保障することにあるとして，その目的に反する政府に対する革命権を国民が有すると規定している。
A7	×	アメリカ合衆国憲法は1788年に起草され，フランス人権宣言は1789年に起草された。
A8	○	アメリカ合衆国憲法においては，本文に個別的な人権規定はなく，修正条項で定められている。
A9	○	フランス人権宣言は，フランス革命進行中に，ルソーの思想的影響を受けて出されたものである。
A10	○	フランス人権宣言は，抵抗権や所有権の不可侵，権力分立などを宣言し，また，個別的な人権カタログを掲げている。
A11	×	世界で初めて社会権を規定した憲法は，ワイマール憲法であり，これは1919年に制定されている。
A12	×	明治憲法においても，表現の自由および財産権は保障されていた。
A13	○	明治憲法では，天皇は統治権を総攬（立法・行政・司法の三権を掌握）しており，国民に主権はなかった。
A14	○	各大臣は単独で所管事項について天皇に助言するということであり，内閣制は憲法上の制度とはいえなかった。また，各国務大臣は天皇に対して責任を負うだけで，憲法上は議会に対して責任を一切負わなかった。

第2章 基本的人権の歴史

memo

第3章

日本国憲法総論

SECTION

① 日本国憲法総論

第3章 日本国憲法総論

出題傾向の分析と対策

試験名	地 上			国家一般職 (旧国Ⅱ)			東京都			特別区			裁判所職員			国税・財務・労基			国家総合職 (旧国Ⅰ)		
年　度	15－17	18－20	21－23	15－17	18－20	21－23	15－17	18－20	21－23	15－17	18－20	21－23	15－17	18－20	21－23	15－17	18－20	21－23	15－17	18－20	21－23
出題数 セクション	1	1								1	1					1	1				
日本国憲法 総論	★	★								★	★					★	★				

（注）　1つの問題において複数の分野が出題されることがあるため，星の数の合計と出題数とが一致しないことがあります。

　日本国憲法総論としての出題は，頻出とはいえません。しかし，最低限身につけておかなければならない，基本的な重要分野といえます。出題傾向としては，明治憲法と日本国憲法の比較，日本国憲法における前文や9条に関するもの，憲法と条約の関係など，一度覚えてしまえば，それほど難しい問題ではありません。今後，憲法の具体的内容を学習する前に，しっかり憲法の基本的原理を学習しておきましょう。

地方上級
　従来から地方上級は，この分野から比較的多く出題される傾向にあります。具体的には，憲法前文，憲法と条約の関係，憲法9条などについて問われています。いずれも基本的事項なので，明治憲法との比較も含め，しっかり学習しましょう。

国家一般職（旧国家Ⅱ種）
　近年，国家一般職からの出題はほとんどありません。本試験対策としては，日本国憲法の3大基本原理である，国民主権，平和主義，基本的人権の尊重については，条文も含め押さえておきましょう。

東京都
　近年，東京都からの出題はほとんどありません。本試験対策としては，日本国憲法の3大基本原理である，国民主権，平和主義，基本的人権の尊重については，条文も含め押さえておきましょう。

特別区

特別区において，この分野からの出題は比較的頻出といえます。明治憲法と日本国憲法との比較なども出題されています。本試験で万全を期すためにも，表や図を利用しながら一通り学習した後，問題演習を数多くこなす必要があるといえます。

裁判所職員

裁判所職員では，日本国憲法に関する分野の中でも，それほど出題は多くなく，重要度は相対的に低いといえます。もっとも，日本国憲法の基本原理については，不可欠の知識といえ，しっかりと学習する必要があります。

国税専門官・財務専門官・労働基準監督官

近年，国税専門官・財務専門官・労働基準監督官からの出題はあまり多くありません。本試験対策としては，日本国憲法の3大基本原理である，国民主権，平和主義，基本的人権の尊重については，条文も含め押さえておきましょう。

国家総合職（旧国家Ⅰ種）

国家総合職では，日本国憲法に関する分野の中でも，出題はほとんどなく，重要度は相対的に低いといえます。もっとも，日本国憲法の基本原理については，不可欠の知識といえ，しっかりと学習する必要があります。

Advice アドバイス 学習と対策

日本国憲法総論は，頻出の分野とはいえませんが，今後憲法の具体的内容を学習する前に，基本的な原理などを身につけておくだけで，理解に差が出てくる分野といえます。また，明治憲法との比較，条約との関係なども出題されていることから，表や図を上手く利用しながら，理解していくことが大切です。今後の学習をスムーズに進めるためにも，しっかり学習しましょう。

第3章 日本国憲法総論
SECTION 1 日本国憲法総論

必修問題 セクションテーマを代表する問題に挑戦！

大日本帝国憲法（明治憲法）と日本国憲法の比較について，一度まとめておきましょう。

問 大日本帝国憲法又は日本国憲法に関する記述として，妥当なのはどれか。 　　　　　　　　　　　　　　　　　　　　　　　（特別区2017）

1：大日本帝国憲法は，君主に強い権力を認めていたワイマール憲法を参考にして，伊藤博文や井上毅らが起草し，枢密院の審議を経て，欽定憲法として発布された。

2：大日本帝国憲法では，天皇は統治権を総攬することが規定され，陸海軍の統帥権，緊急勅令，独立命令という天皇大権が認められていたが，条約の締結は天皇大権として認められていなかった。

3：大日本帝国憲法では，帝国議会は天皇の立法権に協賛する機関であり，各国務大臣は天皇を輔弼して行政権を行使するものとされ，裁判所も天皇の名において司法権を行うものとされた。

4：日本国憲法は，連合国軍総司令部（GHQ）に提出した憲法研究会の高野案が，大日本帝国憲法と大差のない案であったため拒否され，GHQが日本政府に示したマッカーサー草案をもとに作成された。

5：日本国憲法は，日本政府の憲法改正案として初の男女普通選挙によって選ばれた衆議院議員で構成する帝国議会に提出され，審議のうえ修正が加えられ可決されたが，この改正案の修正は生存権の規定の追加に限られた。

Guidance ガイダンス 　大日本帝国憲法（明治憲法）では，主権は天皇に存することが基本原理とされており，立法・司法・行政などすべての国の作用を統括する権限を有するとされていた。そして，日本国憲法は大日本帝国憲法73条の改正手続を経て成立したといわれている。

必修問題の解説

〈大日本帝国憲法・日本国憲法〉

1 ✗ ワイマール憲法が誤りである。大日本帝国憲法は，君主に強い権力を認めていたプロイセン（当時のドイツ）の憲法を参考にして，伊藤博文や井上毅らが起草し，枢密院の審議を経て，欽定憲法として1889年に発布された。

2 ✗ 大日本帝国憲法では，条約の締結も天皇大権の１つとして認められていた。天皇大権には，ほかにも，議会の召集・解散権，栄転の授与，恩赦等が挙げられる。

3 ○ 本肢記述のとおりである。大日本帝国憲法では，天皇のもとにおいて立法・行政・司法の三権分立がとられた。帝国議会は天皇の立法権に協賛する機関であり，各国務大臣は天皇を輔弼（助言・補佐）して行政権を行使し，天皇に対して責任を負う。また，裁判所も天皇の名において司法権を行使するものとされた。

4 ✗ 憲法研究会の高野案が誤りである。日本国憲法は，連合国軍総司令部（ＧＨＱ）に提出した憲法問題調査委員会の松本案が，大日本帝国憲法と大差のない案であったため拒否され，ＧＨＱが日本政府に示したマッカーサー草案をもとに作成された。

5 ✗ 日本国憲法は，日本政府の憲法改正案として初の男女普通選挙によって選ばれた衆議院議員で構成する帝国議会に提出され，審議のうえ修正が加えられ可決された。衆議院の改正案の修正点は生存権の規定（25条）を追加したほかに，国民主権の原則（前文，1条）を明確にしたこと，戦力の不保持を定めた９条２項に「前項の目的を達するため」という文言を挿入したこと，国民の要件（10条），納税の義務（30条），国家賠償（17条），刑事補償（40条）について新しい条文を追加したこと，内閣総理大臣を国会議員の中から選び（67条），国務大臣の過半数は国会議員とすると規定（68条）したこと，すべての皇室財産は国に属すると規定（88条）したことなどがあった。

正答 3

第3章 SECTION 1 日本国憲法総論

1 国民主権

【主権の3つの概念】

国家権力そのもの（統治権）	国家の支配権としての立法・行政・司法の権力を総称する統治権とほぼ同様の意味
国家の最高独立（対外的独立性）	国家が他の国家の支配を受けないこと
国政の最終決定権	国家の政治のあり方を最終的に決定する力または権威

【日本国憲法前文の法的性質】

憲法前文に裁判規範が認められるかについて、一般的には、憲法前文の規定は抽象的な原理の宣言にとどまるので、当該規定を直接根拠として救済を求めることはできないと解されています。

2 国民主権と象徴天皇制

(1) 国民主権の意味

国民主権＝**国政の最終決定権が国民に存する**ということ。
国民主権の「主権」に含まれる要素

(2) 象徴天皇制

天皇は**国事行為のみ**を行い、国政に関する権能を有しません（日本国憲法4条1項）。

天皇の国事に関するすべての行為には**内閣の助言と承認を必要と**し、内閣がその責任を負います（同3条）。

天皇は国事行為の結果についての責任を全面的に免除されます。

【国民主権と天皇制】

	明治憲法	日本国憲法
天皇の地位の根拠	天照大神の意思（絶対的）	日本国民の総意（可変的）
性格の相違	・神聖不可侵 ・「不敬罪」で重く処罰	・天皇の「人間宣言」 ・不敬罪の廃止
権能の相違	国家作用のすべてを統括	形式的・儀礼的な国事行為

INPUT

3 平和主義の原理

日本国憲法第9条
日本国民は，正義と秩序を基調とする国際平和を誠実に希求し，国権の発動たる戦争と，武力による威嚇又は武力の行使は，国際紛争を解決する手段としては，永久にこれを放棄する（1項）。
前項の目的を達するため，陸海空軍その他の戦力は，これを保持しない。国の交戦権は，これを認めない（2項）。

(1) 政府見解
① 自衛権は国家固有の権利として憲法9条のもとでも否定されておらず，自衛権を行使するための実力の保持は憲法上も許されます。
② 自衛のための必要最小限度の実力の保持は憲法で禁止されている「戦力」の保持にはあたらないとされます。

(2) 憲法9条の解釈

SECTION 1 日本国憲法総論

実践　問題 76　基本レベル

頻出度　地上★★★　国家一般職★★　東京都★★　特別区★★★
　　　　裁判所職員★★　国税・財務・労基★　国家総合職★★

問 次のA～Eのうち，日本国憲法に規定する天皇の国事行為に該当するものを選んだ組合せとして，妥当なのはどれか。　　　　　　　　　（特別区2013）

A：国会議員の総選挙の施行を公示すること
B：国務大臣を任命すること
C：大赦及び特赦を決定すること
D：国会を召集すること
E：両議院の議長を任命すること

1： A　C
2： A　D
3： B　D
4： B　E
5： C　E

OUTPUT

チェック欄		
1回目	2回目	3回目

実践 問題 **76** の解説

〈天皇の国事行為〉

日本国憲法は，天皇が行うものとして**国事行為**を規定し，国事行為は内閣の助言と承認を必要とし，内閣がその責任を負うとしている。国事行為は下記になる（7条）。

1　憲法改正，法律，政令及び条約を公布すること。
2　国会を召集すること。
3　衆議院を解散すること。
4　国会議員の総選挙の施行を公示すること。
5　国務大臣及び法律の定めるその他の官吏の任免並びに全権委任状及び大使及び公使の信任状を認証すること。
6　大赦，特赦，減刑，刑の執行の免除及び復権を認証すること。
7　栄典を授与すること。
8　批准書及び法律の定めるその他の外交文書を認証すること。
9　外国の大使及び公使を接受すること。
10　儀式を行ふこと。

A ○　本記述のとおりである。
B ×　国務大臣の任命は内閣総理大臣の権能である（68条1項）。
C ×　天皇は大赦，特赦，減刑，刑の執行の免除及び復権を決定ではなく，それを「認証」する。
D ○　本記述のとおりである。
E ×　衆議院議長と参議院議長は立法府の長であるが，行政府の長である内閣総理大臣，司法府の長である最高裁判所長官と異なり天皇からの任命は必要ではない。

以上より，妥当なのはAとDであり，正解は肢2となる。

正答 **2**

第3章 日本国憲法総論

問 大日本帝国憲法や日本国憲法に関する記述として最も妥当なのはどれか。

(国税・財務・労基2017)

1：大日本帝国憲法は，社会権を確立したドイツのワイマール憲法をモデルとし，社会権の一つである生存権を保障していたが，日本国憲法は，生存権のほかに労働基本権や教育を受ける権利といった社会権についても保障している。

2：大日本帝国憲法においては，憲法上の諸権利には，法律の認める範囲内で保障されるにすぎないという法律の留保があった。それに対して，日本国憲法においては，経済的自由及び財産権についてのみ，明文で法律の留保が付されている一方で，その他の基本的人権についてはいかなる制約にも服さないとされている。

3：第二次世界大戦前には男女の選挙権が憲法上認められていたが，有権者の範囲は一定額以上の納税者に限られていた。日本国憲法には選挙権に関する明文の規定はないものの，公職選挙法において選挙権の平等が定められており，納税額による選挙権の制限は法律上禁止されている。

4：大日本帝国憲法の下では，内閣総理大臣は内閣における同輩中の首席にすぎず，他の国務大臣と対等の地位にあり，他の国務大臣を任命・罷免する権限を有していなかったが，日本国憲法においては，内閣総理大臣は内閣における首長とされ，他の国務大臣を任命・罷免する権限を有している。

5：日本国憲法は地方自治の本旨として，地方自治の基本的な考え方を示しており，それは，地域の住民が中央政府に対して自立した地方公共団体をつくり，地方政治を行うという住民自治と地方公共団体の運営に住民が参加し，自治を行うという団体自治の二つの側面から成っている。

OUTPUT

実践 問題 77 の解説

〈大日本帝国憲法および日本国憲法〉

1 × 大日本帝国憲法は，プロイセン憲法をモデルとしたので，本肢記述は誤りである。また，大日本帝国憲法は社会権に関する規定はないので，これも誤りである。

2 × 日本国憲法においては，法律の留保が付されていないので，本肢記述は誤りである。また，基本的人権については，公共の福祉に反しない限り，立法その他の国政の上で最大の尊重を必要とするとされている（日本国憲法13条）。よって，これも誤りである。

3 × 第2次世界大戦前には男女の選挙権が憲法上認められていないので，本肢記述は誤りである。日本国憲法には成年者による普通選挙を保障する明文の規定（日本国憲法15条3項）があり，納税額による選挙権の制限は憲法上禁止されているので，これも誤りである。

4 ○ 本肢記述のとおりである。大日本帝国憲法のもとでは，内閣総理大臣は内閣における同輩中の首席にすぎず，他の国務大臣と対等の地位にあり，他の国務大臣を任命・罷免する権限を有していなかった。その一方で，日本国憲法においては，内閣総理大臣は内閣における首長とされ，他の国務大臣を任命・罷免する権限（日本国憲法68条1項・2項）を有している。

5 × 住民自治と団体自治が逆である。日本国憲法92条は地方自治の本旨として，地方自治の基本的な考え方を示しており，それは，地域の住民が中央政府に対して自立した地方公共団体をつくり，地方政治を行うという団体自治と，地方公共団体の運営に住民が参加し，自治を行うという住民自治の2つの側面からなっている。

正答 4

第3章 SECTION 1 日本国憲法総論

実践 問題 78 基本レベル

頻出度 地上★ 国家一般職★★ 東京都★★ 特別区★★★
裁判所職員★★★ 国税・財務・労基★★ 国家総合職★★

問 次のA~Eのうち，日本国憲法に規定する天皇の国事行為に該当するものを選んだ組合せとして，妥当なのはどれか。 （特別区2019）

A：国務大臣を任命すること
B：大赦及び特赦を決定すること
C：国会を召集すること
D：最高裁判所長官を指名すること
E：衆議院を解散すること

1：A C
2：A D
3：B D
4：B E
5：C E

実践 問題 78 の解説

〈天皇の国事行為〉

- **A ×** 国務大臣を任命するのは，内閣総理大臣なので（憲法68条1項），本記述は誤りである。
- **B ×** 大赦，特赦，減刑，刑の執行の免除および復権を決定するのは内閣なので（憲法73条7号），本記述は誤りである。
- **C ○** 本記述のとおりである。**国会を召集することは天皇の国事行為である**（憲法7条2号）。
- **D ×** 最高裁判所の長官については，内閣の指名に基づいて，天皇が任命するので（憲法6条2項），本記述は誤りである。
- **E ○** 本記述のとおりである。**衆議院を解散することは天皇の国事行為である**（憲法7条3号）。

以上より，妥当なのはCとEであり，正解は肢5となる。

正答 5

第3章 SECTION 1 日本国憲法総論

実践 問題 79 応用レベル

頻出度　地上★★★　国家一般職★★　東京都★★　特別区★★★
　　　　裁判所職員★★　国税・財務・労基★　国家総合職★★

問　日本国憲法前文は，裁判所が具体的な争訟を裁判する際に判断基準として用いることのできる法規範かどうかについて，これを否定する説がある。以下のア〜オの中には，否定説が3つ，否定説への反論が2つある。1〜5のうち，否定説とそれへの反論を正しく組み合わせたものはどれか。　（地上2008）

ア：前文の内容は，憲法の理念・内容を表出したものである。
イ：憲法典の前文が本文と形式的に切り離されているのは決して偶然のことではない。
ウ：本文に規定のない人権もある。
エ：具体的な裁判においては，本文各条項によれば足りる。
オ：前文の内容の抽象性は，相対的な問題にすぎない。

	否定説	反論	否定説	反論
1:	ア → イ	ウ → オ
2:	ア → ウ	エ → オ
3:	ア → オ	エ → イ
4:	ア → オ	エ → ウ
5:	イ → ウ	エ → オ

実践 問題79 の解説

〈日本国憲法前文〉

ア 否定説　憲法の理念・内容を表出しているということは，その内容の抽象性が高いということを示唆していることから，具体的な争訟を裁判する際に判断基準に対する否定的見解であるとわかる。

イ 否定説　前文と本文が切り離されているということは，裁判規範が本文であるのに対し，前文はそのような性格を持っていないということを示していると考えられる。

ウ 否定説への反論　前文に記載されている事柄は，具体的な争訟を裁判する際に判断基準に用いることはできないというのが否定説の見解であるが，ここで述べられていることは，そのような立場に立って本文のみを判断基準とした場合に欠缺が存在する可能性があり，その部分を埋める内容が前文に記載されている，と読むことが可能である。よって，ウは本文各条項のみで裁判に対応可能であるとするエに対する反論と捉えることができる。

エ 否定説　各本文条項のみで，具体的な裁判に対応可能であるということは，いいかえれば前文を裁判規範として用いる必要はないということであり，否定説の典型的な考えを示している。

オ 否定説への反論　前文は抽象的な内容であるがゆえに，具体的な争訟を裁判する際に判断基準に用いることはできないというのが否定説の見解であるが，オの内容はそのような抽象性は絶対的なものではなく，あくまでも本文と比較した場合の相対的なものにすぎないため，裁判における判断基準として用いることの可否とは関係がない，としている。ということは，アに対する反論と読むことができる。

したがって，正解は肢4である。

正答 4

SECTION 1 日本国憲法総論

実践 問題 80 応用レベル

頻出度 地上★★★ 国家一般職★★ 東京都★★ 特別区★★★
裁判所職員★★ 国税・財務・労基★★ 国家総合職★★

問 日本国憲法の改正に関する記述A〜Dのうち，妥当なもののみを挙げているのはどれか。
(国税・財務・労基2014)

A：日本国憲法第96条第1項は憲法の改正手続について，「各議院の総議員の3分の2以上の賛成で，国会が，これを発議し，国民に提案してその承認を経なければならない。」と規定しているところ，日本国憲法として施行されてから一度も改正されていない。

B：憲法審査会は，平成19年に，憲法及び憲法に密接に関連する基本法制について調査を行い，憲法改正原案，憲法改正の発議又は国民投票に関する法律案等を審査するため，衆参両議院に設置された。なお，憲法審査会が設置されたことに伴い，衆参両議院に設置されていた憲法調査会は廃止された。

C：日本国憲法の改正に当たっては，国民主権や基本的人権の保障など，憲法の基本原理を変えることはできないとされており，このように改正に限界がある憲法のことを硬性憲法という。日本以外には，フランスやロシアなどの憲法がこれに該当するが，世界的にみて少数派である。

D：日本国憲法の改正を行うために必要な国民投票の手続を定めた，いわゆる国民投票法が平成22年に施行された。同法は，憲法改正案に対する賛成の投票数が有権者の半数を超えた場合，国民の承認があったものとすると規定している。

1：A，B
2：A，D
3：B，C
4：B，D
5：C，D

OUTPUT

チェック欄		
1回目	2回目	3回目

実践 問題 **80** の解説

〈日本国憲法の改正〉

A○ 本記述のとおりである。日本国憲法は96条1項に憲法の改正手続について定めているが，日本国憲法が1947（昭和22）年5月3日に施行されてから一度も改正されたことがない。

B○ 本記述のとおりである。**憲法審査会**は，平成19年に国会法の一部改正により，憲法及び憲法に密接に関連する基本法制について調査を行い，憲法改正原案，憲法改正の発議又は国民投票に関する法律案等を審査するため，衆参両議院に設置された。また，憲法審査会が設置されたことに伴い，平成12年から衆参両議院に設置されていた憲法調査会は廃止された。

C× 全体的に誤り。日本国憲法の改正については，国民主権や基本的人権の保障など，憲法の基本原理を変えることができないとする「限界説」と，**限界なく改正できるとする「無限界説」**との議論がある。一方，硬性憲法とは，通常の法律より立法手続が厳格な成文憲法である。改正に限界のある憲法ではないので誤り。また，硬性憲法は日本以外にはフランスやロシアなどが該当し，世界的にみて多数派であるので，これも誤り。

D× 有権者の半数が誤り。**国民投票法**では，憲法改正案に対する賛成の投票数が投票総数（白票等無効票を除いた賛成投票数と反対投票数の和）の半数を超えた場合，国民の承認があったものとするとしている。

以上より，妥当なものはA，Bであり，正解は肢1となる。

第3章 日本国憲法総論

正答 **1**

SECTION 1 日本国憲法総論

実践 問題 81 応用レベル

頻出度	地上★★★	国家一般職★★	東京都★★	特別区★★★
	裁判所職員★★	国税・財務・労基★		国家総合職★★

問 憲法と条約との優劣についてA説とB説がある。また，条約が裁判所の違憲審査の対象となるか否かについてa説とb説がある。これらに関する次の記述ア～オのうちには妥当なものが二つあるが，それらはどれか。 （地上2007）

【憲法と条約との優劣について】
A説：憲法が優位する。
B説：条約が優位する。

【条約が裁判所の違憲審査の対象となるか否かについて】
a説：条約は違憲審査の対象となる。
b説：条約は違憲審査の対象とならない。

ア：A説は，条約を締結する内閣の権限も条約を承認する国会の権限も，いずれも憲法に由来している，ということを重視している。
イ：B説は，条約による事実上の憲法改正を認めるべきではないと主張している。
ウ：a説は，条約が国家間の合意であるという特殊性を持ち，しかもきわめて政治的な内容を含む，ということを重視している。
エ：A説に立った場合，a説もb説も採り得る。
オ：B説に立った場合，a説しか採り得ない。

1：ア，ウ
2：ア，エ
3：イ，エ
4：イ，オ
5：ウ，オ

| 実践 | 問題 81 | の解説 |

〈憲法と条約〉

　憲法と条約の関係については、憲法が優位するとする**憲法優位説**と条約が優位するとする**条約優位説**があり、通説は、憲法に条約の成立手続が定められていること、憲法改正は条約成立手続より困難であること、憲法に条約優位を認める条文がないことなどを理由として憲法優位説を採っている。また、条約が違憲審査の対象となるかどうかについては、憲法優位説を採れば下位規範である条約が上位規範である憲法に適合するかどうかが問題となり、条約優位説を採れば、上位規範である条約が下位規範である憲法に適合するかどうかは問題とはならない。

　さらに裁判所も、直接国家統治の基本に関する高度に政治性のある国家行為とされる統治行為については、理論上は法律上の争訟として裁判所による審査が可能であるにもかかわらず、**事柄の性質上、司法審査の対象から除外**されるとしているとする**統治行為論**を展開することがあるが（苫米地事件、最大判昭35.6.8）、条約と憲法に関しては、日米安全保障条約の合憲性をめぐる事件において一定の範囲で違憲審査の余地を認めており、純粋な統治行為理論を採用しているとはいえない（砂川事件、最大判昭34.12.16）。

　これらをもとに検討を行う。

ア◯ この見解は、憲法の優位性を前提としたもので、憲法が規定する内閣・国会の権限の範囲内において条約が取り扱われるとしている。

イ× 条約優位説であれば、上位規範である条約に従う形で事実上の憲法改正は認められなければならない。

ウ× 条約が違憲審査の対象となるのであれば、そのことを留保するような内容は矛盾している。

エ◯ 憲法優位説に立てば、必然的に条約は違憲審査の対象となりうる。また、その一方で、統治行為の場合のようにあえて違憲審査の対象としないこともまた可能である。

オ× 条約優位説に立つと、必然的に条約は違憲審査の対象たりえないことになるので、b説の立場をとることになる。

　以上より、妥当なものはア、エであり、正解は肢2となる。

正答 2

第3章 日本国憲法総論

章末 CHECK

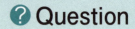 Question

- **Q1** 国民主権の「主権」とは,国家の対外的独立性を意味する。
- **Q2** 内閣の助言と承認がなくても,天皇が国事行為をなしうる場合がある。
- **Q3** 憲法前文において,日本国民は,全世界の国民に対して戦争の放棄を要求し,日本国民は平和のうちに生存する権利を有することを確認している。
- **Q4** 憲法前文における「日本国民」とは,日本国籍を有する者すべてを含むが,天皇は特別の地位にあるので,これに含まない。
- **Q5** 憲法前文には法規範性が認められないから,その改正には憲法96条の手続は必要ではない。
- **Q6** 憲法前文が法規範性を認められるものとして機能するということはない。
- **Q7** 判例では,戦力とはわが国主体の戦力を指し,外国の軍隊はここにいう戦力には該当しない。
- **Q8** 憲法9条において,陸海空軍その他の戦力はこれを保持しないとし,また国の交戦権はこれを認めないとした。

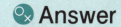

A1 × 主権という語には，①統治権，②国家の最高独立性，③国政の最終決定権という3つの意味があるが，国民主権の「主権」は，③の意味である。

A2 × 天皇の国事行為には，「すべて」内閣の助言と承認が必要である（憲法3条）。

A3 ○ 前文では「われらは，全世界の国民が，ひとしく恐怖と欠乏から免かれ，平和のうちに生存する権利を有することを確認する」としている。

A4 ○ 憲法前文の「日本国民」は，日本国の構成員としての国民を意味し，天皇もこれに含まれる。

A5 × 憲法前文は，憲法の一部をなし憲法改正に対して法的限界を画し，憲法改正権を法的に拘束する規範であるとするのが通説である。よって，憲法前文には法規範性が認められ，その改正には憲法改正の手続を経る必要がある。

A6 × 憲法前文の法規範性は認められるが，前文の裁判規範性すなわち，当該規定を直接根拠として裁判所に救済を求めることのできる法規範たる性質はないとされる。

A7 ○ 判例は，戦力とは，わが国がその主体となってこれに指揮権・管理権を行使しうる戦力のことをいうのであって，外国の軍隊は，わが国に駐留するものであっても，戦力には該当しないとしている（砂川事件，最大判昭34.12.16）。

A8 ○ 憲法9条2項は戦力の不保持と，交戦権の否認を定めている。

memo

第4章

日本国憲法の基本的人権

SECTION
① 基本的人権総論
② 基本的人権各論

第4章 日本国憲法の基本的人権

出題傾向の分析と対策

試験名	地上			国家一般職(旧国Ⅱ)			東京都			特別区			裁判所職員			国税・財務・労基			国家総合職(旧国Ⅰ)		
年度	15-17	18-20	21-23	15-17	18-20	21-23	15-17	18-20	21-23	15-17	18-20	21-23	15-17	18-20	21-23	15-17	18-20	21-23	15-17	18-20	21-23
出題数／セクション	3	2	1	1		2	3	1	1	1	2					1	1	1	1	1	2
基本的人権総論						★					★					★			★		★
基本的人権各論	★★★	★★	★	★			★★★	★	★	★	★	★					★	★		★	★

(注) 1つの問題において複数の分野が出題されることがあるため，星の数の合計と出題数とが一致しないことがあります。

　日本国憲法の基本的人権としての出題は，日本国憲法においても中心的分野といえ，本試験でも頻出といえます。統治機構の分野と違い，条文のみならず判例に関しての知識も要求される点に注意が必要です。試験対策についていえば，基本的人権総論では，法の下の平等と幸福追求権が頻出であり，新しい人権に関しての出題も見られます。人権各論では，精神的自由権，経済的自由権，人身の自由，社会権と満遍なく出題されています。また，一部細かい知識を必要とする出題も見られますが，前章で学習した日本国憲法総論の知識をも動員し，理解に努めていくようにしてください。

地方上級

　地方上級は，人権総論よりは人権各論のほうが出題されています。また，判例についても聞かれていますので，条文と併せて判例知識の獲得にも力を入れてください。

国家一般職（旧国家Ⅱ種）

　国家一般職は，人権総論よりは人権各論からよく出題されています。地方上級と同様，条文と併せて判例知識の獲得に力を入れる必要があります。

東京都

　東京都は，人権各論の出題頻度が高くなっています。特に，日本国憲法における基本的人権については，重要な分野であり，重要な判例も数多く出ているため，しっかりと学習しておくべきです。

特別区

特別区では，他の分野に比べれば，以前はそれほど出題頻度が高くありませんでしたが，近年は出題が見られます。また，新しい人権についての出題があり，幸福追求権と関連して，十分に理解しておく必要があります。

裁判所職員

近年，裁判所職員からの出題はありません。もっとも，日本国憲法における基本的人権については，重要な分野であり，重要な判例も数多く出ているため，しっかりと学習しておくべきです。

国税専門官・財務専門官・労働基準監督官

この分野からの出題について，以前はそれほど多くありませんでした。しかし，近年において出題が見られるようになりました。また，新しい人権に関する判例知識が問われたこともあります。判例とともに条文にはしっかり学習しておく必要があります。

国家総合職（旧国家Ⅰ種）

国家総合職では，人権総論，人権各論からの問題がバランスよく出題されていましたが，出題数は減少傾向にあります。法の下の平等，基本的人権，経済的自由権，社会権など基本的な項目から出題されていますが，中には細かい知識を要するものがあります。判例と併せて，学習してください。

Advice アドバイス 学習と対策

人権総論，人権各論は憲法の中でも，中心的分野で，条文の理解とともに，判例の理解が不可欠といえます。項目ごとに重要判例を整理し，人権についてどのように判断しているかをまとめておくとよいでしょう。後は，演習を繰り返し行い，数多くの問題にあたることで理解を深め，知識の定着を図ってください。

第4章 1 SECTION 日本国憲法の基本的人権
基本的人権総論

必修問題 セクションテーマを代表する問題に挑戦！

基本的人権に関する問題は，判例についても学習しておきましょう。

問 我が国における基本的人権に関する記述として最も妥当なのはどれか。 （国Ⅱ2003）

1 ：基本的人権は性質上自然人のみが享有することができ，法人は基本的人権を享有しないから，法人が政治献金を行うなどの政治的行為をなすことは認められない。

2 ：基本的人権には政治活動の自由が含まれ，一国民である国家公務員も政治活動の自由を有するから，勤務時間外の国家公務員の政治活動を制限することは，憲法上許されない。

3 ：基本的人権は侵すことのできない永久の権利であり，中でも表現の自由は，公権力によって侵されないということを意味するのみならず，たとえ公共の福祉を理由とする場合であっても，制約を受けない。

4 ：基本的人権は，人種・性・身分などの区別に関係なく，人間であるというただそれだけで当然に享有できる権利であり，在留外国人も社会保障を受ける権利を有するから，社会保障給付について，在留外国人は日本人と同等に扱われなければならない。

5 ：基本的人権は，人間であることにより当然に有するとされる権利であるから，憲法に列挙されていなくても，幸福追求権という包括的基本権を根拠として，例えば人が自分の肖像をみだりに他人に撮られたり使用されたりしない権利である肖像権が認められる。

直前復習

Guidance ガイダンス 基本的人権の規定は，憲法制定以前から存在する人権について確認したものである。したがって，個人の人格的生存に不可欠なものとして保護に値すると考えられれば，憲法13条後段の幸福追求権を根拠に新しい人権が保障される。

252 LEC東京リーガルマインド 2024-2025年合格目標 公務員試験 本気で合格！過去問解きまくり！ ④社会科学

頻出度	地上★	国家一般職★★	東京都★★★	特別区★
	裁判所職員★	国税・財務・労基★★		国家総合職★★

チェック欄		
1回目	2回目	3回目

必修問題の解説

〈わが国における基本的人権〉

1 ✕ 法人の人権については，**性質上可能な限り人権規定が適用される**とするのが通説の立場である。判例も，**法人たる会社は政治的行為をなす自由を有し，その一環として政治献金を行う自由を有する**ことを明らかにしている（最大判昭45.6.24）。ただし，自然人とのみ結び付くような，選挙権，生存権などの人権は保障されない。

2 ✕ 判例は，国民は表現の自由（憲法21条1項）としての政治活動の自由を保障されているとしており，国家公務員にも政治活動の自由は保障される。そして，精神的自由が重要な権利であることに鑑み，法令による公務員に対する政治的行為の禁止は，政治活動の自由に対する必要やむをえない限度にその範囲が画されるべきとする（堀越事件，最判平24.12.7）。そのうえで，判例は，「政治的行為」を公務員の職務遂行の政治的中立性を損なうおそれが実質的に認められるものをを指すと解し，そのおそれが認められるかを利益衡量により判断して，罰則規定は憲法に反しないとしている。

3 ✕ 基本的人権は「侵すことのできない永久の権利」（憲法11条）であるが，同時に「公共の福祉に反しない限り」（同13条）という憲法自身が定める**内在的制約**が存する。憲法21条1項の定める表現の自由にもこの内在的制約があることは，通説・判例によっても明らかである。

4 ✕ 通説・判例は，**在留外国人の人権について，権利の性質上日本国民にのみ認められる条項を除いて外国人にも適用される**としている。したがって，自由権，平等権，受益権などについては外国人にも保障されるが，その程度や限界については日本国民と同等ではない。社会権についても同様で，法律によって外国人に社会権の保障を及ぼすことは，憲法上何ら問題はないが，財政的事情などにより，その政治的判断で自国民を在留外国人よりも優先的に扱うことは許される（塩見訴訟，最判平元.3.2）。

5 ○ 日本国憲法の人権規定は，憲法制定以前から存在する人権について確認したものであり，今日の生活において不可欠な権利であっても，憲法に個別的人権規定について列挙されていないものが存在する。そこで，**幸福追求権**（憲法13条）を根拠として，**新しい人権**が保障されるようになった。肖像権もその1つである（京都府学連デモ事件，最大判昭44.12.24）。

正答 **5**

第4章 SECTION 1 日本国憲法の基本的人権
基本的人権総論

1 基本的人権の尊重

(1) 人権の分類

包括的基本権（人権の総則的規定）		幸福追求権（13条）
		平等権（法の下の平等；14条）
自由権 （国家からの自由）	精神的自由権	思想・良心の自由（19条）信教の自由（20条）集会・結社・表現の自由（21条）学問の自由（23条）
	経済的自由権	居住・移転・職業選択の自由（22条）財産権（29条）
	人身の自由	奴隷的拘束からの自由（18条）適正手続の保障（31条）不法逮捕からの自由（33条）不法抑留・拘禁からの自由（34条）住居の不可侵（35条）拷問・残虐刑の禁止（36条）刑事被告人の権利（37条）黙秘権の保障（38条）遡及処罰の禁止・二重の処罰の禁止（39条）
社会権（国家による自由）		生存権（25条）教育を受ける権利（26条）勤労の権利（27条）労働基本権（28条）
参政権（国家への自由）		公務員選定罷免権，選挙権，被選挙権（15条）
受益権（国務請求権） （自由のための自由）		請願権（16条）国家賠償請求権（17条）裁判を受ける権利（32条）刑事補償請求権（40条）

(2) 幸福追求権（憲法13条後段）

幸福追求権は，憲法に列挙されていない新しい人権の根拠となる一般的包括的な権利とされています。判例では，幸福追求権に基づき，**名誉権**（最大判昭61.6.11），**肖像権**（最判昭44.12.24），**プライバシー権**（東京地判昭39.9.28）が認められています。

(3) 法の下の平等（憲法14条）

法内容の平等	法適用の平等だけでなく，法内容の平等をも意味する。
実質的平等	結果の平等（事実上存在する社会的・経済的不平等を是正）。
相対的平等	同一の事情と条件のもとでは各人を均等に扱う。

INPUT

> **補足** 🖋
> **【法の下の平等について争われた事例】**
> ①非嫡出子相続分規定違憲決定（最大決平25.9.4）
> ②尊属殺重罰規定違憲判決（最大判昭48.4.4）
> ③衆議院議員定数不均衡事件（最大判昭51.4.14）
> ④地方自治体の条例相互間に生じる差異（最大判昭33.10.15）
> ⑤選挙犯罪者の選挙権などの停止（最大判昭30.2.9）
> ⑥国籍法3条1項違憲判決（最大判平20.6.4）
> ⑦女性の再婚禁止期間違憲判決（最大判平27.12.16）

② 公共の福祉

公共の福祉とは，人権相互の矛盾・衝突を調整するための実質的公平の原理です。

日本国憲法では，基本的人権について「侵すことのできない永久の権利」（憲法11条）として絶対的に保障していますが，これは人権が無制約であることを意味するものではありません。実際，「公共の福祉に反しない限り」での人権保障であることが明らかにされており（憲法12条，13条，22条，29条），公共の福祉による人権規制の可能性を明らかにしています。

第4章 日本国憲法の基本的人権

第4章 SECTION 1 日本国憲法の基本的人権
基本的人権総論

実践 問題 82 基本レベル

頻出度 地上★★ 国家一般職★★ 東京都★★★ 特別区★★
　　　 裁判所職員★★ 国税・財務・労基★★★ 国家総合職★★

問 基本的人権に関する記述として最も妥当なのはどれか。

（国税・財務・労基2018）

1：日本国憲法において，基本的人権は，法律の認める範囲内で保障される権利として位置付けられており，全ての国民は，基本的人権を保障するために，憲法を尊重し，擁護する義務を負うものとされている。

2：日本国憲法において，思想・良心の自由は，公共の福祉によって制限されるものであることが明示的に規定されているが，最高裁判所は，三菱樹脂事件で，特定の思想を持つことを理由に企業が本採用を拒否することは違憲であると判示した。

3：日本国憲法は，表現の自由を健康で文化的な最低限度の生活を営むために侵すことのできない権利として保障し，検閲を例外なく禁止しており，最高裁判所は，家永訴訟で，教科書検定は検閲に当たるため違憲であると判示した。

4：日本国憲法は，法の下の平等の原則を定め，人種，性別，能力等による差別の禁止や，家庭生活における両性の平等を定めており，最高裁判所は，夫婦別姓を認めない民法の規定を違憲であると判示した。

5：日本国憲法は，身体（人身）の自由を保障するため，法律の定める手続によらなければ刑罰を科せられないことを定めており，また，自己に不利益な供述の強要を禁止するとともに，不当に長く抑留や拘禁された後の自白を証拠とすることができないとしている。

OUTPUT

実践 問題 **82** の解説

〈基本的人権〉

1 ✕ 日本国憲法11条には，「国民は，すべての基本的人権の享有を妨げられない。この憲法が国民に保障する基本的人権は，侵すことのできない永久の権利として，現在及び将来の国民に与へられる」とある。また，99条には，「天皇又は摂政及び国務大臣，国会議員，裁判官その他の公務員は，この憲法を尊重し擁護する義務を負ふ」とある。よって，誤りである。

2 ✕ 最高裁判所は，**三菱樹脂事件**（最大判昭48.12.12）で，会社は雇用の自由を有するので，特定の思想を持つことを理由に企業が本採用を拒否することは公序良俗に違反せず，合法であると判示したので，本肢記述は誤りである。

3 ✕ 「健康で文化的な最低限度の生活を営むために侵すことのできない権利」は表現の自由（自由権）ではなく，生存権（社会権）である。最高裁判所は，**家永教科書訴訟**（最判平5.3.16）で，**教科書検定は一般図書としての発行を何ら妨げるものではなく，発表禁止目的や発表前の審査などの特質はないので，検閲にはあたらないので合憲である**と判示したので，本肢記述は誤りである。

4 ✕ 最高裁判所は，夫婦別姓を認めない民法750条の規定について，夫婦が夫または妻の氏を称するものとしており，夫婦がいずれの氏を称するかを夫婦となろうとする者の間の協議に委ねているのであり，性別に基づく法的な差別的取扱を定めているわけではないとして，合憲であると判示した（最大判平27.12.16）。よって，本肢記述は誤りである。

5 ◯ 本肢記述のとおりである。日本国憲法31条には，「何人も，法律の定める手続によらなければ，その生命若しくは自由は奪はれ，又はその他の刑罰を科せられない」とあり，同法38条1項には「何人も，自己に不利益な供述を強要されない」，同2項には「強制，拷問若しくは脅迫による自白又は不当に長く抑留若しくは拘禁された後の自白は，これを証拠とすることができない」としている。

第4章 日本国憲法の基本的人権

正答 **5**

第4章 SECTION 1 日本国憲法の基本的人権
基本的人権総論

実践 問題 83　基本レベル

頻出度：地上★　国家一般職★★　東京都★★★　特別区★★
　　　　裁判所職員★★　国税・財務・労基★★　国家総合職★★

問　外国人の人権に関する記述として，妥当なのはどれか。　（東京都2019）

1：権利の性質上，日本国民のみを対象としているものを除き，外国人にも人権が保障されるが，不法滞在者には人権の保障は及ばない。
2：地方自治体における選挙について，定住外国人に法律で選挙権を付与することは憲法上禁止されている。
3：外国人に入国の自由は国際慣習法上保障されておらず，入国の自由が保障されない以上，在留する権利も保障されない。
4：政治活動の自由は外国人にも保障されており，たとえ国の政治的意思決定に影響を及ぼす活動であっても，その保障は及ぶ。
5：在留外国人には，みだりに指紋の押捺を強制されない自由が保障されておらず，国家機関が正当な理由もなく指紋の押捺を強制しても，憲法には反しない。

OUTPUT

実践 問題 **83** の解説

チェック欄		
1回目	2回目	3回目

〈外国人の人権〉

1 × 権利の性質上，日本国民のみを対象としているものを除き，外国人にも人権が保障されるが，この中には不法滞在者も含まれるので，本肢記述は誤りである。

2 × 判例では，**地方自治体における選挙について，定住外国人に法律で選挙権を付与することは憲法上禁止されていないと判断している**（最判平7.2.28）。よって，本肢記述は誤りである。

3 ○ 本肢記述のとおりである。自国の安全や秩序を保つために，外国人を入国させる判断は国の裁量に委ねられる。よって，国家は自由裁量を有するため，入国の自由は外国人に保障されない。また，在留する権利についても，入国の自由の継続と考えられ，在留の拒否も国の自由裁量に委ねられるため，外国人は日本に在留する権利はない（**マクリーン事件**，最大判昭53.10.4）。

4 × **政治活動の自由については，精神的自由に属する権利であるが，特に参政権的な機能を果たすことから，日本国民より狭い範囲で保障されるにすぎない。** また，在留期間更新の際に，在留期間中の政治活動を消極的な事情として斟酌されることがある（マクリーン事件，最大判昭53.10.4）。よって，本肢記述は誤りである。

5 × 判例では，何人も，みだりに指紋の押捺を強制されない自由が保障されていて，国家機関が正当な理由もなく指紋の押捺を強制すれば，憲法13条の趣旨に反すると判断している（**指紋押捺拒否事件**，最判平7.12.15）。よって，本肢記述は誤りである。

第4章 日本国憲法の基本的人権

正答 **3**

第4章 SECTION 1 日本国憲法の基本的人権
基本的人権総論

実践 問題 84 基本レベル

頻出度 地上★ 国家一般職★★ 東京都★★★ 特別区★
　　　 裁判所職員★ 国税・財務・労基★★ 国家総合職★★

問 日本国憲法における代表と選挙に関する次の記述のうち妥当なものはどれか。
（地上2016）

1：選挙には国政に関する自己の意思を表明することができる個人の権利としての側面のほかに，国会を組織する国民の代表者を選挙するという有権者の公務としての側面もある。
2：国会議員は全国民の代表者とされるが，この場合の国民とは具体的には各選挙区の有権者のことを意味しており，国会議員は国会の審議においては出身選挙区の意向に沿って活動しなければならない。
3：国会議員候補者の多くは政党から支援を受けつつ選挙に臨み，当選すればその政党の一員として活動するが，議員は採決にあたり，政党の意思から独立しているべきだとされるので，いわゆる政党拘束は憲法上許されない。
4：立法権は国民の代表たる議員によって組織される国会が独占しているが，国民投票（レファレンダム），すなわち法律の可否を国民による投票で決することは主権在民の原理に照らして憲法上違反しない。
5：国会議員は議院の活動の一環として職務上行った演説，討論，又は表決について院外で責任を問われることはないので，名誉毀損などの法的責任のみならず，政治的責任についても問われない。

実践 問題 84 の解説

〈日本国憲法の定める代表と選挙〉

1 ○ 本肢記述のとおりである。選挙権は個人の権利としての側面があるとともに，公務員の選定に参加するという公務としての側面を併せ持っていると解されている。

2 × 議会を構成する議員は特定の選挙区等の選挙区の代表ではなく，全国民の代表であり，議会における議員は選挙区によって拘束されず，自己の信念に基づいて発言・表決する存在であるということを意味しているので，本肢記述は誤りである。

3 × 通説は，議員が所属政党の決定に従って行動することによって，国民の代表者としての政治的な責任の問題を果たしているといえるので，政党拘束は憲法上許されるとされているので，本肢記述は誤りである。なお，議員の身分を失うなどのような政党拘束をあまりに強い形で制度化することは，憲法43条1項に抵触するとされている。

4 × 立法権は国民の代表たる議員によって組織される国会が独占しているが，日本国憲法が国民投票（レファレンダム）を明文で認めているのは憲法改正の場合のみである（96条）。一方，憲法改正以外の法律の可否を国民投票で決することについては，憲法上違反するとの見解が通説である。

5 × 国会議員は議院の活動の一環として職務上行った演説，討論，または表決について院外で名誉毀損などの刑事責任や民事責任を問われることはないが，国民全体に対する代表者として院外であっても政治的責任は免れない。

正答 1

第4章 SECTION 1 日本国憲法の基本的人権
基本的人権総論

実践 問題 85 基本レベル

頻出度 地上★ 国家一般職★ 東京都★★ 特別区★★
裁判所職員★ 国税・財務・労基★★ 国家総合職★★

問 日本国憲法の基本的人権に関する記述として最も妥当なのはどれか。

（国家一般職2017）

1：憲法は，全て国民は法の下に平等であって，人種，信条，年齢，社会的身分又は門地により，政治的，経済的又は社会的関係において差別されないと定めている。一方，男女の体力的な差に配慮して異なる取扱いをすることはむしろ合理的であることから，男女で異なる定年年齢を企業が就業規則で定めることには合理的な理由があり，憲法には反しない。

2：教育を受ける権利を保障するため，憲法は，全て国民はその能力や環境に応じて等しく教育を受ける権利を有することや，その保護する子女に普通教育を受けさせる義務を負うことを定めている。また，憲法は，後期中等教育を修了するまでの間，授業料や教科書等に係る費用を無償とすると定めている。

3：経済の自由として，憲法は，財産権の不可侵や居住・移転の自由，職業選択の自由，勤労の権利等を保障している。経済の自由は，近代憲法が人々の経済活動を国家による介入から守るために保障してきたという伝統に基づいており，公共の福祉による制限は認められておらず，社会権やその他の新しい権利とは異なっている。

4：刑事手続に関し，憲法は，被疑者や被告人の権利を守るため，令状主義，黙秘権，取調べの公開，弁護人依頼権など詳細な規定を設けている。しかし，殺人等の重大な事件については，裁判に慎重を期す必要があるため，有罪又は無罪の判決が確定した後でも，必要な場合には，同一事件について再び裁判を行うことができる。

5：プライバシーの権利は，憲法に明文の規定はないが，幸福追求権を根拠に保障されていると考えられている。プライバシーの権利については，私生活をみだりに公開されない権利などとされてきたが，情報化社会の進展等に伴い，自己に関する情報をコントロールする権利としても考えられるようになってきている。

OUTPUT

実践 問題 **85** の解説 ──────────

チェック欄		
1回目	2回目	3回目

〈日本国憲法の基本的人権〉

1 ✕ 憲法14条は，「すべて国民は，法の下に平等であつて，人種，信条，性別，社会的身分又は門地により，政治的，経済的又は社会的関係において，差別されない」と性別の差別についても禁じている。判例においても，男女で異なる定年年齢を企業が就業規則で定めることに合理性は認められないと判断している（最判昭56.3.24）。

2 ✕ 憲法26条2項は，「すべて国民は，法律の定めるところにより，その保護する子女に普通教育を受けさせる義務を負ふ。義務教育は,これを無償とする」と定めている。**義務教育の期間については学校教育法17条1項および2項に満6歳に達した翌日以降の学年から，満15歳に達した日の属する学年の終わりまでとなっており**，高等学校等の後期中等教育については義務教育にあたらず，授業料や教科書等に係る費用は無償とはならない。

3 ✕ 憲法29条2項は，「財産権の内容は，公共の福祉に適合するやうに，法律でこれを定める」と定めている。社会権やその他の新しい権利と同じように，経済の自由についても公共の福祉による制限を受けることが認められている。

4 ✕ 刑事手続に関し，憲法は，被疑者や被告人の権利を守るため，令状主義（33条，35条1項・2項），黙秘権（38条1項），弁護人依頼権（37条3項）など詳細な規定を設けているが，取調べの公開については明文の規定はない。また，憲法39条には，同一の犯罪について，重ねて刑事上の責任を問われない（**一事不再理**）とあり，判決が確定した後で，同一事件について再び裁判を原則として行うことができない。

5 ◯ 本肢記述のとおりである。**プライバシーの権利**は，憲法に明文の規定はないが，幸福追求権（13条）を根拠に保障されていると考えられている。プライバシーの権利については，私生活をみだりに公開されない権利などと解されてきたが，情報化社会の進展等に伴い，自己に関する情報をコントロールする権利（情報プライバシー権）としても理解されるようになった。

正答 **5**

LEC東京リーガルマインド　2024-2025年合格目標 公務員試験 本気で合格！過去問解きまくり！　263
④社会科学

第4章 SECTION 1 日本国憲法の基本的人権
基本的人権総論

実践　問題 86　応用レベル

頻出度　地上★　国家一般職★★　東京都★　特別区★★
　　　　裁判所職員★　国税・財務・労基★★　国家総合職★★

問 次は，日本国憲法が保障する基本的人権に関する記述であるが，A～Dに当てはまるものの組合せとして最も妥当なのはどれか。　　（国家一般職2022）

　日本国憲法は，第3章で基本的人権を保障している。まず，憲法が保障する権利は，大きく自由権，社会権，参政権，　A　に分けることができる。ただし，憲法第13条が保障していると考えられている包括的人権としての幸福追求権，及び憲法第14条の定める法の下の平等は，このような分類にはなじまず，それらと並ぶものとして位置付けられる。

　立憲的意味の憲法による人権は，古典的には　B　の保障を中核にしていた。日本国憲法の人権保障も自由権をその中核としている。自由権は，さらに大きく三つに分けられる。それは，精神の自由，経済の自由，　C　である。これに対し，国家への請求権としての性格を有する社会権は，資本主義経済が発展する中，憲法に規定されるようになり，団結権・団体交渉権・団体行動権の労働三権もこの権利に含まれる。また，参政権は，選挙などによって国政に直接参加する権利のことで，民主主義の実現のために不可欠である。そして，憲法は，その他にも，　A　として，　D　など国家に対して一定の行為を請求する権利を保障している。

	A	B	C	D
1	国務請求権	国家からの自由	人身の自由	国家賠償請求権
2	国務請求権	国家からの自由	財産権の保障	教育を受ける権利
3	国務請求権	国家による自由	財産権の保障	環境権
4	生存権	国家からの自由	財産権の保障	環境権
5	生存権	国家による自由	人身の自由	国家賠償請求権

OUTPUT

実践 問題 86 の解説

〈日本国憲法が保障する基本的人権〉

A 国務請求権　日本国憲法が保障する権利は、自由権、社会権、参政権、国務請求権に大別される。ちなみに、生存権は、社会権の1つとして捉えられている。

B 国家からの自由　自由権とは、国家権力の不作為によって実現する権利で、個人の自由な意思決定と活動を保障するもので、「**国家からの自由**」をいう。

C 人身の自由　自由権は、精神的自由、人身の自由、経済的自由に大別される。ちなみに、財産権の保障は、経済的自由の中に含まれる。

D 国家賠償請求権　国務請求権の中には、請願権、裁判を受ける権利、刑事補償請求権のほか、国家賠償請求権などが含まれている。ちなみに、教育を受ける権利は社会権に含まれ、**環境権は憲法13条の幸福追求権などを根拠とした「新しい人権」**といわれている。

　以上より、空欄Aには「国務請求権」が、Bには「国家からの自由」が、Cには「人身の自由」が、Dには「国家賠償請求権」が、それぞれ当てはまるので、正解は肢1となる。

正答 **1**

第4章 SECTION 1 日本国憲法の基本的人権
基本的人権総論

実践　問題 87　応用レベル

頻出度　地上★　国家一般職★　東京都★★★　特別区★★
　　　　裁判所職員★★　国税・財務・労基★　国家総合職★★

問　夫婦同姓規定及び再婚禁止期間を定めた規定について争われた事件について、平成27年12月に最高裁判所が言い渡したそれぞれの判決に関する記述として、妥当なのはどれか。　　　　　　　　　　　　（東京都2016改題）

1：最高裁判所は、夫婦は夫又は妻の姓を称するとした民法の規定について裁判官15人全員一致で合憲と判断した。

2：最高裁判所は、夫婦同姓は日本社会に定着しており合理性があるとし、改姓による不利益は通称使用が広まることで一定程度は緩和され得るとした。

3：最高裁判所は、選択的夫婦別姓制度については合理性がないと断ずるものではないとして、制度の在り方に関する今後の国会での検討については言及しなかった。

4：最高裁判所は、女性のみに6か月間の再婚禁止期間を定めた民法の規定について、DNA検査により正確に父子判定できるようになった医療技術の発達を考慮すると全期間違憲であるとした。

5：再婚禁止期間について、多数意見では、国会が法改正を怠ってきたことは違法な立法不作為であり、国家賠償請求を認めるとした。

OUTPUT

チェック欄		
1回目	2回目	3回目

実践 問題 **87** **の解説**

〈夫婦同姓規定・再婚禁止期間〉

本問は，平成27年12月16日に最高裁判所が下した女性の再婚禁止期間違憲判決および夫婦別姓を認めない民法750条の合憲性に関する判決内容について問うものである（最大判平27.12.16）。

1 ✕ 夫婦が婚姻の際に定めるところに従い夫または妻の氏を称すると定める民法750条の規定について，最高裁は合憲との判断を下したが，1名の裁判官の反対意見，4名の裁判官の意見において，違憲との主張がなされた。

2 ○ 本肢記述のとおりである。最高裁は夫婦同氏制について，わが国の社会に定着してきたものであり，氏は家族の呼称としての意義があるところ，現行の民法のもとにおいても，家族は社会の自然かつ基礎的な社会集団と捉えられ，その呼称を1つに定めることには合理性が認められるとした。夫婦同氏制は，婚姻前の氏を通称として使用することまで許さないというものではなく，不利益は，このような氏の通称使用が広まることにより一定程度緩和され得るとしている。

3 ✕ 最高裁は，選択的夫婦別氏制について今後の国会での検討について言及したので，本肢記述は誤りである。最高裁は，選択的夫婦別氏制については合理性がないと断ずるものではないとし，制度のあり方は，国会で論じられ，判断されるべき事柄にほかならないというべきであるとした。

4 ✕ 最高裁は，女性のみに6カ月間の再婚禁止期間を定めた民法733条1項の規定について，**100日の再婚禁止期間を設ける部分は，憲法14条1項にも，憲法24条2項にも違反するものではない**としたので，本肢記述は誤りである。また，本件規定のうち100日超過部分が憲法14条1項に違反するとともに，憲法24条2項にも違反するとした。なお，ＤＮＡ検査技術が進歩し，きわめて高い確率で生物学上の親子関係を肯定し，または否定することができるようになったとしつつ，生まれてくる子にとって，法律上の父を確定できない状態が一定期間継続することにより種々の影響が生じ得ることを考慮すれば，子の利益の観点から父性の推定が重複することを回避するための制度を維持することに合理性が認められるとした。

5 ✕ 最高裁は，国家賠償請求を認めなかったため，本肢記述は誤りである。最高裁は再婚禁止規定について，100日超過部分が憲法に違反するものとなってはいたものの，国会が正当な理由なく長期にわたって改廃等の立法措置を怠っていたと評価することはできないとした。

正答 **2**

第4章 日本国憲法の基本的人権

第4章 SECTION 1 日本国憲法の基本的人権
基本的人権総論

実践 問題 88 応用レベル

頻出度 地上★ 国家一般職★★ 東京都★★★ 特別区★★★
　　　 裁判所職員★ 国税・財務・労基★★ 国家総合職★★

問 新しい人権に関する記述として，妥当なのはどれか。　（特別区2016）

1：知る権利は，自己に関する情報をコントロールする権利としてとらえられるようになり，2003年に個人情報の保護に関する法律（個人情報保護法）が制定され，大量の個人情報を扱う事業者に対し，開示を請求できるようになった。

2：アクセス権は，国や地方公共団体の保有する情報の公開を要求する権利として確立され，1999年に制定された行政機関の保有する情報の公開に関する法律（情報公開法）には，政府のアカウンタビリティの定めがある。

3：プライバシーの権利は，マス・メディアの報道によって名誉を傷つけられた者が，自己の意見の発表の場を提供することを要求する権利であり，意見広告や反論記事の掲載が考えられる。

4：環境権は，公害，環境問題の深刻化にともない，憲法の幸福追求権や生存権を根拠として主張されるようになったが，大阪空港公害訴訟の最高裁判決では，過去の損害については賠償を命じたものの，環境権については言及しなかった。

5：自己決定権は，一定の私的なことがらについて，公権力から干渉されることなくみずから決定することができる権利であるが，医療分野においては，尊厳死についてのみ自己決定権の問題として議論されている。

実践 問題 88 の解説

〈新しい人権〉

1 × 自己に関する情報をコントロールする権利として捉えられるのは、プライバシーの権利であるため、本肢記述は誤りである。知る権利は、政府に関する情報を妨げられることなく享受し、または情報の提供を要求する国民の権利であるとされる。また、2003年に制定された個人情報保護法は、プライバシーの権利の保護の仕組みであり、国や地方公共団体、大量の個人情報を取り扱う業者(個人情報取扱事業者)に対して開示請求を行うことが法的に認められるようになった。

2 × 本肢記述は、知る権利についての説明であるので誤りである。アクセス権とは、マス・メディアに接近する権利のことをいう。たとえば、マス・メディアの報道によって名誉を傷つけられた者などがマス・メディアに対して意見広告や反論記事の掲載、討論など紙面・番組への参加等、自己の意見の発表の場の提供等を要求する権利である。

3 × 本肢記述はアクセス権に関する記述であるため、誤りである。プライバシー権は、当初は一人にして放っておいてもらう権利であったが、現在では、自己に関する情報をコントロールする権利として理解されるようになっている。

4 ○ 本肢記述のとおりである。環境権とは公害や環境問題等の深刻化に伴い、幸福追求権(憲法13条)、生存権(同法25条)を根拠として主張されるようになった。また、大阪空港公害訴訟において最高裁は、環境権については言及せず、空港の夜間飛行の差止請求を却下し、住民が被った過去の被害に対する損害賠償請求のみを認容した(最大判昭56.12.16)。

5 × 自己決定権とは、自己の人生のあり方を公権力の介入・交渉なしに自律的に決定できる権利とされるため、本肢前半部分は正しい。自己決定権利は、医療現場においては、尊厳死のほか、延命治療、妊娠中絶、人工授精、遺伝子治療、クローン技術などに関する分野でも自己決定の問題として議論されているので、本肢記述は誤りである。

正答 4

第4章 SECTION 1 日本国憲法の基本的人権
基本的人権総論

実践 問題 89 応用レベル

頻出度	地上★	国家一般職★★	東京都★★★	特別区★
	裁判所職員★	国税・財務・労基★★		国家総合職★★

問 日本国憲法の保障する基本的人権に関する記述A〜Dのうち妥当なもののみを全て挙げているのはどれか。　　　　　　　　　　　　（国家総合職2015）

A：昭和30年代以降、公害問題が各地で頻発するという事態を受け、人間が良好な自然ないし人工的環境を享有する権利として、環境権が新しい人権の一つとして主張されるようになった。最高裁判所においても、環境権そのものを新しい人権の一つとして早くから認めており、公害対策基本法に代わって平成5年に定められた環境基本法では、環境権が明文化された。

B：国は、平成11年に情報公開法を制定したが、その先駆けとして、地方公共団体の中で情報公開条例を制定する動きが広まっていた。同法にいわゆる知る権利は明記されていないが、同法は、全ての人に行政文書の開示請求権を認めており、また、開示請求があった場合は、公にすることにより国の安全が害されるおそれのある情報等を除き、その行政文書を開示しなければならないとされている。

C：小説の公表により公的立場にない者の名誉、プライバシー、名誉感情が侵害され、その者に重大で回復困難な損害を被らせるおそれがあったとしても、小説の出版等の差止めは、表現の自由に対する重大な制約となるため、これまで名誉、プライバシー等の侵害に基づく小説の出版等の差止めの請求が最高裁判所に認められたことはない。

D：住民基本台帳ネットワークシステムによって管理、利用等される本人確認情報は、個人の内面に関わるような秘匿性の高い情報であるため、個人に関する情報をみだりに第三者に開示又は公表されない自由を侵害するおそれがあるとして、最高裁判所は、本人の意思により同システムの一部の個人情報を削除することができるとした。

1：A
2：A、C
3：B
4：B、D
5：C、D

実践 問題89 の解説

〈基本的人権〉

A × 判例上，環境権を認めたものはないので，本記述は誤りである。また，1993（平成5）年に定められた環境基本法は，従前の公害対策基本法が旧法にあたり，環境の保全について国や事業者などの責務，環境の保全に関する施策を明らかにしたものであるが，環境権については明文化されていないので，この点についても誤りである。

B ○ 本記述のとおりである。行政機関の保有する情報の公開に関する法律（情報公開法）は1999（平成11）年に制定された。同法の制定に先駆けて，1982（昭和57）年に山形県金山町，1983年には神奈川県と埼玉県が情報公開条例を制定するなど，地方公共団体の中で情報公開条例を制定する動きが広まっていった。

C × 知事選候補者に対する批判を掲載した雑誌の事前差止めを求めた事案で，名誉，プライバシー等の侵害に基づく小説の出版等の差止請求が認められた（北方ジャーナル事件，最大判昭61.6.11）。この判例は，仮処分による事前差止めは，検閲（憲法21条1項）にあたらないとした。そのうえで，仮処分による事前差止めは事前抑制に該当するので，厳格かつ明確な要件のもとでのみ許容されるとした。そして，公共の利害に関する表現行為の事前差止めは原則として許されないが，表現内容が真実でなく，またはそれがもっぱら公益目的でないことが明白で，かつ，被害者が重大で著しく回復困難な損害を被るおそれがあるときは，例外的に許されるとした。

D × 最高裁判所は，住民基本台帳ネットワークシステム（住基ネット）が扱う情報は本人の意思で情報を削除することができないと判断したので（最判平20.3.6），本記述は誤りである。最高裁は住基ネットが扱う情報が秘匿性の高い情報とはいえず，プライバシー権の侵害にはあたらず，また，外部からの不正アクセスで情報が容易に漏えいする具体的危険はないと判断し，本人の住民票コードなどの情報を削除することができないとした。

以上より，妥当なものは記述Bのみであり，正解は肢3となる。

正答 3

第4章 2 SECTION
日本国憲法の基本的人権
基本的人権各論

必修問題 セクションテーマを代表する問題に挑戦！

基本的人権の中でも，自由権は特に重要です！！
本問を利用して，自由権の理解を深めよう。

問 自由権に関する記述として，最も妥当なのはどれか。ただし，争いがある場合には，通説によるものとする。 　　　　　　（地上2010）

1：自由権は国家権力が侵害してはならない個人の権利であり，20世紀的な人権とされ，「国家への自由」ともいわれる。

2：自由権は，その保障する内容から一般的に，「人身の自由」，「経済の自由」の大きく2つに分類される。

3：日本国憲法における「居住，移転及び職業選択の自由」は，自由な社会生活を営む基本条件となる権利であるから，「人身の自由」に分類される。

4：「表現の自由」は，民主主義の基礎として重要であるため，表現の自由を制約する立法の合憲性は，経済的自由を規制する立法の合憲性よりも，厳しい基準により審査されなければならないとされている。

5：「信教の自由」は，大日本帝国憲法の下においても，政教分離が徹底されて自由権として尊重が図られてきたが，大日本帝国憲法には明文の規定が存在せず，日本国憲法において，はじめて明文化された。

直前復習

Guidance ガイダンス

自由権は，精神的自由権（内面的自由・外面的自由），経済的自由権，人身の自由の3つに大きく分類することができる。自由権は「国家からの自由」といわれる。精神的自由は民主政の過程を支える重要な権利であるから，これに対する規制立法の合憲性は，経済的自由よりも厳格に判断されるべきという考え方を，二重の基準論という。

| 頻出度 | 地上★★★　国家一般職★★★　東京都★★　特別区★★★ |
| | 裁判所職員★　国税・財務・労基★★　国家総合職★★ |

必修問題の解説

チェック欄		
1回目	2回目	3回目

〈自由権〉

1 × 　**自由権**は，人権保障の確立期から人権体系の中心をなしており，国家が個人の領域に対して権力的に介入することを排除し，個人の自由な意思決定と活動を保障する人権とされ，「**国家からの自由**」といわれる。一方，20世紀的人権とされるのは**社会権**で「**国家による自由**」ともいわれている。「**国家への自由**」といわれる人権は，一般的に**参政権**である。

2 × 　自由権は，その保障する内容から分類すると，一般的に「**精神的自由権**」，「**経済的自由権**」，「**人身の自由**」の３つに大きく分類される。

3 × 　憲法は，22条１項において，「何人も，公共の福祉に反しない限り，居住，移転及び職業選択の自由を有する」として，「居住，移転及び職業選択の自由」を定めている。この「**居住，移転及び職業選択の自由**」は，「**人身の自由**」ではなく，「**経済的自由権**」に分類される。

4 ○ 　本肢の記述のように，**精神的自由（特に表現の自由）を規制する立法の合憲性は，経済的自由を規制する立法の合憲性を判断する基準よりも厳しい基準によって審査されなければならない**という考え方を**二重の基準論**という。二重の基準論を採用する根拠としては，**精神的自由は民主政の過程を支える重要な権利**であるから，これに対する規制立法の合憲性は厳格に判断しなければならないという考えがある。

5 × 　「**信教の自由**」は，大日本帝国憲法においても，「日本臣民ハ安寧秩序ヲ妨ケス及臣民タルノ義務ニ背カサル限ニ於テ信教ノ自由ヲ有ス」（大日本帝国憲法28条）と明文の規定をもって保障されていた。しかし，軍国主義の精神的支柱であり，事実上国教とされていた神社神道と両立する限度で認められていたにすぎず，他の宗教は冷遇されていたこともあり，政教分離が徹底されていたとはいえない。

正答 **4**

SECTION ② 基本的人権各論

日本国憲法の基本的人権

1 精神的自由権

(1) 思想・良心の自由

　思想・良心の自由については，謝罪広告の強制がこの自由を侵害するかが問題とされました。この点につき，判例（最大判昭31.7.4）は，**単に事態の真相を告白し陳謝の意を表明するにとどまる程度のものであれば，思想・良心の自由の侵害とはならない**と述べ，合憲としました。

(2) 信教の自由

内容	信仰の自由 （憲法20条1項）	宗教的行為の自由 （憲法20条2項）	宗教的結社の自由 （憲法21条1項）
制度	政教分離原則（憲法20条1項後段，3項，同法89条）		

(3) 学問の自由

内容	学問研究の自由 （憲法23条）	研究成果の発表の自由 （憲法23条）	教授の自由 （最大判昭51.5.21）
制度	大学の自治		

(4) 表現の自由

① 表現の自由と知る権利

　現在，表現の自由は，情報を発信する自由のみならず，受け取る自由（知る権利）の保障をも含むと解されています（判例，通説）。

② 検閲の禁止

　検閲とは，**行政権が主体**となって，思想内容などの表現物を対象とし，**その全部または一部の発表の禁止を目的**として，対象とされる一定の表現物につき網羅的一般的に，**発表前にその内容を審査**したうえ，**不適当と認めるものの発表を禁止**することです（税関検査事件，最大判昭59.12.12）。このような検閲は，**例外なく絶対的に禁止**されます。

2 経済的自由権

　経済的自由権としては，職業選択の自由（憲法22条1項）および財産権（29条）のほか，複合的な性格を持つ権利として，居住・移転の自由（22条1項）および海外移住・国籍離脱の自由（22条2項）があります。また，営業の自由も解釈上認め

INPUT

られています。これは，選択した職業を遂行する自由として，職業選択の自由に基づいて認められるものです。

3 社会権

(1) 生存権

　生存権（25条）は社会権の1つですが，国家に対して積極的な行為を求めるという性質を有するため，権利の法的性質が問題とされています。この点について，判例は，すべての国民が健康で文化的な最低限度の生活を営みうるように国政を運営すべきことを国の**責務**として宣言したにとどまり，個々の国民に対して**具体的権利**を付与したものではない，と述べています（**朝日訴訟**，最大判昭42.5.24）。このような見解を一般に**プログラム規定説**といいます。一方，学説は，生存権を権利であると認め，ただ，法律によって具体化されて初めて国家に対し作為を請求することのできる**抽象的権利**であると解しています。

(2) 教育を受ける権利

　教育を受ける権利（26条）は，個人が人格を発展させるために不可欠な権利であると同時に，民主主義の確立・維持のためにも欠かすことができない権利です。それゆえ，**教育を受ける権利は，子どものみならず，大人に対しても保障されます。**

　憲法26条2項前段に規定される教育を受けさせる義務は，形式的には国民が国家に対して負っているものですが，**実質的には保護する子女に対して保護者たる国民が負っています。**また，憲法26条2項後段にいう義務教育の無償とは，**授業料の不徴収**を意味し，授業料以外の教科書などの費用は，これには含まれません（最大判昭39.2.26）。ただし，1963年以降，「義務教育諸学校の教科用図書の無償措置に関する法律」により，教科書は無償で配布されています。

(3) 労働基本権

① 団結権

　労働組合の結成・運営など，労働者が労働条件の維持，改善を図ることを主な目的として団体を結成し，それを運営する権利

② 団体交渉権

　労働者団体が，労働条件の維持，改善のため使用者と交渉する権利

③ 団体行動権

　労働者団体が，労働条件の維持，改善を実現するため，団体として行動する権利

SECTION 2 基本的人権各論

実践 問題 90 基本レベル

頻出度 地上★★★ 国家一般職★★★ 東京都★★ 特別区★★★
裁判所職員★ 国税・財務・労基★★★ 国家総合職★★

問 我が国の憲法が保障する自由権に関する記述として、妥当なのはどれか。

(国Ⅱ2000)

1：刑事事件の被疑者に対する取調べにおいて、拷問など身体の自由を不当に侵害することにより自白を強要することは禁止されている。しかし、拷問によるものではなく被疑者が任意に自白したと認められる場合には、その自白が唯一の証拠であっても刑罰を科すことができる。

2：国民が自分の思想や意見を外部に発表する、いわゆる「表現の自由」は保障されており、国家が発表に先だって内容を審査する検閲は許されていない。また、事実を報道する「報道の自由」についても、「国民の知る権利」に奉仕するものであるとして「表現の自由」に含まれる。

3：私有財産を国家権力が侵すことは許されない。鉄道、ダムなど公共の福祉のために土地を使用する必要があり、国が正当な補償を提示した場合でも、所有者がこれを正当な補償でないとして拒否するときは、国はこの土地を強制的に収用することはできない。

4：刑事事件において被告人は公平な裁判を受ける権利を有する。このことから裁判は原則として公開の法廷で行うことになっているが、被告人から申し出があれば、被告人のプライバシーを尊重して、裁判官の全員一致によりこれを非公開とすることができる。

5：国民がどこに住居を定め又は移転し、どのような職業を選択するかは各人の自由意思で決定できる。したがって、国が国家公務員に対して一定の場所に居住することを命じたり、特定の種類の職業を兼ねることを禁止したりすることは許されない。

実践 問題 90 の解説

〈自由権〉

1 × 憲法38条3項は,「何人も,自己に不利益な唯一の証拠が本人の自白である場合には,有罪とされ,又は刑罰を科せられない」と規定している。これは,その自白が被疑者により任意になされたものであっても,それを補強する証拠が別にない限り,有罪の証拠とすることができないとする趣旨である。

2 ○ **検閲**とは,**行政権が主体となって思想内容等の表現物を発表前に審査し,不適当と思われるものの発表を禁止することである**。憲法21条2項は「検閲は,これをしてはならない」と規定している。また,報道の自由について最高裁は,「報道機関の報道は,民主主義社会において,国民が国政に関与するにつき,重要な判断の資料を提供し,国民の『知る権利』に奉仕するものである。したがって,思想の表明の自由とならんで,事実の報道の自由は,表現の自由を規定した憲法21条の保障のもとにあることはいうまでもない」(博多駅テレビフィルム事件,最大決昭44.11.26)と述べている。

3 × 憲法29条3項は,「私有財産は,正当な補償の下に,これを公共のために用ひることができる」と規定している。この規定を受けて制定された法律が**土地収用法**であり,補償金の額などで折り合いがつかず話し合いにより土地を取得できない場合,起業者が適正な補償をしたうえで土地を取得する手続を定めている。

4 × **裁判の対審は公開が原則である**。憲法は例外として,**裁判官の全員一致で,公の秩序または善良の風俗を害するおそれがあると決した場合には,対審を非公開とすることができる**としているが,その場合でも,政治犯罪,出版に関する犯罪および憲法3章に定める国民の権利が問題となっている裁判の対審は,公開法廷でこれを行わなければならないとしている(憲法82条2項)。なお,**判決は常に公開**されなければならない。

5 × 公務員の人権は,憲法が公務員関係の存在とその自律性を憲法秩序の構成要素として認めていることを根拠として,合理的で必要最小限度の制約を受ける(通説)。居住の自由に関しては,たとえば自衛隊法55条が「自衛官は,防衛省令で定めるところに従い,防衛大臣が指定する場所に居住しなければならない」と定めている。**兼職禁止**については国家公務員法103条に定めがある。

正答 **2**

SECTION ②

第4章 日本国憲法の基本的人権
基本的人権各論

実践 問題 **91** 〈 基本レベル 〉

頻出度	地上★★	国家一般職★★	東京都★★	特別区★★
	裁判所職員★	国税・財務・労基★★		国家総合職★★★

問 日本国憲法の規定する精神的自由に関する記述として最も妥当なのはどれか。

(国家総合職2013)

1：裁判所の行う出版物の頒布等の事前差止めが表現行為に対する事前抑制として憲法第21条に違反しないかについて、いわゆる「北方ジャーナル」事件の最高裁判決は、表現行為に対する事前抑制は、表現の自由を保障し検閲を禁止する同条の趣旨に照らし、厳格かつ明確な要件のもとにおいてのみ許容されうるとした。

2：公金支出をめぐる国家と宗教とのかかわり合いについて、いわゆる津地鎮祭事件の最高裁判決は、国家と宗教との分離は厳格になされなければならず、政教分離原則が現実の国家制度として具現される場合において、我が国では宗教系私立学校への助成などが認められていないように、国家は実際上も宗教とのかかわり合いを一切もってはならないとした。

3：マス・メディアの報道内容が不適切であった場合に、その被害にあった者が当該マス・メディアを通じて反論する権利（反論権）について、いわゆるサンケイ新聞事件の最高裁判決は、マス・メディアに対するアクセス権は憲法上国民に保障されているとした上、名誉毀損などの不法行為が成立しない場合でも、人格権に基づく反論権は認められるとした。

4：報道機関の取材の自由と国家秘密の保護に関して、いわゆる外務省秘密電文漏洩事件の最高裁判決は、憲法が国民の知る権利に奉仕する報道のための取材の自由を保障していることに鑑み、国家公務員に対する秘密漏示のそそのかしを処罰の対象としている国家公務員法の規定は憲法に違反し、当該事件における報道機関の取材行為は正当なものであるとした。

5：名誉毀損の民事事件で名誉を回復するのに適当な処分として判決により新聞紙上に謝罪広告の掲載を被告に命じることについて、いわゆる謝罪広告事件の最高裁判決は、人の本心に反して、事の是非善悪の判断を外部に表現せしめ、心にもない陳謝の念の発露を判決をもって命ずることとなり、良心の自由に反するとした。

OUTPUT

実践 問題 **91** **の解説**

チェック欄		
1回目	2回目	3回目

〈精神的自由〉

1 ○ 北方ジャーナル事件（最大判昭61.6.11）において最高裁判所は，内容が真実でなく，もっぱら公益を図る目的ではないことが明白で，しかも，被害者が重大で，著しく回復困難な損害をこうむるおそれがあるときには，例外的に事前差止めが許されるとした。

2 × 津地鎮祭事件（最大判昭52.7.13）において最高裁判所は，**国家と宗教との完全な分離を理想としつつも，現実の国家制度として，国家と宗教との完全な分離を実現することは不可能に近く，政教分離原則を完全に貫くと社会生活の各方面に不合理な事態を生ずることを免れない**として，特定宗教と関係のある私立学校に対し一般の私立学校と同様な助成などは許されるとした。

3 × サンケイ新聞事件（最判昭62.4.24）において最高裁判所は，本肢の記述にあるような反論権を認めることは，反論掲載を強制されることにつながり，憲法の保障する表現の自由を間接的に侵す危険につながるおそれも多分に存するとして，不法行為が成立する場合は別論として反論権の制度について具体的な成文法がないのに，反論文掲載請求権をたやすく認めることはできないとした。

4 × 外務省機密漏洩事件（最判昭53.5.31）において最高裁判所は，報道機関といえども，取材に関し他人の権利・自由を不当に侵害することのできる特権を有するものでなく，取材の手段・方法が一般の刑罰法令に触れないものであっても，取材対象者の個人としての人格の尊厳を著しく蹂躙する等法秩序全体の精神に照らし社会観念上是認することのできない態様のものである場合には正当な取材活動の範囲を逸脱し違法性を帯びるとして，国家公務員法の規定は憲法に違反せず，当該事件における取材行為も正当な範囲を逸脱しているとした。

5 × 謝罪広告事件（最大判昭31.7.4）において最高裁判所は，この種の謝罪広告を新聞紙に掲載すべきことを命ずることは，上告人に屈辱的もしくは苦役的労苦を科し，または上告人の有する倫理的な意思，良心の自由を侵害することを要求するものとは解せられないとした。

第4章 日本国憲法の基本的人権

正答 **1**

LEC東京リーガルマインド　2024-2025年合格目標 公務員試験 本気で合格！過去問解きまくり！　279
④社会科学

第4章 SECTION 2 日本国憲法の基本的人権
基本的人権各論

実践 問題 92 基本レベル

問 日本国憲法が保障する自由権に関する記述として最も妥当なのはどれか。
（国税・財務・労基2022）

1：思想・良心の自由は，憲法が保障する精神の自由の中でも最も基本的な権利である。国家によって個人の思想を強制的にあらわにさせられない黙秘権もこの権利に含まれる。最高裁判所は，思想・良心の自由の規定は対国家だけでなく私人間にも直接適用されるとした。

2：国民が政治的判断などに必要な情報を共有し，情報の自由な流通を保障するため，マスメディアの報道の自由・取材の自由が憲法上保障される。最高裁判所は，報道の自由・取材の自由は，憲法第21条（表現の自由）ではなく，知る権利を保障した憲法第13条（個人の尊重）で保障されるとした。

3：学問の自由は，学問研究の自由，研究発表の自由，教授の自由をその内容としている。また，学問の自由は，大学や，私人又は宗教団体が経営に関与する高等学校については，その管理運営を教員・教諭や学生・生徒の自主的な決定に任せる自治も保障している。

4：身体の自由は，国家によって不当に身体を拘束されない自由である。具体的には，被疑者の権利として，令状なしで逮捕されない令状主義，逮捕時に国選弁護人を依頼する弁護士依頼権，弁護士立会い時以外の抑留中の自白の証拠能力を認めない法定手続きの保障などが，憲法上明記されている。

5：憲法は，経済の自由として，居住・移転・職業選択の自由，外国移住・国籍離脱の自由，財産権の不可侵を保障している。しかし，経済の自由の中には，「公共の福祉」による制限が課され得ることが憲法上明記されているものがあり，これにより，建築の制限や私的独占の禁止などが行われている。

実践 問題 92 の解説

〈日本国憲法が保障する自由権〉

1 × 黙秘権は,人身の自由にあたるので,本肢記述は誤りである。最高裁判所は,憲法の思想・良心の自由の規定が私人間に直接適用されることはないが,憲法の趣旨を私法の一般条項の解釈に反映させて,間接的に私人間の行為を規律すべき(**間接適用説**)としているので,これも誤りである。

2 × 最高裁判所は,報道の自由が憲法21条(表現の自由)の保障のもとにあるとしたが,**取材の自由については憲法21条の精神に照らし十分尊重に値するとし,保障されるとはしていない**ので,本肢記述は誤りである。

3 × 大学における研究教育の機能を十分に保障するために,大学の内部行政については大学の自主的・自律的な決定に任せる大学の自治が保障されているが,あくまで大学の教員・教諭に対してであって,私人または宗教団体が経営に関与する高等学校の教員や教諭,大学の学生・生徒に対して保障しているわけではない。よって,本肢記述は誤りである。

4 × 国選弁護人を依頼する弁護士依頼権は,被告人の権利なので,本肢記述は誤りである。また,**強制,拷問もしくは脅迫による自白または不当に長く抑留もしくは拘禁された後の自白は証拠能力を認めない**ことなどが,憲法上明記されている(38条2項)。よって,本肢記述は誤りである。

5 ○ 本肢記述のとおりである。憲法は,経済の自由として,居住・移転・職業選択の自由(22条1項),外国移住・国籍離脱の自由(22条2項),財産権の不可侵(29条1項)を保障している。しかし,経済の自由の中には,「**公共の福祉**」による制限が課され得ることが憲法上明記されているものがあり(22条1項,29条2項など),これにより,建築の制限や私的独占の禁止などが行われている。

正答 5

SECTION ② 日本国憲法の基本的人権
基本的人権各論

第4章

実践 問題 **93** 〈基本レベル〉

頻出度	地上★★★	国家一般職★★★	東京都★★	特別区★★★
	裁判所職員★	国税・財務・労基★★		国家総合職★★

問 日本国憲法が定める人身の自由に関する記述として最も妥当なのはどれか。

(国Ⅱ2008)

1：被疑者は，理由となる犯罪を明示した令状がなければ逮捕されない。ただし，現行犯については，公訴権をもつ検察官に限って令状なしに逮捕することができる。この場合，検察官は被疑者に対し，裁判を受ける権利を有することをただちに告げなければならない。

2：被疑者は，検察官の発した令状によらなければ犯罪捜査として捜索・押収を受けることはない。他方，検察官は犯罪の発生を未然に防ぐ必要を認めた場合，弁護人に依頼する権利を有することを明示して，犯罪を予防する措置としての捜索・押収を認めた令状を発することができる。

3：被疑者は，一事不再理の原則により実行のときに適法であった行為について検察官から起訴されることはない。しかし，その後の法改正によってその行為が犯罪と明示され，被害者から告発があった場合には，検察官は実行のときに違法ではなかった被疑者の行為についても，裁判所に起訴することができる。

4：刑事被告人は，すべての証人に対して自ら審問することができ，自己に必要な証言を得るために公費で証人を求めることもできる。さらに，自ら弁護人を依頼できない場合は，国が弁護人を付することとされている。また，自己に不利益な供述を強要されることはない。

5：刑事被告人は，事件が裁判所で係争中は被疑者に過ぎず，行動の自由が保障されていることから，この間に刑事手続によって抑留又は拘禁された場合には，裁判所による判決が無罪か，有罪かにかかわらず，国に対し，これらの拘束で生じた経済的損失について刑事補償を求めることができる。

OUTPUT

実践 問題 **93** の解説 ─────────

〈人身の自由〉

1 ✕ 憲法33条は，「何人も，現行犯として逮捕される場合を除いては，権限を有する司法官憲が発し，且つ理由となつてゐる犯罪を明示する令状によらなければ，逮捕されない」と規定しており，**被疑者であっても，原則として令状がなければ逮捕されない**。例外として，現行犯の場合は令状がなくても逮捕されるが，本肢でいうように，現行犯逮捕の権限は検察官に限って認められるわけではない。なお，現行犯逮捕は，検察官や警察官のほか，一般市民でも可能である（刑事訴訟法213条）。

2 ✕ 憲法35条1項は，**令状主義**を規定している。この令状については，同条2項で「捜索又は押収は，権限を有する司法官憲が発する各別の令状により，これを行ふ」と規定されており，ここでいう**司法官憲とは，裁判官のことをいう**。

3 ✕ 憲法39条は，「何人も，実行の時に適法であつた行為又は既に無罪とされた行為については，刑事上の責任を問はれない。又，同一の犯罪について，重ねて刑事上の責任を問はれない」と規定しているが，**一事不再理の原則**とは，同条後段で規定されている内容であり，**有罪・無罪の実体裁判が確定した場合に同一事件について再度の訴追を許さないというものである**。本肢の「実行のときに適法であった行為について検察官から起訴されることはない」というのは，同条前段で規定されている「**遡及処罰の禁止**」の原則（刑罰不遡及の原則）である。なお，遡及処罰の禁止の原則に本肢のような例外は規定されておらず，被害者の告発があっても，実行のときに適法であった行為を起訴することはできない。

4 ○ 憲法37条2項により，刑事被告人には，すべての証人に対して審問する機会が与えられ，また，公費で自己のために強制的手続により証人を求める権利が認められる。そして，刑事被告人が自ら弁護人を依頼できないときは国が国選弁護人を付すこととされ（同条3項），自己に不利益な供述を強要されないことも保障されている（憲法38条1項）。

5 ✕ 憲法40条は，「何人も，抑留又は拘禁された後，無罪の裁判を受けたときは，法律の定めるところにより，国にその補償を求めることができる」と規定し，刑事補償請求権を認めている。同条は，誤った刑事手続により抑留・拘禁された者に対して，国に補償を求める権利を認めているが，**補償を求めることができるのは無罪の判決を受けたときである**。

正答 4

問 日本国憲法における政教分離の原則に関する次の記述のうち，妥当なものが2つあるが，その組み合わせはどれか。 (地上2015)

ア：政教分離の原則とは，国家と宗教との完全な分離を理想とし，国家は宗教的中立性を明示し，政治と宗教が交わることを排除するものである。
イ：政教分離の原則は，宗教の自由を強調する制度であり，政教分離の原則の中核は，立法でも侵すことはできない。
ウ：宗教が政治上の権力を行使することを禁じ，宗教団体が選挙活動を行うことは違憲である。
エ：政教分離の原則から，公教育機関でも宗教的中立性を求められるが，場合によっては特定の児童や生徒に対して配慮することは認められている。

1：ア，イ
2：ア，ウ
3：ア，エ
4：イ，ウ
5：イ，エ

OUTPUT

チェック欄		
1回目	2回目	3回目

実践 問題 **94** の解説

〈政教分離の原則〉

ア× 政教分離原則は，国家と宗教の完全な分離を目指すものではないので誤りである。判例は，政教分離原則について，国家が宗教とのかかわり合いを持つことをまったく許さないとするものではなく，宗教とのかかわり合いをもたらす行為の目的および効果に鑑み，わが国の宗教的・文化的諸条件に照らし相当とされる限度を超えるものと認められる場合に，これを許さないとしている（最大判昭52.7.13）。

イ○ 本記述のとおりである。政教分離原則を信教の自由の保障を確保・強化するための手段として国家と宗教の分離を制度として保障したものという考えによれば，ある一定の制度に対して，立法によってもその核心ないし本質的内容を侵害できないという特別の保護を与えることにより，当該の制度自体を保障するとされている。

ウ× 宗教団体が政治上の権力を行使することは禁止されているが，この場合の政治上の権力とは立法権や課税権などの行使を指しており，**宗教団体が選挙活動を行うことは違憲とはいえない。**

エ○ 国が特定の宗教教育を行う学校を設置することは禁じられているように，政教分離の原則から，公教育機関でも宗教的中立性を求められる。もっとも，たとえば，信仰上の理由から剣道の授業を受講できない生徒に対して代替措置を講ずるなど，場合によっては特定の児童や生徒に対して配慮することは認められる（最判平8.3.8）。

以上より，妥当なものはイ，エであり，正解は肢5となる。

第4章 日本国憲法の基本的人権

正答 **5**

LEC東京リーガルマインド　2024-2025年合格目標 公務員試験 本気で合格！過去問解きまくり！　285
④社会科学

S SECTION ② 第4章 日本国憲法の基本的人権
基本的人権各論

実践 問題 **95** 〈 基本レベル 〉

頻出度	地上★★	国家一般職★★	東京都★★★	特別区★★★
	裁判所職員★★★	国税・財務・労基★★	国家総合職★★	

問 日本国憲法に規定する社会権に関する記述として，妥当なのはどれか。

(特別区2018)

1：日本国憲法は，「すべて国民は，健康で文化的な最低限度の生活を営む権利を有する」と定め，生存権を保障しており，この権利は，ドイツのワイマール憲法において初めて規定された自由権的基本権である。

2：日本国憲法は，「国は，すべての生活部面について，社会福祉，社会保障及び公衆衛生の向上及び増進に努めなければならない」と定めており，この規定に基づいて，老人福祉法，教育基本法が制定されている。

3：日本国憲法は，勤労の権利をはじめ，勤労者の団結権，団体交渉権，団体行動権の労働三権を保障し，この規定に基づいて，労働基準法，労働組合法，労働関係調整法のいわゆる労働三法が制定されている。

4：最高裁判所は，生活保護基準が生存権を保障する日本国憲法に違反しているかについて争われた堀木訴訟において，憲法の生存権の規定は，国の政策的な指針を示すものであり，個々の国民に対して具体的な権利を保障したものであるという立場をとった。

5：最高裁判所は，児童扶養手当と障害福祉年金の併給の禁止が日本国憲法に違反しているかについて争われた朝日訴訟において，併給の禁止を定めるかどうかは国会の裁量に属し，憲法違反とはならないとする抽象的権利説の立場をとった。

OUTPUT

チェック欄		
1回目	2回目	3回目

実践 問題 **95** の解説

〈日本国憲法に規定する社会権〉

1× 自由権的基本権ではなく，社会権的基本権の誤りである。日本国憲法25条1項は，「すべて国民は，健康で文化的な最低限度の生活を営む権利を有する」と定め，生存権を保障している。生存権は，ドイツの**ワイマール憲法**において初めて規定された社会権的基本権である。

2× 教育基本法が誤りである。教育を受ける権利は日本国憲法26条1項の規定に基づいて制定されている。ちなみに日本国憲法25条2項は，「国は，すべての生活部面について，社会福祉，社会保障及び公衆衛生の向上及び増進に努めなければならない」と定めており，この規定に基づいて，老人福祉法，健康保険法，児童福祉法などが制定されている。

3○ 本肢記述のとおりである。日本国憲法27条1項及び28条は，勤労の権利をはじめ，**勤労者の団結権，団体交渉権，団体行動権の労働三権**を保障し，この規定に基づいて，**労働基準法，労働組合法，労働関係調整法のいわゆる労働三法**が制定されている。

4× **生活保護基準が生存権を保障する日本国憲法に違反しているかについて争われたのは，朝日訴訟であるので，本肢記述は誤りである。**また，憲法の生存権の規定は，国の政策的な指針を示すものであり，個々の国民に対して具体的な権利を保障したものではないという立場をとったので，これも誤りである。

5× **児童扶養手当と障害福祉年金の併給の禁止が日本国憲法に違反しているかについて争われたのは，堀木訴訟であるので，本肢記述は誤りである。**また，併給の禁止を定めるかどうかは国会の裁量に属し，憲法違反とはならないとする**プログラム規定説**の立場をとったので，これも誤りである。

第4章 日本国憲法の基本的人権

正答 **3**

第4章 SECTION 2 日本国憲法の基本的人権 基本的人権各論

実践 問題 96 基本レベル

頻出度 地上★★★　国家一般職★★★　東京都★★　特別区★★★
　　　　裁判所職員★　　国税・財務・労基★★　国家総合職★★

問 日本国憲法に規定する生存権に関する記述として，妥当なのはどれか。
（特別区2010）

1：最高裁判所は，朝日訴訟において，生存権の解釈として，憲法の規定は，個々の国民に具体的な権利を保障したものではなく，国の責務を宣言したに留まるとするプログラム規定説をとった。
2：最高裁判所は，堀木訴訟において，健康で文化的な最低限度の生活水準がどの程度であるかについては，厚生大臣の裁量には属さないとの判断を示した。
3：生存権は，精神，身体及び経済活動の自由とともに，個人が国家権力による束縛や社会的身分から自由に行動する権利を保障する自由権に含まれる。
4：生存権は，人種，信条又は性別などにより，政治的，経済的又は社会的関係において差別されないとする法の下の平等に含まれる。
5：朝日訴訟とは，障害福祉年金を受けている者に児童扶養手当を支給しないとする併給禁止は，憲法が規定する生存権の保障の理念に違反するとして提起された訴訟である。

OUTPUT

実践 問題 96 の解説

チェック欄
1回目	2回目	3回目

〈生存権〉

1 ○ 最高裁判所は，朝日訴訟において，憲法25条1項の規定は，直接個々の国民に対して具体的な権利を保障したものではなく，すべての国民が健康で文化的な最低限度の生活を営み得るように国政を運営すべきことが国の責務であるということを宣言したものにとどまるものであるとしている（最大判昭42.5.24）。

2 × 堀木訴訟において，最高裁判所は，「健康で文化的な最低限度の生活」というものはきわめて抽象的・相対的な概念であって，その具体的内容は，その時々における文化の発達の程度，経済的・社会的条件，一般的な国民生活の状況などとの相関関係において，判断・決定されるべきものであるとした。そして，生存権を立法によって具体化するにあたっては高度に専門技術的な考察とそれに基づいた政策的判断を必要とすることから，憲法25条に基づいてどのような立法措置を講ずるかの選択決定は立法府の広い裁量に委ねられているとした（最大判昭57.7.7）。また，最高裁判所は，朝日訴訟において，何が「健康で文化的な最低限度の生活」であるのかについての判断は，厚生大臣（当時）の合目的的な裁量に委ねられているとしている。

3 × 生存権は，教育を受ける権利（憲法26条），労働基本権（同28条）などとともに，社会権に属するものである。ここで，社会権とは，福祉国家の理念に基づき，社会的・経済的弱者を保護することによって，実質的平等を実現するために保障されるものである。自由権が，国家による介入を排除する権利という点で「国家からの自由」を本質とするものであるのに対し，社会権は，国家に一定の施策を要求する権利という側面を有するものであり，国家は国民の社会権の実現に努力すべき義務を負うという点で「国家による自由」という性質を有する。

4 × 肢3の解説で述べたように，生存権は社会権の1つである。法の下の平等の原則に含まれるわけではない。

5 × 本肢の記述は，堀木訴訟（最大判昭57.7.7）についての説明である。朝日訴訟は，1950年に制定された生活保護法に基づく月額600円の生活扶助費が，1956年当時において，健康で文化的な最低限度の生活水準を維持するに足りるものか否かについて争われた事件である（最大判昭42.5.24）。

正答 **1**

第4章 日本国憲法の基本的人権

LEC東京リーガルマインド　2024-2025年合格目標 公務員試験 本気で合格！過去問解きまくり！　289
④社会科学

第4章 SECTION ② 日本国憲法の基本的人権
基本的人権各論

実践 問題 97 基本レベル

[問] 我が国の参政権に関する記述として妥当なのはどれか。（国Ⅱ2000改題）

1：憲法は，国民による公務員の選定・罷免の権利を保障している。同権利が保障している内容として，国会議員の選挙，地方公共団体の議員及び長の選挙・リコール，最高裁判所裁判官の罷免，内閣総理大臣の罷免が明示されている。

2：国民が直接参政権を行使する制度として，最高裁判所裁判官の国民審査がある。これは，憲法上身分を保障された最高裁判所裁判官の罷免に際し行われるもので，国会が裁判官の罷免を発議しても，投票者の半数がそれに賛成しない場合，その裁判官は罷免されない。

3：選挙権は，平成28年6月より国会議員については日本国籍を有する18歳以上の者に，地方公共団体の議員等については，同要件に加えてその選挙区に3カ月以上住所を有しているものに認められることになった。ただし，これらの要件を満たしていても，禁錮以上の刑に服している者は選挙権を有しない。

4：国民投票は，憲法の改正や特定地域にのみ適用される特別法制定の手続として憲法上明示されている。憲法の改正等は，各議院の総議員の4分の3以上の賛成で国会が発議し，国民投票法に基づく特別の国民投票又は国会の定める選挙の際の国民投票において過半数の賛成が得られた場合に行われる。

5：参政権は政治参加の基本権であるが，それを補うものとして請願権が挙げられる。請願権は憲法上明示されていないが，請願法において，何人も公務員の罷免，法律，命令等の制定等に関して請願する権利を有すると定められており，一定の条件の下で国家は請願内容を誠実に実行する義務を負う。

OUTPUT

チェック欄		
1回目	2回目	3回目

実践 問題 **97** の解説

〈わが国の参政権〉

1✕ 憲法15条は，国民主権原理のもとにおける公務員は，終局的には国民が選定・罷免する可能性を持つことを前提としてその存在を認められる，ということを国民の権利の側から定めたものといえる。したがって，憲法上すべての公務員が国民によって直接に選定され，また罷免の対象とされなければならないことはなく，内閣総理大臣，国務大臣などについては独自の選定・罷免権者を規定している（憲法67条，68条）。

2✕ 最高裁判所裁判官は，**任命後初めて行われる衆議院議員総選挙の際と，さらにその後10年を経過したあとに初めて行われる衆議院議員総選挙の際に国民の審査に付される**（憲法79条2項）のであり，国会が裁判官の罷免を発議することはない。なお，裁判官の罷免が成立するためには，投票者の過半数が罷免を可としなければならない。

3◯ 公職選挙法が改正され，2016（平成28）年6月より，衆参両議院議員の選挙権を，**日本国民で年齢満18歳以上の者**（公選法9条1項）と改め，地方公共団体の議員および長については，同要件に加えてその選挙区に3カ月以上住所を有している者となる（同条2項）が，禁錮以上の刑に服している者などは選挙権を有しないとしている（公選法11条1項）。なお，成年被後見人も選挙権が制限されていたが2013（平成25）年の公職選挙法の改正で選挙権が付与された。

4✕ 憲法改正における国民投票は憲法96条に，特定の地域のみに適用される特別法の住民投票は憲法95条に規定されている。憲法改正については各議院の総議員の3分の2以上の賛成で，国会が発議し，国民投票において過半数の賛成を必要とする。一方，特別法の住民投票はその法が適用される地方自治体の住民の過半数の賛成を得なければならない。

5✕ 憲法16条は「何人も，損害の救済，公務員の罷免，法律，命令又は規則の制定，廃止又は改正その他の事項に関し，平穏に請願する権利を有」する旨定めている。ただし，請願権の保障は，請願を受けた機関にそれを**誠実に処理する義務を課するにとどまり**（請願法5条），請願の内容を実行する**法的拘束力を生ぜしめるものではない。**

第4章 日本国憲法の基本的人権

正答 3

LEC東京リーガルマインド 2024-2025年合格目標 公務員試験 本気で合格！過去問解きまくり！ 291
④社会科学

第4章 SECTION ② 日本国憲法の基本的人権
基本的人権各論

実践 問題 98 基本レベル

問 憲法第25条に定める生存権に関する記述として、妥当なのはどれか。

(東京都2023)

1：生存権は社会権的側面を持ち、国の介入の排除を目的とする権利である自由権とは性質を異にするため、自由権的側面が認められることはないとされる。
2：プログラム規定説では、生存権を具体化する法律がない場合に、裁判所に対して国の立法不作為の違憲確認訴訟を提起できるとされる。
3：抽象的権利説では、生存権は国民に法的権利を保障したものではないが、生存権を具体化する法律を前提とした場合に限り、違憲性を裁判上で主張することができるとされる。
4：最高裁判所は、昭和42年の朝日訴訟判決において、憲法第25条１項の規定は、直接個々の国民に対して具体的権利を賦与したものではないとした。
5：最高裁判所は、昭和57年の堀木訴訟判決において、憲法第25条の規定の趣旨に基づき具体的に講じられる立法措置の選択決定は、立法府の広い裁量に委ねられており、いかなる場合も裁判所が審査判断するのに適しない事柄であるとした。

実践 問題 98 の解説

〈生存権〉

1 × 生存権には，国民各自が自らの手で健康で文化的な最低限度の生活を維持する自由（自由権的側面）と，国家に対してそのような営みの実現を請求する権利（社会権的側面）という，2つの側面があるので，本肢記述は誤りである。

2 × プログラム規定説では，憲法25条の規定は，直接個々の国民に具体的な権利を付与するものではなく，単に国家の国民に対する政治的道徳的な義務・指針を宣言したものであり，国家に法的義務を課したものではないとされるので，本肢記述は誤りである（朝日訴訟，最大判昭42.5.24）。なお，生存権を具体化する法律がない場合に，裁判所に対して国の立法不作為の違憲確認訴訟を提起できるとされるのは，具体的権利説である。

3 × 抽象的権利説では，生存権は法規範性があると考えられ，国民に法的権利を保障したものとされるので，本肢記述は誤りである。生存権は，権利そのものから主張することはできないが，生存権を具体化する法律を前提とした場合に限り，違憲性を裁判上で主張することができるという点については正しい。

4 ○ 本肢記述のとおりである。最高裁判所は，昭和42年の朝日訴訟判決において，憲法25条1項の規定は，直接個々の国民に対して具体的権利を賦与したものではないとした（最大判昭42.5.24）。

5 × 最高裁判所は，昭和57年の堀木訴訟判決において，憲法25条の規定の趣旨に基づき具体的に講じられる立法措置の選択決定は，立法府の広い裁量に委ねられており，それが著しく合理性を欠き明らかに裁量の逸脱・濫用と見ざるをえないような場合を除き，裁判所が審査判断するのに適しない事柄であるとした（最大判昭57.7.7）。よって，本肢記述は誤りである。

正答 **4**

SECTION 2 基本的人権各論

日本国憲法の基本的人権

実践　問題 99　応用レベル

問 次の文章は人権の享有主体に関する文章であるが，下線ア～オの記述のうち，妥当なものが二つある。その組合せとして正しいものはどれか。（地上2010）

　人権は人間である以上当然に享有できる普遍的な権利である。しかし，日本国憲法は，人権の主体を一般国民に限定するかのような外観をとっている。そこで，一般国民のほかにいかなる者が人権を享有するかが問題となる。

　天皇は日本の国籍を有する日本国民であり，当然に人権の享有主体となる。しかし，皇位の世襲と職務の特殊性から必要最小限度の特例が認められる。ア天皇は，その地位の特殊性から，外国移転の自由や，特定の政党に加入する自由は認められない。

　外国人にも権利の性質上適用可能な人権規定は全て及ぶが，いかなる人権が保障されるのかについては議論がある。社会権については外国人には認められないと解されているが，それは，イ国民主権の原理に反することを理由とする。外国人の入国については，ウ国際慣習法上国に入国を受け入れる義務は存在しないため，外国人には入国の自由は保障されないと解されている。参政権も権利の性質上認められない人権であるが，近年エ国政及び地方選挙における参政権が，定住外国人に対して認められた。

　法人についても，権利の性質上可能な限り人権の保障が及ぶが，自然人にしか認められないような人権，たとえば，オ裁判を受ける権利や表現の自由は法人には保障されない。

1：ア　ウ
2：ア　エ
3：イ　エ
4：イ　オ
5：ウ　オ

実践 問題 99 の解説

〈人権の享有主体性〉

ア○ 天皇も日本国籍を有する日本国民と解され，人権は保障される。しかし，皇位の世襲制や象徴天皇制，職務の特殊性などから一般の国民とは異なった取扱いが認められるとされる。具体的には，選挙権や被選挙権などの参政権，特定の政党に加入する自由（憲法21条1項），外国移住の自由・国籍離脱の自由（同22条2項）などは認められないとされる。

イ× 社会権については，外国人に対して原則的に保障されないと解される。これは，社会権は第1次的には各人が所属する国によって保障されるべき権利であることが理由となっている。しかし，財政事情等の支障がない限り，法律によって外国人に社会権の保障を及ぼすことは，憲法上問題はないとされる。

ウ○ 外国人の入国の自由については，国際慣習法上，国家は外国人を受け入れる義務を負うものではなく，入国の可否は国家の裁量に委ねられると解されるため，憲法上，保障されないとされる。

エ× 参政権は，国民が自己の属する国の政治に参加する権利であるので，権利の性質上，日本国民のみを保障の対象としている。したがって狭義の参政権（選挙権・被選挙権）は，国政レベル，地方レベルにおいても外国人には憲法上保障されていないとされる。また，地方レベルにおいては，定住外国人に対して，法律で地方公共団体レベルでの選挙権を付与しても憲法に違反するものではないとの判例（最判平7.2.28）もあるが，定住外国人に対して国政および地方選挙の参政権が一般的に認められたわけではない。

オ× 法人についても，性質上可能な限り人権の保障が及ぶとされる（最大判昭45.6.24）が，選挙権や生存権のような自然人とのみ結びつくような人権については，保障されないとされる。法人に認められる人権の範囲については，財産権，営業の自由などの経済的自由権のほか，請願権や裁判を受ける権利などの国務請求権，さらに精神的自由権からは宗教法人における信教の自由，学校法人における学問の自由・教育の自由，報道機関の報道の自由に代表される表現の自由などが保障される。

以上より，妥当なものはアとウであり，正解は肢1となる。

正答 1

SECTION ② 日本国憲法の基本的人権
第4章 基本的人権各論

実践 問題 **100** 〈 応用レベル 〉

頻出度	地上★★★	国家一般職★★★	東京都★★	特別区★★★
	裁判所職員★	国税・財務・労基★★	国家総合職★★	

問 我が国の自由権等に関する記述として最も妥当なのはどれか。

(国家総合職2020)

1：日本国憲法では，通信の秘密は，法律の範囲内においてこれを侵してはならないと規定されており，法律による制限が可能となっている。この規定に基づいて制定された通信傍受法では，一定の組織犯罪については，裁判所の令状なしに，捜査機関が電話，ファックス，電子メールなどを傍受できるとされている。

2：日本国憲法では，表現の自由を侵害するものとして，大日本帝国憲法と同様に検閲の禁止が規定されている。家永教科書訴訟では，ある教科書が教科書検定で不合格や条件付き合格とされたことが違憲であるかが争われ，最高裁判所は，教科書検定は検閲に当たり違憲であるとの判決を下した。

3：知る権利は，表現の自由に基づく権利として，また，国や地方公共団体の保有する情報の公開を要求する権利として主張されている。なお，中央省庁などに行政文書の原則公開を義務付けている情報公開法では，「知る権利」という文言は明記されていないが，政府の説明責任（アカウンタビリティ）を全うするという目的が掲げられている。

4：プライバシーの権利は，かつては，自己に関する情報をコントロールする権利として考えられていたが，近年では，私生活をみだりに公開されない権利として捉える考え方が強まっている。2000年代初頭に制定された個人情報保護関連5法は，行政機関の保有する個人情報の適正な取扱いについて定めたものであり，民間事業者による取扱いについては定められていない。

5：被疑者や被告人は，本人の自白が唯一の証拠であっても有罪となることがあるため，日本国憲法に規定された思想・良心の自由及び表現の自由を根拠に，黙秘権が認められている。また，日本国憲法では，同一の犯罪について重ねて刑事上の責任を問われないと規定されているため，一度有罪と確定した判決に対して裁判のやり直しが行われることはない。

OUTPUT

チェック欄		
1回目	2回目	3回目

実践 問題 **100** の解説

〈わが国の自由権等〉

1 × 日本国憲法21条2項には「通信の秘密は，これを侵してはならない」とあるが，法律による制限については規定されていないので，本肢記述は誤りである。また，「犯罪捜査のための通信傍受に関する法律」（**通信傍受法**）では，通信傍受の対象となるのが，薬物関連犯罪，銃器関連犯罪，集団密航の罪等の組織的犯罪に限定されているが，通信傍受には裁判所の令状が必要なので，これも誤りである。

2 × 大日本帝国憲法には検閲の禁止が規定されていないので，本肢記述は誤りである。また，**家永教科書訴訟**（最判平5.3.16）では，ある教科書が教科書検定で不合格や条件付き合格とされたことが違憲であるかが争われ，最高裁判所は，教科書検定は日本国憲法21条2項の検閲にあたらないとの判決を下したので，これも誤りである。

3 ○ 本肢記述のとおりである。知る権利は，表現の自由に基づく権利として，また，国や地方公共団体の保有する情報の公開を要求する権利として主張されている。なお，中央省庁などに行政文書の原則公開を義務付けている**情報公開法**では，「知る権利」という文言は明記されていないが，政府の**説明責任（アカウンタビリティ）**を全うするという目的が掲げられている（同法1条）。

4 × プライバシーの権利は，かつては，私生活をみだりに公開されない権利として考えられていたが，近年では，自己に関する情報をコントロールする権利として捉える考え方が強まっているので，本肢記述は逆である。また，個人情報保護関連5法のうち**個人情報保護法**には，個人情報取扱事業者についても定められているので，これも誤りである。

5 × 日本国憲法38条3項には「何人も，自己に不利益な唯一の証拠が本人の自白である場合には，有罪とされ，又は刑罰を科せられない」とあり，被疑者や被告人は，本人の自白が唯一の証拠であっても有罪となることはないので，本肢記述は誤りである。また，同法39条では，同一の犯罪について重ねて刑事上の責任を問われない（**一事不再理**，**二重処罰の禁止**）と規定されているが，有罪判決を受けた者の利益になる場合に一度有罪と確定した判決に対して裁判のやり直し（**再審**）が行われることがあるので（刑事訴訟法435条），これも誤りである。

正答 3

第4章 日本国憲法の基本的人権

SECTION ② 日本国憲法の基本的人権
基本的人権各論

第4章

実践 問題 **101** 応用レベル

頻出度	地上★★★	国家一般職★★★	東京都★★	特別区★★★
	裁判所職員★	国税・財務・労基★★		国家総合職★★

問 日本国憲法に定められた基本的人権に関し，最高裁判所の判例に照らして最も妥当なのはどれか。 (国Ⅰ2003)

1：憲法上の基本的人権の保障は，権利の性質上，日本国民を対象としていると解されているものを除き，わが国に在留する外国人に対しても等しく及ぶと解すべきであることから，外国人には，在留の許否に関する国の裁量を拘束するまでの保障が与えられている。

2：酒税法は，酒類製造を一律に免許の対象とし，免許を受けないで酒類を製造した者を処罰することとしていたが，このような一律の規制は，自己消費目的の酒類製造の自由までも制約し，不合理であることが明白なことから，憲法に違反する。

3：教科書検定は，検定により不合格となった図書をそのまま一般図書として発行し，教師，児童，生徒を含む国民一般にこれを発表することを妨げるものではなく，発表禁止目的や発表前の審査などの特質がないから，検閲には当たらず，憲法に違反しない。

4：裁判官が一市民として表現の自由を有するのは当然であり，その保障も絶対的なものと解されることから，裁判官の独立及び中立・公正の確保であっても，裁判官に対し，積極的な政治運動を禁じる裁判所法の規定は，憲法に違反する。

5：薬事法が適正配置規制を定めているのは，薬局等の偏在に伴う過当競争によって不良医薬品が供給される危険性を排除し，特に国民の生命・健康に対する危険を防止するためであることから，この規制は，公共の利益のために必要かつ合理的なものということができ，憲法に違反しない。

OUTPUT

チェック欄		
1回目	2回目	3回目

実践 問題 **101** の解説

〈基本的人権〉

1 × 基本的人権の保障は，権利の性質上，日本国民を対象とするものを除き，わが国に在留する外国人に対しても等しく及ぶ。もっとも，その保障は，国の裁量に委ねられた外国人在留制度の枠内で与えられているにすぎず，在留期間中の基本的人権の保障を受ける行為を在留期間の更新の際に消極的な事情として斟酌されないことまでの保障が与えられていると解することはできないとされる（**マクリーン事件**，最大判昭53.10.4）。

2 × 租税の賦課徴収という財政目的のための職業の許可制による規制は，必要性と合理性についての立法府の判断が，政策的，技術的な裁量の範囲を逸脱し，著しく不合理なものでない限り憲法22条1項に違反しない。酒類製造者に納税義務を課し，酒類販売業者を介しての代金の回収を通じてその納税負担を消費者に転嫁するという仕組みは，立法府の裁量の範囲を逸脱するものではなく憲法には違反しない（最判平4.12.15）。

3 ○ 教科書検定は普通教育の中立，公正，一定程度の水準の確保という要請から，教科書という形態の発行を禁止するものであり，一般図書として発表することまで妨げるものではなく，発表禁止目的や発表前の審査などの特質がないから，検閲にはあたらず，憲法に違反しない（最判平5.3.16）。

4 × **表現の自由**が裁判官にも一市民として保障されるのは当然であるが，三権分立のもとで司法権を担う裁判官は，具体的裁判の中立・公正を図るだけでなく，外見上も中立・公正を害さないように自律，自制すべきことが要請され，私人としても政治的な勢力との間には一線を画すべきである。したがって，裁判所法が裁判官に対して「積極的に政治運動すること」を禁止しても，それが合理的で必要やむをえない限度にとどまるものである限り憲法の許容するところである。禁止の目的が正当で，禁止と禁止の目的との間に合理的な関連性があり，禁止により得られる利益はそれによって失われる利益よりも大きいので，憲法に違反しない（最大決平10.12.1）。

5 × 薬事法が適正配置規制を定めているのは，国民の生命・健康に対する危険を防止するための警察的措置であるが，薬局などの偏在に伴う過当競争によって不良医薬品が供給される危険性を排除するという一連の因果関係は，立法事実によって合理的に裏付けることはできないし，立法目的は行政上の取締りによっても十分に達成できるものであり，規制の必要性と合理性の存在は認められず，目的と手段の均衡を欠くものであり憲法22条1項に違反する（最大判昭50.4.30）。

正答 3

第4章 日本国憲法の基本的人権

第4章 SECTION 2 日本国憲法の基本的人権
基本的人権各論

実践 問題 102 応用レベル

問 経済的自由権に関する記述として最も妥当なのはどれか。　　（国Ⅰ2005）

1：経済的自由権は，元来，近代市民社会が自由な経済活動を行うために主張された権利であり，市民革命当初は法律により広汎な規制が加えられその権利のごく一部が保障されるにとどまっていたが，現在では不可侵の人権として厚く保護されている。

2：職業選択の自由に関して，許可制や資格制など様々な規則が設けられているが，これらは国民の生命や健康に対する危険を防止するために課せられたものであり，社会的弱者の保護など経済の調和のとれた発展を目的とするものではない。

3：職業選択の自由に関する判例についてみると，薬局を自由に開設すると薬局間で競争が激化することにより一部の薬局の経営が不安定化し不良医薬品が供給されるおそれがあることから，薬局の適正配置規制は合憲とされている。

4：条例による財産権の規制についてみると，条例は地方公共団体の議会において民主的な手法によって制定されたものであるから，地方独自の事情を勘案して，条例によって法律の範囲内で財産権を規制することは許されている。

5：財産権の規制に対して与えられる正当な補償は，道路拡張の際の土地収用などの場合には実際の市場価格に基づく額ではなく合理的な算出に基づく額であるものの，土地収用に伴う移転料や営業上の損失などの付帯的な損失については原則としてほぼ完全に補償される。

OUTPUT

チェック欄		
1回目	2回目	3回目

実践 問題 **102** **の解説**

〈経済的自由権〉

1 ✕ **経済的自由権**は，もともと中世的な封建的支配関係から脱して自由な経済活動を求める近代ブルジョアによって主張された権利であり，市民革命後には不可侵の権利として保護された。しかし，現代においては福祉国家実現のため，むしろ法律などによる制約を広く受けるものである。

2 ✕ **職業選択の自由**について，積極目的規制に関する判例として，小売市場許可制合憲判決（最大判昭47.11.22）がある。同判決において最高裁は，「本法所定の小売市場の許可規制は，国が社会経済の調和的発展を企図するという観点から中小企業保護政策の一方策としてとった措置」であるとし，「その目的において，一応の合理性を認めることができる」とした。また，「その規制の手段・態様においても，それが著しく不合理であることが明白であるとは認められない」として，積極目的規制における**「明白性の原則」**の立場が示された。

3 ✕ 薬事法違憲判決（最大判昭50.4.30）において，最高裁は，「適正配置規制は，主として国民の生命及び健康に対する危険の防止という消極的，警察的目的のための規制措置」とし，消極目的規制を明示している。また，不良医薬品は，流通段階で生じるよりも生産段階で生じるとし，不良医薬品の供給防止による国民の生活・健康の保持という目的との関連で，配置規制という手段は必要性・合理性が認められないとし，この規制を違憲とした。

4 ○ 憲法29条2項の「法律の留保」の趣旨は，財産権の行使にあたっては，国民の代表機関である議会の同意ないし承認が必要であるとのデモクラシーに立脚していると解するべきである。したがって，条例は，地方自治体の自主立法であり，民主的基盤を有することから，地方独自の事情を鑑みて，条例で財産権を規制することも許されるというのが通説である。

5 ✕ 判例は，農地改革の場合には**相当補償**で足りるとしている（最大判昭28.12.23）が，土地収用法による損失補償に関しては，**完全補償説**を採っている（最判昭48.10.18）。そのため，合理的な算出に基づく額でよいとする相当補償説を採る本肢は妥当ではない。なお，移転料や営業上の損失などの付帯的な損失も補償されるのが原則であるが，単なる金銭補償を超える生活再建措置や現物支給に関しては憲法29条3項の「正当な補償」に含まれないとする判例（岐阜地判昭55.2.25）がある。

第4章 日本国憲法の基本的人権

正答 4

LEC東京リーガルマインド 2024-2025年合格目標 公務員試験 本気で合格！過去問解きまくり！ 301
④社会科学

SECTION ②

第4章 日本国憲法の基本的人権
基本的人権各論

実践 問題 **103** 〈 応用レベル 〉

頻出度	地上★★★	国家一般職★★★	東京都★★	特別区★★★
	裁判所職員★	国税・財務・労基★★		国家総合職★★

問 我が国における社会権に関する記述として妥当なのはどれか。 （国Ⅰ2002）

1：社会権は，資本主義の発達に伴って生じた失業・貧困・労働条件悪化等の弊害から社会的経済的弱者を守るため保障される権利である。社会的経済的弱者が人間たるに値する生活を営むために国の積極的な配慮を求めることができることから「国家による自由」とも言われる。したがって，すべての社会権について，権利の実現のためには，具体的な法律の規定がなくても憲法の規定だけを根拠として裁判所に救済を求めることができる。

2：最高裁判所の判例によると，社会権は各人が国籍を有する国によって保障されるべき権利であるので，参政権と同様，外国人に対しては認められないとされている。そのため，我が国は，各種の社会権について差別禁止・内外人平等の取り扱いの原則を掲げる国際人権規約を批准していないが，これについては国の内外から強い批判がある。

3：社会権の一つとして憲法で教育を受ける権利が定められており，国は教育制度を維持し，教育条件を整備すべき義務を負っている。これを受けて，教育基本法，学校教育法が定められ，小・中学校の義務教育を中心とする教育制度が設けられている。義務教育における授業料については，憲法上の要請ではないが，教育の機会均等の趣旨から無償となっている。

4：憲法上の明文規定はないが，健康で快適な生活をおくるために必要な環境を享受する権利として環境権が提唱されている。環境権の位置付けについては，権利を具体化し実現するには国による積極的な環境保全，改善のための施策が必要となることから社会権としての性格を有するとする考え方があるが，環境権を憲法上の具体的権利として認めた最高裁判所の判例はない。

5：社会権の一つとして憲法で労働基本権が定められているので，この権利の実現のため労働者は国に対して労働基本権を保障する措置を要求することができるが，この権利についての規定は，使用者と労働者という私人間の関係には適用されない。また，国は労働基本権を実現するための諸施策を実施する義務を負うほか，法律によって勤労を国民に強制することができる。

OUTPUT

チェック欄		
1回目	2回目	3回目

実践 問題 **103** の解説 ─────────

〈社会権〉

1 × 　**社会権**とは，資本主義の発達に伴って生じた失業・貧困・労働条件悪化などの弊害から社会的経済的弱者を守るために保障される権利であり，福祉国家を実現するために認められる権利である。社会権の具体例は，生存権，教育を受ける権利，勤労の権利，労働基本権などである。なお，憲法の規定を直接の根拠として，裁判所に救済を求めることはできないとされている。

2 × 　最高裁判所の判例によると，社会権は各人が国籍を有する国によって保障されるべき権利であるので，参政権と同様，外国人に対しては認められないとされている（塩見訴訟，最判平元.3.2）。しかし，参政権と異なり，外国人に対して原理的に認められないものではなく，**財政事情などの支障がない限り**法律において外国人に社会権の保障を及ぼすことは望ましいとされている。日本においては，1979（昭和54）年に国際人権規約を批准している（ただし，公休日の報酬の支払い，官公労働者のスト権の2つについては留保）。

3 × 　教育を受ける権利の内容は，子どもの学習権を保障したものと解されており，判例によれば，義務教育における授業料については，憲法上の要請として無償なものとしている（最大判昭39.2.26）。

4 ○ 　憲法上の明文規定はないが，**環境権**とは，健康で快適な生活をおくるために必要な環境を享受する権利と解されている。環境権は，**自由権的な側面**と**社会権的な側面**を有している。環境権の社会権的な側面を考えるならば，環境権の具体化のために，公権力による積極的な環境保全ないし改善のための施策が必要になるが，環境権を憲法上の具体的権利として認めた最高裁の判例は今のところない。

5 × 　日本国憲法においては，社会権の1つとして労働基本権が定められている。**労働基本権は社会権的側面を有し**，この権利の実現のために，労働者は国に対して労働基本権を保障する措置を要求することができると解されており，国はその施策を実施すべき義務を負うものとされている。労働者は使用者に対して不利な立場に立たされることが多かったことから，わが国においては，労働基本権は使用者と労働者という私人間の関係にも適用されることとなった。なお，国が法律によって勤労を国民に強制することはできないと解されている。

正答 4

第4章 日本国憲法の基本的人権

LEC東京リーガルマインド　2024-2025年合格目標 公務員試験 本気で合格！過去問解きまくり！　303
④社会科学

第4章 SECTION 2 日本国憲法の基本的人権
基本的人権各論

実践 問題 104 応用レベル

問 刑事手続上の権利に関する記述として，妥当なのはどれか。　（東京都2017）

1：何人も，現行犯又は準現行犯として逮捕される場合若しくは緊急逮捕の場合を除き，権限を有する裁判官が発する令状によらなければ，逮捕されることはない。
2：何人も，弁護人に依頼する権利を与えられなければ拘禁されないが，一時的な身体の拘束である抑留については，この限りではない。
3：何人も，住居，書類及び所持品について，侵入，捜索及び押収を受けることのない権利は，逮捕に伴う場合であっても，侵されることはない。
4：何人も，刑事被告人となった場合には，全ての証人に対して審問する機会を充分に与えられ，自費で自己のために強制的手続により証人を求める権利を有する。
5：何人も，現行犯又は準現行犯として逮捕される場合若しくは緊急逮捕の場合を除き，自己に不利益な供述を強要されず，自己に不利益な唯一の証拠が本人の自白である場合，有罪とされない。

OUTPUT

実践　問題 104　の解説

チェック欄
1回目	2回目	3回目

〈刑事手続上の権利〉

1 ○ 本肢記述のとおりである。憲法33条は、「何人も、現行犯として逮捕される場合を除いては、権限を有する司法官憲が発し、且つ理由となつてゐる犯罪を明示する令状によらなければ、逮捕されない」と規定しており、被疑者であっても、**原則として令状がなければ逮捕されない**。例外として、現行犯又は準現行犯の場合（刑事訴訟法212条1項・2項）もしくは緊急逮捕の場合（同法210条）は令状がなくても逮捕される。なお、現行犯逮捕は、検察官や警察官のほか、一般市民でも可能である（同法213条）。

2 × 憲法34条は、「何人も、理由を直ちに告げられ、且つ、直ちに弁護人に依頼する権利を与へられなければ、抑留又は拘禁されない」と規定しており、一時的な身体の拘束である抑留であっても、弁護人に依頼する権利を与えられなければ拘禁されない。

3 × 憲法35条1項は、「何人も、その住居、書類及び所持品について、侵入、捜索及び押収を受けることのない権利は、第33条の場合を除いては、正当な理由に基いて発せられ、且つ捜索する場所及び押収する物を明示する令状がなければ、侵されない」と規定しており、住居、書類及び所持品について、侵入、捜索および押収を受けることのない権利は、逮捕に伴う場合（憲法33条）は当てはまらない。

4 × 憲法37条2項は、「刑事被告人は、すべての証人に対して審問する機会を充分に与へられ、又、公費で自己のために強制的手続により証人を求める権利を有する」と規定しており、刑事被告人となった場合には、「公費」で自己のために強制的手続により証人を求める権利を有する。

5 × 憲法38条1項は、「何人も、自己に不利益な供述を強要されない」と規定しており、現行犯または準現行犯として逮捕される場合若しくは緊急逮捕の場合であっても、**自己に不利益な供述を強要されない**。なお、**自己に不利益な唯一の証拠が本人の自白である場合、有罪とされない**という記述部分については正しい（憲法38条3項）。

第4章　日本国憲法の基本的人権

正答 1

第4章	# 日本国憲法の基本的人権

章末 CHECK ❓Question

Q1 制度的保障の具体例として，大学の自治が挙げられる。

Q2 地方選挙において永住外国人に法律で選挙権を付与することは，憲法上禁止されている。

Q3 幸福追求権に基づく新しい人権として学説上主張されているものに，名誉権，肖像権，プライバシー権があるが，これらは，判例では認められていない。

Q4 事態の真相を告白し陳謝の意を表明するにとどまる程度の謝罪広告の強制は，思想・良心の自由の侵害とはならない。

Q5 市が，市体育館の起工式を，神職主宰のもと神式によって挙行し，神官に対して謝礼・供物代金などを公金から支出することは，政教分離原則に反する。

Q6 初等教育機関においては，教師の教授の自由が全面的に認められる。

Q7 報道の自由および取材の自由は，憲法21条の保障のもとにある。

Q8 すべての国家機関が行う表現物に対する審査を検閲といい，憲法で禁止されている。

Q9 経済的自由権に対して積極目的による規制がなされている場合，その合憲性は，明白性の原則によって判断される。

Q10 衆議院議員選挙において，投票価値の最大較差が約1対5となるような定数配分規定は，当該較差を生じた両選挙区の範囲内でのみ違憲である。

Q11 国民が請願を行った場合でも，国家はその請願内容を実施する義務を負うものではない。

Q12 書留郵便物について，郵便業務従事者の行為によって損害が生じた場合に国の損害賠償責任を全面的に免除することは，違憲である。

Q13 生存権について定める憲法25条1項は，具体的権利を定めたものである。

Q14 人はある程度の財産がなければ生存できないので，財産権も生存権と同様に社会権に分類される。

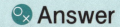

A1 ○ 制度的保障の具体例としては，政教分離原則や私有財産制もある。

A2 × 地方選挙において永住外国人に法律で選挙権を付与することは，憲法上禁止されていない（最判平7.2.28）。

A3 × 名誉権，肖像権，プライバシー権は，新しい人権として，判例上認められているといえる。

A4 ○ 思想・良心の自由の保障は沈黙の自由の保障をも含むが，謝罪広告の強制は，必ずしも思想・良心の自由の侵害とはならない（最大判昭31.7.4）。

A5 × こうした起工式の目的は専ら世俗的で，宗教に対する援助や圧迫になるものではないから，合憲とされている（最大判昭52.7.13）。

A6 × 初等教育機関においては，教育の機会均等，全国的な教育水準の確保などの要請から，教師に完全な教授の自由は認められない。

A7 × 取材の自由は，憲法21条の精神に照らし十分尊重に値するとされているのみである（最大決昭44.11.26）。

A8 × 検閲の主体は行政権であり，国家機関全般ではない。また，表現物を事前に審査することをいい，事後の審査は含まない。

A9 ○ 判例の採用する規制目的二分論によると，積極目的規制の場合は明白性の原則で，消極目的の場合は厳格な合理性の基準で合憲性が判断される。

A10 × 全体が違憲とされる（最大判昭51.4.14）。

A11 ○ 憲法16条は請願する権利を保障しているにすぎない。

A12 ○ 書留郵便物について，郵便業務従事者の故意・重過失によって損害が生じた場合にまで国の損害賠償責任を免除することは，憲法17条に反し，違憲である（最大判平14.9.11）。

A13 × 判例・通説とも，憲法25条１項の具体的権利性を否定している。

A14 × 財産権は経済的自由権の一種に位置づけられている。

memo

第5章

日本国憲法の統治機構

SECTION

① 国会
② 内閣
③ 裁判所

第5章 日本国憲法の統治機構

出題傾向の分析と対策

試験名	地上			国家一般職(旧国Ⅱ)			東京都			特別区			裁判所職員			国税・財務・労基			国家総合職(旧国Ⅰ)		
年度	15-17	18-20	21-23	15-17	18-20	21-23	15-17	18-20	21-23	15-17	18-20	21-23	15-17	18-20	21-23	15-17	18-20	21-23	15-17	18-20	21-23
出題数 セクション	3	2	3	2	1		2	1		3	2		2	1	1	4	1	3			2
国会		★★	★★★	★				★			★		★★	★	★	★★	★	★			★
内閣	★							★								★	★				
裁判所	★★				★		★	★		★★	★			★	★						★

（注）1つの問題において複数の分野が出題されることがあるため，星の数の合計と出題数とが一致しないことがあります。

　日本国憲法の統治機構としての出題は，人権分野と並び日本国憲法において中心的分野といえ，本試験でも頻出の分野といえます。人権分野と違い，判例に関しての知識はそれほど要求されることはありません。その代わり，条文に対する正確な知識が要求されることになります。試験対策についていえば，憲法の条文を繰り返し読む必要があります。その中でも，国会に関する出題が多く，次いで裁判所，内閣となっています。国会では，定足数や議決数などの細かい数字や，衆参両議院の選挙制度についても学習しておきましょう。

地方上級

　地方上級では，国会・内閣・裁判所の範囲からバランスよく出題されています。その中でも，国会に関する出題が多いですが，他の分野からも出題されているので，満遍なく学習をしてください。

国家一般職（旧国家Ⅱ種）

　この分野からは，他の試験種と比べて，裁判所に関する出題が比較的多いといえます。他の分野からも出題されることがあり，覚えていれば得点源とすることができるので，地方上級と同様，満遍なく学習をしましょう。

東京都

東京都においてこの分野からの出題は，それほど多くはなく，重要度としては相対的に低いといえます。特に内閣・裁判所に関する問題は，近年出題されていません。もっとも，試験対策として条文については必ず確認しておきましょう。

特別区

特別区では，この分野からバランスよく出題されているので，満遍なく学習をしましょう。

裁判所職員

裁判所職員においては，国会に関する出題が頻出です。一方，特に内閣・裁判所に関する問題は，近年はあまり出題されていません。もっとも，裁判所職員として仕事をするうえでも，必要不可欠な知識となるので，力を入れて学習する必要があるといえます。

国税専門官・財務専門官・労働基準監督官

国税専門官・財務専門官・労働基準監督官の試験では，この分野から比較的多く出題される傾向にあるといえます。その中でも国会に関する出題は頻出です。内容としては国会の議決や，わが国の内閣，わが国の司法といった基本的事項が多いようです。条文を中心に学習しましょう。

国家総合職（旧国家Ⅰ種）

国家総合職では，従来は比較的国会に関する出題が多かったのですが，近年は統治機構の分野からバランスよく出題されています。憲法の条文に関しては細かい知識まで要求されているので，暗記してしまうくらいのつもりで読み込みましょう。

Advice アドバイス　学習と対策

人権分野とは違い，判例知識はそれほど要求されない分，条文の細かい理解が問われてきます。そのため，統治機構に関する条文はそれほど多くないので，すべて暗記してしまうくらい，繰り返し読み込んでください。その際，表や図を多用すると覚えやすいので，自分なりの表や図を作成しながら学習するとよいでしょう。出題内容としては，条文を知っていれば，正答が導き出せるものから，条文の解釈を要求するものまで出題されているので，数多くの演習に取り組みましょう。

第5章 日本国憲法の統治機構
SECTION 1 国会

必修問題 セクションテーマを代表する問題に挑戦！

国会の召集，開催時期や衆議院の優越については，頻出です。

問 日本国憲法に定める国会に関する記述として，妥当なのはどれか。
（地上2010）

1：国会は国の唯一の立法機関であり，国会議員は法律案を発議することができるが，内閣には法律案を国会に提出する権限がない。
2：予算は，内閣により国会に提出されることとされており，参議院が衆議院より先に予算を審議しなければならない。
3：法律案は，衆議院で可決され参議院で否決された場合，衆議院で出席議員の過半数で再び可決したとき，法律となる。
4：憲法改正は，各議院の総議員の過半数の賛成で国会が発議し，特別の国民投票又は国会の定める選挙の際行われる投票において国民の過半数の賛成による承認を必要とする。
5：両院協議会は，予算の議決，条約の承認及び内閣総理大臣の指名に際して衆議院と参議院の両議院の意見が一致しないとき，必ず開かれなければならない。

Guidance ガイダンス
統治機構の分野では，条文がそのまま問題となることが多く，また，同じような問題が繰り返し出されるため，条文の読み込みと数多くの問題に当たるべきである。両院協議会の開催については，予算の議決，条約の承認，総理大臣の指名が必要的であるが，法律案の議決に関しては任意的である。

| 頻出度 | 地上★★★　国家一般職★★　東京都★★　特別区★★ |
| | 裁判所職員★★★　国税・財務・労基★★★　国家総合職★★★ |

チェック欄

1回目	2回目	3回目

必修問題の解説

〈国会〉

1× 憲法は41条で，「国会は，国権の最高機関であつて，国の唯一の立法機関である」と定めている。**国会議員は法律案を発議することができる**が，衆議院議員が発議する場合，20人以上の賛成を要し，特に予算を伴う法律案については50人以上の賛成が必要となる。一方，参議院議員が発議する場合には，10人以上の賛成を要し，特に予算を伴う法律案については20人以上の賛成が必要となる（国会法56条1項）。また，**内閣法は内閣総理大臣が，内閣を代表して内閣提出の法律案を国会に提出すると定めており**（内閣法5条），内閣の法律案提出権を認めている。この点，内閣に法案提出権を認めることは，国会を「唯一の立法機関」としている憲法41条に反しないか争いはあるものの，合憲とするのが一般的である。また，実際，重要法案のほとんどは内閣提出法案となっている。

2× 予算は，内閣総理大臣が内閣を代表して国会に提出する（内閣法5条）。しかし，**予算は先に衆議院に提出しなければならないので**（衆議院の予算先議権，憲法60条1項），参議院が衆議院より先に予算を審議することはない。

3× 法律案は，両議院で可決したときに法律となるのが原則である（憲法59条1項）。しかし，憲法59条2項において，「**衆議院で可決し，参議院でこれと異なつた議決をした法律案は，衆議院で出席議員の3分の2以上の多数で再び可決したときは，法律となる**」と定められている。

4× 憲法改正については，憲法96条1項において，「この憲法の改正は，**各議院の総議員の3分の2以上の賛成で，国会が，これを発議し，国民に提案してその承認を経なければならない**。この承認には，特別の国民投票又は国会の定める選挙の際行はれる投票において，その過半数の賛成を必要とする」と定められている。憲法改正の発議を行うには，各議院の総議員の過半数ではなく，3分の2以上の賛成が必要である。

5○ 本肢の記述のとおりである。予算の議決，条約の承認，内閣総理大臣の指名に際して，衆議院と参議院の両院の意見が一致しなかった場合は，両院協議会の開催が憲法上要請されている（憲法60条2項，61条，67条2項）。

第5章

日本国憲法の統治機構

正答 5

LEC東京リーガルマインド　2024-2025年合格目標 公務員試験 本気で合格！過去問解きまくり！
④社会科学　313

第5章 SECTION 1 日本国憲法の統治機構
国会

1 国会の地位

(1) 「国権の最高機関」の意味

41条の「国権の最高機関」という文言は，国会が主権者である国民によって直接選挙された議員で構成され，**国民に最も近い位置にある重要な国家機関**であるということを政治的に強調したものです（**政治的美称説**，通説）。

(2) 「唯一の立法機関」の意味

41条の「唯一の立法機関」という文言は，他の機関が立法を行うことはできず（**国会中心立法の原則**），また，国会の手続のみで立法がなされる（**国会単独立法の原則**）という2つの原則を意味します。

> **補足** 国会中心立法の例外として，**議院規則制定権**（58条2項），**最高裁の規則制定権**（77条1項），**委任立法**（73条6号）があります。
> また，国会単独立法の例外として，**地方特別法**（95条）などがあります。

(3) 国民の代表機関

議会を構成する議員は，特定の選挙母体の代表ではなく**全国民の代表**であり，議会における議員は選挙母体に拘束されず自己の信念に基づいて発言・表決する存在です。二院制を採用しているのは，両議院の抑制・均衡により，議会への権力集中と専制化を防止できるとともに，審議と議決の慎重を期すことができることなどがその理由です。

2 国会の活動

(1) 会議の諸原則

国会の各議院における**定足数**（合議体が議事を行い意思を決定するのに必要な最小限度の出席者数）は，原則として**総議員の3分の1以上**（憲法56条1項）です。また，表決数は，原則として**出席議員の過半数**（憲法56条2項）です。例外的に，次の場合には，**異なる表決数が定められています。**

表決数の例外

議決内容	議決数
内閣に対する臨時会の開催請求（憲法53条後段）	総議員の4分の1以上
資格争訟裁判で議席を剥奪する場合（憲法55条）	出席議員の3分の2以上
秘密会の決定（憲法57条1項）	出席議員の3分の2以上

INPUT

議員の表決の会議録への記載（憲法57条3項）	出席議員の5分の1以上
法律案の再議決（憲法59条2項）	出席議員の3分の2以上
憲法改正の発議（憲法96条1項）	総議員の3分の2以上

(2) 国会の種類と会期

国会の会期には，**通常国会**（常会, 52条），**臨時国会**（臨時会, 53条），**特別国会**（特別会, 54条1項）の3種類があります。

	召集時期	会期	延長可能回数
常　会	毎年1回，1月中に召集	150日	1回
臨時会	① 内閣が必要と認めたとき ② いずれかの議院で，総議員の4分の1以上の要求があったとき ③ 衆議院議員の任期満了に伴う選挙後30日以内 ④ 参議院議員の通常選挙後，任期が始まる日から30日以内	両議院の議決で決定。ただし，衆議院の議決が優越する。	2回
特別会	衆議院の解散に伴う総選挙後30日以内	同　上	同　上

> **補足**
>
> **【参議院の緊急集会】**
> 参議院の緊急集会とは，衆議院が解散されて総選挙が行われ，特別会が召集されるまでの間に国会の開会を要する緊急の事態が発生したときに，内閣の求めに応じて参議院が国会の権能を代行することをいい，参議院の側からこの開催を求めることはできません。
> なお，緊急集会で議決された措置は臨時のものであって，次の国会（特別会）開会後10日以内に衆議院の同意が得られない場合は，将来に向かってその効力を失います。

3 国会議員の特権

(1) 不逮捕特権（50条）

国会議員は，原則として，**国会の会期中逮捕されません**。また，会期前に逮捕された議員は，その議院の要求があれば，会期中釈放しなければなりません。ただし，**院外現行犯**の場合と，所属する**議院の許諾**がある場合は，逮捕されます（国会法33条）。

第5章 日本国憲法の統治機構

日本国憲法の統治機構
国会

(2) 免責特権（51条）

国会議員は、議院で行った演説、討論、表決などについて、院外で**民事・刑事の法的責任を問われません**。議員の自由な活動を保障する趣旨です。ただし、院内で懲罰などによる責任を追及することは妨げられません。また、院外でも、法的責任でなく政治責任を追及することは可能です。

(3) 歳費特権（49条）

国会議員は、国庫から**相当額の歳費**を受けることが保障されています。

4 国会の権能

憲法改正の発議権（憲法96条1項）
法律案の議決権（憲法59条）
内閣総理大臣の指名権（憲法67条）
弾劾裁判所の設置権（憲法64条）
財政監督権（憲法83条）
条約承認権（憲法61条）

5 衆議院の優越

事項		参議院の議決猶予期間	備考
衆議院の議決が優先する事項	法律案の議決	60日	◆ 両院協議会の開催は任意的 ◆ 衆議院の側から両院協議会を開くことも可能
	予算の議決	30日	◆ 衆議院の議決のみで成立することもある
	条約の承認	30日	
	内閣総理大臣の指名	10日	◆ 両院協議会の開催は必要的
衆議院のみに認められた権限	予算先議権 内閣不信任決議権		

INPUT

6 議院の権能

(1) 議院の自律権

議院の逮捕の許諾および会期前に逮捕された議員の釈放要求権（憲法50条）
資格争訟の裁判権（憲法55条）
議院の役員選任権（憲法58条1項）
議院規則制定権（憲法58条2項）
議員の懲罰権（憲法58条2項）

(2) 国政調査権（62条）

　国政調査権も議院の権能で，その法的性質は，国会の権能を有効・適切に行使するための補助的権能です（通説）。これにより，議院は，証人の出頭・証言・記録の提出を要求することができます。ただし，権力分立原理から，他の国家権力との関係で制限を受け，特に司法権の独立を害する態様の調査は認められないと解されています。

> 補足
>
> 【委員会中心主義】
> 議案の実質的な審議は委員会において行われること，さらに議案の成否を実質的に左右するのも委員会であること。
> かつての大日本帝国憲法下の帝国議会ではイギリス議会にならって本会議中心主義（読会制）が採用されていた。
> 戦後の国会では，アメリカの国会制度にならって委員会中心主義が採用されている。

第5章 日本国憲法の統治機構

第5章 SECTION 1 日本国憲法の統治機構 国会

実践 問題 105 基本レベル

頻出度　地上★★★　国家一般職★★　東京都★★　特別区★★
　　　　裁判所職員★★★　国税・財務・労基★★★　国家総合職★★★

問 法律案の国会審議に関する記述として最も適当なものはどれか。

(裁判所職員2015)

1：内閣が提出する法律案は、その法律案の作成を担当した所管の国務大臣が、内閣を代表して、衆議院と参議院のいずれかの議長に提出する。
2：各議院に提出された法律案は、本会議において事前の総括的な審議が行われた後、本会議の議決に基づき、通常は、適当な常任委員会に付託される。
3：両議院による法律案の議決は、日本国憲法に特別の定めのある場合を除き、出席議員の過半数により決し、可否同数のときは、否決されたものとみなされる。
4：衆議院で可決した法律案を、参議院が修正した上で可決したときは、衆議院がその修正に同意すれば、修正された法律案が法律となる。
5：衆議院で可決し、参議院でこれと異なる議決をした法律案は、衆議院で総議員の三分の二以上の多数で再び可決したときは、法律となる。

OUTPUT

チェック欄		
1回目	2回目	3回目

実践 問題 **105** の解説

〈法律案の国会審議〉

1 × 所管の国務大臣が誤りである。**内閣が提出する法律案は，総理大臣が内閣を代表して，衆議院と参議院のいずれかの議長に提出する。**

2 × 本会議と常任委員会の順序が逆である。**内閣が提出した法律案を受けた議院の議長は，まず法律案を適当な委員会（常任委員会または特別委員会）に付託する。**委員会における法律案の審議が終了すると，その審議は本会議に移行する。

3 × 可否同数のときは，否決されたものとみなされるという記述部分が誤りである。憲法56条2項には「両議院の議事は，この憲法に特別の定のある場合を除いては，出席議員の過半数でこれを決し，可否同数のときは，議長の決するところによる」と議長が表決することになっている。

4 ○ 本肢記述のとおりである。衆議院で可決した法律案を，参議院が修正したうえで可決したときは，衆議院に回付する。衆議院が回付案の修正に同意すれば，修正された法律案が法律となる。これとは逆に，参議院で可決した法律案を，衆議院が修正したうえで可決したときは参議院に回付する。参議院が回付案の修正に同意すれば，修正された法律案が法律となる（国会法83条3項・4項）。

5 × 総議員が誤りである。憲法59条2項では「衆議院で可決し，参議院でこれと異なつた議決をした法律案は，衆議院で出席議員の3分の2以上の多数で再び可決したときは，法律となる」と定められている。

第5章 日本国憲法の統治機構

正答 4

LEC東京リーガルマインド　2024-2025年合格目標 公務員試験 本気で合格！過去問解きまくり！
④社会科学

SECTION 1 日本国憲法の統治機構 国会

実践　問題 106　基本レベル

問　我が国の国会に関する記述として最も妥当なのはどれか。　（国Ⅱ 2008）

1：国会は，衆議院と参議院の二院制を採用している。衆議院は，予算の議決などにおいて参議院に優越するなど相対的に強い権限が与えられていることから，参議院に比べて議員の定数が多く，その任期も長い。また，被選挙権が与えられる年齢も高くなっている。

2：国会の種類の一つに，毎年必ず召集される常会がある。常会は年度の初めの4月に召集され，会期を150日間とすることが憲法第52条に定められており，他の時期に召集することや会期を延長することは認められていない。

3：一定数以上の国会議員が要求したときには，臨時会と呼ばれる国会を召集することができる。臨時会の召集に必要な国会議員の数は，定数の多い衆議院では総議員の4分の1以上，定数の少ない参議院では総議員の3分の1以上となっている。

4：衆議院を解散した場合，憲法第54条によって，解散後の総選挙の日から30日以内に，内閣の意向や当選した議員の要求の有無にかかわりなく，特別会と呼ばれる国会を召集しなければならない。

5：衆議院を解散した場合，衆議院議員は，その時点から議員としての活動を停止するが，総選挙の結果が出るまでは議員としての身分を保有しており，この間に国に緊急の事態が発生した場合には臨時会と呼ばれる国会の召集を要求することができる。

OUTPUT

実践 問題 **106** の解説

〈国会〉

1 × 日本国憲法は，法律案の議決や内閣総理大臣の指名などにおいて，衆議院の優越を認めている（59条2項，67条2項）。これは，衆議院のほうは任期が短く解散もあり，民意を反映しやすいからであると解されている。したがって，衆議院の任期が参議院より長いとする本肢は妥当でない（衆議院の任期は4年で参議院の任期は6年である，憲法45条，46条）。また，衆議院議員の被選挙権が与えられる年齢は満25年以上（公職選挙法10条1項1号）とされ，参議院議員の場合は年齢満30年以上（同条項2号）とされている。

2 × 憲法52条は，「国会の常会は，毎年1回これを召集する」と定めるのみで，開催時期や会期の延長については規定していない。なお，国会法は，常会を毎年1月中に召集するものとし（2条），期間は150日間と規定している（10条本文）。また，会期の延長についても，同法12条2項で，常会については1回のみ可能であることが定められている。

3 × 憲法53条は，「内閣は，国会の臨時会の召集を決定することができる。いづれかの議院の総議員の4分の1以上の要求があれば，内閣は，その召集を決定しなければならない」と規定している。したがって，衆参両議院とも，臨時会の召集に必要な国会議員の数は総議員の4分の1以上とされており，議員定数の違いによる差異は設けられていない。

4 ○ 憲法54条1項は，「衆議院が解散されたときは，解散の日から40日以内に，衆議院議員の総選挙を行ひ，その選挙の日から30日以内に，国会を召集しなければならない」と規定しており，国会を開会することが義務となっている。なお，衆議院の解散に伴う選挙の後に開催されるこの国会のことを特別国会（特別会）とよぶ。

5 × 憲法45条は衆議院議員の任期を4年と定めているが，衆議院解散の場合には，その任期が満了する前に終了するとしている。したがって，衆議院が解散されると，衆議院議員は議員たる身分を失うことになる。なお，衆議院の解散後，特別国会が召集されるまでの間に国に緊急の事態が発生した場合には，内閣は，参議院の緊急集会を求めることができる（54条2項但書）。

第5章 日本国憲法の統治機構

正答 4

LEC東京リーガルマインド 2024-2025年合格目標 公務員試験 本気で合格！過去問解きまくり！ 321
④社会科学

第5章 SECTION 1 日本国憲法の統治機構 国会

実践 問題 107 基本レベル

頻出度　地上★★★　国家一般職★★★　東京都★★　特別区★★
　　　　裁判所職員★　国税・財務・労基★★　国家総合職★

問 国会の会期と活動に関する次の記述のうち，妥当なのはどれか。（地上2018）

1：日本国憲法は二院制を採用している。参議院がおかれている理由としては，衆議院と異なり，地域や社会各層の利害を代表させるためである。
2：国会では会期制が採用されている。会期中に議決に至らなかった案件は，後の会期に継続して審議されるのが原則である。
3：国会の審議では本会議中心主義が採られており，原則として本会議のみで議案や予算の審議は完結する。
4：国会議員が内閣に臨時会の召集を求めるためには，衆議院又は参議院のいずれかの総議員の半数以上の要求が必要である。
5：衆議院が解散されると参議院は同時に閉会となるが，特別会の召集までの間に，国会の開催を必要とする緊急の事態が生じた場合には，内閣は参議院の緊急集会を求めることができる。

OUTPUT

チェック欄		
1回目	2回目	3回目

実践 問題 **107** **の解説**

〈国会の会期と活動〉

1 × 参議院は，法案などが衆議院との一致で決定されることが原則とされるため，慎重審議を期すためのほか，衆議院の行き過ぎを抑制することが期待されている。また，衆議院が解散しているときに国に緊急の必要があるときに緊急集会を求めることができるなど，非常装置的な役割も担っている。

2 × 国会で会期中に議決に至らなかった案件は，後の会期に継続して審議されないのが原則である。これを「**会期不継続の原則**」という。

3 × 国会の審議では委員会中心主義が採られている。少人数で構成された各委員会において，付託された案件の審査が行われる点で，委員の専門的知識，自由な討議，審議の効率化という長所がある。

4 × 衆議院または参議院のいずれかの総議員の4分の1以上から要求があったとき，内閣は臨時会の召集を決定しなければならない（憲法53条）。

5 ○ 本肢記述のとおりである（憲法54条2項）。

第5章 日本国憲法の統治機構

正答 5

LEC東京リーガルマインド　2024-2025年合格目標 公務員試験 本気で合格！過去問解きまくり！　323
④社会科学

第5章 日本国憲法の統治機構
SECTION 1 国会

実践 問題 108 基本レベル

頻出度　地上★★★　国家一般職★★　東京都★★　特別区★★
　　　　裁判所職員★★★　国税・財務・労基★★★　国家総合職★★★

問 日本国憲法に規定する衆議院の優越に関する記述として、妥当なのはどれか。

（特別区2013）

1：条約の締結に必要な承認について、衆議院と参議院とが異なった議決をした場合に、両院協議会を開いても意見が一致しないときは、衆議院の議決が国会の議決となる。

2：憲法改正案について、衆議院が可決し、参議院が否決した場合に、両院協議会を開いても意見が一致しないときは、衆議院の総議員の3分の2以上の賛成で、国会がこれを発議する。

3：参議院が、衆議院の可決した予算を受け取った後、一定期間以内に議決しない場合は、衆議院で出席議員の3分の2以上の多数で再び可決したときに、衆議院の議決が国会の議決となる。

4：内閣総理大臣の指名について、衆議院と参議院とが異なった議決をした場合は、両院協議会を開くことは要せず、直ちに衆議院の議決が国会の議決となる。

5：衆議院には先議権が認められており、法律案及び予算については、参議院より先に衆議院に提出しなければならない。

OUTPUT

チェック欄		
1回目	2回目	3回目

実践 問題 **108** の解説

〈衆議院の優越〉

1 ○ 憲法61条は「条約の締結に必要な国会の承認については，前条第2項の規定を準用する」として，前条2項にある，「参議院で衆議院と異なつた議決をした場合に，両議院の協議会を開いても意見が一致しないとき，衆議院の議決を国会の議決とする」という部分に従うこととなっている。

2 × 憲法改正については，憲法96条で「各議院の総議員の3分の2以上の賛成で，国会が，これを発議し」と規定しており，**衆議院の議決のみで発議することはできない。**

3 × **衆議院で再議決する必要はない。**憲法60条2項は，「予算について，参議院で衆議院と異なつた議決をした場合に，法律の定めるところにより，両議院の協議会を開いても意見が一致しないとき，又は参議院が，衆議院の可決した予算を受け取つた後，国会休会中の期間を除いて30日以内に，議決しないときは，衆議院の議決を国会の議決とする」と規定している。つまり，参議院が予算を受け取った後30日以内に議決しない場合である。

4 × **両議院で指名が異なった場合には必ず両院協議会が開かれる。**憲法67条2項は，「衆議院と参議院とが異なつた指名の議決をした場合に，法律の定めるところにより，両議院の協議会を開いても意見が一致しないとき，又は衆議院が指名の議決をした後，国会休会中の期間を除いて10日以内に，参議院が，指名の議決をしないときは，衆議院の議決を国会の議決とする」と規定している。

5 × 予算は衆議院に先議権が認められている（憲法60条1項）が，**法律案は衆議院の先議権が認められておらず，**参議院に先に提出してもよい。

第5章 日本国憲法の統治機構

正答 1

LEC東京リーガルマインド　2024-2025年合格目標 公務員試験 本気で合格！過去問解きまくり！　325
④社会科学

第5章 SECTION 1 日本国憲法の統治機構 国会

実践 問題 109 基本レベル

頻出度 地上★★ 国家一般職★★ 東京都★★★ 特別区★★
　　　 裁判所職員★★ 国税・財務・労基★★ 国家総合職★★★

問 憲法に定める国会における衆議院の優越に関する記述として，妥当なのはどれか。
(東京都2013)

1：法律案について，参議院で衆議院と異なった議決をした場合に，法律の定めるところにより，両議院の協議会を開いても意見が一致しないときは，衆議院で出席議員の過半数で再び可決したとき，法律となる。
2：予算について，参議院で衆議院と異なった議決をした場合に，法律の定めるところにより，両議院の協議会を開いても意見が一致しないときは，衆議院の議決を国会の議決とする。
3：条約の締結に必要な国会の承認については，さきに衆議院に提出しなければならない。
4：内閣総理大臣は，衆議院議員の中から国会の議決で，これを指名し，この指名は，他のすべての案件に先だって，さきに衆議院で行わなければならない。
5：衆議院で内閣不信任決議案を可決したときは，内閣は衆議院を解散しなければならず，また，衆議院で内閣信任決議案を否決したときは，内閣は総辞職をしなければならない。

直前復習

実践 問題 109 の解説

〈衆議院の優越〉

1 × 衆議院で法律案を再可決する場合，3分の2以上でなければならない。憲法59条2項は「衆議院で可決し，参議院でこれと異なつた議決をした法律案は，衆議院で出席議員の3分の2以上の多数で再び可決したときは，法律となる」と規定している。

2 ○ 憲法60条2項は「予算について，参議院で衆議院と異なつた議決をした場合に，法律の定めるところにより，両議院の協議会を開いても意見が一致しないとき，又は参議院が，衆議院の可決した予算を受け取つた後，国会休会中の期間を除いて30日以内に，議決しないときは，衆議院の議決を国会の議決とする」と規定している。

3 × 衆議院に先議権があるのは予算（憲法60条1項）であり，条約の承認については衆議院の先議権はない。

4 × 内閣総理大臣は国会議員の中から選べばよいのであって，衆議院議員の中から選ばなければならないわけではない。憲法67条1項は「内閣総理大臣は，国会議員の中から国会の議決で，これを指名する。この指名は，他のすべての案件に先だつて，これを行ふ」と規定している。

5 × 憲法69条は，「内閣は，衆議院で不信任の決議案を可決し，又は信任の決議案を否決したときは，10日以内に衆議院が解散されない限り，総辞職をしなければならない」と規定しており，衆議院で内閣不信任決議案が可決された場合，内閣信任決議案が否決された場合とも，内閣は自ら総辞職するか，10日以内に衆議院を解散するかを選択することとなる。

正答 2

第5章 SECTION 1 日本国憲法の統治機構
国会

実践 問題 110 基本レベル

頻出度　地上★★★　国家一般職★★　東京都★★　特別区★★
　　　　裁判所職員★★★　国税・財務・労基★★★　国家総合職★★★

[問] 国会における議決に関するA～Eの記述のうち，妥当なもののみを挙げているのはどれか。　　　　　　　　　　　　　　　　（国税・労基2009）

A：衆議院で可決し，参議院でこれと異なった議決をした法律案は，衆議院で出席議員の3分の2以上の多数で再び可決したときに法律となるが，その前提として，両院協議会を開かなければならない。

B：参議院が，衆議院の可決した法律案を受け取った後，国会休会中の期間を除いて60日以内に議決しないときは，衆議院は，参議院がその法律案を否決したものとみなすことができる。

C：予算について，参議院で衆議院と異なった議決をした場合に，国会法の定めるところにより両院協議会を開いても意見が一致しないときは，衆議院の議決を国会の議決とする。

D：参議院が，衆議院の可決した予算を受け取った後，国会休会中の期間を除いて60日以内に議決しないときは，衆議院の議決を国会の議決とする。

E：条約締結の承認について，参議院が，衆議院の承認した条約を受け取った後，国会休会中の期間を除いて10日以内に議決しないときは，衆議院の議決を国会の議決とする。

1：A，D
2：A，E
3：B，C
4：B，E
5：C，D

OUTPUT

実践　問題 110 の解説

〈国会の議決〉

A × 本記述前段は正しい。しかし，**法律の制定手続において，両院の意思が食い違ったときの両院協議会の開催はあくまで任意的なものであり**，両院協議会を必ず開かなければならないわけではない（憲法59条3項）。

B ○ 参議院が，衆議院が可決した法律案を受け取ったのち，国会休会中の期間を除いて60日以内に当該法律案に関し何らかの議決を行わない場合には，**衆議院は，参議院が当該法律案を否決したものとみなすことができる**（憲法59条4項）。したがって，本記述は正しい。ただし，当然に否決されたものとみなされるわけではなく，参議院が否決したものとみなす旨の議決を行う必要がある（**みなし否決の決議**）。

C ○ 予算について，参議院で衆議院と異なった議決をした場合，法律（国会法）の定めるところにより，両院協議会を開いても意見が一致しないときは，衆議院の議決が国会の議決となる（憲法60条2項前段）。法律案の場合と異なり，この場合の**両院協議会の開催は必要的**である。

D × 参議院が，衆議院の可決した予算を受け取った後，国会休会中の期間を除いて30日以内に議決しないときは，法律案の場合と異なり，衆議院の議決が国会の議決となる（60条2項後段，記述B解説参照）。「60日以内」としている点で，本記述は誤っている。

E × 条約締結に必要な国会の承認について定める憲法61条は，予算について定める60条2項の規定を準用すると定めている。したがって，予算の場合と同様，参議院が，衆議院の可決した条約を受け取った後，国会休会中の期間を除いて30日以内に議決しないときは，衆議院の議決が国会の議決となる（憲法61条，同法60条2項）。本記述は，「10日以内」としている点で誤っている。

以上より，妥当なものはB，Cであり，正解は肢3となる。

正答 3

第5章 SECTION 1 日本国憲法の統治機構 国会

実践　問題 111　基本レベル

問　次のア〜キの記述のうち，国会の権能として適当なもののみをすべて挙げているのはどれか。　　　　　　　　　　　　　　（裁事・家裁2010）

ア：内閣の首長たる内閣総理大臣を，国会議員の中から指名する議決を行う。
イ：内閣不信任の決議案を可決し，または信任の決議案を否決する。
ウ：国の財政を処理する権限の行使について，議決を行う。
エ：罷免の訴追を受けた裁判官を裁判するため，弾劾裁判所を設ける。
オ：国政に関する調査を行い，これに関して証人の出頭及び証言並びに記録の提出を要求する。
カ：会議その他の手続及び内部の規律に関する規則を定め，院内の秩序をみだした議員を懲罰する。
キ：憲法改正の発議をする。

1：ア，イ，エ
2：ア，ウ，エ，キ
3：ア，オ，カ，キ
4：イ，ウ，エ，オ，キ
5：イ，ウ，オ，カ，キ

OUTPUT

実践 問題 **111** の解説

〈国会の権能〉

憲法上，国会の権能とされているもののうち，主なものは，①憲法改正の発議権（キ）（憲法96条），②法律の議決権（憲法59条），③条約承認権（憲法73条3号），④内閣総理大臣の指名権（ア）（憲法67条），⑤弾劾裁判所の設置権（エ）（憲法64条），⑥財政監督権（ウ）（憲法7章・8条など）である。

なお，（オ）国政調査権（憲法62条），（カ）議院規則制定権，議員の懲罰権（憲法58条2項）は，「議院」の権能である。また，（イ）内閣不信任案の決議・内閣信任案の否決は，法的効力を持つものは憲法上衆議院の権能とされており，これがなされると，内閣は10日以内に衆議院を解散するか，総辞職するかを選択しなければならない（憲法69条）。参議院も問責決議案の形で内閣の責任を問うことはできるが，憲法69条のような効果は認められず，あくまで政治的な意味を持つものにすぎないとされている。いずれにしても，内閣不信任案の決議・内閣信任案の否決は「議院」が行うものであり，「国会」が行うものではない。

以上より，適当なものはア，ウ，エ，キであり，正解は肢2となる。

正答 2

第5章 SECTION 1 日本国憲法の統治機構
国会

実践　問題 112　基本レベル

頻出度
地上★★★　国家一般職★★　東京都★★　特別区★★
裁判所職員★★★　国税・財務・労基★★★　国家総合職★★★

問 国会及び国会議員に関する記述として最も妥当なのはどれか。　（国Ⅱ2011）

1：国会は唯一の立法機関であり，法律案を提出できるのは国会議員と内閣である。国会議員が法律案を発議するには，一人だけで発議することはできず，一定数以上の議員の賛成が必要とされており，予算を伴う法律案を発議するには，さらに多数の賛成を必要とする。

2：国会は常に開いているものではなく，会期制をとっている。会期中に成立しなかった法律案は，いずれかの議院で可決されれば，後会に継続することができるとされているため，次の会期において，他方の議院で可決されれば成立する。

3：国会開会後，審議を始める前に内閣総理大臣が所信表明演説を行い，この演説に対して，内閣総理大臣と野党党首とのいわゆる党首討論が行われる。内閣総理大臣の所信表明演説は衆議院のみで行うのが原則であるが，衆議院と参議院の第一党が異なる場合には両院で行うこととしている。

4：国会議員は，国費で政策秘書3名，政務秘書1名の計4名までの公設秘書を付することができる。公設秘書のうち，政策秘書は資格試験に合格した者から採用しなければならないが，政務秘書の採用は国会議員の裁量に委ねられており，自らの配偶者を採用することも可能である。

5：国政調査権とは，国政に関して調査を行う国会の権能であり，証人の出頭，証言や記録の提出を求めることができる。証人には出頭義務があるが，虚偽の証言をした場合でも刑事罰が科されることはない。また，証人の尋問中にテレビ放映などに向けた撮影を行うことは禁じられている。

OUTPUT

チェック欄		
1回目	2回目	3回目

実践 問題 **112** の解説

〈国会と国会議員〉

1 ○ 国会は唯一の立法機関であることは憲法で明記されており，法律案の提出は衆議院議員および参議院議員，内閣に認められている。ただし，衆議院議員および参議院議員が法律案を発議する場合には，1人だけでは発議することは認められず，衆議院においては**議員20名以上**，参議院においては**10名以上**の賛成を必要としており，さらに予算を伴う法律案の場合には，衆議院では**50名以上**，参議院では**20名以上**の賛成を要するとしている（国会法56条1項）。

2 × 会期中に議決されなかった法案は，衆議院または参議院で継続審議の手続をしなければ，審議未了で廃案となる。これを「**会期不継続の原則**」という。したがって，いずれかの議院で可決されたとしても，それだけでは後会に継続することはなく，次の会期ではまた新たに法案を提出する必要がある。

3 × **所信表明演説**とは，臨時国会の冒頭などで内閣総理大臣が行う演説のことをいう。所信表明演説は，臨時国会のほか，新しい首相が指名される特別国会や，国会の会期途中に首相が交代した場合にも所信表明演説が行われ，衆議院と参議院の本会議で国政全般について当面の方針や重点課題を説明する。一方，通常国会の冒頭で行われる首相の演説のことを施政方針演説という。

4 × 政策秘書とは，議員の政策立案や立法活動などを担当する秘書のことである。国会議員は，国費で1人の政策秘書と2人の公設秘書をつけることができる。政策秘書になるためには，国家資格である政策担当秘書資格試験に合格するほか，10年以上の公設秘書経験があれば研修を受け資格を得られる。一方，公設秘書とは，国会議員の政治活動を補佐するために国費で採用される秘書のことをいう。公設秘書は，議員の政策立案や立法活動などを助けるほか，選挙運動をはじめとする後援会活動などを担当している。

5 × 憲法では，**国政調査権**について「両議院は，各々国政に関する調査を行ひ，これに関して，証人の出頭及び証言並びに記録の提出を要求することができる」と規定している（憲法62条）。国政調査権に基づき証人喚問された場合，証人は議院証言法などに基づき，その出頭・宣誓・証言を罰則によって強制し，かつ，虚偽の陳述をした者を処罰することを定めている（議院証言法6条）。

正答 **1**

第5章 日本国憲法の統治機構

第5章 SECTION 1 日本国憲法の統治機構 国会

実践　問題113　基本レベル

問 我が国の国会及び国会議員に関する記述として最も妥当なのはどれか。

（国税・財務・労基2023）

1：国会は，国権の最高機関であって，国の唯一の立法機関である。主権者である国民の代表によって構成される国会には，内閣や裁判所など他の政府機関に対する一般的な指揮命令権が憲法上与えられている。

2：衆議院及び参議院の両議院は，全国民を代表する選挙された議員で組織される。また，比例代表選出議員を除く選挙区選出議員については，選挙区の有権者の投票で議員を罷免するリコール制が導入されている。

3：両議院の議員及びその選挙人の資格は，法律で定められるが，人種，信条，性別，社会的身分，門地，教育，財産又は収入によって差別してはならないことが憲法上規定されている。また，議員の被選挙権は，衆議院議員が満25歳以上，参議院議員が満30歳以上とされている。

4：衆議院議員の任期は4年とされ，衆議院解散又は内閣総辞職の場合には，その任期満了前に終了する。他方，参議院議員の任期は8年とされ，4年ごとに議員の半数が改選されることとなっている。

5：何人も，同時に両議院の議員となることはできないが，議員が，その任期中に，内閣総理大臣その他の国務大臣を兼務することは認められている。また，自身が属する議院の許可を得れば，地方公共団体の首長を兼務することも認められている。

実践 問題 113 の解説

〈わが国の国会および国会議員〉

1 × 憲法上，国会は国権の最高機関といっても，法的にすべての国家機関に優越するという意味ではない。国会は，主権者である国民から直接選ばれた議員で構成されるため，三権の中で，主権者である国民の意思を最もよく反映している機関である。したがって，国のすべての機関のうち最も重要な地位にあるという意味で，国権の最高機関と位置づけられている。

2 × 国会議員を罷免する方法は，憲法58条2項による出席議員の3分の2以上の多数による議決による除名のみである。**国会議員にリコール制は導入されていないので**，本肢記述は誤りである。

3 ○ 本肢記述のとおりである。両議院の議員およびその選挙人の資格は，法律（公職選挙法2章）で定められるが，人種，信条，性別，社会的身分，門地，教育，財産または収入によって差別してはならないことが憲法上規定されている（憲法44条）。また，議員の被選挙権は，衆議院議員が満25歳以上（公職選挙法10条1項1号），参議院議員が満30歳以上（同条項2号）とされている。

4 × 衆議院議員の任期は4年とされ，衆議院解散の場合には，その任期満了前に終了するとあるので（憲法45条），本肢記述は誤りである。また，参議院議員の任期は6年とされ，3年ごとに議員の半数が改選されることとなっている（同法46条）。よって，これも誤りである。

5 × 国会法39条によれば，**国会議員は，内閣総理大臣**その他の国務大臣，**内閣官房副長官，内閣総理大臣補佐官，副大臣，大臣政務官，大臣補佐官および別に法律で定めた場合を除いては，その任期中，国または地方公共団体の公務員と兼ねることができない**とある。よって，本肢記述は誤りである。ただし，両議院一致の議決に基づき，その任期中内閣行政各部における各種の委員，顧問，参与その他これらに準ずる職に就く場合は，この限りでない。

正答 3

第5章 日本国憲法の統治機構
SECTION 1 国会

実践 問題 114 　基本レベル

頻出度　地上★★★　国家一般職★★　東京都★★　特別区★★
　　　　裁判所職員★★★　国税・財務・労基★★★　国家総合職★★★

問　議院の国政調査権に関する記述のうち，正しいものが二つある。それらはどれか。
（地上2005）

A：議院は，裁判の当否を審査することを目的として国政調査権を行使することはできないが，裁判事務処理に関する法改正のための資料を目的として国政調査権を行使することはできる。

B：国政調査権の行使は衆参両議院が共同してこれを行う。したがって，議院が国政調査権を行使するには，両議院一致の議決が必要である。

C：国政調査権の行使方法として，議院は，議院に認められた憲法上の権限を実効的に行使するために必要であれば，資料収集を目的としての捜索・押収を行うことができる。

D：行政権の行使は，原則としてすべての国政調査権の対象となるが，例外的に検察権の行使は，行政権の行使であっても国政調査権の対象とならない場合がある。

E：議院は国政調査の手段として，証人に出頭を求め，その者の思想・信条に関して証言を求めることもできる。

1：A，D
2：A，E
3：B，C
4：B，D
5：C，E

実践　問題 114 の解説

〈国政調査権〉

A ○ 通説である補助的権能説から考えると，他の国家機関の権限そのものを侵すような国政調査，すなわち，司法権の独立（憲法76条1項），裁判官の独立（同条3項）に対して，法律上のみならず事実上の影響を与えるような調査は許されない。具体的には，係争中の事件に関して被告人や裁判官を証人として喚問し，文書の提出を求めることや裁判の内容の当否を調査することは許されない。しかし，憲法上の権能を実効的に行使するための国政調査は認められ，裁判事務処理に関する法改正のための資料収集を目的として国政調査を行うことは認められる。

B × 憲法62条は，「両議院は，各々国政に関する調査を行ひ，…（後略）」と定めている。つまり，国政調査権は，両議院が一致して行うものではなく，**各議院が各々行う**ことができる。また，国政調査権の行使にあたって，法律案のように，両議院一致の議決が必要であるとの記述は妥当ではない。

C × 国政調査権の行使方法として，憲法の明文上，**証人の出頭および証言ならびに記録の提出**を求めることができる。しかし，資料収集目的であっても，捜索，押収，逮捕，住居侵入など刑事手続上の強制力を認めることはできない（札幌高判昭30.8.23）。

D ○ 憲法66条3項によると，内閣は行政権の行使について**国会に対し連帯して責任を負う**。したがって，原則的に，各議院は広く行政権に対して国政調査権の対象にすることができる。検察業務それ自体は，行政作用であり原則として国政調査権の対象となるが，司法権と同様の性質を多く有しているため，司法権の独立に類する形で考慮しなければいけない。具体的には，起訴，不起訴の検察権の行使に政治的影響を及ぼすためや捜査の続行に重大な支障を及ぼすような方法の国政調査は許されない。

E × 各議院は，国政調査の手段として，証人の出頭および証言ならびに記録の提出を要求することができる。しかし，独立権能説においても補助的権能説をとっても，**基本的人権を侵すような国政調査は許されない**のは当然である。そのため，国政調査においても，個人の思想・信条を強制的に告白させることは禁止される。また，憲法38条1項の定める黙秘権は国政調査権においても妥当すると考えられている。

以上より，妥当なものはA，Dであり，正解は肢1となる。

正答 1

第5章 ① 日本国憲法の統治機構
国会

実践 問題 115 基本レベル

問 我が国の国会に関するA～Dの記述のうち，妥当なものを選んだ組合せはどれか。 (特別区2021)

A：両議院の議員は，法律の定める場合を除いては，国会の会期中逮捕されず，会期前に逮捕された議員は，その議院の要求があれば，会期中これを釈放しなければならない。

B：特別国会は，いずれかの議院の総議員の4分の1以上の要求がある場合に召集されるものであり，臨時国会は，衆議院解散後の総選挙の日から30日以内に召集されるものである。

C：両議院は，各々その会議その他の手続及び内部の規律に関する規則を定め，また，院内の秩序を乱した議員を懲罰することができるが，議員を除名するには，出席議員の3分の2以上の多数による議決を必要とする。

D：両議院は，各々国政に関する調査を行い，これに関して，証人の出頭及び証言並びに記録の提出を要求することができるが，その証人が虚偽の証言をしても懲役等の罰則はない。

1：A，B
2：A，C
3：A，D
4：B，C
5：B，D

実践 問題 115 の解説

〈わが国の国会〉

A ○ 本記述のとおりである。**両議院の議員は，法律の定める場合を除いては，国会の会期中逮捕されず，会期前に逮捕された議員は，その議院の要求があれば，会期中これを釈放しなければならない**（憲法50条）。

B × 特別国会と臨時国会が逆である。**臨時国会は，いずれかの議院の総議員の4分の1以上の要求がある場合に召集**されるものであり（憲法53条），**特別国会は，衆議院解散後の総選挙の日から30日以内に召集されるものである**（憲法54条1項）。

C ○ 本記述のとおりである。両議院は，各々その会議その他の手続及び内部の規律に関する規則を定め，また，院内の秩序を乱した議員を懲罰することができるが，**議員を除名するには，出席議員の3分の2以上の多数による議決を必要とする**（憲法58条2項）。

D × 両議院は，各々国政に関する調査を行い，これに関して，証人の出頭および証言ならびに記録の提出を要求することができるが（憲法62条），その証人が虚偽の証言をした場合は刑事罰による強制を課し（議院証言法6条），調査の実行性を担保している。よって，本記述は誤りである。

　以上より，妥当なものはA，Cであり，正解は肢2となる。

正答 **2**

第5章 SECTION 1 日本国憲法の統治機構
国会

実践 問題 116 〈応用レベル〉

頻出度	地上★★★	国家一般職★★	東京都★★	特別区★★
	裁判所職員★★★	国税・財務・労基★★★	国家総合職★★★	

問 国会に関する記述として最も妥当なのはどれか。 （国Ⅰ2007）

1：内閣総理大臣は、国会議員であること、また、その指名権を国会が有することは、議院内閣制の具体的な発現形態であり、この指名は先決案件である。両議院の指名が一致しない場合には、両議院の協議会を開いて意見調整が行われ、それでも一致しないときには、衆議院の議決が国会の議決となることが憲法上認められている。

2：法律案は、両議院で可決したとき法律となることから、いずれかの議院で原案に修正を加えて可とする議決、いわゆる修正可決がなされた場合には、原案に同じ修正を加えたものが両議院によって可決されなければならず、衆議院の意思だけで法律が成立することは憲法上認められていない。

3：予算は、必ず衆議院に先に提出しなければならないとする、いわゆる衆議院の予算先議権が認められているが、議決についても衆議院の優越が憲法上認められており、後議の参議院で衆議院と異なった議決をした場合であっても、衆議院で出席議員の3分の2以上の多数で再可決したとき、衆議院の議決により予算は自然成立する。

4：条約については、内閣が締結権を有しているが、条約が国際法形式であることから、国会による承認を事前に得ることが求められており、憲法上も衆議院の先議権と優越が認められている。参議院が衆議院と異なる議決をした場合には、衆議院で出席議員の3分の2以上の多数で再可決したとき、衆議院の議決が国会の議決とみなされる。

5：国政調査権については、憲法で「両議院は、法律の定めるところにより、各々国政に関する調査を行ひ」と規定されており、明治憲法にも同様の明文の規定があった。これは国会が自らの諸権限を有効かつ的確に行使できるよう国政上必要な情報を入手するためのもので、調査に際しては、各議院における証人の出頭及び証言を求めることができるが、記録の提出を求めることまでは認められていない。

実践 問題 116 の解説

〈国会〉

1 ○ 本肢のほか，衆議院が指名の議決をしたのち，国会休会中の期間を除いて10日以内に参議院が指名の議決をしないときにも衆議院の議決が国会の議決となる（憲法67条2項）。

2 × 法律案を衆議院で可決し，参議院でこれと異なった議決をした場合に，**衆議院は両院協議会を開くことなく衆議院で出席議員の3分の2以上の多数で再可決することで法律案を成立させることができる**（憲法59条2項）。よって両議院によって可決しなければならないとは限らず，衆議院のみの議決だけで法律が成立することも憲法は認めている。

3 × 衆議院に予算の先議権が認められている点は正しい（憲法60条1項）が，**出席議員の3分の2以上の多数で再可決したときに衆議院の議決が国会の議決となるのは予算ではなく法律案**である。予算の場合は両院協議会を開いても意見が一致しなかったとき，および参議院が衆議院の可決した予算を受け取ったのち国会休会中の期間を除いて30日以内に議決しないときは衆議院の議決が国会の議決となる（憲法60条2項）。

4 × 条約の承認の議決は予算の議決と異なり衆議院の先議権は認められていない。また，条約締結権は内閣が有するが，国会の承認は事前のみならず場合によっては事後に得ることも必要とされる（原則事前に得ることとされる）。さらに，**出席議員の3分の2以上の多数で再可決したときに衆議院の議決が国会の議決となるものは条約ではなく法律案**である。条約の場合は両院協議会を開いても意見が一致しなかったとき，および参議院が衆議院の可決した条約を受け取ったのち国会休会中の期間を除いて30日以内に議決しないときは衆議院の議決が国会の議決となる（憲法61条）。

5 × **国政調査権の規定は明治憲法下では存在せず**，またその行使にもさまざまな制約が存在していた。日本国憲法下では議院の国政調査権について明文の規定（憲法62条）があり，**証人の出頭・証言のみならず記録の提出を求める**権限も持っている。

正答 1

SECTION 1 日本国憲法の統治機構 国会

実践 問題 117 応用レベル

頻出度 地上★★★ 国家一般職★★ 東京都★★ 特別区★★
裁判所職員★★★ 国税・財務・労基★★★ 国家総合職★★★

問 我が国の国会議員に関するA〜Dの記述のうち，妥当なもののみをすべて挙げているのはどれか。 （国Ⅰ2009）

A：地方公共団体の議会の議員が国政選挙で当選した場合は，国会議員と地方公共団体の議会の議員を兼職することができる。

B：国会議員は，国民の代表者であり，その職責を妨げることは議会制民主主義に反するため，現行犯罪の容疑者であっても国会の会期中は逮捕されることはなく，本人への捜査も所属議院の許諾を得て，閉会中に行わなければならない。

C：両議院の議員は，議院で行った演説，討論又は表決について，院外で法律上の責任を問われない。

D：両議院は，国会での会議その他の手続や内部の規律に関する規則を定めることができるほか，院内の秩序を乱した議員を懲罰することができるが，議員を除名するには，出席議員の３分の２以上の多数による議決が必要とされる。

1：A，B
2：A，C
3：B，C
4：B，D
5：C，D

実践 問題 117 の解説

〈わが国の国会議員〉

A × 憲法48条は，同一人が同時に衆議院・参議院の議員となることを禁止している（国会議員の兼職禁止）。さらに，地方自治法92条は，地方公共団体の議会の議員が，衆議院・参議院議員を兼ねることはできないと規定している。したがって，国会議員と地方公共団体の議会の議員の兼職を認める本記述は妥当でない。

B × 国会議員は，法律の定める場合を除いては，国会の会期中逮捕されない（不逮捕特権，憲法50条）。そして，「法律の定める場合」すなわち不逮捕特権の例外として，国会法33条は①院外における現行犯罪の場合，②所属する院の許諾がある場合を規定している。したがって，現行犯罪の場合には，国会の会期中であっても逮捕されることになる。以上より，本記述は妥当でない。また，容疑者たる議員本人への捜査に関しては，それが身体の拘束を伴わないものであれば，不逮捕特権の対象とはならず，会期中でも行うことができる。

C ○ 本記述のとおりである。憲法51条は，「両議院の議員は，議院で行つた演説，討論又は表決について，院外で責任を問はれない」としている（免責特権）。国会議員の職務の執行の自由を保障するためである。なお，ここで免責される責任には，刑事・民事責任のほか，弁護士等の懲戒責任などが含まれる。

D ○ 本記述のとおりである。各議院は，他の国家機関や他の議院から干渉を受けることなく，その内部組織および運営等に関して自主的に決定することができる（議院の自律権）。そして憲法は，両議院に，会議その他の手続および内部の規律に関する規則を定める権能（議院規則制定権），および院内の秩序をみだした議員を懲罰する権能（議員懲罰権）を認めている（憲法58条2項）。ただし，議員に対する懲罰権の行使として対象となる議員を除名するには，出席議員の3分の2以上の多数による議決が必要である（同条項但書）。

　以上より，妥当なものはC，Dであり，正解は肢5となる。

正答 5

第5章 SECTION 1 日本国憲法の統治機構
国会

実践 問題 118 応用レベル

問 我が国の国会に関する記述として最も妥当なのはどれか。

(国家総合職2022改題)

1：憲法上，衆議院には国政調査権が認められており，証人の出頭・証言や記録の提出を要求するなどの国政に関する調査は，両議院で可決した場合に限り行うことができる。ただし，その調査権限は無制約ではなく，権力分立の原則から司法権の独立を侵すことになるような権限の行使は認められない。

2：条約の締結に必要な国会の承認については，衆議院で先議しなければならない。また衆議院で可決し参議院でこれと異なった議決をした場合，衆議院で出席議員の3分の2以上の多数で再び可決したときは，国会の承認を経たものとみなされる。

3：司法府に対する監督権限として，国会は，罷免の訴追を受けた裁判官を裁判するため，両議院の議員で組織する弾劾裁判所を設置する。ただし，2022年末現在，弾劾裁判で罷免された裁判官はおらず，制度の空洞化が指摘されている。

4：国会における審議を活性化するとともに，国の行政機関における政治主導の政策決定システムを確立することを目的として，国会審議活性化法が制定されている。これにより設けられた国家基本政策委員会の合同審査会として，党首討論が行われている。また，国務大臣を補佐する副大臣・大臣政務官が各府省に置かれている。

5：憲法は，「国会は，国権の最高機関であつて，国の唯一の立法機関である」と定め，国会が主権者である国民を代表する機関であり，国の政治は国会を中心に行われるべきであるということを示している。そのため，両議院の会議は常に公開とすることが義務付けられている。

実践 問題 118 の解説

〈わが国の国会〉

1 ✗ 憲法上,衆議院と参議院のいずれにも国政調査権が認められており,証人喚問(証人の出頭・証言)などの国政調査権を行使するには衆参両院議長の賛成が必要となるので,本肢記述は誤りである。ただし,記録の提出を要求するなどの国政に関する調査は,衆参両院のいずれかの委員会で過半数の議決が得られれば,内閣や官公庁などに関係書類の提出を求めることができるので,これも誤りである。

2 ✗ 条約の締結に必要な国会の承認については,衆議院に先議権はないので,本肢記述は誤りである。また,衆議院と参議院で異なった議決をし,両院協議会を開いても意見が一致しないときは,衆議院の議決が国会の議決となり,国会で承認されたとみなされるので,これも誤りである。

3 ✗ 司法府に対する監督権限は国会にないので,本肢記述は妥当ではない。国会は罷免の訴追を受けた裁判官を裁判するため,両議院の議員で組織する弾劾裁判所を設置しているにすぎない。2022年末現在,弾劾裁判を受けた裁判官は延べ9人で,罷免された裁判官は7人いるので,これも誤りである。

4 ○ 本肢記述のとおりである。1999年7月,国会における審議を活性化するとともに,国の行政機関における政治主導の政策決定システムを確立することを目的として,国会審議活性化法が制定された。これにより設けられた国家基本政策委員会の合同審査会として,党首討論が行われている。また,2001年1月には,それまでの政務次官制度が廃止されて,新たに国務大臣を補佐する副大臣・大臣政務官が各府省に配置された。

5 ✗ 憲法では,「国会は,国権の最高機関であつて,国の唯一の立法機関である」(41条)ではなく,「両議院は,全国民を代表する選挙された議員でこれを組織する」(43条1項)において,国会が主権者である国民を代表する機関であることを示しているので,本肢記述は誤りである。一般に,41条にある「国権の最高機関」とは,国会が主権者である国民によって直接選挙された議員で構成され,国民に最も近い位置にある重要な国家機関であるということを政治的に強調したもの(政治的美称説)を意味すると考えられているので,これも妥当ではない。また,両議院の会議は常に公開されているわけではないので,これも誤りである。

正答 4

第5章 SECTION 2 日本国憲法の統治機構
内閣

必修問題 セクションテーマを代表する問題に挑戦！

国会や裁判所と比較して，内閣に関する範囲は広くないので，ポイントを絞ってがんばっていきましょう。

問 我が国の内閣制度に関する記述として最も妥当なのはどれか。
（国Ⅱ 2009）

1：議院内閣制を採用しているため，内閣総理大臣は国務大臣の過半数以上を衆議院議員の中から任命しなければならない。また，国務大臣を衆議院議員以外から選任した場合には，その者の任命について衆院での承認を必要とする。
2：責任内閣制を採用しており，法律の執行に関しては，内閣が国会に対し連帯して責任を負う。他方，法律の制定に関しては，三権分立の原則に基づき国会が唯一の立法機関とされているため，内閣が閣議決定した法律案は，与党の衆議院議員によって発議される。
3：内閣は予算を作成して国会に提出できるが，国の財政を処理する権限は国会の議決に基づいて行使しなければならない。また，内閣は外交関係を処理し，条約を締結することができるが，条約締結については，事前に，時宜によっては事後に，国会の承認を必要とする。
4：内閣は，最高裁判所長官を指名し，その他の裁判官を任命することができる。裁判官に罷免に相当する著しい職務義務違反や非行が認められた場合には，内閣は，すみやかに国会に対し弾劾裁判所の設置を求め，その裁判官を訴追しなければならない。
5：内閣は，大赦，特赦，減刑，刑の執行の免除及び復権を決定することができる。これらの執行は，三権分立の原則の下で司法が決定した判断を行政が変更する結果となるため，国権の最高機関である国会の承認を必要とする。

直前復習

Guidance ガイダンス 内閣の職務は閣議により行い，以下のものがある。①法律の誠実な執行と国務の総理，②外交関係の処理，③条約の締結，④官吏に関する事務の掌理，⑤予算の作成と国会への提出，⑥政令の制定，⑦恩赦の決定，のほか，一般の行政事務である。

〈内閣〉

1 × 憲法68条1項は、「**内閣総理大臣は、国務大臣を任命する。但し、その過半数は、国会議員の中から選ばれなければならない**」と規定している。したがって、国務大臣の過半数を「衆議院議員の中から」任命しなければならないわけではない。また、国務大臣を衆議院議員以外から選任した場合でも、その者の任命について衆議院で承認を受ける必要はない。

2 × 内閣は、行政権の行使について、国会に対し連帯して責任を負う（憲法66条3項）。ここにいう「行政権」とは、形式的意義のものを指し、内閣の権限すべてを含むものとされている。したがって、内閣がその権限である法律の執行（同法73条1号）を行うにあたり、国会に対し連帯して責任を負うとする本肢前段は正しい。しかし、内閣の法律案提出権に関しては、憲法上の明文規定がないことから争いはあるものの、これを認めるのが通説的見解である。したがって、本肢後段は誤っている。なお、**内閣法は、内閣の法律案提出権を認める規定を置いている**（内閣法5条）。

3 ○ **内閣は予算を作成して国会に提出する**（憲法73条5号）。**予算の作成・提出は内閣の専権事項である**。ただし、国の財政を処理する権限は、国会の議決に基づいて行使しなければならない（同法83条）。財政の処理は、国民の負担に直接かかわる重要なものであることから、国民の代表機関である国会による民主的コントロールのもとに置く趣旨である（財政民主主義）。以上より、本肢前段は正しい。また、同法73条2号・3号より、本肢後段も正しい。

4 × 内閣は、**最高裁判所長官を指名するとともに**（憲法6条2項）、**長官以外の最高裁判所裁判官**（同法79条1項）、**および他の裁判官**（ただし、最高裁判所の指名した者の名簿に基づく。憲法80条1項）**を任命する**。この点に関する本肢の記述は正しい。これに対して、裁判官に罷免に相当する著しい職務義務違反や非行が認められた際に、**弾劾裁判所を設置することは国会の権限**であり（同法64条1項）、内閣にその設置を要求する権限・義務はない。したがって、本肢後段は誤っている。

5 × 内閣が、大赦、特赦、減刑、刑の執行の免除および復権を決定する権限を有するとしている点は正しい（憲法73条7号）。ただし、これらについて、国権の最高機関である国会の承認を要するとする規定は憲法上存在しない。

正答 3

第5章 SECTION 2 日本国憲法の統治機構
内閣

1 行政権と内閣

行政権は，一切の国家作用のうちから，**立法権と司法権を除いた残りすべて**（控除説，通説）を指します。

2 独立行政委員会

内閣から**独立した地位**において職権を行使することが認められている合議制の行政機関を，独立行政委員会といいます（例：人事院，公正取引委員会，国家公安委員会など）。規則制定権などの**準立法的権限**，および事件の審判・審決などの**準司法的権限**を有しています。戦後の民主化の過程において，中立的な行政を確保することを目的に，アメリカの制度に倣って導入されました。

3 内閣の構成員たる要件

(1) **文民**であること（66条2項）。

(2) 内閣総理大臣は**国会議員**であること（67条1項）。

(3) 国務大臣は過半数が国会議員であること（68条1項）。
※**無任所の国務大臣**が存在することも妨げられません（内閣法3条2項）。

文民とは，**軍人でない者**をいいます。この要件は，軍事権を議会に責任を負う大臣によってコントロールして軍部の独走を抑止するという**シビリアン・コントロール**の趣旨を徹底するため，求められるものです。

無任所の国務大臣とは，省庁を所管する財務大臣や外務大臣のような国務大臣と異なり，行政事務を分担管理しない国務大臣のことです。

4 内閣総理大臣の地位と権限

内閣総理大臣は，明治憲法下では「同輩中の首席」にすぎず，他の国務大臣と対等の地位にありました。しかし，日本国憲法のもとでは，国務大臣の任免権（国務大臣の任免は**内閣総理大臣が単独で決定**でき，閣議にかけることも国会による承認も不要，68条）や，国務大臣の訴追に対する同意権などの権限を持ち（75条），名実ともに**内閣の首長**とされています（66条1項）。

5 内閣の運営

閣議においては，**慣習**として議事が**全閣僚一致**で決定されます。また，閣議の内容については，高度の秘密が要求されます（**非公開**）。

INPUT

補足 内閣法第4条
① 内閣がその職権を行うのは，閣議によるものとする。
② 閣議は，内閣総理大臣がこれを主宰する。この場合において，内閣総理大臣は，内閣の重要政策に関する基本的な方針その他の案件を発議することができる。
③ 各大臣は，案件の如何を問わず，内閣総理大臣に提出して，閣議を求めることができる。

6 議院内閣制

日本国憲法における議院内閣制

内閣は，国会に対して連帯して責任を負う（憲法66条3項）
内閣総理大臣は，国会議員の中から国会の議決で指名される（憲法67条1項）
国務大臣の過半数は，国会議員の中から選ばなければならない（憲法68条1項）
内閣総理大臣および国務大臣は，議院に出席する権利と義務を有する（憲法63条）

7 衆議院の解散

衆議院の解散は，7条3号と69条に規定されており，衆議院が不信任決議案を可決（または信任の決議案を否決）したとき（69条解散）や，国政に関する重要事項が生じたときに，国民の意思を問うため（7条解散）に行われます。形式的解散権は天皇が有し（7条3号），**実質的解散権は内閣が有する**と解されています。なお，これまでに行われた衆議院の解散は，**憲法7条に根拠をおく解散（いわゆる7条解散）**のほうが圧倒的に多いです。

ポイント 憲法73条では，内閣の事務について規定している。すなわち，他の一般行政事務の外，以下に挙げる事務を行うとしている。
①法律を誠実に執行し，国務を総理すること。
②外交関係を処理すること。
③条約を締結すること（事前または事後に国会の承認を経ることが必要）。
④法律の定める基準に従って，官吏に関する事務を掌理すること。
⑤予算を作成して国会に提出すること。
⑥政令を制定すること。
⑦大赦，特赦，減刑，刑の執行の免除及び復権を決定すること。

第5章 SECTION ② 日本国憲法の統治機構 内閣

実践 問題119 基本レベル

問 内閣に関する記述として最も妥当なのはどれか。　（国税・財務・労基2021）

1：内閣総理大臣は，任意に国務大臣を罷免することができる。内閣の職務は閣議の決定により行われるが，閣議は内閣総理大臣が主宰し，その意思決定は，内閣の一体性を確保するため，全員一致の形式が採られている。

2：内閣総理大臣は，衆議院で第一党となった政党に所属する国会議員の中から，国会の議決で指名され，天皇が任命する。内閣総理大臣は国務大臣を任命するが，その過半数を衆議院議員の中から選ばなければならない。

3：行政権は，内閣に属し，内閣は，その首長である内閣総理大臣及びその他の国務大臣で組織される。内閣総理大臣は文民でなければならないが，その他の国務大臣は必ずしも文民でなくてもよい。

4：内閣は，衆議院が内閣の不信任の決議案を可決し，又は信任の決議案を否決したときは，必ず総辞職しなければならない。一方，参議院が内閣の不信任の決議案を可決し，又は信任の決議案を否決しても，総辞職する必要はないが，参議院を解散しなければならない。

5：内閣は，行政権の行使について，国会に対し連帯して責任を負う。天皇は国政に関する権能を有しておらず，天皇の国事行為に対する内閣の助言と承認は，行政権の行使には含まれないため，内閣は，国会に対し，助言と承認については責任を負わない。

OUTPUT

実践 問題 **119** の解説

〈内閣〉

1 ○ 本肢記述のとおりである。**内閣総理大臣は，任意に国務大臣を罷免することができる**（憲法68条2項）。**内閣の職務は閣議の決定により行われるが**（内閣法4条1項），**閣議は内閣総理大臣が主宰する**（同条2項）。慣習として，内閣の意思決定は，内閣の一体性を確保するため，全員一致の形式が採られている。

2 × 内閣総理大臣は，国会議員の中から国会の議決で指名されるので（憲法67条1項），本肢記述は誤りである。また，**内閣総理大臣は国務大臣を任命するが，その過半数を国会議員の中から選ばなければならないので**（同法68条1項），これも誤りである。

3 × 内閣総理大臣ばかりではなく，その他の国務大臣についても，文民でなければならない（憲法66条2項）。よって，本肢記述は誤りである。

4 × 内閣は，衆議院が内閣の不信任の決議案を可決し，または信任の決議案を否決したときは，10日以内に衆議院が解散されない限り，総辞職をしなければならないので（憲法69条），本肢記述は誤りである。一方，参議院が内閣の不信任の決議案を可決し，または信任の決議案を否決しても，法的効果はないため，内閣は総辞職する必要もないし，参議院を解散することもないので，これも誤りである。

5 × 天皇の国事行為に対する内閣の助言と承認は，行政権の行使に含まれるため，内閣は，国会に対し，助言と承認について責任を負う（憲法3条）。よって，本肢記述は誤りである。

第5章 日本国憲法の統治機構

正答 **1**

LEC東京リーガルマインド　2024-2025年合格目標 公務員試験 本気で合格！過去問解きまくり！　351
④社会科学

第5章 SECTION ② 日本国憲法の統治機構 内閣

実践 問題 120 基本レベル

問 内閣の職務に関する記述として最も適当なものはどれか。（裁判所職員2014）

1：国政に関する調査を行い，これに関して証人の出頭及び証言や記録の提出を要求する。
2：最高裁判所の長たる裁判官を指名し，下級裁判所の裁判官を任命する。
3：内閣総理大臣及びその他の国務大臣が締結した条約を承認する。
4：罷免の訴追を受けた裁判官を裁判するために，弾劾裁判所を設置する。
5：新たに租税を課し，又は現行の租税を変更するために，政令を制定する。

OUTPUT

実践 問題 120 の解説

〈内閣の職務〉

1 × **国政調査権**は,議院の権限である。したがって,内閣の職務ではない(憲法62条)。

2 ○ 本肢のとおり(憲法6条,80条)。

3 × **条約の締結は内閣の職務であるが,承認は国会の職務**である(憲法73条3号)。

4 × **弾劾裁判所は国会の権限**である。したがって,内閣の職務ではない(憲法64条)。

5 × **政令の制定は内閣の職務**であるが(憲法73条6号),憲法84条には,「あらたに租税を課し,又は現行の租税を変更するには,法律又は法律の定める条件によることを必要とする」となっているので,政令では租税の新設・変更はできない。したがって本肢は誤りである。なお,法律の制定は国会の職務である(憲法59条)。

第5章 日本国憲法の統治機構

正答 **2**

第5章 SECTION 2 日本国憲法の統治機構 内閣

実践 問題 121 基本レベル

問 日本国憲法に規定する内閣又は内閣総理大臣に関する記述として，妥当なのはどれか。 （特別区2007）

1：内閣は，内閣総理大臣及びその他の国務大臣で組織され，そのすべては国会議員の中から選ばなければならない。
2：内閣は，衆議院が内閣不信任決議案を可決したときは，10日以内に衆議院を解散しない限り，総辞職をしなければならない。
3：行政権の行使については，内閣が国会に対し連帯して責任を負うものではなく，内閣総理大臣が単独で責任を負う。
4：内閣総理大臣は，同輩中の首席として内閣を代表し閣議を主宰するが，行政各部を指揮監督する権限はない。
5：内閣総理大臣は，国会の承認を得なければ，国務大臣を罷免することはできない。

実践 問題 121 の解説

〈内閣と内閣総理大臣〉

1 × 「すべて」としている点が誤り。「過半数」が国会議員であれば足りる（憲法68条1項但書）。同条は，議院内閣制の現れである。**議院内閣制とは，内閣の成立と存立が，議会の信任に基づくものでなくてはならない**という制度のことをいう（憲法66条3項）。その趣旨は，行政権を民主的にコントロールする点にある。そして，内閣の構成員である国務大臣の過半数を国会議員の中から選ばせることにより，国会と内閣の人的同一性を図り，かかる趣旨をまっとうさせようとしたのである。ちなみに「過半数」にとどめるのは，民間人からも大臣として登用できるようにするためである。

2 ○ 本肢は憲法69条の内容である。これも，議院内閣制の現れである。議院内閣制のもと，内閣は議会の信任なくして存続しえないため，**衆議院により不信任決議案が可決されたときは，遅かれ早かれ総辞職しなければならない**。すなわち，10日以内に衆議院が解散されないときはそのときに，解散された場合でも，解散の日から40日以内に総選挙が行われ，選挙の日から30日以内に国会が召集されたときに，内閣は総辞職しなければならない（憲法54条1項，同法70条）。

3 × 「単独で責任を負う」としている点が誤り。議院内閣制のもと，**内閣は，行政権の行使につき，国会に対して「連帯して責任を負ふ」**（憲法66条3項）。内閣の一体性の現れである。

4 × 「同輩中の首席」としている点が誤り。すなわち，**内閣総理大臣は明治憲法下では「首席」たる地位しかなく，他の国務大臣と対等な関係であったが，日本国憲法下では，内閣総理大臣は「首長」たる地位を有する**（憲法66条1項）。これは，国会に直接指名された内閣総理大臣に強い地位・権能を認めることにより，内閣の統一性を図り，内閣の連帯責任の実を挙げようとするものである。

5 × 「国会の承認を得なければ」としている点が誤り。内閣総理大臣は「任意に国務大臣を罷免することができる」（憲法68条2項）。首長たる地位の現れである。

正答 **2**

第5章 SECTION ② 日本国憲法の統治機構 内閣

実践　問題122　応用レベル

頻出度　地上★★　国家一般職★★★　東京都★★★　特別区★★
　　　　裁判所職員★★　国税・財務・労基★★★　国家総合職★★

問　我が国の内閣と行政に関する記述として最も妥当なのはどれか。

(国家一般職2022改題)

1：内閣は，衆議院で不信任の決議案が可決され，又は信任の決議案が否決されたときは，それから10日以内に衆議院を解散しなければならず，また，その後直ちに総辞職をしなければならない。

2：内閣総理大臣は，内閣を代表して議案を国会に提出し，一般国務及び外交関係について国会に報告するが，行政各部を指揮監督する権限はなく，国務大臣がそれぞれ担当する行政部門を指揮監督する。

3：内閣からある程度独立して活動する合議制の行政機関として独立行政法人がある。それらは，政治的中立性の確保，利害関係の調整，専門知識を必要とする分野などについて各府省に設置され，国家公安委員会，中央労働委員会，教育委員会などが挙げられる。

4：行政からの独立性を有し，中立の立場で国政や地方行政を調査・勧告したり，住民の苦情の処理などを行ったりする制度をオンブズマン（オンブズパーソン）制度という。1990年代に国の行政機関で導入されたが，2022年末現在において，地方公共団体で導入された例はない。

5：民間企業の事業に対する許認可等や行政指導に関する手続について定めた，行政手続法が制定されている。また，国家公務員が一定の利益の供与や供応接待を受けた場合に報告・公開することを定めた国家公務員倫理法が制定されている。

OUTPUT

チェック欄		
1回目	2回目	3回目

実践 問題 **122** の解説

〈わが国の内閣と行政〉

1 ✕ 内閣は，衆議院で不信任の決議案が可決され，または信任の決議案が否決されたときは，それから10日以内に衆議院を解散するか，直ちに総辞職をしなければならないので，本肢記述は誤りである（憲法69条）。

2 ✕ 内閣総理大臣は，内閣を代表して議案を国会に提出し，一般国務および外交関係について国会に報告し，行政各部を指揮監督するので，本肢記述は誤りである（憲法72条）。

3 ✕ 内閣からある程度独立して活動する合議制の行政機関は，行政委員会といい，政治的中立性の確保，利害関係の調整，専門知識を必要とする分野などについて内閣または各府省の外局として設置されているので，本肢記述は誤りである。なお，国家公安委員会，中央労働委員会は，国に設置される行政委員会であり，教育委員会は，地方公共団体に設置される行政委員会である。

4 ✕ わが国のオンブズマン（オンブズパーソン）制度は，1990（平成2）年に川崎市で導入されたことが最初であり，地方公共団体で導入された例があるので，本肢記述は誤りである。その一方で，2022（令和4）年末現在において，国の行政機関で導入された例はないので，これも誤りである。

5 ◯ 本肢記述のとおりである。行政手続法は，行政庁または行政機関が経るべき手続等を定めた法律で，同法には民間企業の事業に対する許認可等や行政指導に関する手続について定められている。また，国家公務員倫理法は，国家公務員の倫理について規定された法律で，同法には国家公務員がその職務と利害関係を有する者から一定の利益の供与や供応接待を受けた場合に報告・公開することについて定められている（同法6条）。

第5章 日本国憲法の統治機構

正答 **5**

LEC東京リーガルマインド 2024-2025年合格目標 公務員試験 本気で合格！過去問解きまくり！ 357
④社会科学

第5章 SECTION ② 内閣

日本国憲法の統治機構

実践 問題123 応用レベル

問 我が国の国会や内閣に関する記述として最も妥当なのはどれか。

(国税・財務・労基2017)

1：内閣は，内閣総理大臣及びその他の国務大臣で組織する。議院内閣制の下，内閣総理大臣その他の国務大臣は，国会議員でなければならず，また，国務大臣の過半数は，文民の中から選ばれなければならない。

2：内閣総理大臣は，国会の議決で指名され，この指名は他の全ての案件に先立って行われる。衆議院と参議院とが異なった指名の議決をした場合に，3日以内に参議院が再指名の議決をしないときは，衆議院の議決が国会の議決とされる。

3：内閣は，行政権の行使について，国会に対し連帯して責任を負う。内閣は，衆議院で内閣総理大臣又はその他の国務大臣に対する不信任決議案が可決されたときは，30日以内に衆議院が解散されない限り，総辞職をしなければならない。

4：内閣を構成する内閣総理大臣又はその他の国務大臣は，それぞれが内閣を代表して所管する法律案を国会に提出することができ，また，行政を行うために，法律の範囲内で，それぞれが政令を定めることができる。

5：内閣は，衆議院で内閣不信任決議案が可決されたときは，総辞職か，衆議院の解散かのいずれかを選択しなければならない。また，不信任決議案の可決を前提にしない，憲法第7条による衆議院の解散も行われている。

実践 問題123 の解説

〈わが国の国会と内閣〉

1 × 国会議員と文民が逆である。内閣は、議院内閣制のもと、**内閣総理大臣その他の国務大臣は、文民でなければならず**（憲法66条2項）、また、内閣総理大臣は、国務大臣の過半数を国会議員の中から選ばれなければならない（憲法68条1項）。

2 × 衆議院と参議院とが異なった指名の議決をした場合に、両院協議会を開いても意見が一致しないとき、または衆議院が指名の議決を国会休会中の期間を除いて10日以内に参議院が再指名の議決をしないときは、衆議院の議決が国会の議決とされるので（憲法67条2項）、本肢記述は誤りである。

3 × 内閣は、衆議院で不信任の決議案が可決されたとき、または、信任の決議案が否決されたときは、10日以内に衆議院が解散されない限り、総辞職をしなければならない（憲法69条）ので、本肢記述は誤りである。

4 × **内閣総理大臣は、内閣を代表して議案を国会に提出する**（憲法72条）ので、本肢記述は誤りである。また、内閣は憲法および法律の規定を実施するために政令を定めることができる（憲法73条6号）。

5 ○ 本肢記述のとおりである。**内閣は、衆議院で内閣不信任決議案が可決されたときは、総辞職か、衆議院の解散かのいずれかを選択しなければならない**（憲法69条）。また、不信任決議案の可決を前提にしない、憲法7条が定める**天皇の国事行為**によって衆議院の解散も行われている（憲法7条3号）。

正答 5

第5章 3
SECTION
日本国憲法の統治機構
裁判所

必修問題 セクションテーマを代表する問題に挑戦！

裁判所に関する問題は，司法権の範囲とその限界に関する論点のほか，憲法上の規定がメインテーマとなります。

問 裁判所に関する記述として最も妥当なのはどれか。　（国Ⅰ2006）

1：憲法は一元的な司法権を維持するため，特定の地域・身分・事件等に関して，通常の裁判所の系列から独立した権限を持つ特別裁判所の設置を原則として禁止している。しかし，特別裁判所である家庭裁判所は，所管業務の特殊性・重大性から憲法自体が認めた例外としてその設置が認められている。

2：最高裁判所の長官は内閣の指名に基づいて天皇が任命し，判事は内閣が任命し天皇がこれを認証するが，両者は国民審査制により民主的なコントロールを受ける。すなわち，任命後最初の参議院議員選挙の際に第1回目の国民審査を受け，その後10年を経過した後に初めて行われる参議院議員選挙ごとに審査を受ける。

3：裁判は原則公開とされているが，過半数の裁判官が公の秩序又は善良の風俗を害するおそれがあると判断した場合には，対審を非公開とすることができる。ただし，政治犯罪，出版に関する犯罪又は基本的人権が問題となっている事件は，非公開の対象からは除かれ常にこれを公開しなければならない。

4：憲法第76条第3項は「すべて裁判官は，その良心に従ひ独立してその職権を行ひ」と定め，裁判官の職権の独立の原則を宣言しているが，「独立してその職権を行ひ」とは，他の何者の指示・命令をも受けずに，自らの判断に基づいて裁判を行うことであり，立法権・行政権はもとより，司法部内の指示・命令もまた排除される。

5：最高裁判所は，裁判所の自主性を確保し，司法内部における裁判所の統制権を強化するために規則制定権を有し，訴訟に関する手続，裁判所の内部規律及び司法事務処理に関する事項のみならず，弁護士に関する事項についての規則をも定める権限を有するとされるが，検察官はこの規則には拘束されない。

〈裁判所〉

1 × 家庭裁判所は通常裁判所の組織系列に属する裁判機関であり，**特別裁判所ではない**ので本肢は誤りである。家庭裁判所は，特殊の人または事件について裁判を行う組織ではあるが，最高裁判所の司法行政権に服する地位にあり，また，その判決に対しては通常裁判所に上訴することができる。なお，特別裁判所の例として，**弾劾裁判所**（憲法64条）や**軍法会議**，戦前の**行政裁判所**などが挙げられるが，このうち，弾劾裁判所は，日本国憲法自身が認めた例外として許容されている。

2 × 最高裁判所裁判官の国民審査は，任命後初めて行われる**衆議院議員総選挙**の際に実施されるのであり（憲法79条2項），参議院議員選挙の際に実施されるのではない。その後の国民審査も同様である。なお，最高裁判所の長官やそれ以外の裁判官の指名・任命方法に関する記述は正しい。

3 × **対審**を非公開とできるのは，裁判官の**全員**が公の秩序または善良の風俗を害するおそれがあると決した場合であり（憲法82条2項），裁判官の過半数の決定では足りない。なお，後半の記述は正しく，**政治犯罪**，**出版に関する犯罪**，**または憲法3章に規定される基本的人権が問題となっている事件**の対審は常に公開しなければならない。また，**判決**はどのような事件でも**常に公開**することが義務付けられている。

4 ○ 憲法76条3項は，裁判官の独立を規定しているが，これは，裁判の公正を確保するため，**裁判所が他の国家機関から干渉を受けないこと**（裁判所の独立），および裁判官自身が裁判について他の何者からも指揮命令を受けないこと（裁判官の独立）を保障した規定である。したがって，立法権・行政権はもとより，司法部内での指示・命令も排除される。

5 × 憲法77条2項は，**検察官が最高裁判所規則に拘束される**ことを明確に規定している。なお，この規則制定権は，本肢にあるとおり，訴訟に関する手続，裁判所の内部規律および司法事務処理に関する事項のみならず，弁護士に関する事項にまで及ぶ。

正答 **4**

第5章 SECTION 3 日本国憲法の統治機構
裁判所

1 司法権の範囲

裁判所は，**法律上の争訟**を裁判する機関です。この法律上の争訟とは，法律に関する係争のうち，①**紛争の具体性**，および②**終局的解決可能性**を有するものです。したがって，以下のものは法律上の争訟に該当しません。

→ 具体的事件性もないのに抽象的に法令の解釈または効力について争うこと，学問上・技術上の論争，宗教上の信仰対象の価値や宗教上の教義に関する判断など。

判例は，具体的な法律関係の紛争の形式をとっている事件であっても，宗教上の教義に関する判断が訴訟の帰趨を左右する不可欠の要件であるような場合，その訴訟は法律上の争訟に該当しないとしています（板まんだら事件，最判昭56.4.7）。

2 司法権の限界

「法律上の争訟」に該当する係争でも，以下のものに対しては，特別な理由から，裁判所の司法審査権が及びません。

(1) **憲法が特に明文で規定しているもの**
→ **議員の資格争訟の裁判**（55条），**裁判官の弾劾裁判**（64条）。

(2) **国会，議院，内閣といった他の機関の自律権に属する行為**
→ **議員の懲罰**や国会内部の**議事手続**（最大判昭37.3.7）など。

(3) **統治行為**
→ **衆議院解散の効力**（最大判昭35.6.8）。

(4) **団体の内部事項**
→ 地方議会，大学，政党，労働組合，弁護士会などの自主的な**団体の純粋な内部的事項**（紛争）にかかわる問題。

【条約と統治行為】
条約も統治行為に該当すると考えられていますが，判例は違憲審査の余地を認めているため，純粋な統治行為とはいいがたいです（砂川事件，最大判昭34.12.16）。

INPUT

3 裁判所の種類

　裁判所には，**最高裁判所**，**高等裁判所**，**地方裁判所**，**家庭裁判所**，**簡易裁判所**があります。一般的な事件は，地裁→高裁→最高裁の順に上訴され処理されます（**三審制**）。家庭裁判所は家庭事件や少年事件を裁判するために特に設けられた裁判所で，地裁と同等の位置にあります。簡易裁判所は，少額軽微な事件について，これを簡易かつ迅速に裁判する第一審裁判所です。

【裁判官の指名・任命】

最高裁判所		下級裁判所
長官	その他の裁判官	高裁長官，判事，判事補，簡裁判事
内閣が指名 天皇が任命	内閣が任命 天皇が認証	最高裁が指名した者の名簿に基づき，内閣が任命

4 違憲審査権（81条）

　わが国の違憲審査権は，裁判所が具体的な訴訟事件を裁判する際に，その事件について適用しようとする法令が憲法に違反しているか否かを，事件解決に必要な範囲内で審査するアメリカ的な**付随的違憲審査制**です（最大判昭27.10.8）。

　また，81条は最高裁判所についてしか規定していませんが，**違憲審査権はすべての裁判所が有する権能**です（最大判昭25.2.1）。

　そして，裁判所が法律を違憲であると判断した場合，**当該訴訟事件についてその法律の適用が排除されるにとどまり**，法令自体は効力を失いません（**個別的効力説**，通説）。したがって，法律は，立法府である国会が改廃措置をとることによって初めて一般的な効力を失うことになります。

補足　司法の独立のため，裁判官の身分は強く保障されています。すなわち，裁判官の罷免は，①**心身の故障のために職務を執ることができないと裁判で決定された場合**（78条）と，②**公の弾劾による場合**（78条）の２つに限られます（最高裁の裁判官については，さらに，**国民審査**に基づく罷免がこれに加わります）。また，裁判官の報酬は，**在任中，これを減額することはできません**（79条6項，80条2項）。

第5章 SECTION 3 日本国憲法の統治機構 裁判所

実践 問題124 基本レベル

問 我が国の裁判所及び司法制度に関する記述として、妥当なのはどれか。
(特別区2020)

1：日本国憲法は、全ての司法権は、最高裁判所及び法律の定めるところにより設置する下級裁判所に属し、下級裁判所には高等裁判所、地方裁判所、家庭裁判所、簡易裁判所、行政裁判所があると定めている。
2：裁判官は、裁判により心身の故障のため職務を執ることができないと決定された場合に限り罷免され、行政機関は裁判官の懲戒処分を行うことができない。
3：最高裁判所は、訴訟に関する手続、弁護士、裁判所の内部規律及び司法事務処理に関する事項について、規則を定める権限を有する。
4：内閣による最高裁判所の裁判官の任命は、その任命後初めて行われる参議院議員選挙の際、国民の審査に付さなければならない。
5：裁判員制度は、重大な刑事事件及び民事事件の第一審において導入されており、原則として有権者の中から無作為に選ばれた裁判員6人が、有罪・無罪と量刑について、3人の裁判官と合議して決定する。

実践 問題 124 の解説

〈裁判所および司法制度〉

1 × 日本国憲法には,「すべて司法権は,最高裁判所及び法律の定めるところにより設置する下級裁判所に属する」(76条1項)とあるが,「下級裁判所には高等裁判所,地方裁判所,家庭裁判所,簡易裁判所,行政裁判所がある」という記述は憲法には存在しないので,本肢記述は誤りである。なお,裁判所法においても下級裁判所に行政裁判所は存在しないので,これも誤りである。

2 × 日本国憲法には,「裁判官は,裁判により,心身の故障のために職務を執ることができないと決定された場合を除いては,公の弾劾によらなければ罷免されない」(78条前段)とあるほか,最高裁判所の裁判官については国民審査により罷免を可とする投票が多数の場合に罷免される(79条2項・3項)。よって,本肢記述は誤りである。

3 ○ 本肢記述のとおりである。日本国憲法には,「最高裁判所は,訴訟に関する手続,弁護士,裁判所の内部規律及び司法事務処理に関する事項について,規則を定める権限を有する」(77条1項)とある。

4 × 日本国憲法には,「天皇は,内閣の指名に基いて,最高裁判所の長たる裁判官を任命する」(6条2項)とあり,「最高裁判所は,その長たる裁判官及び法律の定める員数のその他の裁判官でこれを行使し,その長たる裁判官以外の裁判官は,内閣でこれを任命する」(79条1項)とあるので,本肢記述は誤りである。また,「最高裁判所の裁判官の任命は,その任命後初めて行はれる衆議院議員総選挙の際国民の審査に付し」(79条2項前半)とあるので,これも誤りである。

5 × 裁判員制度は,死刑または無期の懲役・禁錮にあたる罪にかかわる事件などの重大な刑事事件の第一審において適用されているので,本肢記述は誤りである。

正答 3

SECTION 3 日本国憲法の統治機構 裁判所

実践 問題 125 基本レベル

問 我が国の裁判所に関する記述として，妥当なのはどれか。 （特別区2014）

1：明治憲法下では，司法権の独立が定められていなかったので，訪日中のロシア皇太子に対して警備の警官が重傷を負わせた大津事件で，担当の判事は内閣の求めに応じ，死刑判決を下した。
2：裁判によって刑が確定したあと，判決の判断材料となった事実の認定に，合理的な疑いがもたれるような証拠が発見された場合には，裁判のやり直しを行う再審制度があるが，再審によって無罪となった事件はない。
3：刑事事件において，裁判所に公訴を提起し，法の正当な適用を求めるのが検察官であるが，検察官の不起訴処分が適正か否かを審査する機関として，検察審査会が設置されている。
4：法律，命令，規則又は処分が憲法に適合しているかどうかを審査する違憲審査権は，最高裁判所だけでなく下級裁判所によっても行使でき，具体的な事件とかかわりなく，抽象的に憲法判断を行うことができる。
5：市民の積極的な司法参加の観点から，司法制度改革審議会の意見に基づき，事実審理を一般市民が行い，法律判断は職業的裁判官が行う参審制度に近い裁判員制度が導入された。

実践 問題 125 の解説

〈わが国の裁判所〉

1 × 内閣の求めに応じ，死刑判決を下した点が誤り。大日本帝国憲法には，立法権，司法権，行政権に関する条文がそれぞれ存在し，三権分立の体裁を整えているが，すべての権力が天皇に集約されるため不完全なものだった。大津事件については，警備の警官が訪日中のロシア皇太子に負傷を負わせたことは正しい。担当の判事は，内閣の干渉を受けながらも無期懲役判決を下し，司法権の独立を維持した。

2 × 再審によって無罪判決となった事件は多数ある。最近，無罪判決となったものでは，2012（平成24）年に再審が開始された東電OL殺人事件（同年，無罪判決確定），2009（平成21）年に再審が開始された足利事件（翌年，無罪判決確定）などが挙げられる。

3 ○ 本肢記述のとおりである。

4 × 前半は正しい。ただし，日本の違憲審査制は，アメリカの付随的違憲審査制にならっていると解されるので，違憲審査を行うためには具体的な事件が必要である。したがって，具体的な事件とかかわりなく抽象的に憲法判断を行う権限は裁判所にないとされる（警察予備隊違憲訴訟，最大判昭27.10.8）。

5 × 参審制度は，事実審理だけではなく，法律判断や量刑も一般市民が判断する制度である。

正答 3

第5章 日本国憲法の統治機構
SECTION 3 裁判所

実践 問題 126 基本レベル

問 我が国の最高裁判所裁判官の国民審査に関する記述として最も妥当なのはどれか。 （国Ⅱ2010）

1：最高裁判所裁判官は，任命後に初めて行われる衆議院議員総選挙の際に国民審査を受け，その後は在任中に行われる衆議院議員総選挙のたびに再審査を受けなければならない。

2：国民審査の方式は，投票用紙に記載された裁判官の氏名の上の欄に，罷免を可としない者には○，罷免を可とする者には×を記入し，審査を棄権する場合には無記入とすることとされており，罷免を可とする投票が罷免を可としない投票を上回った場合には，その裁判官は罷免される。

3：最高裁判所裁判官が，任命されてから最初の衆議院議員総選挙の日より前に定年退官する場合には，最高裁判所裁判官としての実績について国民審査を受ける機会が失われることから，その裁判官の定年は任命後最初の衆議院議員総選挙の日まで延長される。

4：最高裁判所裁判官の国民審査制度の性質については，最高裁判所はその実質において解職（リコール）の制度であると判示しているが，1949年に最初の国民審査が実施されて以降，国民審査によって罷免された裁判官はいない。

5：我が国の裁判官の国民審査制度は，日本国憲法制定の際に，アメリカ合衆国のいくつかの州で行われていた制度にならって定められたとされており，これと同様の制度は，現在では欧州の多くの国々で採用されている。

実践 問題126 の解説

〈最高裁判所の国民審査〉

1 ✗ 在任中に行われる衆議院議員総選挙のたびに国民審査を受けなければならないわけではない。憲法79条2項は，「最高裁判所の裁判官の任命は，その任命後初めて行はれる衆議院議員総選挙の際国民の審査に付し，その後十年を経過した後初めて行はれる衆議院議員総選挙の際更に審査に付し，その後も同様とする」としている。

2 ✗ 最高裁判所裁判官国民審査法は，**国民審査における投票方法について，投票者が罷免を可と考える裁判官に関する記載欄に×印をつけるという方式を採用するとともに，無記入の票（白票）を，裁判官の罷免を可としない票として扱っている**（最高裁判所裁判官国民審査法15条）。無記入の票は，棄権票として扱われるわけではない。なお，○印を付けるなど×印以外の記入の場合には，無効投票となる（同法22条1項2号）。

3 ✗ 定年退官する最高裁判所裁判官について，その定年を延長するようなことはない。最高裁判所裁判官国民審査法11条は，「審査に付される裁判官が，審査の期日前その官を失い，又は死亡したときは，その裁判官についての審査は，これを行わない」と規定している。

4 ○ 1949年に第1回の国民審査が実施されて以降，現在まで罷免が成立した例はない。国民審査において積極的に罷免を可とする投票以外は罷免を可としないものとして扱っている（肢2解説参照）点の合憲性が争われた事件で，最高裁判所は，**国民審査制度はその実質において解職（リコール）の制度である**としたうえで，上記のような取扱いは制度の趣旨に合致した適当なものであるとしている（最大判昭27.2.20）。

5 ✗ 日本国憲法で新たに定められた**国民審査制度**は，アメリカ合衆国のミズーリ州をはじめとする若干の州で行われていた制度に倣ったものである。この点に関する本肢の記述は正しい。しかし，欧州の多くの国々で同様の制度が採用されているといったような事実はない。

正答 4

SECTION 3 裁判所

実践 問題127 基本レベル

問 裁判官の地位に関する記述A〜Eのうち，妥当なもののみを挙げているのはどれか。
(国家総合職2014)

A：裁判官の職権の独立を実効性のあるものにするため，行政機関が裁判官の懲戒処分を行うことは，憲法で禁じられている。

B：裁判官が罷免されるのは，国民審査により投票者の多数が裁判官の罷免を可とした場合と，弾劾裁判所の裁判により罷免の宣告を受けた場合に限られる。

C：弾劾裁判所は衆参各議院の同数の議員によって構成される常設の機関で，その裁判長は衆議院議長が務めることとされている。

D：最高裁判所長官は，内閣の指名に基づいて天皇が任命する。また，高等裁判所や地方裁判所などの下級裁判所の裁判官は，最高裁判所の指名した者の名簿によって，内閣が任命する。

E：最高裁判所裁判官は，任命直後の衆議院議員総選挙の際とその後10年を経過した後に初めて行われる衆議院議員総選挙の際に国民審査に付され，以後は定年退官するまで審査に付されない。

1：A，B
2：A，D
3：B，C
4：C，E
5：D，E

OUTPUT

チェック欄		
1回目	2回目	3回目

実践 問題 **127** の解説

〈裁判官の地位〉

A○ 行政機関が裁判官の懲戒処分を行うことを禁じている。憲法78条には「裁判官は，裁判により，心身の故障のために職務を執ることができないと決定された場合を除いては，公の弾劾によらなければ罷免されない。裁判官の懲戒処分は，行政機関がこれを行ふことはできない」とされている。

B× 憲法79条によれば，**国民審査の対象は最高裁判所裁判官に限られている**。また，憲法78条には裁判官は裁判により，心身の故障のために職務を執ることができないと決定された場合も罷免されると明記されている。

C× 衆議院議長が誤り。国会法125条2項により**弾劾裁判所**の裁判長は，裁判員が互選で決めると定めている。

D○ 本記述のとおり。最高裁判所長官は憲法6条2項，最高裁判所の長官以外の裁判官は79条1項，高等裁判所や地方裁判所などの下級裁判所裁判官は80条1項に定められている。

E× 前半部分は正しい。定年退官するまで審査に付されないは誤り。任命直後の衆議院議員総選挙の際の国民審査に付された以後も国民審査に付されてから10年を経過した後に初めて行われる衆議院議員総選挙の度に国民審査に付される。

以上より，妥当なものはA，Dであり，正解は肢2となる。

第5章 日本国憲法の統治機構

正答 **2**

LEC東京リーガルマインド　2024-2025年合格目標 公務員試験 本気で合格！過去問解きまくり！　371
④社会科学

SECTION 3 裁判所

実践 問題128 応用レベル

問 我が国の司法に関する記述A～Dのうち，妥当なもののみを挙げているのはどれか。
（国家一般職2019）

A：違憲審査権は全ての裁判所に認められており，この権限は，いずれの裁判所においても，刑事裁判や民事裁判などの具体的な訴訟の中で行使されるが，具体的訴訟とは無関係に法令や国家行為の合憲性を抽象的・一般的に審査することはできない。

B：裁判官は，心身の故障のため職務を果たすことができない場合や，国会の弾劾裁判所で罷免が決定された場合以外は罷免されない。ただし，最高裁判所の裁判官については，任命後最初の衆議院議員総選挙のとき及びその後10年を経過した後初めて行われる衆議院議員総選挙ごとに行われる国民審査において，罷免を可とする投票が多数であった場合には罷免される。

C：行政機関が最高裁判所の裁判官の懲戒処分を行うことは，裁判官の職権の独立を保障するため憲法上禁止されているが，下級裁判所の裁判官については，最高裁判所が認めた場合に限り，行政機関が懲戒処分を行うことができる。

D：裁判員制度における裁判員は，裁判官と共に事実認定，被告人の有罪・無罪の決定及び量刑の評議を行うが，証人に対する尋問及び被告人に対する質問については，高度な法的知識が必要となるため，裁判官のみが行うこととされている。

1：A，B
2：A，D
3：B，C
4：B，D
5：C，D

OUTPUT

実践 問題 **128** の解説

チェック欄
1回目 2回目 3回目

〈わが国の司法〉

A○ 本記述のとおりである。憲法81条には最高裁判所についてしか規定していないが，同条は違憲審査権がすべての裁判所に有することを示している。また，違憲審査権の形態については，具体的な訴訟事件が存在することを前提とし，その事件について適用しようとする法令が憲法に違反しているか否かを，事件解決に必要な範囲内で裁判所が審査する**付随的違憲審査制**を採用している（警察予備隊違憲訴訟判決，最大判昭27.10.8）。

B○ 本記述のとおりである。裁判官は，心身の故障のため職務を果たすことができない場合や，国会の**弾劾裁判所**で罷免が決定された場合以外は罷免されない（憲法78条）。ただし，最高裁判所の裁判官については，任命後最初の衆議院議員総選挙のとき，およびその後10年を経過した後初めて行われる衆議院議員総選挙ごとに行われる国民審査において，罷免を可とする投票が多数であった場合には罷免される（憲法79条2項・3項）。

C× 下級裁判所の裁判官であっても，**行政機関が裁判官の懲戒処分を行うことはできない**（憲法78条）。よって，本記述は誤りである。

D× 裁判員は，判断に必要な事項について，裁判長に告げたうえで，証人や被告人に対して尋問や質問をすることができる（裁判員法56条，59条）。また，公判手続において事件の被害者やその法定代理人が意見を陳述したときも，その趣旨を明確にするために質問をすることができる（同法58条）。

　以上より，妥当なものはA，Bであり，正解は肢1となる。

第5章 日本国憲法の統治機構

正答 1

LEC東京リーガルマインド　2024-2025年合格目標 公務員試験 本気で合格！過去問解きまくり！ 373
④社会科学

第5章 日本国憲法の統治機構
SECTION 3 裁判所

実践 問題 129 応用レベル

問 我が国の司法制度に関する記述として，妥当なのはどれか。　（特別区2018）

1：日本国憲法は，すべての司法権が最高裁判所と下級裁判所に属することを定めており，下級裁判所には，高等裁判所，地方裁判所，行政裁判所，家庭裁判所，簡易裁判所がある。

2：違憲審査権とは，国会で定めた法律や行政機関が定めた政令・省令などが憲法に違反していないかどうかを審査する権限であり，最高裁判所だけでなく下級裁判所にも与えられている。

3：検察審査会制度とは，有権者の中から無作為に抽出された検察審査委員が検察官の不起訴処分の適否を審査するものであり，同じ事件で2回起訴相当とされた場合には，裁判所が指名した検察官によって強制的に起訴される。

4：再審制度とは，裁判によって刑が確定した後，判決の判断材料となった事実認定に合理的な疑いがもたれるような証拠が発見された場合は，裁判のやり直しを行うことをいうが，これまで再審によって無罪となった事件はない。

5：裁判員制度とは，20歳以上の国民の中から選任された裁判員が，裁判官とともに有罪か無罪かを判断し，有罪の場合は量刑に関しても決定するものであるが，評議で意見が一致しない場合，評決は裁判員のみの過半数で行われる。

OUTPUT

チェック欄		
1回目	2回目	3回目

実践 問題 **129** の解説

〈わが国の司法制度〉

1 × 下級裁判所には，高等裁判所，地方裁判所，家庭裁判所，簡易裁判所があるが，行政裁判所はないので，本肢記述は誤りである。

2 ○ 本肢記述のとおりである。**違憲審査権**とは，国会で定めた法律や行政機関が定めた政令・省令などが憲法に違反していないかどうかを審査する権限である。**最高裁判所は違憲審査権の終審裁判所であるが，下級裁判所にも違憲審査権が与えられている。**

3 × 検察官が誤りである。**検察審査会制度**において，同じ事件で2回起訴相当とされた場合には，裁判所が検察官の職務を行う弁護士を指定し，この指定弁護士が，検察官に代わって公訴を提起することになる。

4 × 再審制度によって，やり直された裁判の中には，死刑が確定した後の1983年に再審で無罪が確定した**免田事件**などがあるので，本肢記述は誤りである。

5 × **裁判員制度**とは，18歳以上の国民の中から選任された裁判員が，裁判官とともに有罪か無罪かを判断し，有罪の場合は量刑に関しても決定するものであるが，評議で意見が一致しない場合，評決は裁判官と裁判員全員で多数決を行い，有罪等の場合は裁判官1人以上を含む過半数の賛成が必要とされる。

第5章 日本国憲法の統治機構

正答 **2**

LEC東京リーガルマインド　2024-2025年合格目標 公務員試験 本気で合格！過去問解きまくり！　375
④社会科学

第5章 日本国憲法の統治機構

章末 CHECK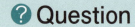

- **Q1** 国会の地位については，国会が他の二権に優越する統括機関としての性格を有するとする統括機関説が通説である。
- **Q2** 通常国会の会期は150日で，延長は2回まで可能である。
- **Q3** 臨時国会は，内閣が必要と認めた場合にのみ開催される。
- **Q4** 国会の定足数は，原則として総議員の過半数である。
- **Q5** 衆議院が可決した法律案を参議院が否決した場合，衆議院は出席議員の3分の2以上の多数による再可決で，当該法律を成立させることができる。
- **Q6** 内閣総理大臣の条件として，文民であることと国会議員であることが必要とされる。
- **Q7** 独立行政委員会の具体例として，公正取引委員会，国家公安委員会などが挙げられる。
- **Q8** 日本国憲法のもとでは，内閣総理大臣の地位は「同輩中の首席（首班）」で，ほかの国務大臣と対等である。
- **Q9** 国務大臣の任免については，国会によって承認される必要がある。
- **Q10** 閣議においては，慣習として，議事が全閣僚一致で決定される。
- **Q11** これまでに行われた衆議院の解散についてみると，憲法7条に根拠を置く解散（いわゆる7条解散）のほうが圧倒的に多い。
- **Q12** 最高裁判所裁判官に定年はないが，下級裁判所裁判官には定年がある。
- **Q13** 最高裁判所長官は，内閣の指名に基づき，国会が任命する。
- **Q14** 下級裁判所の裁判官の指名および任命は最高裁判所が行う。

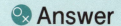

A1 × 憲法41条で国会が「国権の最高機関」とされているのは，国会が国民に最も近い位置にある重要な国家機関であるということを政治的に強調したにすぎないとする政治的美称説が通説である。

A2 × 通常国会（常会）の会期は150日である（国会法10条）が，延長は1回のみ可能である（同法12条2項）。

A3 × 臨時国会（臨時会）は内閣が必要と認めた場合のみではなく，いずれかの議院の総議員の4分の1以上の要求があったときなどにも開催される（憲法53条）。

A4 × 国会の定足数は，原則として，総議員の3分の1以上である（憲法56条1項）。

A5 ○ 衆議院で可決した法律案を，参議院が否決した場合，衆議院は出席議員の3分の2以上の多数による再可決で当該法律を成立させることができる（憲法59条2項）。

A6 ○ 内閣総理大臣は文民で，かつ国会議員でなければならない。また，内閣を構成する国務大臣も，その過半数が国会議員で，かつ文民でなければならない（憲法66条2項，67条，68条）。

A7 ○ 独立行政委員会の例としては，ほかに，人事院や中央労働委員会なども挙げられる。

A8 × 日本国憲法のもとでは，内閣総理大臣は内閣の首長とされる（憲法66条1項）。同輩中の首席とされたのは，明治憲法の時代である。

A9 × 国務大臣の任免（任命・罷免）は，内閣総理大臣の専権である（憲法68条）。

A10 ○ 閣議は，議事が全閣僚一致で決定されるが，これは慣習による。

A11 ○ これまでに行われた衆議院の解散についてみると，憲法7条に根拠を置く解散（いわゆる7条解散）のほうが圧倒的に多い。

A12 × 最高裁および簡裁の裁判官は70歳，その他の裁判所の裁判官は65歳が定年と定められている（裁判所法50条）。

A13 × 最高裁判所長官は，内閣の指名に基づき，天皇が任命する（憲法6条2項）。

A14 × 下級裁判所の裁判官は，最高裁判所の指名した者の名簿によって，内閣が任命する（憲法80条1項）。

memo

第6章

その他の法律など

SECTION

① 民法の基礎
② 刑法の基礎
③ その他

第6章 その他の法律など

出題傾向の分析と対策

試験名	地上			国家一般職 (旧国Ⅱ)			東京都			特別区			裁判所職員			国税・財務・労基			国家総合職 (旧国Ⅰ)		
年度	15〜17	18〜20	21〜23	15〜17	18〜20	21〜23	15〜17	18〜20	21〜23	15〜17	18〜20	21〜23	15〜17	18〜20	21〜23	15〜17	18〜20	21〜23	15〜17	18〜20	21〜23
出題数 セクション	3	1	2	1		2	2	5	4	1		1						1	1	1	1
民法の基礎					★			★	★												
刑法の基礎	★	★						★	★												
その他	★★			★★	★	★	★★★	★★★	★★★	★		★					★		★	★	★

（注） 1つの問題において複数の分野が出題されることがあるため，星の数の合計と出題数とが一致しないことがあります。

　民法や刑法としての出題は，東京都や裁判所職員，国税専門官・財務専門官・労働基準監督官などの一部の試験種では出題される傾向にありますが，全体としてはそれほど頻出とまではいえないようです。一方，その他法律に関する問題として，話題となるような新しい判例や，法律，裁判員制度など，時事的な問題と絡めての出題は頻出といえます。出題内容としては，細かい条文の知識を問うようなものではなく，基本原理や制度趣旨，大まかな流れを理解していれば解答できるようなものが多いです。日ごろからニュースや新聞はチェックし，まとめておくことが重要といえます。

地方上級

　地方上級からは，民法,刑法に関する問題は,それほど多いとはいえません。もっとも，その他法律の出題は頻出といえませんが，新しい法律，制度には注意が必要です。

国家一般職（旧国家Ⅱ種）

　国家一般職からは，民法，刑法の出題はそれほど多いとはいえません。しかし，その他法律としての出題は時折見られます。新しい判例や法律，制度には注意が必要です。

東京都

東京都は，この分野からの出題が頻出といえます。各法律の年齢要件を横断的に問うような問題や最新判例など，バラエティに富んだ出題も見られます。十分な準備が必要です。

特別区

特別区においてこの分野からの出題は，それほど多くはなく，重要度としては相対的に低いといえます。もっとも，裁判員制度などの出題はありますので，日ごろから新聞やニュースはチェックしましょう。

裁判所職員

裁判所職員は，この分野からの出題はあまり多くありませんが，過去には民法，刑法ともに出題があり，検察審査会や判決書に関するものなど，細かい点が問われています。十分な準備が必要といえます。

国税専門官・財務専門官・労働基準監督官

国税専門官・財務専門官・労働基準監督官は，この分野からの出題が頻出といえませんが，過去には民法，刑法ともに出題されたことがあります。

また，司法制度と市民のかかわりなどについての出題があり，時事的なものについても十分に対策が必要といえます。

国家総合職（旧国家Ⅰ種）

国家総合職は，民法，刑法からの出題が頻出とはいえませんが，刑事事件の取扱いなど，少し細かい点まで問われることがあります。また，その他法律として，時事的なニュースや新聞はチェックしておきましょう。

Advice アドバイス　学習と対策

民法や刑法における細かい条文の知識を問うような問題は少なく，基本原理や制度趣旨を理解していれば，解答できる問題が多いようです。問題演習を通して知識の定着を図りましょう。また，ニュースや新聞を利用し，最新の判例や法律，制度などをチェックし，判例などは，自分なりに短くまとめておくとよいでしょう。時事的な問題も出題されているので，日ごろから新聞などには目を通しておいてください。

第6章 その他の法律など
SECTION 1 民法の基礎

必修問題 セクションテーマを代表する問題に挑戦！

民法は範囲が広いので，ポイントを絞って学習しましょう。

問 次は民法の基本原則等に関する記述であるが，下線部が最も妥当なのはどれか。　　　　　　　　　　　　　　　　　（国Ⅰ2007）

1：いわゆる契約自由の原則は，契約をするか否か，誰とどのような内容の契約をするか等について，公の秩序や善良の風俗等に反しない限り当事者間で自由に定めることができるとする原則である。しかし，<u>経済社会の発展に伴い，契約の当事者に立場の優劣が生じやすい現代においては，それら当事者間の実質的な平等を確保するため，労働基準法や借地借家法等が施行されている。</u>

2：いわゆる所有権絶対の原則は，物を全面的に支配する権利を所有権とし，所有者以外の他人は国家権力といえどもその自由を侵害してはならないとする原則である。過去においては，公共の必要が生じた場合において比較的容易に所有権が奪われ，制限されていた経緯を踏まえ，<u>現代では，所有権は絶対かつ無制約な権利として憲法上認められるに至っている。</u>

3：いわゆる過失責任の原則は，他人に損害を与えた場合に加害行為と損害との間に因果関係があることに加え，加害者本人に故意や過失等がなければ損害の賠償を負担させられることはないとする原則である。しかし，<u>契約等の取引が頻繁に行われる現代においては，過失責任の原則を適用することはできず，私法全般につき故意又は過失がなくても加害者に賠償義務を負わせようとする無過失責任に基づいた立法や解釈が採られている。</u>

4：いわゆる物権法定主義は，原則として民法その他の法律に定める場合のほかに物権を創設することができないとして民法にもその旨規定されているが，<u>これはあくまで任意規定であり，契約自由の原則及び私的自治の観点から，民法その他の法律に定められたものとは異なる種類の物権を契約当事者間の合意等によって自由に作り出すことも可能である。</u>

5：いわゆる公示の原則は，物権の変動については常に登記や登録など外界から認識できる何らかの表象を伴うことを必要とする原則である。我が国の民法は公示の原則を肯定しつつ，<u>当事者間においても移転登記や引渡し等のような公示方法の変動がない限り，物権変動は効力を生じないとしており，移転登記や引渡し等は物権変動の成立要件又は効力要件と位置づけられている。</u>

必修問題の解説

〈民法の基本原則〉

1 ◯ 市民間の関係は原則として自由であり（**私的自治の原則**），契約をするか否か，あるいは誰とどのような契約をするかも原則として自由である。もっとも，現代では，契約当事者の間に事実上の優劣が生じやすく，一方の犠牲のもとで他方に有利な契約が締結されることもある。そこで，**当事者の実質的公平を確保するため，契約自由の原則を修正**する法が定立されるようになった。労働契約の内容を規制する**労働基準法**や，不動産賃借人の保護を規定する**借地借家法**は，その例である。

2 ✗ 近代市民国家においては，所有権は絶対無制約の権利とされていたが，20世紀に入ってからは所有権の限界を規定する憲法が現れ（ワイマール憲法），現代では，**所有権は制約を伴う権利**として定められるようになっている。日本国憲法も，財産権の内容は公共の福祉に適合するように法律で定めること，私有財産は公共のため正当な補償のもとに用いることができることを定めている（憲法29条2項・3項）。

3 ✗ 現代においても，**過失責任の原則は私法の基本原則**であり（民法709条，712〜716条など），**無過失責任は例外的に定められているにすぎない**（同法717条1項但書）。確かに，現代社会では，危険性を有する活動によって巨大な利潤を得る企業が存在するなど，過失責任の原則を適用するのが不当な場合も多いが，一般の市民の間では，何ら帰責性のない者に責任を負わせるべきでないことに変わりはない。したがって，あくまでも過失責任が原則であり，無過失責任は例外である。なお，無過失責任を定めた法律として，**製造物責任法**や**自動車損害賠償保障法**などがある。

4 ✗ 所有権などの物権は，**物に対する直接的・排他的な支配権**であるため，絶対的な効力を有し，第三者に及ぼす影響が大きいことから，民法175条は，**物権を法律で定めるものとし，これを自由に創設することを認めていない**。この規定は，財産法の体系を支えるために設けられた**強行法規**であるから，これと異なる内容の契約を締結し，法律に規定のない物権を契約当事者間で創設することはできない。

5 ✗ 物権変動の効力が生じるためには，当事者の意思表示のほかに登記や引渡しなどの公示方法が必要であるとする法制度を**形式主義**といい，ドイツなどで採用されているが，わが国はこのような制度を採用していない。そのため，物権変動は，**原則として当事者の意思表示のみで生じ**（民法176条），登記や引渡しなどは**対抗要件**にすぎない（同法177条，178条）。

正答 1

SECTION 1 民法の基礎

第6章 その他の法律など

1 民法の基本原則

(1) 契約自由の原則

契約は，その締結・内容・方式のいずれにおいても自由になされるべきであるという原則です。これは，市民間の関係の創設が原則として自由であることを意味します（私的自治の原則）。

ただし，この原則を全面的に認めると，人々の間で不平等が生じたり，違法・不当な行為を助長することになるので，信義誠実の原則（1条2項），権利濫用の禁止（1条3項），公序良俗による制限（90条）に服するものとされています。

(2) 所有権絶対の原則

財産に対する権利をどのように行使するかは個人の自由であり，他人はもちろん，**国家といえども侵害することはできないという原則**です。ただし，この原則を全面的に認めると，市民間の衝突を生み，かえって権利の実現が妨げられるため，公共の福祉による制限に服するものとされています（1条1項）。

(3) 過失責任の原則

自己の行為によって他人に何らかの損害を及ぼした場合でも，その**損害の発生について加害者に故意・過失がなければ責任を負わされることはないという原則**です。ただし，資本主義の発達に伴い，危険性の高い活動が行われるようになってきたことから，製造物責任法や自動車損害賠償保障法など，無過失責任の原則を採用する法律が定められるようになりました。

【民法の目的】
民法は，国家が国民を取り締まるというよりも，国家が市民間の関係を調整するための法律です。そのため，規定内容も，市民間の関係を定めたものとなっています。

2 制限行為能力者制度

(1) 未成年者

年齢満18歳未満の者で（4条），親権者または未成年後見人が保護者となります。未成年者は，**原則として単独で法律行為を行うことができず**，親権者または後見人の同意が必要で，この**同意なしで法律行為を行った場合は，取り消すことができます**。ただし，次の場合には，単独で確定的に有効な法律行為を行うことができ，取り消すことができません。

INPUT

【未成年者が単独で行っても有効な行為】

① 単に権利を得るだけの行為や義務を免れる行為（5条1項但書）

② 法定代理人が，未成年者に処分を認めている財産を処分する行為（5条3項）

③ 法定代理人が未成年者に許可した営業に関する行為（6条1項）

---

(2) 成年被後見人

　精神上の障害により事理を弁識する能力を欠く常況にあって，家庭裁判所による後見開始の審判を受けた者で（7条），成年後見人が保護者となります（8条）。成年被後見人は，**原則として自ら法律行為を行うことはできず**，成年後見人が代理して行うことになります。仮に，成年被後見人が**自ら法律行為を行った場合は，取り消すことができます**（9条本文）。ただし，日用品の購入など**日常生活に関する行為は，自ら単独で有効に行うことができ**，取り消すことができません（9条但書）。

法律行為	行為者の意思表示を要素とし，権利関係の変動を生じさせる行為で，契約の締結などがその典型です。

(3) 被保佐人

　精神上の障害により事理を弁識する能力が著しく不十分であって，家庭裁判所による保佐開始の審判を受けた者で（11条），保佐人が保護者となります（12条）。被保佐人は，**原則として自ら法律行為を行うことができますが**，不動産の処分や相続といった**重要な法律行為を行う場合などには保佐人の同意が必要**です（13条1項各号）。仮に，保佐人の同意が必要な法律行為を保佐人の同意なしで行った場合は，その法律行為を取り消すことができます（13条4項）。

(4) 被補助人

　精神上の障害により事理を弁識する能力が不十分で，家庭裁判所による補助開始の審判を受けた者であり（15条1項），補助人が保護者となります（16条）。被補助人は，**原則として自ら法律行為を行うことができますが，家庭裁判所の審判で定められた法律行為には補助人の同意が必要**です（17条1項）。仮に，補助人の同意が必要な法律行為を補助人の同意なしで行った場合は，その法律行為を取り消すことができます（17条4項）。

第6章 その他の法律など

SECTION 1 民法の基礎

その他の法律など

実践 問題 130 基本レベル

頻出度 地上★ 国家一般職★★★ 東京都★★★ 特別区★★★
　　　 裁判所職員★★ 国税・財務・労基★★★ 国家総合職★★

問 2017年5月に成立した「民法の一部を改正する法律」に関する記述として，妥当なのはどれか。 （東京都2018）

1：正常な判断能力を有しない人が行った契約などの法律行為について，一定の期間内であれば取り消すことができることを明文化した。
2：債権について，原則として，債権者が権利を行使することができることを知った時から5年間行使しないとき又は債権者が権利を行使することができる時から10年間行使しないときは，時効により消滅するとした。
3：法定利率について，現行の年7パーセントから年5パーセントに引き下げて，利率を固定化するとした。
4：個人向けの融資について，親族以外の第三者が連帯保証人となるには，公証人による意思確認が必要であるとした。
5：企業が，定型約款を契約内容とする旨をあらかじめ消費者に示した場合は，消費者が一方的に不利になる条項であっても，原則として当該約款は有効であることを明文化した。

注目　2017年5月26日に「民法の一部を改正する法律」が成立した。この改正は債権編のほぼ全部と総則編の重要部分を対象とする大規模なものである。したがって，本問のように時事問題として改正法の内容が問われる可能性もあるので，注意したい。

OUTPUT

実践 問題 130 の解説

〈民法改正〉

1 × 本改正では，意思能力を有しない者がした法律行為は「無効とする」ことを明文化したので（3条の2），本肢記述は誤りである。

2 ○ 本肢記述のとおりである。本改正では，**職業別の短期消滅時効と商事消滅時効を廃止**し，権利を行使することができる時から10年という消滅時効期間は維持しつつ，債権者が権利を行使することができることを知った時から5年という消滅時効期間を追加し，いずれか早いほうの経過によって債権が時効により消滅するとした（166条1項1号・2号）。

3 × **法定利率は現行の年5％から年3％に引き下げ，それ以降は3年ごとに見直し**，貸出約定平均金利の過去5年間の平均値を指標とし，この数値に直近の変動期と比較して1％以上の変動があった場合にのみ，1％刻みの数値で法定利率が変動となるので（404条2～4項），本肢記述は誤りである。

4 × 本改正では，事業用融資の保証契約は，原則として**公証人**があらかじめ保証人本人から直接その保証意思を確認しなければ，効力を生じないとした（465条の6）。

5 × 本改正では，企業が**定型約款**を契約内容とする旨をあらかじめ消費者に示した場合であっても，①消費者の権利を制限し，または義務を加重する条項であって，②定型取引の態様・実情や取引上の社会通念に照らして信義則（1条2項）に反して消費者の利益を一方的に害する条項については，原則として契約内容とならないことを明確化したので（548条の2第1項・2項），本肢記述は誤りである。

正答 2

第6章 その他の法律など
SECTION 1 民法の基礎

実践 問題 131 　基本レベル

頻出度　地上★　国家一般職★★　東京都★　特別区★
　　　　裁判所職員★★　国税・財務・労基★★★　国家総合職★★

問　民法上親族とは，①六親等内の血族，②配偶者，③三親等内の姻族と定められている。次のうち，Xにとって三親等内の親族である者のみを挙げているのはどれか。　　　　　　　　　　　　　　　　　（裁事・家裁2011）

　なお，以下にいう「いとこ」「孫」「おば」「姉」「曽祖母」「めい」「曽孫」「子」「祖父」「おじ」はいずれもXの血族とする。

1：Xのいとこ，Xの孫の配偶者
2：Xのおばの子，Xの姉の配偶者
3：Xの曽祖母，Xのめいの子
4：Xの曽孫，Xの子の配偶者の兄
5：Xの祖父，Xのおじの配偶者

OUTPUT

実践 問題 131 の解説

〈民法上の親族〉

　親族とは，血縁関係または婚姻関係でつながりを有する者の総称である。民法上，**六親等内の血族**，**配偶者**および**三親等内の姻族**を指す（民法725条）。**血族**には，実際に血のつながりのある自然血族と，養子縁組によって血族の関係が擬制される法定血族とがある。また，**姻族**とは自己の配偶者の血族または自己の血族の配偶者をいう。

　直系親族の親等については，世代数（その一人またはその配偶者から他の一人に至るまでの間に存する親子関係の個数）を数えて定められる（民法726条1項）。すなわち，親子関係を一世代移動するごとに一親等を数えることとなる。親等数との関係においては，配偶者は自己と同一視し，配偶者の親族は自らの親族と同様に扱われる。したがって，親と子とは一親等の親族であり，夫の連れ子と妻とは一親等の姻族であり，祖父母や孫は二親等，曽祖父母や曽孫は三親等である。また，いとこやはとこの場合にも同様に，いとこは祖父母に，はとこは曽祖父母に遡ってカウントする。したがって，いとこは四親等，はとこは六親等となる。

　本問では，Xにとって三親等内の親族である者のみを挙げている解答肢を問うているので，以下検討する。

1 ✕　Xの孫の配偶者はXにとって二親等（自己の血族）の配偶者にあたり親族（姻族）であるが，XのいとこはXにとって四親等にあたり，本問の条件を満たさない。

2 ✕　Xの姉の配偶者はXにとって二親等（自己の血族）の配偶者にあたり親族（姻族）であるが，Xのおばの子（Xのいとこ）はXにとって四親等にあたり，本問の条件を満たさない。

3 ✕　Xの曽祖母はXにとって三親等にあたるが，Xのめいの子はXにとって四親等にあたるので，本問の条件を満たさない。

4 ✕　Xの曽孫はXにとって三親等にあたるが，Xの子の配偶者の兄はXにとって血族関係でも姻族関係でもないので，本問の条件を満たさない。

5 ◯　Xの祖父はXにとって二親等にあたり，XのおじのはXにとって三親等（自己の血族）の配偶者にあたり親族（姻族）であるので，両者とも本問の条件を満たす。

　以上より，正解は肢5となる。

正答 5

SECTION 1 その他の法律など 民法の基礎

実践 問題 132 基本レベル

頻出度	地上★	国家一般職★★	東京都★	特別区★
	裁判所職員★★	国税・財務・労基★★★	国家総合職★★	

問 非嫡出子の遺産相続分を嫡出子の半分と定めた民法の規定を違憲とした2013年9月の最高裁判所決定に関する記述として，妥当なのはどれか。

(東京都2014改題)

1：最高裁は，我が国以外で嫡出子と非嫡出子の相続分に差異を設けている国について，欧米諸国ではドイツ及びフランスだけになり，世界的にも限られた状況になってきているとした。

2：最高裁は，我が国の戸籍法における出生の届書の記載が，嫡出子と非嫡出子とを区別することなく，一律に子と記載することに改められるなど，嫡出子と非嫡出子とを同様に取り扱うようになってきているとした。

3：最高裁は，法律婚という制度の下で父母が婚姻関係になかったという，子にとっては自ら選択ないし修正する余地のない事柄を理由として，その子に不利益を及ぼすことは許されないという考えが確立されてきているとした。

4：裁判官の中には，民法の当該規定について，法律婚の尊重と非嫡出子の保護との調整を図ったものであり，嫡出子と非嫡出子とを区別することは合理性を有し，憲法に反しないとする反対意見を述べる者もいた。

5：政府は，最高裁が本決定を出したことを受け，当該規定を削除する民法改正案を2014年1月から始まった通常国会に提出し，同改正案は，両議院において可決され，成立した。

注目 2018年7月6日に「民法及び家事事件手続法の一部を改正する法律」が成立した。この改正は民法の相続法分野について1980年以来の大規模な改正となる。施行日までは改正前の内容が問われるが，時事問題として改正法の内容が問われる可能性があるので注意しておきたい。

実践 問題 132 の解説

〈非嫡出子の遺産相続〉

1 × 日本以外で，法律上で嫡出子と非嫡出子の相続分に差異を設けている国は，フィリピンのみで，欧米諸国ではドイツもフランスも相続分は平等とされている。

2 × 最高裁判決は，**戸籍法における出生届に嫡出子か非嫡出子かを記載することについては事務処理上不可欠ではないが，合憲**としている。なお，住民基本台帳（住民票）については，1995年3月から嫡出子と非嫡出子を区別することなく「子」と記載するように改められた。

3 ○ 本肢のとおりである。

4 × 判決は，裁判官全員一致の意見であり，憲法に反しないという反対意見はなかったので本肢は誤りである。なお，裁判官の中には，民法の当該規定が法律婚の尊重を図ったものであるが，今日はさまざまな理由によって家族像に変化が生じており，非嫡出子は選択の余地がなく嫡出子になることができないのであるから，相続分に差別を設けることが相当ではないとの補足意見がある。

5 × 政府が当該規定を削除する民法改正案を提出したのは，最高裁が判決を出した直後の臨時国会（平成25年10月15日召集）であって，通常国会ではない。同改正案は，2013（平成25）年11月に衆議院で，同年12月に参議院で可決・成立した。

正答 **3**

SECTION 1 その他の法律など
民法の基礎

実践 問題 133 応用レベル

問 我が国の成人の年齢要件等に関する記述として最も妥当なのはどれか。

(国家一般職2019改題)

1：2015年に公職選挙法が改正され，選挙権年齢は18歳以上となり，併せて被選挙権年齢も引き下げられ，衆議院議員及び参議院議員の被選挙権年齢は共に20歳以上となった。2017年の衆議院議員総選挙では，20代で当選した議員は20人を超え，若者の政界進出に一定の効果があった。

2：2016年に国民年金法が改正され，国民年金の加入年齢の下限は20歳から18歳に引き下げられ，上限は64歳から69歳に段階的に引き上げられることとなった。この結果，2022年以降，国民年金の加入期間は18歳以上69歳以下に拡大し，年金支給開始年齢は70歳となった。

3：2018年に民法が改正され，2022年に成人年齢が20歳から18歳に引き下げられた。この改正により，結婚可能年齢は男性が2歳引き下げられ，男女とも16歳となることとなり，同時に，女性のみに課していた再婚禁止期間を廃止することとなった。

4：民法が改正され，未成年者取消権も20歳から18歳に引き下げられたことにより，18，19歳の者が消費者トラブルに巻き込まれやすくなるとの懸念が指摘されている。2018年に改正された消費者契約法では，不安をあおる告知などの社会生活上の経験不足を利用した行為などを，不当な勧誘行為と定めて，この勧誘によって結ばれた契約を取り消せるようにした。

5：民法の改正後も対象年齢を20歳以上に維持するものとして，飲酒可能年齢や帰化の年齢要件などがある。少年法については，同法の対象を18歳未満に引き下げた。

OUTPUT

実践 問題 133 の解説

〈成人の年齢要件等〉

1 × 2015年に改正された公職選挙法では,被選挙権年齢の引下げを実施した事実はないので,本肢記述は誤りである。また,2017年の衆議院議員総選挙では,20代で当選した議員はいないので,これも誤りである。

2 × 2016年に国民年金法が改正されたが,国民年金の加入年齢に関する変更はないので,本肢記述は誤りである。なお,民法の改正により成人年齢が2022年から18歳に引き下げられたが,国民年金の加入年齢の下限は従来どおり20歳のままとなっている。

3 × 2022年に成人年齢が20歳から18歳に引き下げられたことにより,結婚可能年齢は女性が2歳引き上げられ,男女とも18歳となるので,本肢記述は誤りである。また,女性のみに課していた再婚禁止期間を廃止するという事実はないので,これも誤りである。

4 ○ 本肢記述のとおりである。消費者庁は2018年に改正された消費者契約法について,民法の成年年齢引下げに対応するものとして,「不安をあおる告知」や「好意の感情の不当な利用」を取消しの対象となる不当な勧誘行為として追加するなどの措置を講じたと述べている。

5 × 民法の改正後も対象年齢を20歳以上に維持するものとして,飲酒可能年齢や喫煙可能年齢などがあるが,帰化の年齢要件は18歳に引き下げられたので,本肢記述は誤りである。少年法については,対象年齢は20歳未満のままなので,これも誤りである。

正答 4

第6章 SECTION 2 その他の法律など
刑法の基礎

必修問題 セクションテーマを代表する問題に挑戦！

問題を通して刑法の基本原則をマスターしましょう。

問 刑法の基本原則に関する記述として，妥当なのはどれか。

（東京都2002）

1：罪刑法定主義は，犯罪とこれに関する刑罰は行為に先だってあらかじめ法律で定められていなければならないという原則であるが，条例も罰則を定めることができる。

2：責任主義は，故意犯には故意責任を，過失犯には過失責任を，それぞれ責任の度合いに応じて問う考え方であり，行為の結果が重大であるか否かは，問われる責任に影響することはない。

3：明確性の原則は，刑罰法規の内容が明確に規定されている必要があるという原則であり，立法の際に守られていれば，適用の際には要求されない。

4：令状主義とは，何人も，現行犯逮捕の場合を除き，あらかじめ発せられた令状に基づかなければ逮捕されないとする原則であり，この令状を発するのは，検察官である。

5：絶対的不定期刑の禁止は，刑期を定めない刑罰を禁止する原則であり，財産刑に適用されるが，自由刑には適用されない。

直前復習

Guidance ガイダンス

刑法は，頻繁に出題される分野とはいえないが，基本原則や罪刑法定主義，憲法の刑事手続の原則と関連させて出題されることがあるので注意したい。

罪刑法定主義とは，犯罪と刑罰について，あらかじめ，法律によって明確に定めなければならないという原則である。もっとも，法律と同様に，民主的手続によって定められた条例では，罰則を定めることができる。

頻出度	地上★	国家一般職★★	東京都★★	特別区★
	裁判所職員★★	国税・財務・労基★★		国家総合職★

チェック欄

1回目	2回目	3回目

必修問題の解説

〈刑法の基本原則〉

1 ○ 地方自治法14条3項は,「条例に違反した者に対し,2年以下の懲役若しくは禁錮,100万円以下の罰金,拘留,科料若しくは没収の刑又は5万円以下の過料を科する旨の規定を設けることができる」と定めている。ここで,**法定手続の保障**を定めた憲法31条との関係が問題となるが,判例は,条例が公選の議員により組織される地方公共団体の議会の議決を経て制定される自治立法であり,国会の議決を経て制定される法律に類するものであるとして,法律の授権が相当な程度に具体的であり,限定されていれば条例においても刑罰を定めることが可能であるとした(最大判昭37.5.30)。

2 × 確かに,責任主義は,行為者の責任の有無・程度に応じて刑罰を科す原則であるが,行為の結果の重大性は,問われる責任に大きく影響する。たとえば,過失による行為であっても,その結果が人の死という重大なものであれば,過失致死罪(刑法210条)として刑法上の責任を問われるのに対し,物の損壊という軽微なものであれば,民事上の損害賠償責任は別として,刑法上は不可罰となり,責任を問われない。

3 × **明確性の原則**とは,何が犯罪として禁止され,その違反に対してどのような刑罰が科されるかを法律で予告しておくことを内容とするものであり,立法の際にまず守られなければならないが,さらに,法の支配が法の適用における平等と正義を要請するものであることから,公平な法の執行のためには,法適用の際にも明確性の原則が要請される。

4 × 令状を発するのは検察官ではなく,**裁判官**である。なお,令状主義とは,被疑者や被告人の地位の強化を図るため,訴追側の犯罪捜査に必要な強制的処分を司法的コントロールのもとに置き,現行犯逮捕をする場合その他特別の場合を除き,事前に裁判官の発する令状を要することとするものである。

5 × 懲役や禁錮など,刑期の長さが刑の大きさとなる自由刑は,期間を定めなければ,**罪刑法定主義**の趣旨が骨抜きにされてしまう危険がある。したがって,自由刑については,刑の期間を法定しないことは許されない。なお,科料や罰金を科す財産刑についても同様に,刑の上限を何ら法定しないことは許されないとされる。

正答 1

第6章 その他の法律など

第6章 その他の法律など
SECTION 2 刑法の基礎

1 刑法の基礎（罪刑法定主義）

(1) 概要

刑法は，刑罰という制裁をもって犯罪を抑止し，人の生命や身体，財産，業務などの利益（**法益**）保護を図るための法律です。

しかし，他方で，刑罰は国家による人権侵害の最たるものであるため，刑罰法規の制定・運用は慎重かつ厳格に行われなければなりません。このような趣旨から，**罪刑法定主義**という原則が導かれます。

(2) 罪刑法定主義

罪刑法定主義とは，**犯罪と刑罰**について，**あらかじめ，法律によって明確**に定めなければならないという原則です。これにより，何が犯罪でどのような刑罰が科されるのかが明確になるため，恣意的な刑罰権の行使が防止されるとともに，国民の行動の予測可能性が確保されます。

> **罪刑法定主義**は，犯罪と刑罰について法律の定めを要求する原則ですが，**条例によって罰則を定めることも許されます**（最大判昭37.5.30）。条例は，法律と同様に，民主的手続によって定められた規範だからです。

2 罪刑法定主義の派生原理

(1) 罪刑の法定

犯罪と刑罰を法律で定めなければならないことを意味し，ここから，慣習によって刑罰を科すことの禁止（**慣習刑法排除の原則**）や刑期を一切定めない**絶対的不定期刑の禁止**が導かれます。

絶対的不定期刑	釈放されることがあるのか，刑期はどのくらいかなどが一切定められず，裁判官や執行者の裁量に委ねられた刑罰です。これは，恣意的な刑罰権の行使を可能にするため，罪刑法定主義により禁止されています。

(2) 明確性の原則

刑罰法規の内容は明確でなければならないという原則です。

(3) 罪刑の均衡

犯罪と刑罰のバランスが取れていることです。つまり，刑罰の内容が犯罪行為の法益を侵害した度合に相当することです。

(4) 類推解釈禁止の原則

民法などでは，結論の妥当性を導くために類推解釈が行われますが，この解釈

INPUT

方法は極めて技術的なものであるため，刑罰法規において用いられると，国民は自らに許された行動の範囲を把握できなくなります。そこで，**刑罰法規において類推解釈は禁止される**のです。

ただし，適用を受ける者に有利になるような類推解釈や類推に至らない程度の拡張（拡大）解釈であれば，刑法の解釈においても許されます。

(5) 事後法の禁止（刑罰不遡及の原則，憲法39条）

刑法が適用されるのは，法律の施行後の行為に限られ，施行前の行為に遡って適用されることはないという原則です。

ただし，この原則は，刑法の適用を受ける者の人権を保護するためですから，**適用を受ける者に有利になるような場合には，必ずしも行為後の法律を適用することは禁止されません**。刑法6条も，犯罪後に法律が改正されて刑が変更された場合，犯罪前と犯罪後の法律のうち軽いほうを適用すると定めており，行為後の法律が適用されうることを規定しています。

③ 刑事事件の取扱い

(1) 国家訴追主義

国家訴追主義とは，公訴権を検察官が独占していることをいいます（刑事訴訟法247条）。これは法律の解釈・適用の妥当性を確保し，諸事情を総合的かつ冷静に判断して起訴が行われるようにするためです。

(2) 起訴便宜主義

起訴便宜主義とは，検察官が，被疑事実が明白な場合においても，各種の状況を勘案して，起訴を行わないという処理もできることです（刑事訴訟法248条）。これは，訴追権の柔軟な運用により具体的正義を実現させるためです。

④ 正当防衛と緊急避難

	正当防衛（刑法36条1項）	緊急避難（刑法37条1項）
危害を加えられる者	侵害行為者	第三者
行為の態様	必要かつ相当な行為であること	現在の危難を避けるためにやむを得ずにした行為
効　果	違法性が阻却される	

第6章 SECTION 2 その他の法律など 刑法の基礎

実践　問題 134　基本レベル

問　わが国の刑事裁判に関する記述として，妥当なのはどれか。　（東京都2011）

1：刑事裁判の当事者は検察官及び被告人であり，犯罪の被害者が刑事裁判へ参加することは，被告人の権利保障に反するためいかなる場合も認められていない。
2：証拠の価値判断には，裁判官の自由な判断に任せる自由心証主義ではなく，証拠の証明力をあらかじめ法律で定める法定証拠主義が採用されている。
3：被告人に不利益な唯一の証拠が本人の自白である場合，その自白が被告人自ら自主的に行ったものであれば，有罪とすることができる。
4：再審は，判決が確定した後，有罪の言渡を受けた者の利益のために行われるものであり，有罪の言渡を受けた者の不利益となる場合は行うことができない。
5：検察審査会は，検察官が行った起訴処分及び不起訴処分の当否を審査するが，検察審査会の議決には拘束力はない。

実践 問題 134 の解説

〈刑事裁判〉

1 ✗ 2008年12月より，犯罪被害者等の保護・支援のための新たな制度として，**被害者参加制度**が導入された。これは，殺人，傷害，自動車運転過失致死傷等の一定の刑事事件の被害者等が，裁判所の許可を得て，被害者参加人として被告事件の刑事裁判に参加するという制度である。被害者参加人は，情状に関する事項について直接証人に尋問したり，意見陳述に必要な場合に被告人に対して直接質問したりすることができ，また，事実又は法律の適用について意見を述べることができる（刑事訴訟法316条の33〜316条の39参照）。

2 ✗ 刑事訴訟法では，「証拠の証明力は，裁判官の自由な判断に委ねる」として，自由心証主義を採用している（刑事訴訟法318条）。したがって，本肢でいうような証拠の証明力をあらかじめ法律で定めるようなことはない。

3 ✗ 刑事訴訟では，被告人の自白だけでは有罪とすることができない（憲法38条3項，刑事訴訟法319条2項）。たとえ，その自白が任意にされた場合であっても，自白のほかに補強証拠が必要とされる。自白を唯一の証拠とする場合にも有罪にできるとすると，自白強要のおそれや誤判の危険があるからである。

4 ○ 刑事訴訟法の再審について本肢のとおりである（刑事訴訟法435条柱書・436条1項）。**再審**とは，判決が確定して終了した事件について，法定の再審事由にあたる重大な瑕疵がある場合に，確定判決の取消しと事件の再審理を求める非常救済手続である。憲法39条の一事不再理効の保障の精神から，被告人に利益になる再審のみを認める。再審の請求権者は，検察官や有罪の言い渡しを受けた者，またその法定代理人等である（刑事訴訟法439条1項各号）。

5 ✗ **検察審査会**は，選挙権を有する国民の中からくじで選ばれた11人の検察審査員が，検察官が被疑者を起訴しなかったことの妥当性を審査する組織である。検察審査会が行った起訴相当の議決に対し，検察官が改めて不起訴処分をした場合又は法定の期間内に処分を行わなかった場合には，検察審査会は再度審査を行う。その結果，11人の検察審査員のうち8人以上が不起訴不当という判断をした場合は起訴議決をするが，この場合には，起訴議決の議決書の謄本の送付を受けた地方裁判所が，検察官の職務を行う弁護士を指定し，この**指定弁護士が検察官に代わって公訴を提起**することになる。このように検察審査会の議決には強い拘束力が認められている。

正答 4

第6章 その他の法律など
SECTION 2 刑法の基礎

実践 問題 135 基本レベル

問 罪刑法定主義の趣旨に関する次のア～エの記述の正誤の組合せとして最も適当なのはどれか。 （裁事・家裁2009）

ア：罪刑法定主義は，刑罰法規が施行前の行為に遡って適用されてはならないとする遡及処罰の禁止を含む。それゆえ，実行の時点で既に処罰対象であった行為を，事後的に遡って処罰の対象から外すことは許されない。

イ：罪刑法定主義は，犯罪と刑罰は法律によって定めなければならないとする法律主義を含む。それゆえ，地方公共団体の条例によって罰則を定めることは，法律の授権の範囲内であっても，法の秩序において条例が法律より下位にある以上は許されない。

ウ：罪刑法定主義は，刑罰法規が施行前の行為に遡って適用されてはならないとする遡及処罰の禁止を含む。それゆえ，実行の時点で既に処罰対象であった行為を，当該刑罰法規の解釈により，事後的に遡ってより軽く処罰することは許されない。

エ：罪刑法定主義は，犯罪と刑罰は法律によって定めなければならないとする法律主義を含む。それゆえ，立法者が刑罰法規で禁止・処罰していない行為について，裁判所が他の刑罰法規を被告人に不利になる方向で類推解釈し，処罰することは許されない。

	ア	イ	ウ	エ
1：	正	正	誤	誤
2：	正	誤	正	誤
3：	誤	正	正	正
4：	誤	誤	正	誤
5：	誤	誤	誤	正

直前復習

OUTPUT

チェック欄		
1回目	2回目	3回目

実践 問題 **135** の解説 ────────────

〈罪刑法定主義〉

ア✕ 罪刑法定主義とは，国民の行為を犯罪として処罰するためには，どのような行為が犯罪にあたり，それに対してどのような刑罰が科されるのかが，あらかじめ法律によって明確に定められていなければならないとする原則である。そして，憲法39条前段が「何人も，実行の時に適法であつた行為」について，「刑事上の責任を問はれない」として，遡及処罰の禁止を定めているのは罪刑法定主義に由来する。したがって，本記述前段は正しい。しかし，実行の時点で法律により刑罰の対象となっていた行為であっても，その後の法改正により当該行為に対する刑罰が廃止された場合には，その行為は処罰の対象から外される。

イ✕ 法律主義に関する前段の記述は正しい。しかし，地方自治法14条3項は2年以下の懲役刑など，一定範囲の刑罰を条例で定めることを包括的に委任しており，これにより法律より下位にある条例によって罰則を制定することも許されていると解されているため，本記述後段は誤っている。この点については，罪刑法定主義との関係が問題となるが，条例は，公選の議員によって構成される地方議会の議決を経て制定される民主的自主立法であり，法律に類するものといえることから，法律による授権の内容が相当程度に具体的であり，限定されていれば足りるとして，罪刑法定主義には反しないとするのが判例である（最大判昭37.5.30）。

ウ✕ 遡及処罰の禁止に関する前段の記述は正しい。しかし，刑法6条は，「犯罪後の法律によって刑の変更があったときは，その軽いものによる」としており，犯罪後の法律改正により刑が軽いものに変更されたときは，軽い刑によって処罰されることになる。

エ〇 法律主義に関する前段の記述は正しい。また，類推解釈とは，ある事項について規定している法律を，同様の性質を持つ他の事項にも文理の枠を超えて適用する場合の解釈方法を指す。刑事事件においては被告人に不利になる方向での類推解釈は禁止されている。立法者が刑罰法規で禁止・処罰していない行為について，裁判所が類推解釈を用いてこれを処罰することは，実質的には裁判官による刑罰法規の創造といえ，法律主義に反するからである。

　以上より，記述アが誤，イが誤，ウが誤，エが正であり，正解は肢5となる。

正答 5

第6章　その他の法律など

LEC東京リーガルマインド　2024-2025年合格目標 公務員試験 本気で合格！過去問解きまくり！ 401
④社会科学

SECTION 2 その他の法律など 刑法の基礎

実践　問題 136　基本レベル

問 罪刑法定主義に関する記述として最も妥当なのはどれか。　（国Ⅱ2005）

1：罪刑法定主義は，犯罪と刑罰を明記することによって，国民相互において個人の活動の自由を保障するもので，国家権力から国民の生命，自由，財産を守ることをその目的とはしていない。

2：罪刑法定主義の「法定」の内容の中には，国民の代表である国会で犯罪や刑罰を決定することだけでなく，慣習法の尊重や類推解釈を認めることも含まれる。

3：「政令には，特にその法律の委任がある場合を除いては，罰則を設けることができない。」との憲法の規定は，罪刑法定主義とは無関係の規定である。

4：行為時に違法ではあっても刑罰規定が定められていなかった行為について，事後的に刑罰を科すことは，罪刑法定主義に抵触せず，許される。

5：罪刑法定主義では，犯罪と刑罰が単に法律で定められているだけでなく，犯罪の構成要件が明確に定義されることが求められ，また，刑の内容や期間を全く定めない刑罰は許されない。

OUTPUT

チェック欄		
1回目	2回目	3回目

実践 ▶ 問題 **136** の解説

〈罪刑法定主義〉

1 ✕ 前半の「犯罪と刑罰を明記することによって，国民相互において個人の活動の自由を保障するもの」との記述は正しい。しかし，後半は誤りであり，罪刑法定主義は，国家権力による恣意的な処罰を排し，国民の生命，自由，財産を守ることをその目的としている。

2 ✕ 「慣習刑法の禁止」と「類推解釈の禁止」は，罪刑法定主義の基本原則である。慣習刑法の禁止とは，法律で規定されていない場合には処罰することはできないことを指す。また，類推解釈の禁止とは，刑罰法規の解釈において，類推解釈を行うことが許されないことを意味する。もっとも，被告人に有利な類推解釈は，必ずしも禁止されているわけではない。肢1で解説したとおり，罪刑法定主義の意義は，国家権力の濫用から国民の権利を守ることにある。

3 ✕ 罪刑法定主義においては，犯罪と刑罰をあらかじめ定めておかなければならず，これは，国会で制定する法律で定めるのが原則である。したがって，法律の委任なしに政令で罰則を設けることができず，本肢にある憲法73条6号の規定は，罪刑法定主義の原則の1つであり，無関係とはいえない。

4 ✕ 事後的に刑罰を科すことは，罪刑法定主義に抵触するため許されない。これを「遡及処罰の禁止」あるいは，「事後法の禁止」といい，実行時に適法であった行為については，刑事上の責任を問われないことを指す（憲法39条前段）。

5 ○ 前半は「刑罰法規の明確性」，後半は「絶対的不定期刑の禁止」についての記述である。罪刑法定主義には，いくつかの原則があるが，それぞれ本問で確認しておこう。

第6章　その他の法律など

正答 **5**

第6章 SECTION② その他の法律など
刑法の基礎

実践 問題 137 応用レベル

問 犯罪の成立要件に関する記述として、妥当なのはどれか。 （東京都2008）

1：犯罪構成要件に該当する行為であっても、被害者の承諾があるときは、いかなる場合にも犯罪は成立しない。
2：犯罪構成要件に該当する行為であっても、正当防衛が成立する場合は違法性が阻却され、犯罪とはならない。
3：実行行為に着手したが結果が発生しなかった場合を未遂、犯罪の実行の着手に至らない準備段階を予備といい、予備が犯罪となることはない。
4：刑事未成年者、心神喪失者及び心神耗弱者は、責任無能力者とされ、責任の阻却が認められているため、これらの者の行為は犯罪とはならない。
5：責任能力が存在する時に犯罪の実行を決意したとしても、実行行為の時に責任能力がなければ、いかなる場合にも犯罪は成立しない。

OUTPUT

実践 問題 **137** の解説

〈犯罪の成立要件〉

1 ✕ 被害者の承諾があったからといって，すべての犯罪が成立しなくなるわけではない。たとえば，生命侵害に対する承諾があったとしても同意殺人罪（刑法202条）は成立しうる。また，傷害行為に対する被害者の承諾があれば，傷害行為の違法性は阻却され，犯罪は成立しないとされているが，その同意自体が公序良俗に反するなど社会的相当性がないとき（保険金詐取目的による傷害への同意など）には，当該同意は違法・無効とされることから，傷害罪が成立することになる（最決昭55.11.13）。

2 ◯ **正当防衛**について，刑法36条1項は「急迫不正の侵害に対して，自己又は他人の権利を防衛するため，やむを得ずにした行為は，罰しない」と規定している。正当防衛の根拠などについては学説の対立があるが，その効果として，行為の違法性が阻却されるということについて争いはない。

3 ✕ 本肢前段の未遂，予備の意義に関する説明は正しい。しかし，犯罪の準備行為たる予備も，放火予備（刑法113条），殺人予備（刑法201条），強盗予備（刑法237条）などの重大な犯罪に関しては処罰の対象となっている。

4 ✕ 刑法は，心神喪失者，刑事未成年者（14歳未満の者）を責任無能力者とし，その行為について，「罰しない」と規定して，たとえ犯罪の構成要件に該当する場合であっても，犯罪は成立しないものとしている（刑法39条1項，同法41条）。これに対して，刑法上，心神耗弱者は限定責任能力者とされており，その行為について犯罪が成立することを前提として，「その刑を減軽する」と規定されている（刑法39条2項）。

5 ✕ **責任能力**は，犯罪行為のときに備わっていなければならず，これがない場合は犯罪は成立しない（刑法39条1項）。これを実行行為と責任の同時存在の原則という。しかし，たとえば，飲酒などにより酩酊して責任無能力状態に陥ったうえで，実行行為を行ったような場合でも，完全な責任能力が存在するときに，犯罪の決行を決意したうえで原因行為（ここでは飲酒）を行っていたようなときには犯罪を成立させるべきとする，「原因において自由な行為」の理論が一般的に主張されており，裁判例にもこれを認めるものがある（最決昭43.2.27など）。

第6章 その他の法律など

正答 2

第6章 SECTION 2 その他の法律など
刑法の基礎

実践 問題 138 応用レベル

問 刑事事件の取扱いに関する記述として最も妥当なのはどれか。　（国Ⅰ2006）

1：捜査は，捜査機関が犯罪があると思料したときに行う。我が国の捜査機関は司法警察職員である警察官のみであり，戦前にみられたような，特定の種類の事件のみについて捜査を行う特別司法警察職員の制度は採られていない。

2：国民は犯罪があると思料した場合には捜査機関に告訴，告発を行うことができる。自らが被害者である場合に捜査機関に犯罪事実を告げることを告発といい，いったん告発が捜査機関に受理された後は，これを取り消すことはできない。

3：公訴を提起することを起訴という。この権限は検察官にあり，被害者や警察官には起訴の権限はない。また，検察官は，被疑事実が明白な場合においても，各種の状況を勘案して，起訴を行わないという処理をすることもできる。

4：刑事事件の裁判では，第1審は地方裁判所，第2審は高等裁判所，第3審（終局審）は最高裁判所で行うこととされており，罪の軽重を問わず，民事裁判のように第1審を簡易裁判所で行うことは認められていない。

5：刑事裁判は必ず公判廷で行わなければならず，仮に被疑者が有罪であることを認め公判を開かないことを希望したとしても，裁判所が公判を開かずに略式命令で罰金刑を言い渡すことは許されない。

OUTPUT

実践 問題 138 の解説

〈刑事事件の取扱い〉

1 ✕ 日本の捜査機関としては，**司法警察職員**のみならず，**検察官**および**検察事務官**もある。次に，日本では，一般司法警察職員（警察官）のほかに，特別の事項について捜査を行う特別司法警察職員も存在し（刑事訴訟法190条），海上保安官，麻薬取締官，労働基準監督官などがその例である。なお，捜査は捜査機関が犯罪があると思料したときに行うという記述は正しい。

2 ✕ 自らが被害者である場合に捜査機関に犯罪事実を告げるのは**告訴**であり，**告発**とは，犯人でも告訴権者でもない第三者が捜査機関に犯罪事実を告げ，訴追を求めることである。また，告訴は，捜査機関が受理した後でも，公訴の提起があるまでは取り消すことができ（刑事訴訟法237条1項），告発は起訴後でも取り消すことができる。

3 ◯ 日本では，**公訴権は検察官が独占**している（**起訴独占主義**，刑事訴訟法247条）。これは，法律の解釈・適用の妥当性を確保し，また，諸事情を総合的かつ冷静に判断して起訴が行われるようにするためである。したがって，警察官や被害者に公訴を提起する権限はない。また，検察官は，被疑事実が明白な場合においても，各種の状況を勘案して，起訴を行わないという処理もすることができる（**起訴便宜主義**，同法248条）。これは，訴追権の柔軟な運用により具体的正義を実現させるためである。

4 ✕ 簡易裁判所も，第1審として刑事事件の裁判を行うことができる。具体的には，罰金以下の刑にあたる罪，選択刑として罰金刑が定められている罪，および横領罪（刑法252条1項）などの事件について，管轄権を有している（裁判所法33条1項2号）。また，刑事事件の裁判においては，本肢にあるとおり，原則として地方裁判所が第1審となるが，一定の事件については，簡易裁判所や家庭裁判所，高等裁判所が第1審になることもある。

5 ✕ **簡易裁判所**の管轄に属する軽微な事件については，**略式命令**で罰金刑を言い渡すことが認められている。すなわち，略式手続によることについて被疑者の異議がない場合に，検察官が起訴と同時に略式命令の請求を行えば，簡易裁判所は，公判を開かずに100万円以下の罰金または科料を言い渡すことができる（刑事訴訟法461条〜463条）。

正答 3

第6章 3 その他の法律など
SECTION その他

必修問題 セクションテーマを代表する問題に挑戦！

年齢に関する常識的な問題なので，チャレンジしてみましょう。

問 法律における年齢要件に関する記述として，妥当なもののみをすべて挙げているのはどれか。　　　　　　　　　　（東京都2010改題）

A：民法によれば，満15歳以上の者は遺言を行うことができるが，成年に達するまでの間に遺言を行う場合，親権者の同意を得ることが必要である。
B：刑法によれば，満14歳未満の者は，刑法上の罪に当たる行為をした場合でも，刑法に基づいて罰せられることはない。
C：労働基準法によれば，満15歳未満の者は，坑内労働など危険を伴うと認められる事業に限り，業務に就くことはできない。
D：国民年金法によれば，日本国内に居住している満18歳以上の者は国民年金の被保険者となり，学生であっても保険料の納付を猶予されることはない。

1：A
2：A，D
3：B
4：B，D
5：C

直前復習

Guidance ガイダンス 法律に関係する問題では，時事的なことも問われることがあるので，新しい制度や法律の改正については注意しておくべきである。

〈法律における年齢要件〉

A × 民法961条では、満15歳以上の者は、遺言をすることができるとしている。さらに民法では、行為能力の制限に関する規定を遺言については適用しないとしていることから、未成年者も親権者の同意などを得ることなく、単独で遺言をすることが可能である（民法962条）。

B ○ 刑法41条は、「14歳に満たない者の行為は、罰しない」として、14歳未満の者を一律に刑事処罰の対象から除外している。これは、少年の可塑性を考慮した刑事政策的配慮によるものである。なお、14歳未満で刑罰法令に触れる行為をした少年（触法少年、少年法3条1項2号）は、原則として児童福祉法に基づく措置の対象となるが、都道府県知事または児童相談所長から送致を受けた場合には、家庭裁判所の審判による保護処分の対象となる（少年法3条2項、24条）。

C × 労働基準法56条1項では、「使用者は、児童が満15歳に達した日以後の最初の3月31日が終了するまで、これを使用してはならない」と規定している。ただし、①工業的事業ではない職業で、児童の健康および福祉に有害でなく、かつ、その労働が軽易なものについては、行政官庁の許可を受けて、満13歳以上の児童をその者の修学時間外に使用することができ、②映画の製作または演劇の事業については、満13歳に満たない児童についても、児童の健康および福祉に有害でなく、かつ、その労働が軽易なものについて、行政官庁の許可を受けることにより、修学時間外に使用することができるとしている（同条2項）。したがって、坑内労働などの危険を伴う事業（工業的事業）以外のものでも、満15歳未満の者が業務に就くためには、一定の要件を充足する必要がある。

D × 日本国内に住んでいる20歳以上60歳未満の者は原則として、すべて国民年金の被保険者となる（国民年金法7条）。また、学生に関しては、一定の要件のもと、申請により在学中の保険料の納付が猶予される「学生納付特例制度」が設けられている。

以上より、妥当なものはBのみであり、正解は肢3となる。

正答 3

SECTION 3 その他の法律など
その他

1 裁判員制度

2004年5月に裁判員法（裁判員の参加する刑事裁判に関する法律）が成立し、裁判員制度が導入されました。

裁判員制度とは、国民の司法参加を目指して、**裁判官とともに刑事裁判の審議・評決に国民が参加する制度**です。以下がその概要です。

(1) 死刑または無期の懲役・禁錮にあたる罪にかかわる事件などの**重大な刑事事件**に適用される。

(2) 裁判員は裁判官とともに**被告の有罪・無罪、量刑、法の適用を決めるが、法令の解釈と訴訟手続の指揮は裁判官が行う**。意思決定は、原則的に裁判官3人と裁判員6人から構成される合議体での**多数決**によって行われる。

(3) 学生や70歳以上の者、仕事上著しい損失が生じる場合や育児・介護など社会生活上やむをえない事情がある者が辞退できる。

(4) 裁判員が評議の秘密や職務上知り得た秘密を漏らせば、6カ月以下の懲役または50万円以下の罰金が科され、また、正当な理由なく出頭を拒めば10万円以下の過料に処せられる。

【裁判員制度】

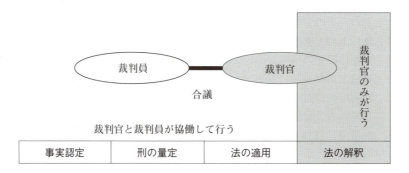

2 検察審査会

検察審査会とは、検察官が独占する起訴の権限の行使に民意を反映させ、また、不当な不起訴処分を抑制するために、地方裁判所またはその支部の所在地に置かれる機関で、**衆議院議員の選挙権者**の中からくじで選定された**市民11人**によって**構成**されます。

事件について裁判所へ公訴を提起する権限は、検察官が独占しているため、告訴を行った事件など、犯罪被害者が特定の事件について裁判を行ってほしいと希望しても、検察官の判断により公訴が提起されずに、不起訴・起訴猶予処分などに

INPUT

なることがあります。

このような場合に，その**事件を不起訴にするという検察官の判断を不服とする者**の求めに応じ，**判断の妥当性を審査するのが検察審査会の役割**です。

従来は，審査会の議決は法的に検察官を拘束しないことになっていましたが，法改正により**2009年5月から法的拘束力を持つ**ことになりました。

検察審査会が「**起訴相当**」と議決した事件について，検察官から再び不起訴とした旨の通知を受けた場合，再び審査を実施し，あらためて「起訴相当」議決が出たときは「**起訴議決**」がなされ，**裁判所が指定した指定弁護士が被疑者死亡や公訴時効等の事由がある場合を除いて公訴を提起し，公判が開かれる**ことになります。

3 刑事裁判への被害者参加制度

2008年12月から，犯罪被害者などの保護・支援のための新たな制度として，**刑事裁判への被害者参加制度，被害者参加人のための国選弁護人制度，損害賠償命令制度**が開始されました。

被害者参加制度は，殺人や傷害，自動車運転過失致死傷など一定の刑事事件の被害者が，裁判所の許可を得て，被害者参加人として刑事裁判に参加する制度のことをいいます。被害者参加人は，検察官側に着席し，被告人に対して直接質問したり，意見を述べたりすることができます。

損害賠償命令制度は，殺人，傷害などの一定の刑事事件が地方裁判所に係属している場合，刑事事件を担当している裁判所が，引き続いて犯罪被害者などが申し立てた損害賠償請求という民事上の事件についても，刑事損害賠償命令事件として審理する制度のことをいいます。これは被告人に対して有罪判決があった場合に，直ちに審理が開始されます。

4 日本司法支援センター（法テラス）

日本司法支援センター（法テラス）とは，総合法律支援法に基づき，独立行政法人の枠組みに従って設立され，総合法律支援に関する事業を迅速かつ適切に行うことを目的としています（総合法律支援法14条）。

その業務は，地方自治体や弁護士会などの関係機関の相談窓口を案内する**情報提供業務**，弁護士費用などの立替を行う**民事法律扶助業務**，犯罪の被害に遭われた方などへの支援として**犯罪被害者支援業務，国選弁護等関連業務**などがあります。

第6章　その他の法律など

LEC東京リーガルマインド　2024-2025年合格目標 公務員試験 本気で合格！過去問解きまくり！　411
④社会科学

SECTION 3 その他の法律など / その他

実践 問題 139 基本レベル

問 わが国の裁判員制度に関する記述として,妥当なのはどれか。(東京都2009)

1：裁判員は,高等裁判所又は地方裁判所で行われる刑事裁判のうち,法定刑が死刑又は無期の懲役に当たる罪に係る事件の裁判に限り参加する。
2：裁判員の参加する合議体では,裁判官の員数は2人とされ,裁判員の員数は5人とされている。
3：裁判員は,日本国内に住居を有する者の中から抽選で選ばれることとされ,日本国籍を有する必要はない。
4：裁判員は,有罪・無罪の決定及び量刑の判断について,裁判官との合議体の過半数で決し,有罪の決定は,裁判員のみの意見により下される場合がある。
5：裁判員は,守秘義務を負い,これに反した場合,刑事罰として罰金刑や懲役刑が科されることがある。

OUTPUT

実践 問題 **139** の解説

チェック欄
1回目	2回目	3回目

〈裁判員制度〉

1 ✕ **裁判員制度**の対象となる事件は，地方裁判所が扱う刑事事件のうち，①**死刑または無期の懲役・禁錮にあたる罪にかかわる事件**，および②**法定合議事件であって故意の犯罪行為により被害者を死亡させた罪にかかわるもの**である（裁判員法2条1項）。したがって，本肢は妥当でない。

2 ✕ 裁判員の参加する刑事裁判における**合議体**は，原則として**裁判官3人・裁判員6人で構成される**（裁判員法2条2項）。ただし，第1回公判期日前の準備手続の結果，被告人が公訴事実を認めている場合において，当事者（検察官，被告人および弁護人）に異議がなく，かつ事件の内容等を考慮して裁判所が適当と認めたときは，裁判官1人・裁判員4人で構成される合議体によって裁判を行うことができる（裁判員法2条3項）。

3 ✕ **裁判員は，衆議院議員選挙の選挙権を有する者の中から選出される**（裁判員法13条）。裁判員は1年ごとに作成される裁判員候補者名簿の中から，事件ごとにくじによって無作為に選出されるが，この名簿は，衆議院議員の選挙権を有する者により構成される。衆議院議員選挙の選挙権は日本国民で年齢満18歳以上の者に与えられる（公職選挙法9条）。よって，日本国籍を有しない者が裁判員に選出されることはない。

4 ✕ 裁判員の参加する裁判における有罪・無罪の決定および量刑の判断に関する評議において，全員の意見が一致しなかった場合には，**多数決**によって決することになる。ただし，裁判員法は，「構成裁判官及び裁判員の双方の意見を含む」合議体の員数の過半数で決定するとしており，たとえば被告人を有罪にする場合には，裁判員と裁判官のそれぞれ1人以上が有罪であるとの意見を表明していることが必要となる（裁判員法67条1項）。したがって，裁判員のみの意見によって有罪の決定がなされることはない。

5 ○ **裁判員は，自らが参加した裁判における評議の秘密やそれ以外の職務上知り得た秘密について，守秘義務を負う**（裁判員法9条2項）。これは，裁判に参加している間だけではなく，裁判が終了したあとでも同様である。そして，裁判員もしくは裁判員の職にあった者が守秘義務に反した場合，6カ月以下の懲役または50万円以下の罰金が科せられる（秘密漏示罪，裁判員法108条1項・2項）。

第6章 その他の法律など

正答 **5**

第6章 SECTION 3 その他の法律など
その他

実践 問題 140 基本レベル

問 我が国の裁判員制度に関する記述として，妥当なのはどれか。 (特別区2009)

1：裁判員制度は，「裁判員の参加する裁判に関する法律」の規定に基づき，国民が裁判員として，地方裁判所で行われる刑事裁判及び民事裁判に参加する制度である。
2：刑事裁判における裁判員は，裁判官と一緒に法廷に立ち会い，被告人が有罪か無罪かを裁判官と一緒に評議し，評決することになるが，有罪の場合にどのような刑にするかには関与しない。
3：我が国の裁判員制度のように，国民が裁判に参加する制度は，不文法主義を採るアメリカ，イギリスでも行われている一方，成文法主義を採るフランス，ドイツでは行われていない。
4：裁判員となることによる国民の負担が過重なものとならないようにし，負担の公平化を図るため，過去5年以内に裁判員を務めたことのある人は，裁判員に選ばれることはない。
5：裁判員制度は，特定の職業や立場の人に偏らず，広く国民が参加する制度であるから，原則として辞退できないが，会期中の地方公共団体の議会の議員であることは，辞退事由として定められている。

OUTPUT

チェック欄		
1回目	2回目	3回目

実践 問題 **140** の解説

〈裁判員制度〉

1 × 裁判員制度とは，国民が裁判員として，刑事手続のうち地方裁判所で行われる重大な刑事裁判に参加する制度であり，民事裁判には関与しない。原則として裁判員6人と裁判官3人が一緒に刑事裁判の審理に出席し，証拠調べ手続や弁論手続に立ち会ったうえで評議を行い，判決を宣告することになる。

2 × 裁判員は，裁判官と一緒に刑事事件の公判に立ち会い，判決まで関与することになる。そのため，裁判員は事実認定と量刑判断までを裁判官と一緒に議論し，評決することになる。なお，評議を尽くしても意見の全員一致が得られなかった場合には，評決は多数決により行われる。

3 × 諸外国においても，国民の司法参加制度は見られる。アメリカやイギリスなどで定着している陪審制では，一般の国民から選ばれる陪審員同士の討議によって有罪か無罪かを決定し，裁判官は陪審員の決定に従い法解釈と量刑判断を行う。フランスやドイツなどでは，国民から参加する参審員が職業裁判官と一緒に裁判に参加し，判決にも関与する参審制が実施されている。

4 × 裁判員の選出は，有権者名簿の中から翌年の裁判員候補者となる人を毎年くじで選び，裁判所ごとに裁判員候補者名簿を作成する。したがって，過去5年以内に裁判員を務めたことのある人も，再び裁判員候補者に選ばれる可能性がある。ただし，過去5年以内に裁判員や検察審査員を務めたことのある人や，過去3年以内に選任予定裁判員に選ばれた人，過去1年以内に裁判員候補者として裁判所に来たことのある人（辞退が認められた人を除く）は，辞退の申立てが可能である。

5 ○ 裁判員に選任された場合は，原則として辞退できない。ただし，国民の負担が過重なものとならないように，法律や政令では，70歳以上の人，会期中の地方公共団体の議会の議員，学生・生徒，過去5年以内に裁判員や検察審査員などの職務に従事した人，過去3年以内に選任予定裁判員に選ばれた人，一定のやむをえない理由があって，裁判員の職務を行うことや裁判所に行くことが困難な人などは，辞退事由に該当し，裁判所に認められれば辞退することができる。

第6章　その他の法律など

正答 **5**

LEC東京リーガルマインド　2024-2025年合格目標 公務員試験 本気で合格！過去問解きまくり！　415
④社会科学

第6章 SECTION 3 その他の法律など／その他

実践　問題 141　基本レベル

問 次の検察審査会制度についての説明文中の　　　　に入る文として最も適当なのはどれか。
(裁事・家裁2010)

　検察官は，被疑者を処罰する必要があると判断したときに起訴をするが，被疑事件が犯罪とならない場合の他，犯罪の嫌疑が不十分な場合や，犯人の性格，年齢及び境遇，犯罪の軽重及び情状並びに犯罪後の情況により訴追を必要としない場合には，不起訴処分を行う。検察審査会制度は，検察官による公訴権の実行に関し民意を反映させてその適正を図るため，検察官が被疑者を起訴しなかったことの当否を審査する制度である。

　検察官がある被疑者について公訴を提起しない処分をした場合に，それについて検察審査会が起訴相当の議決をしたところ，それに対して，検察官が不起訴処分をし，又は法定の期間内に処分を行わなかったとき，検察審査会が再度審査を行って，起訴すべき旨の議決を行ったときは，　　　　　　。

1：特段の事情のない限り検察官は被疑者を起訴しなければならない
2：検察官は不起訴処分の理由を開示して弁明しなければならない
3：裁判所が指定した弁護士が被疑者を起訴しなければならない
4：被疑者を起訴することの当否を裁判所が判断しなければならない
5：裁判所の管轄区域内の市町村長が被疑者を起訴しなければならない

実践 問題141 の解説

〈検察審査会制度〉

　現行法上，検察官には被疑者を起訴するか否かについての裁量権が認められている。すなわち，犯罪の嫌疑があり，その他の訴訟条件が整っていたとしても，犯人の性格，年齢，境遇，犯罪の軽重，情状，犯罪後の情況により訴追を必要としないと認められるときは，検察官は公訴を提起しないことができる（**起訴便宜主義**，刑事訴訟法248条）。しかし，検察官の起訴・不起訴の判断が常に適正であるとは限らない。そこで，公訴権の実行に関し，民意を反映させてその適正を図るために**検察審査会制度**が置かれている（検察審査会法1条）。

　検察審査会は，検察官が行った不起訴処分に不満のある申立人（犯罪の被害者，告訴人など）の申立てを受けて，当該不起訴処分の当否を審査し，これに対する議決（起訴相当・不起訴不当・不起訴相当）を行う（検察審査会法2条2項・39条の5）。

　検察審査会が起訴相当（起訴すべきであるということ）の議決を行ったにもかかわらず，検察官が再度不起訴処分を行うか，または一定期間内に新たな処分を行わなかった場合，検察審査会は再度の審査を行うことになる（検察審査会法41条の2）。そして，審査の結果，**検察審査会が再度起訴相当の議決を行った場合**，その議決書の謄本の送付を受けた裁判所が，問題となっている事件について検察官の職務を行う弁護士を指定し（検察審査会法41条の9），その**弁護士が公訴の提起（被疑者を起訴すること）**を行うことになる（検察審査会法41条の10）。

　以上より，正解は肢3となる。

正答 3

SECTION 3 その他の法律など
その他

実践　問題 142　基本レベル

問 我が国における司法制度と市民のかかわりに関する記述として最も妥当なのはどれか。
(国税・労基2011改題)

1：日本司法支援センター（法テラス）は，総合法律支援法に基づき設立された法人であり，民事・刑事を問わず，法による紛争の解決に必要な情報やサービスの提供，犯罪被害者支援業務，司法過疎対策業務等を実施している。

2：検察審査会は，検察官が被疑者を裁判にかけなかったことの是非について，公募採用された6人の検察審査員により審査をする機関である。検察審査会の「起訴相当」の議決に対し再度捜査をした検察官から不起訴とする通知を受けた場合，検察審査会は，改めて「起訴相当」とする議決はできない。

3：犯罪被害者支援施策の一環として被害者参加制度が導入されている。これは，被害者が刑事裁判に参加し，検察官や弁護士の同意がなくとも独立して被告人に自由に質問し，量刑に関する意見を述べること等を可能にした制度であるが，その制度の対象は被害者本人に限られる。

4：地方裁判所で行われる刑事裁判のうち殺人や傷害致死などの重大事件については，裁判員裁判の対象となる。裁判員裁判では，令和4年に法改正があり，満18歳以上の有権者からくじで選出された裁判員6人が事実認定を行った後，裁判官3人が量刑を判断する。

5：日本国憲法は，裁判の対審と判決を公開法廷で行うと規定しており，最高裁判所は，国民一人一人が裁判の傍聴を権利として要求できることを認めている。ただし，傍聴は自由にできるものの，傍聴席でのメモ取りや写真撮影は禁止されている。

OUTPUT

チェック欄		
1回目	2回目	3回目

実践 問題 **142** の解説

〈司法制度と市民のかかわり〉

1◯ 日本司法支援センター（法テラス）は，総合法律支援に関する事業を迅速かつ適切に行うことを目的とした法人である（総合法律支援法14条）。その業務内容は，民事法律扶助，司法過疎対策，犯罪被害者支援，国選弁護等関連業務など民事・刑事を問わず，全国における法による紛争の解決に必要な情報やサービスの提供が受けられる社会の実現を目指している。

2✕ 検察審査員は，衆議院議員の選挙権を有する国民の中から，地域ごとにくじで選ばれた11人によって構成されるので，本肢記述は誤りである。また，検察審査会が行った起訴相当の議決に対し，検察官が改めて不起訴処分をした場合又は法定の期間内に処分を行わなかった場合，検察審査会は再度審査を行い，8人以上の検察審査員が改めて起訴相当の判断をすれば起訴議決をすることができるので，これも誤りである。なお，地方裁判所は起訴議決の議決書の謄本の送付を受けると，検察官の職務を行う弁護士を指定する。この指定弁護士が公訴を提起する。

3✕ 被害者参加制度は，殺人，傷害等の一定の重大な刑事事件の被害者等から申し出があり，裁判所が相当と認める場合に，一定の要件のもとで情状証人や被告人に質問したり，事実または法律の適用について意見を述べたりして刑事裁判に参加することができる制度である。被告人等への質問や尋問の申し出があるときは，裁判所は被告人または弁護人の意見を聴き審理の状況その他の事情を考慮してそれを許可する。また，この制度の対象には，被害者本人だけでなく，被害者の法定代理人，被害者が死亡している場合はその配偶者，直系親族，兄弟姉妹も含むので，本肢は妥当でない。

4✕ 裁判員制度では，裁判員が裁判官と評議して，事実を認定し（事実認定），被告人が有罪か無罪か，有罪だとしたらどんな刑にするべきか（量刑の判断）を決定するので，本肢は妥当でない。なお，令和4年に法改正があり，裁判員の対象年齢は18歳以上に引き下げられたので，この点は正しい。

5✕ 最高裁判所は，裁判の公開が制度として保障されていることに伴い，各人は裁判を傍聴することができるが，裁判所に対して傍聴することを権利として要求できることまでを認めたものではないし，法廷においてメモをとることを権利として保障しているものでもないとしているので（最大判平元.3.8），本肢は妥当でない。

第6章 その他の法律など

正答 **1**

第6章 その他の法律など
SECTION 3 その他

実践　問題143　基本レベル

問 我が国の司法に関する記述として最も妥当なのはどれか。

（国税・財務・労基2022）

1：国民が裁判に参加する制度として，裁判員制度が採用されている。法定刑に懲役刑が含まれる罪の事件において，裁判員は，職業裁判官と共に評議し，有罪か無罪かを決定するが，量刑については職業裁判官のみで決定する。
2：憲法は，公正な裁判が行われるように，裁判公開の原則を定めているが，裁判所が，裁判官の全員一致で，公の秩序又は善良の風俗を害するおそれがあると決定した場合には，対審（審理）を非公開にすることができる。ただし，政治犯罪に関する対審（審理）は，常に公開することが義務付けられている。
3：裁判所は，訴えられた事件に法律を適用する際，その法律が憲法に適合しているか否かを審査する権限を有しており，これを違憲審査権という。違憲審査権は，下級裁判所には認められず，最高裁判所にのみ認められる権利であることから，最高裁判所は「憲法の番人」と呼ばれる。
4：検察審査会制度は，検察庁によって不起訴と判断された事件について，犯罪被害者等からの申立てにより，起訴・不起訴の判断の妥当性を審査する制度であるが，同一の事件で起訴相当と3回議決された場合には，当該事件を担当していた検察官は，起訴をする義務を負う。
5：裁判所には最高裁判所と下級裁判所があり，下級裁判所は，高等裁判所，地方裁判所，家庭裁判所の三つから成る。また，知的財産権の事件に対する専門的処理体制を強化するため，知的財産高等裁判所が，2010年代に全ての高等裁判所内に設置された。

OUTPUT

	チェック欄	
1回目	2回目	3回目

実践 問題 **143** の解説 ————————————

〈わが国の司法〉

1 × 裁判員裁判の対象事件は，一定の重大な犯罪であり，地方裁判所が扱う刑事事件のうち，①死刑または無期の懲役・禁錮にあたる罪にかかわる事件，および②法定合議事件であって故意の犯罪行為により被害者を死亡させた罪にかかわるものである（裁判員法2条1項）。よって，本肢記述は誤りである。また，裁判員は，有罪か無罪の決定および量刑の判断に関して職業裁判官とともに評議しているので，これも誤りである。

2 ○ 本肢記述のとおりである。憲法は，公正な裁判が行われるように，裁判公開の原則を定めている（82条1項）。ただし，**裁判所が，裁判官の全員一致で，公の秩序または善良の風俗を害するおそれがあると決定した場合には，対審（審理）を非公開にすることができる**。ただし，政治犯罪に関する対審（審理）は，常に公開することが義務付けられている（82条2項）。

3 × 違憲審査権は憲法81条には最高裁判所についてしか規定していないが，**すべての裁判所に違憲審査権が認められている**ので，本肢記述は誤りである。

4 × **検察審査会制度**は，検察官によって不起訴と判断された事件について，犯罪被害者等からの申立てにより，判断の妥当性を審査する制度であるが，同一の事件で起訴相当と2回議決された場合には，その議決書の謄本の送付を受けた裁判所が，問題となっている事件について検察官の職務を行う弁護士を指定し，その弁護士（指定弁護士）が控訴の提起（被疑者を起訴すること）を行うことになる。よって，本肢記述は誤りである。

5 × 下級裁判所は，高等裁判所，地方裁判所，家庭裁判所，簡易裁判所の4つからなるので，本肢記述は誤りである。また，**知的財産高等裁判所は，2005年4月に知的財産高等裁判所法に基づいて，東京高等裁判所内に設置された**ので，これも誤りである。

第6章 その他の法律など

正答 **2**

LEC東京リーガルマインド 2024-2025年合格目標 公務員試験 本気で合格！過去問解きまくり！ 421
④社会科学

第6章 SECTION 3 その他の法律など
その他

実践 問題144 基本レベル

問 我が国における情報の管理・保護に関する記述として最も妥当なのはどれか。
（国家一般職2016）

1：個人情報保護法は，個人情報取扱事業者が個人情報を取り扱う場合は，その利用の目的をできる限り特定することを義務付けている。また，法令に基づく場合などを除き，あらかじめ本人の同意を得ないで，個人データを第三者に提供することを禁じている。

2：情報公開法は，国民主権の理念に基づいて，中央省庁の行政文書の開示を請求する権利と，政府の説明責任（アカウンタビリティ）を規定している。同法に基づき，行政文書の開示が認められるためには，請求者が我が国の国籍を有し，かつ18歳以上であることが必要である。

3：特定秘密保護法は，機密情報を保護し，その漏えい防止を図るための法律である。機密情報は公務員が職務上知り得た情報のうち，国家安全保障会議が指定したものであり，この機密情報を漏えいした公務員に対する罰則が規定されている。

4：著作権法は，知的財産権を保護するための法律の一つである。著作権は，新しい発明や考案，デザインやロゴマークなどの著作者が，それらを一定期間独占的に利用できる権利であり，同法による保護を受けるためには，特許庁に申請する必要がある。

5：商標法は，知的財産権を保護するための法律の一つである。同法は，許可なしに顔写真などの肖像を撮影されたり，利用されたりしないように主張できる肖像権や，有名人の名前や肖像が無断で商品化されたり，宣伝などに利用されたりできないようにするパブリシティ権を規定している。

OUTPUT

チェック欄		
1回目	2回目	3回目

実践 問題 **144** の解説

〈情報の管理・保護〉

1 ○ 本肢記述のとおりである。**個人情報保護法**（個人情報の保護に関する法律）は，個人情報取扱事業者に対し，個人情報を取り扱うにあたっては，その目的をできる限り特定しなければならないとしている（同法15条1項）。また，法令に基づく場合などを除き，あらかじめ本人の同意を得ないで，個人データを第三者に提供してはならないとしている（同法23条）。

2 × **情報公開法**（行政機関の保有する情報の公開に関する法律）では，誰でも行政機関の長に対して行政機関の保有する行政文書の開示を請求することができるとされている（同法3条）。請求者に国籍や年齢制限はないので，本肢記述は誤りである。その他の記述部分については正しい。

3 × **特定秘密保護法**（特定秘密の保護に関する法律）では，日本の安全保障に関する情報のうち特に秘匿することが必要であるものの保護に関し，必要な事項を定めた法律である。保護の対象となる機密情報は，日本の安全保障に関する情報のうち特に秘匿することが必要であるものであり（同法1条），その指定は行政機関の長が行う（同法3条1項）とされているため，本肢記述は誤りである。その他の記述部分については正しい。

4 × **著作権法**は，**知的財産権**を保護するための法律の1つであり，「著作物並びに実演，レコード，放送及び有線放送に関し著作者の権利及びこれに隣接する権利を定め，これらの文化的所産の公正な利用に留意しつつ，著作者等の権利の保護を図り，もつて文化の発展に寄与することを目的とする」（同法1条）。また，新しい発明については特許法，物品の形状等のデザインについては意匠法，商品やサービスに付けるロゴマークなどについては商標法に基づいて，特許庁に申請することによって保護を受けることができるので，本肢記述は誤りである。

5 × **商標法**には肖像権やパブリシティ権に関する規定はないので，本肢記述は誤りである。商標法は，知的財産権を保護するための法律の1つである。商標とは，事業者が，自己の取り扱う商品・サービスを他人のものと区別するために使用する識別標識で，「人の知覚によって認識することができるもののうち，文字，図形，記号，立体的形状若しくは色彩又はこれらの結合，音その他政令で定めるもの」（同法2条1項）である。

第6章 その他の法律など

正答 1

LEC東京リーガルマインド 2024-2025年合格目標 公務員試験 本気で合格！過去問解きまくり！ 423
④社会科学

第6章 SECTION 3 その他の法律など / その他

実践　問題 145　応用レベル

問　最高裁判所の判例または裁判書に関する次のア～エの記述の正誤の組合せとして最も適当なのはどれか。　　　　　　　　　　　　　　（裁事・家裁2008）

ア：最高裁判所の判決書には，その判決が何について判断したのかを示す「判示事項」と判決の要点を簡潔にまとめた「判決要旨」が記載されていなければならない。

イ：最高裁判所の判例の変更は，その判例が大法廷のものであるときは大法廷で，その判例が小法廷のものであるときは小法廷で，それぞれ行われなければならない。

ウ：最高裁判所の裁判書には，各裁判官の意見を表示しなければならないとされており，法廷意見とは異なる意見や法廷意見を補足する意見についても，裁判書に記載される。

エ：最高裁判所の判例は，制定法の欠缺（けんけつ）を補充し，法文に規定のない一般法理を定立し，法文を実質的に修正するなどの機能を果たしていることから，法律と同一の効力を有するとされている。

	ア	イ	ウ	エ
1	誤	誤	正	誤
2	誤	正	誤	誤
3	正	誤	正	誤
4	正	正	誤	正
5	正	誤	正	正

OUTPUT

チェック欄		
1回目	2回目	3回目

実践 問題 **145** **の解説**

〈最高裁判所判例と判決書〉

ア✕ 判決書とは，判決を記載した裁判書で，裁判官が作成・署名押印したものをいう。判決書には，民事訴訟においては，主文，事実，理由などを（民事訴訟法253条1項），刑事事件において有罪とする場合には，罪となるべき事実，証拠の標目および法令の適用など（刑事訴訟法335条）を記載しなければならないとされているが，いずれにおいても「判示事項」・「判決要旨」の記載は要求されていない。一般に判例集などには，「判示事項」や「判決要旨」などが掲載されているが，これは裁判所調査官や法律学者などが作成したものである。

イ✕ 最高裁判所の判例には，解説肢エで述べているように，**事実上の拘束力**が認められる。しかし，十分な理由が存在する場合，たとえば従来の判例が新しい社会的・経済的諸条件の下で時代の要請に十分対応できない場合などには，これを変更することが許される。ただし，裁判所法10条3号は，「憲法その他の法令の解釈適用について，意見が前に最高裁判所のした裁判に反するとき」は，小法廷で裁判することはできないとしており，最高裁判所の**判例の変更は，大法廷で行わなければならない**。

ウ○ 裁判所法11条は，最高裁判所の裁判書には，各裁判官の意見を表示しなければならないと規定している。ここにいう「意見」には，「**法廷意見**」（多数意見）のほか，法廷意見と結論・理由ともに異なるものを主張する「**反対意見**」，結論は法廷意見と同じだが理由付けが異なる「**意見**」，法廷意見に加わった裁判官がそれに自らの意見を付加する「**補足意見**」がある。

エ✕ 最高裁判所の判例は，その事件について，**下級審の裁判所を拘束する**（裁判所法4条）。これは審級制を採用していることの当然の帰結とされている。そして，最高裁判所の判例は，同じ法律問題を争点とする後続の事件についても拘束力を有するとされている。ただし，日本では英米と異なり判例法主義を採用していないことから，その拘束力は法的なものではなく，事実的なものにすぎないと解するのが一般的である。したがって，最高裁判所の判例に法律と同一の効力が認められるとする本記述は誤りである。

　以上より，記述アが誤，イが誤，ウが正，エが誤であり，正解は肢1となる。

正答 1

第6章　その他の法律など

LEC東京リーガルマインド　2024-2025年合格目標 公務員試験 本気で合格！過去問解きまくり！　425
④社会科学

SECTION 3 その他の法律など / その他

実践　問題146　応用レベル

頻出度　地上★★　国家一般職★★★　東京都★　特別区★★
　　　　裁判所職員★　国税・財務・労基★★★　国家総合職★★

問　日本国憲法の財政の条項に関する記述として最も妥当なのはどれか。

(国Ⅱ2010)

1：国会の議決を経ない財政の処理を禁じており、内閣の責任で支出する予算の費目を認めていない。そのため、災害の発生など予見し難い事情が生じた場合には、内閣は予備費の支出について事前に国会の承諾を得なければならない。

2：新たに租税を課し、又は現行の租税を変更するには、法律又は法律の定める条件によることと定めており、いわゆる租税法律主義が採られている。

3：予算の作成には三権分立主義の原則が適用されており、行政機関の業務遂行に供される予算は内閣が、また、国会及び裁判所の業務遂行に供される予算はそれぞれの機関がその責任において作成し、個別に国会での議決を経ることになっている。

4：公金その他の公的財産を公の支配に属しない慈善、教育若しくは博愛の事業のために支出することを禁じている。そのため、私立の大学などの教育機関や福祉事業法人などの事業を補助する目的で、国の予算から助成金を支出することはできない。

5：国の収入支出の決算に対する会計検査院の監督責任を定めており、会計検査院が国の収入支出の決算を毎年検査し、この検査の結果を国会に提出するとともに、国民に対して、国の財政状況を報告するものとされている。

OUTPUT

実践 問題 **146** の解説 ────────────

チェック欄
1回目	2回目	3回目

〈日本国憲法の財政条項〉

1 ☒ 予備費は内閣の責任で支出されるものであり、また、その支出についての国会の承諾は事前に得る必要はなく、事後的なもので足りる（憲法87条）。

2 ☑ 憲法84条は、「あらたに租税を課し、又は現行の租税を変更するには、法律又は法律の定める条件によることを必要とする」と規定して、**租税法律主義**を採用している。これは、租税が国民に直接の負担を課すものであることに鑑みて、租税の新設および税制の変更にあたって法律の形式による国会の議決を必要とするものである。

3 ☒ 憲法86条は、「内閣は、毎会計年度の予算を作成し、国会に提出して、その審議を受け議決を経なければならない」として、**予算の作成・提出権を内閣に専属させている**。国会および裁判所がそれぞれ予算を作成するわけではない。

4 ☒ 私立大学や福祉事業法人に対する助成金の支出が許されるか否かは、憲法89条後段の趣旨および「公の支配」の意義をどう解するかによって結論が異なる。この点、争いはあるものの、同条後段は教育などの私的事業に対して公金支出を行う場合に、財政民主主義の立場から、公費の濫用をきたさないように当該事業を監督すべきことを要求する趣旨であるとしたうえで、「公の支配」に属するといえるためには、国または地方公共団体の一定の監督が及んでいることをもって足りると解するのが一般的である。この見解に立てば、私立学校振興助成法や社会福祉法などに基づいて一定の法的規制を受けている私立学校などの教育機関や福祉事業法人に助成金を支出することは憲法89条後段に反しないと解することができる。

5 ☒ 憲法90条1項は、「国の収入支出の決算は、すべて毎年会計検査院がこれを検査し、内閣は、次の年度に、その検査報告とともに、これを国会に提出しなければならない」としている。したがって、**会計検査院の審査を経た決算を国会に提出するのは内閣の権能である**。また、憲法91条は「内閣は、国会及び国民に対し、定期に、少くとも毎年一回、国の財政状況について報告しなければならない」としていることから、**国民に対する国の財政状況の報告を行うのも内閣である**。

第6章 その他の法律など

正答 **2**

LEC東京リーガルマインド　2024-2025年合格目標 公務員試験 本気で合格！過去問解きまくり！ 427
④社会科学

第6章 その他の法律など
SECTION 3 その他

実践　問題 147　応用レベル

問 妊娠を理由にした降格が男女雇用機会均等法（均等法）に違反するかどうかが争われた事件について，2014年10月に最高裁判所が言い渡した判決に関する記述として，妥当なのはどれか。　　　　　　　　　　　　　（東京都2015改題）

1：原審では降格について，妊娠した女性の同意を得た上であっても，事業主の裁量権を逸脱した，均等法に定める不利益な取扱いであったとしていた。
2：最高裁は，女性労働者につき妊娠中の軽易業務への転換を契機として降格させる事業主の措置は，原則として違法であるとした。
3：最高裁は，軽易業務への転換により受けた有利な影響の内容や程度は明らかな一方で，降格により受けた不利な影響の内容や程度は明らかなものではないとした。
4：判決の補足意見において，育児休業から復帰後の配置が不利益な取扱いというべきか否かの判断に当たっては，妊娠前の職位との比較ではなく，妊娠中の職位との比較で行うべきとする意見があった。
5：判決は5人の裁判官のうち3人の多数意見であり，他の2人は，降格は公序良俗に反するから無効であるとした反対意見を述べた。

OUTPUT

実践 問題 147 の解説

〈妊娠降格訴訟〉

1 × 原審（広島高裁）では降格について，妊娠した女性の同意を得たうえで，事業主が人事配置上の必要に基づいて，その裁量権の範囲内で行われたものとされた。したがって，女性の妊娠に伴う軽易な業務への転換請求のみをもって，その裁量権の範囲を逸脱して**男女雇用機会均等法**9条3項の禁止する取扱いがされたものではないので，同項に違反する無効なものであるということはできないとされた。

2 ○ 正しい。最高裁は，女性労働者につき妊娠中の軽易業務への転換を契機として降格させる事業主の措置は，原則として男女雇用機会均等法9条3項の禁止する取扱いにあたるものと解されると判断している。

3 × 最高裁は，女性労働者が軽易業務への転換および降格により受けた有利な影響の内容や程度が明らかにされているということはできないとしているので，誤りである。また，管理職から非管理職の職員に変更されるという処遇上の不利な影響を受けるとともに，管理職手当の支給を受けられなくなるなどの給与等に係る不利な影響も受けていることが明らかであるとしたので，この点においても誤りである。

4 × 妊娠前と妊娠中が逆であるので誤りである。判決の補足意見において，育児休業からの復帰後の配置等が不利益な取扱いというべきか否かの判断は，妊娠中の**軽易業務への転換後の職位との比較で行うものではなく，軽易業務への転換前の職位等との比較で行うべきことは明らかである**という意見があった。

5 × 判決は裁判官全員一致の意見であるとされているので，5人の裁判官のうち3人の多数意見という記述については，誤りである。また，他の2人は，降格は公序良俗に反するから無効であるとした反対意見も存在しないので，この点についても誤りである。

正答 2

第6章 SECTION ③ その他の法律など
その他

実践 問題 148 応用レベル

問 2019年6月に施行された「刑事訴訟法等の一部を改正する法律」に関する記述として，妥当なのはどれか。 　　　　　　　　　　（東京都2020改題）

1：裁判員裁判事件と検察の独自捜査事件について，身体を拘束されていない任意捜査段階から，取り調べの全過程の録音・録画（可視化）が義務付けられた。
2：取り調べの可視化は，指定暴力団員が絡む事件や取調官が十分な供述を得られないと判断した場合は例外とされるが，機器が故障した場合は例外に当たらない。
3：取り調べの可視化は施行前に試験的に実施されており，取り調べの映像を根拠とした有罪認定を裁判所が違法とした例はない。
4：捜査のために電話やメールを傍受する通信傍受は，これまで通信事業者の施設に限られていたが，専用回線で結ばれた警察本部で，通信事業者の立会いがあれば可能となる。
5：この改正法は，大阪地検特捜部の押収資料改ざん事件を受けて発足した「検察の在り方検討会議」等で議論され，平成28年5月に成立し，司法取引については平成30年6月に施行済みである。

OUTPUT

実践 問題 **148** の解説

チェック欄		
1回目	2回目	3回目

〈改正刑事訴訟法〉

1 ✗ 裁判員裁判事件と検察の独自捜査事件について，逮捕又は勾留されている被疑者に対する取り調べの全過程の録音・録画（可視化）が義務付けられた（刑事訴訟法301条の2）。よって，本肢記述は誤りである。

2 ✗ 取り調べの可視化は，記録に必要な機器の故障その他のやむをえない事情により，記録をすることができない場合は例外にあたる（同法301条の2第4項）。よって，本肢記述は誤りである。

3 ✗ 取り調べの映像を根拠とした有罪認定を裁判所が違法とした例はあるので，本肢記述は誤りである。平成30年8月，東京高裁は，栃木県日光市（旧今市市）の小学1年女児殺害事件の控訴審判決において，一審が取り調べ映像を法廷で7時間にわたり再生したうえで，「具体的で迫真性に富んでいる」として自白の信用性を認定した判決について，「供述の信用性が主観で左右される。印象に基づく判断となる可能性が否定できない」との理由でその判断を違法とした。

4 ✗ 捜査のために電話やメールを傍受する通信傍受は，専用回線で結ばれた各警察本部で傍受ができるようになったが，通信事業者の立ち会いは不要なので，本肢記述は誤りである。

5 ○ 本肢記述のとおりである。当該改正法は，大阪地検特捜部の押収資料改ざん事件を受けて発足した「検察の在り方検討会議」等で議論され，平成28年5月に成立し，司法取引（捜査・公判協力型協議・合意制度および刑事免責制度）については平成30年6月に施行済みである。

第6章 その他の法律など

正答 **5**

第6章 その他の法律など

章末 CHECK 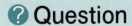 Question

- **Q1** 近代市民法の基本原則であった契約自由の原則は，現在では，信義誠実の原則などによって放棄されるに至っている。
- **Q2** 現在では，製造物責任法など無過失責任を定めた法律が存在するが，民法は過失責任の原則を徹底しており，無過失責任を定めたと解される規定はない。
- **Q3** 行為能力とは，私法上の権利義務の主体となりうる地位・資格である。
- **Q4** 権利を得るだけの行為や義務を免れるだけの行為は，未成年者が親権者の同意を得ずになした場合でも，取り消すことができない。
- **Q5** 成年被後見人は，原則として，成年後見人の同意を得て法律行為をしなければならず，この同意を得ずになした法律行為は，取り消すことができる。
- **Q6** 被保佐人は，原則として，保佐人の同意を得て法律行為をしなければならず，この同意を得ずになした法律行為は，取り消すことができる。
- **Q7** 物権は，民法その他の法律で定めたものに限られ，当事者が自由に創設することはできない。
- **Q8** 重婚による婚姻は無効である。
- **Q9** 相続人が，相続開始を知ってから3カ月以内に家庭裁判所に相続を承認する旨の申述をしなかった場合，相続を放棄したものとみなされる。
- **Q10** 相続人となる順位は，被相続人の子，直系尊属，兄弟姉妹の順である。
- **Q11** 罪刑法定主義は，犯罪と刑罰について，あらかじめ，法律で明確に定めなければならないという原則であるから，条例で罰則を定めることも禁止される。
- **Q12** 犯罪後に法律が改正されて刑の変更があった場合，犯罪前の法律と犯罪後の法律のうち，いずれか軽い刑を定めたほうが適用される。
- **Q13** 罪刑法定主義の具体的内容として，類推に至らない程度の拡張解釈であっても許されない。
- **Q14** 特定秘密保護法は特定秘密として指定される範囲について限定されていない。

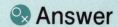

A1 × 契約自由の原則は，信義誠実の原則や権利濫用の禁止などによって修正されているが，現在でも民法の原則であり，放棄はされていない。

A2 × 民法717条1項の土地工作物所有者の責任は，無過失責任と解されている。

A3 × 私法上の権利義務の主体となりうる地位・資格は，権利能力である。

A4 ○ このような行為は未成年者に不利益がないため，親権者の同意なしに未成年者が単独で行うことができる。その結果，取消しは認められない。

A5 × 成年被後見人は，原則として，成年後見人の同意を得ても自ら法律行為をなすことはできず，成年後見人が代理して行わなければならない。

A6 × 被保佐人は，原則として，保佐人の同意なしで自ら法律行為をなすことができる。なお，不動産の処分などの重要な法律行為を行う場合は保佐人の同意が必要である。

A7 ○ 物権は法で定めたものしか認められず，自由に創設することはできない（物権法定主義）。

A8 × 重婚などは，婚姻の「取消し」事由である。他方，婚姻の「無効」事由は，当事者に婚姻意思がないこと，婚姻の届出がないことの2つである。

A9 × 3カ月以内に申述がなければ，相続を承認したものとみなされる。

A10 ○ 相続の順位は，子，直系尊属，兄弟姉妹の順である。もっとも，被相続人は，遺言でこれと異なる定めをすることができる。

A11 × 条例で罰則を定めることも認められる（最大判昭37.5.30）。

A12 ○ 刑罰法規の効力を遡及させることはできない（事後法の禁止）が，適用を受ける者に有利になるのであれば許される。刑法6条も，犯罪後に法律が改正されて刑が変更された場合，犯罪前と犯罪後の法律のうち軽いほうが適用されると定めている。

A13 × 類推に至らない程度の拡張解釈であれば，刑法の解釈において許される。なお，適用を受ける者（被告人）に有利になるような類推解釈も許される。

A14 × 特定秘密として指定される範囲は，安全保障に関わる4分野（防衛，外交，特定有害活動（スパイ行為等）の防止，テロリズムの防止）となっている。

memo

社会科学

第3編 経済

第1章

消費者行動と生産者行動

SECTION

① 需要と供給
② 消費者と生産者の理論

第1章 消費者行動と生産者行動

出題傾向の分析と対策

試験名	地上			国家一般職(旧国Ⅱ)			東京都			特別区			裁判所職員			国税・財務・労基			国家総合職(旧国Ⅰ)		
年度	15-17	18-20	21-23	15-17	18-20	21-23	15-17	18-20	21-23	15-17	18-20	21-23	15-17	18-20	21-23	15-17	18-20	21-23	15-17	18-20	21-23
出題数 セクション	3	4	3				3		1		1			1		1	1	1			1
需要と供給		★★					★★				★			★		★	★	★			
消費者と生産者の理論	★★	★★	★★★					★	★												★

(注) 1つの問題において複数の分野が出題されることがあるため，星の数の合計と出題数とが一致しないことがあります。

　この分野は，いわゆるミクロ経済学の基本的な知識を問う問題が多いといえます。また，地方上級などの一部の試験種を除いて，それほど頻出な分野とはいえません。試験対策としては，需要曲線と供給曲線の特徴についてグラフを通じて理解を深める必要があります。具体的には，グラフから需要と供給の増減を読み取るものや，費用曲線や余剰に関する問題なども出題されています。自分でグラフを描けるようにし，そのグラフから何が読み取れるかを意識しながら，必要な概念を押さえましょう。同じような問題が繰り返し出題される傾向にありますので，演習を通して知識の定着を図りましょう。

地方上級

　地方上級では，この分野からの出題が頻出です。需要と供給に関しては繰り返し出題されており，一部細かい知識や応用的な論点も見受けられます。問題演習を通じて，応用的な問題に慣れるようにしましょう。

国家一般職（旧国家Ⅱ種）

　この分野からの出題は，ほとんどありませんが，需要曲線と供給曲線の知識を問う問題が出題されたことがあります。もっとも，過去には応用レベルの問題が出題されたこともありますので，対策は十分にしておく必要があります。

東京都

　この分野からの出題は，それほど多いとはいえませんが，過去には応用レベルの問題が出題されたことがありますので，対策は十分にしておく必要があります。

特別区

この分野からの出題は，それほど多いとはいえません。もっとも，過去には需要曲線と供給曲線に関する基本的な問題が出題されていますので，対策は十分にしておく必要があります。

裁判所職員

この分野からの出題は，それほど多いとはいえませんが，それぞれのグラフについての特徴は十分に学習しておく必要があります。問題演習を通して知識の定着を図りましょう。

国税専門官・財務専門官・労働基準監督官

この分野からの出題は，それほど多いとはいえませんが，需要曲線と供給曲線，利潤最大化条件に関する基本的な問題が出題されています。グラフを提示しての問題ですので，問題演習を通してグラフの理解を図るようにしてください。

国家総合職（旧国家Ⅰ種）

この分野からの出題は，それほど多いとはいえませんが，試験対策として，必要な概念とともに，それぞれのグラフについての特徴は十分に学習しておく必要があります。

Advice アドバイス 学習と対策

完全競争市場に関する諸概念は，市場理論のトピックス全般を理解するうえでの土台となります。特に余剰分析や政策効果での考え方は，他の分野でも必要になってきます。この分野はグラフが多用され，グラフからさまざまな理論や行動を読み取る必要があります。自らグラフを描いて理解を深めましょう。また，必要な概念とその定義を覚え，グラフとともに覚える必要があります。いずれも数多くの演習問題に取り組み，問題形式に慣れ，知識の獲得と定着を図りましょう。

第1章 消費者行動と生産者行動
SECTION 1 需要と供給

必修問題 セクションテーマを代表する問題に挑戦!

需要曲線と供給曲線のそれぞれの性質を踏まえた応用問題は頻出ですので、しっかり学習しましょう。

問 次の文は、需給関係による価格の決定に関する記述であるが、文中の空所ア〜エに該当する語の組合せとして、妥当なのはどれか。

(特別区2004)

下の図は、縦軸に価格、横軸に数量をとり、需要曲線をDD、供給曲線をSSで示し、完全競争市場におけるある財の価格と数量との関係を表したものである。

この図において、需要曲線と供給曲線との交点Eにおける価格Pを ア という。もし、他の条件が一定であれば、価格がPよりも高くなると、 イ が発生する。

一般に、所得が増えれば需要曲線は ウ に移動し、技術進歩等による生産コストの減少があれば供給曲線は エ に移動する。

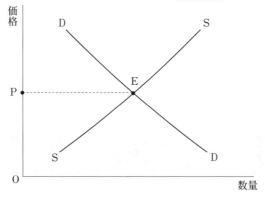

	ア	イ	ウ	エ
1	均衡価格	超過需要	左	右
2	均衡価格	超過供給	右	左
3	均衡価格	超過供給	右	右
4	管理価格	超過需要	左	左
5	管理価格	超過供給	右	左

頻出度	地上★★★	国家一般職★★	東京都★	特別区★★
	裁判所職員★	国税・財務・労基★★		国家総合職★★

〈需要曲線と供給曲線〉

　自由競争が保障されている市場においては，消費者は商品価格が上昇すると購入量を減らし，価格が下落すると購入量を増やす。したがって，縦軸に価格，横軸に数量をとったグラフにおいては，**消費者の消費行動を示す需要曲線は右下がりの曲線になる**。この需要曲線は，消費者の実質所得の増大，代替関係にある商品価格の上昇などにより，その**商品に対する需要が高まると右へシフト**することになる。逆に，消費者の所得の減少により**商品に対する需要が減ると需要曲線は左へシフト**することになる。

　一方，生産者は商品価格が上昇するとさらなる利益を求めて生産量を増やし，逆に価格が下落すると，生産量を減らすことになる。したがって，**生産者の生産行動を示す供給曲線は右上がりの曲線となる**。供給曲線は，技術革新や規制緩和など**生産性の向上に寄与する要因があると右へシフト**し，逆に増税や悪天候など**生産を抑制する要因があると左へシフト**することになる。

　こうした需要曲線と供給曲線が交わる均衡点Eにおいて，最も望ましい価格と生産量が決定されることになる。

　以上を踏まえたうえで，本文に正しい語句を入れると以下のようになる。

　「下の図は，縦軸に価格，横軸に数量をとり，需要曲線をＤＤ，供給曲線をＳＳで示し，完全競争市場におけるある財の価格と数量との関係を表したものである。この図において，需要曲線と供給曲線との交点Eにおける価格Pを ア　均衡価格 という。もし，他の条件が一定であれば，価格がPよりも高くなると， イ　超過供給 が発生する。

　一般に，所得が増えれば需要曲線は ウ　右 に移動し，技術進歩等による生産コストの減少があれば供給曲線は エ　右 に移動する。」

　よって，正解は肢3となる。

正答 3

第1章 SECTION 1 消費者行動と生産者行動
需要と供給

1 需要曲線と供給曲線

縦軸に財価格，横軸に財需給量をとったグラフでは，需要曲線（D）は右下がり，供給曲線（S）は右上がりに描かれ，**需要曲線（D）**と**供給曲線（S）**の交点Eで財の需要と供給は均衡し，この点において**均衡価格（p_0）**が決定されます。

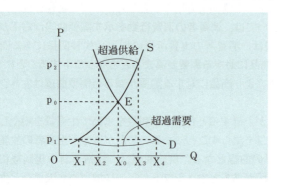

補足 財価格が均衡価格（p_0）から乖離し，超過供給や超過需要が発生した場合は，財需給量や財価格の変化を経て，財需給量と財価格は均衡点Eに調整されます。

2 需要曲線・供給曲線のシフト

需要曲線（D）は，財に対する**需要が高まると右方シフト**し，**需要が低くなると左方シフト**する。

消費者の実質所得の増大，代替関係にある財価格の上昇，補完関係にある財価格の低下などは，需要曲線の右方シフト要因となる（$D_0 \to D_1$）。消費者の実質所得の減少，代替関係にある財価格の下落，補完関係にある財価格の上昇などは，需要曲線の左方シフト要因となる（$D_0 \to D_2$）。

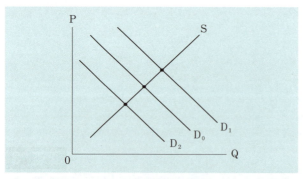

INPUT

供給曲線（S）は，生産者の生産性が向上し**供給量が増大すると右方シフト**し，生産者の生産性が低下して**生産量が減少すると左方シフト**する。

技術革新や合理化などは，供給曲線の右方シフト要因となる（$S_0 \to S_1$）。天候不順，政府の規制強化，増税などは供給曲線の左方シフト要因となる（$S_0 \to S_2$）。

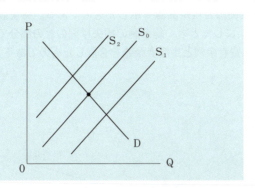

市場の調整メカニズムには，超過需要（超過供給）のときに価格が上昇（下落）する仕組みであるワルラス的調整過程と，需要者価格が供給者価格を上回れば（下回れば）生産は拡大（縮小）する仕組みであるマーシャル的調整過程がある。

3 財の分類

所得の変化に伴う財消費量変化によって財を分類すると，**上級財**，**下級財**に分類できる。所得の変化と各財の需要量の関係をまとめると，以下の表のようになる。

上級財（正常財）	消費者の実質所得の増加（減少）に伴って，需要量が増加（減少）するような財
下級財（劣等財）	消費者の実質所得の増加（減少）に伴って，需要量が減少（増加）するような財
贅沢品（奢侈品）	通常，消費者の所得が増加（減少）したときに，財消費量が大きく増加（減少）する財
必需品	通常，消費者の所得が増加（減少）したときに，財消費量があまり増加（減少）しない財

需要と供給

実践 問題 149 基本レベル

頻出度	地上★★★	国家一般職★★	東京都★	特別区★★
	裁判所職員★	国税・財務・労基★★	国家総合職★★	

問 下図はある市場の需要曲線と供給曲線を示したものである。完全競争の均衡生産量から生産量をX_1にしたとき，総余剰の損失は図のどの部分で表されるか。なお，総余剰は消費者余剰と生産者余剰を合計したものである。

(地上1997)

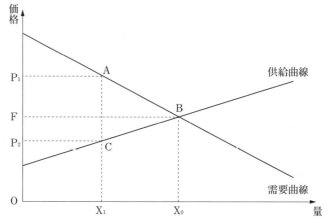

1：五角形P_1ABCP_2
2：四角形P_1ACP_2
3：四角形ABX_0X_1
4：四角形BX_0X_1C
5：三角形ABC

OUTPUT

実践 問題 149 の解説

〈余剰〉

　完全競争の均衡生産量とは，需要曲線と供給曲線とが交わる点（均衡点）における生産量であるから，X_0ということになる。
　次に，**総余剰**は，消費者余剰と生産者余剰から成り立っている。**余剰**とは，簡単にいえば**利益分（得をする分）**であり，**消費者余剰**とは消費者にとって利益となる分，**生産者余剰**とは生産者にとって利益となる分である。したがって，総余剰とは社会全体にとって利益となる分であり，そのことから**社会的余剰**または**社会的厚生**ともよばれる。

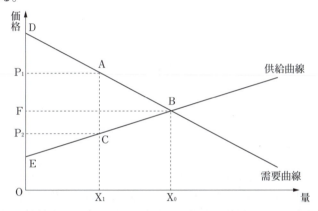

　さて，**消費者余剰**とは，消費者がある財を需要するに際して，最大限支払ってもよいと考える額と，実際に支払う額との差額のことである。したがって，生産量が均衡生産量X_0である場合の消費者余剰は，三角形ＤＢＦとなる。次に，**生産者余剰**とは，生産者がある財を供給するに際して，実際に受け取る額と，最低限受け取る必要のある額との差額である。したがって，生産量が均衡生産量X_0である場合の生産者余剰は，三角形ＥＢＦとなる。よって，総余剰は三角形ＤＢＥである。
　ここで，生産量をX_1とした場合には，消費者余剰が三角形ＤＡP_1，生産者余剰が四角形P_1ＡＣＥとなるので，この場合の総余剰は四角形ＤＡＣＥとなる。
　したがって，総余剰の損失分は三角形ＡＢＣで示される部分となる。
　よって，正解は肢５となる。

正答 5

SECTION 1 消費者行動と生産者行動
需要と供給

実践　問題 150　基本レベル

頻出度　地上★★　国家一般職★　東京都★★　特別区★
　　　　裁判所職員★　国税・財務・労基★★★　国家総合職★★

問　図中の曲線A及びBは，それぞれある財の需要曲線又は供給曲線のどちらかを示している。いま，この財の人気が高まったことに伴い需要曲線がシフトし，また，この財の原材料価格の上昇に伴い供給曲線がシフトしたとする。これに関する記述として最も妥当なのはどれか。　　　　（国税・財務・労基2023）

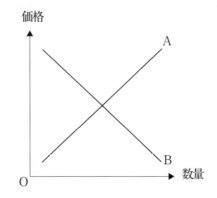

1：人気が高まったことに伴い曲線Aは左上方にシフトし，原材料価格の上昇に伴い曲線Bは左下方にシフトする。そのため，この財の価格は変化しない。
2：人気が高まったことに伴い曲線Aは左上方にシフトし，原材料価格の上昇に伴い曲線Bは右上方にシフトする。そのため，この財の価格は上昇する。
3：人気が高まったことに伴い曲線Bは右上方にシフトし，原材料価格の上昇に伴い曲線Aは右下方にシフトする。この財の価格が上昇するか下降するかは，それぞれの曲線のシフトの大きさによる。
4：人気が高まったことに伴い曲線Bは左下方にシフトし，原材料価格の上昇に伴い曲線Aは左上方にシフトする。この財の価格が上昇するか下降するかは，それぞれの曲線のシフトの大きさによる。
5：人気が高まったことに伴い曲線Bは右上方にシフトし，原材料価格の上昇に伴い曲線Aは左上方にシフトする。そのため，この財の価格は上昇する。

OUTPUT

実践 問題150 の解説

〈需要曲線と供給曲線〉

　自由競争が行われている市場において，財の価格が上昇すれば，利潤が増えると期待し，生産者は生産量を増やそうとするので，供給曲線は右上がりとなる。また，財の価格が下がれば，消費者はその財の消費量を増やそうとするので，一般に需要曲線は右下がりの曲線となる。よって，曲線Aは供給曲線となる。また，自由競争市場では，商品の価格は供給曲線と需要曲線の交点で決まり，その価格がこの財の市場価格となる。

　財の人気が高まったことに伴い，需要曲線（曲線B）は右上にシフトする。また，財の原材料価格が上昇したことに伴い，供給曲線（曲線A）は左上にシフトする。そのため，いずれの要因からも需要曲線と供給曲線の交点は上昇するので，この財の価格は上昇する。

　以上より，この財の人気が高まったことに伴い曲線Bは右上方にシフトし，原材料価格の上昇に伴い曲線Aは左上方にシフトする。そのため，この財の価格は上昇する。正解は肢5となる。

正答 5

第1章 SECTION 1 消費者行動と生産者行動
需要と供給

実践 問題 151 〈基本レベル〉

頻出度　地上★★　国家一般職★　東京都★★★　特別区★
　　　　裁判所職員★★　国税・財務・労基★★　国家総合職★★★

問 競争的な状態である市場に関する記述として，妥当なのはどれか。

(東京都2021)

1：供給量が需要量を上回る超過供給の時には価格が上昇し，需要量が供給量を上回る超過需要の時には価格が下落する。

2：価格が上昇すると需要量が増え，価格が下落すると需要量が減るので，縦軸に価格，横軸に数量を表したグラフ上では，需要曲線は右上がりとなる。

3：縦軸に価格，横軸に数量を表したグラフ上では，需要曲線と供給曲線の交点で需要量と供給量が一致しており，この時の価格は均衡価格と呼ばれる。

4：需要量と供給量の間にギャップがあるときには，価格の変化を通じて品不足や品余りが自然に解消される仕組みを，プライマリー・バランスという。

5：技術革新でコストが下がり，全ての価格帯で供給力が高まると，縦軸に価格，横軸に数量を表したグラフ上では，供給曲線は左にシフトする。

OUTPUT

実践 問題 151 の解説

〈競争市場〉

1 × 上昇と下落が逆である。**供給量が需要量を上回る超過供給の時には価格が下落し、需要量が供給量を上回る超過需要の時には価格が上昇する。**

2 × 価格が上昇すると需要量が減り、価格が下落すると需要量が増えるので、縦軸に価格、横軸に数量を表したグラフ上では、需要曲線は右下がりとなる。よって、本肢記述は誤りである。

3 ○ 本肢記述のとおりである。縦軸に価格、横軸に数量を表したグラフ上では、需要曲線と供給曲線の交点で需要量と供給量が一致し、この時の価格を**均衡価格**という。

4 × 需要量と供給量の間にギャップがあるときには、価格の変化を通じて品不足や品余りが自然に解消される仕組みを、**価格の自動調節機能**というので、本肢記述は誤りである。

5 × 技術革新でコストが下がり、すべての価格帯で供給力が高まると、縦軸に価格、横軸に数量を表したグラフ上では、供給曲線は右にシフトするので、本肢記述は誤りである。

正答 3

第1章 SECTION 2 消費者行動と生産者行動
消費者と生産者の理論

必修問題 セクションテーマを代表する問題に挑戦！

費用曲線の性質を踏まえてグラフの読み取りを的確にできるように学習しましょう。

問 図は，完全競争市場において，ある財のみを生産している企業の短期限界費用曲線（MC），短期平均費用曲線（AC），短期平均可変費用曲線（AVC）を示したものである。この財の市場での価格をpとするとき，確実にいえるのはどれか。

（国税・労基2005）

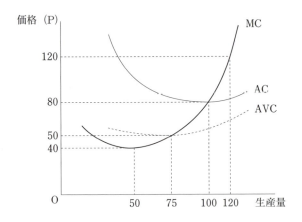

1：p＝120のとき，生産量を75にすると財1単位当たりの可変費用が最小になるので，利潤が最大になる。
2：p＝120のとき，生産量を100にすると財1単位当たりの費用が最小になるので，利潤が最大になる。
3：p＝120のとき，生産量を120にすると限界費用が価格と一致し，短期平均費用を上回るので，利潤が最大になる。
4：p＞50であると，限界費用が短期平均可変費用を上回るため，どのような生産量でも利潤は正になる。
5：p＜80であると，限界費用が短期平均費用を下回るため，生産を続ければ固定費用を上回る損失がでる。

必修問題の解説

〈利潤最大化条件〉

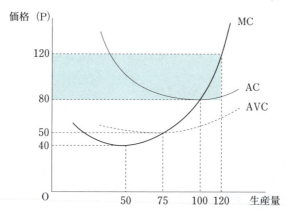

　企業の利潤最大化条件は，限界収入曲線MRと限界費用曲線MCが一致する点であるが，完全競争市場においては，MRは常に一定で，価格Pと一致する。よって，MCとPが一致する点で利潤最大化が達成される。そのため，企業はこの点における生産量を生産すれば，利潤を最大化できる。本問の図では，p＝120のときには，生産量を120にすれば，MC＝p＝MRとなり，短期平均費用を上回って利潤が最大となる。

　以上より，正解は肢3となる。

正答 3

Step ステップ　ある生産量において，限界収入が限界費用を上回るならば生産量を増やすことでさらに利益が得られる。一方，限界費用が限界収入を上回るならば利益が減少するので，生産量を減らすことが望ましい。

第1章 SECTION ② 消費者行動と生産者行動
消費者と生産者の理論

1 消費者の選択と消費需要の決定

　消費者がX財とY財の2種類の財を消費すると仮定した場合，この2財をどのように組み合わせて消費しても，消費者の得られる効用が一定となるようなX財・Y財の組合せの軌跡を描いたものを**無差別曲線**といい，図のU_1で表されます。

　消費者がX財とY財を購入すると仮定し，消費者の予算をM，X財価格をP_X，Y財価格をP_Yとし，X財・Y財の数量をそれぞれX，Yとすると予算制約線は，

$$M = P_X \times X + P_Y \times Y$$

と表すことができ，図のように描けます。

　予算制約がある中で，消費者の効用が最大となるX財とY財の組合せ（**最適消費点**）は，無差別曲線と予算制約線が一点で接する点であり，図のE点となります。

　またE点では，無差別曲線の接線と予算制約線は一致しているので，限界代替率$\left(\dfrac{\Delta Y}{\Delta X}\right)$とX財・Y財の価格比$\left(\dfrac{P_X}{P_Y}\right)$が等しくなっており，このことを**効用最大化条件**といいます。

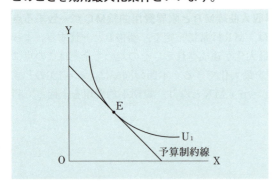

限界代替率　消費者が同一の効用水準を維持するため，X財の消費量を1単位変化させた場合に，もう一方のY財の消費量を何単位変化させなければならないかを示すものであり，無差別曲線上の任意の点における接線の傾きの**絶対値**で表されます。

補足　無差別曲線の接線の傾きは限界代替率（MRS）で表され，予算制約線は，$Y = -\dfrac{P_X}{P_Y} \times X + \dfrac{M}{P_Y}$と表すことができ，傾きが$-\dfrac{P_X}{P_Y}$となります。

2 利潤最大化

(1) 費用の諸概念
① 固定費用（ＦＣ）と平均固定費用（ＡＦＣ）

　固定費用（ＦＣ）とは，商品生産量の増減とは関係なく発生する費用のことをいい，平均固定費用（ＡＦＣ）とは，固定費用を商品生産数量で割った商品1単位あたりの固定費用をいいます。

② 可変費用（ＶＣ）と平均可変費用（ＡＶＣ）

　可変費用（ＶＣ）とは，商品生産量の増減に応じて変化する費用のことをいい，平均可変費用（ＡＶＣ）とは，可変費用を商品生産数量で割った商品1単位あたりの可変費用をいいます。そして平均可変費用曲線（ＡＶＣ）は，総費用曲線上の任意の点に対して総費用曲線の始点（A）から引かれた直線の傾きとして表されます。

③ 総費用（ＴＣ）と平均費用（ＡＣ）

　総費用（ＴＣ）とは，固定費用と可変費用を合計したものであり，平均費用（ＡＣ）とは，総費用を商品生産数量で割った商品1単位あたりの総費用をいいます。

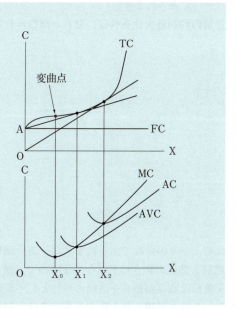

第1章 SECTION 2 消費者行動と生産者行動
消費者と生産者の理論

④ 限界費用(MC)

限界費用(MC)とは,商品を1単位追加的に生産したときに発生する費用のことをいい,総費用曲線(TC)上の任意の点における接線の傾きの大きさとして表されます。

(2) 企業の利潤最大化

ある財市場において,商品価格(P)が所与として与えられている完全競争市場であるとき,企業の総収入(TR)は,商品価格(P)に生産量を乗じたものになります。

総収入(TR)から総費用(TC)を差し引いたものが利潤(π)として表され,企業は利潤を最大化するように行動します。つまり利潤(π)=TR−TCが最大となる生産量を決定します。

利潤最大化生産量は,TR曲線と平行で,TC曲線と1点で接する点に対応する生産量,つまり図におけるX_1の生産量に決定されます。

X_1の生産量では,TR曲線の傾きとTC曲線の接線の傾きが等しくなります。これは限界収入(MR)と限界費用(MC)が等しいことを表します。また,総収入曲線(TR)の傾きは商品価格(P)で表されます。

ゆえに,完全競争市場における企業の利潤最大化条件は,MR=MC=Pで示されることになります。

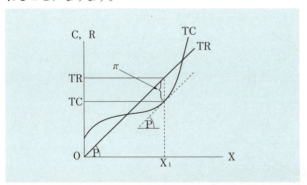

図にあるように,限界費用曲線は右上がりの曲線で示されます。一方,価格Pが所与として与えられている場合,総収入曲線の傾きはPとなりますので,MR=Pとなります。したがって,限界収入曲線は商品価格Pを縦軸の切片として横軸に平行な直線として描けます。ここから,企業が利潤を最大化する生産量は,限界費用曲線(MC)と限界収入曲線(MR)の交点Aに対応する生産量,すなわちX_1に

決定されます。

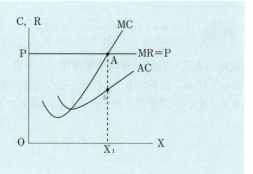

3 損益分岐点と操業停止点

損益分岐点とは，企業の利潤がゼロとなってしまう点で，それ以下に商品価格が下落すると，損失が発生してしまうことを表す点です。損益分岐点は，企業の総収入と総費用が等しくなるACの最低点のA点で示されます。

操業停止点とは，それ以下に商品価格が下落してしまうと，企業は生産活動を停止したほうが望ましい点です。操業停止点は，企業の総収入と可変費用が等しくなるAVCの最低点のB点で示されます。

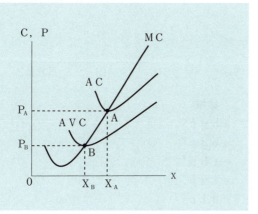

第1章 SECTION 2 消費者行動と生産者行動
消費者と生産者の理論

実践 問題 152 基本レベル

頻出度	地上★★★	国家一般職★	東京都★	特別区★
	裁判所職員★	国税・財務・労基★★	国家総合職★	

問 図は，ある企業の平均費用（AC）曲線，平均可変費用（AVC）曲線，限界費用（MC）曲線を表している。価格がp^*のとき，この企業の生産量，その利益の正負，利益の大きさを示す領域がそれぞれ正しいのはどれか。

（地上2003）

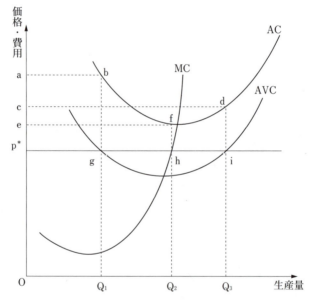

	生産量	利益	領域
1 :	Q_1	プラス	a b g p^*
2 :	Q_1	マイナス	a b g p^*
3 :	Q_2	プラス	e f h p^*
4 :	Q_2	マイナス	e f h p^*
5 :	Q_3	プラス	c d i p^*

実践 問題 152 の解説

〈費用曲線〉

生産量は，限界費用（MC）曲線と価格（P）の等しくなるところにおいて決定される。

本問においては，MCとp^*の交点である点hに対応する生産量Q_2が企業の生産量となる。

生産量Q_2における平均費用はOeなので，1単位あたり，（e－p^*）分だけ不利益が生じている。したがって，不利益の総和は，「1単位あたりの不利益×生産量」となるので，これを表す領域efhp^*（下図色部分）が総不利益となる。

以上より，生産量Q_2において領域efhp^*に相当するマイナスの利益が生じていることになる。

よって，正解は肢4となる。

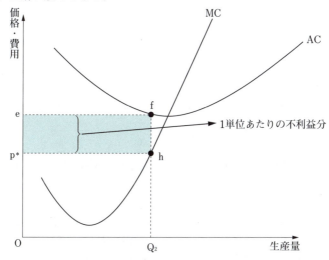

正答 4

第1章 SECTION ② 消費者行動と生産者行動
消費者と生産者の理論

実践 問題 153 **基本レベル**

頻出度	地上★★★	国家一般職★	東京都★	特別区★
	裁判所職員★	国税・財務・労基★★		国家総合職★

問 次の図は，ある企業の総費用曲線を表したものである。原点を通る直線と総費用曲線が1点で接するときの生産量はAである。また，縦軸のFは企業がこの財を生産するにあたって必要な固定費用である。この図に関する次のア〜オの記述のうち，妥当なのが2つあるが，それらはどれか。
なお，限界費用とは，生産量を1単位増やすのに必要な費用で，総費用曲線への接線の傾きで表され，平均費用とは，総費用を生産量で割ったものをいう。

(地上2015改題)

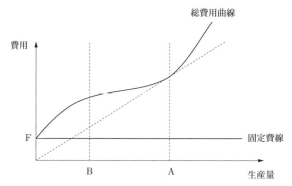

ア：総費用のうち固定費用が占める割合は，BよりもAのときの方が大きい。
イ：生産量がAのとき，限界費用と平均費用は等しい。
ウ：生産量がAからBに減少すると，平均費用が低下する。
エ：生産量がA未満のとき，生産量が増大するのに伴い平均費用が低下して規模の経済が働くが，生産量がAを上回ると規模の不経済が働く。
オ：生産量がB以上A未満のとき，平均費用が限界費用を下回っている。

1：ア，エ
2：ア，オ
3：イ，ウ
4：イ，エ
5：ウ，オ

OUTPUT

チェック欄		
1回目	2回目	3回目

実践 問題 **153** の解説 ―――――――――――――――

〈企業の総費用曲線〉

ア ✕ 固定費用は，生産量の水準に関係なく一定であるから，総費用が少ないほど固定費用が占める割合が大きい。したがって，生産量がAのときよりもBのときのほうが総費用のうち固定費用が占める割合が大きいので，本記述は誤りである。

イ ◯ 本記述のとおりである。生産量がAのときは，限界費用と平均費用は等しく，平均費用が最小となる。

ウ ✕ 生産量がAのとき平均費用は最小であり，生産量がAより増えても減っても平均費用は上昇するので，本記述は誤りである。

エ ◯ 本記述のとおりである。平均費用は生産量がAに近づくほど小さくなるのであるから，生産量がA未満のとき，生産量が増大するのに伴い平均費用が低下して規模の経済が働くが，生産量がAを上回ると生産量が増大するのに伴い平均費用が増加するので規模の<u>不経済</u>が働く。

オ ✕ 生産量がB以上A未満のとき，平均費用は限界費用を上回っているので，本記述は誤りである。逆に生産量がA以上になると，平均費用は限界費用を下回る。

以上より，妥当なものはイ，エであり，正解は肢4となる。

第1章 消費者行動と生産者行動

正答 4

SECTION ② 消費者行動と生産者行動
第1章
消費者と生産者の理論

実践 問題 **154** 〈 応用レベル 〉

頻出度	地上★	国家一般職★★	東京都★★★	特別区★★
	裁判所職員★	国税·財務·労基★★★	国家総合職★★	

問 経済学における市場の失敗に関する記述として，妥当なのはどれか。

(東京都2018)

1：市場を通さずに他の経済主体に影響を与える外部性のうち，正の影響を与える外部経済の場合には，財の最適な供給が実現するが，負の影響を与える外部不経済の場合には，財の最適な供給が実現しない。

2：公共財とは，複数の人が不利益なしで同時に利用でき，料金を支払わない人の消費を防ぐことができない財のことをいい，利益が出にくいため，市場では供給されにくい。

3：情報の非対称性とは，市場において虚偽の情報が流通することによって，取引の当事者同士が，当該情報を正しいものとして認識し合っている状態のことをいう。

4：寡占・独占市場においては，企業が少数であることから，十分な競争が行われないため，消費者にとって不利益になるが，社会全体の資源配分に対する効率性は失われない。

5：寡占・独占企業が市場の支配力を用いて価格を釣り上げないように行われるのが独占禁止政策であり，日本ではこれを実施する機関として消費者庁が設けられ，カルテルなどの行動に対して罰金支払命令等の措置をとることができる。

OUTPUT

実践 問題 154 の解説

〈市場の失敗〉

1 × 市場を通さずに他の経済主体に影響を与える**外部性**のうち，正の影響を与える外部経済の場合と負の影響を与える**外部不経済**の場合，いずれの場合についても財の最適な供給が実現しないので，本肢記述は誤りである。ただし，政府が課税や補助金交付などの政策を展開することにより，最適な供給に達することが可能であると考えられている。

2 ○ 本肢記述のとおりである。**公共財**とは，複数の人が不利益なしで同時に利用できるような非競合性の性質と，料金を支払わない人の消費を防ぐことができない排除不可能性の性質を持つ財のことをいう。また，**フリーライダー**になることが可能であるため利益が出にくく，民間市場では最適に供給することが困難であるため供給されにくい。そのため，政府が民間に代わって公共財を供給する必要がある。

3 × **情報の非対称性**とは，市場において取引の当事者同士が保有する情報に格差があるときに不均衡な経済行動が起きて，需要側が価格比較をできずに高い買い製品を購入するなど，不均等な経済行動が起きてしまう情報構造のことをいうので，本肢記述は誤りである。

4 × **寡占・独占**市場においては，企業が少数であることから，十分な競争が行われないため，消費者にとって不利益になるという記述は正しい。企業は利潤最大化を達成しようとするため，社会全体の資源配分に対する効率性は失われてしまうので，本肢記述は誤りである。

5 × 日本では，独占禁止政策を実施する機関として**公正取引委員会**が設けられているので，本肢記述は誤りである。公正取引委員会は，**カルテル**などの行動に対して罰金支払命令等の措置をとることができる。

正答 **2**

第1章 消費者行動と生産者行動

章末 CHECK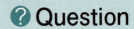

- **Q1** 消費者がある財を消費することで得られる限界効用は，財の消費量に対して逓増的である。
- **Q2** 無差別曲線は原点から右上方へ離れるほど高い効用水準を示す。
- **Q3** 予算制約がある場合，消費者の効用が最大となる2消費財の組合せは，予算制約線の右上方の領域に存在する。
- **Q4** 消費財価格の変化に伴う財需要量変化のうち，消費者の実質所得の変化に伴うものを代替効果という。
- **Q5** 消費者の実質所得が増加すると需要量が増加するような財を代替財という。
- **Q6** 他の個人の効用を減少させることなしに，誰の効用をも増加しえない状態のことをパレート最適という。
- **Q7** 完全競争市場における生産者の利潤最大化条件は，限界収入である財価格と限界費用が等しくなることである。
- **Q8** 操業停止点とは，企業の利潤がゼロとなる点で平均費用の最低点で示される。
- **Q9** 一般に需要曲線は，消費者の購買意欲が高まると左方シフトする。
- **Q10** 需要の価格弾力性は，財価格が1％変化したときに，需要が何％変化するかを示すものである。
- **Q11** 一般に，下級財に対する需要の所得弾力性は1以下となる。
- **Q12** トラストとは，同種製品を生産する企業同士が協定を結んで高い利潤を確保することをいう。
- **Q13** 公共財は，非排除性と非競合性という2つの性質を有している。
- **Q14** 外部効果のうち，ある経済主体の活動が他の経済主体に損失を与えるものを外部経済という。

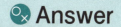

A1 × 一般に，限界効用はある財の消費量が増加するにつれて徐々に小さくなっていく（限界効用逓減の法則）。

A2 ○ 無差別曲線は，一般的に原点に対して凸型の右下がりの曲線で，原点から右上方へ離れるほど高い効用水準を示す。

A3 ○ 予算制約がある場合の消費者の効用最大となる2消費財の組合せ（最適消費点）は，予算制約線と無差別曲線が1点で接している点となる。

A4 × 財価格の変化に伴う財需要量変化のうち，消費者の実質所得の変化に伴うものを所得効果という。

A5 × 消費者の実質所得が増加すると需要量が増加するような財を一般的に上級財という。

A6 ○ パレート最適の定義である。

A7 ○ 完全競争市場における生産者の利潤最大化条件は，限界費用（MC）と財価格（P）が等しくなる財生産量に決定される。

A8 × 企業の操業停止点は，企業が生産活動を停止したほうが望ましい点で平均可変費用の最低点で示される。

A9 × 一般に需要曲線は，消費者の購買意欲が高まると右方シフトし，購買意欲が低くなると左方シフトする。

A10 ○ 需要の価格弾力性は，財価格が1％変化したときに，需要が何％変化するかを示すもので，一般に，

$$需要の価格弾力性 = - \frac{財需要量の変化率}{財価格の変化率}$$ という式で表される。

A11 × 一般に，下級財に対する需要の所得弾力性は負となる。

A12 × トラストとは，同種の生産部門による競争を排除するため，企業が独立性を失い，合併などを通じて1つの企業として行動することをいう。問題は，カルテルの記述である。

A13 ○ 公共財は，たとえば国防や行政サービスのような非排除性と非競合性という2つの性質を有している財のことをいう。

A14 × ある経済主体の活動が，市場取引を経由せずに他の経済主体に影響を与えることを外部効果という。外部効果のうち，他の経済主体に損失を与えるものを外部不経済，便益を与えるものを外部経済という。

memo

第2章

国民所得・景気

SECTION

① 国民所得理論
② 景気・その他

第2章 国民所得・景気

出題傾向の分析と対策

試験名	地上			国家一般職（旧国Ⅱ）			東京都			特別区			裁判所職員			国税・財務・労基			国家総合職（旧国Ⅰ）		
年度	15-17	18-20	21-23	15-17	18-20	21-23	15-17	18-20	21-23	15-17	18-20	21-23	15-17	18-20	21-23	15-17	18-20	21-23	15-17	18-20	21-23
出題数　セクション	1	2	3	1			2		1							1	1				1
国民所得理論		★★	★																		★
景気・その他	★	★★	★	★			★★		★							★	★				

（注）　1つの問題において複数の分野が出題されることがあるため，星の数の合計と出題数とが一致しないことがあります。

　国民所得・景気としての出題は，それぞれ頻出のテーマがあり，一部の試験種を除いて頻出といえます。志望の試験種に合わせて対策が必要といえそうです。出題傾向としては，国民所得に関連する形で，インフレ・ギャップとデフレ・ギャップ，乗数理論，均衡予算定理などの論点が出題され，また，景気循環やインフレーションに関する問題も頻出となっています。似たような問題が繰り返し出題されているので，グラフから何が読み取れるのかをしっかりと身につけておいてください。問題としては，基本的なものがほとんどなので，問題演習に力を入れましょう。

地方上級

　この分野からの出題は比較的頻出といえます。グラフを読み解く問題から，定義や概念を問う問題が出されています。いずれも基本的な問題なので，取りこぼしのないように，しっかりと学習しておく必要があります。

国家一般職（旧国家Ⅱ種）

　国家一般職からの出題は，頻出とまではいえませんが，しっかりと対策する必要があります。過去において国民経済計算に関する基本的な問題が出題されるなど，その内容は基本的なものなので，演習問題を通じて知識の定着を図ってください。

東京都

東京都からの出題はあまり多くありませんが，この分野からも出題されています。もっとも，この分野での知識がいろいろな場面で生きてくるので，しっかりと学習しておく必要があります。

特別区

近年，特別区からの出題はありません。過去には，国富と国民所得概念や景気循環の種類に関する出題が見られます。キーワードなどを覚えていることで正解できるので，それぞれの内容を正確に覚えてください。

裁判所職員

近年，裁判所職員からの出題はありません。試験対策についていえば，その重要度は相対的に低いといえます。もっとも，この分野での知識がいろいろな場面で生きてくるので，しっかりと学習しておいてください。

国税専門官・財務専門官・労働基準監督官

国税専門官・財務専門官・労働基準監督官からの出題はあまり多くありませんが，この分野からも出題されています。試験対策についていえば，問題演習を通じて基本的な知識の定着を図ってください。

国家総合職（旧国家Ⅰ種）

国家総合職からの出題は，頻出とまではいえません。試験対策についていえば，その重要度は相対的に低いといえます。もっとも，この分野での知識がいろいろな場面で生きてくるので，しっかりと学習しておいてください。

Advice アドバイス 学習と対策

国民所得・景気は，全体的には頻出の分野とはいえませんが，経済編の具体的内容を学習する前に，基本的な原理や定義を正確に身につけておくだけでも，理解に差が出てくる分野といえます。また，グラフを読み解くためにも，自らグラフを描き，ポイントをつかんでください。さらに，景気循環に関しては，図を使って，景気循環の名称，周期，要因まで正確に覚えてください。今後の学習をスムーズに進めるためにも，しっかり学習しましょう。

国民所得・景気
SECTION 1 国民所得理論

必修問題 セクションテーマを代表する問題に挑戦！

国民経済計算体系に関する概念を問う出題は比較的多いので，関係する概念を整理して学習しましょう。

問 国富又は国民所得に関する記述として，妥当なのはどれか。

(特別区2007)

1：国富とは，一定期間内に一国内で生産された生産物価額の総計であり，一国の実質的な富を表すものである。
2：国富とは，住宅・工場・道路などの純固定資産及び対外純資産をいい，土地・森林などの再生不可能な有形資産は含まれない。
3：国民総生産は，1年間に国民が生み出した財・サービスの総生産額から機械・設備などの固定資産の減耗分を差し引いて得られる数値である。
4：国内総生産は，一定期間に国内で生み出された付加価値の総額であり，国民総生産から海外からの純所得を差し引いて得られる数値である。
5：国民所得は，国民総生産から間接税を差し引き，政府の補助金を加えたもので，生産・分配・支出の三つの面からとらえることができる。

Guidance ガイダンス 「国内総生産」と「国民総生産」の違いを押さえておくことが重要である。また，国内純生産には，要素費用表示と市場価格表示のそれぞれの表し方がある点を押さえておくことも重要である。また，「フロー」と「ストック」の概念についても併せて確認しておこう。「フロー」とは，特定の期間について測定される経済量のことであり，一定期間に流れた経済量の大きさを示す概念である。「ストック」とは，ある一時点で存在している経済量の大きさを示す概念である。そして，与えられた期間の期首のストックと期末のストックとの差がフローとして捉えられる。

必修問題の解説

〈国富と国民所得の概念〉

1 ✗ 国富とは国全体の正味資産に相当する概念であり，実物資産と対外純資産の合計である。具体的には，在庫，有形固定資産，無形固定資産，有形非生産資産（土地を含む）および対外純資産を合計したものである。

2 ✗ 肢1の解説のとおり，国富は在庫，有形固定資産，無形固定資産，有形非生産資産（土地を含む）および対外純資産を合計したものである。また，土地や森林などは一部を除き，93ＳＮＡ（国際連合が1993年に勧告した国民経済計算の体系）の体系のもとにおいては原則的に有形非生産資産に分類される。したがって，土地や森林も原則的には国富に含まれる。

3 ✗ 国民総生産（ＧＮＰ）とは，ある国の国民が一定期間に生み出した付加価値の合計である。具体的には，国民が生み出した財やサービスの総生産額から中間投入額を差し引いたものである。また，国民総生産（ＧＮＰ）には機械や設備などに関する固定資本減耗も含まれている。なお，国民総生産（ＧＮＰ）から固定資本減耗分を差し引いたものが国民純生産（ＮＮＰ）となる。

4 ○ 国内総生産（ＧＤＰ）とは，ある一国において一定期間に生み出された付加価値の合計のことである。具体的には，国内産出額から中間投入額を差し引いたものである。また，国内総生産（ＧＤＰ）は国民総生産（ＧＮＰ）から海外からの純所得を差し引いたものでもある。ちなみに，海外からの純所得とは，海外からの所得受取分から海外への所得支払分を差し引いたものである。

5 ✗ 国内総生産（ＧＤＰ）から固定資本減耗分を差し引くと，市場価格表示の国内純生産となる。市場価格表示の国内純生産に海外からの所得の純受取を足したものを所得分配面から見た場合，市場価格表示の国民所得となる。また，市場価格表示の国民所得から純間接税を差し引いたものは，要素費用表示の国民所得となる。ちなみに純間接税とは，輸入品や生産などに課される税から補助金を差し引いたものである。

正答 4

SECTION 1 国民所得・景気 国民所得理論

1 国民所得の決定

(1) 45°線モデルによる国民所得の決定

ケインズが提唱した有効需要の原理によると，**国民所得（総供給：Y_s）は総需要（Y_d）と等しくなるところに決定**されます。この財市場の均衡条件（$Y_d = Y_s$）は，45度線を用いて示すことができます。縦軸に消費支出（C），投資支出（I），政府支出（G）などからなる総需要（Y_d）を，横軸に生産国民所得，すなわち総供給（Y_s）をとったグラフに三面等価の原則を踏まえて原点から45°線を引くと，この**45°線上では，常にY_dとY_sが等しくなります**。

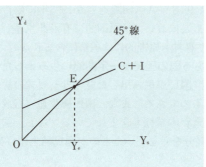

図において，総需要（Y_d）が消費（C）と投資（I）からなるとすると，有効需要の原理により，国民所得（総供給：Y_s）は総需要（Y_d）と等しくなるように決定されますので，財市場の均衡点はEとなり，**Y_eが均衡国民所得**ということになります。

(2) インフレ・ギャップとデフレ・ギャップ

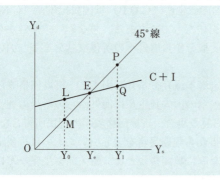

完全雇用国民所得（Y_f）を実現するのに必要な有効需要水準と比べて，現実の有効需要水準が上回っている場合，その差を**インフレ・ギャップ**といいます。逆に，現実の有効需要水準が完全雇用国民所得を実現するのに必要な有効需要水準を下回っている場合，その差を**デフレ・ギャップ**といいます。

① $Y_f = Y_e$の場合

完全雇用国民所得のもとで発生する総需要が，その水準の国民所得を維持する大きさと等しく（総需要と国民所得が点Eで均衡している），経済はインフレもデフレもない**完全雇用の状態**にあります。

INPUT

② $Y_f = Y_0$ の場合

　総需要の水準が高いため，均衡国民所得（Y_e）が完全雇用国民所得（Y_f）を上回っており，経済は総需要の超過によって**インフレ状態**にあるといえます。そして，図のLMが**インフレ・ギャップ**の大きさを表しています。

③ $Y_f = Y_1$ の場合

　総需要の水準が低いため，完全雇用国民所得の水準以下で均衡が実現してしまい，完全雇用は達成されません。すなわち**不完全雇用の状態**で，経済は**デフレ状態**にあります。図のPQが**デフレ・ギャップ**の大きさを表しています。

2 乗数理論

　乗数とは，有効需要の外性的な変化が何倍の国民所得の変化を引き起こすかを示す倍率のことです。そして，有効需要の外性的変化が所得に増幅的な効果をもたらすという主張を**乗数理論**といいます。

　国民所得：Y，消費：C，投資：I，政府支出：G，租税：T，限界消費性向：a，基礎消費：bとした場合，政府支出（G）または投資（I）が変化したとき，それぞれの国民所得の変化分（ΔY）を表すと，

$$\Delta Y = \frac{1}{1-a}\Delta G ， \quad \Delta Y = \frac{1}{1-a}\Delta I$$

となり，**政府支出または投資の増減により，国民所得がその乗数** $\left(\dfrac{1}{1-a}\right)$ **倍だけ増減**することを示しています。次に，租税（T）が変化した場合を考えるとΔYは，

$$\Delta Y = \frac{-a}{1-a}\Delta T$$

となり，**租税Tが増加（減少）すると国民所得がその乗数** $\left(\dfrac{-a}{1-a}\right)$ **倍だけ変化する**ことを示しています。

第2章 SECTION ① 国民所得・景気
国民所得理論

実践 問題 155 基本レベル

頻出度　地上★★　国家一般職★★　東京都★★　特別区★★
　　　　裁判所職員★　国税・財務・労基★★　国家総合職★★★

問 国内総生産（GDP）に関する記述として最も妥当なのはどれか。
(国家総合職2021)

1：実質GDPは，ある年を基準年として固定し，その年の価格水準でGDPを再評価したものであり，名目GDPとは区別される。また，名目GDPを実質GDPで除して求められる数値は，GDPデフレーターと呼ばれ，経済全体の物価の変動を表す指標の一つである。

2：GDPは，一定期間中に国内で生産された，全ての財・サービスの生産額の合計であり，一国の経済活動の水準を示す指標である。また，GDPから，原材料等の中間生産物の投入額及び資本の生産能力の劣化に伴い発生する固定資本減耗を除いたものが国内純生産（NDP）である。

3：GDPを支出面から捉えたものは国内総支出（GDE）と呼ばれ，雇用者報酬や営業余剰・混合所得などで構成される。また，GDPを分配面から捉えたものが国内総所得（GDI）であり，民間最終消費支出や政府最終消費支出などで構成される。三面等価の原則により，GDP＝国内総支出＝国内総所得の関係が成り立つ。

4：GDPは市場で評価できないものは除外されることから，政府の行政サービスや持ち家の帰属家賃といった，市場を通じた取引が行われないものはGDPに含まれない。一方，保有資産の価格変動に伴うキャピタル・ゲインやキャピタル・ロスについては，市場価格を用いて評価が可能であるためGDPに含まれる。

5：GDPを生み出す全ての生産要素は，資本か資金のいずれかに分類され，この二つの生産要素が国内経済において十分に活用されたときに得られるGDPが潜在GDPである。経済が好況の場合は，一般的に潜在GDPが現実のGDPを上回っており，GDPギャップはプラスの値となる。

OUTPUT

実践 問題 **155** の解説

〈国内総生産（GDP）〉

1 ○ 本肢記述のとおりである。実質ＧＤＰとは，物価の変動による影響を取り除き，その年に生産された財の本当の価値を算出したものである。また，名目ＧＤＰを実質ＧＤＰで除して求められるＧＤＰデフレーターは，ＧＤＰに計上されるすべての財・サービスを含むため，企業物価指数や消費者物価指数よりも包括的な物価指標といえる。

2 × ＧＤＰは，一定期間中に国内で生産された，すべての財・サービスの「付加価値」の合計なので，本肢記述は誤りである。また，ＧＤＰから，純間接税および資本の生産能力の劣化に伴い発生する固定資本減耗を除いたものが国内純生産（ＮＤＰ）なので，これも誤りである。

3 × 国内総支出（ＧＤＥ）は，民間最終消費支出，政府最終消費支出，国内総資本形成，財貨・サービスの純輸出からなるので，本肢記述は誤りである。また，国内総所得（ＧＤＩ）は，雇用者報酬，営業余剰，純間接税，固定資本減耗からなるので，これも誤りである。

4 × ＧＤＰは市場で評価できないものは除外されることから，保有資産の価格変動に伴うキャピタル・ゲインやキャピタル・ロスについては，ＧＤＰに含まれないので，本肢記述は誤りである。また，政府の行政サービスや持ち家の帰属家賃といった，市場を通じた取引が行われないものでも，ＧＤＰに含まれる。

5 × ＧＤＰを生み出すすべての生産要素は，資本，労働，全要素生産性（ＴＦＰ）のいずれかに分類され，これら３つの生産要素が国内経済において十分に活用されたときに得られるＧＤＰが潜在ＧＤＰとなるので，本肢記述は誤りである。また，経済が好況の場合は，一般的に現実のＧＤＰが潜在ＧＤＰを上回っており，ＧＤＰギャップはプラスの値となるので，これも誤りである。

正答 **1**

第2章 SECTION 1 国民所得・景気
国民所得理論

実践 問題 156 基本レベル

頻出度	地上★★	国家一般職★★	東京都★	特別区★★
	裁判所職員★	国税・財務・労基★★		国家総合職★★

問 総需要と国民所得に関する次の記述のうち正しいものを選べ。ただし、Y_0^D、Y_1^Dは総需要と国民所得の関係を表す線であり、Y_Fは完全雇用国民所得を表す線であるとする。　　　　　　　　　　　　　　　　　　　（地上2002）

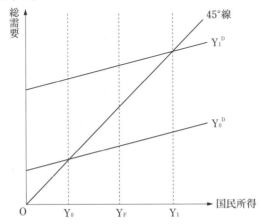

1：総需要と国民所得の関係がY_0^Dで表されている時、国民所得はY_Fとなり、デフレギャップが生じている。
2：総需要と国民所得の関係がY_0^Dで表されている時、国民所得はY_0となり、デフレギャップが生じている。
3：総需要と国民所得の関係がY_1^Dで表されている時、国民所得はY_0となり、デフレギャップが生じている。
4：総需要と国民所得の関係がY_1^Dで表されている時、国民所得はY_1となり、デフレギャップが生じている。
5：総需要と国民所得の関係がY_1^Dで表されている時、国民所得はY_Fとなり、デフレギャップが生じている。

OUTPUT

実践 問題 156 の解説

〈国民所得とデフレ・ギャップ〉

完全雇用国民所得 Y_F から垂直に伸びる直線上において、総需要と国民所得の関係を表す線（Y_1^D, Y_0^D）が45°線を上回るときはインフレ・ギャップが生じており、45°線を下回るときはデフレ・ギャップが生じている。

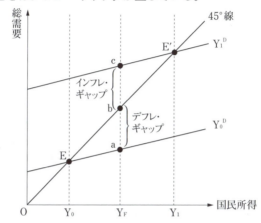

総需要と国民所得の関係を表す直線が Y_0^D で表されているとき、Y_0^D と45°線の交点Eにおいて均衡国民所得は Y_0 となる。このとき、現実の国民所得 Y_0 は完全雇用国民所得 Y_F を下回っており、Y_F を実現するのに十分な総需要は b 点の水準であるのに対して Y_F のもとで生まれるであろう現実の総需要は a 点の水準でしかない。したがって、a b だけのデフレ・ギャップが生じており、政府は総需要を拡大させる政策を採ることにより Y_0^D 線を45°線と b 点で交差する水準まで上方にシフトさせる必要がある。

一方、総需要と国民所得の関係を表す直線が Y_1^D で表されているとき、Y_1^D と45°線の交点E′において均衡国民所得は Y_1 に決定される。このとき、現実の国民所得 Y_1 は完全雇用国民所得 Y_F を上回っており、Y_F を実現するのに十分な総需要は b 点の水準であるのに対して Y_F のもとで生まれるであろう現実の総需要は c 点の水準になってしまう。このとき、c b だけのインフレ・ギャップが生じている。政府は、超過需要に伴うインフレーションを抑制するため、総需要を縮小させる政策を採り、Y_1^D 線を45°線と b 点で交差する水準まで下方にシフトさせる必要がある。

よって、正解は肢2となる。

正答 2

国民所得理論

実践 問題 157 基本レベル

頻出度 地上★★ 国家一般職★★ 東京都★ 特別区★★
　　　　裁判所職員★ 国税・財務・労基★★ 国家総合職★★

問 減税と政府支出増加について述べた次の文のうち，妥当なのはどれか。ただし，文中のcは限界消費性向である。　　　　　　　　　　（地上1995改題）

1：1兆円の政府支出の増加と1兆円の減税は，それぞれGDPを$\frac{1}{1-c}$，$\frac{c}{1-c}$倍だけ増加させる。景気浮揚効果は，政府支出の増加のほうが大きい。

2：1兆円の政府支出の増加と1兆円の減税は，それぞれGDPを$\frac{c}{1-c}$，$\frac{1}{1-c}$倍だけ増加させる。景気浮揚効果は，減税のほうが大きい。

3：1兆円の政府支出の増加と1兆円の減税は，どちらもGDPを$\frac{c}{1-c}$倍だけ増加させる。景気浮揚効果は，どちらも同じである。

4：1兆円の政府支出の増加と1兆円の減税は，どちらもGDPを$\frac{1}{1-c}$倍だけ増加させる。景気浮揚効果は，どちらも同じである。

5：政府支出を増加させ，同時に増税によって財源を得るようにすると，1兆円の財政規模の拡大はGDPを$\frac{c}{1-c}+\frac{1}{1-c}=\frac{1+c}{1-c}$倍だけ増加させる。

実践 問題157 の解説

〈乗数理論〉

c を**限界消費性向**とする場合、乗数理論に基づけば、**政府支出乗数**は $\dfrac{1}{1-c}$ であり、**租税乗数**は $\dfrac{-c}{1-c}$ と表すことができる。

したがって、1兆円の政府支出の増加は、GDPを $\dfrac{1}{1-c}$ 兆円増加させる。

逆に、1兆円の政府支出の削減は、GDPを $\dfrac{1}{1-c}$ 兆円減少させる。一方、1兆円の増税はGDPを $\dfrac{c}{1-c}$ 兆円減少させ、逆に、1兆円の減税はGDPを $\dfrac{c}{1-c}$ 兆円増加させることになる。

また、限界消費性向 c は、$0 < c < 1$ なので、1兆円の政府支出の増加による景気浮揚効果 $\dfrac{1}{1-c}$ と、1兆円の減税による景気浮揚効果 $\dfrac{c}{1-c}$ を比較すると、政府支出の増加による景気浮揚効果のほうが大きいことになる。

さらに、政府支出の増加をそれと同額の増税によって財源を賄うと、政府支出乗数、租税乗数によるGDPへの効果が同時に働くため、その効果は、$\dfrac{1}{1-c} + \dfrac{-c}{1-c} = 1$ となり、1兆円の財政規模の拡大がGDPを1兆円増加させる効果を生むことになる。これを**均衡予算定理**という。

よって、正解は肢1となる。

正答 1

第2章 SECTION 1 国民所得・景気
国民所得理論

実践 問題158 応用レベル

問 国民所得，消費，投資，政府支出および租税の関係が次のようなモデルで表されるとき，政府支出の増加及び租税の減少が国民所得に与える影響を示した記述として最も妥当なのはどれか。
ただし，投資，政府支出および租税はそれぞれ外生変数であるものとする。
$Y = C + I + G$
$C = 10 + 0.8(Y - T)$
（Y：国民所得，C：消費，I：投資，G：政府支出，T：租税）

(国Ⅰ2004)

1：政府支出が1兆円増加する場合，乗数効果を通じて投資も増加し，国民所得は4兆円増加する。
2：政府支出が1兆円増加しかつ租税が1兆円増加する場合，消費に与える効果は相殺されるため国民所得は変動しない。
3：政府支出が1兆円増加しかつ租税が1兆円増加する場合，政府支出の乗数効果の方が大きいため国民所得は増加する。
4：租税が1兆円減少する場合，所得の増加を通じて消費が増加していき，国民所得は最終的に5兆円増加する。
5：租税が1兆円減少する場合，消費は増加しないものの投資および政府支出が増加し，国民所得は4兆円増加する。

OUTPUT

実践 問題 **158** の解説 ────────────

チェック欄		
1回目	2回目	3回目

〈均衡予算定理〉

まず，問題文で提示されているように，国民所得が $Y = C + I + G$…①で，消費関数が $C = 10 + 0.8(Y - T)$ …②で示されるとすると，国民所得Yは①式に②式を代入してYについて整理することで，$Y = \dfrac{1}{1 - 0.8} \times (10 + I + G - 0.8T)$ …③，となる。

ここで，政府支出（ΔG）が1兆円増加したとき，国民所得の変化分（ΔY）は，$\Delta Y = \dfrac{1}{1 - 0.8} \times 1$…④，となるので，これを解くと国民所得は，5兆円増加する。

つまり，政府支出が1兆円増加する場合，国民所得は5兆円増加する。よって問題肢1は妥当ではない。

次に，租税（ΔT）が1兆円減少した場合を考えると，国民所得の変化分（ΔY）は，$\Delta Y = -\dfrac{0.8}{1 - 0.8} \times -1$…⑤，となるので，これを解くと国民所得は，4兆円増加する。つまり，租税が1兆円減少した場合，可処分所得の増加を通じて消費が増加していき，国民所得は最終的に4兆円増加する。また，租税の減少が政府支出を増加させるともいえない。よって問題肢4と5は妥当でない。

最後に，政府支出が1兆円増加（ΔG）し，かつ租税が1兆円増加する（ΔT）場合の国民所得の増加分（ΔY）は，上記の④の式に，租税の増加分（ΔT）をプラス1とした国民所得の変化分の式である

$$\Delta Y = -\frac{0.8}{1 - 0.8} \times 1 \cdots ⑥ \quad \text{を加えると，}$$

$$\Delta Y = \frac{1}{1 - 0.8} \times 1 + \left(-\frac{0.8}{1 - 0.8}\right) \times 1$$

$$= \frac{0.2}{1 - 0.8} \times 1$$

$$= 1$$

となる。つまり，政府支出が1兆円増加しかつ租税が1兆円増加する場合，国民所得は1兆円増加する。これを**均衡予算定理**という。

以上より，肢3が妥当となる。

正答 3

国民所得・景気
景気・その他

必修問題 セクションテーマを代表する問題に挑戦！

景気循環の代表的な類型については，周期と要因を整理して学習しましょう。

問 次の文ア〜ウは，景気循環に関する記述であるが，文中の空所A〜Cに該当する語の組合せとして，妥当なのはどれか。（特別区2006）

ア 　A　 の波とは，在庫投資の変化によって生じる約40か月を周期とする短期波動である。

イ 　B　 の波とは，設備投資の変動によって生じる約10年を周期とする中期波動である。

ウ 　C　 の波とは，技術革新や資源開発を原因として生じる約50年を周期とする長期波動である。

	A	B	C
1	ジュグラー	クズネッツ	コンドラチェフ
2	ジュグラー	コンドラチェフ	キチン
3	クズネッツ	ジュグラー	キチン
4	キチン	ジュグラー	コンドラチェフ
5	キチン	クズネッツ	コンドラチェフ

直前復習

Guidance ガイダンス 景気循環に関する代表的な４つの類型である，キチンの波，ジュグラーの波，クズネッツの波，コンドラチェフの波については，それぞれの周期と要因を混同しないようにしたい。

| 頻出度 | 地上★ | 国家一般職★ | 東京都★ | 特別区★ |
| | 裁判所職員★ | 国税・財務・労基★★ | | 国家総合職★ |

必修問題の解説

チェック欄

1回目	2回目	3回目

〈景気循環〉

第2章 国民所得・景気

　景気循環とは経済全体の活動水準に見られる変動のことであり，好況と不況の繰返しが一定の周期で行われる。この周期がどの程度でありその要因が何であるかについて，いくつかの説が提唱されている。これらの説の主要なもののうち，最も短い周期を示しているのはキチンの波であり，在庫の増減を要因とする約40カ月の周期となっている。他方，最も長い周期を示しているのがコンドラチェフの波であり，技術革新などを要因とする約50年の周期となっている。

　そして，これらの中間にジュグラーの波とクズネッツの波がある。前者の周期は約10年で，設備投資の循環が要因となって起きるとされる。それに対し，後者の周期は約20年で，建設需要の増減が要因であるとされる。

　本問では，アとウは周期だけで何が入るか判断できる。問題はイであるが，景気変動の周期として，40カ月，10年，20年，50年という数字を大雑把にでも覚えておけば，ジュグラーの波であると判断できる問題である。

A キチン　約40カ月という短い周期で起きる景気循環を表しているのは，キチンの波である。

B ジュグラー　ジュグラーの波は，約10年の周期で生じる景気循環を示すものである。なお，クズネッツの波はその倍の約20年周期となっている。

C コンドラチェフ　約50年という周期は，景気循環の波の中で最も長く，ここにコンドラチェフの波が入る。その要因としては，前述の技術革新のほか，大規模な戦争，金鉱の発見などが挙げられている。

　以上より，Aに「キチン」，Bに「ジュグラー」，Cに「コンドラチェフ」が入ることから，正解は肢4となる。

正答 4

LEC東京リーガルマインド　2024-2025年合格目標 公務員試験 本気で合格！過去問解きまくり！ 481
④社会科学

第2章 SECTION ② 国民所得・景気
景気・その他

1 景気

(1) 景気循環

景気循環とは，個々の企業・産業の成長や停滞ではなく，経済全体の活動水準に見られる変動（好況と不況の繰返し）のことをいいます。**景気には，好況・後退・不況・回復という４つの局面があり，循環して波を形成しています。**

(2) 景気循環の種類

景気変動の波の中には，ある一定の周期で規則的に循環する波が，実物経済の分析から発見されています。以下は，その代表的なものです。

景気循環の名称	周　期	景気循環が引き起こされる要因
キチンの波	約40カ月	在庫の増減が要因となって発生するといわれている。
ジュグラーの波	約10年	設備投資の循環が要因となって発生するといわれている。
クズネッツの波	約20年	建設需要の増減が影響を与えて発生するといわれている。
コンドラチェフの波	約50年	技術革新，大規模な戦争，国際金融システムの変遷などの要因が挙げられている。

※景気循環図

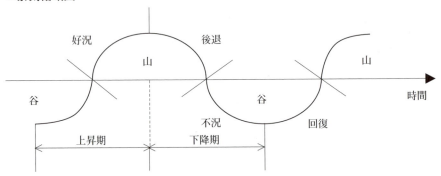

INPUT

2 インフレーション

インフレーション　→　物価が相当な期間にわたって継続的に上昇する現象

(1) インフレーションの分類
① 要因による分類

ディマンドプル・インフレーション	コストプッシュ・インフレーション
主要因が超過需要にあるインフレーションのこと	労働賃金や原材料費などの生産コストの上昇が原因となって起きるインフレーションのこと

② 物価上昇のペースによる分類

インフレーションの分類は，その発生要因によって分類されるもののほかに，インフレーションが進行する速度や程度によっても分類されます。

クリーピング・インフレーション	1年で2〜3％程度の率で持続的に物価水準が上昇している状態をいい，マイルド・インフレーションともいう。
ギャロッピング・インフレーション	物価水準が年率で数％から数10％を超える割合で上昇する状態をいう。
ハイパー・インフレーション	物価水準が短期間で急激に数倍にまで上昇する状態をいう。

(2) インフレーションとかかわりの深い重要用語

デフレーション	物価が持続的に下落する現象のこと
デフレ・スパイラル	デフレーションと景気後退が同時に発生し，それらがらせん状（スパイラル）に進行していく状態
スタグフレーション	不況と物価上昇とが同時に発生している状態
ディス・インフレーション	景気循環の過程で，インフレーションが沈静化していく現象

SECTION 2 景気・その他

実践 問題 159 基本レベル

問 物価の動きに関する記述として,妥当なのはどれか。　（東京都2012）

1：消費者物価指数とは,消費者が購入する財やサービスなどの価格を指数化したものであり,日本銀行が毎月発表している。
2：インフレーションとは,物価が持続的に上昇することをいい,インフレーションになると,貨幣価値が上がるため,実質賃金の上昇を招くこととなる。
3：ディマンド・プル・インフレーションとは,賃金や原材料費などの生産コストの上昇が要因となって物価を押し上げることをいう。
4：クリーピング・インフレーションとは,わが国では第二次世界大戦直後にみられた現象であり,物価が短期間で急激に数十倍にも上昇することをいう。
5：スタグフレーションとは,スタグネーションとインフレーションとの合成語であり,不況にも関わらず物価が上昇する現象をいう。

OUTPUT

実践 問題 **159** の解説

〈物価の動き〉

1 × 消費者物価指数（ＣＰＩ）を発表しているのは日本銀行ではなく，総務省統計局である。同省の定義によれば全国の世帯が購入する家計にかかわる財およびサービスの価格などを総合した物価の変動を時系列的に測定するものであり，毎月作成されている。

2 × インフレーションとは，**物価が持続的に上昇する**ことである。また，インフレーションに伴い，貨幣価値が下落する。それゆえ「貨幣価値が上がる」とするので本肢記述は誤りである。また，インフレーションにおいては実質賃金は下がるので，本肢記述は誤りである。

3 × 本肢の説明は**コストプッシュ・インフレーション**についてのものである。**ディマンドプル・インフレーションとは，超過需要が主な原因となって発生するインフレーションのこと**であり，原因により，財政インフレ，信用インフレ，消費インフレなどともよばれる。

4 × 本肢の説明はハイパー・インフレーションについてのものである。**インフレーションは物価上昇率の程度により，クリーピング・インフレーション，ギャロッピング・インフレーション，ハイパー・インフレーションに分類される**。これらのうち，クリーピング・インフレーションとは，1年で2～3％程度の率で持続的に物価水準が上昇している状態をいう。また，ギャロッピング・インフレーションとは，年率で数％から10％を超える割合で物価水準が上昇している状態をいう。

5 ○ スタグフレーションとは，**不況下の物価高**のことで，不況と物価上昇とが同時に発生している状態をいう。スタグフレーション（stagflation）という言葉は，本肢記述にあるとおり，スタグネーション（stagnation；景気停滞）とインフレーション（inflation；物価上昇）の合成語である。

正答 **5**

第2章 国民所得・景気

LEC東京リーガルマインド　2024-2025年合格目標 公務員試験 本気で合格！過去問解きまくり！　485
④社会科学

SECTION 2 景気・その他

国民所得・景気

実践　問題160　基本レベル

問 国民所得や景気変動に関する記述として最も妥当なのはどれか。

(国家一般職2014)

1：GNP（国民総生産）は，GDP（国内総生産）より海外からの純所得（海外から送金される所得 − 海外へ送金される所得）を控除することで得られる。GNPとGDPを比較すると，GNPはGDPより必ず小さくなる。

2：名目GDPの増加率である名目成長率から，物価上昇率を差し引くと，実質GDPの増加率である実質成長率が求められる。また，我が国の場合，第二次世界大戦後から2013年までに，消費者物価上昇率（前年比）が7.5％を上回ったことはない。

3：NI（国民所得）は，生産，支出，分配の三つの流れから捉えることが可能である。また，生産国民所得から支出国民所得を差し引いた大きさと分配国民所得の大きさが等しいという関係が成り立つ。

4：景気が好況時に継続的に物価が上昇することをスタグフレーションという。我が国の場合，デフレーションと不況が悪循環となるデフレスパイラルの現象が見られたことはあるが，スタグフレーションの現象が第二次世界大戦後から2013年までに見られたことはない。

5：景気の波のうち，在庫調整に伴って生じる周期3年から4年ほどの短期の波を，キチンの波という。一方，大きな技術革新などによって生じる周期50年前後の長期の波を，コンドラチェフの波という。

OUTPUT

実践 問題160 の解説

〈国民所得と景気変動〉

1 × GNPとGDPの間に大小の関係はないので誤り。日本の場合，国際的に債権国となっているため，海外からの債権の利子収入などの所得が多く，一般にGNPのほうがGDPより大きい傾向にある。逆に債務国はGDPがGNPより大きい傾向にある。

2 × **消費者物価上昇率が7.5％を上回ったことはない**とする記述が誤り。わが国の消費者物価上昇率は，高度経済成長期に高い水準で推移し，昭和38年に7.6％，昭和45年に7.7％と7.5％を上回った。また，第一次オイルショックの時期にあたる昭和48年から昭和50年には10％を超えていた。

3 × 本肢後半の記述部分が誤りである。**生産国民所得，支出国民所得，分配国民所得の大きさは同じ**という関係である（**三面等価の原則**）。

4 × 全体的に誤り。**スタグフレーション**とは，景気が不況であるにもかかわらず，物価が上がり続ける状態をいい，わが国では1970年代のオイルショックの頃に見られた。また，わが国ではデフレーションの現象は見られるが，**デフレ・スパイラル**の現象については明確に認められたことはない。

5 ○ 景気の波は，在庫調整に伴って生じる周期3～4年ほどの短期の波を「**キチンの波**」，設備投資の増減が原因となった生じる周期約10年の「**ジュグラーの波**」，建設需要の増減が影響を与えて生じる周期約20年の「**クズネッツの波**」，大きな技術革新などによって生じる周期約50年の「**コンドラチェフの波**」が実物経済の分析から発見されている。

正答 5

SECTION ② 国民所得・景気
第2章 景気・その他

実践 問題 **161** 〈 基本レベル 〉

頻出度	地上★★	国家一般職★	東京都★★	特別区★
	裁判所職員★	国税·財務·労基★★		国家総合職★

問 インフレーション（インフレ）の説明について妥当なものを選べ。

(地上2015)

1：インフレとは，消費需要が増大する，又は，燃料費等のコスト増加によって引き起こされる。消費需要が増大するとGDPの減少に繋がる。

2：インフレの起こることが予想される場合，家庭耐久財消費が控えられ，企業の設備投資等の決定が先送りになる。結果として，インフレ率が低下することとなる。

3：予期しないインフレの場合，貨幣価値の増大に名目金利の上昇が追いついていない現象が起こる。債務者が有利な状況となり，債権者から債務者に所得移転が生じる。

4：インフレ下においては，預貯金や賃金などの現金資産の価値が増大し，土地や株式などの物的資産は目減りするので，資産所得も減少する。

5：中央銀行がインフレを抑えるために行う市場介入として買いオペレーションがあり，金利低下を誘導している。

OUTPUT

実践 問題 **161** の解説 ──────────────

チェック欄		
1回目	2回目	3回目

〈インフレーション〉

1✕ 消費需要が増大するとGDPは増加につながるので，本肢記述は誤りである。ある国の財市場における均衡が実現された状態においては，一国全体の総需要と総供給が等しくなることから，**GDP＝消費＋投資＋政府支出＋輸出－輸入**という数式が成り立つ。したがって，消費が増大すると総需要の拡大をもたらし，その結果としてGDPが増加することになる。

2◯ 本肢記述のとおりである。耐久財は冷蔵庫やエアコンなど，非耐久財は油脂調味料やトイレットペーパーなどの家事用消耗品などが挙げられる。インフレが起こることが予想される場合，家庭耐久財の価格が上昇しうることから家庭耐久財に対する消費が控えられるほか，設備投資によりもたらされる収益の価値を低下させることから企業の設備投資等の決定が先送りになる。結果として，インフレ率が低下することとなる。

3✕ インフレの場合は貨幣価値が下がるので，本肢記述は誤りである。**インフレの進行は現金価値を引き下げるため，実質金利の低下による債務者利益を享受することができる**こととなる。

4✕ インフレ下においては，預貯金や賃金などの現金資産の価値が目減りするので，本肢記述は誤りである。また，土地や株式などの物的資産は物価上昇率に応じて価格が上昇し，物的資産所有者は資産所得が上昇するので，この点についても誤りである。

5✕ 買いオペレーションが誤りである。**市場に流通している通貨量が余っていて，インフレ気味のとき，中央銀行は売りオペレーションで市場の通貨を回収する。**売りオペレーションにより，金利上昇を誘導しているので，この点についても誤りである。

第2章 国民所得・景気

正答 **2**

第2章 SECTION 2 国民所得・景気
景気・その他

実践 問題 162 基本レベル

[問] 景気変動に関する記述として，妥当なのはどれか。　　　（東京都2022）

1：景気変動は，世界貿易機関（WTO）設立協定の前文で，好況，均衡，不況の3つの局面が，安定的に一定の周期で出現する現象と定義されている。
2：不況期のため生産物の売れ行きが鈍るにもかかわらず，物価が持続的に上昇する現象を，デフレスパイラルという。
3：コンドラチェフは，企業の在庫投資による在庫調整の変動を原因とする，約1年の短期波動があることを明らかにした。
4：フリードマンは，政府が公共投資などによって有効需要を創出し，景気を回復させるべきであると説いた。
5：財政には，累進課税制度等が組み込まれることにより景気変動を緩和させる仕組みが備わっており，これをビルトイン・スタビライザーという。

OUTPUT

チェック欄		
1回目	2回目	3回目

実践 問題 **162** の解説

〈景気変動〉

1 ✕ 世界貿易機関（WTO）設立協定の前文には景気変動の定義に関する記述は存在しないので，本肢記述は誤りである。また，景気変動は，好況，後退，不況，回復の4つの局面が出現する現象であるが，その景気の山から谷までの期間はさまざまな条件によって異なるので，これも誤りである。

2 ✕ 不況期のため生産物の売れ行きが鈍るにもかかわらず，物価が持続的に上昇する現象を，**スタグフレーション**というので，本肢記述は誤りである。ちなみに，**デフレ・スパイラル**とは，通貨が需要量に比べて過度に縮小することを意味し，これに伴い，物価が持続的に下落する現象をいう。

3 ✕ 企業の在庫投資による在庫調整の変動を原因とする，約40カ月を周期とする景気循環の短期波動があることを明らかにしたのは，キチンなので，本肢記述は誤りである。この景気循環を「**キチンの波**」という。

4 ✕ 総需要が総供給を規定するという立場に立ち，政府が公共投資などによって有効需要を創出し，景気を回復させるべきであると説いたのは，ケインズなので，本肢記述は誤りである。ケインズは，完全雇用を実現するための究極的な要因は有効需要にあると主張し，それまでの市場原理に基づく伝統的な経済学を批判した。

5 ◯ 本肢記述のとおりである。財政には，累進課税制度等が組み込まれることにより，時期が来れば自動的に景気変動を緩和させる仕組みが備わっており，これを**ビルト・イン・スタビライザー（自動安定化装置）**という。

第2章 国民所得・景気

正答 **5**

LEC東京リーガルマインド　2024-2025年合格目標 公務員試験 本気で合格！過去問解きまくり！ 491
④社会科学

SECTION 2 国民所得・景気
景気・その他

実践 問題 163 **基本レベル**

問 景気に関する記述として最も妥当なのはどれか。　（国税・財務・労基2017）

1：景気循環は，好況・後退・不況・回復の四つの局面が一つの周期になっている。建設投資や設備投資は，好況期に最大，不況期に最小になり，利子率は，好況期に低水準，不況期に高水準になる。

2：景気循環は，その周期によって類別され，代表的なものとして，主たる原因が在庫変動によるもの（3～4年），建設投資によるもの（7～10年），設備投資によるもの（20年前後），技術革新などによるもの（50～60年）がある。

3：景気変動の幅が大きくなると，不況期には大量の失業や設備の過剰が生じ，好況期にはインフレーションなどの問題が生じる。景気変動の幅をできるだけ小さくして景気の安定を図るために，財政政策や金融政策などの複数の政策手段を組み合わせるポリシー・ミックスが行われることがある。

4：我が国では，1950年代半ばから1970年代初めにかけて，実質国民総生産が平均して年率30％で成長したが，第1次石油危機により成長率は低下し，景気停滞（スタグネーション）とデフレーションが同時に進行するスタグフレーションに直面した。

5：我が国では，バブル経済崩壊後の1990年代から景気の低迷が続き，第二次世界大戦後初めてマイナス成長を経験した。2008年のリーマン・ショック直後には，日本経済がデフレーションの状態にあるとの政府見解がバブル経済崩壊後初めて示された。

OUTPUT

実践 問題 **163** **の解説** ────────────────

〈景気〉

1 ✕ 景気循環は，好況・後退・不況・回復の４つの局面が１つの周期になっている。建設投資や設備投資は，好況期に最大，不況期に最小になり，利子率は，好況期に高水準，不況期に低水準になるので，本肢記述は誤りである。

2 ✕ 建設投資と設備投資が逆である。景気循環は，その周期によって類別され，代表的なものとして，主たる原因が在庫変動によるもの（**キチンの波**，3～4年），設備投資によるもの（**ジュグラーの波**，7～10年），建設投資によるもの（**クズネッツの波**，20年前後），技術革新などによるもの（**コンドラチェフの波**，50～60年）がある。

3 ◯ 本肢記述のとおりである。景気変動の幅が大きくなると，不況期には大量の失業や設備の過剰が生じ，その一方で好況期にはインフレーションなどの問題が生じる。景気変動の幅をできるだけ小さくして景気の安定を図るために，財政政策や金融政策などの複数の政策を相互連関的に行って，総合的に経済動向を調整する**ポリシー・ミックス**が行われることがある。

4 ✕ わが国では，1950年代半ばから1970年代初めにかけて，実質国民総生産が年率30％で成長した年はないので，本肢記述は誤りである。第１次石油危機により成長率は低下し，**景気停滞（スタグネーション）**とインフレーションが同時に進行する**スタグフレーション**に直面したので，これも誤りである。

5 ✕ わが国では，第２次世界大戦後初めて実質経済成長率がマイナス成長となったのは，1974年のことなので，本肢記述は誤りである。また，バブル経済崩壊は1990年代前半のことであるが，日本経済がデフレーションの状況にあるとの政府見解が示されたのは，2001年３月と2009年11月の月例経済報告のみ（2023年９月時点）である。2008年のリーマン・ショック直後に日本経済がデフレーションの状態となったのはバブル経済崩壊後のデフレーションとしては２回目となるので，これも誤りである。

第２章 国民所得・景気

正答 3

第2章 国民所得・景気

章末 CHECK

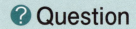 Question

- **Q1** 一国内において，一定期間に生産された財・サービスの付加価値の合計をGNPという。
- **Q2** GDPに海外からの純要素所得を加えたものがGNIとなる。
- **Q3** 基礎消費とは，所得がゼロであっても生活のために必要となる最低限の消費水準のことをいう。
- **Q4** 限界消費性向は，国民所得が増加するに伴って逓減していく。
- **Q5** ケインズの提唱した有効需要の原理によると，国民所得は総需要と総供給が等しくなるところに決定される。
- **Q6** 実際の有効需要水準が完全雇用国民所得を実現する有効需要水準よりも大きい場合，その差をインフレ・ギャップという。
- **Q7** デフレ・ギャップが発生しているとき，政府は有効需要を縮小させる政策を採る必要がある。
- **Q8** 100億円の政府支出と同額の増税を同時に実施した場合，国民所得は不変となる。
- **Q9** 景気循環の波のうち，ジュグラーの波は建設需要の増減がその要因と考えられている。
- **Q10** コストプッシュ・インフレーションは，生産コストの上昇をその主原因としている。
- **Q11** インフレーション抑制政策としては，金融緩和政策や財政拡大政策が挙げられる。
- **Q12** スタグフレーションとは，不況下で物価が下落する現象のことを指している。

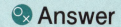

A1 × 一国内において，一定期間に生産されたすべての財・サービスの付加価値の合計を国内総生産（GDP）という。

A2 ○ 国内総生産（GDP）に海外からの純要素所得（海外からの要素所得受取－海外への要素所得支払）を加えたものが国民総所得（GNI）となる。また，GNI＝国民総生産（GNP）となる。

A3 ○ 基礎消費の定義である。

A4 × 限界消費性向は，国民所得の増加分（ΔY）に対する消費支出の増加分（ΔC）の割合を表し $\left(=\dfrac{\Delta C}{\Delta Y}\right)$，常に一定となる。

A5 ○ ケインズの有効需要の原理によると，総需要と総供給が等しくなるところに国民所得が決定され，このような国民所得を均衡国民所得という。

A6 ○ 完全雇用国民所得を実現するのに必要な有効需要水準と比較して，実際の有効需要水準のほうが大きい場合，その差をインフレ・ギャップという。

A7 × 完全雇用国民所得を実現するのに必要な有効需要水準と比較して，実際の有効需要水準のほうが小さい場合，その差をデフレ・ギャップといい，政府は総需要管理政策によって有効需要を拡大させる必要がある。

A8 × 均衡予算定理により，100億円の政府支出と同額の増税を実施した場合，国民所得は100億円増加する。

A9 × 景気循環の波のうち，ジュグラーの波は主に設備投資の循環が原因となって発生するといわれている。

A10 ○ コストプッシュ・インフレーションとは，生産コストの上昇を主原因として起きるインフレーションのことをいう。

A11 × インフレーション抑制政策としては，金融引締め政策や財政縮小政策などが挙げられる。

A12 × スタグフレーションとは，不況下における物価高のことで，失業と物価上昇とが同時に発生している状態をいう。

memo

第3章

財政と金融

SECTION

① 財政
② 金融

第3章 財政と金融

出題傾向の分析と対策

試験名	地上			国家一般職(旧国Ⅱ)			東京都			特別区			裁判所職員			国税・財務・労基			国家総合職(旧国Ⅰ)		
年度	15〜17	18〜20	21〜23	15〜17	18〜20	21〜23	15〜17	18〜20	21〜23	15〜17	18〜20	21〜23	15〜17	18〜20	21〜23	15〜17	18〜20	21〜23	15〜17	18〜20	21〜23
出題数 セクション	4	2	7	1	1	2	2	4	3		2	1	2	1	3	2	2	2	2	2	
財政	★★	★	★×4	★	★		★★★	★★★	★		★★	★	★★	★		★★	★	★	★	★	
金融	★★	★	★★★		★★			★★			★	★		★★			★	★	★	★	

(注) 1つの問題において複数の分野が出題されることがあるため，星の数の合計と出題数とが一致しないことがあります。

　財政と金融に関する出題は，経済編における中心的分野といえ，本試験でも頻出といえます。出題傾向としては，財政の機能および財政政策，また金融政策としてどのようなものがあるのか，その機能からはどのような結果がもたらされるのかを問うものがよく出題されています。まずはしっかりと機能，政策の定義を覚え，その後の流れをイメージしながら結論までを覚えてください。同じような問題が繰り返し出題されていますので，問題演習を通して知識の定着を図ってください。

地方上級

　地方上級では，この分野からの出題が頻出といえます。出題傾向としては，財政と金融からバランスよく出題されています。具体的には，財政赤字の問題点や貨幣需要に関する問題が出題されていますが，いずれも基本的な問題です。

国家一般職（旧国家Ⅱ種）

　国家一般職では，この分野からの出題が比較的頻出といえます。出題傾向としては，財政からの出題が頻出といえます。出題内容はいずれも基本的な問題なので，しっかりと学習してください。

東京都

　東京都では，この分野からの出題が頻出といえます。出題傾向としては，財政からの出題が頻出といえます。出題内容はいずれも基本的な問題なので，しっかりと学習してください。

特別区

特別区では，この分野からの出題が比較的頻出といえます。特に金融の分野からの出題が頻出で金融全体に関するものから，信用創造やポリシー・ミックスに関するものまで，幅広く出題があります。

裁判所職員

裁判所職員では，この分野からの出題が頻出といえます。具体的には，財政運営に関する問題やケインズの経済政策などからの出題が見られます。基本的な出題が多いので，確実に得点できるようにしておく必要があります。

国税専門官・財務専門官・労働基準監督官

国税専門官・財務専門官・労働基準監督官では，この分野からの出題が頻出といえます。具体的には，わが国の財政，ＩＳ－ＬＭ分析などからの出題が見られます。基本的な出題が多く，受験生としては理解しておかなければならないといえます。

国家総合職（旧国家Ⅰ種）

国家総合職では，この分野からの出題が頻出といえます。具体的には，金融面からの出題が多く，また少し細かい知識を要する問題が出題される傾向にあります。しっかりと対策をする必要があるといえます。

Ａdvice アドバイス　学習と対策

財政と金融は，すべての試験種において頻出の分野といえます。対策は十分に行う必要があります。具体的には，財政の機能として，また金融政策としてどのようなものがあるのか，その機能からはどのような結果がもたらされるのか，まずはしっかりと機能，政策の定義を覚えてください。そして，その後の流れをイメージしながら，政策を実行することでどのような結論に至るのか，その場合の問題点も含めて，問題演習に取り組んでください。

第3章 SECTION 1 財政と金融
財政

必修問題 セクションテーマを代表する問題に挑戦！

財政の機能と，具体的な財政政策の手段との対応関係をしっかりと学習しましょう。

問 国の財政の三機能として，資源配分機能，所得再分配機能，マクロ経済の安定化機能が挙げられる。次のA～Eの政策のうち，資源配分機能に該当する政策のみをすべて挙げているのはどれか。

（裁事・家裁2011）

A：電気・ガスなどの自然独占産業への規制
B：累進的な所得課税
C：治安維持
D：生活保護給付
E：不況期の減税

1：A，C
2：A，E
3：B，D
4：C
5：D

Guidance ガイダンス

財政とは，政府が行う経済活動のことをいう。また，財政には「**資源配分機能**」「**所得再分配機能**」「**経済安定化機能**」の3機能があるといわれている。このうちの「資源配分機能」についてみると，資本主義経済では，市場メカニズムを通じて資源配分が実現されるのが原則であるが，国民生活に必要とされる財・サービスには，政府が資源配分にかかわったほうが適切と考えられるものもあり，これを行うことをいう。具体的には，防衛や警察サービスなどの公共財や外部効果，電力，ガス，水道などの費用逓減産業が挙げられる。費用逓減産業は，市場メカニズムに任せておくと自然独占が生じる可能性があり，政府による規制が必要とされる。

頻出度	地上 ★★★　国家一般職 ★★　　東京都 ★★★　特別区 ★★
	裁判所職員 ★★★　国税・財務・労基 ★★　　国家総合職 ★★★

チェック欄		
1回目	2回目	3回目

必修問題の解説

〈国の財政の3機能〉

A ○ 　電気・ガスなどの自然独占産業への規制は，**資源配分機能**に該当する政策である。電気やガスなどの公益事業は，一般的に市場の失敗をもたらしやすい。具体的にはこれらの事業を自由競争に委ねると**自然独占**が発生しやすくなる。自然独占が発生した場合，財やサービスの価格が完全競争の状態で形成される価格よりも高くなるとともに，経済全体の余剰が完全競争の状態よりも小さくなり，資源配分が非効率になる。そのため，これらの事業に対して公共部門が規制などを通じて一定の介入を図り，適正な資源配分がなされる。

B ✕ 　累進的な所得課税は，**所得再分配機能**および**マクロ経済安定化機能**に該当する政策である。所得再分配機能の観点から見ると，所得水準に応じて所得課税が実施されることにより，極端な所得格差が是正されることとなる。また，マクロ経済安定化機能の観点から見ると，たとえば景気が悪化した場合，累進的な所得課税により，所得税はGDPの落ち込み以上に減少し，可処分所得の落ち込みが抑えられる。なお，累進的な所得課税は，景気変動を自動的に調整する仕組みがあらかじめ税制に組み込まれている意味で**ビルト・イン・スタビライザー**の機能を果たしているともいえる。

C ○ 　治安維持は，**資源配分機能**に該当する政策である。警察サービスなどに代表される治安維持は一般的に採算が合わない分野であり，治安維持という公共サービスの供給を自由競争に委ねると，社会全体にとって望ましい治安維持の水準を維持することが困難になりうる。そのため，通常は国や自治体が税金を投入して治安維持を公共サービスとして供給しており，それにより治安維持が図られ，社会全体にとって適正な資源配分が実現されている。

D ✕ 　生活保護給付は，所得再分配機能に該当する政策である。生活保護制度に基づく諸給付は，生活困窮者を対象として，困窮の程度に応じて必要な保護を行い，健康で文化的な最低限度の生活を保障し，その自立を助長することを主な目的としている。

E ✕ 　不況期の減税は，マクロ経済安定化機能に該当する政策である。不況期に減税を行うことで，消費者の購買意欲を喚起し，有効需要の落ち込みを抑えるとともに企業活動を活性化させる。

　以上より，該当するものはA，Cであり，正解は肢1となる。

正答 **1**

第3章 財政と金融

LEC東京リーガルマインド　2024-2025年合格目標 公務員試験 本気で合格！過去問解きまくり！ ④社会科学　501

第3章 財政と金融
SECTION 1 財政

1 財政

財政とは，**国や地方公共団体が行う経済活動**です。社会資本や国防など，民間の経済活動では供給しにくい財やサービスは，政府が供給する必要があるからです。

(1) 財政の機能
① 資源配分機能

資源配分機能とは，経済活動を市場原理に任せておくと，かえって経済に非効率が生じてしまうため，政府が介入して効率的な経済の実現を図ることをいいます。

具体例としては，政府による**公共財**の供給，**外部効果**が発生している場合の政府による調整，**費用逓減産業**に対する規制などが挙げられます。

② 所得再分配機能

所得再分配機能とは，資源配分の効率性と所得分配の公正の基準が同一でないことなどから，市場を通じて実現される所得分配が，必ずしも公正な分配を達成できるとは限らないので，政府が介入して公正な所得分配を図ることをいいます。

具体例としては，**歳入面である税制において，累進税率を適用して高所得者に重い税負担を課す**ことや，**歳出面において社会保障給付制度による社会的弱者に対する給付**などが挙げられます。

③ 経済安定化機能

経済安定化機能とは，景気変動に対して，政府が市場介入して経済を安定的に保つことをいいます。

財政の経済安定化機能には，制度的に内蔵されており，時期が来れば自動的に働く点に特徴が見られる財政に備えつけられた景気の**自動安定化装置（ビルト・イン・スタビライザー）**と，その時々の経済状況に応じて，政府が裁量的に財政政策を実施することによって市場メカニズムに介入し，経済の安定化を図る点に特徴が見られる**裁量的財政政策（フィスカル・ポリシー）**があります。

>
> **自動安定化装置（ビルト・イン・スタビライザー）**の具体例としては，所得税などの累進課税や，社会保障給付制度などがあります。また，裁量的財政政策の具体例としては，好況期における公共投資削減・増税などの財政縮小政策，不況期における公共投資増加・減税などの財政拡大政策があります。

INPUT

(2) 国債

① 建設国債の原則

　財政法４条は，公共事業費，出資金および貸付金の財源にあてる場合にのみ国債を発行できるとしています。これに基づき発行される国債を建設国債といいます。

赤字国債	財政赤字を補う目的で発行される国債のことをいいます。財政法上は，規定がなく発行が認められていないため，特例として赤字国債発行のために，財政法に優先する特別法を制定して発行されます。

② 市中消化の原則

　財政法５条は，日本銀行引受けによる国債の発行を原則として禁止しています。

　なお，同条但書により，特別の事由がある場合は国会の議決を経た金額の範囲内であれば日本銀行により引き受けられることは認められています。

2 租税

(1) 租税原則

公平の原則	税負担は各人の負担能力に応じて公平に配分されなければならないという原則
簡素の原則	課税のシステムや納税の手続が簡素で，その際に要する費用が最小となるような課税が望ましいとする原則
中立の原則	課税が人々の経済活動や資産選択などに影響を及ぼさないような税が望ましいとする原則

※「公平の原則」には，垂直的公平の原則（担税力が大きい者ほど大きい税負担を負うべき）と，水平的公平の原則（等しい担税力を有する者は等しい税負担をするべき）とがある。

(2) 直接税と間接税

	直接税	間接税
意　義	納税義務者と租税負担者が同一である税	納税義務者と租税負担者が異なる税
特　徴	経済能力に応じて税を負担	能力に応じて負担するわけではなく，逆進的要素あり
具体例	所得税，法人税，相続税など	消費税，酒税など

第3章 財政と金融

SECTION 1 財政と金融 財政

実践 問題 164 基本レベル

問 財政に関する次の記述のうち妥当なものはどれか。 （地上2021）

1：租税法律主義の原則によると，租税の要件や手続きだけでなく，租税に関する細目についても法律で定めなければならない。
2：予算の成立には国会の議決が必要であるが，法律と同じく，衆議院，参議院のどちらから審議を始めても構わない。
3：予測できない予算不足に対応するために内閣には予備費が認められている。予備費は国会の審議を必要とすることなく支出することができる。
4：会計年度の開始までに予算が成立しなかったときには，予算が成立するまで前年度の予算をつかうことができる。
5：国の財政収支の決算は，会計検査院が検査するが，決算について国会での審議は必要とされない。

実践 問題 164 の解説

〈財政〉

1 × **租税法律主義**の原則によると，法律による個別・具体的委任（授権）があれば，行政機関が定める「命令」による課税を定めることができるので，本肢記述は誤りである。

2 × **予算は，衆議院から審議を始めなければならないので**（憲法60条1項），本肢記述は誤りである。

3 ○ 本肢記述のとおりである。**予測できない予算不足に対応するために内閣には予備費が認められている**。予備費の支出は事後に国会の承認を経なければならないが，国会の審議を必要とすることなく支出することができる（憲法87条1項・2項）。

4 × 会計年度の開始までに予算が成立しなかったときには，国会の議決を受けて，本予算が成立するまでの必要最小限度の支出のみ計上した暫定的な予算を今年度予算からつかうことができる。よって，本肢記述は誤りである。

5 × 国の収入支出の決算は，すべて毎年会計検査院が検査し，内閣は，次の年度に，その検査報告とともに，国会に提出し，国会で審議される（憲法90条1項）。

正答 3

SECTION 1 財政と金融
財政

実践　問題 165　基本レベル

問　我が国の税制に関する記述として最も妥当なのはどれか。

(国家総合職2020改題)

1：租税収入における直接税と間接税の割合を直間比率という。第二次世界大戦前は直接税の比重が高かったが，戦後，シャウプ勧告を受け，消費税の税率の引上げや所得税，法人税の税率の引下げが行われ，間接税の比重が高まった。なお，令和2年度の実績額でみると，間接税の比重が直接税の比重を上回っている。

2：所得税は，個人ごとの所得に対してではなく，世帯員の所得を合算した世帯所得に対して課税されており，所得額が高くなるほど税率が高くなる累進課税制度が採られている。この制度は，同程度の所得を得ている人は同程度の税を負担するという，垂直的公平に資するものである。

3：法人税は，株式会社や協同組合など法人の各事業年度の所得にかかる国税であり，令和5年度一般会計当初予算における歳入でみると，消費税，所得税に次いで額が多い。納税義務は，国内の日本法人だけでなく外国法人にもある。一方，学校法人や宗教法人などのように，収益事業を除いて納税義務が免除されている法人もある。

4：間接税は，従来，特定の物品やサービスごとに課税されていたが，消費税導入の際に整理されて酒税とたばこ税を除き消費税に一本化された。消費税は，導入以来国税として徴収されてきたが，令和元年10月から税率が10％に引き上げられたことに伴い，10％のうち2.2％が新たに地方消費税として地方公共団体の税収とされた。

5：地方税は，都道府県税と市町村税の二つに分類され，都道府県税は都道府県民税と固定資産税，市町村税は市町村民税と事業税が中心である。地方公共団体は予算の多くを国からの補助に依存していたため，平成17年からいわゆる「三位一体の改革」が実施され，その一環として市町村による地方債の発行が禁止されたことから，財政基盤の強化のために市町村合併が進んだ。

OUTPUT

チェック欄		
1回目	2回目	3回目

実践 問題 **165** の解説

〈わが国の税制〉

1 ✕ 第2次世界大戦前は間接税の比重が高かったが，戦後，シャウプ勧告を受け，酒税や関税等を除いて多くの関接税を廃止し，贈与税や相続税の最高税率の引上げが行われ，直接税の比重が高まったので，本肢記述は誤りである。また，令和2年度における実績額でみると，直間比率は直接税が65に対して，間接税が35となり，直接税が間接税の比重を上回っているので，これも誤りである。

2 ✕ 所得税は，個人ごとの所得に対して課税されているので，本肢記述は誤りである。また，所得額が高くなるほど税率が高くなる累進課税制度は，経済力のある人により大きな負担を求めるという，垂直的公平に資するものなので，これも誤りである。

3 ○ 本肢記述のとおりである。法人税は，株式会社や協同組合など法人の各事業年度の所得にかかる国税であり，令和5年度一般会計当初予算では14兆6,020億円が計上されている。歳入でみると，消費税（23兆3,840億円），所得税（21兆0,480億円）に次いで額が多い。**納税義務は，国内の日本法人だけでなく，日本に進出した外国法人にも課される。その一方で，学校法人や宗教法人などのように，収益事業を除いて納税義務が免除されている法人もある。**

4 ✕ 間接税は，消費税導入後も輸入品に課せられる関税，自動車等に課せられる自動車重量税などがあるので，本肢記述は誤りである。**消費税は，国税にあたる消費税と都道府県税にあたる地方消費税があるが，地方消費税は1997年4月からすでに導入されていた**ので，これも誤りである。

5 ✕ 都道府県税は都道府県民税と事業税，市町村税は市町村民税と固定資産税が中心なので，本肢記述は誤りである。また，**市町村は，一定の場合を除き，地方債を発行しようとするときは，都道府県に協議する必要があるが，禁止はされていない**ので，これも誤りである。

第3章 財政と金融

正答 **3**

LEC東京リーガルマインド　2024-2025年合格目標 公務員試験 本気で合格！過去問解きまくり！　507
④社会科学

第3章 SECTION 1 財政と金融 財政

実践 問題 166 基本レベル

問 我が国の財政に関するA～Dの記述のうち，妥当なものを選んだ組合せはどれか。
(特別区2008)

A：我が国の予算は，一般行政に伴う財政活動の予算である一般会計と，政府関係機関や地方公共団体に対し，政策的な投融資のみを行うための予算である特別会計からなる。

B：我が国の財政法は，公共事業費，出資金及び貸付金の財源に充てるための建設国債について，その発行を認めている。

C：我が国の税制は，第二次世界大戦前は直接税中心の税制であったが，戦後，高い累進税率が勤労意欲の妨げになる等の弊害が指摘され，シャウプ税制勧告により間接税中心の税制に改められた。

D：同時に多数の人が利用できるとともに，対価を支払わない人を利用から排除することが困難な財は公共財と呼ばれ，財政は，その供給を通じて，資源配分の機能を担っている。

1 : A, B
2 : A, C
3 : A, D
4 : B, C
5 : B, D

OUTPUT

実践 問題 **166** の解説

チェック欄		
1回目	2回目	3回目

〈わが国の財政〉

A ✕ 日本における国の予算は，主に**一般会計予算**，**特別会計予算**，**政府関係機関予算**の3つの体系からなる。一般会計予算は，国の一般の歳入歳出を経理する会計をいい，税金などの財源を受け入れ，社会保障や教育などの基本的経理を賄うものである。特別会計予算は，国が特定の歳入をもって特定の歳出に充てる場合などに必要な予算を計上するために設けられている。政府関係機関予算は，政府系金融機関など，特別の法律によって設立された法人で，資本金の全額が政府出資であり，予算について国会の議決を必要とする政府関係機関の予算を計上するために設けられている。また，政府関係機関や地方公共団体，独立行政法人などに対し，資金の貸付けなどを行う財政手段のことを，**財政投融資**という。

B ◯ 本記述は，財政法4条の内容に沿うものである。わが国では，**財政法4条1項**で「国の歳出は，公債又は借入金以外の歳入を以て，その財源としなければならない。但し，公共事業費，出資金及び貸付金の財源については，国会の議決を経た金額の範囲内で，公債を発行し又は借入金をなすことができる」と規定し，**建設国債**の発行が認められている。なお，歳入不足を賄うためなどに発行される**特例国債**があり，特例国債は，単年度立法による法律に基づいて発行される。

C ✕ 第2次世界大戦前における日本の税制は，間接税が税体系の中心となっていた。その後，**第2次世界大戦後**においては，**シャウプ税制勧告**により**直接税中心の税体系**に改められた。

D ◯ **公共財**の有する性質は，本記述で挙げられているとおり，一般的に，対価を支払わずにそれらの財・サービスを享受する者（フリーライダー）を排除することができないという**非排除性**と，防衛などのように，ある個人が享受する財・サービスの量が，他の個人の財・サービスの消費に影響を与えないという**非競合性**という2つである。このため，公共財は，市場のメカニズムを通じて円滑に供給されないことがあり，経済全体における適切な資源配分を達成するために，財政を通じて公共財は供給されることになる。

以上より，妥当なものはB，Dであり，正解は肢5となる。

正答 5

第3章 財政と金融

LEC東京リーガルマインド　2024-2025年合格目標 公務員試験 本気で合格！過去問解きまくり！　509
④社会科学

第3章 SECTION 1 財政と金融 / 財政

実践 問題 167 基本レベル

問 財政運営に関する次のア〜エの記述のうち，適当なもののみをすべて挙げているのはどれか。　　　　　　　　　　　　　　　　　　　（裁事・家裁2009）

ア：いわゆる昭和40年不況時，税収減少に対応するために多額の国債を発行したことから，国債発行残高は前年度比で約5倍に増加した。

イ：第二次世界大戦後，わが国では，国債の発行について，日本銀行に引き受けさせることを禁じ，市場で消化することを原則としている。

ウ：財政の健全性・持続可能性を計る尺度としてのプライマリー・バランスの観点からすれば，政府の歳入総額と歳出総額が等しくなることが望ましい。

エ：財政政策の効果として最近話題にされる非ケインズ効果とは，政府支出の増加や減税などの財政赤字の増加が，人々の将来見通しへの影響を通じて，景気を拡大する効果を指す。

1：ア，ウ
2：ア，エ
3：イ
4：イ，ウ
5：エ

実践 問題 167 の解説

〈財政運営に関する問題〉

ア × 40年不況は、高度経済成長期、東京オリンピック開催後にわが国が体験した不況である。40年不況においては、税収不足が明らかとなったため、政府は歳入補填の国債発行を盛り込んだ補正予算を組み、財政による景気の下支えを行った。この時の国債発行が戦後わが国における最初の本格的な国債発行となっているので、国債発行残高が、前年度比で5倍となったとする本記述は誤りである。

イ ○ 日本銀行による国債の引受けについては、財政法5条において、「すべて、公債の発行については、日本銀行にこれを引き受けさせ、又、借入金の借入については、日本銀行からこれを借り入れてはならない」と定められている。これを一般的に国債の市中消化の原則という。

ウ × プライマリー・バランスは、基礎的財政収支ともいい、借入れに頼らない歳入である税収などから、歳出総額から過去の借入れに対する償還および利払いを除いたものを差し引いた収支のことをいう。つまり、単純に政府の歳入総額と歳出総額が等しくなることを意味しているわけではない。なお、財政の健全性・持続可能性を計る尺度としては、プライマリー・バランスが均衡していることが望ましいといえる。

エ × 非ケインズ効果とは、財政拡大政策を実施したにもかかわらず民間消費が減少に向かったり、財政再建による公共投資の減少政策などが消費の自律的回復効果をもたらすというものである。従来、政府支出の増加や減税などの積極的な財政政策は、消費を拡大させて景気回復効果があるとされていた（ケインズ効果）。しかし、政府債務残高が巨額となっている場合、財政拡大政策は、将来の増税を予想させて人々の労働意欲の減退などを招き、経済活動の縮小を生じさせる可能性があったり、歳出削減などの財政健全化政策が持続的に実施されている場合、人々に将来的に減税が実施されることを予想させることになり、恒常的に可処分所得が増大するという期待を通じて消費が拡大し、景気回復効果が現れることがある。このような非ケインズ効果は、1980年代以降、デンマークやアイルランドなどで確認されたとされている。

以上より、適当なものはイのみであり、正解は肢3となる。

正答 3

問 財政に関する記述A〜Eのうち，妥当なもののみを挙げているのはどれか。

(国税・財務・労基2016)

A：プライマリー・バランス（基礎的財政収支）は，国債発行額を除く税収等の歳入から，国債の利払いと償還費である国債費を除く歳出を差し引いた収支のことを意味し，財政健全化目標に用いられている指標である。

B：租税負担額の国民所得に対する比率を国民負担率と呼び，租税負担額と社会保障負担額（公的年金や公的医療保険にかかる支払保険料）の合計の国民所得に対する比率を「潜在的な国民負担率」と呼ぶ。

C：財政には，政府が公共財を供給する資源配分機能，所得税に対する累進課税制度等によって所得格差を是正する所得再配分機能，税制や財政支出を用いて景気変動を小さくする景気調整機能の三つの機能がある。

D：我が国の租税を課税ベースから分類した場合，所得課税，消費課税，資産課税等に分類できる。このうち所得課税の例としては，国税においては所得税，法人税，相続税等が挙げられ，地方税においては住民税，印紙税，酒税等が挙げられる。

E：我が国が発行する公債である国債については，主として，公共事業，出資金及び貸付金の財源として発行される建設国債と，それ以外の歳出に充てられる特例国債の二つに区分され，いずれも財政法に基づき発行される。

1：A，C
2：A，E
3：B，D
4：B，E
5：C，D

OUTPUT

チェック欄		
1回目	2回目	3回目

実践 問題 **168** の解説 ─────────────

〈財政〉

A ○ 本記述のとおりである。プライマリー・バランス（基礎的財政収支）は、国債発行額を除く税収等の歳入から、国債の利払いと償還費である国債費を除く歳出を差し引いた収支のことを意味する。そのバランスが均衡していれば国債に頼らない行政を展開していることを表すので、財政健全化目標に用いられている指標である。

B ✕ 国民負担率とは、国民所得に対する国民全体の租税負担額と社会保障負担額の合計の比率をいうので、本記述は誤りである。なお、「潜在的な国民負担率」とは、国民所得に対する国民全体の租税負担額と社会保障負担額の合計に財政赤字を加えた額の比率をいうので、この点についても誤りである。

C ○ 本記述のとおりである。財政とは、国または地方公共団体の経済活動のことをいい、市場において供給が難しい公共財などを提供する資源配分（調整）機能、所得税に対する累進課税制度等によって所得の格差を是正する所得再分配機能、税制や財政支出を用いた財政政策などによって景気を安定化させる景気調整機能の３つの機能がある。

D ✕ 相続税は資産課税に分類され、印紙税、酒税は消費課税に分類されるため、本記述は誤りである。租税を課税ベースから分類した場合、所得課税、消費課税、資産課税等に分類できるという前半記述部分については正しい。ちなみに、所得課税とは、所得にかかる税金であり、所得税、法人税、住民税、事業税などが含まれる。また、資産課税とは、資産を保有することでかかる税金であり、相続税、贈与税、固定資産税などが含まれる。そして、消費課税とは、金銭を消費することでかかる税金であり、消費税、印紙税、酒税などが含まれる。

E ✕ 国債の発行については、財政法４条１項但書において建設国債の発行のみが認められている。一方、建設国債を発行してもなお歳入が不足すると見込まれる場合に、公共事業等以外の歳出に充てる資金の調達を目的とする特例国債は、特別の法律を設けて発行され、これは財政法に基づいて発行される国債ではないので、本記述は誤りである。

以上より、妥当なものはA、Cであり、正解は肢１となる。

正答 **1**

第3章 財政と金融

第3章 SECTION 1 財政と金融 財政

実践 問題169 基本レベル

[問] 財政の役割に関する記述として最も妥当なものはどれか。（裁判所職員2019）

1：所得の再配分機能とは，財政支出を行って社会資本や公共サービスを提供することで，国民生活を援助し，その生活を安定させる役割のことである。
2：景気の調整機能とは，好況時に公共事業を増やし，歳出活動を行って好況の継続を支援する役割のことである。
3：景気の自動安定化装置とは，累進課税等の制度により，好況時には所得の増加に応じ，税が増えて景気の過熱を抑え，不況時には税が減るなど，財政に組み込まれた制度により自動的に景気を安定させるはたらきのことである。
4：資源配分の調整機能とは，社会保障に支出を行うことで，市場だけではまかなえない資本やサービスを国民に提供して，所得の不平等を是正するという役割のことである。
5：財政の役割は，できるだけ好景気を長続きさせることにあるので，物価の安定を図ることは，そのために欠かせない非常に重要な経済政策といえ，その他の役割に優先して政策が行われる。

OUTPUT

実践 問題 **169** の解説 ————————————————

〈財政の役割〉

1 ☒ 所得の再配分機能とは，政府が介入して公正な所得配分を図ることなので，本肢記述は誤りである。具体的には歳入面において，累進課税を適用することで高額所得者にはより重い税負担が課せられたり，また，歳出面において，社会保障給付制度に基づいて，低所得者や社会的弱者に対して補助を与える方法により，高額所得者と低所得者との所得格差が縮小されることになる。

2 ☒ 景気の調整機能とは，景気後退期には公共事業を増やしたり，公債発行による財政規模の拡大などの政策を実施して有効需要を刺激し，好況の継続を支援する役割のことなので，本肢記述は誤りである。

3 ⭕ 本肢記述のとおりである。財政に備えつけられた景気の**自動安定化装置**（**ビルト・イン・スタビライザー**）とは，累進課税等の制度により，好況時には所得の増加に応じ，税が増えて景気の過熱を抑え，逆に不況時には税収が減るなど，財政に組み込まれた制度により自動的に景気を安定させる働きのことをいう。

4 ☒ 資源配分の調整機能とは，経済活動を市場原理に任せておくと，かえって経済に非効率が生じてしまうため，政府がこれに介入して効率的な経済の実現を図ることなので，本肢記述は誤りである。具体的には公共財，外部効果，費用逓減産業などが挙げられる。

5 ☒ 他の役割に優先して物価の安定を図ることは，中央銀行が実施する金融政策の目的であるので，本肢記述は誤りである。**中央銀行の目的は，「物価の安定」を図ることと，「金融システムの安定」に貢献することである。**

第3章 財政と金融

正答 **3**

第3章 財政と金融
SECTION 1 財政

実践 問題 170 基本レベル

頻出度	地上★★	国家一般職★★★	東京都★★	特別区★★
	裁判所職員★★	国税・財務・労基★★★		国家総合職★★★

問 我が国の2000年以降の経済・財政事情に関する記述として最も妥当なのはどれか。
　　　　　　　　　　　　　　　　　　　　　　　　　　　　　　（国家一般職2019改題）

1：我が国では，人口が2005年に戦後初めて減少に転じた。一方で，完全失業率は，2008年のリーマン・ショック後に高度経済成長期以降初めて7％を超えた。また，派遣労働者を含む非正規雇用者の全雇用者に占める割合は一貫して増加しており，2022年には50％を超えた。

2：中小企業基本法によると，中小企業の定義は業種によって異なるが，小売業では，常時使用する従業員の数が50人以下の企業は中小企業に分類される。2016年には，我が国の中小企業は，企業数では全企業の90％以上を，従業員数では全企業の従業員数の50％以上を占めている。

3：国内で一定期間内に新たに生み出された価値の合計額をGDPといい，GNPに市場で取引されない余暇や家事労働などを反映させたものである。また，経済成長率は一般に，GDPの名目成長率で表され，2010年以降におけるGDPの名目成長率は2％台で推移している。

4：我が国では，国民皆保険・国民皆年金が実現しており，2021年度には国民所得に対する租税・社会保障負担の割合は50％を超え，OECD諸国内でも最も高い水準にある。また，我が国の歳出に占める社会保障関係費の割合も年々高まっており，2023年度には当初予算の50％を超えた。

5：我が国では，財政法により，社会保障費などを賄う特例国債（赤字国債）を除き，原則として国債の発行が禁止されている。我が国の歳入に占める国債発行額の割合は一貫して高まっており，普通国債残高は2021年度末には対GDP比で3倍を超えた。

OUTPUT

実践 問題 170 の解説

〈わが国の2000年以降の経済・財政事情〉

1 × わが国の人口が戦後初めて減少に転じたのは，国勢調査では2015年なので，本肢記述は妥当ではない。また，完全失業率は2002年に最高値の5.4％にまで達したが，2000年以降に7％を超えたことはない。さらに，派遣労働者を含む非正規雇用者の全雇用者に占める割合は2022年平均は36.9％なので，これらも誤りである。

2 ○ 本肢記述のとおりである。中小企業基本法2条1項4号によると，「資本金の額又は出資の総額が五千万円以下の会社並びに常時使用する従業員の数が五十人以下の会社及び個人であつて，小売業に属する事業を主たる事業として営むもの」とある。2016年には，わが国の中小企業は，企業数では全企業の99.7％を，従業員数では全企業の従業員数の68.8％を占めている。

3 × GDPには市場で取引されない余暇や家事労働が反映されないので，本肢記述は誤りである。また，2010年以降におけるGDPの名目成長率は東日本大震災が発生した2011年にマイナス1.1％となるなど，必ずしも2％台で推移しているとは限らないので，これも誤りである。

4 × わが国における2021年度の国民負担率（国民所得に対する租税および社会保障負担の割合）は48.1％であり，OECD諸国の中では比較的低い水準にあるので，本肢記述は誤りである。また，わが国の一般会計歳出総額に占める社会保障関係費の割合は，2023年度は当初予算の32.3％であり，これも誤りである。

5 × わが国では，財政法により，公共事業費，出資金および貸付金の財源については例外的に建設国債の発行を認めており，それでも歳入が不足すると見込まれる場合には，政府は公共事業費以外の歳出に充てる資金を調達することを目的として，特別の法律によって特例国債（赤字国債）を発行することがあるので，本肢記述は誤りである。また，普通国債残高は2021年度末（実績）で約991兆円を計上している。これは対GDP比で180％と，3倍を超えていないので，これも誤りである。

正答 **2**

第3章 SECTION 1 財政と金融
財政

実践 問題 171 〈基本レベル〉

問 財政やその機能に関する記述として最も妥当なのはどれか。

(国家一般職2017)

1：財政とは，国が単独で行う経済活動をいい，その機能には，資源配分，所得再分配，景気調整，金融調節，為替介入の五つがある。例えば，景気を立て直そうとする場合に，景気調整と資源配分を組み合わせた財政政策が行われるが，これをポリシー・ミックスという。

2：資源配分機能とは，電気，ガスなどの純粋公共財や，交通機関，通信回線などの公共サービスを政府が財政資金を用いて供給することをいう。例えば，政府は，電力会社や鉄道会社などに対して補助金を交付することで，全国一律の料金で同等のサービスが受けられるようにしている。

3：所得再分配機能とは，資本主義経済では所得格差が発生するため，税制度や社会保障制度を通じて所得の均一化を図ることをいう。例えば，所得の多い人ほど一般に消費性向が高く，消費税による税負担の割合が重くなるという累進課税がこの機能の一つである。

4：自動安定化装置（ビルト・イン・スタビライザー）とは，自動的に税収が増減したり，社会保障費が増減したりする機能である。例えば，景気の拡大期には，所得の増加に伴って個人消費が伸び，消費税による税収が増えることで積極的な財政政策を行わせ，景気を更に拡大させる。

5：裁量的財政政策（フィスカル・ポリシー）とは，政府が公共支出や課税の増減を行うことで，有効需要を適切に保ち，景気循環の振幅を小さくして経済を安定させる政策である。例えば，不景気のときには，減税をしたり国債の発行によって公共事業を増やしたりする。

OUTPUT

チェック欄		
1回目	2回目	3回目

実践 問題 **171** の解説

〈財政やその機能〉

1 ✕ 財政とは，国や地方公共団体が公共のために行う経済活動をいうので，本肢記述は誤りである。また，その機能には，**資源配分，所得再分配，景気調整の３つがある**ので，これも誤りである。さらに，景気を立て直そうとする場合に，景気調整と資源配分を組み合わせた財政政策が行われるが，これをフィスカル・ポリシーというので，これも誤りである。

2 ✕ **資源配分機能**とは，経済活動を市場の原理に任せておくと，かえって経済に非効率が生じてしまうので，政府がこれに介入して効率的な経済の実現を図ることをいう。具体的には公共財，外部効果，費用逓減産業などが該当する。ちなみに，電気，ガス，交通機関，通信回線などは純粋公共財ではないので，本肢記述は誤りである。

3 ✕ **所得再分配機能**とは，資本主義経済では所得格差が発生するので，税制度や社会保障制度を通じて公正な所得分配を図ることをいうので，本肢記述は誤りである。ちなみに，所得の多い人ほど一般に消費性向が低くなるので，所得税による税負担の割合が重くなるという累進課税がこの機能の１つであるので，これも誤りである。

4 ✕ **自動安定化装置（ビルト・イン・スタビライザー）**とは，自動的に税収が増減したり，社会保障費が増減したりする機能である。たとえば，景気の拡大期には，所得税などの累進課税は，所得の増加に伴って高い税率が適用されて個人の可処分所得を抑制し，景気の過熱を抑える効果があるので，本肢記述は誤りである。

5 ◯ 本肢記述のとおりである。**裁量的財政政策（フィスカル・ポリシー）**とは，政府が経済状況に応じて裁量的に公共支出や課税の増減を行うことで，市場メカニズムに介入して有効需要を適切に保ち，景気循環の振幅を小さくして経済を安定させる政策である。たとえば，不景気のときには，減税したり，国債の発行によって財政規模を拡大して，公共事業を増加したりするなどの財政拡大政策を実施して有効需要を刺激する。

第3章 財政と金融

正答 **5**

LEC東京リーガルマインド　2024-2025年合格目標 公務員試験 本気で合格！過去問解きまくり！　519
④社会科学

第3章 財政と金融
SECTION 1 財政

実践 問題172 応用レベル

頻出度　地上★★★　国家一般職★★　東京都★★★　特別区★★
　　　　裁判所職員★★★　国税・財務・労基★★　国家総合職★★★

問 次のA～Eのうち，我が国における国債に関する記述の組合せとして，妥当なのはどれか。
　　　　　　　　　　　　　　　　　　　　　　　　　（東京都2015改題）

A：国債には，公共事業費などの財源として発行される建設国債や，人件費など経常的支出の財源を確保するために発行される赤字国債がある。

B：財政法上，赤字国債の発行は認められているが，建設国債の発行は原則禁止とされているため，政府は，毎年度，特例法を制定して建設国債を発行している。

C：財政法上，国債の新規発行は，公募入札方式によらず，日本銀行が引き受けることを原則としている。

D：バブル崩壊後の不況に対し，政府が公共事業の拡大による景気対策を行ったため，2020年度以降は，建設国債残高は赤字国債残高よりもはるかに大きくなっている。

E：国債残高の増加に伴い，国債の元利払いに充てられる経費である国債費が膨張し，他の施策に充てられるべき支出が圧迫されるという問題が生じている。

1：A，B
2：A，E
3：B，C
4：C，D
5：D，E

OUTPUT

チェック欄		
1回目	2回目	3回目

実践 問題 **172** の解説

〈わが国における国債〉

A ○ 本記述のとおりである。**普通国債**には公共事業，出資金および貸付金の財源を調達するために発行される建設国債，建設国債を発行してもなお歳入が不足すると見込まれる場合に，人件費などの経常的支出に充てる財源を確保するために発行される**赤字国債（特例国債）**，他に年金特例国債，復興債および借款債がある。

B × 赤字国債と建設国債の説明が逆であるので誤りである。建設国債は財政法4条1項但書に定められている。また，赤字国債の発行は原則禁止とされているため，赤字国債を発行する場合にはその都度特例法を制定して赤字国債を発行している。

C × 財政法上，国債の新規発行は，公募入札方式によるので誤りである。また，日本銀行が国債を引き受けることは財政法5条によって原則禁止されているので，この点についても誤りである。

D × 建設国債残高は，赤字国債残高を下回っているので誤りである。令和3年度末の国債残高は，建設国債が約287兆円，赤字国債が約699兆円と，赤字国債残高が建設国債残高をはるかに上回っている。

E ○ 本記述のとおりである。「平成24年度 年次経済財政報告」によれば，公共事業関係費の増加や，高齢化の進行等に伴う社会保障関係費の増加，景気低迷や減税等による税収の減少などにより，「国債費が一般歳出に占める割合が高くなっており，結果として，財政が硬直的になっている」とあり，財政の自由度が失われて，他の施策に充てられるべき支出が圧迫されるという問題が生じていることが報告されている。また，令和5年度一般会計当初予算において，国債費が25兆2,503億円で，一般会計歳出全体に占める割合は22.1％に達している。

以上より，妥当なのはA，Eであり，正解は肢2となる。

第3章 財政と金融

正答 2

第3章 SECTION 2 財政と金融
金融

必修問題 セクションテーマを代表する問題に挑戦！

金融政策の手段や金融市場の仕組みなどのほか，時事的な要素も留意して学習しましょう。

問 金融に関する記述として，妥当なのはどれか。 （東京都2011）

1：信用創造とは，銀行が受け入れた預金の何倍もの預金を創出する仕組みのことであり，信用創造の大きさは利子率の高低によって決まる。

2：管理通貨制度とは，中央銀行の保有する金や銀の保有量に応じて，中央銀行が通貨発行量を管理する制度である。

3：金融とは，資金を融通することをいい，借り手が金融機関から資金を借り入れる方式のことを間接金融という。

4：長期金融市場とは，1年以上の長期資金が取引される金融市場であり，長期金融市場にはコール市場や手形売買市場がある。

5：公開市場操作とは，日本銀行が行う金融政策の一つであり，日本銀行が市中金融機関に対して資金を貸し出すときの金利を上下させることをいう。

直前復習

Guidance ガイダンス

金融に関する問題では，日本銀行の代表的な金融政策である，**公開市場操作や支払準備率操作が頻出**である。公開市場操作は，日本銀行が有価証券の売買を通じて市中の通貨量を調整して景気の調整を図るもので，**「売りオペレーション」は，市中の通貨量を減少させ，金融引締め**効果があり，**「買いオペレーション」は，市中の通貨量を増加させ，金融緩和**効果がある。

522 LEC東京リーガルマインド 2024-2025年合格目標 公務員試験 本気で合格！過去問解きまくり！ ④社会科学

頻出度	地上★★★　国家一般職★★　東京都★★★　特別区★★★
	裁判所職員★　　国税・財務・労基★★　国家総合職★★★

必修問題の解説

チェック欄		
1回目	2回目	3回目

〈金融〉

1 ✕ 信用創造の定義に関する本肢前半の記述は正しい。信用創造は，本源的預金の増加が，全体として預金準備率の逆数倍の預金通貨をもたらす過程のことであり，信用創造の大きさは預金準備率の水準の高低により決定される。なお，預金準備率とは，市中の金融機関が保有する預金のうち，中央銀行に預けなければならない預金の割合のことである。

2 ✕ 管理通貨制度とは，中央銀行が最適と考える通貨量を決定したうえで通貨量を管理・調節する制度であり，日本をはじめ多くの国で採用されている制度である。

3 ◯ 金融の概念および間接金融に関する説明は本肢の記述のとおりである。なお，直接金融とは，借り手が金融機関を介さず，株式や社債，コマーシャル・ペーパー（CP）などを発行して貸し手から資金を直接借り入れる方式のことである。

4 ✕ 長期金融市場に関する定義は本肢のとおりである。長期金融市場の例として，株式市場や債券市場などが挙げられる。一方，短期金融市場とは，一般的に期間が1年未満の短期資金が取り引きされる金融市場である。なお，コール市場および手形売買市場は，ともに金融機関のみが参加するインターバンク市場に分類され，短期金融市場に該当する。また，金融機関以外の一般企業なども参加する短期金融市場のことをオープン市場といい，債券現先市場やCD（譲渡性預金）市場などが該当する。

5 ✕ 本肢の記述は公定歩合操作に関する説明である。公開市場操作とは，日本銀行が手形や債券を売買することを通じて市中に流通する貨幣供給量を調節することである。公開市場操作には，大別して売りオペレーションと買いオペレーションがある。これらのうち，前者は日本銀行が自ら保有する手形や債券を売却し，市中に流通する貨幣を吸収することで市中の貨幣供給量を減少させる金融政策の手段である。一方，後者は，日本銀行が市中に流通する手形や債券を購入し購入代金が市中に流通することで，市中の貨幣供給量を増やす金融政策の手段である。

第3章　財政と金融

正答 3

第3章 SECTION ② 財政と金融
金融

1 日本銀行の代表的金融政策

(1) 公定歩合操作（金利政策）

公定歩合操作（金利政策）とは，日本銀行（日銀）の金融機関に対する貸出金に適用される基準金利（公定歩合）を上下させることで間接的に市中銀行の貸出金利などに影響を与えて経済を調整することをいいます。好況期には，公定歩合を引き上げる金融引締めを行い，不況期には，公定歩合を引き下げて金融緩和を行います。なお，1990年代における金利の自由化に伴い，公定歩合は政策金利としての意義が薄れています。

> **補足**　「公定歩合」の名称変更
> 2006年8月，日本銀行は従来「公定歩合」として表現されてきた基準金利の名称を「基準割引率および基準貸付利率」に変更しました。

(2) 公開市場操作（オープン・マーケット・オペレーション）

公開市場操作とは，公社債市場と手形市場において，**日銀が有価証券の売買を行うことで通貨量の調整を行う**ことをいいます（直接規制）。

売りオペレーションは，好況期において，日銀が手元にある有価証券を売却し市中の現金を有価証券化することにより，市中の通貨量を減少させる政策をいい，**金融引締め効果**が期待できます。

買いオペレーションは，不況期において，日銀が市中に出回っている有価証券を購入して現金化することにより，市中の通貨量を増加させる政策をいい，**金融緩和効果**が期待できます。

(3) 支払準備率操作

支払準備率（預金準備率）とは，銀行などの民間金融機関は，預金の引き出し要求に備えて受け入れている預金等の一定割合を日銀に預金しておかなければならず，この割合のことをいいます。

支払準備率を引き上げると，市中の通貨残高が減少して金融引締め効果が期待でき，引き下げると通貨残高は増加して金融緩和効果が期待できます。

2 IS-LM分析

(1) IS曲線とLM曲線

IS曲線とは，投資と貯蓄が等しいという財市場の均衡条件を満たすような利子率（r）と国民所得（Y）の組合せを示す曲線のことをいい，**LM曲線**とは，貨幣市場での貨幣の需要量と供給量とを均衡させるような利子率（r）と国民所得（Y）

の組合せを示す曲線のことをいいます。
　そしてIS曲線とLM曲線の交点において，財市場と貨幣・債券市場は同時均衡を達成することになります。

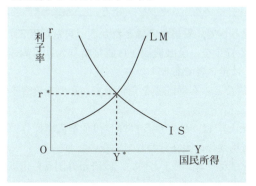

(2) 財政金融政策とIS曲線・LM曲線のシフト
　IS曲線は，有効需要（国民所得）を刺激する**財政政策（政府支出政策，租税政策）**によってシフトし，LM曲線は，貨幣供給量を調整する**金融政策（公定歩合操作，公開市場操作，支払準備率操作など）**によってシフトします。

	IS曲線	LM曲線
拡張的財政政策 （政府支出拡大，減税）	有効需要(国民所得)の増大 **右方へシフト**(利子率上昇)	
縮小的財政政策 （政府支出縮小，増税）	有効需要(国民所得)の縮小 **左方へシフト**(利子率下落)	
拡張的金融政策 （金融緩和政策）		貨幣供給量増加(利子率下落) **右方へシフト**(国民所得増大)
縮小的金融政策 （金融引締め政策）		貨幣供給量減少(利子率上昇) **左方へシフト**(国民所得縮小)

第3章 SECTION 2 財政と金融 / 金融

実践 問題 173 基本レベル

問 金融のしくみと働きに関する記述として，妥当なのはどれか。（東京都2023）

1：直接金融とは，企業が必要とする資金を，金融機関から直接借り入れて調達する方法であり，実質的な貸し手は預金者である。
2：間接金融とは，企業が株式や社債などの有価証券を発行して，必要な資金を金融市場から調達する方法である。
3：日本銀行による金融調節の手法としては，公定歩合操作，預金準備率操作及び公開市場操作があるが，公開市場操作は現在行われていない。
4：外国通貨と自国通貨の交換比率をプライムレートといい，政府が外国為替市場に介入することをペイオフという。
5：信用創造は，金融機関が貸し付けを通して預金通貨をつくることであり，通貨量を増大させる効果をもつ。

OUTPUT

実践 問題 173 の解説

〈金融の仕組みと働き〉

1 ✕ 本肢記述は，間接金融についての説明なので，誤りである。**直接金融**とは，お金を借りたい人に対して，金銭を貸す側が直接的に出資する取引のことをいう。たとえば，企業が株式や債券を発行し，投資家が証券市場で購入する行為が直接金融にあたる。

2 ✕ 本肢記述は，直接金融についての説明なので，誤りである。**間接金融**とは，企業が必要とする資金を，金融機関から借り入れて調達する方法であり，実質的な貸し手は金融機関に預金をしている預金者となる。

3 ✕ 日本銀行による金融調節の手法は，かつては**公定歩合操作**が金融政策の中心手段であったが，現在では，**公開市場操作**が中核的な政策手段となっているので，本肢記述は誤りである。

4 ✕ **プライムレート**とは，銀行が企業に貸し出す際の最も優遇された貸出金利のことであり，1年未満の短期貸出金利を「短期プライムレート」，1年以上のものを「長期プライムレート」というので，本肢記述は誤りである。また，**ペイオフ**とは，預金保険制度に加盟している金融機関が破綻した場合の預金者保護の方法の1つで，預金者への保険金の直接支払いをいうので，これも誤りである。

5 ◯ 本肢記述のとおりである。**信用創造**は，銀行等の金融機関が預金を顧客に貸し付け，その一部が再び金融機関に預金されるというプロセスを繰り返すことにより，元の預金の数倍もの預金通貨が創り出されることをいう。

正答 5

第3章 SECTION ② 財政と金融 / 金融

実践 問題174 基本レベル

問 日本銀行に関する記述として最も妥当なのはどれか。

(国税・財務・労基2014)

1：民間の金融機関の預金のうち，日本銀行に預けるべき割合を上下させることによって通貨供給量を増減させる操作を預金準備率操作という。この操作は近年の金融政策の中心となっており，平成20年以降，日本銀行は複数回にわたって預金準備率を引き下げている。

2：日本銀行は，物価の安定を図ることを通じて国民経済の健全な発展に資することを理念として金融政策を運営している。平成25年に日本銀行として持続可能な物価の安定と整合的と判断する物価上昇率を示した「物価安定の目標」を新たに導入した。

3：日本銀行は，我が国の経済の全体像を国際比較可能な形で体系的に記録することを目的として，国民経済計算を作成し，ＧＤＰ速報などを四半期ごとに公表している。

4：中央銀行が，民間の金融機関に資金を貸し出すときの金利のことをコールレートというが，日本銀行は平成22年に，このコールレートの誘導目標を引き下げ，実質ゼロ金利政策を採用していることを明確化した。

5：日本銀行が金融政策を実施するに当たっては，政府との連携を強化する必要があるとして，平成25年に日本銀行法が改正され，最高意思決定機関である政策委員会には政府代表委員が参加することとされた。

OUTPUT

実践 問題 **174** の解説

〈日本銀行〉

1 × 預金準備率操作が近年の金融政策の中心であるという点が誤り。「準備預金制度に関する法律」により，銀行などの金融機関は預金残高の一定比率の金額を日本銀行に入れるように定められており，その比率を「預金準備率」という。日本銀行が預金準備率を上下させることで間接的に通貨供給量を増減させる操作を預金準備率操作という。日本銀行が行う金融政策の1つであったが，近年は，**日本銀行が国債やその他の債務を売り買いして通貨供給を調整する「公開市場操作」が金融政策の中心である。**

2 ○ 正しい。日本銀行法には日本銀行は物価の安定を図ることを通じて国民経済の健全な発展に資することを理念として金融政策を運営すると定められている。平成25年に日本銀行として持続可能な物価の安定と整合的と判断する物価上昇率を示した「物価安定の目標」を新たに導入した。

3 × 国民経済計算を日本銀行が作成および公表するという点が誤り。**内閣府が国民経済計算を作成**している。国民経済計算は，日本の経済の全体像を国際比較可能な形で体系的に記録することを目的に，国連の定める国際基準（SNA：System of National Accounts）に準拠しつつ，統計法に基づく基幹統計として，国民経済計算の作成基準および作成方法に基づき作成される。なお，国民経済計算の内容を大別すると，「四半期別GDP速報」と「国民経済計算年次推計」の2つからなる。これらのうち，「四半期別GDP速報」は速報性を重視し，GDPをはじめとする支出側系列などを，年に8回四半期別に作成・公表している。一方，「国民経済計算年次推計」は，生産・分配・支出・資本蓄積といったフロー面や，資産・負債といったストック面も含めて，年に1回作成・公表している。

4 × コールレートの定義が誤り。**コールレートとは，民間の金融機関同士が短期資金を貸し借りする「コール市場」の金利を指す**のであって，中央銀行が貸し出す金利ではない。日本銀行は平成22年に，「『包括的な金融緩和政策』の実施について」で「中長期的な物価安定の理解」に基づき，物価の安定が展望できる情勢になったと判断するまで，実質ゼロ金利政策を継続していくとあり，実質ゼロ金利政策を採用していることを明確化した。

5 × 全体的に誤り。日本銀行法が平成9年に改正された際，日本銀行の最高意思決定機関である政策委員会へ政府代表委員が参加することが廃止された。これを受けて，今後は，政府からは必要に応じて金融政策を審議する政策委員会だけに出席することとなったが，政府からの出席者には議決権は与えられていない。

正答 **2**

第3章 財政と金融

SECTION 2 金融

財政と金融

実践 問題 175 基本レベル

問 200億円を最初に市中銀行に預金したとき，市中銀行の預金準備率を20％とした場合，最初の預金を元として市中銀行全体で新たに信用創造される額はどれか。ただし，市中銀行は常に預金準備率の限度まで貸し出しを行い，そのすべてが市中銀行に預金されるものとする。　　　　　　　（特別区2010）

1：40億円
2：160億円
3：240億円
4：800億円
5：1,000億円

OUTPUT

実践 問題 **175** の解説

〈信用創造〉

　銀行などの金融機関が預金を受け入れると，一定比率の現金を支払準備金として手元に残しておかなければならない。これを預金準備金または支払準備金という。銀行は，この一定額を差し引いた分を貸出しの原資とするが，銀行から借入れを行った家計や企業は，それを自己の預金口座に振り込んでもらい，支払は相手方の預金口座に振り込む。このように通貨（預金通貨）の流れは次々と連鎖して，銀行の預金と貸出は増加していくことになる。その結果，**最初に銀行に預け入れた預金（本源的預金）の何倍もの預金通貨が金融市場で運用されるようになる。これを信用創造**という。

　本問のように，本源的預金額（C）と預金準備率（r）が与えられている場合，信用創造によって新たに派生する預金額（H）を以下の式で求めることができる。

$$H = \frac{C(1-r)}{r}$$

　上記の式に，本問で与えられている本源的預金額（200億円），預金準備率（20％）を代入して信用創造によって新たに派生する預金額（H）を計算すると，

$$H = \frac{200 \times (1-0.2)}{0.2} = \frac{200 \times 0.8}{0.2} = 800$$

　したがって，信用創造額は800億円となる。
　以上より，正解は肢4となる。

正答 4

第3章 財政と金融
SECTION 2 金融

実践　問題 176　基本レベル

問　日本銀行の金融政策に関する記述として最も妥当なのはどれか。　（国Ⅱ2009）

1：金融政策により通貨量を調節して景気の変動を緩和し，物価の安定を図っている。しかし，通貨量を増加させる金融政策の実施には，民間の投資を抑制するクラウディング・アウト効果が生じるリスクを伴う。

2：市中銀行は預金の一定割合（預金準備率）を日本銀行に預けることになっており，日本銀行はこれを操作して通貨量を調節し，物価の安定を図っている。預金準備率の引下げは通貨量を増やす効果がある。

3：国債などの有価証券を売買する公開市場操作により通貨量を調節し，経済の安定を図っている。買いオペレーションは景気の過熱を抑制し，売りオペレーションは景気を刺激する効果がある。

4：市中銀行間で短期資金を融通し合う際の金利である公定歩合を操作して通貨量を調節し，経済の安定を図っている。公定歩合の引下げは景気の過熱を抑制し，公定歩合の引上げは景気を刺激する効果がある。

5：国債，地方債などの公債を発行して通貨量を調節し，経済の安定を図っている。公債の発行は市中銀行の預金量を拡大して，貸出金利を引き下げ，通貨量を増やす効果がある。

OUTPUT

実践　問題 176 の解説

〈金融政策〉

1　×　**クラウディング・アウト効果**とは、政府が財政政策を実施する際に、国債などを発行してその財源とするが、**政府の資金需要の増加が市場金利の上昇を招き，結果として民間の投資需要を抑制する現象**をいう。日本銀行が，市中の通貨量を増加させると，金融緩和効果が発生して景気を刺激する効果があるが，クラウディング・アウト効果が生じるわけではない。

2　○　市中銀行は，その預金量の一定割合を日本銀行に預け入れなければならず，その割合のことを**預金準備率（支払準備率）**という。日本銀行は，預金準備率を上下させて通貨量を調節し，景気変動を調整することができる。預金準備率の引上げは，通貨量を縮小させて景気を抑制する効果があり，預金準備率の引下げは，通貨量を増加させて景気を刺激する効果がある。

3　×　**公開市場操作（オープン・マーケット・オペレーション）**とは，公社債市場と手形市場において，日本銀行が有価証券の売買を行うことで市中の通貨量を調節し，景気変動を調整することをいう。日本銀行が有価証券を購入して通貨量を増加させることを**買いオペレーション**といい，景気を刺激する効果がある。逆に，売却して通貨量を縮小させることを**売りオペレーション**といい，景気を引締める（景気過熱の抑制）効果がある。

4　×　**公定歩合**とは，日本銀行（中央銀行）が市中の金融機関に貸出しを行うときに適用される金利のことで，公定歩合を上下させて間接的に市中銀行の貸出金利などに影響を与えて経済を調整することを公定歩合操作という。景気が過熱している場合には，公定歩合を引き上げる金融引締めを行い，景気が低迷している場合には，公定歩合を引き下げて金融緩和を行う。なお，**2006年には，日本銀行は従来「公定歩合」として表現されてきた基準金利の名称を「基準割引率および基準貸付利率」に変更した。**

5　×　国債や地方債の発行主体は，政府や地方自治体で日本銀行ではない。国債や地方債などの公債発行は，市中の金融機関などが公債を引き受けることで，市中の資金需要を逼迫させて金利の上昇を招くおそれがある。なお，公債の発行は，景気停滞局面において，政府が財政政策として公共投資を行う際の財源としてなされる場合が多い。

正答　**2**

第3章 SECTION ② 財政と金融 / 金融

実践 問題177 基本レベル

問 金融の仕組みや働きに関する記述として最も妥当なのはどれか。

(国家一般職2022)

1：流通している貨幣を現金通貨，流通していない貨幣を預金通貨という。現金通貨は，流通規模が預金通貨に比べて大きく，流動性が高いという特徴があり，預金通貨は，当座預金のように預けてから一定期間は引き出せないという特徴がある。

2：金本位制度とは，通貨価値を米国が保有する金の量と結び付けることで，通貨価値を安定させるものである。この制度は，不況期に通貨量が増大してインフレーションを引き起こしやすいが，1970年代に米国のニクソン大統領が金の交換停止を発表するまで，多くの国で採用されていた。

3：金融には，銀行などからの借入れによって資金を直接調達する直接金融と，企業が有価証券を発行し金融市場を介して資金を調達する間接金融がある。金融市場には1日で取引が完了する株式市場などを扱う短期金融市場と，1日を越えて取引する手形市場などを扱う長期金融市場がある。

4：銀行の主要な業務として，預金として資金を預かる預金業務，株式や社債などの発行引受や販売などを行う為替業務がある。また，最後の貸手として，資金繰りが困難になった企業に資金を供給することで信用創造を行い，社会全体としての資源配分が適正になるよう調整している。

5：通貨制度の中心として金融政策を担うのが中央銀行であり，我が国の中央銀行は日本銀行である。日本銀行は，発券銀行として銀行券を独占的に発行したり，銀行の銀行として市中金融機関に資金を貸し出したりするほか，政府の銀行として国庫金の出納なども行う。

OUTPUT

実践 問題 177 の解説

〈金融の仕組みや働き〉

1 × 現金通貨と預金通貨のいずれも，流通している貨幣なので，本肢記述は誤りである。預金通貨は，流通規模が現金通貨に比べて大きく，当座預金のように，いつでも引き出すことができ，支払い手段として役立つという特徴があるので，これも誤りである。

2 × 金本位制度は，国内にある金保有量までしか通貨を持つことができないため，通貨量を増大させてインフレーションを引き起こすことは難しいので，本肢記述は誤りである。また，世界恐慌によって多くの国が1930年代に金本位制度から管理通貨制度へ移行したので，これも誤りである。

3 × 金融には，銀行などからの借入れによって資金を調達する間接金融と，企業が株などの有価証券を発行し金融市場を介して資金を調達する直接金融があるので，本肢記述は誤りである。金融市場には，1年以内で取引が完了する株式市場などを扱う短期金融市場と，1年を超えて取引する長期金融市場があるので，これも誤りである。

4 × 銀行の主要な業務として，預金として資金を預かる預金業務，銀行口座を持っている顧客の依頼に合わせて振込みや送金をなどを行う為替業務，預金業務で預かった資金を企業等に貸し付ける融資業務が挙げられるので，本肢記述は誤りである。

5 ○ 本肢記述のとおりである。日本銀行は，発券銀行として銀行券を独占的に発行したり，銀行の銀行として市中金融機関から預金の一部を預かったり，資金を貸し出したりするほか，政府の銀行として国庫金の出納などを行う。

正答 5

第3章 SECTION ② 財政と金融
金融

実践 問題 178 〈基本レベル〉

問 ケインズ経済学の考え方に基づく不況克服のための政策対応に関する次の説明文中のA～Eの空欄に入る語句の組合せとして最も適当なのはどれか。

（裁事・家裁2005）

　経済が不況に陥るのは，民間支出の減少などによって有効需要が不足するからであり，財政政策と金融政策を発動することにより不況の克服を試みる。財政政策としては，（　A　）を行ったり，（　B　）したりして需要の拡大を図り，また，金融政策としては，（　C　）とよばれる公開市場操作を行って貨幣供給量を（　D　）させたり，公定歩合を（　E　）させたりすることにより，投資の拡大を図る。

	A	B	C	D	E
1	増税	雇用を拡大	売りオペレーション	増加	上昇
2	減税	公債発行額を増額	買いオペレーション	減少	低下
3	増税	公共投資を拡大	売りオペレーション	減少	上昇
4	減税	公共投資を拡大	買いオペレーション	増加	低下
5	減税	公債発行額を増額	売りオペレーション	増加	低下

実践 問題178 の解説

〈ケインズの経済政策〉

　本問では不況を克服するための経済政策が問われている。この点，不況を克服するために行われる財政政策の代表的なものは，減税と公共投資の拡大である。他方，不況を克服するための金融政策の代表的なものは，公開市場操作としての買いオペレーション，公定歩合の引下げ，預金準備率の引下げなどであり，これらの政策によって貨幣供給量を増加させて，景気を浮揚させる。以上が，J.M.ケインズの考え方に基づく不況克服のための政策対応である。

　これを前提にすると，本問においては，(A) に入るのは景気を浮揚させるための財政政策であるから，「減税」が入る。この時点で，正解は，肢2，4，5のいずれかに絞られる。次に，(C) に入るのは景気を浮揚させるための金融政策であるから，「買いオペレーション」が入る。ここで，正解は肢2と4に絞られる。そして，2と4の違いは，(D) に「減少」が入る (肢2) か「増加」が入る (肢4) かであるが，景気浮揚のための金融政策は貨幣供給量を増加させるためのものであるから，「増加」が入り，正解は肢4となる。

　本問の空所を補充すると，以下のようになる。

　経済が不況に陥るのは，民間支出の減少などによって有効需要が不足するからであり，財政政策と金融政策を発動することにより不況の克服を試みる。財政政策としては，減税 (A) を行ったり，公共投資を拡大 (B) したりして需要の拡大を図り，また，金融政策としては，買いオペレーション (C) とよばれる公開市場操作を行って貨幣供給量を増加 (D) させたり，公定歩合を低下 (E) させたりすることにより，投資の拡大を図る。

正答 4

SECTION ② 金融

財政と金融

実践 問題 179 基本レベル

頻出度	地上★★★	国家一般職★★	東京都★★★	特別区★★★
	裁判所職員★	国税・財務・労基★★		国家総合職★★★

問 図は，生産物市場での均衡をもたらす国民所得と利子率との関係を示すIS曲線，また貨幣市場での均衡をもたらす国民所得と利子率との関係を示すLM曲線を示したものである。

政府支出を増加させる財政政策又は貨幣供給量を増加させる金融政策が採られた場合の結果についてのア〜オの記述のうち，妥当なもののみをすべて挙げているのはどれか。

（国税・労基2007）

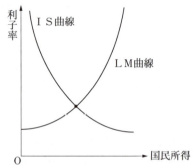

ア：政府支出を増加させた場合，IS曲線は左下方にシフトする。
イ：政府支出を増加させた場合，IS曲線は右上方にシフトする。
ウ：貨幣供給量を増加させた場合，LM曲線は左上方にシフトする。
エ：貨幣供給量を増加させた場合，LM曲線は右下方にシフトする。
オ：政府支出の増加と貨幣供給量の増加を同時に行った場合，国民所得は減少する。

1：ア，ウ
2：ア，ウ，オ
3：ア，エ
4：イ，ウ
5：イ，エ

OUTPUT

実践 問題 **179** の解説

〈IS-LM分析〉

政府支出を増加させたり減税を実施した場合、IS曲線は右上方にシフトする。逆に、政府支出を減少させたり増税を実施した場合、IS曲線は左下方にシフトする。また、貨幣供給量を増加させた場合、LM曲線は右下方にシフトする。逆に、貨幣供給量を減少させた場合、LM曲線は左上方にシフトする。以上より、政府支出の増加と貨幣供給量の増加を同時に行った場合、IS曲線は右上方にシフトし、LM曲線は右下方にシフトする。ただし、その結果として生ずる均衡国民所得および均衡利子率の水準は、IS曲線とLM曲線それぞれがシフトする幅に依存するので、必ずしも均衡国民所得が減少するとは限らない。

以上より、妥当なものはイ、エであり、正解は肢5となる。

正答 5

第3章 SECTION ② 財政と金融
金融

実践 問題180 〈応用レベル〉

問 金融に関する記述として最も妥当なのはどれか。　　（国家総合職2019）

1：流動性の罠は，利子率が十分に低く，人々が現在の利子率は下限に達していると考えている状況で起こる。このような状況では一般に，貨幣量の増加により利子率を下げることはできないため，金融政策は無効である。一方，政府支出の増加などの財政政策は有効であり，国民所得を増加させる効果をもつ。

2：古典派経済学における貨幣数量説は，貨幣需要は名目国民所得とは関係がなく，利子率に依存することを前提とするものである。この説によると，貨幣量が増加すると，物価は全く変化しないものの，貨幣が一定期間中に取引に何回使われたかを示す指標である貨幣の流通速度は，貨幣の増加率とほぼ同じ割合で増加する。

3：ケインズ理論における貨幣の取引動機についてみると，取引の額が増加するにつれ貨幣需要は低下するが，これは利便性や安全性の面から，小切手などを用いる方が貨幣を用いるよりも効率的となるためである。また，利子率が上昇すると，貨幣保有に伴う機会費用が低下するので，貨幣需要は大きくなる。

4：ハイパワードマネーは，マネーストックとも呼ばれるものであり，現金通貨と預金通貨の合計である。また，マネタリーベースは，銀行が預金の引き出しに備えて保有しておく預金準備のことである。これらの間には，中央銀行がハイパワードマネーを増加させると，マネタリーベースは減少するという負の関係がある。

5：貨幣市場を均衡させる利子率と国民所得の関係を，縦軸に利子率をとり横軸に国民所得をとったグラフで示すと，一般に右下がりの曲線となり，ＬＭ曲線と呼ばれる。このＬＭ曲線上においては貨幣市場の需要と供給は均衡しているが，ＬＭ曲線の左下の領域では貨幣市場は超過供給の状態となっている。

OUTPUT

チェック欄		
1回目	2回目	3回目

実践 問題 **180** の解説

〈金融〉

1 ○ 本肢記述のとおりである。流動性の罠とは，期待利子率に対して，市場利子率が十分に低く，すべての人が現在の利子率が下限に達していると考えるときに発生する。流動性の罠が発生している状態では，政府が金融緩和政策を実施しても利子率が下がらないために，国民所得は増加しない（金融政策は無効）。その一方で，政府支出の増加などの財政拡大政策によって国民所得は増加させることができる（財政政策は有効）。

2 × 古典派経済学における貨幣数量説は，一般的な物価水準は，貨幣の供給量と生産量の相対的な大きさによって決まるとするものなので，本肢記述は誤りである。貨幣数量説によると，「貨幣供給量×貨幣の流通速度＝一般物価×生産量」という貨幣数量方程式が成り立っている。よって，貨幣量が増加し，物価や生産量の変化が一定とすると，貨幣の流通速度は貨幣供給量に反比例するので，これも誤りである。

3 × ケインズ理論における貨幣の取引動機についてみると，取引の額が増加するにつれ貨幣需要は増加するので，本肢記述は誤りである。また，利子率が上昇すると，貨幣保有に伴う機会費用は上昇するので，貨幣需要は小さくなる。よって，これも誤りである。

4 × ハイパワードマネーは，マネタリーベースともよばれ，現金通貨と中央銀行の当座預金の合計なので，本肢記述は誤りである。ちなみに，マネーストックは，国や金融機関以外の民間部門が保有する通貨量（通貨保有量）のことで，市中に流通する通貨量を指す。

5 × 貨幣市場を均衡させる利子率と国民所得の関係を，縦軸に利子率をとり横軸に国民所得をとったグラフで示すと，一般に右上がりの曲線となり，ＬＭ曲線とよばれるので，本肢記述は誤りである。このＬＭ曲線上においては貨幣市場の需要と供給は均衡しているが，ＬＭ曲線の左上の領域では貨幣市場は超過供給の状態となっているので，これも誤りである。

第3章 財政と金融

正答 **1**

第3章 SECTION ② 財政と金融 / 金融

実践 問題 181 応用レベル

頻出度	地上★★	国家一般職★★	東京都★★	特別区★
	裁判所職員★	国税・財務・労基★★★	国家総合職★★★	

問 我が国の金融等の動向に関する記述として最も妥当なのはどれか。

(国税・財務・労基2018改題)

1：金融分野における情報通信技術の進展等の環境変化に対応するため、平成28年、銀行法が改正され、従来5％までとされていた銀行による事業会社への出資制限が撤廃された。また、脱税や年金の不正受給を防ぐため、平成29年、集中管理型のデータベースを用いたブロックチェーンを活用し、預貯金口座へのマイナンバーの付番が義務化された。

2：ビットコイン等の仮想通貨は、インターネット上で自由にやりとりされ、通貨のような機能を持つ電子データである。我が国では、仮想通貨と法定通貨の交換所を営んでいた事業者が破綻したことがあり、利用者保護等の観点から、平成29年に、国内で仮想通貨交換業を行う事業者について登録制が導入された。

3：公的年金を受け取るために必要な期間は従来25年であったが、無年金者の問題を解決するため、平成29年から、加入期間に関わらず公的年金が支払われるようになった。また、私的年金の普及を図るため、従来、会社員や公務員のみに加入が認められていた個人型確定拠出年金（iDeCo）について、平成29年から自営業者や専業主婦にも加入が認められることとなった。

4：平成26年に導入された少額投資非課税制度（NISA）が拡充され、平成28年から、50歳未満の対象者名義の金融機関の専用口座に、祖父母や両親が資金を拠出し、対象者が運用を行う「ジュニアNISA」が開始された。また、平成29年から、従来のNISAに上乗せする形で年間120万円まで積み立てて、期限を定めずに非課税で運用できる「つみたてNISA」が開始された。

5：平成28年、日本銀行がマイナス金利政策の導入を決定し、銀行が日本銀行に預けている当座預金の金利がマイナス0.1％に引き下げられた。これにより、銀行が融資に資金を振り向けたため、国債の価格が下落した。また、株式等の購入が増加したことにより、家計の金融資産残高の構成をみると、株式等が現金・預金を令和5年3月末に初めて上回った。

OUTPUT

実践 問題 181 の解説

〈わが国の金融動向〉

1 × 金融分野における情報通信技術の進展等の環境変化に対応するため，平成28年，銀行法が改正され，従来5％までとされていた銀行による事業会社への出資制限が緩和されたが，撤廃はしていないので，本肢記述は誤りである。また，脱税や年金の不正受給を防ぐため，平成30年1月から預貯金口座への**マイナンバー**の付番が開始されたが義務付けではないので，これも誤りである。

2 ○ 本肢記述のとおりである。日本では仮想通貨と法定通貨の交換所を営んでいたマウント・ゴックスが平成26年に破綻したことがあり，**利用者保護等の観点から，平成29年に，国内で仮想通貨交換業を行う事業者について登録制が導入された**。

3 × 公的年金を受け取るために必要な加入期間は従来25年以上であったが，無年金者の問題を解決するため，平成29年から10年以上に短縮されたので，本肢記述は誤りである。また，平成29年から**個人型確定拠出年金（iDeCo）** の加入資格が従来の国民年金保険第1号被保険者（＝自営業者）と一部の国民年金保険第2号被保険者（＝企業年金が実施されていない会社の会社員）から専業主婦などの国民年金保険第3号被保険者，企業年金を導入している会社の会社員，公務員等共済加入者にも加入が認められることとなったので，これも誤りである。

4 × **少額投資非課税制度（NISA）** において，平成28年から20歳未満の対象者名義の金融機関の専用口座に保護者が資金を拠出し，対象者が運用を行う**「ジュニアNISA」**が開始されたので，本肢記述は誤りである。また，平成30年から従来のNISAとは別に年間40万円まで積み立てて，最長20年間非課税で運用できる**「つみたてNISA」**が開始されたので，これも誤りである。

5 × 平成28年，日本銀行がマイナス金利政策の導入を決定したことにより，銀行が融資に資金を振り向けたため，国債の価格が下落したという事実はなく，令和5年3月末の家計の金融資産残高の構成をみると，現金・預金が1,107兆円に対し，株式等は226兆円で現金・預金を下回っているので，本肢記述は誤りである。

正答 2

問 我が国における財政政策や金融政策に関する記述として最も妥当なのはどれか。
(国家総合職2017)

1：基礎的財政収支（プライマリー・バランス）とは，歳入・歳出に，国債の発行による収入や国債費による支出を加えた収支をいう。政府はこれを黒字化するため，消費税率の引上げなどの税制改革も行っている。消費税率10％への引上げは，世界経済の不透明感などを考慮して一度延期されたが，消費税の軽減税率制度は前倒しして導入することが2016年に閣議決定された。

2：財政の役割の一つである経済の安定化の機能には，財政制度に組み込まれているビルト・イン・スタビライザーがある。これは，不景気のときには減税や国債の発行により公共事業を増やして総需要を拡大させ，景気が過熱気味のときには増税や財政支出の削減により経済を安定させる制度をあらかじめ組み入れることによって，財政が自動的に景気を調整する機能である。

3：中央銀行が市中の金融機関との間で国債や資金をやり取りする際の利子率を公定歩合といい，公定歩合を上下させることにより通貨供給量を調節する公定歩合操作は，金融自由化の完了後も景気の調整や物価の安定のために，公開市場操作と共に有効な手段として発動されている。かつて公定歩合操作と共に行われていた預金準備率操作は，1991年以降は行われていない。

4：日本銀行は，デフレからの脱却のために，1990年代後半から，国債を金融機関に買わせて市場に資金を供給する買いオペレーションを実施することで，無担保コール翌日物金利を実質０％に近づける量的緩和政策を導入した。2000年代中頃の景気回復時にも，その後の景気の先行きが不透明であるとして，この政策は継続して実施された。

5：日本銀行は，2013年に，デフレ脱却と持続的な経済成長の実現に向けて，物価安定の目標を消費者物価の前年比上昇率で２％と定めた。マネタリーベース・コントロールの採用や長期国債買入れの拡大と年限長期化などの量的・質的金融緩和を導入し，2016年には，金融機関が保有する日本銀行当座預金の一部について，マイナス金利を適用した。

OUTPUT

実践　問題 182 の解説

〈財政政策・金融政策〉

1 × 基礎的財政収支（プライマリー・バランス）とは，歳入・歳出に，国債の発行による収入や国債費による支出を除いた収支をいうので，本肢記述は誤りである。政府はこれを黒字化するため，消費税率の引上げなどの税制改革も行っている。消費税率10％への引上げの時期は当初2015年10月を予定していたが，2017年4月に延期した後，2019年10月に再延期となったが，消費税の軽減税率制度は消費税率が引き上げられたと同時に導入する税制改正関連法が2016年に国会で可決，成立したので，これも誤りである。

2 × 本肢記述は，裁量的な財政政策（フィスカル・ポリシー）の説明なので誤りである。ちなみに，自動安定化機能（ビルト・イン・スタビライザー）は，財政制度に組み込まれているので，特に財政政策を施さなくても自動的に働く点に特徴がある。

3 × 公定歩合は，規制金利時代においては，銀行預金金利などの各種金利が連動していたため，代表的な金融政策金利であったが，1990年代に金利自由化が実現したため，代表的な金利としての意義を失っているので，本肢記述は誤りである。ちなみに，公定歩合は2006年には名称を「基準割引率および基準貸付利率」に変更した。預金準備率操作については，1991年10月に預金準備率が引き下げられて以降の変更はないので正しい。

4 × 買いオペレーションとは，日銀が市中の国債などを購入して現金化することにより，市中の通貨量を増加させる政策をいうので，本肢記述は誤りである。日本銀行は1999年2月から買いオペレーションによって無担保コール翌日物の金利を実質0％に近づけるゼロ金利政策を導入した。ゼロ金利政策は2000年8月に一度解除されたが，2001年3月に量的緩和政策が導入され，再び金利が実質0％となった。その後，景気回復時にあたる2006年7月に解除されたので，これも誤りである。

5 ○ 本肢記述のとおりである。日本銀行は2013年1月に『デフレ脱却と持続的な経済成長の実現のための政府・日本銀行の政策連携について（共同声明）』を公表し，デフレ脱却と持続的な経済成長の実現に向けて，物価安定の目標を消費者物価の前年比上昇率で2％と定めた。マネタリーベース・コントロールの採用や長期国債買入れの拡大と年限長期化などの量的・質的金融緩和を導入した。さらに，2016年1月，日本銀行は金融政策決定会合で，追加金融緩和策としてマイナス金利政策の導入を決定した。

正答 5

第3章 財政と金融

章末 CHECK

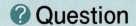

- **Q1** 国や地方公共団体が行う経済活動を財政という。
- **Q2** 財政の3機能は，一般的に資源配分機能，所得再分配機能，経済安定化機能の3つを指す。
- **Q3** ビルト・イン・スタビライザーとは，政府が経済状況に応じて裁量的な財政政策を実施することをいう。
- **Q4** 財政法4条を根拠にして発行される国債を一般的に赤字国債という。
- **Q5** 租税原則として，公平の原則，簡素の原則，中立の原則の3原則が挙げられる。
- **Q6** 銀行がはじめに受け入れた預金が，貸出しを通じてその何倍もの新たな預金を創り出すことを信用創造という。
- **Q7** 貨幣の需要動機のうち，取引動機と資産動機に基づく貨幣需要は，国民所得に比例するとされる。
- **Q8** 日本銀行が行う金融政策のうち，公開市場操作では不況期に買いオペレーションを実施する。
- **Q9** 支払準備率操作では，好況期には支払準備率を引き下げることで金融引締め効果が期待できる。
- **Q10** 政府が拡張的財政政策を実施した場合，IS曲線は左方シフトする。
- **Q11** 中央銀行が金融緩和政策を実施した場合，LM曲線は左方シフトする。
- **Q12** 政策主体が，財政・金融・対外経済政策などを相互関連的に行うことをクラウディング・アウトという。
- **Q13** 公債が将来の増税によって償還される場合には，負担に対する世代間の不公平を発生させる可能性がある。

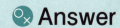

A1 ◯ 財政とは，国や地方公共団体が行う経済活動のことをいう。

A2 ◯ 一般的に，財政には，資源配分機能，所得再分配機能，経済安定化機能の３つの機能があるとされている。

A3 × 財政の自動安定化装置（ビルト・イン・スタビライザー）は，制度的に内蔵されており，その時々の景気状況に対して自動的に調整機能を発揮する仕組みをいう。

A4 × 財政法４条では，公共事業費，出資金および貸付金の財源に充てる場合のみ国債を発行できると規定されており，これに基づいて発行される国債を建設国債という。

A5 ◯ 公平の原則，簡素の原則，中立の原則の３つの原則が，租税原則とされている。

A6 ◯ 信用創造とは，銀行がはじめに受け入れた預金（本源的預金）が貸出しを通じてその何倍もの新たな預金を創出することをいう。

A7 × 貨幣の需要動機のうち，取引動機と予備的動機に基づく貨幣需要は国民所得に比例するが，資産動機（投機的動機）に基づく貨幣需要は，利子率に反比例するとされる。

A8 ◯ 日本銀行が行う金融政策のうち，公開市場操作では，好況期に売りオペレーション，不況期に買いオペレーションを実施する。

A9 × 支払準備率操作では，好況期には支払準備率を引き上げることで金融引締め効果が期待できる。

A10 × 政府が拡張的財政政策を実施した場合，ＩＳ曲線は右方シフトする。

A11 × 中央銀行が金融緩和政策を実施した場合，ＬＭ曲線は右方シフトする。

A12 × 政策主体が，財政・金融・対外経済政策などを相互連関的に行うことで，総合的に経済動向を調整することをポリシー・ミックスという。

A13 ◯ 公債（特に特例）発行においては，基本的に便益は現在世代が享受できるが，負担は将来世代が税負担などによって相当部分を負うことになる。したがって，世代間の不公平が発生する可能性がある。

memo

第4章

国際経済

SECTION

① 貿易に関する基礎理論
② 国際経済機構と地域経済連携

第4章 国際経済

出題傾向の分析と対策

試験名	地 上			国家一般職 (旧国Ⅱ)			東京都			特別区			裁判所職員			国税・財務 ・労基			国家総合職 (旧国Ⅰ)		
年　度	15～17	18～20	21～23	15～17	18～20	21～23	15～17	18～20	21～23	15～17	18～20	21～23	15～17	18～20	21～23	15～17	18～20	21～23	15～17	18～20	21～23
出題数 セクション	3	2	1	1		1	3		1	3	2	1		2	1	1			1	1	
貿易に関する 基礎理論	★★				★		★		★		★						★	★			
国際経済機構と 地域経済連携	★	★★	★						★★	★★★	★	★			★				★	★	

（注）　1つの問題において複数の分野が出題されることがあるため，星の数の合計と出題数とが一致しないことがあります。

　　国際経済からの出題は，財政と金融同様，中心的分野といえ，本試験でも頻出といえます。出題傾向としては，近年，時事的なものと合わせて，国際経済機構と地域経済連携に関する出題が増えてきています。貿易に関する基礎理論からは，国際経済に関する全体的な問題から経常収支や比較生産費説などの重要な問題が繰り返し出題される傾向にあります。

　　時事的なテーマにも対応できるようにし，国際通貨体制や国際貿易体制についてもしっかりと知識を身につけておくようにしてください。

地方上級

　　地方上級では，この分野からの出題が頻出といえます。具体的には，外国為替市場に関して，需要曲線と供給曲線のシフトについて出題があります。基本的な問題が多く，問題演習を通じて知識の定着を図ってください。

国家一般職（旧国家Ⅱ種）

　　国家一般職では，この分野からの出題が頻出とまではいえませんが，国際通貨体制や国際貿易体制についても，時事的なテーマにも対応できるようにしておく必要があります。

東京都

　　東京都では，この分野からの出題が頻出といえます。具体的には，貿易に関する基礎理論よりは，地域経済連携などの時事的な出題が多いようです。時事的なテーマには十分対応できるようにしておく必要があります。

特別区

特別区では，この分野からの出題が頻出といえます。出題傾向としては，全体的にバランスよく出題されています。出題内容は，発展途上国の経済などいずれも基本的な問題なので，しっかりと学習してください。

裁判所職員

裁判所職員においては，この分野からの出題が頻出とまではいえませんが，貿易に関する基礎理論については出題実績があります。問題演習を通じて理解と知識の定着を図りましょう。

国税専門官・財務専門官・労働基準監督官

国税専門官・財務専門官・労働基準監督官においては，この分野からの出題が頻出とまではいえませんが，過去には変動為替相場制と財政・金融政策についての出題があります。基本的な問題が多いといえますので，問題演習を通じて理解と知識の定着を図ってください。

国家総合職（旧国家Ⅰ種）

国家総合職では，この分野からの出題が頻出とまではいえませんが，少し細かい知識が要求される出題も見られますが，時事的なテーマについても対応できるように十分に準備をしておく必要があります。

Advice 学習と対策

国際経済に関する分野の出題は，全体的に重要な分野といえます。理論に関するものから時事的な問題まであり，対策は十分に行う必要があります。特に地域経済連携については，最新の情報を身につけておくようにしましょう。出題内容としては，基本的な問題が繰り返し出題される傾向にあるので，問題演習を通じて知識の定着を図りましょう。

国際経済
貿易に関する基礎理論

必修問題 セクションテーマを代表する問題に挑戦！

貿易に関する理論は，為替レートとの関係も踏まえて学習を進めましょう。

問 国際経済に関する記述として，妥当なのはどれか。

（特別区2009改題）

1：イギリスの経済学者リカードは，比較優位のある生産物に特化して，他財は貿易によって手に入れたほうが，双方の国にとって利益になるという比較生産費説を示した。
2：ドイツの経済学者リストは，途上国もやがては工業国に発展する可能性を秘めているため，自由貿易により発展の芽を伸ばす必要があるとし，保護貿易を行う必要はないと主張した。
3：今日の先進工業国の間では，それぞれの国が機械，自動車，エレクトロニクス製品などの特定の工業製品に特化する垂直的分業が見られる。
4：ＩＭＦ（国際通貨基金）は，ブレトン・ウッズ協定に基づいて設立された国際通貨制度であり，発足時には，アメリカのドルを基軸通貨とするとともに，他の国々の通貨とドルとの交換比率については，変動相場制がとられた。
5：国際収支は，経常収支，金融収支などに大別され，商品の輸出入による収支である貿易収支は，金融収支の１項目である。

直前復習

ガイダンス 自由貿易とは，輸出入に関して国が干渉せず，各経済主体が自由に貿易を行うことをいうのに対して，保護貿易とは，国内の産業を保護するために，輸出に税の優遇や補助金を付けて助成したり，輸入を禁止ないし制限したりすることをいう。また，リカードの比較生産費説を進めると，先進国が最も有利な工業に生産を特化し，途上国はいつまでも農業を中心とした１次産品供給地として工業化を達成できないということになり，先進国と途上国の経済格差は埋められないということになる。このため，リカードのこの理論は，先進工業国の利益を代弁するものとの批判を受けることもあった。

必修問題の解説

〈国際経済〉

1 ○ D.リカードは，主著『経済学および課税の原理』の中で，2国間の貿易は双方が比較優位を持つ財に生産を特化して，他財の生産を貿易相手国にまかせるという国際的分業を行い，貿易を通じて特化した財を相互に交換すれば，貿易当事国は双方とも貿易を行わなかった場合よりも利益を得ることができるという比較生産費説を展開した。

2 × ドイツの経済学者F.リストは，主著『国民経済学体系』において，自国の経済を保護するためには，政府が介入して輸入制限などを行う保護貿易が必要だと唱えた。リストは，後進国ドイツが工業国として発展していくためには自国の工業を興さなければならないと主張し，先進国イギリスに対抗するには，国家による干渉が必要であると主張した。

3 × 垂直的分業とは，先進国と発展途上国などの経済水準の異なる国家間の貿易のことをいい，先進国が工業製品を，発展途上国がその原材料を互いに供給するような場合などが該当する。先進工業国間の貿易のように，機械，自動車，エレクトロニクス製品など，互いに工業製品を供給しあうような，経済水準が同程度の国家間の貿易のことは，水平的分業という。

4 × 1944年7月には，連合国44カ国がアメリカのニューハンプシャー州ブレトン・ウッズで，第2次世界大戦後の国際通貨体制に関する会議を開催し，IMF（国際通貨基金）の設立などを含むブレトン・ウッズ協定が締結された。この協定を基盤とする国際通貨体制のことをブレトン・ウッズ体制（IMF体制）という。ブレトン・ウッズ体制では，金と交換できる唯一の基軸通貨を米ドルとして，ドルと各国の通貨は為替レートを固定した固定相場制が採用された。

5 × 国際収支はモノやサービスの取引を表す経常収支と，証券投資や直接投資などによる資産・負債の変化を表す金融収支，そして資本移転や非金融非生産資産の取得処分から構成される資本移転等収支に大別される。これらのうち，経常収支は，モノの輸出入を表す貿易収支，サービス（運輸・旅行など）の輸出入を表すサービス収支，所得（雇用者報酬・投資収益など）の受払いを表す第一次所得収支，無償資金協力・賠償金・救援費用などの受払いを表す第二次所得収支に細分化される。つまり，貿易収支は経常収支に含まれる項目となる。

正答 1

国際経済
貿易に関する基礎理論

1 国際収支統計

国際収支統計とは，日本人および日本企業と外国人および外国企業との間で行われたすべての経済取引を，複式簿記の原則に基づいて記録したものをいい，**経常収支**，**金融収支**，**資本移転等収支**および**誤差脱漏**からなります。

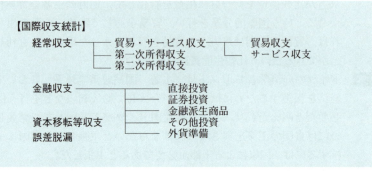

2 為替レートの変動

(1) 為替レートの変動と輸出入

変動為替相場において，為替レートは為替市場の需給バランスによって決定されます。つまり，円が高くなるということは為替市場で円需要が増加するために起こり，円が安くなるということは為替市場で円需要が減少するために起こります。

為替レートの変動は国際貿易における輸出入に影響を与えます。一般に，**円高ドル安は，日本の輸出には不利，輸入には有利**な要因として働き，逆に，**円安ドル高は，日本の輸出には有利，輸入には不利**な要因として働くといえます。

固定相場制	外国為替相場の変動をまったく認めないか，変動幅をきわめて狭い範囲に限定する制度のことをいいます。
変動相場制	為替相場が外国為替市場の需給関係で決定される制度のことをいいます。

(2) Jカーブ効果

一般的に為替レートが変動することで**国際収支の調整**がなされ，国際収支は均衡することになります。Jカーブ効果とは，通貨の対外レートの低下（上昇）が，当初において貿易収支の悪化（改善）をもたらし，その後，為替レート低下（上昇）の効果が現れて貿易収支の改善（悪化）が見られるようになることをいいます。

Jカーブ効果は，為替レートの変動が**為替市場において短期間で調整される**のに

INPUT

対して，輸出品の増減という**数量の調整には比較的時間がかかること**を原因として現れます。

③ 比較生産費説

比較生産費説とは，各国は**比較生産費**（国内での各財の相対生産費）の低い財の生産に**特化**してそれを輸出し，ほかの財の生産は相手国に任せて，貿易を通じて特化した財を相互に交換すれば，貿易当事国は双方とも貿易を行わなかった場合よりも利益を得ることができるという理論です。

たとえば2国（A国，B国）2財（X財，Y財）モデルを考え，当初両国はそれぞれ2財両方を生産し，財を1単位生産するのに必要な労働量が次表で示されるとします（賃金は両国とも同額で，生産比率がそのまま価格比となります）。

	X　財	Y　財
A　国	1　人	2　人
B　国	3　人	7　人

X財，Y財それぞれの比較生産費は，

$$X財の比較生産費 = \frac{X財の生産費}{Y財の生産費}$$

$$Y財の比較生産費 = \frac{Y財の生産費}{X財の生産費}$$

と表されます。次に両国でのX財のY財に対する比較生産費を比べますと，

$$B国 = \frac{3}{7} < A国 = \frac{1}{2}$$

となります。このときX財を1単位生産するにあたり，A国ではY財を1単位生産するのに必要な費用の$\frac{1}{2}$倍であるのに対してB国ではY財を1単位生産するのに必要な費用の$\frac{3}{7}$倍かかる。したがってB国のほうがX財の比較生産費が低く，B国はX財に比較優位を持つのでX財の生産に特化して輸出することになります。同様に，両国でのY財のX財に対する比較生産費を比べますと，

$$A国 = 2 < B国 = \frac{7}{3}$$

となります。このときY財を1単位生産するにあたり，A国ではX財を2単位生産するときと等しい費用がかかるのに対し，B国ではX財を$\frac{7}{3}$単位生産するときと等しい費用がかかります。したがってA国のほうがY財の比較生産費が低く，A国はY財に比較優位を持つのでY財の生産に特化して輸出することになります。

第4章

国際経済

第4章 SECTION 1 国際経済
貿易に関する基礎理論

実践 問題 183 〈基本レベル〉

頻出度 地上★ 国家一般職★★ 東京都★★ 特別区★★★
裁判所職員★ 国税・財務・労基★★ 国家総合職★★

問 国際収支に関する記述として，妥当なのはどれか。　（特別区2018）

1：国際収支は，一国の一定期間における対外経済取引の収支を示したものであり，経常収支，資本移転等収支，金融収支に大別され，統計上の誤差を調整する誤差脱漏も国際収支に含まれる。
2：経常収支は，財，サービスの国際取引を示す「貿易・サービス収支」，政府援助や国際機関への分担金などの「第一次所得収支」，国際間の雇用者報酬と利子・配当金などの投資収益を示す「第二次所得収支」からなる。
3：金融収支は，海外工場の建設にかかわる「直接投資」，株式・債券への投資である「証券投資」，デリバティブ取引などの「金融派生商品」からなり，通貨当局が保有する対外資産を表わす外貨準備は，金融収支に含まれない。
4：資本移転等収支は，資本形成を伴う無償資金協力や債務免除，資産の権利売買などが計上され，発展途上国への社会資本のための無償資金協力はプラスとなる。
5：国際収支は，金融収支において，対外資産の増加がプラスに，対外負債の増加がマイナスに計上され，理論上，「金融収支＋資本移転等収支－経常収支＋誤差脱漏＝0」となる。

OUTPUT

チェック欄		
1回目	2回目	3回目

実践 問題 **183** の解説

〈国際収支〉

1 ○ 本肢記述のとおりである。国際収支は，一国の一定期間における対外経済取引の収支を示したものである。ちなみに，**国際収支統計の恒等式**は，「**経常収支＋資本移転等収支－金融収支＋誤差脱漏＝0**」となる。

2 × 第一次所得収支と第二次所得収支の説明が逆である。**第一次所得収支**とは国際間の雇用者報酬と対外金融債権・債務等の投資から生じる利子・配当金等の収支状況をいう。また，**第二次所得収支**とは，居住者と非居住者との間の対価を伴わない資産の提供に係る収支状況を示し，政府援助や国際機関への分担金等が該当する。

3 × **金融収支**とは，金融資産にかかる居住者と非居住者間の債権・債務の移動を伴う取引の収支状況をいう。よって，通貨当局が保有する対外資産を表わす外貨準備は，金融収支に含まれるので，本肢記述は誤りである。

4 × **資本移転等収支**は，対価の受領を伴わない固定資産の提供，債務免除のほか，非生産・非金融資産の取得処分等の収支状況をいう。発展途上国への社会資本のための無償資金協力はマイナスに計上されるので，本肢記述は誤りである。

5 × 国際収支は，金融収支において，**対外資産と対外負債の増加がプラスに計上される**ので，本肢記述は誤りである。また，理論上，国際収支統計は，「経常収支＋資本移転等収支－金融収支＋誤差脱漏＝0」の恒等式が成立するので，これも誤りである。

日本では1966年から，それまでの**外国為替**統計に代わり，ＩＭＦ方式の国際収支統計が作成されてきた。**2008年に「国際収支マニュアル」が第6版に改訂**されたことを受けて，2014年1月分統計から現行の収支項目に改められた。本問解説も，第6版の収支項目に従って解説している。

正答 1

第4章 SECTION 1 国際経済
貿易に関する基礎理論

実践 問題 184 基本レベル

問 次の表は，A国とB国が，どちらも農産物と工業製品を生産しているとき，それぞれ1単位を生産するのに必要な生産費を労働者の数で表したものである。このとき，リカードの比較生産費説に基づいた，A国とB国との間での国際分業と貿易に関する記述として，妥当なのはどれか。 （特別区2005）

	A国	B国
農産物	100人	90人
工業製品	120人	80人

1：A国は，農産物に比較優位があるため，農産物の生産に特化して，工業製品をB国から輸入する。
2：A国は，工業製品に比較優位があるため，工業製品の生産に特化して，農産物をB国から輸入する。
3：B国は，農産物に比較優位があるため，農産物の生産に特化して，工業製品をA国から輸入する。
4：B国は，農産物と工業製品のどちらも，A国より少ない労働者数で生産できるため，A国は，農産物と工業製品のどちらもB国から輸入する。
5：B国は，農産物と工業製品のどちらも，A国より少ない労働者数で生産できるため，A国とB国との間での国際分業と貿易は成り立たない。

OUTPUT

実践 問題 **184** の解説

チェック欄		
1回目	2回目	3回目

〈比較生産費説〉

本問は，リカードの比較生産費説について，2国2財モデルを提示してどちらの国がどの財について比較優位にあるかを判断させる問題となっている。2国2財モデル（本問では，A国・B国，農産物・工業製品）を利用した比較生産費説についての問題で，どちらの国がどの財に比較優位を持っているかを判断するには，各国の各財についての比較生産費の計算を行って判断する。

本問においてA国とB国の比較生産費を求めると，農産物については，

$$A国 = \frac{100}{120} = \frac{5}{6}, \quad B国 = \frac{90}{80} = \frac{9}{8}$$

となり，A国のほうが低く，農産物についてはA国が比較優位を有する。

一方，工業製品については，

$$A国 = \frac{120}{100} = \frac{6}{5}, \quad B国 = \frac{80}{90} = \frac{8}{9}$$

となり，B国のほうが低く，工業製品についてはB国が比較優位を有する。

以上より，A国は農産物に生産を特化して農産物を輸出（工業製品はB国から輸入）し，B国は工業製品に生産を特化して工業製品を輸出（農産物はA国から輸入）することになる。よって，正解は肢1となる。

第4章 国際経済

正答 **1**

LEC東京リーガルマインド　2024-2025年合格目標 公務員試験 本気で合格！過去問解きまくり！　559
④社会科学

SECTION 1 貿易に関する基礎理論

国際経済

実践 問題 185 基本レベル

頻出度 地上★★ 国家一般職★★ 東京都★★★ 特別区★★
　　　 裁判所職員★★ 国税・財務・労基★★ 国家総合職★★

問 為替に関する記述として最も妥当なのはどれか。　(国家一般職2016)

1：外国通貨と自国通貨の交換比率のことを外国為替相場，銀行間で外貨取引を行う市場を外国為替市場という。外国為替相場は米国と各国の中央銀行間で決定されており，基軸通貨である米ドルと各国の通貨との交換比率が「1ドル＝100円」のように表される。

2：第二次世界大戦後，外国為替相場の安定と自由貿易の促進を目的としたブレトン＝ウッズ体制の下で固定為替相場制の体制が成立した。我が国が国際貿易に復帰する時には，「1ドル＝360円」の相場であった。

3：1973年に先進国間でプラザ合意が成立し，我が国も変動為替相場制へ移行することとなった。経済成長とともに我が国の貿易黒字が拡大し，日米間での貿易摩擦に発展した。そのため，円高・ドル安の傾向が強まり，1985年には「1ドル＝80円」に達した。

4：貿易での決済がドルで行われる場合，円高・ドル安になると我が国の輸入は増加し，円安・ドル高になると我が国の輸出が増加する。為替相場を誘導することは貿易問題を引き起こしやすいことから，国家による為替介入は，変動為替相場制の下では禁止されている。

5：為替相場の変動によって生じる利益のことを為替差益といい，例えば日本円を「1ドル＝100円」の相場で全てドルに交換し，その相場が円高・ドル安に進んだ後，全て日本円に交換すると，利益が出ることになる。

OUTPUT

実践 問題 **185** の解説

チェック欄
1回目	2回目	3回目

〈為替〉

1 ✕ 外国為替市場は外国為替の取引を行っており，現在では各国の中央銀行や外国為替公認銀行だけでなく輸出入業者，保険会社や仲介業者などが直接参加しているため，この点が誤りである。また，外国為替相場は，外国為替市場での取引によって決定されているため，この点についても誤りである。その他の記述については正しい。

2 ◯ 本肢記述のとおりである。1944年の**ブレトン＝ウッズ体制**では，各国の通貨を安定させるため，米ドルを基軸通貨とし「金１オンス＝35ドル」とする固定為替相場制が採られた。日本が国際経済社会に復帰するときには，1949年の**ドッジ・ライン**によって「１ドル＝360円」の単一為替レートが設定された。

3 ✕ プラザ合意が成立したのは1985年のことであるので，本肢記述は誤りである。1973年２月に日本は変動為替相場制へ移行した後，対米貿易を中心に貿易黒字が拡大し，貿易摩擦に発展した。その後，ドル高・円安の傾向が強まったため，日本を含む先進国によるドル安への協調介入の合意であるプラザ合意がなされた。1985年初の為替レートは「１ドル＝250円台」であったが，「１ドル＝80円」には遠く及ばないので，この点においても本肢記述は妥当ではない。

4 ✕ **変動為替相場制**においても，国家または中央銀行が外国為替市場で通貨を売買する為替介入が行われているため，本肢記述は誤りである。１つの国が単独で行う単独介入と，複数の国が協議して同時に行う協調介入とがある。その他の記述部分については正しい。

5 ✕ **為替相場の変動によって生じる利益を為替差益**という。日本円を「１ドル＝100円」の相場ですべてドルに交換し，その相場が円高・ドル安に進んだ後，すべて日本円に交換した場合には損失が出ることとなる（仮に１ドル＝90円となった場合には１ドルあたり10円の為替差損となる）。よって，本肢記述は誤りである。

第４章 国際経済

正答 **2**

LEC東京リーガルマインド　2024-2025年合格目標 公務員試験 本気で合格！過去問解きまくり！　561
④社会科学

第4章 ① 国際経済
貿易に関する基礎理論

実践 問題 186 応用レベル

頻出度　地上★★★　国家一般職★　東京都★　特別区★★★
　　　　裁判所職員★★　国税・財務・労基★★　国家総合職★★

問 変動為替相場制の下における財政政策・金融政策が一般に経済に与える影響に関するA〜Dの記述のうち，妥当なもののみをすべて挙げているのはどれか。
　　　　　　　　　　　　　　　　　　　　　　　　　　　　　(国税・労基2009)

A：政府投資の増加は金利上昇につながるため，自国通貨の増価が進み輸出は減少する。

B：減税は金融市場に影響を与えないため，国民所得は増加し，金利と自国通貨の価値はともに変わらない。

C：公開市場操作における買いオペレーションの実施は金利低下につながるため，自国通貨の減価が進み輸出は増加する。

D：預金準備率の引上げはマネーサプライの増加につながるため，自国通貨の減価が進み輸出は増加する。

1：A，B
2：A，C
3：B，C
4：B，C，D
5：D

OUTPUT

実践　問題 186 の解説

〈変動為替相場制と財政・金融政策〉

　外国為替相場（為替レート）とは，一般的に異なる通貨間の交換比率のことで，1国の通貨の対外価値を反映するものをいい，変動為替相場制は，通貨の需要と供給を反映して自由に為替相場を変動させる制度をいう。

　金利と為替相場の関係を見ると，自国金利が外国金利よりも低い場合は，自国からの資本の流出が発生して自国の資本収支が赤字となり，自国通貨の対外価値は減価する。逆に，自国金利が外国金利よりも高い場合は，自国への資本の流入が発生して自国の資本収支が黒字となり，自国通貨の対外価値は増価する。また，輸出入と為替相場の関係を見ると，自国通貨の増価は，海外からの輸入には有利に働くが，輸出には不利に働き，逆に，自国通貨の減価は，海外への輸出には有利に働くが，輸入には不利に働く。

A○　政府投資の増加は，有効需要の拡大を通じて国民所得を増加させるが，同時に貨幣需要も増大させる。貨幣需要の増大は金利の上昇をもたらすため，自国への資本流入が発生し，自国通貨の増価が進むことになる。自国通貨の増価は自国にとり，輸入には有利に働くが輸出には不利に働くため，輸出は減少することになる。

B×　減税は，有効需要の拡大を通じて国民所得を増加させるが，貨幣需要も増大させるために金利の上昇をもたらす。つまり，金融市場に影響を与える。金利の上昇により，自国への資本流入が発生し，自国通貨は増価する。

C○　中央銀行が公開市場操作における買いオペレーションを実施した場合，市場の**貨幣供給量（マネーサプライ）が増加**するため，**金利は低下する**。金利低下は，自国からの資本の流出を招き，自国の資本収支が赤字となり，自国通貨の対外価値は減価する。自国通貨の減価は，輸出に有利に働くために輸出は増加する。

D×　中央銀行が預金準備率を引上げた場合，市中銀行などの貸出しが減少し，**貨幣供給量（マネーサプライ）の減少**につながるため，**金利は上昇する**。金利の上昇によって，自国への資本流入が発生するため，自国通貨は増価する。

　以上より，妥当なものはA，Cであり，正解は肢2となる。

正答　2

SECTION 1 国際経済
貿易に関する基礎理論

実践 問題 187 応用レベル

問 図は外国為替市場での米ドルの需要曲線と供給曲線を示している。次は需要曲線および供給曲線のいずれかがシフトする場合の記述である。このうち、供給曲線が右にシフトする場合はどれか。 （地上2010）

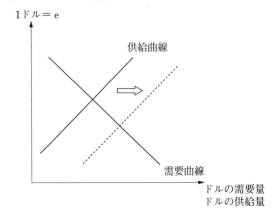

1：日本銀行が外国為替市場で円売りドル買い介入を行った。
2：日本の金融規制緩和が進み、アメリカから日本への証券投資が増大した。
3：アメリカの景気が後退したため、日本企業の対米輸出が減少した。
4：アメリカ製品に対する日本の輸入規制が緩和されたため、アメリカからの輸入が増大した。
5：原油高から航空料金が高騰し、アメリカへの日本人の旅行者が減少した。

OUTPUT

チェック欄		
1回目	2回目	3回目

実践 問題 **187** の解説 ────────────────

〈外国為替市場〉

1 ✕ 日本銀行が為替介入で円売りドル買いを行った場合，外国為替市場では，日本銀行が為替介入する前に比べてドルに対する需要が高まるため，ドル需要曲線が右方にシフトする。

2 ◯ 金融規制緩和として，たとえば，日本において金利に対する規制が撤廃された場合，金融機関は販売する金融商品に対して自由に金利を設定することが可能となる。このとき，日本の金融機関が，アメリカ国内よりも高い金利を設定した場合，アメリカから日本への証券需要が増加することが考えられる。その際，日本の金融機関が販売する金融商品で資金運用するために，ドルを円に交換する動きが高まり外国為替市場に流入するドルが増加する。その結果，ドル供給曲線は右方にシフトすることとなる。

3 ✕ たとえば，日米間の貿易取引がドル決済で行われる場合，アメリカの景気が後退して日本企業の対米輸出が減少すると，輸出に伴うドル建て収入が減少する。これにより，ドル建て収入を円建て収入に変えるために外国為替市場に流入するドルが減少し，ドル供給曲線が左方にシフトする。

4 ✕ 日米間の貿易取引がドル建てで決済が行われる場合，アメリカ製品に対する輸入規制が緩和されてアメリカ製品の輸入が増加すると，その分，輸入取引の決済のために円をドルに交換することが多くなる。その結果，ドルに対する需要が高まり，ドル需要曲線が右方にシフトする。

5 ✕ 原油高により，航空料金が高騰して，アメリカへの日本人の旅行者が減少する場合，日本人の旅行者が減少する前と比べて，旅行先であるアメリカでのドル建て決済のために円をドルに交換することが少なくなる。その結果，ドルに対する需要が減少し，外国為替市場におけるドル需要曲線が左方にシフトする。

第4章 国際経済

正答 **2**

LEC東京リーガルマインド 　2024-2025年合格目標 公務員試験 本気で合格！過去問解きまくり！　565
④社会科学

SECTION 1 国際経済 貿易に関する基礎理論

実践 問題 188 応用レベル

頻出度 地上★★★ 国家一般職★ 東京都★ 特別区★★★
       裁判所職員★★ 国税・財務・労基★★ 国家総合職★★

問 為替レートの変化が経常収支に及ぼす影響の一つに、いわゆる「Jカーブ効果」（逆Jカーブ効果を含む）があるが、為替レートの変化に伴い「Jカーブ効果」が生じた場合の我が国の経常収支に関する記述として最も妥当なのはどれか。

(国Ⅰ2007)

1：円高に伴い、当初は輸出額が減少し輸入額が増加して我が国の経常収支は赤字の方向に向かうが、我が国経済のファンダメンタルズ（基礎的な経済力）が良好な場合、長期的には輸出額は増加していくため経常収支は黒字の方向へ向かう。

2：円安に伴い、当初は輸出額が減少し輸入額が増加して我が国の経常収支は赤字の方向に向かうが、いったん経常収支が赤字になると黒字には極めて転化しにくく、赤字額は徐々に増加する傾向がある。

3：円高に伴い、我が国の競争力が低下するので経常収支が黒字であった場合はその黒字額は減少するはずであるが、当初は逆に経常収支の黒字は拡大し、その後、徐々に黒字額が減少していく。

4：我が国は輸出が輸入を上回る経済構造をもっているため、円高に伴い一時的に経常収支の赤字が生じた場合でも、その赤字はごく短期間に解消され、さらに従来の水準以上の経常収支の黒字が生ずる。

5：我が国は原材料の多くを輸入に依存しているため、円安になると輸入額が増加し経常収支は赤字の方向へ向かうが、一定期間経過した後には輸入品の在庫が拡大することから輸入額は減少していき、経常収支は長期的にゼロ近辺で均衡する。

実践 問題 188 の解説

〈Jカーブ効果と経常収支〉

Jカーブ効果とは，通貨の対外為替レートの減価（増価）が，当初は貿易収支の悪化（改善）をもたらすが，時間の経過とともに為替レートの減価（増価）の効果が現れて，貿易収支が改善（悪化）されることをいう。

1× 為替レートが円高になると，日本の経常収支は一時的に黒字の方向に向かうことが考えられる。しかし，時間の経過とともに経常収支の調整が進み，日本の経常収支は赤字の方向に向かうことが考えられる。このような現象が生じうる要因として，たとえば財やサービスの輸出入の契約を行う時点と，その契約に関する決済が行われる時点との間に時間のラグが存在することなどが考えられる。

2× 為替レートが円安になると，日本の経常収支は一時的に赤字の方向に向かうことが考えられる。しかし，時間の経過とともに輸出額が増加に向かうなど経常収支の調整が進み，日本の経常収支は黒字の方向に向かうことが考えられる。

3○ 為替レートが円高になると日本の輸出競争力が低下するので，経常収支が黒字であった場合はその黒字額は速やかに減少し，経常収支は赤字の方向に向かうことが本来であれば考えられる。しかし，当初は逆に経常収支の黒字は拡大し，その後，時間の経過に伴い経常収支の調整が進み，徐々に黒字額が減少していくことが考えられる。

4× 肢1の解説にあるように，為替レートが円高になると日本の経常収支は一時的に黒字の方向に向かうことが考えられる。しかし，時間の経過とともに輸出額が減少し輸入額が増加することなどにより経常収支の調整が進み，日本の経常収支は赤字の方向に向かうことが考えられる。

5× 肢2の解説のとおり，為替レートが円安になると日本の経常収支は一時的に赤字の方向に向かうことが考えられるが，時間の経過とともに輸出額が増加し輸入額が減少することなどにより経常収支の調整が進み，日本の経常収支は黒字の方向に向かうことが考えられる。

正答 **3**

国際経済
国際経済機構と地域経済連携

必修問題 セクションテーマを代表する問題に挑戦！

代表的な国際経済機構や地域経済連携について、仕組みもさることながらその動向も留意して学習しましょう。

問 発展途上国の経済に関する記述として、妥当なのはどれか。

(特別区2007)

1：政府開発援助（ODA）の対GDP比率の目標が国際連合で決議されたが、日本は、常にその目標を上回ってきた。
2：国連資源特別総会で採択された「新国際経済秩序（NIEO）の樹立に関する宣言」では、天然資源に対する資源保有国の恒久主権などが宣言された。
3：先進国から資金を借りた発展途上国に対し、金利や元本の支払いを遅らせる債務返済の繰延べを、モノカルチュアーという。
4：発展途上国の中で、工業化に成功し、経済的に躍進したブラジル、ロシア、インド及び中国を新興工業経済地域（NIES）という。
5：発展途上国間において、産油国と非産油国との間や経済成長を遂げた国と後発発展途上国との間の経済格差によって生じる問題を、南北問題という。

Guidance ガイダンス
政府開発援助（ODA）とは、開発途上国の貧困、人口、環境、エイズなどの問題を解決し、その地域の発展と安定を目標とする援助のことをいう。ODAの厳密な定義は、次の3つの条件を満たすような資金供与を指す。①中央および地方政府を含む政府機関ないしその実施機関により開発途上国および国際機関に対して供与されるもの、②開発途上国の経済開発および福祉の向上に寄与することを主たる目的とするもの、③供与条件がグラント・エレメント（GE）25％以上のもの。

頻出度　地上★★★　国家一般職★★　東京都★★★　特別区★★★
　　　　裁判所職員★　国税・財務・労基★★　国家総合職★★

必修問題の解説

〈発展途上国の経済〉

1 ✗ 国際連合は，2015年までにODAの対GNI（国民総所得）比率が0.7％となるよう目標を定めた。しかし，日本はGNIの母体自体が大きいため，ODAの対GNI比率において，目標値を下回っている。

2 ○ 新国際経済秩序に関する説明として妥当である。1970年代に入ると，途上国の中の資源保有国（とりわけ産油国）によって，自国の資源を先進諸国や多国籍企業の資本の支配から取り戻し，自国主権のもとでの開発を目指す資源ナショナリズムが盛んになった。1974年の国連資源特別総会において強まる資源ナショナリズムを背景に，「新国際経済秩序の樹立に関する宣言」が採択された。

3 ✗ 本肢の記述は，モノカルチュアー（モノカルチャー）ではなくリスケジュールに関する説明である。**モノカルチャーとは，単一の農作物を生産する農業形態を指す**。植民地化された土地で，支配国で需要の高い農作物を集中的に生産させられたことが始まりで，代表的な作物にサトウキビ，天然ゴム，コーヒー豆などがある。

4 ✗ 本肢の記述は，NIESではなくBRICsに関する説明である。**BRICsとは，近年の経済発展が著しい国であるブラジル，ロシア，インド，中国の頭文字を合わせた4カ国の総称である**。また，**南アフリカを含めた5カ国の総称でBRICSということもある**。なお，NIESとは，途上国の中で20世紀後半に急速な経済成長を果たした国・地域の略称であり，韓国，台湾，香港，シンガポールなどを指す。

5 ✗ 本肢の記述は，南北問題ではなく南南問題に関する説明である。**南北問題とは，「北」（先進国）と「南」（途上国）との間の経済格差（貧富の格差）の問題をいう**。

正答 **2**

Step ステップ

持続可能な開発目標（SDGs）とは，2015年9月の国連持続可能な開発サミットで「持続可能な開発のための2030アジェンダ」が採択され，従来の「ミレニアム開発目標（MDGs）」の後継となる開発目標をまとめたものである。具体的には，途上国が直面する課題に対して，2030年までの17の目標，169のターゲットが盛り込まれている。

国際経済機構と地域経済連携

1 国際経済機構

(1) IBRD（国際復興開発銀行）

IBRD（国際復興開発銀行）とは、1945年に設立された国際機関で、世界最大の開発援助機関となっています。本部はワシントンにあります。

姉妹機関である国際金融公社（IFC）、多数国間投資保証機関（MIGA）、国際投資紛争解決センター（ICSID）、国際開発協会（IDA）などとともに世界銀行グループを形成しています。

(2) IMF（国際通貨基金）

IMF（国際通貨基金）は、1946年、為替相場の安定を促進することにより国際金融秩序を維持し、為替制限を撤廃することによって世界貿易の拡大を図るために設立されました。

現在では**国際収支が悪化した加盟国に対して融資を行い、国際収支を回復させる**金融機関としての役割を負っています。

IBRDが長期的な資金援助を行うのに対して、**IMFは短期の資金援助**を行います。

(3) BIS（国際決済銀行）

BIS（国際決済銀行）とは、スイスのバーゼルに本部を置き、主要国の中央銀行間の取引仲介、国際金融問題解決のための政策協調を担っている機関です。

1992年からは、国際業務を行う銀行に対して一定以上（**自己資本比率8％以上**）の自己資本比率の維持を義務付けた統一規制（BIS規制）を実施しています。

(4) OECD（経済協力開発機構）

第2次世界大戦後の欧州復興のためのマーシャル・プランの受入れ機関であった欧州経済協力機構（OEEC）の加盟国である欧州18カ国と、準加盟国のアメリカ、カナダの20カ国で1961年に発足した市場主義を原則とする**先進工業国中心の国際経済協力機関**です。2021年にコスタリカが加盟し、38カ国となりました。日本は1964年に加盟しています。

OCEDは、客観性、公開性、大胆さ、先駆性、倫理性といった基本理念のもとで、自由な意見交換や情報交換を通じて経済成長、貿易自由化、途上国支援に貢献することを目的に活動を展開しています。

INPUT

(5) ＷＴＯ（世界貿易機関）

ＷＴＯ（世界貿易機関）とは，貿易や投資の自由化に関するルール作りや紛争処理を統括する国際機関で，ＧＡＴＴ（関税及び貿易に関する一般協定）を発展的に解消するかたちで1995年に発足しました。

ＷＴＯに加盟するためにはすでに加盟申請している国や地域と関税引下げやサービス市場の開放について個別に合意したうえで，多国間作業部会で貿易関連の国内法や制度を整備することが必要となります。

② 地域的経済連携

(1) ＡＳＥＡＮ（東南アジア諸国連合）

1967年，タイ，マレーシア，シンガポール，インドネシア，フィリピンの東南アジア５カ国で結成された，東南アジアの経済発展と社会的基盤の確立および生活水準の向上に協力することを目指す地域的協力機構です。

1984年にブルネイ，1995年にベトナム，1997年にミャンマーとラオスが加盟し，1999年４月には，カンボジアが正式に加盟して10カ国となりました（ＡＳＥＡＮ10が実現）。

(2) ＡＰＥＣ（アジア太平洋経済協力）

オーストラリアのホーク首相（当時）の提案で，日本，アメリカ，カナダ，オーストラリア，ニュージーランド，韓国，ＡＳＥＡＮ６カ国（当時）の12カ国により1989年11月に発足し，2023年９月現在で21カ国・地域にまで拡大しています。

他の地域統合とは異なり，参加国の自主性を重んじ，域外に対しても貿易投資の自由化の成果を均てんするという開かれた地域主義を標榜しています。

(3) ヨーロッパ連合（ＥＵ）

ＥＵ（欧州連合）は，1993年11月のマーストリヒト条約の発効（調印は1992年）によって，経済だけでなく政治・社会の全面においてヨーロッパの統合を目指す組織として発足しました。2023年９月現在27カ国体制となっています。

1999年に統一通貨ユーロを導入し，一体化された域内市場のより効率的な運営を目指しています（発足当初は11カ国）。2001年にギリシャ，2007年にスロベニア，2008年にキプロスとマルタ，2009年にスロバキア，2011年にエストニア，2014年にラトビア，2015年にリトアニア，2023年にクロアチアにユーロが導入され，2023年９月現在，ＥＵ加盟国27カ国中20カ国がユーロを導入しています。

2016年６月，イギリスでＥＵからの離脱を問う国民投票が実施され，開票の結果，離脱票が残留票を上回りました。その後，イギリスと欧州委員会が離脱交渉した結果，イギリスは2020年１月にＥＵを離脱しました。

第4章 国際経済

第4章 SECTION 2 国際経済
国際経済機構と地域経済連携

実践 問題189 基本レベル

頻出度 地上★★★ 国家一般職★★ 東京都★★★ 特別区★★★
裁判所職員★ 国税・財務・労基★★ 国家総合職★★★

問 A～Dは地域経済統合に関する記述であるが，妥当なもののみをすべて挙げているのはどれか。 （東京都2014改題）

A：APEC（アジア太平洋経済協力）は，ロシアを含む太平洋を取り囲む国と地域の経済協力の枠組みのことで，オーストラリアの提唱により発足した。

B：EPA（経済連携協定）は，特定の国や地域の間で，物品の関税やサービス貿易の障壁等の削減・撤廃を目的とする協定のことで，昨年，日本はシンガポールとのEPA交渉を再開した。

C：FTA（自由貿易協定）は，貿易の自由化に加え，投資，人の移動や知的財産の保護等を含む幅広い経済関係の強化を目的とする協定のことで，日本，中国及び韓国は，3か国間のみでFTAを締結している。

D：環太平洋パートナーシップに関する包括的及び先進的な協定（CPTPP）は，ASEAN（東南アジア諸国連合）全加盟国が参加している包括的な自由貿易協定のことで，関税の撤廃やサービスの自由化等を目指している。

1：A
2：A，B
3：B，C
4：B，D
5：C，D

OUTPUT

実践 問題189 の解説

〈地域経済統合〉

A ○ APEC（アジア太平洋経済協力）は，ロシアを含む太平洋を取り囲む21の国・地域が参加している経済協力の枠組みである。1989年，オーストラリアのホーク首相（当時）の提唱で発足した。

B × 特定の国や地域の間で，物品の関税やサービス貿易の障壁等の削減・撤廃を目的とする協定は，EPA（経済連携協定）ではなく，FTA（自由貿易協定）である。EPAは，人の移動や知的財産の保護など，FTAより幅広い分野での経済連携協定で，日本はシンガポールと2002年にEPA（日本・シンガポール経済連携協定）を締結している。

C × 貿易の自由化に加え，投資，人の移動や知的財産の保護等を含む幅広い経済関係の強化を目的とする協定は，EPA（経済連携協定）である。また，2023年9月現在，日本，中国および韓国の3カ国のみでFTAは締結しておらず，日中韓FTA交渉を進めている段階である。

D × 2023年9月現在，TPP11協定（環太平洋パートナーシップに関する包括的及び先進的な協定，CPTPP）の署名国のうちASEAN（東南アジア諸国連合）の加盟国は，シンガポール，ブルネイ，ベトナム，マレーシアの4カ国のみである。タイ，フィリピン，インドネシア，ミャンマー，ラオス，カンボジアの6カ国は署名していない。

以上より，妥当なものはAのみであり，正解は1となる。

正答 1

国際経済機構と地域経済連携

実践 問題190 基本レベル

問 国際経済に関する記述として，妥当なのはどれか。 (特別区2014改題)

1：発展途上国間における，産油国や経済成長を遂げた国と資源も乏しく開発も著しくおくれた国との間の経済格差による諸問題を，南北問題という。
2：輸出市場や労働力に恵まれ，外国資本を積極的に導入して工業化を進めてきたシンガポールや韓国などを後発発展途上国（LDC）という。
3：日本の政府開発援助（ODA）は，開発協力大綱に基づき実施されており，国連が定める対GNI比の目標を常に超えている。
4：国連資源特別総会で採択された「新国際経済秩序（NIEO）樹立に関する宣言」では，天然資源に対する資源保有国の恒久主権などが宣言された。
5：先進国の金融機関が，累積債務問題が表面化した債務国に対して，金利や元本の支払いを遅らせる債務返済繰延べを，デフォルトという。

実践 問題190 の解説

〈国際経済〉

1 × 南北問題とは、発展途上国と先進国の経済格差による諸問題で、発展途上国が南半球側、先進国が北半球側に偏っていることをイギリスのロイズ銀行会長オリバー・フランクスが1959年に指摘したことに由来している。産油国や経済成長を遂げた国と資源も乏しく開発も著しく遅れた国との経済格差による諸問題は、南南問題という。

2 × 発展途上国のうち、輸出市場や労働力に恵まれ、外国資本を積極的に導入して工業化を進めてきた国や地域を**新興工業経済地域（NIEsまたはNIES）**といい、シンガポールや韓国はこれに該当する。また、**後発発展途上国（LDC）**は、発展途上国の中で特に開発が遅れた国のことで、国連が認定する。2022年8月現在、46カ国が認定されているが、シンガポールや韓国は該当していない。

3 × 前半の**政府開発援助（ODA）**が開発協力大綱に基づいて実施されている部分は正しい。国連が定める対**国民総所得（GNI）**比の目標は0.7％となっているが、日本は2021年のGNI比で0.34％と下回っている。

4 ○ 本肢の記述のとおりである。発展途上国が多国籍企業などの国際的な取引においても不利にならないように資源保有国の恒久主権などを1974年に宣言したものである。

5 × 債務国が債権国に対して、金利や元本の支払いを遅らせる債務返済繰り延べをリスケジューリングという。デフォルトは債務不履行のことをいう。

正答 4

第4章 SECTION ② 国際経済
国際経済機構と地域経済連携

実践 問題 191 〈基本レベル〉

頻出度　地上★★★　国家一般職★★　東京都★★★　特別区★★★
　　　　裁判所職員★　国税・財務・労基★★　国家総合職★★

問　国際貿易に関する地域連携や国際機関についての記述のうち，正しいもののみをすべて挙げているのはどれか。　　　　　　　　　　　　　　（国Ⅰ2002改題）

ア：南米南部共同市場（メルコスール）は1990年代前半に，ブラジル，アルゼンチン，ウルグアイ，パラグアイの4か国によって結成された自由貿易圏である。90年代半ば以降，構成国の実質GDP成長率が8～10％に達し，同市場内での貿易が活発になってきたため，参加を希望する国が増えており，2010年にはペルーが正式に加盟した。

イ：東アジア経済会議（EAEC）は，マレーシアのマハティール首相が，1990年代はじめに，ヨーロッパや北米の経済統合に対抗するために，ASEAN諸国や日本などに結成を呼びかけた経済協議体である。しかし，同構想は，アメリカがこれに強く反対し，日本も不参加のために，実現していない。

ウ：アジア欧州会議（ASEM）は，日本，中国，韓国およびASEAN諸国と，EU諸国との間の首脳会合である。アジア・欧州間の貿易と投資の促進や，インフラ整備協力などについて定期的に話し合いが行われてきたが，1997年の通貨危機の影響で当初の機運もしぼみ，98年以降は一度も開催されていない。

エ：アジア太平洋経済協力会議（APEC）は，オーストラリアなどの主導により，環太平洋地域での経済関係の強化を図る目的で，1989年に発足した。94年のボゴール会議では，先進国は2010年までに，開発途上国は2020年までに，域内貿易自由化を達成することを目標とする，ボゴール宣言が採択された。

オ：世界貿易機関（WTO）は，1995年に設立された，世界貿易促進及び問題処理のための機関である。2001年のドーハ会議では，新多角的通商交渉（新ラウンド）の開始が決定されるとともに，中国の加盟が正式に承認された。

1：ア，イ，ウ
2：ア，ウ，エ
3：ア，エ，オ
4：イ，ウ，オ
5：イ，エ，オ

OUTPUT

チェック欄		
1回目	2回目	3回目

実践 問題 **191** の解説

〈国際貿易に関する地域連携や国際機関〉

ア× 南米南部共同市場（メルコスール）とは，1991年にアスンシオン条約によって発足が合意された，財，サービス，労働の域内自由市場創設を目指す，関税同盟の実質を持つ共同市場である。メルコスールのメンバーは，当初はブラジル，アルゼンチン，パラグアイ，ウルグアイの4カ国で2012年にベネズエラ，2012年にボリビアが加盟している（チリ，エクアドル，コロンビア，ペルー，スリナム，ガイアナが準加盟国）が，2010年にペルーが正式に加盟したという事実はない。

イ○ 東アジア経済会議（EAEC）とは，欧米主導の国際経済秩序に対抗するためにアジアに独自のシステムを作ろうと，1990年末に，マレーシアのマハティール首相（当時）が提唱した構想である。この構想はアジアに当時のECのような経済ブロックを作ってヨーロッパやアメリカに対抗していこうとしたため，アメリカ，カナダ，オーストラリアの猛反発にあっていた。

ウ× ASEM（アジア欧州首脳会議）とは，アジア側からは，日本，中国，韓国など21カ国とASEAN事務局が参加しており，ヨーロッパ側からはイギリス，フランス，ドイツなど30カ国と欧州連合が参加しており，計51カ国と2機関が参加している（2023年9月時点）。この会議では，政治，経済両面でアジアと欧州間の懸念事項が討議されていた。両者は国連改革や核不拡散，自由貿易，投資促進などについて話し合っており，1998年以降についてもASEMは1年おきに首脳会合が開催されている。

エ○ アジア太平洋経済協力（APEC）とは，1989年にオーストラリアのホーク首相（当時）がアジア太平洋地域の経済協議システムの創設を提唱して発足した会議である。加盟国は，日本，中国，韓国，東南アジア諸国，ロシア，オーストラリア，アメリカ，カナダ，メキシコ，チリ，ペルーなどである。1994年のボゴール会議においては，域内貿易自由化を目標とするボゴール宣言が採択されている。

オ○ 世界貿易機関（WTO）とは，1995年に設立され，多角的貿易自由化を推進することを目的とする国際機関である。2001年のカタールのドーハ会議においては，2000年以降に予定されていた新たな多国間交渉（ラウンド）の立上げが合意されるとともに，中国と台湾の加盟が認められた。

以上より，正しいものはイ，エ，オであり，正解は肢5となる。

正答 5

第4章 国際経済

LEC東京リーガルマインド 2024-2025年合格目標 公務員試験 本気で合格！過去問解きまくり！ 577
④社会科学

国際経済
国際経済機構と地域経済連携

実践 問題 192　基本レベル

頻出度　地上★　国家一般職★★　東京都★★★　特別区★★★
　　　　裁判所職員★　国税・財務・労基★★　国家総合職★★★

問 平成27年2月に閣議決定された開発協力大綱に関する記述として、妥当なのはどれか。
　　　　　　　　　　　　　　　　　　　　　　　　　　　　　　（特別区2015改題）

1：開発協力大綱は、政府開発援助（ODA）大綱を改定し定められたもので、その目的において、「国益の確保に貢献する」との表現は削除され、国際協調主義に基づく積極的平和主義の立場が強化された。

2：開発協力の実施に当たっては、軍事的用途及び国際紛争助長への使用を回避するとの原則を遵守しつつも、非軍事目的の開発協力に相手国の軍や軍籍を有する者が関係する場合、実質的意義に着目し、個別具体的に検討するとした。

3：開発協力の重点課題は、先進国政府による開発途上国への公的資金を使った経済協力であるとし、経済発展によりODAの対象でなくなった一人当たりの所得が一定水準の国や地域への開発協力は一切対象外とした。

4：民間部門が有する独自の経験や知見が、開発途上国の抱える課題の解決にとって重要であるとし、政府、政府関係機関と民間部門との連携の強化を重視し、自治体との連携については明記されなかった。

5：国際平和協力における緊急人道援助の効果的実施のため、国際機関や非政府組織（NGO）を含め、この分野に知見を有する主体との連携強化が明記され、「国際連合平和維持活動（PKO）との連携推進」との表現は削除された。

OUTPUT

実践 問題 **192** **の解説**

チェック欄
1回目	2回目	3回目

〈開発協力大綱〉

1 × 「国益の確保に貢献する」との表現は削除されていないので誤り。開発協力大綱の文中には，「我が国は，国際社会の平和と安定及び繁栄の確保により一層積極的に貢献することを目的として開発協力を推進する。こうした協力を通じて，我が国の平和と安全の維持，更なる繁栄の実現，安定性及び透明性が高く見通しがつきやすい国際環境の実現，普遍的価値に基づく国際秩序の維持・擁護といった国益の確保に貢献する。」と明記されている。

2 ○ 本肢記述のとおりである。「開発協力の実施に当たっては，軍事的用途及び国際紛争助長への使用を回避する。民生目的，災害救助等非軍事目的の開発協力に相手国の軍又は軍籍を有する者が関係する場合には，その実質的意義に着目し，個別具体的に検討する。」と明記されている。

3 × 開発協力の重点課題は，「一人当たり所得が一定の水準にあっても小島嶼国等の特別な脆弱性を抱える国々等に対しては，各国の開発ニーズの実態や負担能力に応じて必要な協力を行っていく。」として，政府開発援助（ODA）の対象でなくなった国や地域であっても開発協力は一律に対象外にはしないとしている。

4 × 民間部門ではなく，日本の地方自治体が有する独自の経験や知見が，開発途上国の抱える課題の解決にとって重要な役割を果たすようになっているとあることから，本肢記述は誤りである。また，「我が国の中小企業を含む企業や地方自治体，大学・研究機関等との連携を強化し，人づくり，法・制度構築，インフラシステム整備等，貿易・投資促進のための環境整備を始めとした取組を計画策定から事業実施まで一貫して進める。」とあり，自治体との連携については明記されている。

5 × 緊急人道支援，国際平和協力における連携については，その効果を最大化するため，「国際連合平和維持活動（PKO）等の国際平和協力活動との連携推進に引き続き取り組む。」とあり，「国際連合平和維持活動（PKO）との連携推進」との表現は削除されていない。

第4章　国際経済

正答 **2**

第4章 SECTION 2 国際経済
国際経済機構と地域経済連携

実践 問題 193 基本レベル

問 日本が署名している経済連携協定等に関する記述として、妥当なのはどれか。
（東京都2022改題）

1：環太平洋パートナーシップ（ＴＰＰ）協定の加盟国は，2022年3月現在15か国であり，ＴＰＰ域内の人口は約10億人，ＧＤＰは約40兆ドルとなっている。

2：日・ＥＵ経済連携協定（日ＥＵ・ＥＰＡ）は，ＧＤＰの規模が約30兆ドルで，日本の実質ＧＤＰを約3％押し上げる経済効果があると試算されている。

3：日米貿易協定は，世界のＧＤＰの約5割を占める貿易協定であり，日本の実質ＧＤＰを約2％押し上げる経済効果があると試算されている。

4：日英包括的経済連携協定（日英ＥＰＡ）は，英国のＥＵ離脱後の新たな貿易・投資の枠組みとして，2021年1月1日に発効した。

5：地域的な包括的経済連携（ＲＣＥＰ）協定は，ＡＳＥＡＮ加盟国，中国，インド，豪州など15か国が参加しており，世界のＧＤＰの約4割を占めている。

実践 問題 193 の解説

〈経済連携協定等〉

1 × 2022年3月現在，ＴＰＰ（環太平洋パートナーシップ）協定の参加国は，11カ国（メキシコ，日本，シンガポール，ニュージーランド，カナダ，豪州，ベトナム，ペルー，ブルネイ，チリ，マレーシア）なので，本肢記述は誤りである。また，ＴＰＰ域内の人口は約5.1億人，ＧＤＰは約11.8兆ドル（いずれも2021年現在）となっているので，これも誤りである。なお，2023年7月，イギリスが加入することが決定し，署名した。

2 × 日・ＥＵ経済連携協定（日ＥＵ・ＥＰＡ）は，2020年現在，ＧＤＰの規模が約21兆ドルで，日本の実質ＧＤＰを約1％押し上げる経済効果があると試算されているので，本肢記述は誤りである。

3 × 日米貿易協定は，世界のＧＤＰの約3割（25.5兆ドル，2019年）を占める貿易協定であり，日本の実質ＧＤＰを約0.8％押し上げる経済効果があると試算されているので，本肢記述は誤りである。

4 ○ 本肢記述のとおりである。日英包括的経済連携協定（日英ＥＰＡ）は，ＥＵ離脱後の英国との，日ＥＵ・ＥＰＡに代わる新たな貿易・投資の枠組みを規定したもので，2021年1月に発効した。

5 × 地域的な包括的経済連携（ＲＣＥＰ）協定は，日本，ＡＳＥＡＮ加盟国，中国，ニュージーランド，豪州など15カ国が参加しており，世界のＧＤＰの約3割（25.8兆ドル，2021年）を占めているので，本肢記述は誤りである。

正答 **4**

第4章 SECTION 2 国際経済
国際経済機構と地域経済連携

実践 問題 194 基本レベル

頻出度
地上 ★★　国家一般職 ★★★　東京都 ★★　特別区 ★★
裁判所職員 ★　国税・財務・労基 ★★　国家総合職 ★★

問 発展途上国への援助等に関する記述として最も妥当なのはどれか。

(国家一般職2017)

1：後発発展途上国とは，財政事情の悪化などにより，2000年まで発展途上国とみなされていなかった国のうち，それ以降に新たに発展途上国として国際連合から認定された国を指し，東南アジアの国々がその代表例として挙げられる。

2：発展途上国援助に関連する組織として，発展途上国援助の調整を行う開発援助委員会（DAC）や，世界銀行加盟国の一部によって活動が開始され発展途上国の中でも最も貧しい国々を対象として支援を行う国際開発協会（IDA）がある。

3：発展途上国と先進国との間の経済格差の問題を南北問題というが，近年では，発展途上国の中でも急速な経済成長を遂げた新興工業経済地域と，先進国との間で，発展途上国で産出される資源の獲得競争が問題となっており，これを南南問題という。

4：先進国側の働きかけにより，国連貿易開発会議（UNCTAD）が設立され，先進国と発展途上国との間の貿易拡大などが協議されたが，発展途上国では，先進国からの輸入品に対し関税面で優遇する一般特恵関税が義務付けられたため，両国間の経済格差が拡大した。

5：資源価格の高騰を背景に，欧州諸国に多額の資金を貸し付けていた中南米諸国では，1980年代に欧州諸国の一部が債務不履行の危機に陥ったことで累積債務問題が表面化し，救済策として債務繰延べなどが行われた。

OUTPUT

実践 問題 **194** の解説

チェック欄
1回目	2回目	3回目

〈発展途上国への援助等〉

1 ✕ 後発発展途上国（LDC）とは，国連開発計画委員会（CDP）が認定した基準に基づき，国連経済社会理事会の審議を経て，国連総会の決議により認定された特に開発の遅れた国であるので，本肢記述は誤りである。また，アフリカの国々がその代表例として挙げられるので，これも誤りである。

2 ◯ 本肢記述のとおりである。発展途上国援助に関連する代表的な組織として，開発援助委員会（DAC）や国際開発協会（IDA）が挙げられる。ちなみにDACは，経済協力開発機構（OECD）の発展途上国援助の調整を行う機関である。また，IDAは世界銀行のグループ機関で，国際復興開発銀行（IBRD）の活動を補完し，発展途上国の中でも最も貧しい国々（最貧国）を対象として支援を行う機関である。

3 ✕ 南南問題とは，発展途上国間における経済格差の拡大から生じる経済的・政治的な諸問題なので，本肢記述は誤りである。具体的には，主に1980年代以降，急速な経済成長を遂げた新興工業経済地域（NIES），莫大な石油収入を獲得している中東などの産油国と，後発発展途上国（LDC）の間での経済格差をいう。

4 ✕ 先進国と発展途上国との間の経済格差の拡大を問題視する非同盟諸国が，1962年に非同盟開発途上国経済会議を開催し，途上国への開発援助や国際貿易の形態に関する先進国への要求のほか，国連主催の国際会議の開催を求めた。これを受けて，1964年国連貿易開発会議（UNCTAD）が設立された。したがって，UNCTADは先進国の働きかけで設立されていないので，本肢記述は誤りである。また，UNCTADでは先進国と発展途上国との間の貿易拡大などが協議されたが，先進国では発展途上国からの輸入品に対し，関税面で優遇する一般特恵関税制度について合意しているので，これも誤りである。

5 ✕ 累積債務問題とは，主に資源価格の高騰を背景に，欧米先進諸国の民間銀行などから多額の資金を借り入れていた中南米諸国では，1980年代の世界経済の停滞などにより，債務不履行の危機に陥ったことを指す。救済策として民間銀行が債務繰延べ（リスケジュール）などを行ってデフォルトを阻止したことから，国際金融上の混乱は回避された。

第4章 国際経済

正答 **2**

LEC東京リーガルマインド　2024-2025年合格目標 公務員試験 本気で合格！過去問解きまくり！ 583
④社会科学

第4章 SECTION 2 国際経済
国際経済機構と地域経済連携

実践 問題 195 応用レベル

問 国際金融機関等に関する記述として最も妥当なのはどれか。（国Ⅰ2008改題）

1 ：国際通貨基金（IMF）は，1944年に締結されたスミソニアン協定により設立された国際機関で，2023年9月現在の加盟は約190か国である。IMFは，1971年に生じたいわゆるドル危機までは加盟各国の通貨の固定為替相場制を維持させてきたが，各国の通貨が変動為替相場制のもとで決済されるようになってからは，IMFは，発展途上国に対する資金融資のための審査及びその融資に役割が限定されるようになった。

2 ：国際復興開発銀行（IBRD）は，世界銀行とも呼ばれる国際機関で，IMFとほぼ同時期に設立され，IMFの下部機関として位置付けられている。IBRDは世界経済の戦後復興と発展途上国に対する経済開発支援を主な役割としており，国際連合加盟国が払い込む出資割当金をもとにIMFが直接支援することができない政府保証のない民間企業への融資を行うなど，2014年度末現在，世界最大の開発援助機関となっている。

3 ：先進国財務相・中央銀行総裁会議（G7）は，1970年代に生じたいわゆるオイルショックにより世界経済が不安定化することへの懸念を解消し，改めて国際協調のための枠組みの強化のために主要国首脳会議（サミット）とともに開催されるようになったもので，国際通貨や金融情勢の変動への対応策を協議する場となっている。このG7での合意事項は，参加国に対して拘束力をもっており，2000年以降は1年に1回開催されている。

4 ：国際決済銀行（BIS）は，第一次世界大戦後に設立され，第二次世界大戦後は主要国中央銀行の国際金融・通貨問題解決のための政策協調機関としての役割などを果たしている。BISには2023年9月現在，欧州諸国や米国，日本，オーストラリアなどの中央銀行等が加盟しているが，BISは，国際業務を営む銀行に対して，一定水準以上の自己資本比率の維持を求める国際的な統一基準「BIS規制」においても，その名前を知られている。

5 ：欧州中央銀行（ECB）は，1958年にローマ条約で欧州経済共同体（EEC）が発足したときに同条約に基づいて設立されたもので，人や商品・サービス・資本の欧州域内での自由移動を可能とするための政策を欧州各国が実施するために必要な資金の貸付けを，欧州連合（EU）加盟諸国及び新規加盟予定諸国に対して行っている。

OUTPUT

実践　問題 195 の解説

〈国際金融機関〉

1 ×　ＩＭＦ（国際通貨基金）は，1944年のブレトン・ウッズ協定に基づき，1946年に設立された。2023年9月現在，190カ国が加盟している。ＩＭＦの果たす主な役割として，為替安定の促進のほか，国際収支不均衡に陥った加盟国に対する短期的融資の実施，通貨に関する国際協力の促進などが挙げられる。一方，スミソニアン協定は，1971年にワシントンのスミソニアン博物館で開催された10カ国蔵相会議で合意されたもので，ドル切下げや各国通貨の対ドル平価の切上げなどが合意された。

2 ×　ＩＢＲＤ（国際復興開発銀行）は1945年に設立された国際機関で，現在では単一の機関としては世界で最大の開発資金の融資機関である。また，ＩＢＲＤは，ＩＭＦ（国際通貨基金）の下部機関ではなく，独立しており，いずれも国連の専門機関である。ＩＢＲＤの果たす主な役割としては，開発途上国に対する長期の融資を通じて，経済成長や貧困削減の努力を支援することや，専門的知見に基づく政策上の助言を行うことなどが挙げられる。

3 ×　Ｇ７（7カ国財務大臣・中央銀行総裁会議）は，日本をはじめ，アメリカ，イギリス，フランス，ドイツ，カナダ，イタリアの7カ国から構成され，為替相場の安定やインフレなき経済成長の促進などを図るための政策協調の場であり，サミットと同時期ではなく，1986年の東京サミットで設立合意がなされ，第1回目のＧ７は1986年にアメリカのワシントンＤ.Ｃ.で開催された。

4 ○　ＢＩＳ（国際決済銀行）は1930年に設立された機関で，この機関の名称はドイツの第1次世界大戦に関する賠償支払の事務を取り扱っていたことに由来がある。ＢＩＳは，中央銀行間の協力促進のための場としての役割のほか，各国中央銀行からの預金受入れなどの業務も担っている。また，国際業務を営む銀行に対しては，「ＢＩＳ規制」により自己資本比率が8％以上の水準を維持することが求められている。

5 ×　ＥＣＢ（欧州中央銀行）は1998年に設立された機関である。ユーロ圏の金融政策は，ＥＣＢとユーロ圏各国中央銀行から構成されるＥＳＣＢ（欧州中央銀行制度）を通じて実施されており，また，物価安定の目的に反しない限りにおいて，ＥＵでの全般的な経済政策を支持することとされている。

正答　4

第4章 SECTION② 国際経済
国際経済機構と地域経済連携

実践 問題 196 応用レベル

頻出度 地上★★　国家一般職★★　東京都★★　特別区★★
　　　　裁判所職員★　国税・財務・労基★★★　国家総合職★★

問 貿易に係る国際機関や協定等に関する記述として最も妥当なのはどれか。
（国税・財務・労基2015改題）

1：経済協力開発機構（OECD）は、1995年に設立された、開発途上国や先進国にかかわらず、150以上の国と地域が加盟する国際機関であり、加盟している国・地域間で、自由にモノやサービスの貿易ができるようにするためのルールを定めている。

2：世界貿易機関（WTO）は、1961年に設立された、ヨーロッパを中心に我が国を含めた30か国以上の先進国が加盟する国際機関であり、加盟国経済の安定成長、国際貿易の安定的発展、開発途上国への援助促進などを目的としている。

3：アジア太平洋経済協力（APEC）は、1967年に成立した、アジアの11の国・地域間における、貿易と投資の自由化、経済・技術協力等を基本理念とした経済協力の枠組みであり、米国もオブザーバーとして参加している。

4：経済連携協定（EPA）とは、国・地域間での輸出入に係る関税の撤廃・削減、サービス業を行う際の規制の緩和・撤廃等を含んだ、包括的な国際協定であり、我が国と同協定を締結した国の例として、シンガポール、マレーシアなどが挙げられる。

5：環太平洋パートナーシップ（TPP）協定は、農林水産物、工業製品などのモノの貿易に特化し、各国の貿易の自由化やルール作りをする国際協定であり、2018年3月に、我が国を含めた環太平洋の30か国以上の国々が署名し、同年12月に発効した。

OUTPUT

チェック欄		
1回目	2回目	3回目

実践 問題 **196** の解説 ─────────────────

〈貿易に係る国際機関や協定等〉

1 ✕ 本肢は世界貿易機関（WTO）の説明であるので，誤りである。なお，経済協力開発機構（OECD）は，1961年に設立され，世界の経済や社会福祉の向上に向けた政策を推進する国際機関で，先進国などを中心に38カ国が加盟している（2023年9月現在）。

2 ✕ 本肢は経済協力開発機構（OECD）の説明であるので，誤りである。世界貿易機関（WTO）は1995年に設立され，加盟国・地域間で，自由にモノやサービスの貿易ができるようにするためのルールを定めている国際機関で，164カ国が加盟している（2022年12月現在）。

3 ✕ アジア太平洋経済協力（APEC）は1989年に成立し，2023年5月現在の加盟国・地域はアジア太平洋地域の21の国と地域であり，アメリカも加盟国であるので，本肢記述は誤りである。APECは加盟国・地域間における貿易と投資の自由化，経済・技術協力等を基本理念とした経済協力の枠組みである。

4 ◯ 本肢記述のとおりである。自由貿易協定（FTA）が締約国間で，物品の関税やサービス貿易の障壁等を削減・撤廃することを目的とする協定であるのに対し，経済連携協定（EPA）は貿易の自由化に加え，投資，人の移動，知的財産の保護や競争政策におけるルール作り，さまざまな分野での協力の要素を含む，幅広い経済関係の強化を目的とする協定である。

5 ✕ 環太平洋パートナーシップ（TPP）協定は，FTAの基本的な構成要素である物品市場アクセスやサービス貿易のみではなく，非関税分野のルール作りのほか，新しい分野を含む包括的協定として交渉される国際協定である。当初は我が国を含めた12カ国が交渉に参加していたが，2017年1月，アメリカが脱退を表明し，11カ国が2018年3月に署名し，同年12月に発効した。

第4章 国際経済

正答 **4**

第4章 国際経済

章末 CHECK

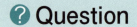

- Q1 国際収支統計は，経常収支と金融収支の2項目からなる。
- Q2 貿易・サービス収支，第一次所得収支，第二次所得収支から構成されるのは，経常収支である。
- Q3 固定相場制は，外国為替相場の変動を認めないか，わずかな変動幅しか認めない制度である。
- Q4 変動相場制は，外国為替相場が為替市場の需給関係で決定されるもので，金本位制度における為替相場制度が典型である。
- Q5 変動相場制を採用すると，為替相場の変動を通じて国際収支の調整がなされるとされている。
- Q6 為替市場において，円高になるということは市場で円需要が低下したことを示している。
- Q7 為替相場が円高ドル安に変動した場合，日本のアメリカへの輸出は有利になるといえる。
- Q8 為替市場における通貨の減価が当初は貿易収支の悪化をもたらし，しばらくしてから通貨の減価の効果によって貿易収支が改善することをJカーブ効果という。
- Q9 国際分業に関する基礎理論である比較優位説は，古典派経済学のA.スミスが提唱した理論である。
- Q10 比較優位説では，各国は比較生産費が相対的に低い財の生産に特化してそれを輸出するべきであるとされる。
- Q11 1944年のブレトン・ウッズ協定では，アメリカのドルを基軸通貨とする固定相場制が採用された。
- Q12 IMFは，加盟国の経済復興と開発援助を目的とした国際金融機関で，世界銀行ともよばれる。
- Q13 WTOは，1995年に発足した機関で，関税その他の貿易障壁を除去するなど，加盟国間の自由・円滑な通商関係の実現を目的としている。

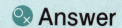

A1	×	国際収支統計は，経常収支，金融収支，資本移転等収支，誤差脱漏の4項目から構成される。
A2	○	経常収支は，「貿易・サービス収支」，「第一次所得収支」，「第二次所得収支」から構成されている。
A3	○	外国為替相場の変動をまったく認めないか，わずかな変動幅しか認めない為替制度は，固定相場制といわれている。
A4	×	変動相場制は，外国為替相場が為替市場の需給関係で決定されるものであるが，金本位制度における為替相場制度としては固定相場制が典型とされる。
A5	○	変動相場制を採用すると，理論上は，為替相場の変動を通じて国際収支の調整がなされ，国際収支は均衡するとされている。
A6	×	一般に，円高は為替市場において円需要が増加するために起こり，円安は為替市場で円需要が減少するために起こる。
A7	×	為替相場が円高ドル安に変動した場合，日本のアメリカへの輸出は不利になるといえる。
A8	○	Jカーブ効果とは，為替市場における通貨の減価が，当初は貿易収支の悪化をもたらし，その後しばらくして，通貨の減価の効果が現れて貿易収支が改善することをいう。
A9	×	比較優位説（比較生産費説）は，国際分業に関する基礎理論で，D.リカードが提唱した理論である。
A10	○	比較優位説では，各国は比較生産費の低い財に生産を特化してその財を輸出し，他の財の生産は他国に任せ貿易を通じて財の交換をすべきであるとされる。
A11	○	1944年のブレトン・ウッズ協定では，アメリカのドルを基軸通貨とする固定相場制を採用することのほか，ＩＭＦやＩＢＲＤを設立することなどが合意された。
A12	×	ＩＭＦ（国際通貨基金）は，為替相場の安定と国際貿易の拡大などを目的とする国際金融機関で，世界貿易促進のための通商制限などの撤廃を目指している。
A13	○	ＷＴＯ（世界貿易機関）は，1995年に発足し，関税その他の貿易障壁を除去するなど，加盟国間の自由・円滑な通商関係の実現を目指している。

memo

第5章

経済史

SECTION

① 戦後世界経済史
② 戦後日本経済史
③ 経済理論の変遷

第5章 経済史

出題傾向の分析と対策

試験名	地上			国家一般職(旧国Ⅱ)			東京都			特別区			裁判所職員			国税・財務・労基			国家総合職(旧国Ⅰ)		
年度	15-17	18-20	21-23	15-17	18-20	21-23	15-17	18-20	21-23	15-17	18-20	21-23	15-17	18-20	21-23	15-17	18-20	21-23	15-17	18-20	21-23
出題数 セクション	1	1			3	1							2	1					1	1	1
戦後世界経済史																		★		★	
戦後日本経済史		★			★★★	★							★								
経済理論の変遷	★												★	★					★		

(注) 1つの問題において複数の分野が出題されることがあるため，星の数の合計と出題数とが一致しないことがあります。

戦後世界経済史および戦後経済史からの出題は，いくつかの試験種で頻出といえます。出題傾向としては，戦後世界経済史よりは戦後日本経済史のほうが若干多いですが，試験的な重要度は，両者ともに高いといえます。具体的には，世界の不況や経済危機，わが国の戦後経済など，受験生としては当然学習しておく内容となっています。経済史としての流れを意識しながら，問題演習を通じて，基本的な知識の定着を図ってください。また，経済理論の変遷からの出題は頻出とはいえませんが，一度覚えれば得点源にしやすいといえます。出題されたら確実に得点できるようにしておいてください。

地方上級

地方上級では，この分野からの出題が頻出といえませんが，戦後日本経済史がよく出題されています。経済理論の変遷や近年の話題も織り交ぜられることもあり，時事的なテーマにも対応できるようにしておく必要があります。

国家一般職（旧国家Ⅱ種）

国家一般職では，特に戦後日本経済史から出題されています。そのほかにも，過去には発展途上国の経済史についての出題もありましたので，全体的にしっかりと学習しておく必要があります。

東京都

東京都では，この分野からの出題がほとんどありませんが，試験対策について
いえば，基本的なテーマについてまとめ，問題演習を通じて知識の定着を図って
ください。

特別区

特別区では，この分野からの出題がほとんどありませんが，過去には戦後日本
経済史からの出題がありました。経済史の流れをつかみながら近年話題になった
テーマについても十分対策をしておく必要があります。

裁判所職員

裁判所職員では，この分野からの出題が頻出とはいえませんが，世界の不況や
経済危機に関する論点が織り交ぜられている問題も出題されているので，時事的
なテーマや経済理論の変遷についても十分対策をしておく必要があります。

国税専門官・財務専門官・労働基準監督官

国税専門官・財務専門官・労働基準監督官では，この分野からの出題がそれほ
ど多いとはいえませんが，戦後世界経済史が出題されています。最近の事象に関
しても，問題に含まれることがありますので，時事的なテーマにも対応できるよ
うにしておく必要があります。

国家総合職（旧国家Ⅰ種）

国家総合職では，戦後世界経済史が出題されています。一部に経済理論や細か
い知識を要する問題も出題されていますので，対策は十分しておく必要がありま
す。

Advice アドバイス 学習と対策

戦後経済史に関する分野の出題は，経済史に関する問題だけにとどまらず，
近年の出来事なども問題中に含まれることがあり，対策は十分に行う必要が
あるといえるでしょう。特に第2次世界大戦後の各国の経済については，日
本だけでなく，世界経済も含めて大きな流れをつかみ，その結果についても
理解しておく必要があります。

第5章 1
SECTION

経済史
戦後世界経済史

必修問題
セクションテーマを代表する問題に挑戦!

主に第2次世界大戦後から最近に至るまでの長いスパンで問われやすいので，時間の流れに留意して学習しましょう。

問 国際経済に関する記述として，妥当なのはどれか。 （特別区2012）

1：欧州共同体（EC）は，域内の非関税障壁を撤廃し，ヒト，モノ，サービス，カネの自由な移動を実現する市場統合を達成し，さらにマーストリヒト条約をうけ，市場統合化を強化し，政治的統合をも含む欧州連合（EU）へ発展した。

2：国際復興開発銀行（IBRD）は，アムステルダム条約に基づき，第二次世界大戦後の経済復興と開発のための資金供与を目的に設立され，復興完了後は発展途上国の経済成長のための融資機関となった。

3：レーガン政権の下で拡大したアメリカの貿易赤字に対応するため，先進5か国蔵相中央銀行総裁会議（G5）が開かれ，ドル高を是正することで一致したルーブル合意が成立し，この合意に基づき各国が為替市場に協調介入を行った。

4：アメリカのニクソン大統領が，金とドルとの交換停止を発表したことにより世界経済が大混乱に陥ったニクソン＝ショックを経て，先進諸国は，スミソニアン協定により，固定為替相場制から変動為替相場制に移行した。

5：ウルグアイ＝ラウンドでは，知的所有権の保護や農産物の自由化等について議論され，関税と貿易に関する一般協定（GATT）を発展的に解消し，新たな国際機関としての国連貿易開発会議（UNCTAD）の設立が合意された。

直前復習

Guidance ガイダンス 第2次世界大戦後における世界経済については，ブレトン・ウッズ体制の成立からその崩壊に至る過程を押さえておきたい。

必修問題の解説

〈国際経済〉

1 ○ 1993年11月の**マーストリヒト条約（欧州連合条約）**の発効によって，EC（欧州共同体）は経済だけでなく政治・社会の全面においてヨーロッパの統合を目指すEU（欧州連合）として発展した。

2 × **IBRD（国際復興開発銀行）**とは，世界銀行グループの一員である国際機関で，1944年のブレトン・ウッズ協定に基づき設立された。なお，アムステルダム条約とは，1999年に発効したEUの基本法となる条約である。

3 × 1985年にＧ５（先進５カ国蔵相・中央銀行総裁会議）は，ドル高を背景とした日本と欧米の貿易不均衡問題に対処するため，外国為替市場でドル安誘導の協調介入を行うことに合意した（**プラザ合意**）。この結果，外国為替市場では円買い・ドル売りが進行し，円は１ドル＝240円台から１ドル＝150円台へと高騰することになった。その後，1987年には，Ｇ７（先進７カ国財務相・中央銀行総裁会議）が開かれ，為替レートの安定を目指し，プラザ合意を原因とする過度の円高を是正するため，ルーブル合意が結ばれた。しかし，この合意以後も円高ドル安は進行し続け，円は１ドル＝120円台にまでなった。

4 × アメリカ・ドルを基軸通貨とするブレトン・ウッズ体制では，世界貿易の進展に伴いドルが大量発行され，アメリカの国際収支は慢性的な赤字となった。1971年８月，ニクソン大統領は金とドルの交換の停止を発表し，各国は一時的に変動相場制に移行した。1971年12月には，ワシントンのスミソニアン博物館で先進10カ国蔵相会議が開催され，ドルは金との交換性を回復しないまま切り下げられ，各国は変動相場制から固定相場制に戻った（スミソニアン協定）。しかし，ドルの信頼が回復されず，この体制は結果的に崩壊し，各国は再び変動相場制に移行することになった。

5 × **GATT（関税及び貿易に関する一般協定）**とは，関税その他の貿易障害の軽減，輸入制限の排除により，貿易の自由化を図り，各国経済を発展させることを目的に，1947年，ジュネーブ会議において調印された多国間協定のことである。GATTは，1994年４月のGATT／ウルグアイ・ラウンド終結に伴い，WTO協定が発効し，1995年１月にGATTを発展的に解消するかたちでWTO（世界貿易機関）が新たな国際機関として設立された。

正答 **1**

第5章 SECTION 1 経済史
戦後世界経済史

1 国際通貨体制

(1) ブレトン・ウッズ協定（IMF体制）

1944年7月、アメリカのニューハンプシャー州ブレトン・ウッズにおいて、連合国国際通貨金融会議が開催され、第2次世界大戦後の国際為替金融の新ルールについて協定が結ばれました。この協定をブレトン・ウッズ協定といい、①アメリカ・ドルを基軸通貨とする固定相場制の採用、②IMF（国際通貨基金）の設立、③IBRD（国際復興開発銀行）の設立などが合意されました。

IMF	為替相場の安定と国際貿易の拡大を目的とする国際金融機関で、加盟国の出資によって共同の基金をつくり、これを各国に利用させることで、為替レートの安定などを目指すほか、加盟国に対して、貿易や取引に必要な短期の資金供給（貸付）を行います。
IBRD	加盟国の経済復興と開発援助を目的とした長期の資金融資を行う国際金融機関として設立されました。現在では、加盟する開発途上国への経済成長を目的とする貸付などを主な任務としています。

(2) IMF体制の動揺と崩壊

アメリカ・ドルを基軸通貨とするIMF体制では、世界貿易の進展に伴い、ドルが大量発行され、アメリカの国際収支は慢性的な赤字となりました。このため1971年8月、ニクソン大統領の声明により、金とドルの交換が停止され（ニクソン声明）、多くの国々は一時的に変動相場制に移行しました。

1971年12月、ワシントンのスミソニアン博物館で先進10カ国蔵相会議が開催され、スミソニアン協定が締結されました。この協定により、円やマルクなどの対ドルレートが切り上げられ、各国は変動相場制から固定相場制に戻りました。

しかし、ドルの信頼が回復されず、この体制は崩壊し、各国は再び変動相場制に移行しました。その後、1976年1月のジャマイカのキングストンにおける暫定委員会において、変動相場制の承認、SDRの役割強化が確認されました（キングストン合意）。

1978年にはIMF協定の第2次改定が発効し、変動相場制を中心とした各国の通貨制度が認められることとなりました。

SDR（特別引出権）	1970年に第3の通貨として創設されました。IMF加盟国の国際収支が赤字のときに、加盟国が出資の裏付けなしに（無担保で）必要な通貨を引き出せる権利のことをいいます。

INPUT

2 国際貿易体制

(1) ITO（国際貿易機構）の挫折

1948年3月，ITO（国際貿易機構）の設立を含むハバナ憲章が53カ国の政府代表によって採択され，調印されたが，2カ国（オーストラリアとリベリア）しか批准が得られず，アメリカは議会の承認を得られず，ITO設立は実現しませんでした。

(2) GATT（関税及び貿易に関する一般協定)

GATT（関税及び貿易に関する一般協定）とは，関税その他の貿易障害の軽減，輸入制限の排除により，貿易の自由化を図り，各国経済を発展させることを目的に，1947年，ジュネーブ会議において調印された多国間協定です。

(3) GATTの歩み

① 1950～60年代（自由化の推進）
──ケネディ・ラウンド（1964～67年）

ケネディ大統領の提案により行われた関税引下げ交渉で，欧州諸国との間で調整が難航したものの1967年に妥結しました。

② 1970年代（保護主義の台頭）
──東京・ラウンド（1973～79年）

1973年に東京で開催されたGATT閣僚会議で東京宣言が採択され，多角的貿易交渉が開始されたもので，保護主義の台頭とケネディ・ラウンドの後退を克服するための関税の一括引下げ交渉という位置づけです。**平均30％の関税一括引下げ，非関税障壁の撤廃などの成果が挙げられます。**

③ 1980～90年代（グローバリズム）
──ウルグアイ・ラウンド（1986～94年）

GATTにおける最終交渉であり，1994年4月に終結しました。

農産物貿易の自由化，知的所有権の保護などの成果を上げたが，ウルグアイ・ラウンドを通しての総合的な成果としては，①WTOの設立，体系的な紛争解決手続の導入など，法の支配をより強固なものとした，②貿易措置の運用・手続を明確化した，③サービス・知的所有権などの新しい分野に対するルールの導入を図った，④貿易措置に関する透明度を高めた，ことなどが注目されました。

第5章 経済史

第5章 SECTION 1 経済史
戦後世界経済史

実践 問題 197 基本レベル

頻出度　地上★★★　国家一般職★★★　東京都★★　特別区★★★
　　　　裁判所職員★★　国税・財務・労基★★★　国家総合職★★★

問 国際通貨をめぐる動きに関する記述として最も妥当なのはどれか。

（国税・労基2010）

1：1929年の世界恐慌後，各国が金本位制を維持できなくなった経緯から，1944年のブレトンウッズ協定では，金に代わってドルを国際貿易の基軸通貨とし，ドルと金との兌換は認めないが，各国通貨とドルの間で一定の安定的な交換比率を設定した固定為替相場制を導入した。

2：1944年のブレトンウッズ協定により，為替レートの安定，為替制限の撤廃による国際収支の不均衡の調整を目的とする機関として，世界銀行に代わり国際通貨基金（IMF）が設立された。IMFは国際収支の赤字が続く途上国などに対する，経済開発のための長期資金の融資も行っている。

3：1971年，アメリカ合衆国のニクソン政権は，海外に多量に流出したドルを防衛するため，ドルの変動為替相場制への移行を発表するとともに，ドルを補充する第三の国際通貨としての特別引き出し権（SDR）の創設を柱とする政策を実施し，これはニクソンショックと呼ばれた。

4：1971年のスミソニアン協定では，円切上げなど各国通貨の平価調整が行われたが，その後も国際通貨情勢が安定せず，主要各国が変動為替相場制に移行したことから，1976年のキングストン合意では，変動為替相場制を正式に承認した。

5：1985年のプラザ合意では，レーガノミックス政策から発生したアメリカ合衆国の財政と経常収支の赤字（双子の赤字）の影響によるドル安を是正するため，各国が協調して対応することを決定し，その結果，短期間に急激なドル高・円安が進行して，日本の輸出が急速に拡大した。

OUTPUT

チェック欄		
1回目	2回目	3回目

実践 問題 **197** の解説

〈国際通貨をめぐる動き〉

1 ✕ 1944年7月，アメリカのニューハンプシャー州ブレトン・ウッズで，第2次世界大戦後の国際通貨体制に関する会議が開かれた。会議では，米ドルを金と交換（兌換）可能な唯一の基軸通貨とするとともに固定為替相場制を採用すること，国際通貨基金（IMF）と国際復興開発銀行（IBRD）を設立することなどを内容とする協定が結ばれた（ブレトン・ウッズ協定）。

2 ✕ 国際通貨基金（IMF）の主な目的は，加盟国の為替政策の監視（サーベイランス）や，国際収支が著しく悪化した加盟国に対して融資を実施することなどを通じて，国際貿易の促進，加盟国の高水準の雇用と国民所得の増大，為替の安定，などに寄与することとなっている。

3 ✕ 1971年8月，アメリカのニクソン大統領は，国際収支の悪化を理由にドルと金との交換停止などの経済政策を発表した（ニクソン・ショック）。これにより，ブレトン・ウッズ体制は崩壊して，国際通貨制度は一時的に変動相場制へと移行した。なお，SDR（特別引出権）は，1969年にIMF協定に基づき創設された，準備資産を調達するための外貨請求権のことである。

4 ◯ 1971年12月には，ワシントンのスミソニアン博物館で10カ国蔵相会議が開催された。同会議では，ドルの切下げと各国通貨のドルに対する切上げなどが決定された（スミソニアン協定）。しかし，スミソニアン協定の締結後もドルに対する信用は回復せず，各国は相次いで変動相場制に移行し，1976年にジャマイカのキングストンで開催された会議では，変動相場制が正式に承認された（キングストン合意）。

5 ✕ レーガノミックスとは，アメリカの第40代大統領であったレーガン大統領（在任期間：1981～1989年）による一連の経済政策のことであり，サプライサイド経済学やマネタリズムを論拠としている。これにより，景気回復に至ったものの，政府の財政赤字が深刻化し，ドル高の影響で貿易赤字も拡大し，いわゆる「双子の赤字」が拡大した。これを受けて，1985年に先進5カ国蔵相・中央銀行総裁会議が開催され，各国が協調して為替レートをドル安に誘導することに合意した（プラザ合意）。これによりドル高は是正されたが，日本国内では円高が進行し，輸出不振から円高不況となった。

正答 4

第5章 SECTION 1 経済史
戦後世界経済史

実践 問題198 〈基本レベル〉

頻出度	地上★★★	国家一般職★★★	東京都★★	特別区★★★
	裁判所職員★★	国税・財務・労基★★★	国家総合職★★★	

問 これまでに発生した不況や経済危機に関する次のA〜Dの記述の正誤の組合せとして最も適当なのはどれか。　　　　　　　　　　　　（裁事・家裁2010）

A：わが国では，第一次石油ショック後の世界同時不況においては，石油価格の高騰により物価上昇が加速する一方で個人消費を中心に内需が減退し，スタグフレーションの状態となった。

B：1997年にタイで発生したアジア通貨危機では，マレーシアやインドネシアなど他のアジア諸国にも危機が伝播した。このとき，各国の通貨の対米ドル為替相場は大幅に増価し，また，各国の経済は大きな打撃を受けた。

C：2008年に米国で発生した金融危機は世界経済に影響を及ぼし，欧州各国を始め，わが国でも景気が後退した。これに対し，日本，米国，ＥＵの各中央銀行は政策金利を引き下げるとともに，流動性供給を拡大する措置をとった。

D：わが国では，1990年代に多くの銀行がいわゆる不良債権問題に直面し，いくつかの銀行が破綻する事態に陥った。これに対し，政府は，銀行に公的資金を注入するだけでなく，破綻銀行の預金者にペイオフを発動して預金を支払った。

	A	B	C	D
1	正	誤	正	誤
2	誤	正	誤	正
3	正	誤	誤	誤
4	正	誤	誤	正
5	誤	正	正	誤

OUTPUT

実践　問題 198 の解説

〈世界の不況や経済危機〉

A ○　1973年に発生した第4次中東戦争のさなかにおいて，アラブの産油国が，原油価格の大幅な引き上げと原油の減産を示したことが世界経済に大きな影響を及ぼした（第1次石油ショック）。とりわけ，日本では，1972年に卸売物価が急騰するとともに，消費者物価についても，1973年から急騰した（狂乱物価）。さらに，物価の急騰により個人消費が減少するなど，内需の減退がもたらされ，消費低迷による不況と物価上昇が同時に発生するスタグフレーションの状態となった。

B ×　1997年7月にタイの通貨であるバーツの暴落を契機にアジア通貨危機が発生した。背景には，東アジア諸国で実質的にドルに対して固定為替相場制を維持していたことのほか，大幅な経常収支赤字や短期資本流入の急増，金融システムの脆弱性の存在といった点などが挙げられる。この通貨危機により，東アジア諸国における通貨がドルに対して大幅に減価するなど金融市場が混乱した。

C ○　アメリカにおけるサブプライム住宅ローン問題を背景とした金融市場の混乱は，2008年9月のリーマンショックを契機に世界的な金融危機へと発展した。これにより，日本やアメリカなどの先進国をはじめ，世界経済が急激に減退するなど，大きな影響がでた。このような事態に対し，各国の中央銀行は政策金利の引き下げや流動性供給を拡大する措置などを通じて，金融システムの安定化のための取組みが進められた。

D ×　日本では，1990年代にペイオフは実施されなかった。なお，ペイオフとは，破綻銀行の預金者の預金を保証するものではなく，預金の一部（上限あり）を預金保険機構から払い戻すものであり，2005（平成17）年に全面的に解禁された。

　以上より，記述Aが正，Bが誤，Cが正，Dが誤であり，正解は肢1となる。

第5章　経済史

正答　1

第5章 SECTION 1 経済史
戦後世界経済史

実践 問題 199 応用レベル

問 第二次世界大戦後のアメリカ合衆国の経済政策に関する記述として最も妥当なのはどれか。　　　　　　　　　　　　　　　　　　（国Ⅰ2005）

1：ケネディ，ジョンソン両民主党政権下の1960年代の経済は，マネタリストの均衡予算主義を経済政策の基本としており機動的な財政政策は部分的なものとなったため，ヴェトナム戦争による深刻な不況が長期間にわたって継続した。

2：1970年代のニクソン政権は，ドルと金との交換を積極的に推進することにより基軸通貨であるドルの安定と固定相場制の維持に努めるとともに，インフレ対策の中心であった賃金・物価に対する政府の統制を全廃した。

3：1980年代初頭に発足したレーガン政権は，減税等によって供給力の強化を図ろうとするサプライサイド・エコノミックスの考え方とインフレ抑制のためマネーサプライを重視するマネタリズムの考え方を大きく取り入れ，規制緩和政策を積極的に推進した。

4：1990年代前半に発足したクリントン政権は，ブラック・マンデーと呼ばれる株価の急落とそれに伴う景気後退に直面した。これに対し同政権は積極的な財政政策と大規模な所得減税を実施し経済は回復したが，巨額な財政赤字を記録した。

5：今世紀初頭に成立したブッシュ政権は，景気の過熱を抑制すること及び危機的な水準に達していた財政赤字の削減を行うことを目的として，歳出削減に努めるとともに高所得者層を対象とした大規模な増税を実施した結果，2002年以降，財政収支は黒字に転じた。

OUTPUT

チェック欄		
1回目	2回目	3回目

実践 問題 **199** の解説

〈第2次世界大戦後のアメリカの経済政策〉

1 ✕ ケネディ政権は，実際の財政収支が赤字であっても完全雇用状態での財政収支が均衡するまでは拡大財政政策を実施するという考えのもと，**ニュー・エコノミックス**とよばれる積極財政政策が採用された。したがって，均衡予算主義が採られていたわけではないので本肢は妥当ではない。確かに1960年代後半になると，ヴェトナム戦争（1965年～73年）の戦費がアメリカ経済の規模を拡大させインフレを加速させたが，深刻な不況が長期間継続したとはいえない。

2 ✕ 1960年代に黒字幅が縮小してきたアメリカの貿易収支は1971年に赤字に転化した。そのため，同年，ニクソン大統領（当時）はドル防衛のために金・ドルの兌換停止などを含む新経済政策を発表し，世界経済は大きな影響を受けることとなった。この一連の動きを**ニクソン・ショック**という。また，この新経済政策により，賃金や物価水準が凍結されるなど強制的にインフレを防止する対策がとられ，1973年春まで続いた。

3 ○ レーガン政権の経済政策は**レーガノミックス**とよばれる。**減税，政府肥大化防止のための支出削減，国有企業の民営化**など，小さな政府を実現することによって民間の経済活力を引き出すというサプライサイド・エコノミックスを理論的根拠としていた。また，**通貨量の伸びを抑制することでインフレーションを抑えよう**というマネタリズムの考えも取り入れた。

4 ✕ クリントン政権は，前政権であるブッシュ政権で打ち出された**90年包括財政調整法（OBRA90）**をさらに強化させた，**93年包括財政調整法（OBRA93）**を成立させた。これにより，財政赤字の削減に取り組むとともに，高額納税者に対する増税，歳出削減を進めた。その結果，国内の好景気にも支えられ，**1998年には財政収支が29年ぶりに黒字に転換し，2000年には過去最高の黒字額を記録した。**

5 ✕ 今世紀初頭のブッシュ政権は，選挙時に公約として掲げた所得税減税について時期を早めて実施したうえ，イラクにおける米軍の駐留費がかさんだことも絡み，財政赤字が増加した。したがって財政収支が黒字になったという事実はないので，本肢は妥当でない。

第5章 経済史

正答 3

LEC東京リーガルマインド　2024-2025年合格目標 公務員試験 本気で合格！過去問解きまくり！④社会科学　603

第5章 SECTION 2 経済史
戦後日本経済史

必修問題 セクションテーマを代表する問題に挑戦!

戦後世界経済史と同様，長いスパンで問われ易いので，第2次世界大戦以後の流れに留意して学習しましょう。

問 我が国の第二次世界大戦後の経済に関する記述として，妥当なのはどれか。　　　　　　　　　　　　　　　　　(特別区2005)

1：1940年代後半には，第二次世界大戦により崩壊した生産基盤を立て直すため，政府は，石炭や鉄鋼などの基幹産業に資源を重点的に配分する傾斜生産方式を採用した。
2：ベトナム戦争の特需によって第二次世界大戦前の水準まで復興した日本経済は，その後急速に成長し，1950年代半ばから高度経済成長の時期を迎えた。
3：第一次・第二次石油危機による石油価格の大幅な引き上げが，物価急騰を引き起こし，日本経済は，深刻な不況に陥り，1980年代前半までマイナス成長が続いた。
4：1980年代後半には，先進諸国間の為替政策に関するプラザ合意が，為替レートの大幅な円安をもたらし，輸出の拡大による長期の好景気が持続した。
5：1990年代には，輸出の急激な拡大から，輸出製品の原材料が異常に高騰し，その後急落するという，バブル経済の発生と崩壊が起こり，長期の不況に陥った。

直前復習

Guidance ガイダンス 1950年代から1970年代初頭にかけての高度経済成長と，それ以後の時期の経済情勢とを整理して理解を深めておきたい。

頻出度	地上★★	国家一般職★★★	東京都★★★	特別区★★★
	裁判所職員★★★	国税·財務·労基★★★	国家総合職★★★	

必修問題の解説

チェック欄		
1回目	2回目	3回目

〈わが国の戦後経済〉

1 ○ 第2次世界大戦により崩壊した生産基盤を立て直すため，政府は傾斜生産方式を採用した。これは，石炭・鉄鋼・電力・肥料などの基幹産業に対して資金や資源を重点的に配分する生産方式のことである。これにより，生産水準は回復することとなった。

2 × ベトナム戦争ではなく，朝鮮戦争による特需である。朝鮮戦争が勃発したことにより，アメリカなどを中心に軍需が急増し，日本はこのような需要に応えることとなった。

3 × 1973年に第1次石油危機（第1次石油ショック）が発生し，これにより翌年の1974年に消費者物価が急騰し，狂乱物価とよばれた。これに対して，日本政府は総需要抑制政策を採ったため，物価の急騰は鎮静化した。しかし，景気は落ち込み，同年に戦後初めてマイナス成長となった。その後，1979年に第2次石油危機（第2次石油ショック）が発生したが，第1次石油危機の教訓を生かすとともに，省エネの進展や金融引締め政策，賃金上昇を抑制することなどにより，物価はそれほど上昇するには至らなかった。

4 × 1985年のプラザ合意により，大幅な円高がもたらされた。その結果，日本の輸出額は大幅に減少し，日本国内の企業は苦境に立たされた。そのため，日本の多くの企業が生産拠点を海外に移転させることとなり，日本国内の産業空洞化が懸念された。

5 × プラザ合意以降の円高で日本国内の企業が苦境に陥っていたことを背景に，金融緩和を行った結果，過剰流動性が発生し，これが土地や株式などに向かったことで不動産価格や株価が急騰し，バブル経済が形成された。しかし，1990年代前半にバブルは弾け，日本は長期にわたる不況に陥った。

第5章 経済史

正答 **1**

SECTION ② 経済史
戦後日本経済史

第5章

1 終戦直後の日本経済

(1) 経済の民主化政策

① 財閥解体

1947年に「私的独占の禁止及び公正取引の確保に関する法律（**独占禁止法**）」などが制定され，財閥は解体されました。

② 農地改革

戦前の**小作制度を廃止**し，自作農を増やすために行われました。

③ 労働三法の制定（**労働民主化**）

労働組合法，労働関係調整法，労働基準法のいわゆる労働三法が制定されました。

(2) 経済復興政策

① 傾斜生産方式

石炭業・鉄鋼業など国の基幹産業に資本や資材を重点的に投入して，これを循環させることで両部門の生産を復興させ，それをテコに工業生産全体の復興を図るというものです。政府出資の金融機関である**復興金融金庫**が資金を供給しましたが，復興金融金庫による資金運用は**インフレーション**を激化させました。

② ドッジ・ライン

※超均衡財政の確立　→　インフレを収束させるため

※復興金融金庫の廃止と見返り資金制度の創設

※単一為替レートの設定　→　貿易の拡大を図るために**1ドル＝360円の単一為替レートが採用**されました。

※ドッジ・ラインの効果　→　インフレーションが収束する一方で，厳しい均衡財政政策を原因とする**安定恐慌**に陥りました。

2 高度経済成長期

【高度経済成長の要因】

国民の高い貯蓄率とそれを運用する市中銀行の間接金融方式
高等教育の普及と豊富な若年労働力の存在
農民や労働者の所得水準の向上による国内需要の拡大，耐久消費財の普及
国民所得倍増計画や建設国債の発行，財政投融資による長期低利の資金供与など，経済成長政策の実施

INPUT

【戦後の代表的な景気循環】

特需景気 （1950年代前半）	朝鮮戦争によるアメリカ軍の戦争関連財調達が背景
神武景気 （1954年11月〜1957年6月）	民間の設備投資が景気けん引主体
なべ底不況 （1957年〜1958年前半）	国際収支の悪化に対する金融引締め政策が背景
岩戸景気 （1958年6月〜1961年12月）	民間の設備投資が景気けん引主体 神武景気を上回る経済発展
オリンピック景気 （1962年10月〜1964年10月）	民間の設備投資が景気けん引主体 ＧＡＴＴ11条国，ＩＭＦ8条国に移行
40年不況 （1964年〜1965年）	不況対策として赤字国債を発行
いざなぎ景気 （1965年10月〜1970年7月）	戦後3番目の景気拡大期 ＧＮＰが資本主義国第2位に
石油ショック （第1次1973年，第2次1979年）	狂乱物価，スタグフレーションの発生
円高不況 （1985年〜1986年末）	プラザ合意による円高ドル安への誘導が背景
バブル景気 （1986年11月〜1991年2月）	株価・地価が高騰，物価は比較的安定
平成不況 （1990年代中期〜2000年代前半）	不良債権対策として金融再生プログラムや金融改革プログラムを実施 金融政策としてゼロ金利政策，量的緩和政策を実施
いざなみ景気 （2002年1月〜2008年2月）	73カ月継続した戦後最長の景気拡大期
世界金融不況 （2008年2月〜2009年3月）	米国のサブプライムローン問題を発端とする世界金融危機，米国大手証券会社リーマン・ブラザーズの経営破たんを発端とする世界同時不況
アベノミクス景気 （2012年11月〜2018年10月）	第2次安倍内閣が構想する経済政策 デフレ・円高からの脱却を図る

第5章　経済史

S ECTION ② 第5章 経済史
戦後日本経済史

実践 問題200 〈基本レベル〉

頻出度			
地上★★★	国家一般職★★★	東京都★★★	特別区★★★
裁判所職員★★★	国税・財務・労基★★★	国家総合職★★★	

問 高度経済成長期から1990年代までの我が国の経済状況に関する記述として最も妥当なのはどれか。 （国家総合職2014）

1：1955～1970年にかけての高度経済成長期には，年平均で5～7％程度の名目経済成長率が維持された。特に1965年から始まった神武景気は5年を超え，当時では第二次世界大戦後最長の景気拡大となった。高度経済成長が終了した1970年には，我が国はGNP（国民総生産）の規模で米国，西ドイツに次ぐ世界第3位となった。

2：1970年代前半には第4次中東戦争を契機とした第1次石油危機が生じ「狂乱物価」と呼ばれるインフレーションが現出した。また，1974年には景気後退に伴い実質経済成長率が前年比2％まで低下したため，不況と物価上昇が併存するいわゆるスタグネーションの状態となった。このため政府は1975年度補正予算において，第二次世界大戦後初の建設国債を発行した。

3：1970年代末のプラザ合意に基づいて我が国は変動相場制に移行したが，円高・ドル安が進行し，1980年代半ばには経済は円高不況の状態に陥った。このため，政府はいわゆる「前川リポート」をまとめ，経済構造を国際協調型，輸出指向型に大胆に変更する方策を打ち出すとともに，1987年には，日本銀行は公定歩合を当時では史上最低の5％に引き下げた。

4：1980年代後半には，マネーサプライの膨張に伴い卸売物価や消費者物価が急激に上昇するとともに，株価や地価がファンダメンタルズから乖離して異常に上昇する，いわゆるバブル経済の状況を呈した。しかし，1990年代初め，米国で株価が暴落したブラックマンデーを機に，このバブル経済は崩壊を始め，株価や地価は下落に転じた。

5：1990年代初めのバブル崩壊に伴い，多くの企業で保有資産の含み損が生じ，金融機関では融資した企業の債務返済能力が低下して，巨額の不良債権が発生した。その後，住宅金融専門会社，都市銀行や大手証券会社，さらには長期信用銀行の破綻が起こるなど，金融システム不安が深刻化した。

OUTPUT

実践　問題 200 の解説

〈高度経済成長期から1990年代までのわが国の経済状況〉

1 × 高度経済成長期の名目経済成長率は，1958年を除いてすべての年が10％を超えていた。神武景気は，1954年11月から1957年6月までの好景気をいう。1965年10月から始まった好景気は，**いざなぎ景気**という。また，1970年のGNP（国民総生産）は，西ドイツ（当時）を抜いて，米国に次ぐ世界2位となった。

2 × 前半部分は正しい。1974年の実質経済成長率は前年比でマイナス1.2％とマイナス成長になった。建設国債は，1966年から発行されているので，これは誤り。政府は1975年度補正予算において1965年以来の赤字国債を発行したのであって，建設国債ではない。

3 × **プラザ合意**は，1985年9月のことで1970年代末のことではない。日本は1973年から変動相場制に移行した。「前川リポート」は，**プラザ合意に基づいて日本は円高が**進行したが，それでも貿易黒字を計上し続けたため，貿易摩擦を解消する目的で1986年に中曽根首相の私的諮問機関が提出したもので，内需主導型の経済成長，輸出入・産業構造の抜本的転換，金融資本市場の自由化・国際化の推進などが提言されていた。したがって輸出指向型ではない。また，日本銀行は1987年に引き下げた公定歩合は当時としては史上最低であるが，2.50％である。

4 × 1980年代後半は，卸売物価や消費者物価は上昇傾向にはあったが，1980年代前半の上昇率と比べても急激とはいえない。また，ブラックマンデーは1987年10月19日に発生した，ニューヨーク株式市場での株価大暴落であるが，バブル経済はブラックマンデーの後も続いたので，バブル経済崩壊のきっかけとはいえない。

5 ○ 本肢の記述のとおりである。金融システムの安定化を図るために，政府は都市銀行などの金融機関に対して公的資金を投入し，整理回収銀行が金融機関の発行した株式や劣後債を買い入れを行うなどした。

第5章　経済史

正答　5

SECTION ② 経済史
戦後日本経済史

第5章

実践 問題 **201** 〈 基本レベル 〉

頻出度	地上★★	国家一般職★★★	東京都★	特別区★
	裁判所職員★★	国税・財務・労基★		国家総合職★

問 第二次世界大戦後の我が国の経済に関する記述として最も妥当なのはどれか。
(国家一般職2023)

1：終戦直後に政府が傾斜生産方式を採用したことで，家電製品，機械，自動車
などの輸出が増加した。その結果，日本の貿易黒字額が急速に膨らんで日米
貿易摩擦が生じたため，シャウプ勧告がなされ，日米間でドル高の是正と政策
協調が合意された。

2：1950年代初頭に勃発した朝鮮戦争により，狂乱物価と呼ばれる激しいインフ
レーションと不況が同時に進行するスタグフレーションが起こり，朝鮮戦争開
始翌年の実質経済成長率は戦後初めてマイナスを記録した。

3：1950年代半ばから，神武景気，岩戸景気，オリンピック景気，いざなぎ景気と
いう大型景気が相次ぎ，高度経済成長と呼ばれる急速な経済成長を遂げた。
また，1960年代後半には国民総生産（GNP）が資本主義国で米国に次いで第
2位になるなど，経済大国の仲間入りをした。

4：日銀の金融引締めや政府による不動産融資の総量規制などによって，1980年代
後半には地価や株価が本来の価値以上に急上昇するバブル経済が発生した。
バブル経済が崩壊すると，1990年代後半にはマイナス金利などの金融緩和策が
導入された。

5 1990年代後半に発足した小泉内閣により，省エネルギー技術の開発や経営合
理化など，「小さな政府」を目指す構造改革が行われた。この結果，株価や実
質経済成長率が上昇してバブル経済当時の水準に戻るなど，日本経済は復活
の兆しを見せた。

実践 問題201 の解説

〈第2次世界大戦後のわが国の経済〉

1 ✗ 終戦直後に政府が**傾斜生産**方式を採用したことで，石炭業，鉄鋼業など国の基幹産業に資本や市税を重点的に投入して，日本の工業生産の再開と復興を進めた。その結果，インフレーションが激化したため，**シャウプ勧告**がなされ，インフレを収束させるため常に歳入が歳出を上回る超均衡予算を確立するための税制改革が行われた。よって，本肢記述は誤りである。

2 ✗ 1950年代初頭に勃発した朝鮮戦争により，**特需景気**が起こり，これによって日本は戦後不況からの脱出に成功し，高度経済成長期における経済基盤を確立した。よって，本肢記述は誤りである。

3 ◯ 本肢記述のとおりである。神武景気（1954～57年），岩戸景気（1958～61年），オリンピック景気（1962～64年），いざなぎ景気（1965～70年）という大型景気が相次ぎ，高度経済成長とよばれる急速な経済成長を遂げた。また，1968年には日本の国民総生産（ＧＮＰ）は西ドイツ（当時）を抜いて，資本主義国で米国に次いで第2位になるなど，経済大国の仲間入りをした。

4 ✗ 1980年代後半には地価や株価が本来の価値以上に急上昇するバブル経済が発生したことによって，日銀の金融引締め政策や政府による不動産融資の**総量規制**などが行われた。バブル経済が崩壊すると，1990年代後半には**ゼロ金利政策**が導入された。よって，本肢記述は誤りである。

5 ✗ 2000年代前半に発足した小泉内閣により，公務員削減や郵政民営化など，「小さな政府」を目指す構造改革が行われた。この結果，戦後最長となる「いざなみ景気」となり，日本経済は復活の兆しを見せた。よって，本肢記述は誤りである。

正答 **3**

SECTION ② 経済史 戦後日本経済史

第5章

実践 問題 202 基本レベル

頻出度	地上 ★★	国家一般職 ★★★	東京都 ★★	特別区 ★★
	裁判所職員 ★★	国税・財務・労基 ★★★	国家総合職 ★★	

問 第二次世界大戦以降の我が国の経済に関する記述として最も妥当なのはどれか。 （国家一般職2018）

1：連合国軍最高司令官総司令部（GHQ）が行った農地改革では，自作農を抑制し，地主・小作関係に基づく寄生地主制が採られた。一方，労働改革については民主化が期待されていたが，財閥の反対により労働基準法を含む労働三法の制定は1950年代初めまで行われなかった。

2：経済復興のために傾斜生産方式が採用された結果，通貨量の増加によるインフレーションが生じた。GHQは，シャウプ勧告に基づき間接税を中心に据える税制改革等を行ったものの，インフレーションは収束せず，朝鮮戦争後も我が国の経済は不況から脱出することができなかった。

3：我が国は，1955年頃から，神武景気，岩戸景気等の好景気を経験したが，輸入の増加による国際収支の悪化が景気持続の障壁となっており，これは国際収支の天井と呼ばれた。また，高度経済成長期の1960年代半ばに，我が国は経済協力開発機構（OECD）に加盟した。

4：1973年の第1次石油危機は我が国の経済に不況をもたらしたため，翌年には経済成長率が戦後初めてマイナスとなった。また，第2次石油危機に際しても省エネルギー技術の開発が進まず，国際競争力で後れを取ったため，貿易赤字が大幅に拡大していった。

5：1980年代末のバブル景気の後，1990年代には，政府の地価抑制政策などをきっかけに，長期にわたり資産価格や消費者物価の大幅な上昇が見られるとともに，景気の停滞に見舞われた。1990年代の企業は，金融機関からの融資条件の緩和を背景に積極的に人材雇用を行ったため，失業率は低下傾向で推移した。

OUTPUT

実践 問題 **202** の解説

〈第 2 次世界大戦以降のわが国の経済〉

1 × 連合国軍最高司令官総司令部（ＧＨＱ）が行った農地改革では，寄生地主制を解体するため，自作農の創出が図られたので，本肢記述は誤りである。一方，労働改革については1946年に労働関係調整法，1947年に労働基準法，1949年に現行労働組合法が相次いで制定されて，1940年代のうちに労働三法が揃ったので，これも誤りである。

2 × 経済復興のために傾斜生産方式が採用された結果，通貨量の増加によるインフレーションが生じた。ＧＨＱは，ドッジラインに基づきインフレーションを収束させたが，逆にデフレで不況となったが，朝鮮戦争による特需景気によりわが国の経済は不況から脱出することができたので，本肢記述は誤りである。また，シャウプ勧告の内容は直接税を中心に据える税制改革であるので，これも誤りである。

3 ○ 本肢記述のとおりである。日本は，1955年頃から，神武景気，岩戸景気等の好景気を経験したが，国内の好景気が続くと輸入の増加による国際収支の悪化により外貨が底をついてしまうために景気持続の障壁となっており，これは国際収支の天井とよばれた。また，高度経済成長期にあたる1964年に，日本は経済協力開発機構（ＯＥＣＤ）に加盟した。

4 × 1979年の第 2 次石油危機の頃には日本は省エネルギー政策による技術革新が浸透し，円高による輸入の抑制により他の先進国に比べて不景気は軽微なものとなったので，本肢記述は誤りである。

5 × 1980年代末のバブル景気の後，1990年代には，政府の地価抑制政策などをきっかけに地価などの資産価格が下落し，バブル経済は崩壊したので，本肢記述は誤りである。また，1990年代の企業は，日銀の金融引締めや金融機関に対する不動産融資総量規制により株価が急落し，過剰雇用の解消を迫られたため，失業率は上昇傾向となったので，これも誤りである。

第 5 章　経済史

正答 **3**

SECTION ②

第5章

経済史

戦後日本経済史

実践 問題 **203** 〈 応用レベル 〉

頻出度	地上★★	国家一般職★★	東京都★★	特別区★★
	裁判所職員★★★	国税·財務·労基★★		国家総合職★★

問 戦後の日本経済史に関する記述として最も適当なものはどれか。

(裁判所職員2017)

1945年 〜	経済民主化開始 （　A　） １ドル＝360円の単一為替レート設定
1950年 〜	鉱工業生産が戦前水準を超える （　B　） 岩戸景気
1960年 〜	国民所得倍増計画発表 （　C　） ＧＮＰが資本主義国で第２位となる
1970年 〜	ニクソン＝ショック （　D　） 第２次石油危機
1980年 〜	米との経済摩擦激化 （　E　） バブル景気
1990年 〜	平成不況

1：「特需景気」は，Aの頃，１ドル＝360円の単一為替レート実施前に起きた好景気である。

2：「ドッジ＝ライン実施」は，Bの頃，鉱工業生産水準が戦前水準を超えたことで行われた。

3：「神武景気」は，Cの頃，国民所得倍増計画発表後に起きた好景気である。

4：「実質経済成長率，戦後初のマイナス」は，Dの頃，ニクソン＝ショック及び第１次石油危機後の経済情勢である。

5：「１ドル＝79円75銭で戦後最高値更新」は，Eの頃，バブル景気前夜の出来事である。

614　LEC東京リーガルマインド　2024-2025年合格目標 公務員試験 本気で合格！過去問解きまくり！
④社会科学

OUTPUT

実践 問題203 の解説

〈戦後日本経済史〉

1 × 特需景気は1950年代前半にあたるので，本肢記述は誤りである。なお，1ドル＝360円の単一為替レート設定については，**ドッジ＝ライン**が実施された1949年のことからである。

2 × 戦後，鉱工業生産水準が戦前水準を超えたのは，1955（昭和30）年度のことであるので（昭和31年度 年次経済報告）。ドッジ＝ラインは，それ以前の1949年に実施されていたので，順序が逆である。

3 × **国民所得倍増計画**は，1960年に池田内閣によって発表された。その一方，神武景気は1954〜57年頃の好景気であり，国民所得倍増計画の前に起きた計画なので，順序が逆である。

4 ○ 本肢記述のとおりである。日本の実質経済成長率が戦後初のマイナスとなったのは，**ニクソン＝ショック**（1971年）と第1次石油危機（1973年）の後の1974年のことである。この当時の経済情勢は，アメリカがドルと金の交換を停止すると宣言したニクソン＝ショック，第4次中東戦争を契機に原油価格が高騰した第1次石油危機の影響により，実質経済成長率が戦後初のマイナスとなった。

5 × 「1ドル＝79円75銭で戦後最高値更新」となったのは，1995年4月のことなのですでにバブル景気は終わっていた。よって，本肢記述は誤りである。なお，2023年9月現在，戦後最高値更新となったのは，2011年10月に記録した1ドル＝75円32銭である。

正答 4

第5章 SECTION 3 経済史
経済理論の変遷

必修問題 **セクションテーマを代表する問題に挑戦！**

経済の学説などを問う問題は頻出とはいえません。しかし，経済の考え方を理解するのに重要なのでしっかり学習しましょう。

問 経済理論に関する記述として，正しいのはどれか。 （国Ⅱ1992）

1：ケインズ政策は，1929年の恐慌の原因が企業の生産能力の不足にあるとし，投資意欲を刺激することにより生産のボトルネックを解消して国全体の生産を増加させようとする考え方である。

2：サプライサイド・エコノミックスは，公共事業など財政政策によって景気の動向や経済成長，雇用の状態など国民経済の動きを調整しようとする考え方である。

3：アダム・スミスに代表される古典派経済学は，市場メカニズムでは効率的な資源配分が行われない場合があるので，補助金を支出するなど政府の積極的な介入が必要であるとする考え方である。

4：マネタリズムは，経済活動のうち需要面より供給面を重視し，企業活動に対する減税や政府規制の緩和によって民間部門の生産力を向上させようとする考え方である。

5：リカードの比較生産費説は，貿易による国際分業がなぜ成立するかを明らかにするもので，各国は自国内で生産費が相対的に低い財に特化し，他の財は他国から輸入する形で貿易するのが各国にとって最も利益があるとする考え方である。

直前復習

Guidance ガイダンス 経済学者として著名な者が唱えた理論の概要をキーワードとして把握しておくと，各肢の正誤の判断がつきやすくなる。また，**古典派経済学**の考え方と，**ケインズ経済学**の考え方の違いをしっかりと理解しておくことが大切といえる。すなわち，古典派経済学の立場は，政府の干渉を排除し，市場原理に基づく自由競争を重視するのに対し，ケインズ経済学の立場は，政府による積極的な市場介入が必要と考える。

616 **LEC**東京リーガルマインド 2024-2025年合格目標 公務員試験 本気で合格！過去問解きまくり！④社会科学

頻出度	地上★★	国家一般職★★	東京都★	特別区★
	裁判所職員★★	国税・財務・労基★		国家総合職★★

チェック欄		
1回目	2回目	3回目

必修問題の解説

〈経済理論〉

1× **ケインズ政策**は総需要が総供給を決定するという立場に立ち，公共投資などにより需要を増大させれば，乗数効果によって供給が増大し，失業も解消されるとする理論に基づいている。つまり，**J.M.ケインズ**の理論は，有効需要が生産や雇用を決定するという考え方である（**有効需要の原理**）。

2× **サプライサイド・エコノミックス（サプライサイド経済学）**は，経済の供給（生産）面を重視する経済理論の１つである。具体的には減税政策などの勤労意欲を高める政策，高福祉政策の見直しなどにより，供給（生産）市場を活性化し，民間部門の活力を向上させることで，経済成長を促そうとする考え方を提唱する。

3× **古典派経済学**は，近代経済学の始祖である**アダム・スミス**によって提唱された経済理論であり，18世紀社会（特に産業革命以降のイギリス）において政治的自由の機運が高まる中で，経済においても政府の干渉を排除し，市場原理に基づく自由競争によって社会全体の厚生が最大化されるとする経済哲学に基づいている。なお，古典派の立場は，**供給はそれ自らの需要を創り出す**という**セイの法則**に象徴的に現れており，市場に供給されたものは，価格調整を通じてすべて需要される，つまり，総需要は，経済全体における総供給に一致するというものである。

4× **マネタリズム**は，**経済活動や物価水準などマクロ経済の動きを決定するうえで貨幣を重要な変数とする考え方**である。マネタリズムの考え方を信奉する人々を**マネタリスト**といい，経済に対して不安定な効果しか及ぼさないケインジアンの裁量的な財政・金融政策ではなく，貨幣供給量の増加率を一定に維持する政策（**k％ルール**）を提唱する。なお，本肢の考え方は，**サプライサイド経済学**のものである。

5○ **D.リカード**の**比較生産費説**は，国際分業に基づく貿易によって，自由に貿易を行った国が貿易をしない場合よりも利益を受けることを理論的に説明したものである。リカードは，アダム・スミスの展開した労働価値説を継承し，古典派経済学をより精緻で完成度の高いものにした。なお，この**比較生産費説**も，**商品生産に必要な労働量が商品の価値を決定するという労働価値説**を前提としている。

正答 **5**

第5章 経済史

SECTION ③ 経済史 経済理論の変遷

1 古典派経済学

(1) 古典派経済学の考え方

古典派の経済理論は，18世紀の社会において政治的自由の機運が高まる中で，経済においても，**政府の干渉を排除し，市場原理に基づく自由競争によって社会全体の厚生が最大化**されるとする哲学に基づいています。この立場は，「**供給はそれ自らの需要を創り出す**」という**セイの法則**に象徴的に現れており，市場に供給されたものは価格調整を通じてすべて需要される，つまり，**総需要は経済全体における総供給に一致する**という理論構成を採っています。

(2) アダム・スミス　主著『国富論』

アダム・スミスは，経済学を初めて学問的体系としてまとめあげたことから，**近代経済学の始祖**とよばれています。政府の干渉を排除して，**市場原理に基づく自由競争が行われる**と，**市場の価格機能を通じ「見えざる手」**に導かれて，社会全体の厚生が最大化されると考えました。

(3) D.リカード　主著『経済学および課税の原理』

D.リカードは，A.スミスの展開した**労働価値説**を継承し，**国際分業に基づく貿易**によって，貿易を行った国が貿易をしない場合よりも利益を受けることを理論的に説明しました。これが**「比較生産費説」**であり，彼はこの理論を根拠に，各国間の**自由貿易**を奨励しました。

労働価値説	生産された商品の価値は，その商品を生産するのに必要とされた労働量によって規定されるという考えです。

> **補足**
> 【F.ケネー】
> 古典派経済学の代表的論者。貿易を重視する重商主義を批判し，富を生み出す源泉は農業であるとし，農業を保護・育成する**重農主義**を提唱しました。主著は『経済表』です。

2 ケインズ経済学

(1) ケインズ経済学の考え方

ケインズ経済学は，完全雇用を実現するための究極的な要因は**有効需要**にあると主張し，それまでの市場原理に基づく伝統的な経済学を批判した**J.M.ケインズ**によって確立されました。ケインズ経済学では，総需要が総供給を規定するという立場に立ち，**公共投資**などにより需要を増大させれば，**乗数効果**によって国民所得が

INPUT

増大し，失業も解消されるとする理論に基づいています。

(2) J.M.ケインズ　主著『雇用・利子および貨幣の一般理論』

伝統的な経済学は，セイの法則に基づくものでしたが，ケインズはこれを古典派とよんで批判しました。

ケインズは，有効需要の原理を説明し，国民所得は有効需要に等しくなるように決定されると考えました。民間消費支出・投資・政府支出などの需要の変化が，その乗数倍の国民所得の変化をもたらすという乗数理論を提唱し，また，実現すべき有効需要の水準が，完全雇用を実現するような国民所得（完全雇用国民所得）の達成に不足するならば，政府による積極的な介入政策が必要であるという総需要管理政策を説きました。

有効需要	貨幣の実際の支出に裏付けられた需要のことをいいます。単なる願望からモノを欲することではありません。

3 現代経済学

(1) マネタリズム

マネタリズムとは，M.フリードマンらによって提唱された経済理論で，経済活動や物価水準などマクロ経済の動きを決定するうえで，貨幣が重要な変数であるという考え方に基礎を置くものです。貨幣数量説を前提として，物価安定化のために，貨幣供給の増加率を一定に固定することにより，物価上昇率を安定化すべきであるというk％ルールを提唱しました。

(2) サプライサイド経済学

サプライサイド経済学とは，経済の供給面を重視する立場をとり，資源を公共部門から民間部門へ，消費財から資源財へ向けることで，生産力の増強と物価水準の安定を意図した経済政策を目指す経済理論のことです。

代表的論者として，M.フェルドシュタインが挙げられます。

補足	【合理的期待形成学派】 ケインズ的な裁量的な経済政策は，長期的にも短期的にも無効であることを唱える学派。代表的論者として，R.E.ルーカス，Jr.をはじめ，R.J.バロー，T.J.サージェントらが挙げられます。

第5章 経済史

第5章 SECTION 3 経済史
経済理論の変遷

実践 問題204 基本レベル

問 資本主義経済に関する記述として，妥当なのはどれか。 （特別区2008改題）

1：資本主義経済は，地主層による土地の囲い込みが行われ，農民の多くが土地を追われて賃金労働者となったことをきっかけとして，ドイツにおいて世界で最も早く確立された。
2：絶対主義国家は，自由放任の政策を採用し，重商主義に基づく自由貿易を振興したため，資本主義経済は成長を遂げた。
3：アダム＝スミスは，各人が自由な経済活動を行う限り，社会の調和は神の「見えざる手」によって導かれて，社会全体の福祉が増進すると説いた。
4：資本主義を発達させた国は，原料を確保したり，製品販売市場を囲い込むために植民地を求めるようになり，このことを修正資本主義という。
5：世界恐慌後のアメリカでは，政府が積極的に経済に介入すべきだという考え方から，経済は市場における自由競争にゆだねる方が良いとする考え方に変わり，これに基づき，ローズベルト大統領はニューディール政策を実施した。

実践 問題 204 の解説

〈資本主義経済〉

1 × 資本主義経済が世界で最も早く確立されたのはイギリスである。本肢で挙げられているように，地主層による土地の囲い込みにより多くの農民が余剰労働力となり，都市部において工場などに勤める賃金労働者となっていった。なお，ドイツは国家が統一されて以後，すでに資本主義経済が発展したイギリスなどの国々に対抗するため，保護関税を設けるなど国の産業を保護する政策が実施された。

2 × 絶対主義国家は，本肢のとおり，重商主義に基づく政策を推進していったが，重商主義では国家が経済に介入する経済政策が採られたので，自由放任の政策を採用したわけではない。また，これにより恩恵を被ったのは，当時の絶対主義国家と結びついた大商人や大資本家であった。そのため，中小の商工業者にはこのような恩恵が及ばず，大商人や大資本家との格差が拡大するなどの状況が生じることとなった。

3 ○ アダム・スミスは，自身の著書である『国富論』などを通じて，人々の経済活動に対して政府が介入することは極力回避すべきことであり，各人が自由な経済活動を行うことを通じて，「見えざる手」により社会全体における最適な資源配分が達成されることになると説いた。

4 × 修正資本主義とは，所得格差の発生や公害などの社会問題など，資本主義経済の発展に伴い生じたさまざまな弊害に対して，**政府が人々の経済活動に積極的に介入することを通じて，これらの諸問題の解決を図るべきとする考え方**である。

5 × ニューディール政策の背景にある考え方が間違いである。すなわち，世界恐慌後のアメリカでは，多数の失業者が発生するなど国内経済は停滞していた。その中で，政府が積極的に経済に介入することが望ましいとする考え方に基づき，当時のローズベルト大統領がニューディール政策を実施した。

第5章 経済史

正答 3

S ECTION ③ 経済史 経済理論の変遷

第5章

実践 問題 **205** 〈基本レベル〉

頻出度	地上★★	国家一般職★	東京都★	特別区★★
	裁判所職員★★	国税・財務・労基★		国家総合職★

問 経済思想に関する次のA～Dの記述のうち，妥当なもののみを全て挙げているものはどれか。 （裁判所職員2020）

A：アダム＝スミスは，企業間の競争に任せると市場は独占が進みやすいため，政府が積極的に経済に介入する必要があると説いた。

B：ケインズは，雇用の安定や経済成長には政府の財政政策は効果がなく，通貨供給量を抑制して物価を安定させ，市場の機能を重視するのがよいと説いた。

C：マルクスは，恐慌や失業などが起きる資本主義経済を批判し，資本家による搾取が行われているとして，社会主義経済への移行の必然性を説いた。

D：リカードは，各国はそれぞれ生産費が相対的に安い製品を生産，輸出し，他は外国から輸入するのが最も利益が大きくなるとする比較生産費説を説いた。

1：A，B
2：A，C
3：B，C
4：B，D
5：C，D

OUTPUT

チェック欄		
1回目	2回目	3回目

実践 問題 **205** の解説

〈経済思想〉

A × アダム・スミスは，政府の干渉を排除して，市場原理に基づく自由競争が行われると，市場の価格機能を通じ「見えざる手」に導かれて，社会全体の厚生が最大化されると説いた。よって，本記述は誤りである。

B × J.M.ケインズは，実現すべき有効水準が完全雇用を実現するような国民所得（完全雇用国民所得）の達成に不足するならば，政府による積極的な介入政策が必要であるという総需要管理政策を説いた。よって，本記述は誤りである。

C ○ 本記述のとおりである。K.マルクスは，恐慌や失業などが起きる資本主義経済を批判し，資本家による搾取が行われているとして，社会主義経済への移行の必然性を説いた。

D ○ 本記述のとおりである。D.リカードは，各国はそれぞれ生産費が相対的に安い製品を生産，輸出し，他は外国から輸入するのが最も利益が大きくなるとする比較生産費説を説いた。

以上より，妥当なものはC，Dであり，正解は肢5となる。

第5章 経済史

正答 5

第5章 経済史

章末 CHECK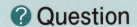

- **Q1** 戦後に行われた経済の民主化政策として，財閥解体，農地改革，労働改革などが実施された。
- **Q2** 財閥解体に関して，1947年に独占禁止法が制定されて持株会社の設立が禁止された。
- **Q3** 傾斜生産方式とは，繊維業などの軽工業に対して重点的に資金・資材を投入して経済の復興を図るものである。
- **Q4** 日本は，神武景気とよばれる景気拡大期において，ＧＡＴＴ11条国への移行を果たした。
- **Q5** 1958年からの景気拡大期である岩戸景気のときに，日本のＧＮＰは，アメリカに次いで資本主義世界第2位となった。
- **Q6** 1957年から始まったなべ底不況を脱出するため，政府は赤字国債を発行した。
- **Q7** 1965年から始まったいざなぎ景気は，高度経済成長期最大の景気拡大期である。
- **Q8** 1973年の第1次石油ショックでは，原油価格が高騰した影響から，日本では狂乱物価とよばれる深刻なインフレーションが発生した。
- **Q9** 1985年のプラザ合意では，日本の行き過ぎた円高を是正する目的で，円安ドル高へ向けた主要国の為替市場への協調介入の実施が合意された。
- **Q10** いわゆるバブル景気下における物価動向は，地価や株価などの資産価格だけでなく消費者物価も急騰した。
- **Q11** D.リカードは，国際分業と国際貿易の発生根拠を説明した比較生産費説を提唱した。
- **Q12** J.M.ケインズは，「セイの法則」を発展させ，有効需要の原理を提唱した。
- **Q13** 乗数理論は，古典派経済学の立場から提唱されたものである。

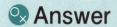

A1	○	戦後，ＧＨＱ主導で実施された経済の民主化政策は，財閥解体，農地改革，労働改革の３つが中心となっていた。
A2	○	財閥解体では，1947年に独占禁止法と過度経済力集中排除法が制定され，独占禁止法では持株会社の設立が禁止された。
A3	×	傾斜生産方式とは，石炭業・鉄鋼業などの当時の基幹産業に対して重点的に資金・資材を投入して経済の復興を図るものである。
A4	×	日本がＧＡＴＴ11条国への移行を果たしたのは1963年であり，このときはオリンピック景気とよばれる景気拡大期にあたる。
A5	×	1965年から始まった景気拡大期であるいざなぎ景気のとき，日本のＧＮＰは，当時の西ドイツを抜いてアメリカに次ぐ資本主義世界第２位となった。
A6	×	1964年から始まった40年不況は，高度経済成長期最大の不況であり，これに対処するために赤字国債の発行が決定された。
A7	○	いざなぎ景気（1965年10月～1970年７月）は，高度経済成長期最大の景気拡大期に該当する。
A8	○	第４次中東戦争をきっかけとする1973年の第１次石油ショックでは，原油価格が高騰した影響から石油製品などの価格がはね上がり，日本では狂乱物価とよばれる深刻なインフレーションが発生した。
A9	×	1985年にＧ５（先進５カ国蔵相会議）は，ドル高を背景とした日本と欧米の貿易不均衡問題に対処するため，為替市場でドル安へ向けた協調介入実施の合意をした。これをプラザ合意という。
A10	×	いわゆるバブル景気下における物価動向は，地価や株価などの資産価格は上昇したが，消費者物価は比較的安定していたといえる。
A11	○	Ｄ.リカードは，Ａ.スミスの展開した労働価値説を継承し，国際分業と国際貿易の発生根拠を説明した比較生産費説を提唱した。主著に『経済学および課税の原理』が挙げられる。
A12	×	Ｊ.Ｍ.ケインズは，「供給はそれ自らの需要を創り出す」というセイの法則を否定して，有効需要の原理を提唱した。主著に『雇用・利子および貨幣の一般理論』が挙げられる。
A13	×	乗数理論は，ケインズ経済学の立場から提唱されたもので，投資や政府支出などの独立した需要の変化が，その乗数倍の国民所得の変化をもたらすというものである。

第５章 経済史

memo

第6章

経済指標・その他

SECTION

① 経済指標・その他

第6章 経済指標・その他

出題傾向の分析と対策

試験名	地　上			国家一般職 （旧国Ⅱ）			東京都			特別区			裁判所職員			国税・財務 ・労基			国家総合職 （旧国Ⅰ）		
年　度	15〜17	18〜20	21〜23	15〜17	18〜20	21〜23	15〜17	18〜20	21〜23	15〜17	18〜20	21〜23	15〜17	18〜20	21〜23	15〜17	18〜20	21〜23	15〜17	18〜20	21〜23
出題数 セクション	1	1	2					1		1		1		2		1					1
経済指標・ その他	★	★	★★					★		★		★		★★		★					★

（注）　1つの問題において複数の分野が出題されることがあるため，星の数の合計と出題数とが一致しないことがあります。

　経済指標・その他からの出題は，いくつかの試験種で頻出といえます。出題傾向としては，指標の細かい数字を問うような問題も見られますが，経済に関する指標については，その概要とともに近年のデータを大まかに把握しておく必要があります。また，時事的なテーマと併せて，経済用語を問うような問題も出題されています。問題の範囲を事前に絞ることは困難なので，対策としては日ごろから新聞などに目を通すようにし，経済の動きには関心を持って接するようにしましょう。

地方上級
　地方上級では，この分野からの出題が頻出といえます。経済指標については，最新の情報を覚える必要があり，時事的なテーマにも十分対応できるようにしておく必要があります。

国家一般職（旧国家Ⅱ種）
　国家一般職では，この分野からの出題が頻出とはいえませんが，経済指標については，最新の情報を覚える必要があり，時事的なテーマにも十分対応できるようにしておく必要があります。

東京都
　東京都では，この分野からの出題が頻出とはいえませんが，わが国の社会事情に関するものとして，企業や経営に関連する言葉を問う問題などが出題されており，時事的なテーマにも十分対応できるようにしておく必要があります。

特別区

特別区では，この分野からの出題が頻出といえます。経済指標については，最新の情報を覚える必要があり，時事的なテーマにも十分対応できるようにしておく必要があります。

裁判所職員

裁判所職員では，この分野からの出題が比較的に頻出とまでいえませんが，経済指標については，景気判断指標に関する出題もあり，時事的なテーマにも十分対応できるようにしておく必要があります。

国税専門官・財務専門官・労働基準監督官

国税専門官・財務専門官・労働基準監督官は，この分野からの出題が頻出とはいえませんが，経済用語と経済指標に関する知識を必要とする出題もあります。また，時事的なテーマにも十分対応できるようにしておく必要があります。

国家総合職（旧国家Ⅰ種）

国家総合職では，この分野からの出題数が多くありませんが，経済指標については，最新の情報を覚える必要があります。また，時事的なテーマにも十分対応できるようにしておく必要があります。

第6章 経済指標・その他

Advice アドバイス 学習と対策

経済指標・その他に関する分野の出題は，すべての試験種で頻出の分野といえます。経済指標については，白書や各種統計など，公的機関が発表しているものなどを利用し，数値の増減など大まかに把握しておくだけでも，問題に取り掛かりやすい場合があります。また，経済用語などの出題もあるため，日ごろから新聞などに目を通しておきましょう。

LEC東京リーガルマインド　2024-2025年合格目標 公務員試験 本気で合格！過去問解きまくり！　629
④社会科学

第6章 経済指標・その他
SECTION 1 経済指標・その他

必修問題 セクションテーマを代表する問題に挑戦！

各職種で頻出する分野です。普段から経済用語や経済指標の動きに関心を持つようにしましょう。

問 経済用語の内容を説明した記述として，妥当なのはどれか。

(特別区2011)

1：マネー・サプライとは，日本銀行や金融機関などの経済主体が保有する通貨量のことをいい，その大きさや回転の速さは，景気変動や物価に大きな影響を与えている。
2：ヘッジファンドとは，投資家から資金を集めてハイリスク・ハイリターンの金融商品を運用する投機的性格の強い投資信託のことをいい，この投機的資金の流出入が各国での通貨危機の原因になった。
3：ストックとは，国内総生産などのように，ある一定期間における経済活動の量を示すものをいい，ある特定時点における財貨の蓄積量を示すものをフローという。
4：プライス・リーダーとは，完全競争市場において，価格支配力を持つ企業のことをいい，最も高い市場占有率を有する企業がその役割をなし，プライス・リーダーの価格決定に引きずられる形で，市場価格が形成される。
5：ドッジ・ラインとは，デフレーションを収束させるためにとられた予算の収支均衡，復興金融債権の発行禁止，単一為替レートの確立などの政策のことをいう。

Guidance ガイダンス 経済用語は多岐にわたるので，まずはどのような分野に関係する用語であるのかをあらかじめ見当を付けるようにしたい。

頻出度	地上 ★★★　　国家一般職 ★　　　東京都 ★★　　　特別区 ★★
	裁判所職員 ★★　　国税・財務・労基 ★　　　国家総合職 ★

チェック欄		
1回目	2回目	3回目

必修問題の解説

〈経済用語〉

1 ✕ マネー・サプライとは貨幣供給のことで，マネー・サプライが増加すると，一時的に金利は低下する。その結果，企業による金融機関からの資金調達が促進され，設備投資が増加するため，有効需要が拡大し，景気が刺激される。一方，マネー・サプライが減少するとこれと逆の現象が生じることとなる。

2 ◯ ヘッジファンドとは，公募によって多数の投資家から小口の資金を集めるのではなく，**機関投資家や富裕層などから大口の資金を募集するファンドを指す**。本肢にあるように各国での通貨危機の原因ともなり，1997年にタイで始まったアジア各国の通貨急落（アジア通貨危機）はアメリカのヘッジファンドを中心とした機関投資家による通貨空売りから生じた。

3 ✕ ストックとはある時点で存在している経済量の大きさを示す概念である。一方，フローとは，**特定の期間について測定される経済量のことであり**，一定期間に流れた経済量の大きさを示す概念である。与えられた期間の期首のストックと期末のストックとの差がフローとして捉えられる。よって，本肢の説明はストックとフローの説明が逆になっている。

4 ✕ プライス・リーダーとは，**価格支配力を持つ企業をいう**。市場占有率が最も高い企業がプライス・リーダーを担い，その企業が価格を決定し，それに他の企業が追随せざるをえないかたちで市場価格が形成される。なお，プライス・リーダーを通じた価格形成は，一般的には完全競争市場においてではなく，寡占市場において生じうるものであり，その点で本肢の説明は正しくない。

5 ✕ ドッジ・ラインとは，**第2次世界大戦後の日本での激しいインフレーションを終息させるため，日本で実施された財政金融引締め政策を指す**。占領軍総司令部の顧問として来日したJ.ドッジが1949年3月に日本経済安定策としてドッジ・ラインの内容を発表した。この政策を通じて常に歳入が歳出を上回る超均衡予算の編成とそのためのシャウプ勧告に基づいた税制改革，復興金融金庫による融資の廃止と見返り資金制度（ガリオア・エロア資金援助）の創設，1ドル＝360円の単一為替レートの設定などが行われ，国内のインフレーションを収束させることに成功した。しかし，厳しい均衡財政政策によって逆に不況（安定恐慌）に陥ることとなった。

第6章　経済指標・その他

正答 2

経済指標・その他

1 経済指標

(1) 日経平均株価

日経平均株価とは、東京証券取引所プライム市場上場銘柄から選定した225銘柄の株価の平均を、独自の方式で算出したものです。

日本の代表的な株価指数であり、長期の変動が正確にわかるように算出されています。1950年に算出が始まり、最高値は1989年12月の38,915円です。

(2) 東証株価指数（TOPIX）

TOPIXとは、Tokyo Stock Price Indexの略称で、**上場株式の価値を資産規模の変化で捉える指標**です。

東証上場銘柄の一部を対象に、1968年1月4日の時価の総額を100として比較、指数化したもので、日経平均株価とともに、日本の代表的な株価指数です。

※TOPIXは、2022年10月から2025年1月にかけて、株価指数の見直しを実施します。

(3) ダウ工業株30種平均

アメリカのダウ・ジョーンズ社が独自の方式で算出し発表する、代表的な30銘柄の平均株価です。

1896年に12種でスタートし、1928年に30種となった。この30の銘柄は、**主要産業を代表する企業で構成されるよう、常に入れ替えが行われています**。

(4) 日銀短観

「短観」は、正式には「全国企業短期経済観測調査」といい、**日本銀行が、全国の企業動向を的確に把握し、金融政策の適切な運営に資することを目的に行う統計調査**です。

「短観」は、全国約1万社の調査対象企業に対して、その時々の企業の業況や製品商品需給、設備や人員の過不足観についての判断、売上高や収益などの経営指標などについて現状や先行き、見通しなどをアンケート形式で回答を求める調査であり、**毎年4回（3月、6月、9月、12月の四半期ごと）行われています**。

(5) 格付け

国や企業などが発行する債券について、元本償還と利払いの確実性を数字や記号で評価する**格付け**が国際的な指標として使われることがあります。

格付けの方法としては、発行元の企業が格付け会社に依頼するのが一般的ですが、国債や大企業の場合には、依頼なしに格付けされることもあります。

INPUT

❷ 会社事情

(1) 企業買収（M＆A）

　M＆Aは，企業の合併や買収のことを指し，企業の株式を別の企業が購入する手法を採るのが一般的です。

　M＆Aには対象企業との業務提携などを目的とする友好的なものと，対象企業の意に反して買収する敵対的なものがあります。

(2) ＴＯＢ（株式公開買付け）

　公開企業の支配権の取得または強化を目的に，不特定多数の株主に対して株式売却申込の勧誘を行い，買付けを実行することで，欧米では敵対的買収の手段として広く利用されています。

　従来，敵対的買収が企業風土になじみにくいといわれていた日本では，ＴＯＢ制度はもっぱら関係会社を子会社化するといった場合に用いられてきました。

(3) ＭＢＯ（マネジメント・バイアウト）

　会社の経営陣が自社の株式を買い取って経営権を取得することをいいます。具体的には金融機関や投資ファンドから融資を受け，受け皿会社を通じて行ったり，株主から自社の株式を譲り受けたりする形式で実施します。

　上場会社が株式を非公開化する手段としても利用され，メリットとして，これまでの経営資源を維持することができることや，上場を廃止することで被買収のリスクを回避できる点などが挙げられます。

(4) コーポレートガバナンス

　強力な権限を持つ経営者に，裁量を歯止めなく認めると，株主ら利害関係者が不利益を被る可能性があるため，経営を監査・チェックする必要が生じてきます。そこで，企業が持続的に成長していくために経営をチェックしていく仕組みをコーポレートガバナンスといいます。

　日本では，バブル崩壊後に企業不祥事が相次いだのを契機に企業統治の強化を求める声が高まっていました。

(5) ＳＲＩとＣＳＲ

　ＳＲＩ（社会的責任投資）とは，経済的なパフォーマンスと社会的責任（ＣＳＲ）を両立している企業や社会的な課題の解決にかかわる事業体に投資・融資を行うことです。

　ＣＳＲは企業の社会的責任と訳され，利益だけでなく，法令の遵守や環境保護，人権の擁護や社会への貢献といった社会的責任を達成する経営理念を意味します。

第6章 SECTION 1 経済指標・その他

経済指標・その他

実践　問題 206　基本レベル

頻出度：地上★★★　国家一般職★　東京都★★　特別区★★
　　　　裁判所職員★★　国税・財務・労基★　国家総合職★

問　わが国の経済指標に関する記述として、妥当なのはどれか。

（東京都2005改題）

1：経済成長率とは、ＧＤＰの増減率をいい、日本銀行が、四半期ごとに名目ＧＤＰと実質ＧＤＰを公表し、経済成長の目安としては、通常、名目ＧＤＰの伸び率が利用される。
2：日銀短観（企業短期経済観測調査）は、日本銀行が、年2回、全国の大企業を対象に、業況の現状・先行きに関する判断や事業計画に関する実績・予測を調査するものであり、景気転換点の判断に利用される。
3：東証株価指数（ＴＯＰＩＸ）とは、東京証券取引所に上場されている銘柄のうち225銘柄のダウ方式によって算出される指数をいい、わが国の代表的な株式指数の一つである。
4：有効求人倍率は、有効求人数を有効求職者数で除した値で、厚生労働省が毎月発表するものであり、全国の公共職業安定所（ハローワーク）で取り扱う求職及び求人のみが集計の対象となる。
5：所定外労働時間とは、いわゆる残業時間のことをいい、一般的に、景気が回復した後に所定外労働時間が増加することから、景気動向判断の遅行指標とされる。

OUTPUT

チェック欄		
1回目	2回目	3回目

実践 問題 **206** の解説

〈わが国の経済指標〉

1 × GDP（国内総生産）には，国内で生産したものの金額を単純に合計した**名目GDP**と，物価水準の変化を取り除いた**実質GDP**がある。名目GDPは，国内で生産したものの金額を単純に市場価格で評価したものであるのに対して，実質GDPは物価の上昇・下落の影響を取り除いたものといえる。したがって，名目GDPが増加しても実質GDPが変化しないのであれば，経済活動が大きくなったとはいえない。こうしたことから，一般的に経済成長の目安として，実質GDPの伸び率が利用されている。

2 × 日銀短観とは「全国企業短期経済観測調査」のことで，日本銀行が景気の現状と先行きについて，企業に直接アンケート調査をするものである。調査は，毎年，3・6・9・12月の年4回実施している。日銀短観は調査の翌月に公表されるため速報性があることや，回答数が多く，回収率が高いこと，調査範囲が広いことなどが特徴として挙げられる。

3 × **東証株価指数（TOPIX）**は，上場株式の価値を資産規模の変化で捉える指標である。**東証上場の一部銘柄を対象に，1968年1月4日の時価の総額を100として比較，指数化した**ものである。本肢の記述は，日経平均株価の内容である。

4 ○ **有効求人倍率**とは，完全失業率と並び，雇用情勢の参考とされる指標であり，全国のハローワークにおける，**有効求職者数に対する有効求人数の割合**である。完全失業率が景気の実態に比べて半年から1年位遅れて動く遅行指数であるのに対して，有効求人倍率は全国のハローワークで取り扱う求職および求人のみが集計の対象となるため，ほぼ景気の実態と同時に動くことになり，**一致指数**とよばれる。

5 × 総実労働時間は，**所定内労働時間**と**所定外労働時間**に分類できる。**所定外労働時間**とは，事業所の就業規則で定められた正規の始業時刻と終業時刻との間の実労働時間以外の労働時間であり，**早出，残業，休日出勤など**に**伴う労働時間**をいう。一般的に，景気が回復し生産が上向くと，企業は残業を増やし生産増に対応することになり，そのため所定外労働時間が増加することになる。つまり，所定外労働時間の増加は現在景気がよい状態であることを示しており，**所定外労働時間は，景気動向判断の遅行指標ではなく，一致指標である。**

正答 4

第6章 経済指標・その他

LEC東京リーガルマインド 2024-2025年合格目標 公務員試験 本気で合格！過去問解きまくり！ ④社会科学 635

第6章 SECTION 1 経済指標・その他

経済指標・その他

実践　問題207　基本レベル

問　わが国の景気判断に関する次の説明文中のA～Dの空欄に入る語句の組合せとして最も適当なのはどれか。　　　　　　　　　　（裁事・家裁2007）

　景気判断を行う資料として，いわゆる「短観」と呼ばれる全国企業短期経済観測調査が用いられるが，これは，（　A　）が年に（　B　）回，全国の企業約1万社に対して行っている統計調査である。この調査は企業が経済環境の現状や先行きについてどうみているかという項目や売上高，収益，設備投資額といった事業計画の実績・予測値など広範な項目に及ぶものであり，特に景気の先行きを示すものとして重視されている項目は（　C　）である。また，内閣府から公表される（　D　）は，政府の正式な景気の現状判断が示されており，そこで示される景気認識がその後の政府の経済運営の重要な資料となる。

	A	B	C	D
1：	日本銀行	2	雇用人員判断DI	金融経済月報
2：	財務省	3	業況判断DI	月例経済報告
3：	日本銀行	3	雇用人員判断DI	月例経済報告
4：	財務省	4	雇用人員判断DI	金融経済月報
5：	日本銀行	4	業況判断DI	月例経済報告

実践 問題207 の解説

〈景気判断指標〉

「短観」は，正式には「全国企業短期経済観測調査」といい，日本銀行が，全国の企業動向を的確に把握し，金融政策の適切な運営に資することを目的に行う統計調査である。「短観」は，全国約1万社の調査対象企業に対して，その時々の企業の業況や製品商品需給，設備や人員の過不足についての判断，売上高や収益などの経営指標などについて現状や先行き，見通しなどをアンケート形式で回答を求める調査であり，毎年4回（3月，6月，9月，12月）実施される。

「短観」の判断項目のうち，景気の先行きを示すものとして重要視されているのが「業況判断DⅠ」である。「業況判断DⅠ」は，調査対象の企業に収益を中心とした業況についての全般的な判断を「良い」「さほど良くない」「悪い」のいずれかで回答してもらい，「良い」と回答した社数構成比から「悪い」の社数構成比を引いて算出する。また，「月例経済報告」は，毎月，最新の経済指標などから内閣府がとりまとめ，経済財政担当大臣が関係閣僚会議に提出し，政府公式見解となる景気判断のことをいう。

「雇用人員判断DⅠ」は，日本銀行の「短観」の調査項目の1つで，調査対象企業の雇用人員の過不足についての判断のことをいい，「金融経済月報」は，日本銀行が毎月公表している金融経済情勢に関する基本的見解をいう。日本銀行は，金融政策決定会合で金融政策の基本方針を決定するが，その判断のもとになる金融経済情勢の基本的見解を「金融経済月報」として公表している。

以上より，Aに「日本銀行」，Bに「4」，Cに「業況判断DⅠ」，Dに「月例経済報告」が入ることから，正解は肢5となる。

正答 5

SECTION 1 経済指標・その他

経済指標・その他

実践 問題 208 基本レベル

頻出度	地上★★★	国家一般職★	東京都★★	特別区★★★
	裁判所職員★★	国税・財務・労基★		国家総合職★★

問 近年の日本の産業構造に関する記述アからオのうちには妥当なものが2つある。それらはどれか。 (地上2022改題)

ア：第一次産業，第二次産業，第三次産業では，国内総生産に占める割合は第三次産業が最も高く，就業者数全体に占める割合でも第三次産業が最も高い。

イ：企業を，大企業と中小企業とに分けて見ると，企業数全体に占める割合は中小企業が高いが，従業員数全体に占める割合は大企業が高い。企業の新陳代謝の指標となる開業率，廃業率について，日本はアメリカ，イギリスに次いで高い。

ウ：農業は，食料自給率（カロリーベース）でみると，G7諸国の中で最低水準であり，農作物貿易は輸入超過である。個人経営体の農業の担い手（日ごろから主に自営農業を行っている者）の数は減少しており，それらの担い手の半数以上が高齢者となっている。

エ：製造業を，「食料品」「金属製品」「鉄鋼」「化学」「生産機械」「輸送用機械」「電気機械」「電子部品」などに分けた場合，生産額（製品出荷額等）が最も多いのは「金属製品」であり，次いで「化学」「生産機械」と続く。

オ：非製造業で「卸売・小売業」「建設業」「不動産業」を比較した場合，国内総生産に占める割合が高いのは「建設業」であり，次いで「卸売・小売業」「不動産業」の順である。

1：ア，イ
2：ア，ウ
3：イ，エ
4：ウ，オ
5：エ，オ

実践 問題208 の解説

〈近年の日本の産業構造〉

ア◯ 本記述のとおりである。2021年の産業別の国内総生産（GDP）構成比は，第1次産業が1.0％，第2次産業が26.1％，第3次産業が72.9％と，第3次産業が最も高い。同年の就業者数全体に占める割合においても，第1次産業が3.1％，第2次産業が22.8％，第3次産業が74.1％と，第3次産業が最も高い。

イ✕ 企業を，大企業と中小企業とに分けて見ると，2016年現在，企業数全体に占める割合は中小企業が99.7％，従業員数全体に占める割合は中小企業が68.8％と，いずれも中小企業が大企業よりも高いので，本記述は誤りである。企業の新陳代謝の指標となる開業率，廃業率について，**日本は開業率と廃業率のいずれもアメリカ，イギリスのみならず，フランスやドイツよりも低いので**，これも誤りである。

ウ◯ 本記述のとおりである。わが国の農業は，食料自給率（カロリーベース）でみると38％（2022年）で，G7諸国の中では6番目であるイギリスの54％（2020年）を16ポイントほど下回っている。個人経営体の農業の担い手（基幹的農業従事者）は，減少傾向が続いており，2020年で136万3千人であり，2005年の175万7千人と比べて22％減少となっている。また，基幹的農業従事者のうち65歳以上の高齢者が約70％を占めている。

エ✕ 製造業で最も生産額（製造品出荷額等）が高いのは，「輸送用機械」で全体の19.8％を占めている（2020年）。次いで「食料品」（9.8％），「化学」（9.5％）が続いている。その一方で，「金属製品」はわずか5.0％に過ぎない。よって，本記述は誤りである。

オ✕ 非製造業で「卸売・小売業」「建設業」「不動産業」のうち，国内総生産（GDP）に占める割合が最も高いのは「卸売・小売業」（13.7％）であり，次いで「不動産業」（12.0％），「建設業」（5.5％）の順である（2021年時点）。よって，本記述は誤りである。

以上より，妥当なものはア，ウであり，正解は肢2となる。

正答 2

SECTION 1 経済指標・その他

実践 問題209 基本レベル

問 わが国の企業に関する記述として，妥当なのはどれか。　（東京都2010）

1：会社法では，株式会社，合同会社，合資会社及び合名会社の4つが規定されており，株式会社以外は，すべて無限責任社員で構成される。
2：地方公営企業は，地方公共団体が経営する企業であり，経費の全額は地方公共団体からの補助金で賄われる。
3：株式会社においては所有と経営の分離がみられ，この場合，株主と実際に経営を行う者とが別になる。
4：コーポレート・ガバナンスとは，企業の経営が破綻した場合に国が当該企業に資本を注入し国有化することをいい，わが国においてもコーポレート・ガバナンスの適用例が存在する。
5：CSR（企業の社会的責任）とは，企業には社会貢献活動に取り組む責務があることをいい，私企業に関してCSRが問われることはなく，専ら公企業が対象となる。

OUTPUT

チェック欄		
1回目	2回目	3回目

実践 問題 **209** の解説

〈わが国の企業〉

1 ✕ 会社法に基づく会社の形態は，**株式会社，合名会社，合資会社，合同会社**がある。出資者の責任について，**株式会社では有限責任の社員で構成されるが，合同会社は有限責任社員，合資会社では有限責任と無限責任の社員，合名会社では無限責任社員によって構成されている**。また，**無限責任社員とは，会社債務に対して直接連帯し無限の責任を負う社員のことをいい，有限責任社員とは，会社債務に対して出資額を限度とする責任を負う社員**のことをいう。

2 ✕ **地方公営企業**とは，地方公共団体が経営する企業であり，水道事業，交通事業，病院事業，下水道事業など地域住民の生活や地域の発展に不可欠なサービスを提供する。地方公営企業の経費は，地方公営企業法により，地方公共団体の一般会計又は他の特別会計において負担するものを除き，当該地方公営企業の経営に伴う収入をもって充てなければならないとされており，原則として独立採算で運営されている。

3 ◯ 株式会社における**所有と経営の分離**とは，**株式会社はその出資者である株主によって所有されているが，多数の株主は会社経営についての知識や能力がないため，通常の経営活動（業務執行）は取締役などの経営陣により運営されていること**をいう。

4 ✕ **コーポレート・ガバナンス**とは，「**企業統治**」ともいい，一般的に，企業と株主の関係のあり方や，企業内部の意思決定や経営監視の仕組み，企業の利害関係者（株主，経営者，従業員，債権者など）を調整するためのメカニズム，株主の利益を最大化させるための企業経営のチェック体制という意味で使用されている。

5 ✕ **CSR**とは，「**企業の社会的責任**」と訳され，利益だけでなく，法令の遵守や環境への配慮，人権の擁護や社会への貢献といった社会的責任を達成する経営理念を意味する。なお，CSRの対象は公企業に限定したものではなく，私企業も対象となっている。

第6章 経済指標・その他

正答 3

第6章 SECTION 1 経済指標・その他

経済指標・その他

実践 問題 210 基本レベル

頻出度　地上★★　国家一般職★★　東京都★★　特別区★★
　　　　裁判所職員★★★　国税・財務・労基★★　国家総合職★

問 経済用語に関する記述として最も適当なものはどれか。　（裁判所職員2017）

1：コングロマリットとは，複数の国に，その国の法人格を持つ子会社や系列会社を置き，利潤を最大にするように世界的規模で活動する企業のことであり，こうした企業は経済情勢の変化に強い体質を持っている。

2：キャピタルゲインとは，大規模生産を行えば，より多くの利益が得られる，ということを指し，特に工業製品においては生産規模が拡大するほど，多くの利益が発生しやすい。

3：カルテルは，同一産業の複数の企業が，高い利潤を確保するために価格や生産量，販路等について協定を結ぶことであり，独占禁止法で禁止されている。かつては不況の場合や合理化に必要な場合に限り特別なカルテルが認められていたが，廃止された。

4：コーポレート＝ガバナンスとは，企業が行う社会的貢献活動や慈善的寄付行為のことであり，近年では，企業は利潤追求だけではなく，こうした公益活動を行うようになっている。

5：ステークホルダーとは，寡占市場において価格決定・変更の主導権をもつ市場支配力を持った企業のことを指し，こうした有力な大企業が設定した価格を管理価格という。

OUTPUT

実践 問題 **210** の解説

チェック欄

1回目	2回目	3回目

〈経済用語〉

1× 本肢記述は，多国籍企業の説明なので，誤りである。**コングロマリット**とは，複合企業ともいい，まったく異なる企業を吸収合併して，多角化した企業体を指す。

2× 本肢記述は，規模の利益（スケール・メリット）の説明なので，誤りである。キャピタルゲインとは，株式や債券，不動産など，保有している資産を売却することによって得られる売買差益のことをいう。

3○ 本肢記述のとおりである。**カルテル**は，同一産業の複数の企業が，高い利潤を確保するために価格や生産量，販路等について協定を結ぶことであり，独占禁止法で禁止されている。かつては不況の場合の不況カルテルや合理化に必要な場合の合理化カルテルなど，特別な場合にカルテルが認められていたが，現在は廃止されている。

4× 本肢記述は，**フィランソロピー**の説明なので，誤りである。**コーポレート＝ガバナンス**とは，企業統治ともいい，企業の内部を統制する仕組みによって，不正行為を防止する機能をいう。

5× 本肢記述は，**プライスリーダー**の説明なので，誤りである。**ステークホルダー**とは，企業の利害関係者のことをいい，金銭的な利害関係の発生する顧客や株主ばかりでなく，企業活動を行ううえでかかわるすべての人のことをいう。

第6章 経済指標・その他

正答 **3**

LEC東京リーガルマインド 2024-2025年合格目標 公務員試験 本気で合格！過去問解きまくり！ 643
④社会科学

第6章 SECTION 1 経済指標・その他

経済指標・その他

実践 問題 211 応用レベル

問 経済指標に関する記述として最も妥当なのはどれか。　（国家総合職2016）

1：国内総生産とは，国民経済の量的な大きさを示す指標であり，一定期間に一国内で新たに生産された付加価値の総計を意味する。国内総生産に，補助金及び海外からの純所得を加え，間接税及び生産で使われ減耗する機械などの減耗分を差し引いたものは，国民所得と呼ばれ，これは，生産，分配，支出の三つの面から捉えることができる。

2：経済成長率とは，国民経済全体における経済活動の拡大の割合を示す指標である。物価の変動を除いた名目的な国内総生産の伸び率を名目経済成長率といい，また，物価の変動や為替レートの変動を含めた実質的な国内総生産の伸び率を実質経済成長率という。実質経済成長率は，理論上，名目経済成長率を上回ることはないとされている。

3：ジニ係数とは，国民間の所得の格差を示す指標であり，一般に，所得が国民全体の上位1パーセント以内となる層を富裕層として着目し，富裕層の所得の合計が，国民総所得に占める割合と定義される。経済成長率が，株などの投資による利益の割合である資本収益率を上回っている状況の下では，富裕層の所得が一層拡大するため，ジニ係数は上昇すると考えられている。

4：景気動向指数とは，景気の現状把握及び将来予測に資するために作成された統合的な指標であり，経済産業省が四半期ごとに公表している。景気動向指数は，景気の動きに対し，先行して動く先行指数と遅れて動く遅行指数の二つから構成されており，例えば，完全失業率の低下により景気が回復し，新規求人数が増加することから，完全失業率は先行指数，新規求人数は遅行指数とされている。

5：物価指数とは，消費者が企業から購入する財やサービスの価格と企業間で取引される財の価格を統合して平均したものの対前年比である。物価指数が持続的に上昇する現象をインフレーションといい，実物資産の名目価値を高め，債務者の負担を軽くする。一方，物価指数が持続的に下落し，ゼロに近づいていく現象をデフレーションといい，インフレーションよりも国民生活に悪い影響を与えると考えられている。

OUTPUT

チェック欄		
1回目	2回目	3回目

実践 ▶ 問題 **211** **の解説**

〈経済指標〉

1○ 本肢記述のとおりである。**国内総生産（ＧＤＰ）**とは，一定期間に一国内で生産された財やサービスの付加価値の総計をいい，国民経済の量的な大きさを示す指標として用いられる。国内総生産（ＧＤＰ）に補助金および海外からの純所得を加え，**間接税**および**固定資本減耗**を差し引いたものを国民所得（ＮＩ）という。**国民所得（ＮＩ）**は，生産，分配，支出の3つの面から捉えることができる。

2× 実質経済成長率が，理論上は，名目経済成長率を上回ることがあるので，本肢記述は誤りである。インフレーション下では，物価の変動を含めた名目経済成長率は実質経済成長率より高く表示されるが，デフレーション下では，物価の変動を除いた実質経済成長率が名目経済成長率より高くなるため，名目経済成長率と実質経済成長率の説明においても誤りである。

3× **ジニ係数**の説明が誤りである。ジニ係数は，所得格差を示す指標であるが，横軸に人口の累積度数比率をとり，縦軸に所得の累積金額比率をとって個人間の所得分布をグラフ化した**ローレンツ曲線**と均等分布（45度）線に囲まれた弓形の面積の均等分線より下の三角形部分の面積に対する比率であるため，本肢記述は誤りである。また，**Ｔ.ピケティ**の『**21世紀の資本**』によれば，資本収益率が経済成長率を上回っている状況下では資本保有が偏在するため，所得格差が拡大し，ジニ係数は増加すると考えられているので，この点においても妥当ではない。

4× **景気動向指数**は，景気の現状把握および将来予測に資するために作成された指標であるが，これは内閣府が毎月公表しているため，本肢は誤りである。また，完全失業率は遅行指数，新規求人数は先行指数とされているため，この点についても誤りである。

5× **物価指数**とは，一定の期間における財やサービスの価格変動を統計的に測定した指数で，一般に基準年を100として示し，消費者物価については消費者物価指数，企業間取引の物価については企業物価指数があるため，本肢は誤りである。また，物価指数が持続的に100を超える値を示す現象をインフレーション，持続的に100未満となっている現象をデフレーションというので，この点についても誤りである。その他の記述については正しい。

正答 1

第6章 経済指標・その他

LEC東京リーガルマインド　2024-2025年合格目標 公務員試験 本気で合格！過去問解きまくり！　645
④社会科学

第6章 経済指標・その他

章末 CHECK

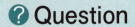 Question

- **Q1** 日経平均株価とは，東京証券取引所上場の一部銘柄を対象に，1968年1月4日の時価総額を100として指数化したものである。
- **Q2** 「短観」は，日本銀行が，全国の企業動向を的確に把握することを目的に行う統計調査である。
- **Q3** いわゆる「格付け」とは，国や企業などが発行する債券について，元本償還と利払いの確実性を数字や記号で評価したものをいう。
- **Q4** デリバティブとは，企業の合併や買収のことを指し，企業の株式を別の企業が購入する手法を採るのが一般的である。
- **Q5** TOBは，公開企業の支配権の取得または強化を目的に，不特定多数の株主に対して株式売却申込の勧誘を行い，買付けを実行することをいう。
- **Q6** MBOは，一般的に会社の経営陣が自社の株式を買い取って経営権を取得することをいう。
- **Q7** 企業の敵対的買収防衛策のうち，ポイズン・ピルとは，自己の保有する優良資産や収益性の高い事業部門を売却したり，重要な取引先との関係を解消したりして，企業価値を大幅に引き下げて，買収意欲を失わせるものをいう。
- **Q8** ストックオプションとは，企業の役員や従業員が，自社株式を一定の価格で購入できる権利のことをいう。
- **Q9** CSRとは，企業統治ともいわれ，一般的に企業が持続的に成長していくため，経営の意思決定をチェックしていく仕組みのことをいう。
- **Q10** 証券取引所とは，株式や債券などの売買取引を行う施設であり，日本には東京にのみ設置されている。

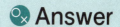

A1 × これは、ＴＯＰＩＸ（東証株価指数）の説明である。日経平均株価とは、東京証券取引所プライム市場上場225銘柄の株価平均を一定の方式で算出したものである。

A2 ○ 「短観」は、正式には「全国企業短期経済観測調査」といい、日本銀行が、全国の企業動向を的確に把握し、金融政策の適切な運営に資することを目的に行う統計調査である。

A3 ○ 国や企業などが発行する債券について、元本償還と利払いの確実性を数字や記号で評価する「格付け」が国際的な指標として使われることがある。

A4 × デリバティブ（金融派生商品）とは、通貨や証券などといった本源的資産に対して、その価格変動を対象とした金融取引のことである。問題文はＭ＆Ａの記述である。

A5 ○ ＴＯＢ（株式公開買付け）は、公開企業の支配権の取得または強化を目的に、不特定多数の株主に対して株式売却申込の勧誘を行い、買付けを実行することで、欧米では敵対的買収の手段として広く利用されている。

A6 ○ ＭＢＯ（マネジメント・バイアウト）は、一般的に金融機関や投資ファンドから融資を受け、会社の経営陣が自社の株式を買い取って経営権を取得することをいう。

A7 × 問題文は、一般的に焦土作戦（スコーチドアース）とよばれるものである。ポイズン・ピルは、一般的に新株予約権を既存株主にあらかじめ割り当てておき、敵対的買収をかけられた場合に、買収側の議決権割合を引き下げるものである。

A8 ○ ストックオプションとは、企業の役員や従業員に付与されるもので、自社株式を一定の価格で購入できる権利である。

A9 × ＣＳＲは企業の社会的責任と訳され、一般的に利益だけでなく、法令の遵守や環境保護、人権の擁護や社会への貢献といった社会的責任を達成する経営理念を意味する。問題文は、コーポレート・ガバナンスに関する説明である。

A10 × 証券取引所とは株式や債券などの売買取引を行う施設であり、証券流通市場の中心をなしている。2023年9月現在、日本全国に証券取引所は東京、名古屋、札幌、福岡の4カ所にある。

memo

社会科学

第4編
社会

第1章

社会学の基礎

SECTION

① 社会学
② 心理学・その他

第1章 社会学の基礎

出題傾向の分析と対策

試験名	地 上			国家一般職(旧国Ⅱ)			東京都			特別区			裁判所職員			国税·財務·労基			国家総合職(旧国Ⅰ)		
年 度	15-17	18-20	21-23	15-17	18-20	21-23	15-17	18-20	21-23	15-17	18-20	21-23	15-17	18-20	21-23	15-17	18-20	21-23	15-17	18-20	21-23
出題数 セクション											1										
社会学											★										
心理学· その他																					

(注) 1つの問題において複数の分野が出題されることがあるため，星の数の合計と出題数とが一致しないことがあります。

　この分野からの出題は，国家総合職の教養区分を除くと，ほとんど出題がありません。問われる内容も，専門科目として出題される社会学に比べると，基本的事項が問われることが多く，基本的な部分を覚えてしまうと，得点源にしやすいといえます。よく見られるのは，著名な社会学者が提唱した理論やキーワードを問うもので，それが大衆社会論，集団論，社会的性格論，組織論といった社会学の各分野にわたります。特に大衆社会論は政治編や経済編をより深く理解するためにも学習する価値があり，差がつきやすい分野でもあるので，一度は目を通すようにしましょう。

地方上級

　近年，社会学の基礎に関する出題はありません。もっとも，過去には，フロムの思想や大衆社会論などの基礎的な知識が問われていることから，代表的な学者とその理論，キーワードについては学習しておきましょう。

国家一般職（旧国家Ⅱ種）

　国家一般職では，ほとんどありませんが，過去にはテキストなどで扱っている主要な社会学者に関する知識を問う基礎的問題から，文化論などでは，少々細かい知識を問うものまで出題されたこともあります。これまで選択問題の1つとして出題されていますが，この分野で得点を挙げたい方は，学習に力を入れる必要があるでしょう。

東京都

東京都では，近年，社会学分野に関する出題はありません。この点から試験対策の重要度は相対的に低いといえます。しかし，一部の社会学者の理論は，政治分野との関連性もあるので，学習しておくのがよいといえます。

特別区

特別区では，社会学分野からの出題は，それほど多いとはいえません。また，選択科目ということもあり，専門科目対策として社会学を学習している方ならば，出題された場合に十分に対応できるでしょう。しかし，社会学を学習していない方も，出題されたときに対応できるように，主要な社会学者の理論の基本的な知識は確認しておきましょう。

裁判所職員

近年，本試験において，社会学に関する出題はありません。試験対策についていえば，その重要度は相対的に低いといえます。

国税専門官・財務専門官・労働基準監督官

国税専門官・財務専門官・労働基準監督官では，社会学分野からの出題はほとんどありませんが，少し細かい知識まで要求されることがありますので，しっかり学習しておく必要があります。

国家総合職（旧国家Ⅰ種）

国家総合職では，2012年以降は社会学からの出題はほとんどありません。過去の問題をみると，著名な社会学者の理論の概要からその名前を判断させる問題など，基本的な知識で十分に解答できるものから，応用的な知識を問うもの，特定のキーワードに関する問題など，細かい知識が要求されるものまで，幅広く知識を問うものが出題されています。

なお，上表の出題数にカウントしていませんが，国家総合職の教養区分では，毎年1題程度出題されています。代表的な学者とその理論，キーワードについてはしっかり学習しておきましょう。

Advice アドバイス 学習と対策

代表的な学者とその理論，キーワードを表などにまとめて覚えるようにすると効率的です。出題される範囲は限られており，一度覚えてしまえば得点源とすることができるので，まずは，代表的なものをしっかりと覚え，余裕があれば少し細かい点についてまで手を広げて学習しましょう。

	第1章	社会学の基礎
SECTION	1	

社会学

必修問題 セクションテーマを代表する問題に挑戦！

いずれも社会学において重要かつ基本的な学者ばかりです。すべての肢の内容をしっかり押さえましょう。

問 次のA～Dは，代表的な社会学者に関する記述であるが，それぞれに該当する人物名の組合せとして最も妥当なのはどれか。

(国Ⅰ2009)

A：人間の知識の発展は，少数の孤立した観察が超自然的な観念によって結びつけられている「神学的段階」から，過渡的な「形而上学的段階」を経て，現象として事実を入念に観察する中からその間に法則を見出していく「実証的段階」に至ると考えた。

B：集団をとらえる枠組みとして，親密で対面的な結びつきと連帯感を特徴とする集団を「第一次集団」であるとした。また，自己概念について，他者という「鏡」に映し出され他者による評価に媒介された自己の姿を「鏡に映った自己」であるとした。

C：「社会的事実」は，個人の心理に還元して説明することのできない「外在性」と「拘束性」に特徴づけられているため，これを「物のように」客観的に観察すべきであると主張し，社会的分業，宗教，自殺などについての研究を行った。

D：社会は，自然の一部である人間とそれを取り巻く生物有機体の世界とのかかわりから成り，様々な機能を行う単位からできている点で生物有機体と同様であるとし，社会進化論の立場から，強制的協働に基づく「軍事型社会」から自発的協働に基づく「産業型社会」へと発展することを主張した。

	A	B	C	D
1：	A.コント	F.テンニース	E.デュルケーム	H.スペンサー
2：	A.コント	C.H.クーリー	E.デュルケーム	H.スペンサー
3：	H.スペンサー	F.テンニース	D.リースマン	A.コント
4：	H.スペンサー	C.H.クーリー	E.デュルケーム	A.コント
5：	H.スペンサー	C.H.クーリー	D.リースマン	A.コント

直前復習

654　LEC東京リーガルマインド　2024-2025年合格目標 公務員試験 本気で合格！過去問解きまくり！
④社会科学

頻出度	地上★ 国家一般職★★★ 東京都★ 特別区★
	裁判所職員★ 国税・財務・労基★★★ 国家総合職★★★

チェック欄

1回目	2回目	3回目

必修問題の解説

〈代表的な社会学者〉

A **A.コント** コントは，社会学を実証的な科学の最高段階に位置するものとして，社会学の研究対象を「社会の構造や状態」と「社会の歴史的変動」に区別し，前者を社会静学，後者を社会動学と名付けた。社会動学においては，人間の精神が「**神学的段階**」から「**形而上学的段階**」を経て「**実証的段階**」に至るとし，それに伴い，社会は「**軍事的段階**」から「**法律的段階**」を経て「**産業的段階**」に，政治も「**神政**」から「**王政**」を経て「**共和制**」に至るとした。

B **C.H.クーリー** クーリーは，幼年期の第1次社会化（道徳意識の形成）に多大な影響を与える集団を「第1次集団」と定義したことで知られている。クーリーによれば，「第1次集団」は，直接的な接触による親密な結合を持つ集団で，のちに**K.ヤング**らは，クーリーの「第1次集団」と対比するものとして，人為的に組織され，間接的な接触を持つ集団を「第2次集団」とした。さらにクーリーは，「自我」とはもともと社会的なものであり，自己は他者という「鏡」に映し出され他者による評価に媒介されるとして，そのような自己の姿を「鏡に映った自己」と表現した。

C **E.デュルケーム** デュルケームは個々の人間を超えたところに社会的事実が存在し，これが個々の人間に影響を与え，社会の現実を作っているとした。社会的事実とは，①個人に対して外在し，個人に拘束を及ぼし，②個人ではなく何らかの集団を基体とし，③その個人的な表現物から独立している一切の行動，思考，感覚の様式，であり，このような社会的事実を，自然科学者が対象を扱うように客観的に観察すれば（「社会的事実をモノのように観察せよ」），社会学の客観性は確保されるとした（社会学主義）。デュルケームの研究で特に有名なのが**自殺論**や分業論，宗教論である。

D **H.スペンサー** スペンサーは，**社会有機体説**を唱え，社会を諸部分の安定した関係からなる一種の関係体とした。つまり，生物体が個々の細胞の有機的関係によって支えられているのと同様に，社会も諸集団や諸組織といった，人間同士の有機体的関係によって成立しているとしたのである。このような立場からスペンサーは，社会においては人口の増加に伴う社会の量的拡大によって「適者生存の法則」が働き，社会は単純なものから複雑なものへと機能分化していくという社会進化論を主張した。スペンサーによれば，社会は，強制的協働に基づく「**軍事型社会**」から自発的協働に基づく「**産業型社会**」へと段階的に進化していくとされる。

　以上より，AがA.コント，BがC.H.クーリー，CがE.デュルケーム，DがH.スペンサーであり，正解は肢2となる。

正答 2

第1章 社会学の基礎

社会学の基礎
社会学

1 社会学史

(1) A.コント

社会学の創始者とされる人物です。社会の**進歩**と**秩序**を達成するための学問として**社会学**を創始し、社会学は社会の進歩を扱う**社会動学**と、秩序を扱う**社会静学**からなるとしました。また、コントは3段階の法則を唱え、人間の精神の進化（**神学的段階→形而上学的段階→実証的段階**）に伴って社会のあり方も進化（**軍事的段階→法律的段階→産業的段階**）していくと主張しました。

(2) H.スペンサー

社会を進化論的な視点から捉える**社会進化論**の立場に立ち、**軍事型社会から産業型社会へ**という社会進化の図式を提示しました。

  軍事型社会とは中央集権的な国家による強制によって形成される（単純で同質的な）社会であり、**産業型社会**とは諸個人が自主的、自発的に行う分業によって結び付くことで形成される（複雑で異質的な）自由主義的社会のことです。

(3) M.ウェーバー

　理解社会学を主張し、行為者が自らの社会的行為に結び付けている**主観的に思念された意味（動機）を理解**することによって社会的行為の経過と帰結を、因果的に解明することが社会学の課題であるとしました。

　また価値自由を唱え、社会科学において**価値中立性は不可能**であり、**研究は何らかの価値に常に巻き込まれざるをえない**ため、社会科学が目指す科学性とは、素朴な価値中立でもなければ、無邪気に価値を吐露することでもなく、**対象の選定や概念の構成がどのような価値に基づいているのかを自覚することである**としました。そうした自覚により、当該の研究がどのような価値に基づいてその妥当性を保持しているのかが明確になり、科学としての客観性を維持できるとされます。

(4) E.デュルケーム

　社会学を**社会的事実**を研究対象とするものと捉えました。社会的事実とは個人の意識にとって外在的なものであり、拘束的なもののことで、具体的には道徳、法律、表象、世論、宗教などです。社会現象としての**自殺**を個人的動機ではなく社会的原因によって、4つに**類型化**した自殺論が有名です。

INPUT

集団本位的自殺	集団のために自らを犠牲にするという形でなされる自殺
自己本位的自殺	個人が過度に孤立化したことで生じる孤独感によって引き起こされる自殺
アノミー的自殺	欲望が無際限に拡大され，そこから生じる不満と虚無感によって引き起こされる自殺
宿命的自殺	欲望に対する規制が強すぎるために，閉塞感に襲われて引き起こされる自殺

2 社会学の各分野

(1) 大衆社会論

公衆	空間的に散在しながらも，共通の利害関心や問題関心を持ち，理性的，合理的な意見形成をなしうる存在
大衆	自負心や責任感や理想を欠き，批判的精神を持たず，マス・メディアの情報に対して受動的で，自分自身の生活に埋没しているような存在

① J.オルテガ・イ・ガセット

『大衆の反逆』において，**大衆の政治参加を問題視**しました。かつての政治は高貴な自負心と理想を持った選良（エリート）により執り行われていたが，現在では，そうした自負心や理想を欠いた大衆が政治の主役となり，社会全体がふとしたきっかけで一気に危険な方向に向きかねない状況となっているとしました。

② D.リースマン

『孤独な群衆』において社会的性格の類型として，3つの時代区分に対応させて，**伝統指向型，内部指向型，他人指向型**という3つの社会的性格を挙げました。

(2) 集団論

F.テンニース

ゲマインシャフト	**本質意志**に基づく，自然的，自生的，有機的な，感情融合を特徴とする共同体社会
ゲゼルシャフト	**選択意志（形成意志）**に基づく，人為的，機械的な，利害や打算を含む契約関係を特徴とする都市型社会

SECTION 1 社会学の基礎
社会学

実践 問題 212 〈基本レベル〉

| 頻出度 | 地上★
裁判所職員★ | 国家一般職★★★
国税・財務・労基★★★ | 東京都★
国家総合職★★★ | 特別区★ |

問 組織体や地域社会などを研究した社会学者に関する記述A〜Dとその名前の組合せとして最も妥当なのはどれか。　　　　　　　　　　　　　　（国Ⅱ2006）

A：社会組織における人間の結合関係を人間の行為意思によって把握しようとし，人間の本質そのものを表す本質意思と自己の目的を達成するための思考の産物としての選択意思に区分し，これらに対応する社会形成をそれぞれゲマインシャフトとゲゼルシャフトと呼んだ。歴史的には前者が優位な時代から後者が優位な時代へと移行していくと考えた。

B：社会的分業を社会連帯の主要な源泉とみなし，分業化とそれを主体的に捉えた専門化の発達により全体社会に新しい有機的な連帯性が芽生え，組織社会が成立すると考えた。また，急激な社会変動による社会規範の動揺や崩壊によって社会の構成員の欲求や行為が無規制状態に陥ることをアノミーと定義し，この概念によって社会病理現象を説明した。

C：近代資本主義の発達という社会現象をプロテスタンティズムの宗教倫理に基づく人間の主体的な営為とのかかわりで説明した。また，法規に基づく規律と管理技術の専門知識を背景とした権限による合理的支配の形式を官僚制と定義し，明確な規則に基づく職務遂行などの官僚制の特性を指摘して，これこそ技術的に最高能率を達成できる最も卓越した合理的支配行使の形態であると説明した。

D：人間生態学的な観点から都市の成長過程を解明しようとし，都市の地域構造は都心の中央ビジネス地帯から放射線状に拡大する傾向があり，それは，都心地域→推移地帯→労働者住宅地帯→住宅地帯→通勤者地帯というそれぞれ特徴的な地帯によって同心円的に構成されるとする同心円地帯理論を唱えた。

	A	B	C	D
1	バージェス	M.ウェーバー	テンニース	デュルケム
2	M.ウェーバー	バージェス	テンニース	デュルケム
3	M.ウェーバー	デュルケム	バージェス	テンニース
4	テンニース	バージェス	M.ウェーバー	デュルケム
5	テンニース	デュルケム	M.ウェーバー	バージェス

OUTPUT

チェック欄
1回目	2回目	3回目

実践 問題 **212** の解説

第1章 社会学の基礎

〈主要な社会学者〉

本問のA〜Dの記述に該当する社会学者は，それぞれ以下のとおりである。

A テンニース　人間の結合関係を，人々の結合の性質を基準とし，「本質意志」によるものを「ゲマインシャフト」，「選択意志」によるものを「ゲゼルシャフト」としたのはF.テンニースである。なお，彼は近代化とともに人々の生活は「ゲマインシャフトからゲゼルシャフトへ」その中心を移していくと論じ，また両者を止揚する形での「ゲノッセンシャフト」概念を提起した。

B デュルケーム（デュルケム）　『社会分業論』の中で，近代化がもたらす社会変動について，「分業」に着目し分析したのはE.デュルケームである。彼は，単純な同質性からなる機械的連帯に基づく「環節的社会」から，分業が発展し，異質な独自の個性を持った人々の分業を基調とした有機的連帯に基づく「有機的社会（組織的社会，職業的社会）」へと社会は発展していくと考えた。だが，現実において新たな連帯を生み出さない分業の異常形態が見られる場合もあり，彼はこれをアノミー的分業とよんだ。

C M.ウェーバー　『プロテスタンティズムの倫理と資本主義の精神』を著し，プロテスタントの世俗内禁欲のエートスが資本主義勃興の基盤となったと論じたのは，M.ウェーバーである。また彼は伝統的支配・カリスマ的支配・合法的支配という支配の3類型を論じ，この中で合法的支配の典型例として「（近代）官僚制」についても言及している。

D バージェス　本記述のように，都市の成長過程を論じたのはシカゴ学派のE.W.バージェスである。彼のこの理論を「同心円地帯理論」という。彼は「人間生態学」の立場から，都市の発展過程を新陳代謝と移動のアナロジーで捉え，都市が中心業務地域（都心）を核に同心円を描きながら放射線状に発展していくと述べた。

したがって，正解は肢5となる。なお，Bのデュルケームの「アノミー」には，説明にもある「アノミー的分業」のほか，『自殺論』で論じたアノミー的自殺があることや，M.ウェーバーの述べた「近代化は合理化の過程」との説，さらにDのバージェスが家族社会学の分野でも大きな貢献をなし，H.J.ロックとともに産業革命前と後の家族関係の変化を「制度から友愛へ」という言葉で表した点なども押さえておきたい。

正答 **5**

LEC東京リーガルマインド 2024-2025年合格目標 公務員試験 本気で合格！過去問解きまくり！ 659
④社会科学

問 大衆社会に関する次の記述のうち妥当なのはどれか。　（地上2003改題）

1：E.デュルケムは大衆社会の特徴について考えた。大衆社会以前には経済原理が支配し, 人々の欲求はアノミー（無規制）状態に陥って自殺者が多かったが, 大衆社会が成立すると人々は自律せざるを得なくなり, 人間同士が道徳的に結ばれた社会に変わっていくと論じた。

2：M.ウェーバーは大衆社会における行政組織という問題を扱った。彼は近代的官僚制を理想とし, それは最も目的合理的な組織であると考えた。しかし, この官僚制は国家組織にのみ見られる存在であり, 大衆社会には全く馴染まない制度であるとした。

3：D.リースマンは大衆の社会的性格を問題にした。彼は人間の社会的性格を伝統指向型, 内部指向型, 他人指向型に分類した。大衆を内面的指針に基づいて行動する内部指向型とし, 予測能力をもち自己規律のできる, 理性的かつ勤勉な人間と想定した。

4：K.マンハイムは大衆とエリートの問題を扱った。これまで発言権がなかった大衆が政治に参加するようになり, その政治的責任によって彼らは非合理的なものには動かされなくなる。こうして, エリートと大衆の区別がなくなっていくと論じた。

5：E.フロムは大衆の心理に迫った。近代は「解放としての自由」をもたらしたが, その裏面である「自律としての自由」に耐えきれない大衆は, 不安や無力感に陥る。大衆はそこから逃避しようと権威に対し盲目的に服従すると論じた。

OUTPUT

チェック欄		
1回目	2回目	3回目

実践 問題 **213** の解説 ──────────────

〈大衆社会論〉

1 ✕ E.デュルケーム（デュルケム）は，社会現象を社会的要因すなわち**社会的事実**によって，説明しようとした。彼は，社会現象としての自殺を**集団本位的自殺**，**自己本位的自殺**，**アノミー的自殺**，**宿命的自殺**の４類型に分類した。このうちアノミー的自殺は，社会的規範の弛緩により無限に膨らむ欲求に対して生じる不満，空しさ，虚無感から引き起こされるものである。また，アノミー的自殺は大衆社会の成立後に多くなったとされる。

2 ✕ M.ウェーバーは近代官僚制を，近代社会の目的を実現するために最も純粋・合理的な支配形態としているが，国家組織だけでなく，一般大衆社会における企業・団体など，一定規模の組織にもあてはまるとしている。

3 ✕ D.リースマンは本肢にあるとおり，社会の状態が異なれば，社会に対して最も適合する性格も異なるとして，社会的性格を**伝統指向型**，**内部指向型**，**他人指向型（外部指向型）**に分類した。彼は，**大衆社会における社会的性格を他人指向型**としている。大衆社会のもとでは，常に他者の動向に気を配り，それに自分の行動を合わせられる人間が社会に適合できるとしている。内部指向型は，産業革命後の近代社会における社会的性格であり，環境の激変に流されず自己の信念に基づいて行動できる性格の人間を指す。

4 ✕ K.マンハイムは，現代社会を**産業社会**と**大衆社会**の２側面に分けて捉えた。すなわち，現代社会は，産業社会としては目的合理的に規制された大規模な組織体であるが，他方大衆社会は，無定型な人間の集合体で非合理性と激情的衝動を有する塊であるとしている。産業化は 大衆に対して積極的な社会参加を促したが，主体的・合理的な行動を可能とするまでには至らなかったと述べている。

5 ◯ E.フロムは，集団の大部分の成員が持っているパーソナリティ構造の本質的な中核を**社会的性格**と規定した。資本主義下においては，**プロテスタントの禁欲的な性格**は社会的に適合していたものの，第１次世界大戦後は，資本主義の独占化という急激な社会的・経済的変化から取り残されてしまった。このような大衆は，**自由からの逃走**に駆り立てられ，ナチズムの持つ，**権威主義**，**破壊性**，**機械的画一性**に惹かれていった。

正答 **5**

社会学の基礎
心理学・その他

必修問題 セクションテーマを代表する問題に挑戦！

いずれも20世紀の諸学問を代表する学者ばかりです。わからなかったらしっかり復習しましょう。

問 次は近代社会の考察に関する記述であるが、A，B，Cに当てはまる人名の組合せとして最も妥当なのはどれか。 （国税・労基2011）

　精神分析学者・社会心理学者の　A　は，ナチス時代のドイツ国民の心理を研究し，人々が自由の責任の重さから逃れ，権威の体系のなかに自らを置くことで安定を図ろうとする傾向を強めたことを指摘した。

　哲学者・社会学者のホルクハイマーとアドルノは，文明が高度に発達した社会において，なぜナチスにみられるようなファシズムを人々が支持したかを考察し，理性が自然と人間を支配する道具的理性になってしまったことを指摘した。さらに　B　は，彼らの考え方を受け継ぎながらも，理性のもつ対話的な役割を重視し，他者との合意形成を目指すコミュニケーション的行為や開かれた討論から社会的秩序をつくり上げていくことを主張した。

　フランスの思想家の　C　は，近代ヨーロッパにおいて「狂気」が反理性的なものとして排除されてきた過程を分析し，近代的な知を成り立たせる構造とその権力性を明らかにした。そして，近代文明社会には，正常とみなされない少数者たちへの抑圧，排除を生み出す危険性があると考えた。

	A	B	C
1：	フロイト	ハーバーマス	サルトル
2：	フロイト	ロールズ	レヴィ＝ストロース
3：	フロム	ハーバーマス	フーコー
4：	フロム	ロールズ	サルトル
5：	ユング	ロールズ	レヴィ＝ストロース

Guidance ガイダンス Aの選択肢は20世紀の代表的心理学者，Cは代表的哲学者である。教養の思想の知識も活用して解こう。

直前復習

〈近代社会思想〉

A フロム　フランクフルト学派の社会学者E.フロムである。フロムは『自由からの逃走』の中で，最も民主的であったワイマール共和国下でのドイツ人，とりわけ下層中産階級が，なぜナチスドイツへの熱狂的な支持へとつながったかを，権威主義的パーソナリティから説明した。なお，S.フロイトは精神分析の創始者で，超自我，自我，エスの心的構造論やエディプス・コンプレックスなどの諸概念を提唱した。C.G.ユングはフロイトの弟子で，集合的無意識の観点から心理学だけでなく神話学など，多くの分野に影響を与えた。

B ハーバーマス　J.ハーバーマスはフランクフルト学派のT.アドルノの弟子で，近代合理主義が道具的理性に基づいているとするアドルノとM.ホルクハイマーの視点を批判的に継承した。そして，道具的理性とは異なるコミュニケーション的合理性，それに基づくコミュニケーション的行為を提唱した。なお，J.ロールズは『正義論』で知られるアメリカの思想家で，社会契約説的な観点から正義の原理を導き，政治哲学に大きな足跡を残した。

C フーコー　フランスの哲学者M.フーコーである。フーコーはその時代の知の枠組みであるエピステーメーが，隠れた権力関係を決めていると主張した。なお，J.P.サルトルは実存主義の哲学者，小説家である。サルトルは，人間は「自由の刑に処せられている」としながらも，その自由によって状況に参加し，その状況を変革する（アンガージュマン）存在であるとし，実存主義にマルクス主義を包摂した思想を展開した。C.レヴィ＝ストロースは構造主義の理論的確立者で，「構造」は非歴史的，無意識的なものとして社会の諸事象を規定していると捉え，神話や親族体系など社会のさまざまな領域へとそれを見出した。

以上より，正解は肢3となる。

正答 3

SECTION 2 社会学の基礎
心理学・その他

1 パーソナリティ

S.フロイトは，人格構造が形成されていくうえで幼児期の精神的発達を非常に重視しました。そして，こうした**幼児期の精神的発達の中で，人間の人格構造は自我（エゴ），超自我（スーパー・エゴ），エス（イド）の3つの部分からなる**ようになると考えました。

エス（イド）	情動エネルギーの源泉となるものであり，エスはこの情動を満たすことを追求する
超自我（スーパー・エゴ）	人格に受け入れられた道徳的な命令で，ある場合にはそのような情動エネルギーの充足を抑制するように自我に働きかけるもの
自我（エゴ）	エスからの衝動と超自我による道徳的，社会的な命令との間で，現実的に最も危険の少ない衝動満足の方法を探したり，時には現実の要求に応じて衝動の満足を延期したり抑制したりして，人格全体の安全と統合を図るもの

2 防衛機制

2つ以上の矛盾した欲求があって，欲求が統一できないとき（葛藤），方法がわからず行動できない場合，行動を起こしたが，障害に遭遇したときに欲求不満に陥ります。欲求不満は合理的な方法で解決されればよいが，**攻撃的な態度をとったり，障害を無視して直接行動にでる近道反応を起こしたりするほかに，単に不安を解消するために解決には直接つながらない無意識の行動を起こすことがあります。**これが**防衛機制**といわれるものです。

【防衛機制の種類】

種　類	意　義	具体例
抑　圧	欲求を抑え込んでしまうこと	親からの虐待を忘れる
合理化	理由を付けて自分を納得させること	取れなかったブドウを酸っぱいに違いないと自分を納得させる

INPUT

同 一 視	対象を自分の中に取り入れて，対象と同じであると感じることで満足すること	主人公やスターの服装，髪型をまねる
投 射	自分が適応できないのは，他人や社会に責任があるからだとすること	喧嘩で人を殴った者が，「自分が彼を殴ったのは，彼が自分を軽視しているからだ」と非難する
反動形成	自分の思っているのとは反対の行動をとること	好意のある人に対してわざと意地悪をする
逃 避	困難に直面したとき，その状況から逃げだしてしまうこと	作品をうまく作れない芸術家が麻薬に溺れる
退 行	関心をひくために，幼い行動をとること	社会的責任の重い仕事を引き受け，日々プレッシャーを受けている人が，家庭に帰ると幼児的な行動をとる
代 償 （置き換え）	獲得できなかったものに代えて別の物で満足しようとすること	スポーツの苦手な人が勉強で頑張ろうとする
昇 華 （置き換え）	より高い価値のあるものに転換してそれに情熱を傾けること	攻撃衝動の強い人が，ボクシングや格闘技に打ち込む

3 アイデンティティ（自我同一性）

　E.H.エリクソンはフロイト理論を継承しながら，個人の社会化の問題と自我としてのパーソナリティの発達という2つの問題を結び付けて，青年期における「アイデンティティ（自我同一性）」という新しい概念を導き出しました。アイデンティティとは，エリクソンによれば，**対社会的な自己認識が確固としており，かつ一貫しているという感覚**です。アイデンティティは青年期において初めて現れてくる自己存在への疑問に基づくものであり，そのため心理的不安定に陥りやすくなるとしました（アイデンティティの危機）。

　エリクソンはまた，近代社会では青年期において大人としての自己の生き方を決定することが猶予されており，その期間をモラトリアムとよびました。

SECTION 2 社会学の基礎 心理学・その他

実践 問題 214 基本レベル

問 エリクソンによる青年期に関する記述として，最も妥当なのはどれか。

(特別区2012)

1：エリクソンは，青年期が子どもと大人の時期にはさまれた，どちらにも属さない中間的なものであることから，青年を境界人（マージナルマン）と呼んだ。
2：エリクソンは，「同年齢の男女の洗練された交際を学ぶ」，「社会的に責任ある行動を求め，なし遂げる」などの10項目を挙げ，これらを青年期の発達課題であるとした。
3：エリクソンは，「私たちは二度生まれる。一度目は存在するために，二度目は生きるために」と述べ，青年期は「第二の誕生」であるとした。
4：エリクソンは，青年期に欲求不満や葛藤の状態に陥った時，人はさまざまな形で適応しようとするが，このうち自我を傷つけずに自分自身の内部で無意識のうちに心理的な解決を図ろうとすることを防衛機制と呼んだ。
5：エリクソンは，青年期の発達課題は，家庭や学校などそれぞれの場所で役割を演じているさまざまな自分を統合し，「これが自分だ」と確信できるような「自分」を見出すこと，すなわちアイデンティティの確立であるとした。

OUTPUT

チェック欄		
1回目	2回目	3回目

実践 問題 **214** の解説 ────────────

第1章 社会学の基礎

〈エリクソンによる青年期の概念〉

1 × 青年期を境界人（マージナル・マン）とよんだのは**K.レヴィン**である。境界人とは，異質な２つないし複数の集団の，その境界に属する人間を指す。いずれの集団にも自己の居場所を見出せないことからアイデンティティが不安定なものとなるが，一方で，１つの見方や考え方に捉われない自由な発想を持ちうる。レヴィンは**ゲシュタルト心理学**の思想家であり，場の理論で知られる。

2 × 「同年齢の男女の洗練された交際を学ぶ」，「社会的に責任ある行動を求め，なし遂げる」などの発達課題を挙げたのは**R.J.ハヴィガースト**である。ハヴィガーストは発達心理学の分野で大きな足跡を残したアメリカの教育学者・心理学者で，彼は，発達の各過程で社会的に要求される課題（発達課題）があり，それらの課題を達成していくことによって，健全な発達がなされると論じた。

3 × 青年期を「**第二の誕生**」とよんだのは**J.J.ルソー**である。ルソーは啓蒙主義の思想家として知られるが，一方で『**エミール**』によって子どもの自発性を尊重した消極教育を提唱して，教育学でも優れた業績を残した。彼は同書で青年期を「第二の誕生」とよび，第一の誕生がこの世に存在するためのものであるとするならば，この「第二の誕生」は生きるためのものであるとして，性的な成熟と，それによる両性の社会における理想的なあり方を説いている。

4 × これは**S.フロイト**について記述したものである。フロイトは無意識の概念を提唱して，それによる精神分析を創始した。フロイトは乳児期から青年期までの発達段階を５つに分類し，青年期を性的な成熟の時期とみなした。防衛機制とはエスからの衝動的な欲求に対して，外的環境や超自我がそれを抑制しようとすることで生じる内面的葛藤を，無意識的あるいは半無意識的に解決しようとする自我の反応パターンのことである。

5 ○ これは**E.H.エリクソン**について説明したものである。エリクソンはS.フロイトの娘であるA.フロイトに学びながら，S.フロイトとは異なって，人間は確固たる自我の意識を持ち，それを保とうとすると論じ，自我心理学を提唱した。彼は人間の発達を８つの段階に分け，アイデンティティの確立を青年期の発達課題であるとした。

正答 **5**

LEC東京リーガルマインド　2024-2025年合格目標 公務員試験 本気で合格！過去問解きまくり！
④社会科学

SECTION ② 社会学の基礎
心理学・その他

第1章

実践 問題 **215** 〈 基本レベル 〉

頻出度	地上★	国家一般職★★	東京都★	特別区★★
	裁判所職員★	国税·財務·労基★★		国家総合職★★

問 青年期と自己形成に関する記述として最も妥当なのはどれか。　(国Ⅱ2011)

1：児童期と成人期の間にはさまれた時期を青年期という。ミードは，高度に産業化，情報化した現代社会では，青年期と成人期の境目が曖昧になり，青年期特有の「自我のめざめ」の期間が短縮される傾向にあるとして，この傾向を「心理・社会的モラトリアム」と呼んだ。

2：青年期における発達課題として，エリクソンは，アイデンティティ（自我同一性）の確立を挙げた。アイデンティティとは，自分が何者であるかについての一貫性をもった連続的な意識であり，個人の内面的な側面，社会的な側面の両方がうまく調和してこそ確立するものとされる。

3：青年期に形成され始めるパーソナリティ（個性）は，遺伝的な要因である気質と，生後の環境的な要因に基づく性格の二つの要素から成り立っている。ユングは，人の体型を肥満型・細長型・闘士型の３類型に分け，それらの体型に特徴的なパーソナリティがあるとした。

4：青年期は，自己形成の課題に取り組むなかで，フラストレーションを抱えることが多いといわれる。フラストレーションとは，二つ以上の欲求が同じ強さで並び，そのどちらを選んで行動したらよいか決定できない状態のことをいい，マズローはこれを解決するための「欲求の５段階説」を提示した。

5：青年期には，不安定な自我を補うために，意識的に問題を解決しようとする心のはたらきがみられるとして，フロイトは，これを防衛機制と呼んだ。例えば，自己の欲求が実現されないとき，より実現性の高い欲求に置き換えることで解消しようとする「合理化」がその一つである。

OUTPUT

チェック欄		
1回目	2回目	3回目

実践 問題 **215** の解説

〈青年期と自己形成〉

1 × 大人になることを猶予されている心理・社会的なモラトリアムは，青年期特有のものである。しかし，そのことを論じたのはエリクソンである。ここでいうミードとはおそらく**G.H.ミード**と思われるが（M.ミードではない），彼は自我を**主我（I）**と**客我（me）**に分け，その主我による客我への反省的過程を通じて**社会的自我**を形成していくとし，子ども期における遊びが重要な役割を果たすと論じた。

2 ○ **E.H.エリクソン**は，フロイト理論を継承しながらも，社会化の問題と自我としてのパーソナリティの発達という2つの問題を結び付けて，独自の自我心理学を打ち立てた。今日，日常的に用いられる**アイデンティティ**や**モラトリアム**という語を心理学の用語として用いたのは彼である。彼によればアイデンティティは個人の内面的な側面と社会的な側面の両方が調和して確立されるが，それに失敗すると**アイデンティティ・クライシス（自我同一性の危機）**が生じるとし，アイデンティティが確立される青年期に特に陥りやすいとした。

3 × **C.G.ユング**は性格の類型を内向型と外向型に分類し，内向型は自己自身にリビドーが向けられており，思考や感情，行為などが主観によって決定されているのに対し，外向型はリビドーが他者や外界に向けられ，客体によって思考や感情，行為が規定されるとした。なお，性格の類型を**肥満型，細長型，闘士型**と分けたのは**E.クレッチマー**である。彼は気質と体型に関連性があると論じ，肥満型は躁うつ質と，細長型は分裂質と，闘士型は粘着質とそれぞれ関連があるとした。

4 × 2つ以上の欲求が同じ強さで並び，そのどちらを選んで行動したらよいかを決定できない状態はフラストレーションではなく，葛藤である。フラストレーションとは欲求が阻害された状態，もしくはその状態によって生じる不快な緊張状態のことをいう。また，**A.H.マズロー**の5段階説は自己実現についてのものであって，直接には関係ない。

5 × 自我の持つ，意識的に問題を解決しようとする働きを**S.フロイト**が**防衛機制**とよんだのは正しい。しかし，防衛機制は何も青年期のみに機能するものではなく，日常的に働く心理的作用である。また，本肢の後半にある，「自己の欲求が実現されないとき，より実現性の高い欲求に置き換えることで解消しようとする」のは**合理化**ではなく，**昇華**である。

正答 **2**

LEC東京リーガルマインド　2024-2025年合格目標 公務員試験 本気で合格！過去問解きまくり！　669
④社会科学

第1章 社会学の基礎

章末 CHECK

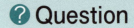 Question

- **Q1** A.コントは，人間の精神の進化に伴って社会のあり方も進化していくと主張し，3段階の法則を唱えた。
- **Q2** H.スペンサーは社会を人々の心的相互作用と捉え形式社会学を主張した。
- **Q3** G.ジンメルは社会を進化論的な視点から捉える社会進化論の立場から形式社会学を主張した。
- **Q4** M.ウェーバーの「価値自由」とは価値に対して中立的な態度をとることである。
- **Q5** M.ウェーバーは現実の多様で複雑な事象を対象化するための図式として「理念型」を用いた。
- **Q6** E.デュルケームは理解社会学を主張した。
- **Q7** 自己本位的自殺とは欲望が無際限に拡大されたために何をしても満足することができず，そこから生じる虚無感によって引き起こされる自殺のことである。
- **Q8** K.マンハイムは人間の存在被拘束性を主張し理解社会学を主張した。
- **Q9** K.マンハイムは，あらゆる利害や党派性から逃れた，自由に浮動するインテリゲンツィアという存在を理想の知識人像として提示した。
- **Q10** T.パーソンズは構造－機能分析を用いて社会システム論を展開した。
- **Q11** R.K.マートンは構造－機能分析に基づいてＡＧＩＬ図式を提示した。
- **Q12** R.K.マートンは，抽象的な一般理論と個別の事例の記述を架橋する社会学を構想し，これを中範囲の理論とよんだ。
- **Q13** 公衆とは自負心や責任感や理想を欠き，批判的な精神を持たない存在である。
- **Q14** W.H.ホワイトは『大衆の反逆』で大衆の政治参加がはらむ危険性を指摘した。
- **Q15** W.コーンハウザーは中間集団が国家に対して持つ抵抗力の強さを指標として社会を分類した。
- **Q16** J.オルテガ・イ・ガセットは『孤独な群集』において社会的性格を分類した。
- **Q17** F.テンニースは集団をゲマインシャフトとゲノッセンシャフトに分類した。
- **Q18** ゲマインシャフトは選択意志に基づく人為的な集団である。
- **Q19** R.M.マッキーバーは集団をソサエティとコミュニティに分類した。

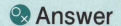

A1	○	A.コントは，人間の精神の進化に伴って社会のあり方も進化していくと主張し，3段階の法則を唱えた。
A2	×	社会を人々の心的相互作用と捉え形式社会学を主張したのはG.ジンメルである。
A3	×	社会を進化論的な視点から捉える社会進化論の立場を主張したのはH.スペンサーである。
A4	×	「価値自由」とは価値に対して中立的な態度をとることではなく対象の選定や概念の構成がどのような価値に基づいているのかを自覚することである。
A5	○	M.ウェーバーは現実の事象を対象化するため「理念型」を用いた。
A6	×	理解社会学を主張したのはM.ウェーバーである。
A7	×	欲望が無際限に拡大されたために何をしても満足できず，そこから生じる虚無感によって引き起こされる自殺はアノミー的自殺である。
A8	×	K.マンハイムは人間の存在被拘束性を主張し知識社会学を主張した。
A9	○	K.マンハイムは自由に浮動するインテリゲンツィアという存在を理想の知識人像として提示した。
A10	○	T.パーソンズは構造−機能分析を用いて社会システム論を説いた。
A11	×	構造−機能分析に基づきＡＧＩＬ図式を提示したのはT.パーソンズである。
A12	○	R.K.マートンは，抽象的な一般理論と個別の事例の記述を架橋する社会学を構想し，これを中範囲の理論とよんだ。
A13	×	自負心や責任感や理想を欠き，批判的な精神を持たないのは大衆である。
A14	×	『大衆の反逆』で大衆の政治参加がはらむ危険性を指摘したのはJ.オルテガ・イ・ガセットである。
A15	○	W.コーンハウザーは中間集団が国家に対して持つ抵抗力の強さを指標として社会を4つに分類した。
A16	×	『孤独な群集』において社会的性格を分類したのはD.リースマンである。
A17	×	F.テンニースは集団をゲマインシャフトとゲゼルシャフトに分類した。
A18	×	選択意志に基づく人為的な集団はゲゼルシャフトである。
A19	×	R.M.マッキーバーは集団をコミュニティとアソシエーションに分類した。

memo

第2章

社会事情

SECTION

① 社会保障
② 科学・文化
③ 環境・その他

第2章 社会事情

出題傾向の分析と対策

試験名	地 上			国家一般職 (旧国II)			東京都			特別区			裁判所職員			国税・財務・労基			国家総合職 (旧国I)		
年 度	15-17	18-20	21-23	15-17	18-20	21-23	15-17	18-20	21-23	15-17	18-20	21-23	15-17	18-20	21-23	15-17	18-20	21-23	15-17	18-20	21-23
出題数　セクション	15	13	21	8	7	7	10	8	11	7	6	7	2	1	1	8	7	6	7	9	7
社会保障	★★×7★★			★	★	★	★★×4★		★★★	★★	★	★★★	★	★	★	★★	★★	★★★	★		★
科学・文化	★★×8★★			★★	★★×4	★×4	★★	★	★	★★	★	★★				★★	★×4	★	★★	★★×5	★
環境・その他	×5	×6	×7	★×5	★	★	★	★×5	★	★★×4		★				★★	★★		★★	★★	

(注) 1つの問題において複数の分野が出題されることがあるため，星の数の合計と出題数とが一致しないことがあります。

　社会事情は，ほとんどの試験種で頻出する分野といえます。社会問題や新しい法律や制度，世界的ニュースや話題など，出題は多方面にわたります。具体的には，労働問題や社会保障，少子高齢化問題，世界遺産，ノーベル賞に関するものなど多岐にわたり，その範囲を限定することが困難といえます。そして，労働問題や年金，医療，介護に関する指標については，統計数値など，最新の情報を学習する必要があります。また，一部の試験種では，宇宙技術や医療技術など特定分野について問われることもあります。

地方上級

　地方上級では，この分野からの出題は頻出といえます。どんな問題が出題されても驚かないように，時事的な話題と関連するキーワードはしっかり学習しておく必要があります。

国家一般職（旧国家II種）

　国家一般職では，この分野からの出題は頻出といえます。経済・労働事情などは毎年のように出題されるほか，日本の国家資格に関する問題など，少し細かい知識が必要な問題も出題されています。対策としては他の試験種と同様なので，しっかり学習しておきましょう。

東京都

　東京都では，この分野からの出題は頻出で，出題数も多いので重要な分野とい

えます。法律や最高裁判所の判例などについては，細かい内容まで踏み込んだ問題も見られますので，しっかりとした知識を身につけることが必要となります。対策としては他の試験種と同様ですが，より注意深く，しっかりと学習しておきましょう。

特別区

特別区では，この分野からの出題は頻出といえます。少子高齢化，世界遺産，ノーベル賞に関する問題など，幅広く出題されています。日ごろから，さまざまなニュースに関心を持っておくようにしましょう。

裁判所職員

裁判所職員では，この分野からの出題は頻出とまではいえません。しかし，裁判員制度や検察審査会など，司法に関する時事問題は時折出題されます。試験対策としては，司法に関する時事的な話題を中心に学習する必要があるでしょう。

国税専門官・財務専門官・労働基準監督官

国税専門官・財務専門官・労働基準監督官では，時事問題が必須問題となっていることもあり，この分野からの出題は頻出です。社会福祉に関する基本的な出題から，社会保障関連法令に関する少し細かい知識を要する問題までが出題されています。その他，科学技術，文化，医療技術，宇宙開発など，幅広い分野から出題が見られますので，十分に対策しておきましょう。

国家総合職（旧国家Ⅰ種）

国家総合職では，時事問題が必須問題となっていることもあり，この分野からの出題は頻出といえます。どんな問題が出題されても驚かないように，時事的な話題と関連するキーワードはしっかり学習しておく必要があります。

Advice アドバイス 学習と対策

社会事情に関する問題は，バラエティに富んでおり，その範囲も広いことから，日ごろからさまざまな分野における動きや話題には敏感に反応するようにしましょう。インターネットを利用して情報を得たり，関連情報や最新の指標などにも目を通しておきましょう。また，白書からの出題も多く，概要版だけでも一読しておく価値はあります。社会常識としていろいろな知識を持つことは決して無駄になりませんので，この分野に関しては試験だけのためということでなく，身につけておきましょう。

第2章 社会事情

SECTION 1

社会保障

必修問題 セクションテーマを代表する問題に挑戦！

社会保障に関する問題は，社会保障制度についての出題が多いです。

問 社会保障制度に関する記述として，妥当なのはどれか。

(特別区2009)

1：イギリスでは，1942年に発表されたベバリッジ報告に基づき，第二次世界大戦後に「ゆりかごから墓場まで」といわれる総合的な社会保障制度が実現された。

2：アメリカでは，1944年のフィラデルフィア宣言に基づき，医療保険と失業保険を中心とする社会保障法が世界で初めて制定された。

3：日本の年金保険では，高齢社会の到来に備えるため，1985年に年金制度が改正され，すべての国民が共通の「基礎年金」の給付が受けられる基礎年金制度が導入されるとともに，報酬比例年金が廃止された。

4：日本の年金制度では，負担が世代間で異ならないように，被保険者が在職中に積み立てた保険料だけですべての年金を賄う賦課方式が採用されている。

5：日本の介護保険制度は，高齢者へ公的な介護サービスを提供する社会保険で，費用は65歳以上の全国民から徴収される保険料と利用者の負担金とで折半して賄われている。

直前復習

Guidance ガイダンス ベヴァリッジ報告は，第2次世界大戦中の1942年に提出されたもので，失業問題の権威者W.H.ベヴァリッジを委員長とする委員会の戦後イギリスの社会保険・関連サービスのあり方についての報告である。
戦後の社会保障計画を国民に示し，戦争に対する国民全体の協力を得ることと，戦後に予想される失業増大や資本主義体制の危機の回避を目的としている。

頻出度	地上 ★★★	国家一般職 ★★★	東京都 ★★★	特別区 ★★
	裁判所職員 ★★	国税・財務・労基 ★★★	国家総合職 ★★★	

必修問題の解説

チェック欄		
1回目	2回目	3回目

〈社会保障制度〉

1 ○ 1942年にイギリスの経済学者W.H.ベヴァリッジが，社会保障の方向性を示した報告（**ベヴァリッジ報告**）を政府に提出した。**ベヴァリッジ報告**では，**貧困，疾病，無知，不潔，怠惰という社会保障の発展を阻む5つの悪を解消し，「完全雇用」「無料の保険医療サービス」「児童手当」を整備して，全国民が加入する社会保険制度の実施を求めた。**このベヴァリッジ報告は，第2次世界大戦後になってから**「ゆりかごから墓場まで」**といわれるイギリスの社会保障政策の基礎となっただけでなく，日本を含む先進諸国の社会保障制度の構築に多大な影響を与えた。

2 × アメリカの社会保障法は，1935年にルーズベルト政権がニューディール政策の一環で制定したものであり，**世界で初めて社会保障という語句が使用された法律**である。一方，**フィラデルフィア宣言**とは，1944年にＩＬＯ（国際労働機関）の目的および加盟国の政策の基調をなすべき原則に関して宣言されたものである。

3 × 報酬比例年金が廃止されたとする記述が誤り。1985年には，全国一律の国民皆年金制度の実現を図るために，年金制度が改正され基礎年金制度が創設された。このときに国民年金に第1～3号の種別が導入され，現在の年金制度の原型が確立した。さらに厚生年金等の被用者年金も，基礎年金給付の上乗せの2階部分として，報酬比例年金を給付する制度へと再編成された。

4 × 日本の公的年金は賦課方式を採用している。具体的には，現役世代の保険料負担で高齢者世代を支えるという世代間扶養の考え方で運営されている。公的年金の財源は，保険料収入および積立金の運用収入を基本とするが，基礎年金の給付に必要な費用の一部（2009年度に2分の1へ引き上げ）は，国庫で負担するとしている。

5 × **介護保険制度**とは，公的な介護サービスを提供するものであり，社会保険方式により給付と負担の関係を明確にして，利用者の選択によって多様な主体から保健医療サービス・福祉サービスを総合的に受けられる仕組みである。介護保険制度の対象は，40歳以上の国民で，65歳以上の第1号被保険者と40歳～64歳の第2号被保険者に分かれている。保険料は，第1号被保険者は公的年金から特別徴収され，第2号被保険者は医療保険料と一体的に支払うことになる。

正答 1

第2章 社会事情

社会事情
社会保障

1 労働に関する事項

(1) 日本的雇用慣行と現状

日本的雇用慣行の特徴は，新規学卒後定年まで同一企業内で労働する**終身雇用，年功序列賃金，企業別組合**の3つです。

(2) 労働統計に見る雇用・失業の定義

労働力人口とは，15歳以上で，働いている人および働きたいと思っている人口のことをいい，**完全失業者**とは，労働力人口のうち，仕事がなく，求職中で，仕事があればすぐに就ける人をいいます。完全失業率とは，完全失業者数を労働力人口で割った比率のことです。

【労働に関する概念】

【失業の種類】

自発的失業	自己の意思で失業している，あるいは適職が見つかるまで失業している状態
非自発的失業	解雇のように，現行賃金で就職することを希望しているが職を見つけることができない状態
需要不足失業	景気後退期に労働需要が減少することによって生じる失業
構造的失業	企業が求めている人材と求職者の持っている特性（職業能力や年齢など）が異なることから生じる失業
摩擦的失業	企業と求職者の両者の情報が不完全であることや，地域間移動，転職など労働状態の変更に伴う失業

(3) 労働組合

労働組合とは，労働者が労働条件の改善やその他の経済的地位の向上を図るため自主的に組織する団体であり，使用者（企業）と対等な立場で労働条件などについての交渉を行うものです。

INPUT

企業別組合	同一企業で働く正規雇用の労働者で構成
産業別組合	鉄鋼や電機など，一定の産業に従事する労働者で構成。欧米ではこの方式が主流
職業別組合	企業の枠を超え，工具など一定の職種の労働者で構成

2 社会保障

(1) 日本の社会保障制度

日本の社会保障制度は，**公的扶助，社会福祉，社会保険，公衆衛生**が中心です。

公的扶助	生活保護法に基づいて，医療・教育・生活・住宅・出産などの8扶助が規定
社会福祉	無償または軽い負担で施設・設備などの各種サービスを提供し，人々の福祉を増進させること
社会保険	何らかの社会的事故により所得を得ることが中断・不可能になったときに，その所得を保障していく制度(医療保険，年金保険，雇用保険，労災保険，公的介護保険など)
公衆衛生	国民の健康の維持・増進を図るため生活環境の整備や予防衛生の促進，および各種疾病への対策を行うこと

(2) 少子高齢化

① 少子化

少子化とは，出生率の低下によって引き起こされる子ども人口数の減少のことで，少子化の進展は**合計特殊出生率**の推移によって見ることができます。

② 高齢化

65歳以上人口が総人口の7％を超えた社会を**高齢化社会**といい，14％を超えた社会を**高齢社会**といいます。日本が高齢化社会に突入したのは1970年のことで，高齢社会に達したのは1994年のことでした。

合計特殊出生率	出産可能とされる15歳から49歳までの各年齢の女性の出生率を合計したもので，生涯に1人の女性が何人の子どもを産むかに相当します。

SECTION 1 社会事情 社会保障

実践 問題 216 基本レベル

問 社会福祉に関する記述A〜Dのうち，妥当なもののみを挙げているのはどれか。
（国税・労基2011）

A：アカウンタビリティとは，社会福祉においては社会保障や行政の執行にかかわる政府や地方公共団体が，施策の推進に当たって市民の意見を取り入れていくための手続きを具体化することを指し，我が国では，行政の運営上の問題点に関する意見を受け付けるパブリックコメントの募集が法制化されるなどの形で実現している。

B：ノーマライゼーションとは，障害のある人を専門の施設等において保護し，教育や訓練の機会を提供して，障害のない人と同様の社会生活を営むことができるようにするという考え方を指し，食事や入浴など，生活に必要な事柄をサポートする施設や機器の整備が重要であるとされている。

C：バリアフリーとは，障害者や高齢者が社会生活をしていく上で障壁となるものを取り除くという考え方を指す。また，ユニバーサルデザインとは，施設や製品を誰にとっても利用しやすくデザインするという考え方を指し，バリアフリーの取組と併せて推進することが求められている。

D：ワーク・ライフ・バランスとは，我が国においては，性や年齢にかかわらず，個人が，仕事，家庭生活，地域生活，自己啓発など，様々な活動について自ら希望するバランスで展開できる状態を指し，仕事と生活の調和推進のため，数値目標を設定した行動指針が策定されている。

1：A，B
2：A，C
3：A，D
4：B，D
5：C，D

OUTPUT

実践 問題 **216** の解説

チェック欄		
1回目	2回目	3回目

〈社会福祉〉

A ✕ **アカウンタビリティ**とは，説明責任を意味し，政府・企業・団体などが株主，従業員，消費者，地域住民，取引業者などに説明をする責任と義務を負っていることをいう。社会福祉においても，サービスを提供する事業者は，利用者に対してその内容を説明する責任を負っており，とりわけ介護保険制度導入以降，利用者がサービスを選択できるようになった今日では，アカウンタビリティはより一層重要なものとなっている。

B ✕ **ノーマライゼーション**とは，デンマークの**N.E.バンク＝ミケルセン**が提唱したもので，**障害者と健常者が区別されることなく，ともに社会生活を営んでいくべきであるとする考え方**である。それゆえ本肢にある「障害のある人を専門の施設等において保護し」というのは適切ではない。むしろ，在宅介護のほうが，施設介護よりも一層ノーマライゼーションの理念に近いともいえる。

C ○ **バリアフリー**とは，障害者や高齢者などの生活社会弱者が社会生活を行ううえでの障害となる障壁（バリア）を取り除くこと，あるいは取り除かれた状態を指す。この場合のバリアとは物理的なものだけでなく，精神的なものや制度的なものも含む。また，**ユニバーサルデザイン**とは，R.メイスが提唱した概念で，多くの人（もちろん障害者も含まれる）が利用可能であるような製品や施設のデザインをいう。

D ○ **ワーク・ライフ・バランス**とは，**「仕事と生活の調和」**を意味し，人々が仕事に従事しながらも，家庭や地域での生活を充実させ，両立できることを指すものである。とりわけ日本の場合，内閣府の取組みや，公益財団法人日本生産性本部の提唱した「ワーク・ライフ・バランスの日」を見てもわかるように，男女共同参画の観点から，仕事と家事の両立といった限定的な意味に捉えられている傾向がある。

以上より，妥当なものはC，Dであり，正解は肢5となる。

第2章 社会事情

正答 5

SECTION 1 社会事情 社会保障

実践 問題 217 基本レベル

問 2018年6月に成立した「働き方改革を推進するための関係法律の整備に関する法律」（働き方改革関連法）に関するA～Dの記述のうち，妥当なものを選んだ組合せはどれか。　　　　　　　　　　　　　　　（特別区2019改題）

A：残業時間の上限規制とは，長時間労働を是正するため，残業時間の上限を原則として1か月について45時間及び1年について360時間とするものであり，違反した企業には罰則が科される。

B：高度プロフェッショナル制度とは，高収入の一部専門職を労働時間規制から完全に外す制度であるが，労働者保護の観点から批判があったため，その創設は盛り込まれなかった。

C：勤務間インターバル制度とは，過労死対策のため，仕事を終えてから次に働き始めるまでに，あらかじめ決めた時間を空けさせて働き手の休息を確保する制度であり，違反した企業には罰則が科される。

D：同一労働同一賃金とは，正規と非正規の労働者の不合理な待遇差の改善を図るもので，格差が生じた場合には企業に説明する義務が課され，大企業では2020年4月から，中小企業では2021年4月からそれぞれ適用された。

1：A　B
2：A　C
3：A　D
4：B　C
5：B　D

OUTPUT

実践 問題 **217** の解説

〈働き方改革関連法〉

A○ 本記述のとおりである。残業時間の上限規制とは，長時間労働を是正するため，残業時間の上限を原則として１カ月について45時間及び１年について360時間とするものであり，臨時的な特別な事情がある場合でも年720時間，単月100時間未満（休日労働含む）で，複数月平均80時間（休日労働含む）を限度に設定する必要がある。なお，違反した企業には罰則が科される。

B× 高度プロフェッショナル制度の創設は，働き方改革関連法に盛り込まれたので，本記述は誤りである。「高度プロフェッショナル制度」とは，高度の専門的知識等を有し，職務の範囲が明確で一定の年収要件を満たす労働者を対象として，労使委員会の決議および労働者本人の同意を前提として，年間104日以上の休日確保措置や健康管理時間の状況に応じた健康・福祉確保措置等を講ずることにより，労働基準法に定められた労働時間，休憩，休日および深夜の割増賃金に関する規定を適用しない制度である。

C× 勤務間インターバル制度に違反した企業に，まだ罰則はないので，本記述は誤りである。勤務間インターバル制度とは，勤務終了後，次の勤務までに一定時間以上の「休息時間」を設けることで，働く者の生活時間や睡眠時間を確保し，健康保持や過重労働の防止を図るもので，2019年４月から，「事業主には，前日の終業時刻と翌日の始業時刻の間に一定時間の休息の確保に努めなければならないこととする」との努力義務が課せられたという段階である。

D○ 本記述のとおりである。同一労働同一賃金とは，正規雇用労働者と短時間労働者や有期雇用労働者，派遣労働者などの非正規雇用労働者との不合理な待遇差の改善を図るもので，格差が生じた場合には企業に説明する義務が課されることとなった。このパートタイム・有期雇用労働法の改正規定は，2020年４月から大企業で，2021年４月から中小企業で，それぞれ適用された。

以上より，妥当なものはAとDであり，正解は肢３となる。

第2章 社会事情

正答 **3**

LEC東京リーガルマインド 2024-2025年合格目標 公務員試験 本気で合格！過去問解きまくり！ 683
④社会科学

第2章 SECTION 1 社会事情
社会保障

実践 問題 218 基本レベル

問 日本の社会保障に関する記述として最も妥当なものはどれか。

(裁判所職員2023)

1：日本の社会保障制度は憲法第25条の生存権の規定に基づいて、社会保険・公的扶助・社会福祉・公衆衛生の4つの柱からなっており、生活保護はこのうちの公衆衛生に基づくものである。

2：社会保険は、保険の加入者に対して現金やサービスの給付を通じて生活保障を行うもので、現在、医療保険、年金保険、雇用保険、労災保険、介護保険、死亡保険の6種類がある。

3：年金の財源調達の方式には積立方式と賦課方式があり、日本はもともと賦課方式であったが、現在は事実上積立方式に移行しており、将来的に大量の無年金者が発生することが懸念されている。

4：一般的に、65歳以上の人口が総人口の7％を超える社会を高齢化社会といい、14％を超えると高齢社会、21％を超えると超高齢社会というが、この定義によると日本は既に超高齢社会となっている。

5：高齢者も障害のある人もない人も、すべての人が社会に出て共に生活していこうとする考え方を地域包括ケアシステムといい、現在ではこの考えを実行に移すために、バリアフリー化に根ざしたまちづくりが推進されている。

OUTPUT

実践 問題218 の解説

〈社会保障〉

1× 日本の社会保障制度は憲法25条の生存権の規定に基づいて，**社会保険・公的扶助・社会福祉・公衆衛生の4つの柱**からなっており，生活保護はこのうちの公的扶助に基づくものなので，本肢記述は誤りである。

2× 社会保険は，保険の加入者に対して現金やサービスの給付を通じて生活保障を行うもので，**現在の日本の社会保険は，医療保険，年金保険，雇用保険，労災保険，介護保険の5種類である**。よって，本肢記述は誤りである。

3× 日本は，1942年に年金制度が導入された当初は**積立方式**を採用していたが，高度成長期のインフレによる影響で支給すべき財源が不足したため，1966年の財政再計算の結果，積立方式と賦課方式とのハイブリッドである段階保険料方式による修正積立方式がとられるようになった。さらに，1973年の年金改正により賦課方式の要素がさらに強くなり，現在ではほぼ**賦課方式**となっている。よって，本肢記述は誤りである。

4○ 本肢記述のとおりである。一般的に，65歳以上の人口が総人口に占める割合（**高齢化率**）が7％を超える社会を高齢化社会といい，14％を超えると高齢社会，21％を超えると超高齢社会というが，この定義によると日本は2023年9月15日推計によれば高齢化率は29.1％となっており，すでに超高齢社会となっているといえる。

5× 高齢者も障害のある人もない人も，すべての人が社会に出て共に生活していこうとする考え方を**共生社会**というので，本肢記述は誤りである。現在ではこの考えを実行に移すために，建築物や道路等のバリアフリー化に根ざしたまちづくりが推進されている。

正答 **4**

SECTION 1 社会事情 社会保障

実践 問題 219 基本レベル

[問] 医療等に関する記述として最も妥当なのはどれか。　（国家一般職2020改題）

1：熱中症は，温度や湿度の高い中で，体内の体温調節機能が十分に働かなくなるなどして発症する障害の総称であり，特に，高齢者や子どもが熱中症になりやすいとされている。2018年，文部科学省は児童・生徒等の熱中症対策として特別の交付金を創設し，全国の公立小中学校等への空調の設置を支援した。

2：エボラウイルス病（エボラ出血熱）は，エボラウイルスによって引き起こされる，空気感染が主な感染経路である致死率の高い感染症である。2019年には，中国での流行に対して世界保健機関（WHO）が緊急事態を宣言したほか，我が国でも感染者が確認された。

3：麻疹（はしか）は，麻疹ウイルスによって引き起こされる感染症である。ワクチンが存在しないため，近年世界的に感染が拡大しており，我が国でも毎年春から初夏にかけて流行がみられる。感染力が非常に強いが，感染経路が空気感染ではなく飛沫感染であるため，手洗いやマスクが有効な予防法である。

4：手足口病は，原因となるウイルスが複数存在する感染症で，手足や口に発疹が現れ，両側の頬が腫れるのが特徴的な症状である。子どもよりも大人が発症しやすく，我が国では毎年冬を中心に流行し，とりわけ2019年には大規模な流行がみられた。

5：がんの新たな治療法として近年注目されているがんゲノム医療は，がん患者の遺伝子変異を調査・特定し，その遺伝子に重粒子線を繰り返し照射して破壊することでがんの治療を行うものである。非常に高額な治療法であり，2022年末現在，我が国の公的医療保険の対象とはなっていない。

OUTPUT

実践 問題 **219** の解説 ────────────

チェック欄
| 1回目 | 2回目 | 3回目 |

〈医療等〉

1 ○ 本肢記述のとおりである。2018年，文部科学省は，児童・生徒等の熱中症対策等として特別の交付金（ブロック塀・冷房設備対応臨時特例交付金）を１年限りで創設し，全国の公立小中学校等への各学級へ空調を設置できるように補正予算817億円を計上し，支援した。

2 ✕ エボラウイルスの感染経路は，空気感染ではなく，血液，体液，排泄物等との直接接触によって引き起こされるので，本肢記述は誤りである。2019年に世界保健機関（ＷＨＯ）が**エボラ出血熱**に関して緊急事態を宣言したのは，コンゴ民主共和国での流行であり，わが国でエボラ出血熱の感染者はまだ確認されていない（2023年９月現在）ので，これも誤りである。

3 ✕ 麻疹は，ワクチンが存在している。かつては，わが国でも毎年春から初夏にかけて流行が見られたが，2015年３月，世界保健機関（ＷＨＯ）西太平洋地域事務局により，日本は麻疹が排除状態にあることが認定されたので，本肢記述は誤りである。また，麻疹の感染経路は，空気感染もあるため，手洗いやマスクだけでは予防は不十分である。よって，これも誤りである。

4 ✕ 手足口病は，原因となるウイルスが複数存在する感染症で，手足や口に発疹が現れるが，両側の頬が腫れるような症状はないので，本肢記述は誤りである。また，大人よりも子どもが発症しやすく，夏を中心に流行するので，これも誤りである。

5 ✕ **がんゲノム医療**は，がん患者の遺伝子変異を調査・特定し，各個人の体質や病状に合わせて治療などを行う医療なので，本肢記述は誤りである。2022年末現在，多数の遺伝子を同時に調べる検査である「がん遺伝子パネル検査」（がんゲノムプロファイリング検査）は，その一部がわが国の公的医療保険の診療対象として，標準治療がないまたは終了したなどの条件を満たす場合に行われているので，これも誤りである。

第２章 社会事情

正答 1

第2章 SECTION 1 社会事情
社会保障

実践 問題 220 基本レベル

問 医療等に関する記述として最も妥当なのはどれか。（国家一般職2021改題）

1：近年，情報通信技術をはじめとする先進技術は飛躍的に発展しており，これを医療分野に活用した例として，遠隔医療のうち情報通信機器を通して診療行為をリアルタイムに行うオンライン診療や，ＡＩ（人工知能）を用いた画像診断支援，精密な動作が可能なロボットを使った手術支援などがある。

2：ゲーム障害とは，長時間熱中してゲームを行うことで，目や背中の痛み，肩こり，手指のしびれ，だるさ，不安感を生じ，社会生活に重大な影響が生じる病気であり，2019年に世界保健機関（ＷＨＯ）によって正式に疾病として位置付けられた。アルコール依存症とは異なり，ゲームに対する依存性はないため，政府による社会的な施策は実施されていないが，患者団体は関係省庁や各企業等との協議の場を設けるよう働きかけている。

3：統合失調症とは，楽しみや喜びが喪失し，良いことが起きても憂うつな気分が変わらないなどの症状が継続する精神状態をいう。原因は社会的な環境にあり，遺伝や身体的障害とは関係なく発症する。近年，向精神薬等の目覚ましい発展により，休養やカウンセリングに代わって投薬による治療が主となった。

4：発達障害とは，学習障害や機能性身体症候群等の精神的及び肉体的発達の障害のことをいい，発達障害者支援法では知的障害や気分障害も含まれる。同法は，発達障害を有する者を対象として，医療的及び福祉的支援を行うことを目的とするものであり，2016年の改正によって，新たに精神的及び肉体的な発達障害者の特性に応じた就労の支援や，能力に応じその特性を踏まえた教育上の配慮を行うことなどが定められた。

5：自殺は，2022年に我が国で約3,000件発生しており，女性の割合が男性の割合よりはるかに高い。自殺の原因は健康問題の割合が高いため，生活習慣病などの基礎疾患を有する者の割合が高い中高年において，自殺は死因の１位を占めている。2010年から2018年までの自殺者の急増を受けて，2019年には自殺対策基本法が制定された。

OUTPUT

チェック欄		
1回目	2回目	3回目

実践 問題 **220** の解説

〈医療等〉

1 ○ 本肢記述のとおりである。オンライン診療については，わが国では2018年4月から保険診療適用となり，ＡＩ（人工知能）を用いた画像診断支援の機器については2019年10月にエルピクセル社が発売を開始した。精密な動作が可能なロボットを使った手術支援については，手術支援ロボット「ダヴィンチ」がすでに多くの医療機関で導入されているほか，川崎重工業とシスメックスが折半出資するメディカロイド社が国産初の手術支援ロボット「hinotoriサージカルロボットシステム」を2020年12月から発売している。

2 × 世界保健機関（ＷＨＯ）は，2019年５月にゲーム障害について，ギャンブル依存症やアルコール依存症と同じ依存性のある国際疾病と位置づけたので，前半の記述は妥当である。一方，厚生労働省は2020年２月にゲーム依存症対策関係者連絡会議を立ち上げ，関係省庁や治療機関，ゲーム企業関係者等がゲーム依存症に関する協議の場を設けている。よって，後半の記述は誤りである。

3 × 本肢記述は，うつ病に関する説明である。うつ病の原因は，まだ特定されていないので，これも誤りである。また，うつ病の治療としては，まず心身の休養が挙げられ，向精神薬等の目覚ましい発展が見られる医薬品による治療（薬物療法）と，専門家との対話を通して進める治療（精神療法），散歩などの軽い有酸素運動（運動療法）などがあるので，これも誤りである。

4 × 発達障害者支援法において発達障害者に知的障害や気分障害は含まれないので，本肢記述は誤りである。2016年の改正では，能力に応じ，その特性を踏まえた教育上の配慮を行うことが定められたが，発達障害の特性に応じた就労の支援は改正前の同法にすでに規定されている。よって，これも誤りである。

5 × 2022年のわが国における自殺者は，21,881人で，男性の割合が女性の約２倍と，はるかに割合が高いので，本肢記述は誤りである。自殺の原因は健康問題の割合が高いため，生活習慣病などの基礎疾患を有する者の割合が高い中高年において自殺は多いが，死因の１位は悪性新生物なので，これも誤りである。1998年から自殺者が３万人以上で推移を続けたことを受けて，2006年には自殺対策基本法が制定されたので，これも誤りである。

正答 **1**

社会事情 社会保障

実践　問題 221　基本レベル

頻出度　地上★★★　国家一般職★★　東京都★★　特別区★★
　　　　裁判所職員★　国税・財務・労基★★　国家総合職★★★

[問] わが国の公的年金制度に関する近年の動向について，次の記述のうち妥当なのはどれか。
(地上2017)

1：給付抑制のため，年金を受け取るために必要な最低加入期間が10年から25年に引き上げとなった。
2：一定の従業員数を超える企業については，短時間労働者の一部も厚生年金に加入させることとなった。
3：勤労者は全て厚生年金に加入していたが，公務員は共済年金制度に分離されることとなった。
4：わが国の年金制度は，現役世代の保険料が高齢者に給付される仕組みになっているが，年金受給者の生活を安定させるため，現役世代の賃金が下がっても年金給付額を下げないこととなっている。
5：公的年金の積立金運用については，国債などの債権のみで運用されている。

実践 問題 221 の解説

〈わが国の公的年金制度〉

1 ✗ 2017年8月，老齢年金を受け取るために必要な最低加入期間が25年から10年に短縮されたので，本肢記述は誤りである。

2 ◯ 本肢記述のとおりである。**2022年10月，従業員数が常時101人以上の企業等については，週の所定労働時間が20時間以上の短時間労働者の一部も厚生年金保険等の適用対象となった。**なお，51人以上の企業等についても，2024年10月から20時間以上の短時間労働者の一部が厚生年金保険等の適用対象に拡大される。

3 ✗ 2015年10月，**公務員等が加入している共済年金は，厚生年金に一元化した**ので，本肢記述は誤りである。

4 ✗ 年金給付額の改定については，名目手取り賃金変動率が物価変動率を下回る場合，年金給付額は賃金変動率によって改定されることとされているので，本肢記述は誤りである。

5 ✗ 公的年金において年金積立金の運用については，「**年金積立金管理運用独立行政法人**」（ＧＰＩＦ）が行っており，債権や株式など複数の資産に分散投資することによって，安定的に運用されているので，本肢記述は誤りである。なお，実際に年金積立金の運用を行う場合は，どの資産にどの程度配分するという「**資産構成割合**」（**基本ポートフォリオ**）を基本に運用している。

正答 2

第2章 SECTION 1 社会事情
社会保障

実践 問題 222 基本レベル

問 労働市場に関する次の記述ア〜オのうち，下線部の内容が妥当なのが二つあるが，それらはどれか。 (地上2015)

ア：15歳以上の人口は，就労意欲をもつ労働力人口と，それ以外の非労働力人口に分類される。求職者数を労働力人口で割った値を完全失業率というが，就職活動を諦める人が増加すると，完全失業率は増加する。

イ：求人数を求職者数で割った値を求人倍率といい，求人倍率が1を下回っていると，労働需要が労働供給を上回っており，労働力の不足が発生している。

ウ：失業には景気の変動によるものと，求人と求職のミスマッチによるものがある。衰退産業から成長産業への労働力の移動が進まない場合に起きる失業はミスマッチによるものである。

エ：日本の失業率は高度経済成長期には1〜2％で推移していたが，1990年代以降増加した。2000年代以降，日本の失業率はアメリカやフランスを上回っている。

オ：2000年代以降，パートやアルバイトなどの非正規雇用労働者の数が増大する傾向にある。企業が非正規雇用労働者を雇用する理由として，賃金の節約や仕事の繁閑への対応が挙げられる。

1：ア，エ
2：ア，オ
3：イ，ウ
4：イ，エ
5：ウ，オ

OUTPUT

チェック欄		
1回目	2回目	3回目

実践 問題 **222** の解説 ――――――――――――――――

〈労働市場〉

ア✕ 全体的に誤り。（完全）**失業率は，失業者を労働力人口で割った値である。** なお，就職活動を諦める人は非労働力人口に該当するので，完全失業率には反映されない。したがって，就職活動を諦める人が増加すると，失業率は低下するので誤りである。

イ✕ 本下線部は誤りである。**求人倍率とは求職者数に対する求人数の割合をいう。** また，労働需要とは企業が必要としている労働力（または求人数）であり，労働供給とは労働者が提供する労働力（または求職者）を指している。求人倍率が1を下回っているということは求人数よりも求職者数のほうが多いということであり，労働供給が労働需要を上回るということになる。

ウ〇 本下線部は正しい。失業は大きく3つに分けられる。まず，景気の変動によるものは**需要不足失業**といい，衰退産業から成長産業への労働力の移動が進まない場合に起きる失業には構造的失業と摩擦的失業の2つがあるが，これらの区別は難しいため，まとめて**構造的・摩擦的失業**といい，構造的・摩擦的失業にはミスマッチによる失業が影響しているとされている。

エ✕ 本下線部は誤りである。日本の（完全）失業率は，高度経済成長期に1～2％で推移していた。その後は徐々に上昇し，2000年代に入ってからは3～5％あたりを推移しているが，日本の失業率がアメリカやフランスの失業率を上回ったことはない。

オ〇 本下線部は正しい。企業が非正規雇用労働者を雇用する理由として，仕事の繁閑に応じた雇用調節を正規雇用労働者と比べて容易に行いやすいことや，非正規雇用労働者の賃金水準は正規雇用労働者と比較して低いことなどが挙げられる。

以上より，下線部の内容が妥当なものはウ，オであり，正解は肢5となる。

第2章 社会事情

正答 5

LEC東京リーガルマインド　2024-2025年合格目標 公務員試験 本気で合格！過去問解きまくり！
④社会科学　693

第2章 SECTION 1 社会事情
社会保障

実践 問題 223 〈基本レベル〉

問 我が国の雇用と労働問題の法律に関する記述として，妥当なのはどれか。

(特別区2015)

1：労働基準法は，労働時間，休日，賃金などの労働条件の最低基準を決めて労働者を保護することを規定した法律であり，この法律に定められた監督行政機関として労働委員会が設置されている。

2：労働組合法は，労働者が使用者との交渉において対等な立場に立ち，労使間で団体交渉を行い労働条件に関する労働協約を結んだり，争議行為を行うことを保障する法律であり，不当労働行為の禁止に関する規定が盛り込まれている。

3：労働関係調整法は，労働争議を予防し，労使の主張が対立して当事者だけでは解決できないとき，労働基準監督署が斡旋・調停・仲裁の方法で調整できることを定めた法律であり，厚生労働大臣による緊急調整が認められている。

4：雇用の分野における男女の均等な機会及び待遇の確保等に関する法律（男女雇用機会均等法）は，事業主に対し募集，採用，配置，昇進について，女性と男性を平等に扱うように努力を求めた法律であり，この法律の制定に伴って，労働基準法における女性の時間外，休日労働及び深夜業の規制が強化された。

5：育児休業，介護休業等育児又は家族介護を行う労働者の福祉に関する法律（育児・介護休業法）は，1歳未満の子の養育や家族の介護のため，男女労働者が連続休暇を取得できることなどを定めた法律であるが，3歳未満の子を養育する労働者への短時間勤務制度の設置は一切義務化されていない。

実践 問題223 の解説

〈雇用と労働問題の法律〉

1 × 労働委員会が誤りである。労働基準法に定められた監督行政機関は労働基準主管局，都道府県労働局および労働基準監督署である（労働基準法97条1項）。その他の記述については正しい。また，労働委員会は，労働組合法および労働関係調整法等に基づき，労働組合と使用者との間の集団的労使紛争を迅速にかつ的確に解決するため，労働争議の調整（斡旋，調停および仲裁）などを行う機関である。

2 ○ 本肢記述のとおりである。労働組合法とは，憲法28条の保障する労働基本権（団結権，団体交渉権，団体行動権）を具体化するために定められた法律である。労働者が使用者との交渉において対等の立場に立ち，労使間で団体交渉を行うことにより労働条件に関する労働協約を結んだり（労働組合法1条），争議行為を行うことを保障する法律である（同法1条2項）。また，使用者に対し不当労働行為を禁止させる規定が盛り込まれている（同法7条1項）。

3 × 労働基準監督署と厚生労働大臣の部分が誤りである。労使の主張が対立して当事者だけで解決できないときは，労働委員会が斡旋（労働関係調整法10条～16条）・調停（同法17条～28条）・仲裁（同法29条～35条）の方法で調整できる。また，内閣総理大臣による緊急調整が認められている（同法35条の2～35条の5）。

4 × 労働基準法における女性の時間外，休日労働および深夜業の規制が強化されたという記述部分が誤りである。1999（平成11）年4月に施行された「雇用の分野における男女の均等な機会及び待遇の確保等に関する法律」（男女雇用機会均等法）の改正により，関連法として労働基準法が一部改正され，「女性の深夜労働・残業や休日労働の制限」（女性保護規定）が撤廃された。

5 × 育児・介護休業法の改正によって，短時間勤務制度は，従業員数101人以上の事業主については2010（平成22）年6月から，100人以下の事業主については2012（平成24）年7月から義務化されたので，本肢記述は誤りである。

正答 **2**

第2章 SECTION 1 社会事情
社会保障

実践　問題 224　基本レベル

問 「女性の職業生活における活躍の推進に関する法律」（女性活躍推進法）に関する記述として，妥当なのはどれか。　　　　　　　　　　（東京都2016改題）

1：同法は，常時雇用する労働者101人以上の企業に対し，女性の活躍に関する状況把握と課題分析，数値目標や取組を記した行動計画の策定，ホームページなどでの情報公開を義務付けたが，100人以下の中小企業に対しては努力義務とした。

2：事業主行動計画について，厚生労働省から数値目標の水準が示されており，行動計画を未作成の場合，数値目標を未作成の場合，虚偽の報告をした場合の3類型に関しては罰則が規定されている。

3：事業主行動計画の届出を行い，女性の活躍推進に関する取組の実施状況が優良な企業に対する厚生労働省の認定の申請方法及び基準については，今後定めるとした。

4：同法には，女性の活躍推進に関する取組の実施状況が優良な企業に対し，国や地方自治体の事業の入札において，受注の機会を増やすことについては，明記されておらず，今後の検討課題となっている。

5：地方公共団体は，女性の職業生活における活躍の推進に関する取組が効果的かつ円滑に実施されるようにするため，関係機関により構成される協議会を組織することを義務付けられた。

OUTPUT

実践 問題 **224** の解説

〈女性活躍推進法〉

1 ○ 本肢記述のとおりである。女性の職業生活における活躍の推進に関する法律（**女性活躍推進法**）8条1項および2項において，**一般事業主のうち，常時雇用する労働者の数が100人を超えるものについては，一般事業主行動計画を定め厚生労働大臣に届け出なければならない**と義務付けている。また，100人以下の中小企業に対しては，一般事業主行動計画の策定は努力義務とされている（同法8条7項）。

2 ✕ 事業主行動計画については同法8条3項の規定する厚生労働省令により数値目標の水準が定められていることは正しいが，行動計画・数値目標の未作成については罰則が定められていないため，本肢記述は誤りである。また，虚偽報告については事業主行動計画に限らず，厚生労働大臣は同法の施行に関し必要があると認めるときは，常時雇用する労働者101人以上の企業に対して報告等を求めることができるが，この求めに対して虚偽報告をしたものは，20万円以下の過料が科される（同法30条，39条）。

3 ✕ 事業主行動計画の届出を行い，女性の活躍推進に関する取組の実施状況が優良な企業に対する厚生労働省の認定の申請方法および基準については厚生労働省令（女性の職業生活における活躍の推進に関する法律に基づく一般事業主行動計画等に関する省令）で定めるとあり（同法9条），同省令は同法公布日と同日（平成28年4月1日）に施行されたので，本肢記述は誤りである。

4 ✕ 国においては「女性の職業生活における活躍の推進に関する取組の実施の状況が優良な一般事業主の受注の機会の増大その他の必要な施策を実施するものとする」とし（同法24条1項），地方公共団体においては国の施策に準じて，「認定一般事業主等の受注の機会の増大その他の必要な施策を実施するように努めるものとする」と明記されている（同法24条2項）ので，本肢記述は誤りである。

5 ✕ 国および地方公共団体は，女性の職業生活における活躍の推進に関する取組が効果的かつ円滑に実施されるようにするため，関係機関により構成される協議会を組織することができるが，義務付けられていない（同法27条1項）ため，本肢記述は誤りである。

正答 **1**

第2章 社会事情

LEC東京リーガルマインド　2024-2025年合格目標 公務員試験 本気で合格！過去問解きまくり！ 697
④社会科学

SECTION 1 社会事情 社会保障

実践 問題 225 基本レベル

頻出度 地上★ 国家一般職★★ 東京都★★★ 特別区★★
裁判所職員★★ 国税・財務・労基★★★ 国家総合職★★

問 労働法に関する記述として，妥当なのはどれか。 （東京都2020）

1：労働基本権とは，団結権，団体交渉権，団体行動権（争議権）の三つをいい，労働基準法において定められている。
2：労働法とは，個別的労働関係，団体的労働関係を規律する法の総称であり，労働三法とは労働基準法，労働契約法，労働関係調整法をいう。
3：国家公務員や地方公務員は労働三権に制限が加えられ，最高裁では全農林警職法事件において公務員の争議行為の一律禁止は合憲であるとの判断を示し，今日に至っている。
4：労働関係調整法は，労働争議が発生し，当事者間の自主的な解決が不調の場合に労働基準監督署が，あっせん・調停・勧告の三つの方法によって，争議の収拾にあたることなどを定めている。
5：労働組合法は，労働組合が争議行為を行った場合，労働者は正当な行為である限り刑罰を科されることはないが，使用者は当該争議行為によって受けた損害について，労働組合に賠償請求できるとしている。

OUTPUT

チェック欄		
1回目	2回目	3回目

実践 問題 **225** の解説 ————————————————————

〈労働法〉

1 × 労働基本権とは，一般的に団結権，団体交渉権，団体行動権（争議権）の 3つ（労働三権）のことであるが，それらを定めた法律は労働基準法では なく労働組合法であるので，本肢記述は誤りである。

2 × 労働三法とは労働基準法，労働組合法，労働関係調整法をいうので，本肢 記述は誤りである。その他の記述については正しい。

3 ○ 本肢記述のとおりである。国家公務員や地方公務員は労働三権に制限が加 えられ，最高裁では**全農林警職法事件**（最大判昭48.4.25）において，公務 員の争議行為およびそのあおり行為などを一律禁止するのは，勤労者をも 含めた国民全体の共同利益の権利からやむを得ない制約というべきであっ て，憲法28条に反せず，合憲であるとの判断を示し，今日に至っている。

4 × **労働関係調整法**は，労働争議が発生し，当事者間の自主的な解決が不調の 場合に労働基準監督署ではなく労働委員会が，あっせん・調停・仲裁・緊 急調整の方法で調整できることなどについて定めている法律なので，本肢 記述は誤りである。

5 × **労働組合法**では，労働組合が争議行為を行った場合，労働者は正当な行為 である限り刑罰を科されることはなく，使用者は当該争議行為によって受 けた損害について，労働組合に賠償請求することはできないとしているの で，本肢記述は誤りである。

第2章 社会事情

正答 **3**

LEC東京リーガルマインド　2024-2025年合格目標 公務員試験 本気で合格！過去問解きまくり！　699
④社会科学

SECTION 1 社会事情 社会保障

実践　問題226　応用レベル

問 社会保障制度に関する記述として，妥当なのはどれか。　（特別区2016）

1：アメリカでは，1935年，国際労働機関（ＩＬＯ）のフィラデルフィア宣言に基づき，世界初の社会保障法が制定され，イギリスでは，1942年のベバリッジ報告をもとに，第二次世界大戦後，労働党政権によって，ゆりかごから墓場までという社会保障制度が整えられた。
2：社会保障制度は，財源の調達方法によって，税金による公的扶助を主として行うヨーロッパ大陸型，保険料を徴収して社会保険を軸として行うイギリス・北欧型，これらを合わせて展開する中間型に分類される。
3：日本の社会保険は，国民が疾病，老齢，失業，労働災害にあった場合，一定の基準で現金や医療サービスなどを給付する，強制加入の公的保険であり，その費用は全額が公費負担で賄われている。
4：日本の高齢者の医療制度については，老人医療費の増大に対処するため，70歳以上の高齢者を対象に老人保健制度が導入されたが，この制度は介護保険制度に改められ，75歳以上の高齢者を被保険者とする独立した制度に移行した。
5：年金の財源調達方法には，保険料を積み立て，老後に受け取る積立方式と，現役労働者が納める年金保険料で，同じ年の年金給付額を賄う賦課方式があり，日本はかつて積立方式を採用していたが，現在の基礎年金制度では，現役世代が高齢者を扶養する考え方の賦課方式がとられている。

OUTPUT

実践 ▶ 問題 226 の解説

チェック欄
1回目	2回目	3回目

〈社会保障制度〉

1 × アメリカでは1935年に世界初の社会保障法が制定されたが，**国際労働機関（ILO）**のフィラデルフィア宣言は1944年の出来事であり，順序が逆であるので本肢記述は誤りである。なお，イギリスでは，1942年の**ベヴァリッジ報告**をもとに，第2次世界大戦後，アトリー首相をはじめとする労働党政権のもとで，**ゆりかごから墓場まで**というスローガンが示され，具体的な施策が実施された。

2 × ヨーロッパ大陸型とイギリス・北欧型が逆であるので，本肢記述は誤りである。社会保障制度における財源調達方法としてのヨーロッパ大陸型とは，被保険者本人と事業主を財源の中心としていることから，階層や職種などによって異なった制度になるとされる。一方，イギリス・北欧型とは，公費と事業主の保険料負担が財源の中心とし，全国民一律の制度のもとで基本的に同一の給付を行う。なお，これらを合わせて展開するのが中間型であるとする部分は日本が該当すると考えられている。

3 × 日本の社会保険は，**1958年の国民健康保険法改正により国民皆保険が実現**したが，その費用は全額公費負担で賄われていないので，本肢記述は誤りである。2020年度の国民医療費の負担割合は公費（国または地方公共団体）が38.4％で，そのほかに事業主（21.3％）と被保険者本人（28.2％）の保険料からも賄われている。

4 × 1983年に導入された**老人保健制度**は75歳以上の高齢者を対象として導入されたため，本肢記述は誤りである。また，**老人保健制度は2008年に介護保険制度**ではなく，**後期高齢者医療制度**に引き継がれ独立した制度に移行しているので，この点についても誤りである。

5 ○ 本肢記述のとおりである。日本の国民年金は当初，**積立方式**を採用していたが，その後のインフレーションによる公的年金の実質的な価値を維持するため，現在の基礎年金制度では現役世代が高齢者を扶養する考え方の**賦課方式**が基本とされている。

第2章 社会事情

正答 5

社会事情 社会保障

実践 問題227 応用レベル

頻出度 地上★★ 国家一般職★★ 東京都★★ 特別区★★
裁判所職員★★ 国税・財務・労基★★★ 国家総合職★★★

問 我が国の労働関係法等に関する記述A～Eのうち，妥当なもののみを全て挙げているのはどれか。
(国家総合職2017)

A：日本国憲法は，全ての国民に勤労の権利を保障するとともに，勤労者の団体交渉権，協約締結権，争議権の労働三権を保障している。ただし，一般職の国家公務員は，その地位の特殊性と職務の公共性から，労働三権が認められておらず，代償措置として人事院勧告制度が設けられている。

B：労働組合法は，使用者に対し，労働組合員であること等を理由として不利益な取扱いをすることや正当な理由なく団体交渉を拒否することなどを不当労働行為として禁止している。また，労働組合の正当な争議行為には，刑事上及び民事上の免責が認められている。

C：労働関係調整法は，労働争議の調整手続や一定の争議行為の制限・禁止等を定めている。同法の斡旋や仲裁は，当事者による自主的解決を尊重し，拘束力を有しないが，労働争議の最終的な解決のため，公益委員だけで構成される調停委員会による調停は，拘束力を有する。

D：男女雇用機会均等法は，事業主が，募集，採用，配置，昇進等について，男女双方に対する性別を理由とする差別を禁止している。また，住居の移転を伴う配置転換に応じることができることを昇進の要件とするなどの間接差別についても禁止している。

E：育児・介護休業法は，3歳に満たない子を養育する労働者の育児休業や小学校就学前の子を養育する労働者の看護休暇等について定めている。また，事業主に対し，小学校就学前の子を養育する労働者について，労働時間の短縮措置等を講ずることを義務付けている。

1：A，B
2：A，B，D
3：A，C，E
4：B，D
5：C，D，E

OUTPUT

チェック欄		
1回目	2回目	3回目

実践 問題 227 の解説

〈労働関係法等〉

A ✕ 日本国憲法が保障している労働三権は，団結権と団体交渉権，争議権である。また，一般職の公務員（非現業職員）は，その地位の特異性と職務の公共性から労働三権のうち，争議権と団体交渉権の一部（協約締結権）は認められていないが，団結権は認められているので，労働三権が認められていないとする本記述は誤りである。制約された労働三権に代わるものとして，法定勤務条件の享有，人事院の給与勧告等の代償措置が設けられている。

B ○ 本記述のとおりである。使用者が，労働組合員であること等を理由として不利益な取扱いをすることや正当な理由なく団体交渉を拒否することは，労働組合法により不当労働行為として禁止されている（7条）。また，労働組合の正当な争議行為には，刑事上（1条2項）および民事上（8条）の免責が認められている。

C ✕ 労働関係調整法における斡旋は拘束力を有しないが（13条），仲裁は拘束力を有するので（34条），本記述は誤りである。また，調停委員会は，調停案を作成して，これを関係当事者に示し，その受託を勧告するのであって，拘束力はないので，これも誤りである（26条1項前段）。

D ○ 本記述のとおりである。男女雇用機会均等法は，募集・採用，配置（業務の配分及び権限の付与を含む）・昇進等について，男女双方に対する性別を理由とする差別を禁止している（5条，6条）。また，住居の移転を伴う配置転換に応じることができることを昇進の要件とするなどの間接差別についても禁止している（7条，同法施行規則2条2号）。

E ✕ 育児・介護休業法に規定されている育児休業は，原則として1歳に満たない子を養育する労働者が取得できるものであるので，本記述は誤りである（5条1項）。また，事業主に対し，3歳に満たない子を養育する労働者について，1日の所定労働時間の短縮措置等を講ずることを義務付けているので（23条1項），これも誤りである。なお，3歳から小学校就学の始期に達するまでの子を養育する労働者に対しては，育児休業に関する制度や所定外労働時間の制限，所定労働時間の短縮措置，始業時刻変更等の措置など，育児・介護休業法に定める措置に準じて，必要な措置を講ずるように努めなければならない，と規定されている（24条1項3号）。

以上より，妥当なものはB，Dであり，正解は肢4となる。

正答 4

LEC東京リーガルマインド　2024-2025年合格目標 公務員試験 本気で合格！過去問解きまくり！
④社会科学

第2章 社会事情
SECTION 2 科学・文化

直前復習

必修問題 セクションテーマを代表する問題に挑戦！

世界遺産に関する問題は頻出です。わが国の世界遺産の登録状況は確実に押さえておきましょう。

問 我が国の世界遺産に関する記述として，妥当でないのはどれか。

(特別区2009改題)

1：世界遺産は，「文化遺産」，「自然遺産」，「複合遺産」の３種類に分類されているが，我が国には「複合遺産」の登録はない。

2：我が国から初めて世界遺産一覧表に記載された「文化遺産」は，「法隆寺地域の仏教建造物」及び「姫路城」の２件である。

3：「屋久島」，「白神山地」，「知床」は，ともに「自然遺産」として世界遺産に登録されている。

4：日本を代表し象徴する「名山」として親しまれてきた「富士山」は，2013年に自然遺産として登録された。

5：2008年，「平泉−浄土思想を基調とする文化的景観」は，日本が世界遺産への登録を推薦した候補地としては，初めて登録延期となった。

Guidance ガイダンス

ユネスコの世界遺産には，「自然遺産」，「文化遺産」，「複合遺産」があるが，日本で世界遺産に登録されている物件に「複合遺産」はない（2023年時点）。

「文化遺産」は文化財を対象とするもので，「自然遺産」は貴重な自然が対象となっている。「複合遺産」は人造物と自然が一体化し，文化遺産と自然遺産両方の性質を併せ持つものとされている。

頻出度	地上 ★★★　国家一般職 ★　　　東京都 ★★　　特別区 ★★★
	裁判所職員 ★　　国税・財務・労基 ★★★　国家総合職 ★★★

チェック欄

1回目	2回目	3回目

必修問題の解説

〈世界遺産〉

第2章　社会事情

2023年現在，日本には文化遺産20件，自然遺産5件の合計25件の世界遺産がある。ただし，複合遺産は，まだ登録されたものはない。

文化遺産としては，法隆寺地域の仏教建造物（1993年），姫路城（1993年），古都京都の文化財（1994年），白川郷・五箇山の合掌造り集落（1995年），原爆ドーム（1996年），厳島神社（1996年），古都奈良の文化財（1998年），日光の社寺（1999年），琉球王国のグスク及び関連遺産群（2000年），紀伊山地の霊場と参詣道（2004年），石見銀山遺跡とその文化的景観（2007年），平泉・仏国土（浄土）を表す建築・庭園及び考古学的遺跡群（平泉の文化遺産）（2011年），富士山−信仰の対象と芸術の源泉（2013年），富岡製糸場と絹産業遺産群（2014年），明治日本の産業革命遺産　製鉄・鉄鋼，造船，石炭産業（2015年），ル・コルビュジエの建築作品−近代建築運動への顕著な貢献−（2016年），『神宿る島』宗像・沖ノ島と関連遺産群（2017年），長崎と天草地方の潜伏キリシタン関連遺産（2018年），百舌鳥・古市古墳群−古代日本の墳墓群−（2020年），北海道・北東北の縄文遺跡群（2021年）の20件が登録されてきた。また，自然遺産としては，屋久島（1993年），白神山地（1993年），知床（2005年），小笠原諸島（2011年），「奄美大島，徳之島，沖縄島北部及び西表島」（2021年）の5件が登録されてきた。

以上より，「富士山」は自然遺産ではなく文化遺産として登録されたので，肢4は妥当な記述ではない。よって，正解は肢4となる。

正答 4

Step ステップ　「世界遺産」や「無形文化遺産」は，「世界の記憶」とともに，ユネスコの主催する三大遺産事業となっている。

「世界の記憶」は，ユネスコが人類の財産として，世界各地に伝わっている貴重な古文書などを登録して保護していくものである。日本からは，2011年に福岡県出身の画家である山本作兵衛の「炭鉱の記録画」が，初めて「記憶遺産」に登録され，2013年に国宝の「御堂関白記」と「慶長遣欧使節関係資料」，2015年に「舞鶴への生還」と「東寺百合文書」，2017年に「上野三碑」と「朝鮮通信使」，2023年に「智証大師円珍関係文書典籍−日本・中国の文化交流史−」が登録された。その他，国連食糧農業機関（ＦＡＯ）が主催する「世界農業遺産」がある。日本からは，2011年に新潟県佐渡地域と石川県能登地域が初めて「世界農業遺産」に認定され，2013年に静岡県掛川地域，熊本県阿蘇地域，大分県国東地域，2015年に岐阜県長良川上中流域，和歌山県みなべ・田辺地域，宮崎県高千穂郷・椎葉山地域，2017年に宮崎県大崎地域，2018年に静岡県わさび栽培地域，徳島県にし阿波地域，2022年に滋賀県琵琶湖地域，山梨県峡東地域，2023年に兵庫県兵庫美方地域，埼玉県武蔵野地域が認定された。

ＬＥＣ東京リーガルマインド　2024-2025年合格目標 公務員試験 本気で合格！過去問解きまくり！　705
④社会科学

科学・文化

1 ノーベル賞

(1) ノーベル財団

ノーベル財団は，1900年に**スウェーデン**の科学者でありダイナマイト発明者でもある**アルフレッド・B・ノーベル**氏により財産が提供されて設立されました。人類に対して最大の便宜を与える貢献を行った人物に対する賞である**ノーベル賞**を主催しています。

受賞対象部門は，**物理学**，**化学**，**医学・生理学**，**文学**，**平和**，**経済学**となっています。

(2) ノーベル賞を受賞した日本人

医学・生理学賞	利根川進(1987年)，山中伸弥(2012年)，大村智(2015年)，大隅良典(2016年)，本庶佑(2018年)
物理学賞	湯川秀樹(1949年)，朝永振一郎(1965年)，江崎玲於奈(1973年)，小柴昌俊(2002年)，益川敏英(2008年)，小林誠(2008年)，南部陽一郎(2008年)，中村修二(2014年)，天野浩(2014年)，赤崎勇(2014年)，梶田隆章(2015年)，真鍋淑郎(2021年)
化学賞	福井謙一(1981年)，白川英樹(2000年)，野依良治(2001年)，田中耕一(2002年)，下村脩(2008年)，根岸英一(2010年)，鈴木章(2010年)，吉野彰(2019年)
文学賞	川端康成(1968年)，大江健三郎(1994年)
平和賞	佐藤栄作(1974年)

※南部陽一郎氏，中村修二氏，真鍋淑郎氏は，現在は米国籍となっている。
※カズオ・イシグロ氏は日本出身の日系英国人である。

2 世界遺産

(1) 世界遺産

世界遺産とは，1972年の**ユネスコ総会**で採択された「**世界遺産条約**（世界の文化遺産及び自然遺産の保護に関する条約）」に基づいて，保護対象に指定された自然・文化遺産のことをいいます。**日本は1992年6月に同条約を批准しました**。

世界遺産には，文化財を対象とする**文化遺産**，貴重な自然が対象となる**自然遺産**，人造物と自然が一体化し，文化遺産と自然遺産両方の性質を併せ持つ**複合遺産**の3種類があります。

世界遺産への登録は，締約国がそれぞれ世界遺産リストへの登録候補を毎年ユネスコに推薦し，専門家の調査を経て，世界遺産委員会が審議，決定することによって行われます。

(2) 日本国内の世界遺産

日本国内の世界遺産は，自然遺産5件と文化遺産20件の合計25件が登録されています（2023年時点）。

INPUT

自然遺産	屋久島，白神山地，知床，小笠原諸島，「奄美大島，徳之島，沖縄島北部及び西表島」
文化遺産	法隆寺地域の仏教建造物，姫路城，古都京都の文化財，白川郷・五箇山の合掌造り集落，原爆ドーム，厳島神社，古都奈良の文化財，日光の社寺，琉球王国のグスク及び関連遺産群，紀伊山地の霊場と参詣道，石見銀山遺跡とその文化的景観，平泉の文化遺産，富士山—信仰の対象と芸術の源泉，富岡製糸場と絹産業遺産群，「明治日本の産業革命遺産　製鉄・製鋼，造船，石炭産業」，「ル・コルビュジエの建築作品－近代建築運動への顕著な貢献－」，「『神宿る島』宗像・沖ノ島と関連遺産群」，「長崎と天草地方の潜伏キリシタン関連遺産」，「百舌鳥・古市古墳群－古代日本の墳墓群－」，「北海道・北東北の縄文遺跡群」

第2章　社会事情

③　無形文化遺産保護条約

　2003年のユネスコ総会で「無形文化遺産を保護するための無形文化遺産保護条約」が採択され，2006年4月に発効しました。

　「人類の無形文化遺産の代表的な一覧表」へ記載された日本の無形文化遺産は，2023年までに22件あります。

2008年登録	能楽，人形浄瑠璃，歌舞伎
2009年登録	雅楽，アイヌ古式舞踊(北海道)，小千谷縮・越後上布(新潟県)，秋保の田植踊(仙台市)，題目立(奈良市)，奥能登のあえのこと(石川県)，早池峰神楽(岩手県)，大日堂舞楽(秋田県)
2010年登録	組踊(沖縄県)，結城紬(茨城県・栃木県)
2011年登録	壬生の花田植(広島県)，佐陀神能(島根県)
2012年登録	那智の田楽(和歌山県)
2013年登録	「和食：日本の伝統的な食文化」
2014年登録	「和紙：日本の手漉和紙技術」(※石州半紙は2009年登録済)
2016年登録	山・鉾・屋台行事(※京都祇園祭の山鉾行事，日立風流物は2009年登録済)
2018年登録	来訪神：仮面・仮装の神々(※甑島のトシドンは2009年登録済)
2020年登録	「伝統建築工匠の技：木造建造物を受け継ぐための伝統技術」
2022年登録	風流踊(※チャッキラコは2009年登録済)

④　芥川賞と直木賞

　芥川賞は芥川龍之介を，直木賞は直木三十五を記念して創設された文学賞で，前者は純文学，後者は大衆文学の新進作家に贈られます。**毎年1月と7月にその半年間に発表された作品を対象として選考し発表します。**

第2章 SECTION 2 社会事情
科学・文化

実践　問題 228　基本レベル

問 我が国の世界遺産等に関する記述として最も妥当なのはどれか。

（国家総合職2019改題）

1：文化遺産は，歴史上又は美術上顕著な普遍的価値を有する遺跡等と世界遺産条約で定義されており，平成27年，官営八幡製鉄所や石見銀山，端島炭坑（軍艦島）を含む，明治日本の産業革命遺産が世界文化遺産に登録された。しかし，これらの遺産は，登録を契機に観光開発が進んだ結果，その顕著な普遍的価値を損なうような重大な危機に直面しているとして，危機にさらされている世界遺産リストに登録され，令和5年9月現在，世界遺産基金から財政的支援を受けている。

2：平成30年，長崎と天草地方の潜伏キリシタン関連遺産が世界文化遺産に登録された。これは，17世紀から行われた江戸幕府の禁教令によりキリスト教が弾圧される中で，潜伏キリシタンが密かに信仰を維持した独特の文化的伝統を示す遺産群である。その中には，島原の乱で天草四郎時貞を首領としたキリシタンらが立て籠もった原城跡や，現存する我が国最古の教会である大浦天主堂が含まれている。

3：自然遺産は，自然の記念物で，鑑賞上若しくは科学上顕著な普遍的価値を有するもの，又は，自然の区域で，科学上，保存上若しくは自然の美観上顕著な普遍的価値を有するものと世界遺産条約で定義されている。我が国の世界自然遺産には，平成23年に登録された東京都の小笠原諸島や岩手県の平泉，平成25年に登録された山梨県・静岡県の富士山があるほか，平成29年には新たに，福岡県の沖ノ島が登録された。

4：ユネスコ世界ジオパークは，地層，火山など地質学的な遺産を保護し，研究や科学教育などの場に活用するとともに，新たな観光資源として地域の振興に生かすことを目的としている。我が国に関しては，地球の磁場の逆転が最後に起きたことを示す千葉県市原市の地層が平成29年に認定されたほか，ユーラシアプレートにフィリピン海プレートが沈み込んで地溝帯を形成している糸魚川，世界有数のカール地形を示す阿蘇山など合計9地域が認定されている。

5：無形文化遺産の保護に関する条約は，無形文化遺産を保護することを目的として，国際連合により設立された基金であるユネスコの総会で採択された。我が国の無形文化遺産の登録は，自然遺産の最初の登録よりも早く，鎌倉時代に観阿弥・世阿弥父子が大成した能楽，室町時代に発展した歌舞伎や水墨画が最初に登録された。平成29年には，我が国の伝統的な食文化である和食と，手漉和紙の技術が無形文化遺産に登録された。

OUTPUT

チェック欄		
1回目	2回目	3回目

実践 問題 **228** の解説

〈わが国の世界遺産等〉

1 ✕ 平成27年に世界文化遺産に登録された明治日本の産業革命遺産に石見銀山は含まれていないので，本肢記述は誤りである。石見銀山は，平成19年にすでに世界文化遺産に登録されている。また，危機にさらされている世界遺産（危機遺産）とは，武力紛争，自然災害，大規模工事，都市開発，観光開発，商業的密猟等により，その顕著な普遍的価値を損なうような重大な危機にさらされている世界遺産のことであるが，わが国に危機にさらされている世界遺産リストに登録されたものはない（令和5年9月現在）。よって，これも誤りである。

2 ○ 本肢記述のとおりである。平成30年，長崎と天草地方の潜伏キリシタン関連遺産が世界文化遺産に登録された。その構成遺産には，島原の乱で天草四郎時貞を首領としたキリシタンらが立て籠もった原城跡，現存するわが国最古の教会である大浦天主堂のほか，平戸の聖地と集落（春日集落と安満岳，中江ノ島の2件），外海の出津集落，外海の大野集落，黒島の集落，野崎島の集落跡，頭ヶ島の集落，久賀島の集落，奈留島の江上集落（江上天主堂とその周辺），天草の﨑津集落となっている。

3 ✕ 本肢記述のうち世界自然遺産に登録されたのは，小笠原諸島（平成23年）のみであり，平泉（平成23年），富士山（平成25年），沖ノ島（平成29年）は文化遺産として登録されているので，本肢記述は誤りである。

4 ✕ 平成29年に千葉県市原市の地層がユネスコ世界ジオパークに認定された事実はないので，本肢記述は誤りである。また，糸魚川はユーラシアプレートと北アメリカプレートとの境界に相当するとされるフォッサマグナが形成された地形であり，阿蘇山は世界有数の巨大カルデラが形成された地形なので，これらの記述も誤りである。

5 ✕ わが国における無形文化遺産の最初の登録は，室町時代に観阿弥・世阿弥父子によって大成した能楽，江戸時代に大成した人形浄瑠璃文楽，歌舞伎の3件が登録された平成20年であるのに対して，世界自然遺産の最初の登録は，無形文化遺産の最初の登録よりも早い平成5年に屋久島と白神山地の2件が登録されたので，本肢記述は誤りである。また，わが国の伝統的な食文化である和食は平成25年，手漉和紙の技術は平成26年に無形文化遺産に登録されたので，これも誤りである。

正答 2

第2章 社会事情

第2章 SECTION ② 社会事情 科学・文化

実践　問題 229　基本レベル

問 ノーベル賞に関する記述として，妥当なのはどれか。 （東京都2013改題）

1：ノーベル賞は，物理学賞，化学賞など6部門から構成され，日本人は，これまでに平和賞を除く5部門で受賞している。

2：2012年のノーベル生理学・医学賞は，京都大学の山中伸弥教授が受賞したが，日本人がノーベル生理学・医学賞を受賞するのは初めてのことである。

3：これまでにノーベル文学賞を受賞した日本人は，川端康成，谷崎潤一郎，大江健三郎の3氏で，受賞が期待された村上春樹氏は，2022年現在受賞していない。

4：2012年のノーベル平和賞はEUが受賞したが，ノーベル平和賞を個人ではなく団体又は組織が受賞するのは初めてのことである。

5：ミャンマーのアウン・サン・スー・チー氏は，2012年6月，ノルウェーのオスロで，1991年に受賞したノーベル平和賞の受賞演説を行った。

OUTPUT

チェック欄		
1回目	2回目	3回目

実践 問題 **229** の解説 ───────────

〈ノーベル賞〉

1 ✕ ノーベル賞は，物理学賞，化学賞，医学・生理学賞，文学賞，平和賞，経済学賞から構成され，日本からは**経済学賞の受賞者**はいない。なお，平和賞は佐藤栄作元首相が1974年に**非核三原則**の提唱を理由として受賞している。

2 ✕ 医学・生理学賞（生理学・医学賞）は**山中伸弥**教授以前に**利根川進**マサチューセッツ工科大学教授が多様な抗体を生成する遺伝的原理の解明を理由として1987年に受賞している。

3 ✕ 谷崎潤一郎氏と村上春樹氏はノーベル文学賞を受賞していない（2022年現在）。日本でノーベル文学賞を受賞したのは川端康成氏，大江健三郎氏の2氏である。なお，2017年に受賞したカズオ・イシグロ氏は日本出身の日系英国人である。

4 ✕ ノーベル平和賞はたびたび団体に贈られている。2000年以降でも，2007年に「**気候変動に関する政府間パネル（IPCC）**」に，2005年に「**国際原子力機関（IAEA）**」に，2001年に「**国際連合**」にそれぞれ贈られている。

5 ◯ アウン・サン・スー・チーは，ミャンマーの民主化運動指導者で，たびたび軍事政権と対立していた。スー・チーは1991年にノーベル平和賞を受賞したが，自宅軟禁中であったために授賞式には出席できず，受賞演説を行ったのは受賞から21年後の2012年6月であった。

第2章 社会事情

正答 **5**

SECTION ② 社会事情 科学・文化

第2章

実践 問題 230 〈基本レベル〉

頻出度	地上★	国家一般職★★	東京都★★	特別区★★
	裁判所職員★	国税・財務・労基★★		国家総合職★★★

問 近年の我が国のデジタル化に関する記述として最も妥当なのはどれか。

（国家総合職2021）

1：キャッシュレス決済とは，現金以外で代金を即時決済する方法の総称であり，近年普及した電子マネーやスマートフォン決済などを指すが，即時決済でないクレジットカードなどは含まれない。国民への浸透のため，2019年から2020年にかけて，政府はキャッシュレス決済による支払いに対して消費税を軽減するキャンペーンを展開したが，その中でスマートフォン決済の一つがセキュリティの脆弱性により不正利用される事件が発生し，中断された。

2：クラウドファンディングとは，インターネットを通じて不特定多数の人に企画への資金提供を呼び掛け，趣旨に賛同した人から資金を集める方法をいう。単なる寄付とは性格を異にし，出資者には企画の利益からの配当や，モノやサービスなどの特典といったリターンが発生する。民間では幅広く利用されているが，国や自治体では出資者へのリターンの発生が公共性の観点や「ふるさと納税」との重複から問題視され，利用が制限されている。

3：近年ではインターネットの普及により，誰もが容易に情報の発信者となることが可能になっている。そのような中，画像加工アプリなどで自らをより良く見せた「盛れてる」写真を投稿することをデジタルタトゥーと呼ぶ。デジタルタトゥーは主に若年女性に人気であるが，いわゆる炎上の原因となったり，個人を特定され犯罪に利用されるなどの被害が発生している。これに対し，国に投稿の削除を求める訴訟も提起され，表現の自由との関係が問題となっている。

4：新型コロナウイルスへの対応において，行政サービスにおけるデジタル化の遅れなどの課題が浮き彫りとなったことから，政府は，2020年秋に，デジタル庁の設立の方針を示した。同年12月に閣議決定された「デジタル社会の実現に向けた改革の基本方針」では，デジタル庁は，政府情報システムの統合・一体化の促進や，マイナンバーカードの普及の加速化等の推進といった業務を司ることとされている。

5：スマートシティは，近年登場した新しい概念で，定義が確立されていないが，主に「都市構造を空間的に集約し，郊外への拡大を抑制するコンパクトな都市のあり方」といった意味で用いられる。我が国でも，5G通信が一般化した社会であるSociety 5.0に向けてその実証実験が行われているが，その主体は国や自治体であり，収益性の観点から参入に慎重な企業などの民間部門をどのように引き込むかが課題となっている。

OUTPUT

チェック欄		
1回目	2回目	3回目

実践 ▶ **問題 230** の解説 ――――――――――――――

〈わが国のデジタル化〉

1× クレジットカードはキャッシュレス決済に含まれているので本肢記述は誤りである。また，政府が国民への浸透のため，2019年10月から**キャッシュレス決済**による支払いに対して消費税を軽減するキャンペーン（ポイント還元制度）を展開し，予定どおり2020年6月に終了した。よって，中断された事実はないので，これも誤りである。

2× **クラウドファンディング**には，「購入型」「寄付型」「投資型」などのタイプがあり，そのうち「寄付型」は出資者へのモノやサービスなどの特典といったリターンがないので，本肢記述は妥当ではない。この寄付型の場合でも，何のリターンもしないわけではなく，感謝状等の何らかのリターン（返礼品）が行われている。このため，出資者の寄付に対してリターンが過剰なものとならないように2015年4月に「**ふるさと納税**」にも適用されている総務大臣通知「地方税法，同法施行令，同法施行規則の改正等について」による規制がクラウドファンディングにも課されることが明確になった。しかしながら，利用が制限されているわけではないので，これも誤りである。

3× デジタルタトゥーとは，一度ウェブ上に記録されたデータは容易に消去することができず，永続的に残り続けるさまを入れ墨（タトゥー）になぞらえた語である。具体的には，ソーシャルメディアへの軽率な投稿や，本人の許諾なくウェブで拡散してしまった画像などを指すので，本肢記述は誤りである。

4○ 本肢記述のとおりである。2020年12月に閣議決定された「デジタル社会の実現に向けた改革の基本方針」では，デジタル庁は政府情報システムに関する事業を統括・監理し，情報システムの標準化や統一化により相互の連携を確保することや，**マイナンバーカード**の普及の加速化等を強力に推進するといった業務を司ることとされている。

5× 内閣府によれば，**スマートシティ**とは，ＩＣＴ等の新技術を活用しつつ，マネジメント（計画，整備，管理・運営等）の高度化により，都市や地域の抱える諸課題の解決を行い，また新たな価値を創出し続ける，持続可能な都市や地域であり，**Society 5.0**の先行的な実現の場と定義されているので，本肢記述は誤りである。また，スマートシティは，自治体が主導する行政主導型ばかりでなく，自治体および地域まちづくり団体が主導するエリアマネジメント型も典型的な類型として取り上げられているので，これも誤りである。

正答 4

第2章 社会事情

問 生命倫理に関するA～Dの記述のうち，妥当なものを選んだ組合せはどれか。
(特別区2020)

A：1986年にアメリカで起きた「ベビーM事件」では，代理出産契約で産まれた子どもの親権が問題となり，裁判の結果，子どもに対する親権は代理母に認められた。

B：日本の臓器移植法では，本人に拒否の意思表示がない限り，家族の同意があれば臓器移植ができることや，親族への優先提供が認められること等の改正が2009年に行われた。

C：クローンとは，ある個体と全く同じ遺伝子を持つ個体をいい，1990年代にクローン羊「ドリー」が誕生したが，日本では，2001年にクローン技術規制法が施行された。

D：ゲノムとは，生物の細胞の染色体の一組に含まれる全遺伝情報のことであり，ヒトゲノムの解析は完了していないが，病気の診断や治療への応用が期待されている。

1：A　B
2：A　C
3：A　D
4：B　C
5：B　D

OUTPUT

チェック欄		
1回目	2回目	3回目

実践 ▶ 問題 **231** ▶ の解説

〈生命倫理〉

A ✕ 1986年にアメリカで起きた「ベビーM事件」では，**子どもに対する親権は代理母に認められなかった**ので，本記述は誤りである。

B ◯ 本記述のとおりである。本人に拒否の意思表示がない限り，家族の同意があれば臓器移植ができることや，親族への優先提供が認められること等を定めた改正臓器移植法が2009年に成立し，翌年施行した。

C ◯ 本記述のとおりである。1990年代，イギリスでクローン羊「**ドリー**」が誕生した。日本ではクローン技術等による胚の作成，譲受と輸入を規制し，特にクローン技術のうちヒトクローン胚等のヒトまたは動物の胎内への移植を禁じ，罰則なども定めたクローン技術規制法が2001年に施行された。

D ✕ **ゲノム**とは，遺伝子（gene）と染色体（chromosome）から合成された言葉で，DNAの一組ではなく，すべての遺伝情報のことを指しているので，本記述は誤りである。

　以上より，妥当なものはBとCであり，正解は肢4となる。

正答 4

第2章 社会事情

S ECTION ② 第2章 社会事情
科学・文化

実践 問題 232 〈応用レベル〉

頻出度	地上★★★ 国家一般職★★★ 東京都★★ 特別区★★★
	裁判所職員★ 国税・財務・労基★★ 国家総合職★★★

問 高度情報化社会に関する記述として最も妥当なのはどれか。

(国税・財務・労基2023)

1：情報源を主体的に選ぶ能力や情報に対する判断力・批判的理解力などメディアを適切に活用する能力は，メディア・リテラシーや情報リテラシーと呼ばれ，高度情報化社会においてこの能力を身に付けておくことは重要である。また，情報通信技術の特性を踏まえた行動理念や行動基準を求める情報倫理が，様々な活動領域で重要になっている。

2：インターネットの普及やデジタル技術の発達により知的財産権（知的所有権）の侵害が問題となっている。知的財産権は，肖像権や特許権などを含む産業財産権と，著作権に大別され，例えば，違法にインターネット配信されていることを知りながら，映像や音楽などをダウンロードしたり，授業で使用するために新聞をコピーして配布したりする行為は，特許権の侵害に当たる。

3：我が国においては，電子政府（ｅ－Ｇｏｖ）の発達により，いつでも，どこでも，誰でも情報技術の恩恵を受けられるユビキタス社会が実現しているため，国内でデジタル・デバイドの問題は発生していない。デジタル・デバイドは，先進国と発展途上国との間など主として国家間における格差問題として懸念されている。

4：勤務場所・時間にとらわれず，コンピュータやネットワークが生み出す情報空間（サイバースペース）で働くことを，ＳＯＨＯという。このような働き方は，仮想現実（バーチャルリアリティ）と呼ばれる，離れた場所にあるサーバ，アプリケーションソフト，データを常時利用できるようにする技術が開発され，情報の蓄積・伝達が安価で効率的に行えるようになったことで普及した。

5：インターネットを利用した財やサービスの取引のことをサブスクリプションと呼び，オークションなど消費者間のものを「Ｂ to Ｂ」，部品・原材料の調達など企業間のものを「Ｃ to Ｃ」という。サブスクリプションやＰＯＳシステムなどの活用により，企業の生産性は向上しており，また，2019年，我が国の情報通信業の生産額は全産業のそれの約５割を占めている。

OUTPUT

チェック欄		
1回目	2回目	3回目

実践 問題 **232** の解説

〈高度情報化社会〉

1 ○ 本肢記述のとおりである。メディア・リテラシーや情報リテラシーとは，インターネットなどのメディアから情報を読み取り，必要に応じて情報を発信できる能力を意味する。これらの能力は，インターネットなどのメディア上にあるデータから信憑性が高く，信頼性のある「情報」を探し出す力のことをいう。情報倫理とは，人が情報を扱ううえで求められる道徳を指し，特に，情報機器や通信ネットワークを通じて社会や他者と情報をやり取りするにあたり，危険を回避し責任ある行動ができるようになるために身につけるべき基本的な態度や考え方のことをいう。

2 × 肖像権は産業財産権に含まれないので，本肢記述は誤りである。違法にインターネット配信されていることを知りながら，映像や音楽などをダウンロードしたり，授業で使用するために新聞をコピーして配布したりする行為は，著作権の侵害にあたるので，これも誤りである。

3 × デジタル・デバイドとは，わが国国内法令上用いられている概念ではないが，一般に，情報通信技術の恩恵を受けることのできる人とできない人の間に生じる経済格差を指し，通常「情報格差」と訳される。デジタル・デバイドは，国際間デバイドと国内デバイドに大別され，さらに国内デジタル・デバイドは，ビジネス・デバイドとソシアル・デバイド（経済，地域，人種，教育等による格差）に分けることができる。わが国国内においては，インターネットの利用格差は高齢者，低所得世帯が大きくなっていることから，デジタル・デバイドの問題は発生しているといえる。よって，本肢記述は誤りである。

4 × 勤務場所・時間にとらわれず，コンピュータやネットワークが生み出す情報空間（サイバースペース）で働くことを，テレワークというので，本肢記述は誤りである。このような働き方は，新型コロナ感染症の拡大に伴い，急速に導入が進んだ。よって，本肢記述は誤りである。

5 × インターネットを利用した財やサービスの取引のことをEC（エレクトリックコマース）とよび，法人同士が取引をする電子商取引のことで，企業が企業に向けて提供するショッピングサイトやサービスのことを「B to B」，個人間で取引をする電子商取引のことを「C to C」という。また，2019年，わが国の情報通信業の名目国内生産額は108.4兆円で，全産業の10.4％を占めている。よって，本肢記述は誤りである。

正答 **1**

第2章 社会事情

LEC東京リーガルマインド　2024-2025年合格目標 公務員試験 本気で合格！過去問解きまくり！　717
④社会科学

SECTION 2 社会事情 科学・文化

実践 問題233 応用レベル

[問] 我が国の農業と食料問題に関する記述として，妥当なのはどれか。

(特別区2023)

1：食生活の変化により，米の供給が過剰となったため，1970年から米の生産調整である減反政策が始まり，現在まで維持されている。
2：農業経営の規模拡大のため，2009年の農地法改正により，株式会社による農地の借用が規制された。
3：6次産業化とは，1次産業である農業が，生産，加工，販売を一体化して事業を行うことにより，付加価値を高める取組である。
4：農林業センサスにおける農家の分類では，65歳未満で年間60日以上農業に従事する者がいない農家を，準主業農家という。
5：食の安全に対する意識の高まりなどから，地元の農産物を，地元で消費するフェアトレードが注目されている。

OUTPUT

実践 問題 233 の解説

〈わが国の農業と食料問題〉

1 × 食生活の変化により、米の供給が過剰となったため、1970年から米の生産調整である減反政策が始まったが、2018年には廃止となったので、本肢記述は誤りである。

2 × 農業経営の規模拡大のため、2009年の農地法改正により、農業生産法人ではない一般企業が市町村を介することなく、一定の要件を満たせば農地を借りられる仕組みを創設したので、本肢記述は誤りである。

3 ○ 本肢記述のとおりである。6次産業化とは、1次産業である農林漁業による生産・加工・販売の一体化等を通じて、新たな地域ビジネスの展開や新たな業態の創出といった新たな取組を通じて付加価値のより多くの部分を農山漁村地域に帰属させ、地域内に雇用と所得を確保しようとすることである。

4 × 農林業センサスにおける農家の分類において、準主業農家とは、所得のうち半分以上が農業以外による所得で、年間に60日以上農業に従事している65歳未満の者がいる農家をいうので、本肢記述は誤りである。

5 × 食の安全に対する意識の高まりなどから、地元の農産物を、地元で消費する地産地消が注目されているので、本肢記述は誤りである。ちなみに、フェアトレードとは、発展途上国の生産物を、その生産者の生活を支援するため、利潤を抑えた適正な価格で、生産者から直接購入することをいう。

正答 3

SECTION ② 科学・文化

第2章 社会事情

実践 問題 **234** 応用レベル

頻出度	地上★★★	国家一般職★★★	東京都★★★	特別区★★★
	裁判所職員★	国税・財務・労基★★		国家総合職★★★

問 近年の交通機関や探査機等をめぐる動きに関する記述として最も妥当なのはどれか。 （国家総合職2022改題）

1：超電導リニアは，磁気力によって車両を浮上させ，高速で走行する。我が国では，リニア中央新幹線が計画され，現在，品川・名古屋間で建設工事中である。しかし，活火山が連なる中央アルプス（木曽山脈）のトンネル工事に対して，防災面の懸念から，中央アルプスの東側の静岡県はルートの変更を，西側の岐阜県は大深度地下のトンネルへの変更をそれぞれ提案した。2022年末現在，この区間の建設工事は中断され，国土交通省が解決に向け協議を進めている。

2：人間の活動から発生する排出物を限りなくゼロにすることを目指しつつ最大限の資源活用を図り，持続可能な経済活動を展開するという理念はゼロエミッションといわれる。また，走行時に二酸化炭素を排出しない電気自動車や，水素を燃料とする燃料電池自動車などは，ゼロエミッション車と呼ばれる。欧州連合（EU）では，将来的に新車販売は，ハイブリッド車を含む内燃機関車については禁止し，ゼロエミッション車に限定する方針が示されている。

3：欧米では，旅客機として初めて音速を超える速度で成層圏を飛行できる，次世代飛行機が開発され，世界各都市間のネットワークの形成が期待されている。成層圏では空気抵抗が少なく航空機にかかる揚力も小さいことから，機体の軽量化を行う必要がない。高出力に改造した従前のジェットエンジンと，成層圏でも爆発事故を引き起こしにくいヘリウムを燃料とするエンジン燃焼器を併用する方向で，我が国の企業も参画し，米国を中心として新たに開発が進められている。

4：海洋研究開発機構（JAMSTEC）の有人潜水調査船の「ちきゅう」は，日本最南端に位置する南鳥島の排他的経済水域（EEZ）の海底に，リチウムやチタンなどのレアアース（希土類元素）が大量に存在していることを発見し，経済産業省を中心に商業化の検討が進められている。南鳥島周辺はマリアナ海溝の北端の西側に位置し，水深が深く従来の調査船では探査が難しかったが，有人での迅速・的確な探査が鉱脈を発見することにつながった。

5：宇宙航空研究開発機構（JAXA）の探査機の「はやぶさ2」は，小惑星のイトカワの岩石を採取後，地球へ向けて進路を取り，地球上空の国際宇宙ステーション（ISS）にて岩石のサンプルを受け渡した。「はやぶさ2」は地球に帰還することなく，火星の衛星の探査のため，再び地球を離れた。2022年末現在，「はやぶさ2」は太陽電池を主電源とし，スイングバイ航行を利用して，火星へ向けて航行している。

OUTPUT

実践 問題 **234** の解説

〈近年の交通機関や探査機〉

1 × リニア中央新幹線は、南アルプスと大井川上流部の地下をトンネルで通過する計画であり、トンネル工事による環境への影響が危惧されているので、本肢記述は誤りである。2022年末現在、静岡県はリニア中央新幹線の建設についてルートの変更を提案したことはなく、2022年4月に静岡県中央新幹線環境保全連絡会議地質構造・水資源部会専門部会がＪＲ東海との間で協議が再開した段階であり、岐阜県も大深度地下のトンネルへの変更を提案したという事実もないので、これも誤りである。

2 ○ 本肢記述のとおりである。欧州連合委員会は2022年7月に環境対策政策パッケージ「Fit for 55」について、乗用車・小型商用車（バン）の二酸化炭素排出基準に関する規則の改正案を発表した。同案に基づけば、2035年以降は全ての新車がゼロエミッション車となり、ハイブリッド車を含めて内燃機関搭載車の生産が実質禁止となる。

3 × 音速を超える速度で成層圏を飛行できる旅客機は、英仏共同開発の「コンコルド」が1975年に就航し、2003年まで運航していたので、本肢記述は誤りである。また、成層圏では空気抵抗が少なく、航空機にかかる揚力も小さくなるが、燃料消費を減らしても航続距離が長くなるように構造重量を軽くするように開発が進められている。さらに、燃料となる液体水素で、高温空気を冷却すると同時に密度を大きくして、エンジンの推力を増大させるという方向で、ＪＡＸＡ（宇宙航空研究開発機構）を中心に、わが国の企業が多く参画して開発が進められているので、これも誤りである。

4 × 海洋研究開発機構（ＪＡＭＳＴＥＣ）の深海調査研究船「かいれい」は、2013年に日本最東端に位置する南鳥島の排他的経済水域（ＥＥＺ）の海底に、レアアース（希土類元素）が大量に存在していることを発見したので、本肢記述は誤りである。また、「かいれい」は、最大潜航深度7000メートルの無人探査機「かいこう7000Ⅱ」の支援母船なので、これも誤りである。

5 × 宇宙航空研究開発機構（ＪＡＸＡ）の探査機の「はやぶさ2」は、小惑星のリュウグウの岩石を採取後、小惑星の砂などが入ったとみられるカプセルの地球帰還に成功したので、本肢記述は誤りである。「はやぶさ2」の本体は新たな目標天体である2つの小惑星へ向かう拡張ミッションのため、2022年末現在は、1998KY26という小惑星へ向けて航行しているので、これも誤りである。

正答 **2**

SECTION ② 社会事情

第2章

社会事情
科学・文化

実践 問題 **235** 〈応用レベル〉

頻出度	地上★	国家一般職★★	東京都★★	特別区★★
	裁判所職員★	国税・財務・労基★★★★	国家総合職★★	

問 世界の宗教に関連する事柄等に関する記述として最も妥当なのはどれか。

（国税・財務・労基2019改題）

1：ミャンマーに住むロヒンギャ族は主にヒンドゥー教徒であり，以前より，ミャンマーで大多数を占める仏教徒と対立していた。ミャンマーの民政移管後も対立は続き，多くのロヒンギャ族がインドのアッサム地方へ逃れて難民となっている。国連は，2018年に難民の帰還計画を立て，我が国の自衛隊を含む国連PKO部隊をミャンマーに派遣している。

2：中国とバチカン（ローマ・カトリック教会の法王庁）は，中国における司教の任命をめぐり対立し国交もなかった。しかし，2018年に，中国が譲歩して，国内でのカトリックの布教活動を自由化し司教の任命権もバチカンに帰属するとしたことで，両国は和解し国交を結んだ。その結果，2023年9月現在，中国と国交のないヨーロッパ諸国はノルウェーやスイスなど9か国となった。

3：エルサレムは，ユダヤ教，キリスト教，イスラム教の聖地とされており，古くからの巡礼地である。2018年に米国が在イスラエル大使館をエルサレムに移転させると，EU各国も追随したため，イスラム教徒は，キリスト教徒をも敵対視した。これを契機に，隣国レバノンでもイスラム教徒とキリスト教徒が対立し，イスラエルやシリアを巻き込んだレバノン内戦が勃発した。

4：イスラム教徒の女性が着用する伝統的な衣装に全身を覆う外衣であるブルカやヒジャブ（スカーフ）などがある。フランスは，政教分離の政策をとっており，公共の場でのブルカなどの着用を法律で原則的に禁止している。一方，国際的な競技大会では，バスケットボールなど，種目によっては，以前は競技中のヒジャブの着用が禁止されていたが，最近は認められるようになった。

5：キリスト教と土着の宗教が結び付いた祭りとして，ハロウィーンやイースターなどがある。ハロウィーンは，ブラジルの土着の信仰・呪術であるブードゥー教とギリシア正教が習合し，仮装をしてダンスや歌を通じて神に祈りを捧げる祭りで，近年，世界各地に普及しており，我が国でも，宗教色は薄いもののハロウィーンを祝う行事が行われている。

OUTPUT

チェック欄		
1回目	2回目	3回目

実践 問題 **235** の解説

〈世界の宗教〉

1 × ミャンマーに住むロヒンギャ族は主にイスラム教徒であり，多くのロヒンギャ族がバングラデシュへ逃れて難民となっているので，本肢記述は誤りである。また，2018年11月に難民の帰還計画を立てたのは，ミャンマーとバングラデシュの両政府であり，わが国の自衛隊を含む国連ＰＫＯ部隊をミャンマーに派遣したという事実はないので，これも誤りである。

2 × 2018年9月，**中国とバチカン（ローマ・カトリック教会の法王庁）は，中国における司教の任命をめぐり対立し国交もなかったが，司教の任命権もバチカン（法王）に帰属することで暫定合意に達した。**しかし，まだ国交正常化には至っていないので，本肢記述は誤りである。また，2023年9月現在，中国と国交のないヨーロッパ諸国はバチカンのみなので，これも誤りである。

3 × 2018年5月に米国が在イスラエル大使館をエルサレムに移転させたが，ＥＵ各国が追随した事実はないので，本肢記述は誤りである。**レバノン内戦とは，レバノン国内のイスラム教徒とキリスト教徒との対立が引き金となって1975年から1990年に起きたレバノン国内の内戦のことをいうので，これ**も誤りである。

4 ○ 本肢記述のとおりである。フランスでは2011年にブルカ禁止法が施行され，公共の場でのブルカなどの顔のすべてを覆うベールのようなものの着用を法律で原則的に禁止している。一方，国際バスケットボール連盟（ＦＩＢＡ）は2017年5月，これまでの規則を変更し，競技中に頭部を覆うヒジャブなどの着用を同年10月の大会から認められるようになった。

5 × ハロウィーンは，ケルト人の収穫感謝祭がカトリックに取り入れられたと考えられているので，本肢記述は誤りである。古代のケルトでは新年の1日目にあたる11月1日に悪い精霊や神が現れると信じられていたため，前日の10月31日に死者の霊や悪霊たちが家に入らないよう，かがり火をたいた習慣から由来される。近年は宗教色が失われているが，アメリカではカボチャの中身をくりぬいて中にろうそくを立てた「ジャック・オー・ランタン」を作るなど，世界各地にさまざまな形で民間行事として普及しており，わが国でもハロウィーンを祝う行事が行われている。

正答 **4**

第2章 SECTION 3 社会事情
環境・その他

必修問題 セクションテーマを代表する問題に挑戦！

地球環境問題については，地球温暖化問題が頻出です。国際的な対策については，しっかり押さえよう。

問 地球環境問題への取組に関するA～Dの記述のうち，妥当なものを選んだ組合せはどれか。 （特別区2011）

A：1972年，ストックホルムで開かれた国連人間環境会議では，地球環境保護のための具体的な行動計画であるアジェンダ21が採択された。

B：フロンガス規制については，1987年に採択されたモントリオール議定書が数回にわたって見直された結果，1995年には先進国で特定フロンガスの生産が全廃された。

C：1992年，リオデジャネイロで開かれた地球サミットでは，持続可能な開発を基本理念としたリオ宣言が採択され，気候変動枠組み条約が締結された。

D：1997年，地球温暖化防止京都会議で採択された京都議定書は，ロシアが離脱するなど，課題は残されているものの，アメリカの批准によって2005年に発効した。

1：A B
2：A C
3：A D
4：B C
5：B D

Guidance ガイダンス

地球環境問題として，本試験で問われるものには，地球温暖化問題のほか，オゾン層，酸性雨，砂漠化などが挙げられる。問題を解く際には，各々に対する国際的対策（条約など）を押さえておくとよい。
地球温暖化対策としての気候変動枠組み条約とパリ協定，オゾン層の保護対策としてのウィーン条約，モントリオール議定書，酸性雨対策としての長距離越境大気汚染条約とオスロ議定書などがある。

頻出度 | 地上★★ 　国家一般職★★★ 　東京都★★★ 　特別区★★★
　　　 | 裁判所職員★★ 　国税・財務・労基★★★ 　国家総合職★★★

チェック欄
1回目	2回目	3回目

必修問題の解説

〈地球環境問題〉

A ✗ アジェンダ21が採択されたのは1992年にブラジルのリオデジャネイロで開催された国連環境開発会議（地球サミット）においてである。国連人間環境会議は1972年，スウェーデンのストックホルムで開催された国連の場における初めての人間環境に関する国際会議である。この会議では，「人間環境宣言」および「環境国際行動計画」が採択された。なお，これらの宣言や行動計画を実施に移すための機関として，1972年の国連総会決議に基づき国連環境計画（UNEP）が創設された。

B ◯ モントリオール議定書は，オゾン層の保護のための対策の国際的な枠組みを定めたウィーン条約（1985年）を具体化するために，1987年モントリオールで開催された国連環境計画（UNEP）の会議で採択された。特定フロンなどの全廃をそれぞれ先進国は1996年まで，開発途上国は2015年までに行い，代替フロンも先進国は2020年，開発途上国は2030年までに全廃することを定めている。

C ◯ 1992年にブラジルのリオデジャネイロで開催された国連環境開発会議（地球サミット）では，182カ国の政府代表，EC，その他多数の国連機関が参加するとともに，NGOの参加も大幅に認められて「持続可能な開発」の理念実行のための具体的方法が議論された。成果としては気候変動枠組み条約，生物多様性条約への各国の署名，持続可能な開発に向けた地球規模における新たなパートナーシップの構築に向けた「リオ宣言」と環境分野における国際的な取組みに関する行動計画である「アジェンダ21」の採択などが行われた。

D ✗ 1997年，気候変動枠組み条約第3回締約国会議（COP3）で採択された京都議定書には，2008年から2012年までの期間中に先進国全体で二酸化炭素やメタンなど6種類の温室効果ガスを原則として1990年比で少なくとも5％削減するなどの数値目標が盛り込まれた。また，これらを達成するための措置として共同実施（JI），クリーン開発メカニズム（CDM），国際排出量取引（IET）からなる京都メカニズムが同議定書に盛り込まれた。なお，アメリカが同議定書から離脱したものの，ロシアの批准によって2005年2月に同議定書は発効した。

以上より，妥当なものはBとCであり，正解は肢4となる。

正答 **4**

SECTION ③ 社会事情
環境・その他

第2章

1 地球環境問題

(1) 地球温暖化

原 因	化石燃料の消費→温室効果ガス（二酸化炭素・メタン）の増加
影 響	地球全体の気温上昇→海面の上昇，食糧減産
対 策	気候変動枠組み条約（1992年採択），京都議定書（1997年採択），パリ協定（2015年採択）
国内法	地球温暖化対策推進法（1998年）

(2) オゾン層の保護

原 因	フロン・ハロンの放出→オゾン濃度の著しい低下
影 響	有害な紫外線の増加→皮膚ガンや白内障の増加，農作物などの生育の妨げ
対 策	オゾン層の保護のためのウィーン条約（1985年締結） モントリオール議定書（オゾン層保護条約議定書, 1987年採択） ヘルシンキ宣言（1989年）
国内法	オゾン層保護法（1988年）

(3) 酸性雨の防止

原 因	化石燃料の消費→窒素酸化物・硫黄酸化物の排出
影 響	pH5.6以下の酸性雨や雪 土壌の酸性化による森林や農作物の減少，遺跡・建造物の劣化，湖沼の動植物の死滅
対 策	長距離越境大気汚染条約（1979年締結） ヘルシンキ議定書（1985年締結，硫黄酸化物の排出量削減，1994年にオスロ議定書に置き換えられた） ソフィア議定書（1988年締結，窒素酸化物の排出量凍結）

(4) 砂漠化

原 因	過放牧や過耕作，過度の薪炭材採取，不適切な灌漑による塩分の集積
影 響	砂漠化は，地球の陸地の4分の1，耕作可能な乾燥地域の約70％にあたる約36億haに達しており，世界人口の約6分の1，人口にして約9億人に影響。
対 策	砂漠化対処条約（1996年発効）

INPUT

2 循環型社会

(1) 一般廃棄物と産業廃棄物

一般廃棄物	一般廃棄物は，産業廃棄物以外の廃棄物を指し，主に家庭から発生する家庭ごみや，オフィスや飲食店から発生する事業系ごみも含む
産業廃棄物	産業廃棄物は，事業活動によって生じた廃棄物のうち，法律で定められた20種類のものと輸入された廃棄物をいう

(2) 循環型社会形成推進基本法

循環型社会形成推進基本法は，社会における物質循環を確保し，天然資源の消費の抑制や環境への負荷の低減が図られた「循環型社会」を形成することを目的としています。

同法では，施策の基本理念として「排出者責任」と「拡大生産者責任」という2つの考え方を定めています。

排出者責任	廃棄物を排出する者が，その適正処理に関する責任を負うべきであるとの考え方
拡大生産者責任	生産者が，その生産した製品が使用され，廃棄された後においても，当該製品の適切なリユース・リサイクルや処分に一定の責任(物理的または財政的責任)を負うという考え方

(3) 廃棄物処理法（廃棄物の処理及び清掃に関する法律）

廃棄物処理法は，廃棄物の発生を抑制し，その適正な分別，保管，収集，運搬，再生，処分などの処理を目的とした法律で，廃棄物処理施設の設置規制，廃棄物処理業者に対する規制，廃棄物処理基準の策定などを内容としています。

2004年の改正では，廃棄物処理施設や不法投棄への規制を強化しました。

(4) 容器包装リサイクル法

容器包装リサイクル法は，家庭ごみの大きな割合を占める容器包装廃棄物について，消費者は分別して排出する，市町村は分別収集する，容器の製造や販売する商品に容器包装を用いる事業者は再商品化を実施するという新たな役割分担を定めています。

2020年に同法の関連省令が改正され，プラスチック製買物袋の有料化が義務付けられました。

SECTION 3 社会事情 環境・その他

実践 問題236 基本レベル

問 国際自然保護連合に関する記述として,妥当なのはどれか。

(東京都2015改題)

1:国際自然保護連合は,本部をスイスのグランに置き,絶滅の恐れのある生物リスト(レッドリスト)を作成している。
2:2020年7月,国際自然保護連合は,絶滅危惧種としてレッドリストに掲載されていたアメリカウナギについて,養殖の技術が進んだため,掲載から外した。
3:2022年7月,国際自然保護連合は,レッドリストを更新し,チョウザメ類およびヘラチョウザメ類のうち2種類が深刻な絶滅の危機にあるが,野生絶滅した種はなかったと発表した。
4:2021年9月,国際自然保護連合は,大西洋クロマグロを絶滅危惧種に指定したが,ニホンウナギについては情報不足を理由に指定が見送られた。
5:2022年12月,国際自然保護連合は,アワビについて,40種を絶滅危惧種に選定したが,日本で採取されている種はなかった。

OUTPUT

実践 問題 236 の解説

〈国際自然保護連合〉

1 ○ 本肢記述のとおりである。**国際自然保護連合（ＩＵＣＮ）**は，スイスのグラン市に本部を置き，**絶滅の恐れのある生物リスト（レッドリスト）を作成**し，専門家データとして評価されている。

2 × 2020年7月，国際自然保護連合はレッドリストを更新し，**ニホンウナギを絶滅危惧種のうち，野生動物で2番目に絶滅のリスクが高い危機（ＥＮ）に評価を据え置き**した。アメリカウナギについても危機（ＥＮ）であるが，評価の変更に関する記述は特に存在していないので，本肢記述は誤りである。

3 × 2022年7月，国際自然保護連合は，レッドリストを更新し，絶滅危惧種に選定された野生生物は4万1,459種と発表した。特に，チョウザメ類およびヘラチョウザメ類合計27種の3分の2が深刻な絶滅の危機にあり，すでに2種については野生絶滅が確認された。よって，本肢記述は誤りである。

4 × 2021年9月，国際自然保護連合は，**大西洋クロマグロを危機（ＥＮ）から低懸念（ＬＣ）へ危機ランクを引き下げた**ので，本肢記述は誤りである。また，ニホンウナギに関しては前年7月に危機（ＥＮ）に分類されたまま変更はないので，この点についても誤りである。

5 × 2022年12月，国際自然保護連合は，アワビについて日本で採取されている3種を含む20種を絶滅危惧種に選定した。よって，本肢記述は誤りである。

正答 1

第2章 SECTION 3 社会事情 環境・その他

実践 問題237 基本レベル

頻出度	地上★	国家一般職★★	東京都★★★	特別区★★★
	裁判所職員★	国税・財務・労基★★		国家総合職★★

問 2015年12月に国連気候変動枠組条約第21回締約国会議（ＣＯＰ21）で採択されたパリ協定に関する記述として，妥当なのはどれか。　（東京都2016改題）

1：協定には，京都議定書を締結していた日本，アメリカ，ＥＵ等の先進国に加え，京都議定書を締結していなかったロシア，中国も採択に加わった。
2：協定の目的として，世界的な平均気温上昇を産業革命以前に比べて2℃より十分低く保つとともに1.5℃に抑える努力を追求することが明記された。
3：協定の全ての採択国に対し，温室効果ガスの削減目標の達成が義務付けられるとともに，義務の履行を担保するための罰則規定が協定に設けられた。
4：先進国は途上国に対し，温室効果ガス削減のための資金を拠出しなければならないとされ，具体的な拠出金額が協定に明記された。
5：協定は，全ての採択国が各国内の手続を経てこの協定を締結した日の後30日目の日に効力を生じるとされた。

直前復習

OUTPUT

チェック欄		
1回目	2回目	3回目

実践 ▶ 問題 **237** の解説

〈国連気候変動枠組条約（COP21）〉

1✕ ロシア，中国も京都議定書を締結していたため，本肢記述は誤りである。パリ協定は，日本，アメリカ，EUに加え，ロシア，中国などのすべての条約加盟国の全会一致で採択された。

2○ 本肢記述のとおりである。パリ協定は，全体目標として全体の削減量を明記せず，世界全体の平均気温の上昇を産業革命前と比較して2℃高い水準を「十分に下回る」水準に抑えなければならないとした。さらに島嶼国など海抜が低い国は気温の上昇が1.5℃を超えれば国土も生活も危機にさらされると主張し，1.5℃以内に抑える努力を追求することが明記された。

3✕ パリ協定では，削減目標達成について罰則規定は設けられていないので，本肢記述は誤りである。パリ協定では，採択国に対し，2023年から5年後ごとに削減目標を見直し，提出しなければならないが，温室効果ガスの削減目標の達成を義務付けることはしていない。

4✕ パリ協定では，資金を必要とする国への資金の拠出については，先進国が原則的に先導しつつも，途上国も他の途上国に対して自主的に資金の拠出を行っていくとあり，具体的な拠出金額などは別途公表するか，協定に伴う判断の中で示すにとどまり，明記はされなかったため，本肢記述は誤りである。

5✕ パリ協定の発効は，必ずしもすべての採択国が批准する必要はないため，本肢記述は妥当ではない。パリ協定の発効要件は採択した196カ国・地域のうち，世界全体の温室効果ガス排出量の55％以上を占める55カ国以上の締約国が同協定を締結した日の後30日目の日に発効することになっている。

第2章 社会事情

正答 2

LEC東京リーガルマインド　2024-2025年合格目標 公務員試験 本気で合格！過去問解きまくり！　731
④社会科学

第2章 SECTION ③ 社会事情
環境・その他

実践 問題 238 〈基本レベル〉

問 我が国の消費者問題に関する記述として，妥当なのはどれか。（特別区2019）

1：消費者基本法は，消費者保護基本法を改正して施行された法律であり，消費者の権利の尊重及び消費者の自立の支援を基本理念としている。
2：製造物責任法（ＰＬ法）では，消費者が欠陥製品による被害を受けた場合，製造した企業の過失を立証すれば，製品の欠陥を証明しなくても損害賠償を受けられる。
3：クーリング・オフは，特定商取引法を改称した訪問販売法により設けられた制度で，訪問販売等で商品を購入した場合，消費者は期間にかかわらず無条件で契約を解除できる。
4：消費者契約法では，事業者の不当な行為で消費者が誤認して契約した場合は，一定期間内であれば契約を取り消すことができるが，国が認めた消費者団体が消費者個人に代わって訴訟を起こすことはできない。
5：消費者庁は，消費者安全法の制定により，消費者行政を一元化するために，厚生労働省に設置され，苦情相談や商品テスト等を行っている。

OUTPUT

実践 問題 **238** の解説

チェック欄
1回目	2回目	3回目

〈わが国の消費者問題〉

1 ○ 本肢記述のとおりである。消費者基本法は，2004年に消費者保護基本法を改正して施行された法律である。消費者の権利として，消費生活における基本的な需要が満たされ，健全な生活環境が確保される中で，安全の確保，選択の機会の確保，必要な情報の提供，教育の機会の確保，意見の反映，被害の救済が位置づけられ，消費者の権利の尊重と消費者の自立の支援を基本理念としている。

2 × **製造物責任法（ＰＬ法）** による損害賠償を受けるためには，被害者が，①製造物に欠陥が存在していたこと，②損害が発生したこと，③損害が製造物の欠陥により生じたことの3つの事実を明らかにすることが原則となるので，製品の欠陥は立証しなければならない。

3 × **クーリング・オフ** とは，割賦販売法の改正により設けられた制度なので，本肢記述は誤りである。また，訪問販売で商品を購入した場合におけるクーリング・オフの期間は8日間なので，これも誤りである。

4 × **消費者契約法** では，内閣総理大臣が認定した消費者団体が，消費者個人に代わって事業者に対して訴訟等をすることができるので，本肢記述は誤りである。なお，事業者の不当な行為で消費者が誤認して契約した場合は，一定期間内であれば契約を取り消すことができるという記述部分については正しい。

5 × 消費者庁は，内閣府の外局として設置されたので，本肢記述は誤りである。なお，苦情相談や商品テスト等を行っているのは，消費者庁が所管する独立行政法人国民生活センターや，自治体が設置している消費者センターである。

第2章　社会事情

正答 1

SECTION 3 社会事情 環境・その他

実践 問題239 基本レベル

問 我が国における消費者保護のための法律等に関する記述として最も妥当なのはどれか。 （国家総合職2018）

1：製品の事故による被害者の救済を促進するため，企業の責任を定めた製造物責任（ＰＬ）法が制定されている。一般に製品の欠陥を証明することは技術的に難しいが，同法により被害を証明するだけで製品に欠陥が存在し，企業に過失があったものとみなされるため，被害者は製造企業に対して被害を証明するだけで損害賠償を請求することができる。

2：消費者契約法により，消費者は，事業者が契約に当たって重要事項について事実と異なることを告げた場合等には，誤認に基づき行われた契約を取り消すことができる。また，同法は，被害に遭った消費者に代わり，内閣総理大臣が認定した消費者団体が，被害を発生させた事業者に対して不当な行為を差し止めるための訴訟を起こせる消費者団体訴訟制度について定めている。

3：特定商取引法の制定により，一定期間内であれば違約金や取消料を支払うことなく契約を解消できるクーリング・オフの制度が新設された。また，近年，通信販売や電子商取引の増加に対応するために割賦販売法，電子契約法が改正され，これらの法律によって通信販売や電子商取引にもクーリング・オフの制度が導入されている。

4：消費者保護の強化を目的として，消費者を権利の主体から保護する対象へと位置付ける形で消費者基本法が改正され，消費者保護基本法が成立した。また，消費者行政を統一的・一元的に推進するため，消費者保護基本法に基づき，各府省の関係部局を統合して消費者庁や消費者委員会，国民生活センターが設置された。

5：返済計画を持たず安易にカードローンなどから借金をすると，その返済のために借金を繰り返す多重債務に陥り，ついには自己破産に至ることもある。この問題には，いわゆるグレーゾーン金利や借入総額を年収の3分の1までとする総量規制に原因があると考えられたことから，そのような金利や規制を見直し，新たに利息制限法が制定された。

OUTPUT

実践 問題 **239** の解説

チェック欄		
1回目	2回目	3回目

〈消費者保護のための法律等〉

1 ✕ 製造物責任（ＰＬ）法は，製品の欠陥によって人の生命，身体又は財産に被害を被ったことを証明した場合に，被害者は製造業者等に対して損害賠償を求めることができるとする法律なので，本肢記述は誤りである。

2 ◯ 本肢記述のとおりである。**消費者契約法**は，消費者と事業者が結んだ契約のすべてを対象に，契約を勧誘されているときに事業者に不適切な行為があった場合，契約を取り消すことができる法律である。また，同法には内閣総理大臣が認定した**消費者団体（適格消費者団体）**が，消費者に代わって事業者に対して訴訟等をすることができる消費者団体訴訟制度についての定めが記されている。

3 ✕ 通信販売や電子商取引には**クーリング・オフ**制度がないので，本肢記述は誤りである。**クーリング・オフ**制度とは，特定商取引法により，消費者が訪問販売などの不意打ち的な取引で契約したり，マルチ商法などの複雑でリスクが高い取引で契約したりした場合に，一定期間であれば無条件で，一方的に契約を解除できる制度である。

4 ✕ 2004年に消費者保護基本法が改正されて，消費者基本法となったので，本肢記述は逆である。また，消費者庁や消費者委員会は，消費者庁及び消費者委員会設置法に基づき設置された機関である。さらに，**独立行政法人国民生活センター**は，1962年に設立された特殊法人国民生活研究所を前身に，1970年に特殊法人国民生活センターとなり，2003年に独立行政法人化して現行の機関となった。したがって，いずれの機関も消費者基本法に基づくものではないので，これも誤りである。

5 ✕ **利息制限法**は従来から存在するので，本肢記述は誤りである。**グレーゾーン金利**とは，平成22年6月17日以前に利息制限法が定めていた金利（15〜20％）である一方で，出資法で罰則を定めている金利（29.2％）未満であることから罰せられることのない高金利のことをいう。そのため，平成22年6月18日に出資法の上限金利が利息制限法の水準の20.0％に引き下げられたことにより，利息制限法の上限金利を超える金利は，貸金業法による行政処分の対象となり，グレーゾーン金利が解消した。なお，借入総額を年収の3分の1までとする総量規制は，自己破産に至ることを未然に防ぐとされているため，これも誤りである。

正答 2

第2章 社会事情

LEC東京リーガルマインド　2024-2025年合格目標 公務員試験 本気で合格！過去問解きまくり！ 735
④社会科学

SECTION ③ 社会事情
環境・その他

第2章

実践 問題 **240** 〈 基本レベル 〉

頻出度	地上★★★	国家一般職★★★	東京都★★★	特別区★★
	裁判所職員★	国税・財務・労基★★		国家総合職★★★

問 自然災害や防災などに関する記述として最も妥当なのはどれか。

(国家総合職2023)

1：日本列島は，プレートの沈み込み帯に位置し，この沈み込み帯はホットスポットと呼ばれ，活火山が多く分布している。太平洋プレートとフィリピン海プレートの境界に位置する南海トラフには奄美群島の火山があり，その一つの西之島の火山では，2021年に軽石の噴出を伴う大噴火が起こり，太平洋沿岸に大量の軽石が漂着して漁船の運航などに悪影響を及ぼした。

2：太平洋で発生する熱帯低気圧のうち，気圧が990hPa未満になったものを台風という。台風の接近に伴い，気象庁が大雨警報を出すことがあり，この場合，災害対策基本法に基づき，都道府県知事は鉄道会社に対して，計画運休の実施を指示することとなっている。2022年に台風は日本に5回上陸し，その度に計画運休などで鉄道の運行が一時休止した。

3：線状降水帯は，次々と発生する高積雲（羊雲）が連なって集中豪雨が同じ場所でみられる現象で，梅雨前線の停滞に伴って発生する梅雨末期特有の気象現象である。2021年7月，静岡県に線状降水帯が形成されて発生した「熱海土石流」では，避難所に指定された建物が大規模な崖崩れにより崩壊するなどして，避難所の指定の在り方が問題となった。

4：巨大地震は，海洋プレート内で起こる場合が多い。地震波のエネルギーはマグニチュード（M）で示され，マグニチュードが1大きくなるとそのエネルギーは4倍大きくなる。2022年にM8.0を超える地震は我が国周辺では発生しなかったものの，同年1月に南太平洋のトンガで発生したM8.0を超える地震により，太平洋沿岸などに10m以上の津波が押し寄せた。

5：我が国において，防災気象情報は，災害の発生の危険度と取るべき避難行動を理解できるように5段階の警戒レベルを用いて伝えられている。2021年に災害対策基本法が改正され，土砂災害などの災害が発生するおそれが高い状況において，市町村から警戒レベル4として発令されていた「避難勧告」と「避難指示（緊急）」の2種類の避難情報が，「避難指示」に一本化された。

OUTPUT

チェック欄		
1回目	2回目	3回目

実践 問題 **240** の解説

〈自然災害や防災〉

1 ✕ プレートの沈み込み帯は，プレートテクトニクスとよばれるので，本肢記述は誤りである。また，太平洋プレートとフィリピン海プレートの境界に位置する伊豆・小笠原海溝には，小笠原諸島の海底火山があり，その１つの福徳岡ノ場では，2021年に軽石の噴出を伴う大噴火が起こり，太平洋沿岸に大量の軽石が漂着して漁船の運航などに悪影響を及ぼしたので，これも誤りである。

2 ✕ 台風とは，熱帯低気圧のうち北西太平洋（赤道より北で東経180度より西の領域）または南シナ海に存在し，なおかつ低気圧域内の最大風速（10分間平均）がおよそ17m/s（34ノット，風力８）以上のものをいうので，本肢記述は誤りである。また，計画運休の実施については，各鉄道会社が気象情報に基づいて実施を決定しており，2022年に台風は日本に３回上陸し，そのたびに計画運休などで鉄道の運行が一時休止したので，これも誤りである。

3 ✕ 線状降水帯とは，次々と発生する発達した雨雲（積乱雲）が列をなし，組織化した積乱雲群によって，数時間にわたってほぼ同じ場所を通過または停滞することで作り出される，線状に伸びる長さ50〜300km程度，幅20〜50km程度の強い降水を伴う雨域をいうので，本肢記述は誤りである。また，2021年７月に発生した「熱海土石流」では，上流の谷に危険な盛り土が造られることを行政が止められず，長年放置されてきたことが大きな被害につながった。

4 ✕ 巨大地震は，海洋プレートが陸のプレートの下に沈み込む時，陸のプレートの先端が巻き込まれ，やがて反発力によって跳ね返って起こる場合が多い。また，地震波のエネルギーを示すマグニチュード（M）が１大きくなると，その地震のエネルギーは，32倍大きくなるので，本肢記述は誤りである。2022年にわが国で発生した最大規模の地震は，３月16日に発生した福島県沖の地震（M7.4）なので，M8.0を超えた地震はなかったが，同年１月にトンガで発生したのはフンガ・トンガ-フンガ・ハアパイ火山での大規模噴火である。これに伴う津波の高さは，わが国では鹿児島県の奄美市小湊で134cm，岩手県の久慈港で107cmを観測したが，10メートル以上のものは観測されていない。よって，これらも誤りである。

5 ◯ 本肢記述のとおりである。2021年５月，災害対策基本法が改正され，市町村から警戒レベル４として発令されていた「避難勧告」と「避難指示（緊急）」の２種類の避難情報が，「避難指示」に一本化された。

正答 5

第２章 社会事情

SECTION ③ 社会事情

第2章

環境・その他

実践 問題 **241** 〈応用レベル〉

頻出度	地上★★	国家一般職★★	東京都★★	特別区★★
	裁判所職員★	国税・財務・労基★★		国家総合職★★★

問 資源・エネルギー問題に関する記述として最も妥当なのはどれか。

(国家総合職2019)

1：石油は，確認埋蔵量のうち8割以上が西アジアに偏在している。このため，石油輸出国機構（OPEC）は，第四次中東戦争などに際し，政治的目的を達成するための手段として，石油の価格引上げ，減産，輸出量制限などの石油戦略を実行した。このため，先進諸国では，自国の国益のための安定的な資源開発が必要であるとする資源ナショナリズムが興隆し，米国やカナダなどでは自国内での天然ガスの生産が本格化した。

2：シェールガスやシェールオイル，オイルサンドなどは，従来のガス田や油田以外から生産される非在来型の化石燃料に分類される。このうち燃える氷とも呼ばれるオイルサンドは，海底から採掘される資源であり，近年，北極海に特に集中して分布していることが判明したが，北極海は国際条約により平和的に利用することとされているものの，帰属が明らかでないため，ロシア，カナダなど沿岸国の間で，海底資源の採掘と主権的権利をめぐる紛争が発生している。

3：金属資源の中でも，先端技術産業に欠かせないレアメタルの多くは，産出地域が偏っており，これらの供給制約や特定国への供給依存は経済上の問題のみならず，国家安全保障上の脅威との指摘もある。その対策として，供給先の分散や代替素材開発が挙げられている。また，レアメタルは様々な電子機器に利用されていることから，廃棄されたものの中から回収し再利用を行うことも可能である。そうした廃棄物は都市に多く存在するため，鉱山に見立てて都市鉱山と呼ばれる。

4：再生可能エネルギーの中でも，近年は，生物資源から得られる自然界の循環型エネルギーとして，バイオマスエネルギーが注目されている。燃焼時に排出される二酸化炭素の量が微量であるため，カーボンニュートラルであり，温暖化の抑制が期待できることから，2016年に発効したパリ協定において各国が利用を進めることが義務付けられた。その中でも，家畜の糞尿などから得られるメタンガスを液化したバイオエタノールは，ブラジルなどで多く利用されている。

5：エネルギー安全保障とは，国民生活，経済・社会活動，国防等に必要な量のエネルギーを，受容可能な価格で確保することである。安全保障は一義的には国の専権事項であることから，我が国においてはエネルギー政策基本法によって，国民生活に必要な一年間分の石油を政府が備蓄することとされている。また，自然災害を含む緊急時には日米物品役務相互提供協定に基づき，一定量の石油を米国から優先的に輸入できることとなっている。

OUTPUT

実践 問題 **241** の解説

〈資源・エネルギー問題〉

1 × 石油は，確認埋蔵量のうち約半分が西アジア（中東）に偏在しているにすぎないので，本肢記述は誤りである。また，資源ナショナリズムとは，自国内に埋蔵する石油や鉱物などの資源を外国資本ではなく，自国の管理のもとで開発しようとする動きなので，**石油輸出国機構（OPEC）**の石油戦略が該当する。よって，米国やカナダなどが自国内での天然ガスの生産を本格化させたことは資源ナショナリズムには当てはまらないので，これも誤りである。

2 × 燃える氷ともよばれているのは，オイルサンドではなく，メタンハイドレートなので，本肢記述は誤りである。また，北極海は南極条約のような平和的に利用する国際条約はなく，ロシア，カナダなどの沿岸国の間では，海底資源の採掘などの権利となる**排他的経済水域（EEZ）**をめぐる論争が発生しているので，これも誤りである。

3 ○ 本肢記述のとおりである。わが国は，2013年に小型家電リサイクル法を施行するなど，都市鉱山からレアメタルなどの金属の回収を進めている。2021年に開催された東京オリンピック・パラリンピックの入賞メダルの製造についても，都市鉱山から回収した金属が活用された。

4 × 2016年に発効したパリ協定において各国にバイオマスエネルギーの利用を義務付けた事実はなく，ブラジルなどで多く利用されているバイオエタノールは主にサトウキビを材料としているので，本肢記述は誤りである。

5 × わが国は，エネルギー政策基本法ではなく，**石油備蓄法によって国民生活に必要な石油の備蓄について，国が90日分程度（国家備蓄）を，石油精製業者や特定石油販売業者および石油輸入業者などの民間企業が70日分程度（民間備蓄）**を義務付けられているので，本肢記述は誤りである。また，日米物品役務相互提供協定とは，自衛隊と米軍が物品役務を相互に提供する際に適用される決済手続等の枠組みを定めるものなので，これも誤りである。

正答 **3**

SECTION ③ 社会事情
第2章 環境・その他

実践 問題 **242** 応用レベル

頻出度	地上★★	国家一般職★★	東京都★★	特別区★
	裁判所職員★	国税・財務・労基★★		国家総合職★

問 我が国の消防・救急に関する記述として最も妥当なのはどれか。

（国税・財務・労基2016改題）

1：東日本大震災での消防・救急活動を契機に，全国的に消防防災体制の強化が図られ，平成26年には総務省消防庁に緊急消防援助隊が設けられた。その中でも特に高度の能力を有する部隊は消防救助機動部隊（ハイパーレスキュー）と呼ばれ，地震，火災等への迅速な対応を行っている。

2：各地方公共団体の消防本部の下に，地域住民で構成される非常備の消防機関として消防団が置かれ，火災等への対応に当たっている。防災への関心の高まりから，平成23年以降，消防団員数は増加しているが，訓練等に参加することが困難であるため，会社員等の被雇用者が消防団員に占める割合は減少を続けている。

3：海外で大規模な災害が発生した場合，我が国では被災国等からの要請に基づき国際緊急援助隊救助チームとして，これまで自衛隊員から組織される救助チームを派遣していたが，平成27年のネパール地震災害では，初めて消防隊員から組織される国際消防救助隊も併せて派遣した。

4：救急自動車による全国の救急出動件数及び搬送人員は，令和4年はいずれも対前年比で増加した。また，同年の搬送人員の内訳をみると，満65歳以上の高齢者が占める割合は5割を超えている。

5：近年，救急自動車で傷病者を搬送中に救急隊員が医療行為をできないことが問題視され，医師の指示なしに救急救命処置を行うことができる救急救命士の制度が平成26年に設けられた。これに伴い，救急自動車に搭乗するためには救急救命士の資格が必要となった。

OUTPUT

チェック欄		
1回目	2回目	3回目

実践 ▶ 問題242 の解説

〈わが国の消防・救急〉

1 × 緊急消防援助隊は，阪神・淡路大震災を教訓として，平成7年度に総務省消防庁に創設されたため，本肢記述は誤りである。また，消防救助機動部隊（ハイパーレスキュー）は，特別な技術・能力を持ち，高度な救助能力を有する部隊として，平成8年に東京消防庁に創設されている部隊であり，緊急消防援助隊の部隊ではないため，これも誤りである。

2 × 消防団は，消防本部と同様に各市町村に設置されている非常備の消防機関であり，消防本部のもとに設置されるものではないため，本肢記述は誤りである。また，消防団員数は平成23年以降も減少を続けている一方，消防団員に占める被雇用者（会社員）団員の比率は上昇を続け，令和2年には73.9％となっているため，これも誤りである。

3 × 国際緊急援助隊（JDR）は，JICA国際緊急援助隊事務局が事務局機能を担い，救助チーム，医療チーム，専門家チーム，自衛隊部隊，感染症対策チームから構成されている。このうち，救助チームは，外務省，警察庁，消防庁，海上保安庁などから構成されており，自衛隊員からは組織されていないため，本肢記述は誤りである。なお，平成27年のネパール地震災害では国際消防救助隊（IRT-JF）が併せて派遣されたが，平成16年のモロッコ王国地震災害でも国際消防救助隊はJDRに参加しているので初めてではないので，これも誤りである。

4 ○ 本肢記述のとおりである。令和4年中（速報値）の全国の救急自動車による救急出動件数は，722万9,838件，救急自動車による搬送人員も621万6,909人となり，双方とも対前年比で増加した。また，搬送人員の内訳では満65歳以上の高齢者が占める割合は62.1％となっている。

5 × 救急救命士制度は平成3年に創設された国家資格制度であるので，本肢記述は誤りである。また，救急救命士は医師の具体的な指示を受けなければ，厚生労働省令で定める救急救命処置を行うことができない（救急救命士法44条1項）ので，これも誤りである。さらに，救急自動車搭乗資格として，救急救命士の資格は必ずしも必要としていないので，この点についても誤りである。なお，消防庁ではすべての救急隊に救急救命士が少なくとも1人配置される体制の整備を推進している。

第2章 社会事情

正答 **4**

LEC東京リーガルマインド　2024-2025年合格目標 公務員試験 本気で合格！過去問解きまくり！　741
④社会科学

第2章 社会事情

章末 CHECK

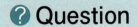 Question

Q1 日本的雇用慣行とは，終身雇用，成果主義賃金，企業別労働組合である。

Q2 労働力人口とは，15歳以上で，働いている人および働きたいと思っている人口のことをいう。

Q3 完全失業者とは，仕事がなく，求職中で，仕事があればすぐに就ける人，および働く意思がない人をいう。

Q4 ニートとは，15歳～34歳の学生と主婦を除く若年者のうち，パート・アルバイトで働く人および働く意志のある無職の人のことである。

Q5 日本の社会保障制度は，公的扶助，社会福祉，社会保険，公衆衛生などに分けられる。

Q6 日本の生活保護受給率は，他の先進諸国と比べ高く，おおよそ全人口の10％程度である。

Q7 日本は20世紀初頭に高齢化社会に突入し，1970年に高齢社会となった。

Q8 合計特殊出生率とは，出産可能とされる15歳から49歳までの各年齢の女性の出生率を合計したもので，日本ではこの数値が1.5を下回ると人口減少に向かうとされている。

Q9 地球温暖化は，フロンや二酸化炭素といった温室効果ガスを原因とし，対策としてウィーン条約がある。

Q10 酸性雨問題とは，化石燃料の消費により窒素酸化物や硫黄酸化物が大気中に排出されることにより，酸性の濃度の高い雨や雪が降り，環境に影響を与えることである。

Q11 国連人口基金が発表した「世界人口白書2022」によると，国別の人口は，第1位が中国，ついでインドとなっているが，人口増加率でみると，インドが中国を上回っていることから，将来的にはインドが中国を追い越すと見られている。

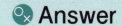

A1 × 終身雇用と企業別労働組合は正しいが，賃金制度は成果主義賃金ではなく，年功序列賃金である。

A2 ○ 労働力人口には人口減少や高齢化が反映される。

A3 ○ 完全失業者とは，労働力人口のうち，仕事がなく，求職中で，仕事があればすぐに就ける人をいう。働く意思がない人は非労働力人口に分類される。

A4 × ニートは15歳〜34歳までの若年層のうち，学卒者で仕事に就かず，職業訓練も含め学校に通っておらず，家業や家事の手伝いもしていない未婚の者のことである。問題文はフリーターの定義である。

A5 ○ 正しい。なお，社会保障の給付水準は，国民に対する最低限度の生活保障，すなわちナショナル・ミニマムの保障を原則としている。

A6 × 日本の生活保護受給率は他の先進国と比べて低く，おおよそ全人口の1％程度である。

A7 × 日本が高齢化社会に入ったのは1970年のことで，それからわずか24年後の1994年に高齢社会に突入した。

A8 × 日本では，合計特殊出生率が2.07（2013年の水準）を下回ると人口減少に向かうとされている（人口置換水準）。

A9 × 地球温暖化の原因は，フロンや二酸化炭素などの温室効果ガスとされているが，地球温暖化防止に関する国際的な取組みとして，気候変動枠組み条約がある。

A10 ○ 酸性雨に対する対策のため，ヨーロッパでは長距離越境大気汚染条約が締結されている。

A11 ○ 中国の人口は約14.5億人，インドの人口は約14.1億人である。インドは2027年には中国の人口を追い抜くと推測されている。

人名索引

ア行

アダム・スミス（スミス,A.） 15, 19, 617, 618, 621, 623
ウェーバー ,M. 52, 98, 101, 656, 659, 661
エリクソン,E.H. 665, 667, 669
エンゲルス,F. 15
オドネル,K. 23
オルテガ・イ・ガセット,J. 657

カ行

カント,I. 139, 143
キッシンジャー ,H.A. 23
クーリー ,C.H. 655
グロティウス（グロチウス）,H. 21, 139, 143, 207
ケインズ,J.M. 19, 617, 618, 619, 623
ケネー ,F. 618
コント,A. 655, 656

サ行

佐藤栄作 706
サルトーリ,G. 52, 63
スペンサー ,H. 655, 656

タ行

デュヴェルジェ ,M. 63
デュルケーム（デュルケム）,E. 655, 656, 659, 661
テンニース,F. 657, 659

ハ行

バージェス,E.W. 659
ハーバーマス,J. 663
ハヴィガースト,R.J. 667
ピケティ ,T. 645
フィオリーナ,M. 85
フーコー ,M. 663
ブラクトン,H. 17
フリードマン,M. 619
フロイト,S. 663, 664, 667, 669
フロム,E. 661, 663
ベヴァリッジ（ベバリッジ）,W.H. 15, 677
ボーダン,J. 8
ホッブズ,T. 7, 8, 9, 15, 21

マ行

マートン,R.K. 101
マキャヴェリ（マキアヴェッリ）,N. 8, 11
マルクス,K. 15, 623
マンハイム,K. 661
三木武夫 157
モンテスキュー ,C. 7, 13, 15, 17, 219

ヤ行

ユング,C.G. 669

ラ行

ラッサール,F. 11, 17
ラファイエット,M. 219
リースマン,D. 657, 661
リカード,D. 553, 559, 617, 618, 623
リスト,F. 553
ルーズベルト（ローズベルト）,F. 23, 621, 677
ルソー ,J.J. 7, 9, 21, 667
レヴィン,K. 667
レーニン,V. 15, 139

ロールズ, J.	19
ロック, J.	
7, 8, 9, 15, 17, 21, 207, 219	

用語索引

数字

6次産業化	719
『21世紀の資本』	645
40年不況	511, 607
55年体制	61

アルファベット

AFC（平均固定費用）	453
APEC（アジア太平洋経済協力）	
	571, 573, 577
ASEAN（東南アジア諸国連合）	
	163, 571, 573
CSR（企業の社会的責任）	633, 641
CTBT（包括的核実験禁止条約）	
	144, 151, 165, 167
CWC（化学兵器禁止条約）	165, 167
EEZ（排他的経済水域）	721, 739
EPA（経済連携協定）	573, 587
EU（ヨーロッパ連合）	163, 571
FAO（国連食糧農業機関）	
	137, 141, 705
FC（固定費用）	453
FTA（自由貿易協定）	573, 587
GATT（関税及び貿易に関する一般協定）	571, 595, 597
GDE（国内総支出）	473
GDI（国内総所得）	473
GDP（国内総生産）	
	469, 487, 635, 645
GDPデフレーター	473

GNI（国民総所得）	575
GNP（国民総生産）	469, 487
IAEA（国際原子力機関）	
	137, 144, 165, 177
IBRD（国際復興開発銀行）	
	153, 570, 585, 595, 596, 599
ICC（国際刑事裁判所）	135
ICJ（国際司法裁判所）	
	131, 133, 143
ILO（国際労働機関）	701
IMF（国際通貨基金）	
	153, 570, 585, 596, 599
IS曲線	524, 525
ITO（国際貿易機構）	597
IUCN（国際自然保護連合）	729
JAMSTEC（海洋研究開発機構）	
	721
JAXA（宇宙航空研究開発機構）	721
Jカーブ効果	554, 567
LM曲線	524, 525
MC（限界費用）	454
NAFTA（北米自由貿易協定）	163
NDP（国内純生産）	473
NI（国民所得）	645
NPM（ニュー・パブリック・マネジメント）	101
ODA（政府開発援助）	175, 575
OECD（経済協力開発機構）	
	570, 587
OPCW（化学兵器禁止機関）	165
OPEC（石油輸出国機構）	163, 739
PKO（平和維持活動）	129, 135
PL法（製造物責任法）	733

745

INDEX

ＰＴＢＴ（部分的核実験禁止条約） 144, 167

ＳＤＲ（特別引出権） 596, 599

Society 5.0 713

ＴＰＰ（環太平洋パートナーシップ）協定 581, 587

ＴＰＰ11協定（環太平洋パートナーシップに関する包括的及び先進的な協定） 573

ＴＲ（総収入） 454

ＵＮＣＴＡＤ（国連貿易開発会議） 137

ＵＮＥＳＣＯ（国連教育科学文化機関） 137

ＵＮＩＣＥＦ（国連児童基金） 137

ＶＣ（可変費用） 453

ＷＨＯ（世界保健機関） 137, 689

ＷＴＯ（世界貿易機関） 137, 491, 571, 577, 587, 595, 597

あ

アイデンティティ 665, 669

赤字国債 503, 517

アクセス権 269

朝日訴訟（判決） 275, 289, 293

圧力団体 51, 53, 57

アノミー的自殺 657, 659, 661

アノミー的分業 659

アメリカ合衆国憲法 217, 219

アメリカ独立宣言 217

安全保障理事会 129, 131, 135

安定恐慌 606, 631

い

家永教科書訴訟 257, 297

違憲審査権 363

いざなぎ景気 607

依存財源 99

一事不再理の原則 283

一党制 52

一党優位政党制 52, 61

一般意思（志） 9

一般会計予算 509

一般財源 99

一般法 189

一票の格差 79

岩戸景気 607

インフレーション 483, 485

インフレ・ギャップ 470, 475

う

売りオペレーション 523, 524, 533

え

『永久平和のために』 139

エボラ出血熱 687

円高不況 599, 607

お

大津事件 367

オーバーライド 23, 29

沖縄返還協定 153

オスロ議定書 726

オゾン層 725, 726

オリンピック景気 607

穏健な多党制（限定的多党制） 52

オンブズマン 99, 103, 105, 109

か

買いオペレーション 523, 524, 533, 537

外貨準備 554

外国為替相場（為替レート） 563

介護保険制度 677, 701

解職請求（リコール） 113, 369

改正臓器移植法	715	貴族院	24, 29, 31, 35
開発協力大綱	579	基礎消費	471
価格の自動調節機能	449	キチンの波	481, 482, 487, 491
化学兵器禁止機関（OPCW）	165	キャッシュレス決済	713
拡張（拡大）解釈	188, 201	救急救命士制度	741
核兵器禁止条約	165	キューバ危機	167
核兵器不拡散条約(核拡散防止条約)（N		教育を受ける権利	275, 289, 303
PT）	144, 151, 165, 167	供給曲線	441, 442, 443, 445
学問の自由	274, 295	業況判断DI	637
影の内閣（シャドウ・キャビネット）		強行法規	383
	27	教書	25, 29, 31, 33, 35
過失責任の原則	383, 384	行政委員会	57, 103
家庭裁判所	361, 363	行政国家	9, 51
寡頭制化	51	行政指導	105
可変費用（VC）	453	共生社会	685
環境基本法	271	行政手続法	105
環境権	269	業績評価投票モデル	85
がんゲノム医療	687	京都議定書	725, 726, 731
慣習	187, 193	狂乱物価	601, 605, 607
慣習法	187, 188, 193, 199	極端な多党制（分極的多党制）	52
間接金融	527	拒否権（アメリカ大統領）	
間接税	469, 503, 509, 645		23, 25, 29, 31
間接選挙	23, 25, 35	拒否権（常任理事国）	131
間接適用説	281	緊急集会	315
完全雇用国民所得	470, 475, 619	キングストン合意	596, 599
管理通貨制度	535	均衡価格	449
官僚制	51, 98, 101	均衡国民所得	470, 475
き		均衡予算定理	477, 479
議院内閣制	24, 349	近代政党	52
機関委任事務	96, 107, 111, 119	金本位制度	535
企業別組合	679	金融収支	553, 554, 557
気候変動枠組（み）条約		**く**	
	725, 726, 731	クーリング・オフ	733
期日前投票制度	81	クズネッツの波	481, 482, 487

INDEX

クラウディング・アウト	533
クラウドファンディング	713
クラスター爆弾禁止条約	167
『君主論』	8, 11

け

景気循環	481, 482
景気調整機能	513
景気動向指数	645
経済安定化機能	501, 502
経済社会理事会	131
経済的自由権	254, 273, 274, 301
警察予備隊	157
形式的法治主義	215
傾斜生産方式	605, 606, 611
経常収支	553, 554, 567
契約自由の原則	383, 384
ゲゼルシャフト	657, 659
血族	389
ゲノッセンシャフト	659
ゲノム	715
ゲマインシャフト	657, 659
ゲリマンダー	87
検閲	274, 277, 299
限界消費性向	471, 477
限界代替率	452
検察官	283, 397, 399, 411, 417, 419
検察審査会	399, 410, 411, 417, 419, 421
原子化政党制	53
建設国債	503, 509, 513
建設国債の原則	503
減反政策	719
憲法審査会	243

権利章典	216
権利請願	216

こ

公海	143
公開市場操作（オープン・マーケット・オペレーション）	523, 524, 527, 533, 537, 563
後期高齢者医療制度	701
公共財	502, 509
公共の福祉	253, 255, 281
合計特殊出生率	679
公衆	657
公衆衛生	679
公職選挙法	77, 79
公定歩合（基準割引率および基準貸付利率）	524, 533
公定歩合操作	524, 527, 533
公的扶助	679
高度プロフェッショナル制度	683
幸福追求権	253, 254
公法	189, 199
高齢化社会	679
高齢化率	685
高齢社会	679
コーポレート・ガバナンス	641
コールレート	529
国際収支（国際収支統計）	553, 554
国際消防救助隊（IRT-JF）	741
国際人権規約	145, 155, 217, 303
国際連合	129, 130
国事行為	232, 235, 239
国政調査権	317, 333, 337
国富	469
『国富論』	15, 19, 618

国民経済計算	529
国民主権	232
国民所得	469, 470, 475
国民審査	361, 363, 369
個人情報取扱事業者	269
個人情報保護法	423
国会単独立法の原則	314
国会中心立法の原則	314
『国家論』	8
固定資本減耗	645
固定相場制	554, 596
固定費用（FC）	453
古典派経済学	617, 618
個別的効力説	363
コモン・ロー	207, 215
『雇用・利子および貨幣の一般理論』	
	619
コンドラチェフの波	
	481, 482, 487, 493

さ

在外選挙制度	79
災害対策基本法	737
罪刑法定主義	395, 396, 401, 403
財産権	274, 301, 383
財政	501, 502
財政投融資	509
財閥解体	606
裁判員制度	410, 413, 415, 419
歳費特権	316
裁量的財政政策（フィスカル・ポリシー）	502
砂漠化対処条約	726

サプライサイド・エコノミックス（サプライサイド経済学）	
	599, 603, 617, 619
産業財産権	717
三審制	363
酸性雨	726
参政権	254, 273, 295
サンフランシスコ会議	130
三面等価の原則	487

し

自衛隊	157
ジェノサイド条約	144, 155
資源配分（調整）機能	501, 513
自己決定権	269
自己本位的自殺	657, 661
自殺対策基本法	689
自殺論（『自殺論』）	655, 656, 659
自主財源	99
自然状態	8, 9
思想・良心の自由	274
自治事務	96, 107, 109, 119, 121
市中消化の原則	503
私的自治の原則	383, 384
自動安定化装置（ビルト・イン・スタビライザー）	491, 502
児童虐待防止法	155
児童の権利条約	145, 155, 161
ジニ係数	645
支払準備率（預金準備率）	524, 529
支払準備率操作（預金準備率操作）	
	524, 529
死票	65, 75, 87
私法	189, 199
資本移転等収支	557

INDEX

事務局（国連）	131
事務総長（国連）	131, 141
シャウプ（税制）勧告	509, 611
社会契約説	8, 15
『社会契約論』	7, 9
社会権	275, 289, 295, 303
社会進化論	655, 656
社会福祉	679, 681
社会法	189, 199
社会保険	679
社会有機体説	655
衆議院の解散	321, 349
衆議院の優越	316, 321
自由権	254, 273, 277
終身雇用	678
自由心証主義	399
集団本位的自殺	657, 661
住民基本台帳ネットワークシステム（住基ネット）	271
住民自治	98, 113
受益権	254
縮小解釈	188, 201
宿命的自殺	657, 661
ジュグラーの波	481, 482, 487
需要曲線	441, 442
障害者権利条約	145
商慣習	187, 193
乗数	471
乗数効果	618
少数代表法	66
小選挙区制	57, 65, 66, 73, 75
小選挙区比例代表併用制	87
小選挙区比例代表並立制	65, 67, 71, 75

肖像権	254, 717
消費関数	479
消費者契約法	733
消費者余剰	445
商標法	423
消防救助機動部隊（ハイパーレスキュー）	741
情報公開法	271, 423
情報リテラシー	717
情報倫理	717
条約	203
条理	187, 188, 199
条例	119
職業選択の自由	273, 274, 301
女子差別撤廃条約	145
女性活躍推進法	697
所得再分配機能	501, 502, 513
庶民院	24, 29, 31, 35
所有権絶対の原則	384
知る権利	269, 274
信教の自由	274, 295
人種差別撤廃条約	145
人身の自由	272, 273, 283
新戦略兵器削減条約（新ＳＴＡＲＴ）	167
神武景気	607
信用創造	523, 527, 531

す

垂直的分業	553
水平的分業	553
スタグフレーション	483, 485, 491, 601
スマートシティ	713

スミソニアン協定
585, 595, 596, 599

せ

制限行為能力者制度	384
生産者余剰	445
政治資金規正法	57
政治的美称説	314, 345
精神的自由権	273, 274
生存権	275, 289
政党	52
政党交付金	59
政党助成法	59
成年被後見人	385
セイの法則	617, 618
政府関係機関予算	509
政府支出乗数	477
生物多様性条約	151, 725
成文法	187, 188, 193, 203
世界遺産	704, 705, 706
世界人権宣言	144, 145, 155, 217
世界文化遺産	709
接続水域	143
絶対拘束名簿式	65, 67, 73
絶対的不定期刑	396
ゼロ金利政策	611
選挙区比例代表並立制	65, 67, 73
全国人民代表大会（全人代）	29, 33, 35, 41
潜在的な国民負担率	513
『戦争と平和の法』	139
戦略兵器削減交渉（ＳＡＬＴ Ｉ）	167
戦略兵器削減条約（ＳＴＡＲＴ Ｉ）	177

そ

総会（国連）	129, 130
操業停止点	455
総需要管理政策	619, 623
総費用（ＴＣ）	453
総余剰	445
総量規制	611
遡及処罰の禁止	283, 401, 403
族議員	53, 57
租税原則	503
租税乗数	477
租税法律主義	427, 505
ソフィア議定書	726
損益分岐点	455

た

第1次石油危機（第1次石油ショック）	601, 605
第2次石油危機（第2次石油ショック）	605
第2次戦略兵器削減交渉（ＳＡＬＴ Ⅱ）	167
第一次所得収支	557
大衆	657, 661
大衆社会論	657, 661
大衆政党	52, 55
大衆デモクラシー	51
『大衆の反逆』	657
対審	277, 361
対人地雷（全面）禁止条約（オタワ条約）	151, 167
大選挙区制	66, 73, 87
大統領制	24, 29
大統領選挙人団	25, 39
第二次所得収支	557
大日本帝国憲法	230, 231, 273
台風	737

INDEX

大陸棚条約	143
多数代表法	66
他人指向型	657, 661
弾劾裁判所	347, 373
短観（日銀短観）	632, 635, 637
単記移譲式	85
団結権	695
男女雇用機会均等法	145, 695, 703
団体交渉権	695
団体行動権	695
団体自治	98, 113
ダンバートン・オークス会議	130

ち

地域的な包括的経済連携（RCEP）協定	581
地球温暖化	726
地産地消	719
知的財産権	423
地方交付税交付金	109
地方自治特別法	113
地方自治の本旨	111
地方分権一括法	113, 121
嫡出子	391
中距離核戦力（INF）全廃条約	177
抽象的権利（説）	275, 293
朝鮮戦争	605
重複立候補	67, 75
直接金融	527
直接税	503
直接選挙	66
著作権	717
著作権法	423

つ

通常国会（常会）	315, 333

積立方式	685, 701

て

抵抗権（革命権）	8, 17
定足数	314
ディマンドプル・インフレーション	483
適用	205
デジタル・デバイド	717
デフレーション	483
デフレ・ギャップ	470, 475
デフレ・スパイラル	483, 487, 491
デュヴェルジェの法則	63
伝統指向型	657, 661

と

同一労働同一賃金	683
東証株価指数（TOPIX）	632, 635
統治行為	245, 362
『統治二論』（『市民政府二論』）	8, 15
特需景気	607, 611
特定財源	99
特定秘密保護法	423
特別会計予算	509
特別国会（特別会）	315, 321
特別地方公共団体	109
特別法	189
独立行政委員会	348
特例国債	509, 513, 517
特化	553, 555, 559
ドッジ・ライン（ドッジ＝ライン）	561, 606, 615, 631
ドリー	715
ドント式	87

な

内閣不信任決議権	24, 316

内部指向型	657, 661		
なべ底不況	607		
南北問題	575		
難民の地位に関する条約	144, 151		

に

ニクソン・ショック（ニクソン声明）	596, 599
日・EU経済連携協定（日EU・EPA）	581
日韓基本条約	153
日経平均株価	632, 635
日ソ共同宣言	129
二党制（二大政党制）	52, 55
日本銀行	535
日本的雇用慣行	678
任意法規	193

ね

年功序列賃金	678

の

農業生産法人	719
農地改革	606
農地法	719
農林業センサス	719

は

バージニア権利章典	216
パグウォッシュ会議	167
破綻国家	11
発達障害者支援法	689
バブル景気	607
パリ協定	175, 724, 726
反対解釈	189, 201
半大統領制	27, 33, 41, 43
判例	195, 199

ひ

比較生産費説	553, 555, 559, 617, 618, 623
非競合性	509
非拘束名簿式	65, 67, 75
非嫡出子（相続分）	255, 391
非排除性	509
被保佐人	385
被補助人	385
表現の自由	273, 274, 277, 295
平等選挙の原則	65
ビルト・イン・スタビライザー（自動安定化装置）	491, 502
比例代表制	57, 64
比例代表法	66

ふ

フェアトレード	719
賦課方式	685, 701
福祉国家	9, 11, 19
不在者投票	83
不信任決議権	24, 29
付随的違憲審査制	363, 373
不逮捕特権	315, 343
普通選挙の原則	65
普通選挙法	77
普通地方公共団体	109
物価指数	645
復活当選	67, 75
物権	383
復興金融金庫	606, 631
不文法	187, 193
プライバシー権（プライバシーの権利）	254, 269, 271

INDEX

プライマリー・バランス（基礎的財政収支）	513	法定受託事務 96, 107, 109, 119, 121	
プライムレート	527	法の支配	215
プラザ合意	595, 599, 605, 609	『法の精神』	15
フランス人権宣言	17, 217, 219	法の下の平等	254
ふるさと納税	713	法律行為	384, 385
プレート	737	法律上の争訟	245, 362
ブレトン・ウッズ協定（ブレトン・ウッズ体制，ブレトン＝ウッズ体制，ＩＭＦ体制） 553, 561, 595, 596, 599		保革共存政権（コアビタシオン）	37
		北方ジャーナル事件	271
		堀木訴訟	289
プログラム規定説	275, 293	堀木訴訟判決	293

ま

文民	348	マーストリヒト条約	161
文理解釈	201	マイナンバーカード	713

へ

ペイオフ	527, 601	マグナ・カルタ	215, 216
平均可変費用（ＡＶＣ）	453	マクリーン事件	259
平均固定費用（ＡＦＣ）	453	マネーストック	541
平均費用（ＡＣ）	453	マネタリーベース	541
平和原則14か条	139	マネタリズム 599, 603, 617, 619	

み

ベヴァリッジ（ベバリッジ）報告 11, 15, 677, 701		見えざる手	19, 618, 621, 623
		ミシガン・モデル	85
ヘゲモニー政党制	52	未成年者	384, 385, 409
ヘルシンキ議定書（酸性雨）	726	民主集中制	29, 33, 35, 41

む

ヘルシンキ宣言（オゾン層）	726	無形文化遺産	707, 709
変動為替相場制（変動相場制） 561, 563, 596, 599		無差別曲線	452

ほ

め

保安隊	157	明確性の原則	395, 396
包括的基本権	254	名望家政党	52, 55
法源	187, 188, 203	名誉権	254
法人の人権	253	メディア・リテラシー	717
法治主義	221	免責特権	316, 343
法定外税	97, 113		

も

勿論解釈	201
モラトリアム	665, 669
問責決議（案）	331
モントリオール議定書	725, 726

や

夜警国家	9, 11, 19

ゆ

有効需要	470, 525, 537, 619
ユーロ	149
ゆりかごから墓場まで	701

よ

預金準備率（支払準備率）	524, 529
預金準備率操作（支払準備率操作）	
	529
予算制約線	452

ら

ラムサール条約	161

り

『リヴァイアサン』	8
利益集約機能	53
利益表出機能	53
リスボン条約	161
両院協議会	316, 329, 341
領海	143
臨時国会（臨時会）	315, 333

る

類推解釈	
	189, 201, 396, 397, 401, 403

れ

令状主義	283, 395
レーガノミックス	599, 603
レッドリスト	729
レファレンダム	261

ろ

老人保健制度	701
労働委員会	695
労働価値説	617, 618
労働関係調整法	695
労働基準監督署	695
労働基準法	695
労働組合法	695
労働力人口	678
ローレンツ曲線	645
ロビイスト	53, 57
ロビイング	57
論理解釈	201

わ

ワイマール憲法	15, 217, 219, 383
ワシントン条約	151, 161

2024-2025年合格目標
公務員試験 本気で合格! 過去問解きまくり!
④社会科学

2019年11月 5 日　第 1 版　第 1 刷発行
2023年11月10日　第 5 版　第 1 刷発行

編著者●株式会社　東京リーガルマインド
　　　　LEC総合研究所　公務員試験部

発行所●株式会社　東京リーガルマインド
　　　　〒164-0001　東京都中野区中野4-11-10
　　　　アーバンネット中野ビル
　　　　LECコールセンター　　☎ 0570-064-464
　　　　　　受付時間　平日9：30～20：00/土・祝10：00～19：00/日10：00～18：00
　　　　　　※このナビダイヤルは通話料お客様ご負担となります。
　　　　書店様専用受注センター　　TEL 048-999-7581 / FAX 048-999-7591
　　　　　　受付時間　平日9：00～17：00/土・日・祝休み
　　　　www.lec-jp.com/

カバーイラスト●ざしきわらし
印刷・製本●情報印刷株式会社

©2023 TOKYO LEGAL MIND K.K., Printed in Japan　　　　ISBN978-4-8449-0768-8
複製・頒布を禁じます。
本書の全部または一部を無断で複製・転載等することは，法律で認められた場合を除き，著作者及び出版者の権利侵害になりますので，その場合はあらかじめ弊社あてに許諾をお求めください。
なお，本書は個人の方々の学習目的で使用していただくために販売するものです。弊社と競合する営利目的での使用等は固くお断りいたしております。
落丁・乱丁本は，送料弊社負担にてお取替えいたします。出版部（TEL03-5913-6336）までご連絡ください。

公務員試験攻略はLECにおまかせ！
LEC大卒程度公務員試験 書籍のご紹介

過去問対策

公務員試験 本気で合格！過去問解きまくり！

最新過去問を収録し、最新の試験傾向がわかる過去問題集。入手困難な地方上級の再現問題も収録し、充実した問題数が特長。類似の問題を繰り返し解くことで、知識の定着と解法パターンの習得が図れます。講師が選ぶ「直前復習」で直前期の補強にも使えます。

教養科目
① 数的推理・資料解釈　定価 1,980円
② 判断推理・図形　定価 1,980円
③ 文章理解　定価 1,980円
④ 社会科学　定価 2,090円
⑤ 人文科学Ⅰ　定価 1,980円
⑥ 人文科学Ⅱ　定価 1,980円
⑦ 自然科学Ⅰ　定価 1,900円
⑧ 自然科学Ⅱ　定価 1,980円

専門科目
⑨ 憲法　定価 2,090円
⑩ 民法Ⅰ　定価 2,090円
⑪ 民法Ⅱ　定価 2,090円
⑫ 行政法　定価 2,090円
⑬ ミクロ経済学　定価 1,980円
⑭ マクロ経済学　定価 1,980円
⑮ 政治学　定価 1,980円
⑯ 行政学　定価 1,980円
⑰ 社会学　定価 1,980円
⑱ 財政学　定価 1,980円

（定価は2024-25年版です）

数的処理対策

畑中敦子 数的処理シリーズ
畑中敦子 著

大卒程度
数的推理の大革命！第3版　定価 1,980円
判断推理の新兵器！第3版　定価 1,980円
資料解釈の最前線！第3版　定価 1,540円

高卒程度
天下無敵の数的処理！第3版　定価 各1,650円
① 判断推理・空間把握編　② 数的推理・資料解釈編

「ワニ」の表紙でおなじみ、テクニック満載の初学者向けのシリーズ。LEC秘蔵の地方上級再現問題も多数掲載！ワニの"小太郎"が、楽しく解き進められるよう、皆さんをアシストします。「天下無敵」は数的処理の問題に慣れるための入門用にオススメです！

岡野朋一の算数・数学のマスト

LEC専任講師　**岡野朋一** 著
定価 1,320円

「小学生のころから算数がキライ」「数的処理って苦手。解ける気がしない」を解決！LEC人気講師が数的推理の苦手意識を払拭！「数学ギライ」から脱出させます！

公務員ガイドブック

1000人の合格者が教える公務員試験合格法

合格者の生の声をもとに、「公務員とは何か」から「公務員試験合格に必要なこと」まで、すべての疑問を解決！データや図表で分かりやすく、本書を読むだけで公務員の全貌を理解できる！

LEC専任講師　**岡田淳一郎** 監修
定価 1,870円

※価格は、税込(10%)です。

LEC公務員サイト

LEC独自の情報満載の公務員試験サイト！

www.lec-jp.com/koumuin/

最新情報
試験データなど

ここに来れば「公務員試験の知りたい」のすべてがわかる!!

LINE公式アカウント [LEC公務員]

公務員試験に関する全般的な情報をお届けします！
さらに学習コンテンツを活用して公務員試験対策もできます。

友だち追加はこちらから！

@leckoumuin

❶ 公務員を動画で紹介！「公務員とは？」
　公務員についてよりわかりやすく動画で解説！

❷ LINEでかんたん公務員受験相談
　公務員試験に関する疑問・不明点をトーク画面に送信するだけ！

❸ 復習に活用！「一問一答」
　公務員試験で出題される科目を○×解答！

❹ LINE限定配信！学習動画
　公務員試験対策に役立つ動画をLINE限定配信!!

❺ LINE登録者限定！オープンチャット
　同じ公務員を目指す仲間が集う場所

公務員試験 応援サイト 直前対策＆成績診断

www.lec-jp.com/koumuin/juken/

〜行政職だけじゃない! 理系(技術職)、心理福祉職にも対応〜
LECの公務員講座は充実のラインナップ

LECの講座には、さまざまな公務員試験に対応した講座があります。
めざす職種に特化したカリキュラムと
万全の面接対策で確実な上位合格を目指しましょう。

地方上級職 / 国家一般職(行政) / 市役所
都道府県庁・政令指定都市の幹部候補 / 中央省庁の中堅幹部候補

地方上級職は、各都道府県や市役所において、幹部職員候補としてその自治体の行政に関する企画立案から政策活動の実施までの全てに関わるゼネラリストです。国家公務員一般職は、中央省庁の行政の第一線で政策の実施に携わります。基本的にはゼネラリスト的な職種です。

国家総合職・外務専門職
国政、世界を動かすキャリア官僚

いわゆる「キャリア組」といわれ、本省庁の幹部候補生となります。幹部候補生には幅広い視野と見識が必要とされるため、短期間で異動する幹部養成コースを歩み、ゼネラリストになります。異動は本省庁内、あるいは地方、海外とを交互に勤め、徐々に昇進していくことになります。非常にハードですが、大変やりがいのある仕事だといえます。

心理・福祉系公務員
心や身体のケアを通して社会貢献

公務員の心理職・福祉職は、公的機関において「人に関わり、その人の抱える問題を共に考え、問題解決をサポートする」仕事です。人に深く関わり、その人の将来に影響を与えるこれらの仕事は責任も大きいですが、その分やりがいも大きいのが最大の魅力です。

理系(技術職)公務員
理系の知識を生かせるフィールド

それぞれの専門を活かした幅広い分野の業務に当たります。道路や社会資本の整備や、農業振興、水質管理、森林保全など専門的な知識が求められる仕事が中心業務となります。

消防官
消火・救急・救助のプロ

消防官(消防士)は、火災の消化や救急によって、人々の安全を守る仕事です。地方自治体の消防本部や消防署に所属しており、「消火」、「救助」、「救急」、「防災」、「予防」といった活動を主な任務としています。

警察官
市民の安全・平和を守る正義の味方

警察官は、犯罪の予防や鎮圧・捜査、被疑者の逮捕、交通の取締り、公共の安全と秩序の維持に当たることなどが、その責務とされています。この責務を果たすため、警察官は、刑事警察、地域警察、交通警察などの各分野で日々研鑽を積みながら職務に従事し、市民の安全・安心な生活を守っています。

資料請求・講座の詳細・
相談会のスケジュールなどについては、
LEC公務員サイトをご覧ください。

https://www.lec-jp.com/koumuin/

LEC公開模試

多彩な本試験に対応できる

毎年、全国規模で実施するLECの公開模試は国家総合職、国家一般職、地方上級だけでなく国税専門官や裁判所職員といった専門職や心理・福祉系公務員、理系（技術職）公務員といった多彩な本試験に対応できる模試を実施しています。職種ごとの試験の最新傾向を踏まえた公開模試で、本試験直前の総仕上げは万全です。どなたでもお申し込みできます。

【2024年度実施例】

	職種	対応状況
国家総合職	法律	基礎能力（択一式）試験、専門（択一式）試験、専門（記述式）試験、政策論文試験
	経済	
	人間科学	基礎能力（択一式）試験、専門（択一式）試験、政策論文試験
	工学	基礎能力（択一式）試験、政策論文試験、専門（択一式）試験は、一部科目のみ対応。
	政治・国際・人文	基礎能力（択一式）試験、政策論文試験
	化学・生物・薬学	
	農業科学・水産	
	農業農村工学	
	数理科学・物理・地球科学	
	森林・自然環境	
	デジタル	
国家一般職	行政	基礎能力（択一式）試験、専門（択一式）試験、一般論文試験
	デジタル・電気・電子	基礎能力（択一式）試験、専門（択一式）試験
	土木	
	化学	
	農学	
	建築	
	機械	基礎能力（択一式）試験、専門（択一式）の一部試験（工学の基礎）
	物理	
	農業農村工学	基礎能力（択一式）試験
	林学	

	職種	対応状況
国家専門職	国税専門官A 財務専門官 労働基準監督官A 法務省専門職員 （人間科学）	基礎能力（択一式）試験、専門（択一式）試験、専門（記述式）試験
	国税専門官B 労働基準監督官B	基礎能力（択一式）試験
裁判所職員	家庭裁判所調査官補	基礎能力（択一式）試験、専門（記述式）試験、政策論文試験
	裁判所事務官 （大卒程度・一般職）	基礎能力（択一式）試験、専門（択一式）試験、専門（記述式）試験、小論文試験
警察官・消防官・その他※	警察官（警視庁）	教養（択一式）試験、論（作）文試験、国語試験
	警察官（道府県警） 消防官（東京消防庁）	教養（択一式）試験、論（作）文試験
	市役所消防官 国立大学法人等職員	教養（択一式）試験
	高卒程度 （国家公務員・事務）	教養（択一式）試験、適性試験、作文試験
	高卒程度 （地方公務員・事務）	
	高卒程度 （警察官・消防官）	教養（択一式）試験、作文試験

	職種	対応状況
地方上級・市役所など※	東京都Ⅰ類B 事務（一般方式）	教養（択一式）試験、専門（記述式）試験、教養論文試験
	東京都Ⅰ類B 事務（新方式）	教養（択一式）試験
	東京都Ⅰ類B 技術（一般方式）	教養（択一式）試験、教養論文試験
	東京都Ⅰ類B その他（一般方式）	
	特別区Ⅰ類 事務（一般方式）	教養（択一式）試験、専門（択一式）試験、教養論文試験
	特別区Ⅰ類 心理系/福祉系	教養（択一式）試験、教養論文試験
	北海道庁	職務基礎能力試験、小論文試験
	全国型 関東型 中部北陸型 知能重視型 その他地上型 心理職 福祉職 土木 建築 電気・情報 化学 農学	教養（択一式）試験、専門（択一式）試験、教養論文試験
	横浜市	教養（択一式）試験、論文試験
	札幌市	総合試験
	機械 その他技術	教養（択一式）試験、教養論文試験
	市役所（事務上級）	教養（択一式）試験、専門（択一式）試験、論（文）文試験
	市役所 （教養のみ・その他）	教養（択一式）試験、論（作）文試験
	経験者採用	教養（択一式）試験、経験者論文試験、論（作）文試験

※「地方上級・市役所」「警察官・消防官・その他」の筆記試験につきましては、
　LECの模試と各自治体実施の本試験とで、出題科目・出題数・試験時間などが異なる場合がございます。

資料請求・模試の詳細などについては、LEC公務員サイトをご覧ください。
https://www.lec-jp.com/koumuin/

最新傾向を踏まえた公開模試

本試験リサーチからみえる最新の傾向に対応

本試験受験生からリサーチした、本試験問題別の正答率や本試験受験者全体の正答率から見た受験生レベル、本試験問題レベルその他にも様々な情報を集約し、最新傾向にあった公開模試の問題作成を行っています。LEC公開模試を受験して本試験予想・総仕上げを行いましょう。

信頼度の高い成績分析

充実した個人成績表と総合成績表であなたの実力がはっきり分かる

LEC Webサイト ▷▷▷ www.lec-jp.com/

情報盛りだくさん！

資格を選ぶときも，
講座を選ぶときも，
最新情報でサポートします！

▷最新情報
各試験の試験日程や法改正情報，対策講座，模擬試験の最新情報を日々更新しています。

▷資料請求
講座案内など無料でお届けいたします。

▷受講・受験相談
メールでのご質問を随時受付けております。

▷よくある質問
LECのシステムから，資格試験についてまで，よくある質問をまとめました。疑問を今すぐ解決したいなら，まずチェック！

▷書籍・問題集（LEC書籍部）
LECが出版している書籍・問題集・レジュメをこちらで紹介しています。

充実の動画コンテンツ！

ガイダンスや講演会動画，
講義の無料試聴まで
Webで今すぐCheck！

▷動画視聴OK
パンフレットやWebサイトを見てもわかりづらいところを動画で説明。いつでもすぐに問題解決！

▷Web無料試聴
講座の第1回目を動画で無料試聴！気になる講義内容をすぐに確認できます。

スマートフォン・タブレットから簡単アクセス！ ▷▷▷

自慢のメールマガジン配信中！（登録無料）

LEC講師陣が毎週配信！ 最新情報やワンポイントアドバイス，改正ポイントなど合格に必要な知識をメールにて毎週配信。

www.lec-jp.com/mailmaga/

LEC E学習センター

新しい学習メディアの導入や，Web学習の新機軸を発信し続けています。また，LECで販売している講座・書籍などのご注文も，いつでも可能です。

online.lec-jp.com/

LEC 電子書籍シリーズ

LECの書籍が電子書籍に！ お使いのスマートフォンやタブレットで，いつでもどこでも学習できます。
※動作環境・機能につきましては，各電子書籍ストアにてご確認ください。

www.lec-jp.com/ebook/

LEC書籍・問題集・レジュメの紹介サイト **LEC書籍部** www.lec-jp.com/system/book/

- LECが出版している書籍・問題集・レジュメをご紹介
- 当サイトから書籍などの直接購入が可能（＊）
- 書籍の内容を確認できる「チラ読み」サービス
- 発行後に判明した誤字等の訂正情報を公開

＊商品をご購入いただく際は，事前に会員登録（無料）が必要です。
＊購入金額の合計・発送する地域によって，別途送料がかかる場合がございます。

※資格試験によっては実施していないサービスがありますので，ご了承ください。

LEC 全国学校案内

＊講座のお問合せ，受講相談は最寄りのLEC各校へ

LEC本校

北海道・東北

札　幌本校　☎011(210)5002
〒060-0004 北海道札幌市中央区北4条西5-1　アスティ45ビル

仙　台本校　☎022(380)7001
〒980-0022 宮城県仙台市青葉区五橋1-1-10　第二河北ビル

関東

渋谷駅前本校　☎03(3464)5001
〒150-0043 東京都渋谷区道玄坂2-6-17　渋東シネタワー

池　袋本校　☎03(3984)5001
〒171-0022 東京都豊島区南池袋1-25-11　第15野萩ビル

水道橋本校　☎03(3265)5001
〒101-0061 東京都千代田区神田三崎町2-2-15　Daiwa三崎町ビル

新宿エルタワー本校　☎03(5325)6001
〒163-1518 東京都新宿区西新宿1-6-1　新宿エルタワー

早稲田本校　☎03(5155)5501
〒162-0045 東京都新宿区馬場下町62　三朝庵ビル

中　野本校　☎03(5913)6005
〒164-0001 東京都中野区中野4-11-10　アーバンネット中野ビル

立　川本校　☎042(524)5001
〒190-0012 東京都立川市曙町1-14-13　立川MKビル

町　田本校　☎042(709)0581
〒194-0013 東京都町田市原町田4-5-8　MIキューブ町田イースト

横　浜本校　☎045(311)5001
〒220-0004 神奈川県横浜市西区北幸2-4-3　北幸GM21ビル

千　葉本校　☎043(222)5009
〒260-0015 千葉県千葉市中央区富士見2-3-1　塚本大千葉ビル

大　宮本校　☎048(740)5501
〒330-0802 埼玉県さいたま市大宮区宮町1-24　大宮GSビル

東海

名古屋駅前本校　☎052(586)5001
〒450-0002 愛知県名古屋市中村区名駅4-6-23　第三堀内ビル

静　岡本校　☎054(255)5001
〒420-0857 静岡県静岡市葵区御幸町3-21　ペガサート

北陸

富　山本校　☎076(443)5810
〒930-0002 富山県富山市新富町2-4-25　カーニープレイス富山

関西

梅田駅前本校　☎06(6374)5001
〒530-0013 大阪府大阪市北区茶屋町1-27　ABC-MART梅田ビル

難波駅前本校　☎06(6646)6911
〒556-0017 大阪府大阪市浪速区湊町1-4-1
大阪シティエアターミナルビル

京都駅前本校　☎075(353)9531
〒600-8216 京都府京都市下京区東洞院通七条下ル2丁目
東塩小路町680-2　木村食品ビル

四条烏丸本校　☎075(353)2531
〒600-8413　京都府京都市下京区烏丸通仏光寺下ル
大政所町680-1　第八長谷ビル

神　戸本校　☎078(325)0511
〒650-0021 兵庫県神戸市中央区三宮町1-1-2　三宮セントラルビル

中国・四国

岡　山本校　☎086(227)5001
〒700-0901 岡山県岡山市北区本町10-22　本町ビル

広　島本校　☎082(511)7001
〒730-0011 広島県広島市中区基町11-13　合人社広島紙屋町アネクス

山　口本校　☎083(921)8911
〒753-0814 山口県山口市吉敷下東 3-4-7　リアライズⅢ

高　松本校　☎087(851)3411
〒760-0023 香川県高松市寿町2-4-20　高松センタービル

松　山本校　☎089(961)1333
〒790-0003 愛媛県松山市三番町7-13-13　ミツネビルディング

九州・沖縄

福　岡本校　☎092(715)5001
〒810-0001 福岡県福岡市中央区天神4-4-11　天神ショッパーズ
福岡

那　覇本校　☎098(867)5001
〒902-0067 沖縄県那覇市安里2-9-10　丸姫産業第2ビル

EYE関西

EYE 大阪本校　☎06(7222)3655
〒530-0013　大阪府大阪市北区茶屋町1-27　ABC-MART梅田ビル

EYE 京都本校　☎075(353)2531
〒600-8413　京都府京都市下京区烏丸通仏光寺下ル
大政所町680-1　第八長谷ビル

【LEC公式サイト】www.lec-jp.com/

スマホから簡単アクセス！

LEC提携校

■ 北海道・東北

八戸中央校【提携校】　☎ 0178(47)5011
〒031-0035　青森県八戸市寺横町13　第1朋友ビル　新教育センター内

弘前校【提携校】　☎ 0172(55)8831
〒036-8093　青森県弘前市城東中央1-5-2　まなびの森　弘前城東予備校内

秋田校【提携校】　☎ 018(863)9341
〒010-0964　秋田県秋田市八橋鯲沼町1-60　株式会社アキタシステムマネジメント内

■ 関東

水戸校【提携校】　☎ 029(297)6611
〒310-0912　茨城県水戸市見川2-3092-3

所沢校【提携校】　☎ 050(6865)6996
〒359-0037　埼玉県所沢市くすのき台3-18-4　所沢K・Sビル合同会社LPエデュケーション内

東京駅八重洲口校【提携校】　☎ 03(3527)9304
〒103-0027　東京都中央区日本橋3-7-7　日本橋アーバンビル　グランデスク内

日本橋校【提携校】　☎ 03(6661)1188
〒103-0025　東京都中央区日本橋茅場町2-5-6　日本橋大江戸ビル　株式会社大江戸コンサルタント内

■ 東海

沼津校【提携校】　☎ 055(928)4621
〒410-0048　静岡県沼津市新宿町3-15　萩原ビル　M-netパソコンスクール沼津校内

■ 北陸

新潟校【提携校】　☎ 025(240)7781
〒950-0901　新潟県新潟市中央区弁天3-2-20　弁天501ビル　株式会社大江戸コンサルタント内

金沢校【提携校】　☎ 076(237)3925
〒920-8217　石川県金沢市近岡町845-1　株式会社アイ・アイ・ピー金沢内

福井南校【提携校】　☎ 0776(35)8230
〒918-8114　福井県福井市羽水2-701　株式会社ヒューマン・デザイン内

■ 関西

和歌山駅前校【提携校】　☎ 073(402)2888
〒640-8342　和歌山県和歌山市友田町2-145　KEG教育センタービル　株式会社KEGキャリア・アカデミー内

＊提携校はLECとは別の経営母体が運営をしております。
＊提携校は実施講座およびサービスにおいてLECと異なる部分がございます。

■ 中国・四国

松江殿町校【提携校】　☎ 0852(31)1661
〒690-0887　島根県松江市殿町517　アルファステイツ殿町山路イングリッシュスクール内

岩国駅前校【提携校】　☎ 0827(23)7424
〒740-0018　山口県岩国市麻里布町1-3-3　岡村ビル　英光学院内

新居浜駅前校【提携校】　☎ 0897(32)5356
〒792-0812　愛媛県新居浜市坂井町2-3-8　パルティフジ新居浜駅前店内

■ 九州・沖縄

佐世保駅前校【提携校】　☎ 0956(22)8623
〒857-0862　長崎県佐世保市白南風町5-15　智翔館内

日野校【提携校】　☎ 0956(48)2239
〒858-0925　長崎県佐世保市椎木町336-1　智翔館日野校内

長崎駅前校【提携校】　☎ 095(895)5917
〒850-0057　長崎県長崎市大黒町10-10　KoKoRoビル　minatoコワーキングスペース内

沖縄プラザハウス校【提携校】　☎ 098(989)5909
〒904-0023　沖縄県沖縄市久保田3-1-11　プラザハウス　フェアモール　有限会社スキップヒューマンワーク内

※上記は2023年9月1日現在のものです。

書籍の訂正情報について

このたびは, 弊社発行書籍をご購入いただき, 誠にありがとうございます。
万が一誤りの箇所がございましたら, 以下の方法にてご確認ください。

1 訂正情報の確認方法

書籍発行後に判明した訂正情報を順次掲載しております。
下記Webサイトよりご確認ください。

www.lec-jp.com/system/correct/

2 ご連絡方法

上記Webサイトに訂正情報の掲載がない場合は, 下記Webサイトの
入力フォームよりご連絡ください。

lec.jp/system/soudan/web.html

フォームのご入力にあたりましては,「Web教材・サービスのご利用について」の
最下部の「ご質問内容」に下記事項をご記載ください。

- ・対象書籍名(○○年版, 第○版の記載がある書籍は併せてご記載ください)
- ・ご指摘箇所(具体的にページ数と内容の記載をお願いいたします)

ご連絡期限は, 次の改訂版の発行日までとさせていただきます。
また, 改訂版を発行しない書籍は, 販売終了日までとさせていただきます。

※上記「2ご連絡方法」のフォームをご利用になれない場合は, ①書籍名, ②発行年月日, ③ご指摘箇所, を記載の上, 郵送にて下記送付先にご送付ください。確認した上で, 内容理解の妨げとなる誤りについては, 訂正情報として掲載させていただきます。なお, 郵送でご連絡いただいた場合は個別に返信しておりません。

送付先:〒164-0001 東京都中野区中野4-11-10 アーバンネット中野ビル
株式会社東京リーガルマインド 出版部 訂正情報係

- ・誤りの箇所のご連絡以外の書籍の内容に関する質問は受け付けておりません。
  また, 書籍の内容に関する解説, 受験指導等は一切行っておりませんので, あらかじめご了承ください。
- ・お電話でのお問合せは受け付けておりません。

講座・資料のお問合せ・お申込み

LECコールセンター 📞 **0570-064-464**

受付時間:平日9:30～20:00/土・祝10:00～19:00/日10:00～18:00

※このナビダイヤルの通話料はお客様のご負担となります。
※このナビダイヤルは講座のお申込みや資料のご請求に関するお問合せ専用ですので, 書籍の正誤に関するご質問をいただいた場合, 上記「2ご連絡方法」のフォームをご案内させていただきます。